S. FISCHER

BARTON GELLMAN

DER DUNKLE SPIEGEL

Edward Snowden und die globale Überwachungsindustrie

Aus dem Englischen
von Martina Wiese

S. FISCHER

Aus Verantwortung für die Umwelt hat sich der S. Fischer Verlag zu einer nachhaltigen Buchproduktion verpflichtet. Der bewusste Umgang mit unseren Ressourcen, der Schutz unseres Klimas und der Natur gehören zu unseren obersten Unternehmenszielen.

Gemeinsam mit unseren Partnern und Lieferanten setzen wir uns für eine klimaneutrale Buchproduktion ein, die den Erwerb von Klimazertifikaten zur Kompensation des CO_2-Ausstoßes einschließt.

Weitere Informationen finden Sie unter: www.klimaneutralerverlag.de

FSC
www.fsc.org
MIX
Papier aus verantwortungsvollen Quellen
FSC® C083411

Deutsche Erstausgabe
Erschienen bei S. FISCHER
Die amerikanische Originalausgabe erschien 2020
unter dem Titel »Dark Mirror: Edward Snowden
and the Surveillance State« im Verlag Penguin Press

Satz: Dörlemann Satz, Lemförde
Druck und Bindung: CPI books GmbH, Leck
Printed in Germany
ISBN 978-3-10-397046-3

Für meine Kinder:
Abigail, Micah, Lily und Benjamin

INHALT

VORWORT

Wie haben Sie das gemacht? Wie sind Sie an all diese Informationen gelangt und haben damit eine Grenze überschritten?
Es geht einfach nur darum, schlauer als der Gegner zu sein.
Der in diesem Fall ja bloß die NSA ist.
Ha, stimmt. Ein Schritt nach dem anderen führt auf den Gipfel des Berges. Irgendwann können Sie diese Geschichte mal erzählen.

> Online-Chat des Autors mit Edward Snowden, 9. Juni 2013[1]

Dieses Buch stellt sich der Herausforderung, mit der mich Edward Snowden an jenem Tag konfrontierte – demselben Tag, an dem er vor der Welt seine Maske fallen ließ. Kurz nach diesem Gedankenaustausch floh er vor dem Auslieferungsersuchen der USA aus seinem Hongkonger Hotelzimmer. Seine Abschiedsworte waren kein Versprechen, sondern eine Provokation. Er hatte nicht vor, mir seine Geschichte auf dem Silbertablett zu servieren. Nicht die ganze. Die vorliegende Schilderung der Ereignisse beruht auf meinen eigenen Erkenntnissen und Recherchen.

Der dunkle Spiegel ist kein Buch über Snowden, oder nicht nur über ihn. Es ist eine Erkundungsfahrt durch den Überwachungsstaat, der nach dem 11. September 2001 ins Leben gerufen wurde, als die US-Regierung zu der Überzeugung gelangte, ihre Feinde ließen sich nur wirkungsvoll ausspionieren, indem man auch die Amerikaner selbst ins Visier nahm. Neue Verfahren der elektronischen Überwachung drangen in die von fast allen Menschen genutzte, allgemein zugängliche digitale Welt ein und stempelten uns alle als potenzielle Gefährder ab. Aus dieser Denkweise folgte, dass die Öffentlichkeit nicht wissen durfte, was der Staat in ihrem Namen tat. Überwachung und Geheimhaltung entwickelten sich im Gleichschritt.

Die Geheimdienste warfen alte Bedenken über Bord und verbargen sich gewissermaßen hinter Einwegspiegeln. Auf ihrer Seite war das Glas transparent. Wir waren deutlich zu sehen. Durch die uns zugewandte undurchlässige Seite konnten wir unsere Beobachter nicht ausmachen. Der Titel *Der dunkle Spiegel* spielt auf diese Konstruktion an, die ganz real am Gebäude der National Security Agency in Fort George C. Meade, Maryland, zu sehen ist. Eine reflektierende Hülle aus blauschwarzem Glas umschließt die elf Stockwerke des Hauptquartiers mit einem elektromagnetischen Käfig, um die Geheimnisse der Beobachter im Innern vor jedem Zugriff zu schützen.[2]

Es war Snowden, der uns in die Lage versetzte, sie gleichfalls zu beobachten. In einem spektakulären Akt des Ungehorsams gegenüber seinem Arbeitgeber offenbarte er die Maschinerie eines weltumspannenden Überwachungsgiganten. Snowden ermöglichte die Dokumentation der Ursprünge des »goldenen Zeitalters der SIGINT«, der *Signals Intelligence*, wie die NSA diese Epoche in ihren Strategiedokumenten nannte.[3] Menschliche Interaktion hatte sich zu großen Teilen in die digitale Welt verlagert. Die NSA traf die nötigen Vorkehrungen, um aus den Hauptschlagadern der globalen Kommunikationsnetze massenhaft und unterschiedslos Informationen abzuschöpfen. Es wäre zu einfach, das, was die NSA tat, als Massenüberwachung zu bezeichnen; diesen Begriff werde ich im Verlauf des Buches sorgfältig analysieren. Es besteht jedoch kein Zweifel daran, dass die Behörde begann, Hunderte Millionen Unbeteiligte in ihren Netzen zu fangen. Die traditionelle Unterscheidung zwischen Auslands- und Inlandsspionage, ein Grundpfeiler des amerikanischen Datenschutzgesetzes, bekam immer mehr Risse. Selbst nach mehreren Jahren lebhafter öffentlicher Debatten, die von Snowdens Enthüllungen angestoßen wurden, lässt die grundlegende Anpassung von US-Recht und Gesellschaft an diese Offenbarungen noch auf sich warten.

Darüber hinaus erzähle ich hier eine weitere, persönlichere Geschichte, an deren Veröffentlichung ich zunächst gar nicht gedacht habe. Es ist die Geschichte meiner eigenen Reise als einer von drei Journalisten, die zu Empfängern des folgenschwersten öffentlichen Leaks in der Geschichte der US-Geheimdienste wurden. Entgegen meinen Neigungen und allem, worauf ich als Erzähler von Geschichten anderer Leute gedrillt war, wuchs in mir die Überzeugung, dass ich die Antworten auf einige Fragen geben sollte, denen ich jahrelang ausgewichen bin.

Warum hat Snowden mich ausgewählt? Was ließ mich glauben, dass ich ihm trauen durfte? Wie kommunizierten wir direkt vor der Nase der US-amerikanischen Spionageabwehrbehörden? Wo trafen wir uns in Moskau? Warum erschien mein Name in einer NSA-Datei, bevor Snowden seine Informationen preisgab? Versuchte die Regierung, meinen Reportagen einen Riegel vorzuschieben? Was bewog mich, manche Geheimnisse öffentlich zu machen und andere zurückzuhalten? Wer zur Hölle hat mich auserkoren, diese Entscheidungen zu treffen?

In meinem Berufsstand war niemals zuvor jemand in den Besitz von Zehntausenden aktuellen, mit Codewörtern verschlüsselten Geheimdokumenten gelangt. Es gab keine journalistischen Spielregeln, wie mit einer solchen Art von Lawine umzugehen sei. Ausländische Geheimdienste versuchten, meine Accounts und Geräte zu hacken. Wie ich erfuhr, forderte der Direktor der NSA eine Razzia, um meine Notizen und Dateien zu beschlagnahmen. Ich war der Meinung, dass einige der Snowden-Dokumente niemals ans Tageslicht gelangen sollten. Andere führten zu Spuren, deren Verfolgung meine Quellen leicht in Gefahr bringen konnten. Um alles noch schlimmer zu machen, hatte ich keine journalistische Heimat, als Snowden seine Aufwartung in meiner Mailbox machte. Drei Jahre zuvor hatte ich die *Washington Post* verlassen. Bevor ich eine vorübergehende Rückkehr aushandelte, musste ich allein riskante Entscheidungen treffen. Ich improvisierte. Ich machte Fehler – einige davon so peinlich, dass ich sie am liebsten verschweigen würde. Herausgekommen ist, so hoffe ich, ein unverstellter Blick hinter die Kulissen des Enthüllungsjournalismus.

Snowden ist eine komplizierte Figur, weit entfernt vom gängigen Klischee eines »Helden« oder »Verräters«. Der Umgang mit ihm kann sehr angenehm sein – er ist witzig und unverblümt, ein Autodidakt mit rascher Auffassungsgabe und vielseitigen Interessen. Er kann auch stur, wichtigtuerisch und zänkisch sein. Unsere Beziehung war nervenaufreibend. Er wusste, ich würde mich seinem Kreuzzug nicht anschließen, und er verließ sich nie darauf, dass ich für ihn Partei ergreifen würde, wie er es bei Laura Poitras und Glenn Greenwald tat. Wir rangen um die Grenzen, die zu überschreiten und zu verteidigen waren – meine als Journalist, der mehr wissen wollte, und seine als Advokat einer Sache, die er mit jedem falschen Wort zu gefährden fürchtete. Kurzzeitig brach er die Verbindung zu mir ab, als ich seine Bedingungen für meinen ersten Bericht nicht akzeptieren wollte. Als er sich zum zweiten Mal zurückzog, weil er glaubte, ich hätte ihm Schaden zugefügt, herrschte monatelang Funkstille zwischen uns. »Ich bin mir zwar nicht sicher, ob ich Ihnen jemals guten Gewissens den Rücken zukehren kann, aber darum geht es mir nicht«, sagte er zu mir, als wir im Herbst 2013 wieder Kontakt aufgenommen hatten. »Ich glaube, dass Sie ein guter Reporter sind.«[4]

Danach reiste ich zweimal nach Moskau, um endlose Gespräche mit ihm zu führen, gestärkt von dem Abklatsch amerikanischen Fast Foods, das uns der Zimmerservice servierte. Snowden isst mit der Logik eines Ingenieurs: zuerst das Eis, weil Hamburger nicht schmelzen. In New York und Princeton schaltete er sich in der Gestalt eines ferngesteuerten Roboters zu, der sieht, hört, spricht und durch den Raum rollt. Gelegentlich trafen wir uns via Video-Chat über einen abhörsicheren Kanal, den technisch versierte vertrauenswürdige Freunde für uns eingerichtet hatten. Meistens besuchten wir einander in den sichersten Gefilden seines angestammten Habitats, indem wir über verschlüsselte anonyme Links per Tastatur Live-Chats abhielten. Wenn man alles richtig macht, sind diese am schwierigsten abzufangen.

Persönliche Fragen, so relevant sie auch waren, waren gewöhnlich tabu. Als ich das erste Mal nach Moskau reiste, um ihn zu treffen, versuchte ich, ihm etwas über seine Beziehung zur russischen Regierung zu entlocken. Er lebe hier, sagte ich. Nehme er Geld vom Staat an? Werde er über seine Arbeit für den amerikanischen Geheimdienst befragt? Snowden warf mir vor, seinen Kritikern nachzuplappern. Er sprach darüber, was ein Mensch in seiner Lage theoretisch tun könne.

»Sie wissen, dass ich keine Beziehung zur russischen Regierung unterhalte«, brach es schließlich aus ihm heraus. »Sie sollten mir nicht solche Fragen stellen.«

»Ich weiß es nicht. Ich weiß es erst, wenn ich Sie frage.«

»Das lässt sich nicht wissen. Sie fordern mich auf, zu beweisen, dass es keinen Gott gibt.«

»Nein, ich bitte Sie, mir einfach zu sagen, dass Sie keinen brennenden Dornbusch gesehen haben.«

»Und das tue ich. Das tue ich. Hypothetisch gesprochen.«

Hypothetisch, weil das ganze Thema nicht für die Öffentlichkeit bestimmt war. Das änderte sich erst später. Selbst dann verweigerte er weiter konkrete Antworten. Wir führten Dutzende Gespräche dieser Art, immer im Kreis, über Dutzende Themen. Nur um dies klarzustellen: Ich hatte keinen Grund zu der Annahme, dass Snowden ein russischer Agent sei, und kein amerikanischer Regierungsbeamter behauptete, über Beweise für das Gegenteil zu verfügen. Snowden wich mir ebenso hartnäckig aus, wenn ich ihn nach dem IQ-Test fragte, den er in der Grundschule absolviert hatte und der ihm laut einer Quelle aus seinem familiären Umfeld bescheinigte, hochbegabt zu sein.

Meine Leser sollten von vornherein wissen, dass Snowden nach meiner Überzeugung überwiegend mehr Gutes als Schlechtes bewirkt hat, auch wenn ich mir (im Gegensatz zu ihm) vorstellen kann, dass seine Enthüllungen es erschweren, wichtige Geheimdienstinformationen zu erlangen. Die elektronische Überwachung ist ein Werkzeug von überragender Leistungsfähigkeit und überraschender Fragilität. Sie ist nur dann wertvoll, wenn ihre Ziele unbemerkt ins Visier genommen werden können. Wird eine Person von besonderem Interesse vorgewarnt, kann sie andere Kanäle wählen und zumindest für eine

Weile von der Bildfläche verschwinden. Aus Angst vor Enttarnung entwickelte die NSA eine Kultur des eisernen Schweigens, die ihr Spitznamen wie »No Such Agency« (»nicht existente Behörde«) und »Never Say Anything« (»sag niemals irgendwas«) eintrug. Rein faktisch gesehen schien umfassende Geheimhaltung nur Vorteile zu bringen. Doch als mit der neuesten Technik die Überwachungsmechanismen auch in die von der Allgemeinheit genutzten digitalen Umgebungen eindrangen, überspannte die NSA den Bogen ihres politischen Mandats. Die Grenzen des Geheimdienstes innerhalb einer freien Gesellschaft hatten sich verschoben. Das erforderte Diskussionen.

Einige von Snowdens schärfsten Kritikern, wenn auch nur wenige, sind bereit, anzuerkennen, dass diese grundlegende Diskussion ohne ihn nie zustande gekommen wäre. »Ich weiß, dass sich die Welt dank Edward Snowden in einer bedeutenden Hinsicht verändert hat«, sagte der frühere FBI-Direktor James B. Comey bei einem langen und nachdenklichen Gespräch über die Enthüllungen zu mir. »Und ich kann den Nutzen leichter beziffern als die Kosten, aber hoffentlich verlieben wir uns nicht in diesen Nutzen und lassen dabei die Tatsache außer Acht, dass wir die Kosten nicht einschätzen können.«

Auf den folgenden Seiten werden Geschichten erzählt, über die Snowden nicht reden wird und die er – selbst in seinen Memoiren aus dem letzten Jahr – noch nicht erwähnt hat,[5] sowie viele Geschichten, die mit ihm gar nichts zu tun haben. Ich stütze mich auf Hunderte Stunden von Gesprächen mit Snowden und weitere Hunderte mit Entwicklern, Betreibern, Kunden, Rebellen und Dissidenten im Überwachungsapparat. Es gibt neue Enthüllungen aus dem Geheimarchiv, aus unabhängigen Untersuchungen und alten journalistischen Notizen, die in der Rückschau eine neue Bedeutung erhalten.

Im Grunde geht es in diesem Buch um Macht.[6] Information ist das Lebenselixier der Kontrolle. In ihrer Verknüpfung definieren Geheimhaltung und Überwachung die Informationsströme. »Wer weiß was?« bedeutet eigentlich nichts anderes als »Wer beherrscht wen?«. Sind die Bürger dafür gerüstet, ihren Staat zur Rechenschaft zu ziehen? Besitzen sie die Freiheit, sich vor ungewollten Blicken zu schützen? Kann heute noch irgendwer eine rote Linie ziehen, die sagt »Das geht dich nichts an«, und sie dauerhaft verteidigen?

Die Ursprünge dieses Buches reichen noch hinter Snowden zurück. Im Jahr 2011 war ich für eine Weile gemeinsam mit Eric Schmidt, dem früheren Geschäftsführer von Google, im Silicon Valley. Er meinte: »Würden Sie nicht gerne Ihr Android-Smartphone danach fragen können, wo Ihr Autoschlüssel ist?« Um Himmels willen, nein, sagte ich. Nehmen wir an, ich bin in einem Casino. Nehmen wir an, der Barkeeper hat meinen Schlüssel an sich genommen und ich schlafe in irgendeinem Zimmer im oberen Stockwerk meinen Rausch aus. Ich fände es prima, wenn mein Handy meinen Lebensweg festhielte, aber ich will nicht, dass *Sie* das alles erfahren. Schmidt bemerkte dazu, mein Privatleben sei offensichtlich interessanter als seines, was ich bezweifelte, und Android-Nutzer würden es lieben, wenn ihr Smartphone ihnen Informationen liefere, ohne dass sie es dazu aufgefordert hätten. Ich stimmte ihm zu, dass die Technologie großartig sei. Es wäre, als hätte ich Batmans Alfred in der Tasche – nur dass Alfred nicht in meinen Diensten stände. Er würde mir folgen, sich Notizen machen und sie Ihnen schicken. Ich wollte wissen, ob Schmidt einen Zeitpunkt voraussehe, an dem ich Google für seine Dienste bar bezahlen könne, statt mich damit einverstanden zu erklären, bespitzelt zu werden. Er beanstandete meine Wortwahl, aber seine Antwort klang aufrichtig. Das sei nicht ihr Geschäftsmodell, sagte er. Bis Snowden kam, verfolgte (mehr oder weniger) niemand dieses Geschäftsmodell.

Als ich damals mit Schmidt zusammensaß, beunruhigten mich meine digitalen Spuren schon seit geraumer Zeit. Meine Arbeit besteht großenteils darin, das eine oder andere Geheimnis aufzuspüren. Nach 9/11 verstärkte die US-Regierung ihre Bemühungen, meine vertraulichen Informanten abzuschrecken, aufzudecken und zu bestrafen.

Zum Zweck der Selbstverteidigung begann ich, mir das Spionagehandwerk der elektronischen Sicherheit anzueignen. Ich machte mich vertraut mit Verschlüsselung und anonymen Proxy-Servern. Wie ein Drogendealer kaufte ich Wegwerfhandys, die ich bar bezahlte, und stellte dann fest, dass ich mein normales Handy ausschalten musste, damit das Wegwerfgerät nicht Seite an Seite mit ihm durch die Stadt wanderte. Würden Aufnahmen der Überwachungskamera mit Zeitstempel verraten, dass ich im Handyladen gewesen war? Vielleicht, wenn sich jemand dafür interessierte. Genügte es, die SIM-Karten auszutauschen, oder könnte ich auch über die Hardwarekennung des Handys aufgespürt werden? Ja und nein. Ich fiel immer tiefer ins Kaninchenloch, bis zur Grenze nach Absurdistan. Ein Journalist kann nicht ernsthaft darauf hoffen, unter dem Radar zu bleiben.

Just in dem Moment, als ich darüber nachzudenken begann, warum ich mir überhaupt Sorgen machte, erschien Verax auf der Bildfläche. Mit Hilfe einer ausgeklügelten Methode, die mir neu war, sandte er mir einen Codierungsschlüssel, ein Erkennungssignal und ein Verfahren, beide zu verifizieren. Es war wie eine dieser alten Anzeigen in einem Comic: »Wnn d dse Btschft lsn knnst …« Voller Freude und, ja, Genugtuung stellte ich fest, dass ich es konnte. »Ich weiß Ihr Bemühen um operative Sicherheit, insbesondere in einer digitalen Umgebung, sehr zu schätzen«, schrieb Verax in seiner nächsten Botschaft. »Viele Journalisten weisen in diesem Gebiet nach wie vor außerordentliche Schwächen auf, womit sie ihren raffinierten Gegenspielern ihre Interessen und Absichten wie ein offenes Buch präsentieren. … Man hat mir gesagt, Sie seien in dieser Hinsicht bereits recht beschlagen.«

Das stimmte eigentlich nicht. Ich war mit den Grundlagen vertraut. Verax brachte mir einige Feinheiten bei und so begann unser Austausch.

1
PANDORA

Während ich schlief, traf eine Nachricht auf meiner Mailbox ein. Viele Stunden verstrichen, bis ich sie entdeckte. Vermutlich hätte ich mich von ihr fernhalten sollen, aber die Macht der Gewohnheit war stärker. Letzte Nacht hatten wir keine Verbindung zueinander aufgenommen. Nicht weil wir wussten, dass uns jemand auf die Schliche gekommen war, sondern weil wir genau das nicht wissen konnten. Unsere E-Mail-Accounts waren anonym, verschlüsselt, von unserem Internetalltag isoliert. Ich konnte bestenfalls sagen, dass sie sich nicht dichter abschotten ließen. Dieser Gedanke hatte mich früher einmal beruhigt.

Der Monat Mai des Jahres 2013 neigte sich langsam seinem Ende entgegen. Fast vier Monate waren vergangen, seit Laura Poitras, eine unabhängige Filmemacherin, mich in Bezug auf eine vertrauliche Quelle um Rat gebeten hatte. Verax – unter diesem Namen lernte ich den Informanten später kennen – hatte ihr einen rätselhaften Hinweis auf die Überwachung durch den amerikanischen Staat übermittelt.[1] Poitras und ich taten uns zusammen, um herauszufinden, was es damit auf sich hatte. Am letzten Abend waren Monate gespannter Erwartung zu Ende gegangen. Verax hatte geliefert. Die Beweise lagen auf dem Tisch. Seine Geschichte war echt, die Risiken keine bloße Mutmaßung mehr. Das FBI und die »Q Group« der NSA, die für die innere Sicherheit verantwortlich ist, würden diesem Leck garantiert ihre geballte Aufmerksamkeit schenken.[2] Zum ersten Mal in meiner Laufbahn hielt ich es nicht für undenkbar, dass die US-Behörden versuchen würden, an meine Notizen und Dateien zu gelangen. Ohne jeden Zweifel würden ausländische Geheimdienste Interesse an uns finden.

Poitras und ich beschlossen, uns in zwei Tagen wieder zu treffen.

Alles andere musste erst einmal warten. Noch in der Nacht wurde dieser Plan von der Realität eingeholt. Am nächsten Morgen loggte ich mich ein. Ich erwartete nichts Besonderes. Laut dem Zeitstempel hatte Poitras weniger als vier Stunden nach unserem Treffen eine Nachricht abgesetzt. Sie konnte nicht viel geschlafen haben. Das hatte ich auch nicht, aber meine Müdigkeit verflog, als ich die Betreffzeile las. Es war unser privates Erkennungszeichen für »dringend«. Die entschlüsselte Botschaft war kurz und bündig.

```
Ich muss Ihnen unbedingt etwas zeigen.
Das werden Sie sehen wollen.
```

Merkwürdig. Sehr merkwürdig. Etwas ansehen? Nach dem, was wir letzten Abend gesehen hatten? Verax hatte uns eine mehrteilige Top-Secret-Präsentation der National Security Agency geschickt; ihr jüngstes Update war einen Monat alt.[3] Nach Mitternacht hatten Poitras und ich über einen kleinen Laptop-Bildschirm gebeugt dagestanden und versucht, uns einen Reim auf die Fachbegriffe zu machen. Die zentralen Punkte waren allerdings klar. Unter dem Decknamen PRISM[4] schöpfte die NSA Daten von Zehntausenden Accounts unter anderem bei Yahoo, Google, Microsoft und Facebook ab.[5] Mit 41 Folien und 8000 Wörter umfassenden Anmerkungen wurden der rechtliche Rahmen und operative Details erläutert. Wenn diese Präsentation authentisch war – und danach sah es definitiv aus –, war sie eine ausgesprochene Rarität: die so gut wie aktuelle amtliche Darstellung von Geheimdienstoperationen auf US-amerikanischem Boden, die die öffentlich beteuerten Grenzen weit überschritt.

Beim Abschied sagte Poitras, sie verstehe vielleicht 10 Prozent von all dem. Ich konnte mir höchstens auf die Hälfte einen Reim machen. Doch darüber mussten wir uns nicht grämen. Journalisten müssen nicht sofort alle Antworten parat haben. Unsere Aufgabe war es, die Antworten zu finden, die Belege zu prüfen und weitere aufzuspüren. Aus all dem eine Story zu machen würde Zeit erfordern, aber den Grundstein hatten wir schon.

So hatte ich zumindest gedacht. Doch nun hatte etwas Poitras aufgeschreckt – so sehr, dass sie unsere Mail-Regeln gebrochen hatte. Herumrätseln nutzte nichts. Zwischen den Zeilen konnte ich nichts Aufschlussreiches entdecken. Gute oder schlechte Nachrichten waren gleichermaßen denkbar, doch in diesem Stadium war jede Überraschung beunruhigend. Eine Überraschung bedeutete, dass ich nicht wusste, wo wir standen. Wochenlang hatte ich alle Eventualitäten durchgespielt und die wahrscheinlichen Wege und Hemmnisse in der nächsten Phase der Berichterstattung überdacht. Ich musste weitere Quellen finden, mit ihnen Kontakt aufnehmen, ohne sie in Gefahr zu bringen, das Dokument authentifizieren und nach Zusammenhängen suchen. Es gab jede Menge Chancen, die Sache zu vermasseln – wir konnten Verax auffliegen lassen, auf einen Betrüger reinfallen, den Text falsch interpretieren, etwas enthüllen, das versehentlich Schaden anrichtete. Falls mein Strategieplan Fehler aufwies, würde ich möglicherweise nahende Gefahren übersehen.

Nun war keine Zeit mehr zum Planen. Verax hatte den Startschuss abgefeuert. Wir hatten das Dokument in Händen und kein festes Publikationsdatum. Das Zwischenspiel barg Risiken. Verax verriet uns nicht, wo er sich aufhielt, aber wir wussten, dass er nicht mehr zur Arbeit ging. Sobald sein Arbeitnehmer nach ihm suchen würde, wäre er nicht mehr sicher. Die Behörden würden entdecken, was er entwendet hatte, und vielleicht versuchen, unserer Story zuvorzukommen. Zweifellos würde sich das Zeitfenster für ungehindertes Arbeiten dann schließen.

Wir versuchten, dem Blick eines Überwachungsriesen zu entgehen, während wir durch seine Tore spähten. Wir konnten nicht darauf hoffen, lange unentdeckt zu bleiben, aber wir kämpften um jede Minute. Die dringende E-Mail von Poitras hatte von Tribeca bis Upper Manhattan nur knapp 10 Kilometer Luftlinie zu überwinden,[6] aber sie sandte sie über anonyme Zwischenstationen um die ganze Welt, um ihren Aufenthaltsort mit Tausenden Kilometern Umweg zu verschleiern.[7] Als ich mich einloggte, tat ich das Gleiche. Wir hatten billige Laptops bar gekauft und nutzten Datenschutz-Tools, um ihre Hardware und

Netzwerkadressen zu spoofen.[8] Poitras, Verax und ich verschlüsselten jedes Wort. Wir benutzten nie ein Telefon. Jeder Kontakt hinterließ eine Spur – das ließ sich nicht vermeiden –, doch wir sorgten für falsche Fußabdrücke.

Bevor ich mich auf den Weg nach Downtown machen konnte, trudelte eine weitere E-Mail ein. Die gleiche harmlos aussehende Betreffzeile, die »dringend« signalisierte. Der Chiffretext ihrer verschlüsselten Botschaft sah folgendermaßen aus:[9]


```
-----BEGIN PGP MESSAGE-----
hQIOA7RnVIVebwveEAgA7OBO1qtnQ1mdDTZwU4eI1ZbfF57dLNI
bOUxeunqK8q9Zoo9aOiHGjVreqoOYKip/1pX7rohHmA/TO38jjgns
F9E6hNahg1ZWcBRabfOxGUxu8Gzxk5H9m+kOdHCqg6jG2p/seNFNCR36v
jgCy2BuF47JcOoKgc[…]
-----END PGP MESSAGE-----
```


Ich schloss einen USB-Stick an den Computer an. Darauf befand sich mein privater Schlüssel, eine kleine digitale Datei, um ihre Nachricht entschlüsseln zu können. Ich tippte zwei Passphrasen ein – eine, um den USB-Stick in Betrieb zu nehmen, und eine weitere, um den Schlüssel verwenden zu können. Die neue entschlüsselte Nachricht von Poitras war nur wenige Wörter lang.

```
Machen Sie sich auf etwas gefasst. Jesus.
```

Was zur *Hölle* ging hier vor? Ich sagte einen Flug nach Washington ab, hetzte zur U-Bahn und im Laufschritt die Treppe hinunter. Kaum in der Bahn Richtung Downtown, zog ich die Batterie aus meinem Handy. Ein Smartphone ist ein vorzüglicher Spurenleger. Außerdem eignet es sich hervorragend als ferngesteuertes Mikrophon, wenn jemand weiß, wie es einzuschalten ist.

Als ich Laura Poitras drei Tage vor Weihnachten 2010 zum ersten Mal begegnete, tauchte sie unangemeldet in meinem Büro ganz in der

Nähe vom Washington Square auf. Karen Greenberg, eine gemeinsame Freundin, die an der juristischen Fakultät der New York University einen lebhaften politischen Salon organisierte, lag uns schon lange damit in den Ohren, dass wir uns einmal treffen sollten. Als ich die *Washington Post* verließ, hatte mir Greenberg eine Fellowship angeboten. In meinem neuen Büro empfing mich ein Kaffeebecher, den mir der frühere und künftige Pentagon-Beamte Michael Sheehan hinterlassen hatte. Darauf prangte ein lächelnder Soldat aus dem Zweiten Weltkrieg mit kantigem Kinn und einem Kaffee in der Hand. »Wie wär's mit 'ner ordentlichen Ladung Schnauze halten?«, sagte der GI. Geheimhaltungskultur anno 1944, stets brandaktuell.

Ich dachte nicht daran, Poitras zu fragen, wie sie in mein Büro gelangt war, ohne dass ein Anruf vom Sicherheitspersonal oder von der übereifrigen Vorzimmerdame ein Stockwerk höher mich gewarnt hatte. An jenem Abend ließ sie mich wissen, dass ich eine ziemliche Szene verpasst hatte. »Ich hab ein schlechtes Gewissen, weil ich Karens Leute ein wenig zusammenfalten musste, um zu Ihnen durchzukommen«, schrieb sie mir.[10]

Nicht weiter überraschend, wenn man ihren Presseausschnitten Glauben schenken durfte. Mit ihren 46 Jahren war sie eine für den Oscar nominierte und mit dem Peabody-Award ausgezeichnete Naturgewalt, die gerne mal eine Kamera schulterte und damit ohne Crew durch ein Kriegsgebiet zog. Politik mit Hang zum Radikalen.[11] Sie wurde als »intensiv« und »erbarmungslos« beschrieben. Aufgewachsen in der Nähe von Boston, absolvierte sie eine Ausbildung zur Chefköchin und wandte sich dann der Filmerei zu.[12] Ihren Durchbruch erzielte sie mit *My Country, My Country* (dt. *Irak – Mein fremdes Land*);[13] der Film spürte dem gescheiterten Versuch nach, im Irak unter US-Besatzung eine Demokratie zu errichten.[14] Auf PBS war gerade ihr neuestes Werk *The Oath* gelaufen, das abwechselnd die Geschichte von Osama bin Ladens früherem Bodyguard, mittlerweile Taxifahrer im Jemen, und seinem Schwager, einem Häftling im Gefangenenlager in Guantánamo, erzählte.[15]

Die Schockwellen nach dem Irak-Film brachten sie zu mir. Nach der Erstausstrahlung im Jahr 2006 hatte man sie vier Jahre lang jedes Mal, wenn sie eine amerikanische Grenze überquerte, verhört und durchsucht.[16] Meistens hielten Beamte der Customs and Border Patrol sie ohne Angabe von Gründen stundenlang fest.[17] Sie blätterten durch ihre Notebooks, kopierten Videomaterial aus ihren Speicherkarten und manchmal nahmen sie ihre elektronischen Geräte »in Verwahrung« (so der juristische Euphemismus). Wie Poitras später erzählte, hatten sie am John F. Kennedy Airport in New York in jenem Sommer »Laptop, Videokamera, Filmmaterial und Handy konfisziert« und sie 41 Tage lang festgehalten.[18] Sie gaben zu, mindestens einmal eine vollständige forensische Aufnahme ihres Laptops angefertigt zu haben, eine Kopie aus vielen Einzelteilen, die sie für alle Zeit behalten und unter anderem dazu verwenden konnten, gelöschte Dateien wiederherzustellen.

Ich fand all das erschreckend – angefangen damit, dass die US-Regierung so tat, als seien Computer und Handys simple »Behälter«, genau wie eine Handtasche oder Reisetasche.[19] Nach dieser grotesken Logik war das Beschlagnahmen, Kopieren und Einbehalten von Hunderttausenden persönlichen und professionellen Dateien kein schwerwiegenderer Eingriff als das Durchsuchen eines Koffers nach unverzollten Whiskyflaschen. Es war seit langem gängige Praxis, dass die Forderung des 4. Zusatzartikels zur Verfassung nach einem begründeten Verdacht nicht für Durchsuchungen beim Grenzübertritt galt, wo die Behörden Spielraum brauchten, um Bedrohungen der Sicherheit abzuwehren und die Zollgesetze durchzusetzen. Nun machte die Regierung einen weiter gefassten Anspruch geltend, der den gesunden Menschenverstand und das grundlegende Recht eines Bürgers, unbehelligt zu bleiben, sehr viel aggressiver herausforderte.[20] Wie die Regierung argumentierte, gab es so etwas wie eine »unbegründete« Durchsuchung an der Grenze überhaupt nicht, weil Zollbeamte frei darüber bestimmen dürften, was sie inspizieren und beschlagnahmen würden. Dafür bräuchten sie überhaupt keine Begründung. König Georg hätte dem in allen Punkten sicher zugestimmt. Die Bundesrichter hatten gerade erst begonnen, es in Frage zu stellen.[21]

Poitras hatte gehört, dass ich bei meinen alten Reporterkollegen als exzentrisch galt, was Datenschutz betraf – ich war der Typ, der seine Notizen verschlüsselte und befremdliche Accounts anlegte. Vermutlich trug ich eine Nachtmütze aus Alufolie, um feindliche Funkstrahlen abzuwehren. Für mich lag die Notwendigkeit von Vorsichtsmaßnahmen auf der Hand. Genau wie alle anderen hatten Journalisten die Gaben des Internets freudig angenommen, ohne über ihren Preis nachzudenken. Handys, Browsen im Netz, E-Mails und SMS hinterließen lange Datenspuren – sie verrieten, mit wem wir wann redeten, wo wir uns trafen und worüber wir uns unterhielten. Neue Gesetze und Technologien gewährten dem Staat einen leichteren und weniger kontrollierten Zugang zu dieser Datenfundgrube. Große Privatunternehmer installierten vergleichbare Tools auf Unternehmensebene, um ihren Arbeitnehmern nach Belieben über die Schulter blicken zu können. Einige Personen im Fokus von Investigativjournalisten versuchten, Datenlecks zu stopfen, indem sie Privatdetektive damit beauftragten, die Aufzeichnungen unserer Kommunikation an sich zu bringen.[22] Wir Journalisten gelobten zwar, unsere vertraulichen Quellen nicht preiszugeben, erlaubten unseren Gegnern jedoch, sie aus unseren digitalen Spuren herauszulesen.[23] Seit Jahren hatte ich meine Notizen nicht mehr so aufbewahrt, dass irgendwer, auch Vorgesetzte, denen ich vertraute, sie lesen konnten. Die »Cloud«, so drückte es der Sicherheitsanalyst Graham Cluley aus, sei nur ein anderes Wort für »den Computer von jemand anderem«.[24] Wenn man dort Informationen hinterlegte, verlor man die Kontrolle darüber.

Poitras wollte wissen, wie sie sich schützen könne. Normalerweise würde ich zu Beginn eines solchen Gespräches erst einmal fragen, was sie schützen wolle und wer ihrer Meinung nach gern Zugriff darauf hätte. Poitras wusste bereits, dass sie einen Gegner von Weltrang hatte. Das war nicht unbedingt beruhigend, doch selbst die US-Regierung musste sich ihre Zeit, Geldreserven und knappen technischen Ressourcen einteilen. Sie konnte nicht alle Hebel in Bewegung setzen, um jemanden auf einer Watchlist unter Beobachtung zu halten. Bislang war Poitras ein kostengünstiges Ziel gewesen, da sie nur nackte Daten beförderte. Mit Dateiverschlüsselungen konnte sie ihren Preis erheblich in die Höhe treiben. Kurze Zwischenfrage: Was war mit dem Laptop, den sie kopiert hatten? Hatte sie die Passwörter für ihre E-Mails und Accounts geändert? Ja, hatte sie.

In jener Nacht sandte ich ihr eine vorgeblich »kurze Notiz für weitere Lektüre«. In Wahrheit ließ ich alle Zurückhaltung fahren. Meine 1000-Wörter-Mail strotzte vor Links und Rezepten für eine Buchstabensuppe aus Software-Tools: GPG, TrueCrypt, OTR, SOCKS-Proxys, Tor.[25] In der Rückschau ist verständlich, warum mich meine Kollegen selten um diese Art von Ratschlägen baten.

Viele Techniken, die ich Poitras empfahl, stammten von den Cypherpunks der 1990er Jahre, einer libertär eingestellten (und daher führerlosen) Gemeinschaft von Visionären und Technologen.[26] Als das Internet noch in den Kinderschuhen steckte, machten es sich die Cypherpunks zur Aufgabe, es vor Zensur, Überwachung und anderen Formen unerwünschter staatlicher Kontrolle zu schützen. Einer von ihnen, John Perry Barlow, ehemaliger Songtexter von The Grateful Dead und Mitbegründer der Electronic Frontier Foundation, verfasste eine Unabhängigkeitserklärung, in der er Regierungen allgemein (»ihr müden Riesen aus Fleisch und Stahl«) davor warnte, sie seien »nicht willkommen unter uns«. In *A Cypherpunk's Manifesto* verkündete Eric Hughes einen Aktionsplan: »Wir wissen, dass jemand Software schreiben muss, um die Privatsphäre zu schützen, und da wir uns unsere Privatsphäre nur sichern können, wenn dies alle tun, werden wir sie schreiben.«

Und das taten sie. Sie schrieben die Software und die Software funktionierte und sie stellten sie allen kostenlos zur Verfügung. Selbst das US Naval Research Laboratory, das »Onion Routing« erfand, um anonyme Online-Kommunikation zu ermöglichen, veröffentlichte die Software und den zugrunde liegenden Code zur freien öffentlichen Nutzung.[27] »Der Schutz der Privatsphäre bedeutet nicht nur das Verbergen von Nachrichteninhalten, sondern auch zu verbergen, wer mit wem spricht«, schrieben die Autoren des wegweisenden Fachartikels.

Mit Hilfe solcher Tools, verpackt in die elegante Mathematik der

Kryptographie, konnte jeder ohne Zensur oder Angst lesen und schreiben und sich im Internet verabreden. Jeder konnte es und kaum einer tat es. Die Muggel hielten sich vom Hexenwerk der Zauberer fern. Kaum jemand erfuhr, dass es solche geheimen Tricks gab, und noch weniger hatten Lust oder die Geduld, sie sich anzueignen. Mit einem gewissen streberhaften Vergnügen machte ich mir die Mühe; zudem war ich als Journalist, der über Geheimdiplomatie, Geheimdienste und Krieg berichtete, besonders motiviert. 2006 verwendete ich erstmals GPG, den Goldstandard der E-Mail- und Dateiverschlüsselung[28] – nicht lange nachdem sich das Magazin *Time* über die Einwände eines Reporters hinweggesetzt und seine Notizen an Staatsanwälte in der Strafsache gegen den Stabschef von Vizepräsident Dick Cheney weitergegeben hatte.[29] Für mich war Werner Koch, der die Software geschrieben hat und sie nach wie vor betreut, einer der Helden der Zivilgesellschaft.

Dennoch musste man leider sagen: Die Bedienung von GPG war so kompliziert, dass selbst Experten an seinem epischen Benutzerhandbuch scheiterten.[30] Die Anleitung übertrumpfte Robert Louis Stevensons *Dr. Jekyll and Mr. Hyde* um 2000 Wörter.[31] Damit war eigentlich schon alles gesagt, aber einen besseren Rat konnte ich Poitras nicht geben. Mein bester Tipp für sie war vielleicht: »Sie sollten sich wohl einen erfahreneren Berater suchen.«[32] Ich sollte noch erwähnen, dass es heute leichter zu bedienende Tools gibt, auch wenn sie immer noch zu kompliziert sind. Auf gellman.us/pgp finden Sie eine fortlaufend aktualisierte Liste.

Unsere Zusammenarbeit an der NSA-Story begann zwei Jahre später, am 31. Januar 2013, als Poitras mir schrieb, sie sei gerade in New York.

»Haben Sie in den nächsten Tagen Zeit für einen Kaffee?«, fragte sie. »Ich könnte einen Rat gebrauchen.«[33] Die Einladung war nicht so spontan, wie sie aussah. Es folgte eine verschlüsselte Notiz, in der ich gebeten wurde, mein Handy nicht mitzunehmen. Zwei Tage später im Joe, der Espressobar im Taschenformat, die ich ausgesucht hatte, verzog sie das Gesicht, als sie die eng beieinander stehenden Tische sah, und meinte, wir sollten lieber woanders hingehen. Nach zwei weiteren

Anläufen fanden wir schließlich ein Lokal, das ihr diskret genug war. Nun hatte sie meine ungeteilte Aufmerksamkeit.

Poitras machte ein wenig Smalltalk, bis die Bedienung uns Essen und Getränke brachte. Aus reiner Gewohnheit zog ich mein Notizbuch hervor. Sie schüttelte den Kopf, und ich steckte es wieder ein. Ein namenloser Informant habe sich an sie gewandt, erzählte sie, der sich als Angehöriger der Intelligence Community der USA ausgab. Damals verriet sie es noch nicht, aber ihre Kommunikation hatte fünf Tage zuvor begonnen.[34] Laut dem anonymen Informanten hatte die NSA einen derart umfassenden und leistungsfähigen Überwachungsapparat errichtet, dass die amerikanische Demokratie in Gefahr war. Das konnte er auch beweisen, aber noch nicht sofort.

Das klang fürs Erste nicht sehr vielversprechend. Ich glaube, es gelang mir, ein Pokerface aufzusetzen, doch aus Erfahrung wusste ich, dass kaum etwas einen solchen Reiz auf wahnhafte Informanten ausübte wie eine Story über den Geheimdienst. Nachdem es in meinem letzten Buch um Inlandsüberwachung ohne richterlichen Beschluss gegangen war, war ich von Briefen in krakeliger Schrift und Sprachnachrichten überschwemmt worden, bis meine Warteschlange aus allen Nähten platzte.[35] Poitras' Quelle klang zwar nicht wie ein Spinner, aber es gibt auch Hinweise auf eine Story, die Reporter gemeinhin unter »wichtig, falls wahr« ablegen. Der Tipp klang glaubwürdig, lohnenswert, wenn er echt war, aber die Story war für uns einfach außer Reichweite. Ich konnte mir durchaus vorstellen, wie sich ihre Glaubwürdigkeit nachweisen ließe, aber dazu brauchte man schon eine Zwangsvorladung oder, nun ja, eine Wanze. Diese Dateien konnten Gold wert sein, aber ihre Echtheit zu prüfen würde womöglich ein Leben lang dauern.

Ich wollte Poitras schon warnen, aber dann hielt ich mich zurück. Es war eine schlechte Angewohnheit. So wie auch Polizisten und Strafverteidiger glauben wir Journalisten gerne, dass wir über einen speziellen Wahrheitsinstinkt verfügen. So ein Quatsch! Ich war gegen diese Vorstellung nicht immun, aber es gab kaum wissenschaftliche Belege dafür. In kontrollierten Experimenten schnitten professionelle

Ermittler bei der Unterscheidung zwischen Wahrheit und Lüge nicht besser als jemand ab, der eine Münze warf.[36] Ich hatte gewiss keinen Grund zum Prahlen. Im Laufe der Jahre hatte ich Menschen vertraut, wo es nicht angebracht gewesen war, und Fakten, die nicht in meinen Erfahrungshorizont passten, übersehen oder verworfen. Einen meiner beunruhigendsten Fehler beging ich im Juni 1995 auf einem Hügel in der Westbank, als ich einen israelischen Siedler namens Yigal Amir interviewte.[37] Bereits damals war Amir Ministerpräsident Jitzchak Rabin auf den Fersen. Fünf Monate später drängelte er sich so weit vor, dass er zwei Kugeln in Rabins Rücken schießen konnte. Als ich mit ihm sprach, hörte ich keine inneren Alarmglocken schrillen. Ich tat die düsteren Worte des Attentäters als Klischee ab. Dass er Rabin einen Verräter nannte und in ein Loch namens »Oslo-Abkommen« pissen wollte – das war Theater, gängiger Jargon unter religiösen Nationalisten seines Schlags. Ich hatte schon Hunderte wie ihn getroffen, so glaubte ich.

Ich hielt den Mund, biss in meinen Burger und überließ Poitras das Wort. Mit einem hemdsärmeligen Spruch hätte ich leicht alles verderben können. Die Laura Poitras, die ich mit der Zeit kennenlernte, war eine gestrenge Richterin über Kollegen, die ihr leidenschaftliches Sendungsbewusstsein nicht teilten. Auf jeden Fall gefiel mir, was ich im weiteren Verlauf unserer Unterhaltung zu hören bekam. Der Informant hatte nicht alle seine Karten auf den Tisch gelegt, und Poitras enthielt mir ihrerseits auch einige vor, doch in der Sprache der Signalaufklärung und der Kommunikationsnetze kannte er sich aus. Ich meinte, eine Schwäche für rhetorisches Pathos herauszuhören, doch wie Poitras sagte, beschrieb die Quelle Tatsachen präzise. Seine Bereitschaft, fehlende Kenntnisse einzuräumen, werteten wir beide als positiv. Er gewann noch ein wenig mehr an Glaubwürdigkeit, als er, scheinbar ohne es zu bemerken, von normalem Englisch in Fachsimpelei abglitt. Das war typisch für Angehörige geschlossener Expertengruppen und nicht leicht vorzutäuschen.

Poitras hoffte, ich würde mich in dem Jargon ein wenig auskennen. Hatte ich schon mal von BOUNDLESSINFORMANT gehört? Nein, aber mir gefiel der perfekt getroffene Ton bewusster Übertreibung, ehrgeizig, mit einer Spur drohenden Unheils. Was war mit SSO? Ich war mir ziemlich sicher, dass das die Abkürzung für Special Source Operations war – es hatte mit dem Zugang der NSA zu Betriebsmitteln von Unternehmen zu tun, die mit ihr kooperierten. Was meinte die Quelle mit DNR? CNO? Keine Ahnung. Mir fiel nur so etwas ein wie »do not resuscitate« – die Anordnung zum Verzicht auf Wiederbelebung – und »chief of naval operations« – »Leiter von Marineoperationen« –, was ziemlich abwegig klang. NSANet? Ja, das kannte ich. Das war das abhörsichere globale Intranet der Behörde, über das 30000 Mitarbeiter Zugang zu gemeinsamen geheimdienstlichen Ressourcen hatten – eine Wikipedia nachempfundene Top-Secret-Nachschlageseite.[38]

War ihr Informant der Whistleblower, der er vorgab zu sein? Ein Schwindler, der öffentliche Informationen nutzte, um Insiderwissen vorzutäuschen? Ein echter Geheimdienstanalyst, der mit einer angeblichen Intrige hausieren ging? Ein Beamter mit Halbwissen, der etwas Harmloses fehlinterpretiert hatte? Ich sagte Poitras, dass ich die Möglichkeiten vermutlich eingrenzen könne. Bei den Recherchen für *Angler*, mein Buch über Cheney, hatte ich kleine Details, die ich über die NSA in Erfahrung gebracht hatte, ausgelassen. Für meine damaligen Zwecke waren sie zu technisch oder ich konnte sie im damaligen Kontext nicht einordnen oder sie waren für die Ereignisse, über die ich berichtete, unerheblich. Wenn die Quelle das wusste, was ich wusste, könnte das etwas zu bedeuten haben. Wenn sie etwaige Lücken füllte oder überzeugende Korrekturen vornahm, umso besser.

Poitras fragte, was ich davon hielte, mehrgleisig zu fahren, falls sich die Geschichte als tragfähig erweisen sollte. Presse und Film könnten einander ergänzen, meinte sie. Wir wollten uns beide bei diesem ersten Treffen auf nichts festlegen, aber die Sache zog mich in ihren Bann. Im Laufe der Zeit gingen die Fragen und Antworten zwischen Poitras und mir hin und her. Bei jedem Austausch schwanden unsere Bedenken ein wenig mehr. Als das Frühjahr anbrach, waren wir Partner. Alles würde von den schriftlichen Beweisen abhängen, schrieb ich ihr Anfang Mai, aber ich war an einem Wendepunkt angelangt.

Wenn dieser Typ nicht echt sein sollte, schrieb ich, »dann würde mich das sehr überraschen.«

Als Poitras uns miteinander bekannt machte, musste sie Verax erst von mir überzeugen. Er misstraute der *Washington Post*, wo ich mein journalistisches Rüstzeug gelernt hatte. Er kannte sie in erster Linie von ihren Meinungsseiten, auf denen Kolumnen und Leitartikel ohne Autorenangabe – die Stimme des Herausgebers – WikiLeaks brandmarkten, Krieg gegen den Irak forderten und andere Exzesse, wie er sie nannte, von Präsident George W. Bushs »globalem Krieg gegen den Terror« verteidigten. Verax wollte, dass Stimmen »der Gegenseite« seine Geschichte erzählten, und die hatte er bereits ausgewählt. Poitras hatte sich als Skeptikerin und zugleich Zielscheibe des Kriegsestablishments erwiesen und ihr Kurzfilm über einen weiteren Kritiker der NSA hatte Verax auf sie aufmerksam gemacht.[39] Der Kolumnist des *Guardian* Glenn Greenwald hatte sich einen Namen als beharrlicher Kämpfer gegen den Sicherheitsstaat und seine Fürsprecher erworben. Trotz monatelanger Bemühungen hatte Greenwald jedoch zunächst nicht auf Kontaktversuche von Verax reagiert,[40] der ihm E-Mails und ein Anleitungsvideo zur Verschlüsselung schickte.[41]

Ich passte nicht in die Schablone des Außenseiters. Ich war eingetragenes Mitglied der Mainstream-Medien und gab nicht vor, mich einer Kampagne für Verax oder seiner Sache anzuschließen. Andererseits hatte ich bereits jahrelang Recherchen über Inlandsüberwachung betrieben. Zwei Dinge konnte ich für mich bei Verax ins Feld führen: Dank Quellen, die ich über die Jahre aufgetan hatte, war ich gut gerüstet, in meiner Berichterstattung über die Dokumente selbst hinauszugehen, und die unmittelbare journalistische Präsentation neuer Enthüllungen war wie nichts anderes geeignet, den Staat zur Verantwortung zu ziehen.

Verax stachelte mich vermutlich ganz bewusst mit der Mutmaßung an, dass nur ein furchtloser Andersdenkender wie Greenwald die Wahrheit ans Licht bringen könne. Ich schluckte den Köder. Ich kannte Greenwald flüchtig – 2010 hatte ich bei einer Podiumsdiskussion mit dem Titel »The Constitution and National Security« vergeblich versucht, ihn zu bremsen (mit einem so widerspenstigen Diskussionsteilnehmer hatte ich es auf dem Podium selten zu tun gehabt).[42] Er sei zweifellos intelligent, schrieb ich Verax, und ein großer Entlarver von Heuchelei. Er verlangte Beweise für offizielle Behauptungen, was ich bewunderte. Wie seine Widersacher wählte er diese Behauptungen jedoch sorgfältig aus. In meinen Augen passte es eher zu einem Prozessanwalt als zu einem Berichterstatter, das Augenmerk auf diejenigen Fakten zu legen, die die eigene Argumentation untermauerten.

Der größte Streitpunkt zwischen Verax und mir betraf den Weg von Informationen in der öffentlichen Diskussion. Greenwald verachtete meine Berufssparte des Mainstream-Journalismus, aber was glaubte Verax eigentlich, wie Greenwald die Sünden entdeckte, gegen die er zu Felde zog? Wo hatte er von Folterungen erfahren, Geheimgefängnissen, Inlandsüberwachung, dem Missbrauch von »Briefen zur Nationalen Sicherheit« oder den vor Ort ermittelten Fakten über Massenvernichtungswaffen im Irak? In meinem journalistischen Umfeld wurden die meisten dieser Geschichten ans Licht gebracht und alle von ihnen gründlich aufbereitet. Natürlich waren daran auch andere Parteien maßgeblich beteiligt. Nichtregierungsorganisationen wie das Internationale Komitee vom Roten Kreuz (und die Zeitschrift *New York Review of Books,* die den vertraulichen Bericht des ICRC erhielt) deckten die harten Tatsachen über die Haftbedingungen in Guantánamo Bay auf. Kläger, die das öffentliche Interesse vertreten, von Judicial Watch bis zur American Civil Liberties Union (ACLU), haben die Regierung gezwungen, Notizen von geheimen Zusammenkünften und Fotografien von Misshandlungen Gefangener auf den Tisch zu legen. Dies wiederum führte zu neuen Enthüllungen durch die Sendung *60 Minutes* auf CBS und den *New Yorker.* Durch Crowdsourcing ermöglichte Sichtungen und Analysen in den sozialen Medien offenbarten heimliche Entführungsflüge durch die CIA und deren Ziele, was einem groß angelegten Enthüllungsbericht der *Post* über geheime Gefängnisse in Übersee den Weg bereitete.[43] Meinungen trugen zur Gestaltung der öffentlichen Debatte bei, doch ein solcher Austausch konnte nicht ohne handfeste Fakten beginnen. Geduldige, hingebungsvolle investigative Berichterstattung durch die traditionellen Nachrichtenagenturen war unverzichtbar.

Verax akzeptierte, dass ich nur begrenzt als sein Fürsprecher auftreten würde. Was er befürchtete, war die Möglichkeit, dass ich eindeutige Tatsachen mehrdeutig darlegen könnte. Wie konnte er sicher sein, dass ich die Geschichte nicht verwässern oder auf Befehl der US-Regierung unter den Tisch kehren würde? Diese Frage hatte ich schon öfter gehört. Ich fand sie stets befremdlich – als würde ich gefragt, wie viele Tatsachen ich gewöhnlich selbst erfand. Ich wollte sagen, dass meine bisherige Arbeit für sich selbst spreche, aber ich wusste, dass er das nicht verifizieren konnte. Vielleicht war es arrogant anzunehmen, ich könne eine »Bilanz« vorweisen, die jeder überprüfen könne. Selbst wenn Verax jedes einzelne von mir geschriebene Wort lesen würde, ließe sich von seiner Warte aus nicht bestimmen, was ich möglicherweise ausgelassen hatte. Ich fand, meine Artikel sprächen für sich, doch den eindeutigen Beweis für meine Unabhängigkeit musste ich schuldig bleiben.

Nun nahm Verax grundsätzliche Fragen ins Visier. Warum hatte ich mich für diese Art von Arbeit entschieden? Woran maß ich Erfolg? Ich wollte endlich meine eigenen Fragen stellen, aber Ausweichen war keine Option. Journalismus sei wichtig für mich, so schrieb ich ihm, weil Wahrheit ein elementarer Wert sei. Die Wahrheit, so gut fehlbare Menschen sie fassen und verbreiten könnten, setze sich aus vielen Einzelheiten zusammen und werde durch weitere Erkenntnisse korrigiert. Ich sei der Meinung, dass Transparenz Macht gleichmäßiger verteile – in der Wahlkabine, auf dem Markt und überall dort, wo sonst noch Entscheidungen zu treffen seien. Ich sei nicht erpicht auf persönliche Auseinandersetzungen, ließ ich Verax wissen, aber ich hätte, in aller Bescheidenheit, schon verdammt lange Autoritäten ans Bein gepinkelt.

Und dann erzählte ich ihm die Geschichte meiner gescheiterten Karriere als Redakteur der Schülerzeitung an meiner Highschool. Die Direktorin hatte einen Artikel entfernt. Ich druckte ihn trotzdem. Sie schloss mich von der Schülerzeitung aus, beschlagnahmte die Auflage und verbrannte sie.[44] Einige Tage später gab ich mit der bewundernswerten Hybris eines Teenagers gemeinsam mit zwei weiteren Herausgebern eine Pressekonferenz und verkündete, ich würde unter Berufung auf den 1. Zusatzartikel der Verfassung vor dem Bezirksgericht für den Eastern District of Pennsylvania das Verfahren Gellman v. Wacker anstrengen.[45]

»Kein Scheiß? Ich lach mich tot«, schrieb Verax.

Die Lektion fürs Leben, so schrieb ich ihm, war, wie problemlos wir fertiggemacht wurden. Der Schulbezirk Philadelphia spielte auf Zeit und wartete, bis ich meinen Schulabschluss gemacht hatte, um unser verfassungsmäßiges Recht auf Veröffentlichung anzuerkennen. Die Direktorin schrieb einen vernichtenden Vermerk in meine Bewerbungsmappe für das College und behauptete dann, ihn verloren zu haben, womit sie mein verbrieftes Recht zu lesen, was sie geschrieben hatte, aushebelte.[46] Rein faktisch hatten wir auf allen Ebenen verloren. Doch diesem Kampf verdankte ich meine Laufbahn und eine lebenslange Faszination für den Gebrauch und Missbrauch von Macht. Das war eine meiner Lieblingsanekdoten – vor allem in Verbindung mit einem Foto im *Philadelphia Inquirer* mit meiner damals angesagten Afro-Frisur.[47]

Verax verstand. Aber das sei alles lange her. Kreisliga. Wie konnte ich ihm beweisen, so fragte er, dass ich jetzt auch bereit war, staatlichem Druck standzuhalten? Es fühlte sich wie ein Bewerbungsgespräch an, aber es machte Spaß. Also – es gab dieses Buch, das ich über Dick Cheney geschrieben hatte. Darin ging es um Geschichten, die der ehemalige Vizepräsident gerne verschwiegen hätte, und er trat im Fernsehen auf, um seine Verachtung für meine Arbeit zum Ausdruck zu bringen.[48] Ich hatte einen langen Artikel über die Praxis des FBI verfasst, mit »Briefen zur Nationalen Sicherheit« per rechtlicher Anordnung Hunderttausende Aufzeichnungen von US-Amerikanern einzufordern, die nicht unter Verdacht standen, etwas Ungesetzliches getan zu haben. Das Justizministerium schrieb einen zehnseitigen Brief an den Kongress (den es wieder zurücknehmen musste), in dem es mir bewusste »Verzerrungen und Verfälschungen« vorwarf.[49] Zwei Jahre zuvor hatte die CIA eine erbitterte Kampagne gestartet, um meinen Bericht über die Jagd nach irakischen Massenvernichtungswaffen zu diskreditieren.[50] David Kay, der für diese Attacke verantwortlich zeichnete, gestand mir drei Jahre später nüchtern ein, ihm sei damals klar gewesen, dass die Geschichte stimmte. Noch früher hatte mich ein wichtiger Berater von Außenministerin Madeleine Albright aus ihrem Flugzeug gewiesen, weil ich über geheime diplomatische Anrufe berichtete, die ihre öffentlichen Behauptungen Lügen straften. (In den höheren Etagen wurde das nicht gern gesehen.) Unmittelbar nach dem Golfkrieg, als noch gänzlich unbedarfter Korrespondent für das Pentagon, schrieb ich in einer Titelstory, dass 93 Prozent der im Irak abgeworfenen Bomben nicht die »intelligenten Bomben« seien, wie sie in Videos vom Pentagon präsentiert würden. Zwei Drittel davon würden ihr Ziel verfehlen. General Merrill A. McPeak, Stabschef der Air Force, bot öffentlich an, mich auf einen Acker zu stellen, damit ich herausfand, wie es sich anfühlte, wenn »dumme Bomben« auf mich herabregneten.[51]

»Ich bin an dieser Geschichte wirklich sehr interessiert«, schrieb ich am 18. Mai an Verax. »Ich glaube, sie ist von großer Bedeutung.« Und er sollte sie mir nicht trotz, sondern wegen meiner Wurzeln in den Mainstream-Medien anvertrauen. Wenn eine große Zeitung »sich dieser Geschichte annimmt und dafür ihre Ressourcen einsetzt«, schrieb ich, »bekommen Sie etwas, was Sie nirgendwo sonst bekommen können.«

> Sie werden die Kontrolle nicht aus der Hand geben, das, was Ihrer Meinung nach veröffentlicht werden sollte, weltweit und nach freiem Willen zu veröffentlichen. Doch bevor Sie das tun, räumen Sie noch ein wenig Zeit für die Chance ein, dass das Dokument in einem Rahmen präsentiert wird, der besagt: Dies hier ist real. Wir haben es für echt befunden. Es sieht kompliziert aus, aber wir können

```
Ihnen erklären, was es bedeutet. Hier ist der Kontext,
und nun wird Ihnen klar, warum dies brandaktuelle
Informationen sind.
```

Verax konterte, es läge nicht in meiner Hand, ihm das zu versprechen. Er prophezeite, dass ein Corporate Publisher – was auch immer in meiner Absicht läge – unter Drohungen der Regierung einknicken werde. »Meine Sorge gilt Ihren Redakteuren, deren Anwälten und dem ganzen übrigen Rattenschwanz«, schrieb er. »Ich befürchte, dass institutionelle Vorsicht dies alles zum Nachteil der Öffentlichkeit verwässern wird.«

»Was Sie behaupten, entspricht in keinster Weise meinen Erfahrungen«, entgegnete ich. »Sie haben keine Ahnung von meiner Welt.«

Mein Abschied von der *Washington Post* war kein glücklicher gewesen, doch zweifellos hatte mich die Zeitung 21 Jahre lang bis an die Grenzen des Machbaren unterstützt. Ich war dabei gewesen oder hatte zugehört, als sich Leonard Downie Jr., lange Zeit Chefredakteur der *Post*, wüste Anschuldigungen von Kabinettssekretären, zwei Geheimdienstdirektoren und einem Nationalen Sicherheitsberater anhören musste. Es gab weitere Zusammenstöße auf noch höherer Ebene, denen ich nicht beiwohnte. Die *Post* gab jedem respektvoll Gelegenheit, sich zu äußern, aber dann traf sie ihre eigenen Entscheidungen. Am Seitenrand hatte ich zweimal vermerkt, dass ich anderer Meinung als Downie war, was die Eignung für den Druck betraf. Es waren knappe Entscheidungen gewesen. Ich hätte mich auch irren können.

Eigentlich bezweifelte ich, dass ich Verax überzeugt hatte. Er blieb unentschieden, was meine Möglichkeiten betraf, aber unentschieden reichte aus. Er ging an die Sache heran wie ein Ingenieur und baute Fallbacks und redundante Pfade ein, um seine Geschichte herauszubringen. Wenn ich nicht lieferte, waren Poitras oder Greenwald ja auch noch da. Sein Plan hatte keine »zentrale Schwachstelle«, wie er mir später erläuterte. Wenn wir alle versuchten, die Geschichte an die Öffentlichkeit zu bringen, gab es in seinen Augen eine natürliche Arbeitsteilung. Als die Veröffentlichung näher rückte, sagte ich ihm, dass ich meine Reportage nicht mit der von Greenwald abstimmen würde. Das tat nichts zur Sache. Unsere Rollen und Fähigkeiten seien, wie er sagte, komplementär.

In einer Notiz an Poitras und mich verkündete Verax seinen Entschluss, wobei er uns im Stil der NSA einen zusammengesetzten Decknamen verlieh:

```
Nun ist es also entschieden! Wenn die Schreiberlinge
(von nun an BRASSBANNER) mit von der Partei sein wollen,
heiße ich sie willkommen.[52]
```

Poitras und ich hatten inzwischen einen Mann in mittleren Jahren, vielleicht auch etwas älter, vor Augen. Verax schien nicht mit der Stimme einer Frau zu schreiben, was auch immer wir uns darunter vorstellten, und sein umfangreiches Wissen deutete auf eine lange Laufbahn hin. Allerdings kannten wir weder seinen Namen noch seine Behörde noch seinen Job. Das wurde immer mehr zu einem schwerwiegenden Problem für mich.

Ich musste Poitras versprechen, nichts zu unternehmen, um Verax' Identität gegen seinen Willen zu lüften. Das zog ich ohnehin nicht im Entferntesten in Betracht. Prinzipiell wäre das ein ungeheurer Vertrauensbruch gewesen und faktisch konnte ich unsere Quelle durch Herumschnüffeln in Gefahr bringen. Möglicherweise wussten die NSA oder irgendwelche anderen Beteiligten schon jetzt, dass wir der Geschichte auf der Spur waren. Ich hatte keine Chance, herauszufinden, wer uns beobachtete. Wenn ich auch nur nach den kleinen Hinweisen googelte, die wir hatten, könnten die Behörden vielleicht mehr herausfinden als wir.

»Ich werde nicht versuchen, unsere Quelle zu demaskieren«, schrieb ich Poitras am 7. Mai 2013, aber ich hoffte, er würde seine Identität aus freien Stücken lüften – und das bald. Er plante, sich zu erkennen zu geben – ein bemerkenswertes Versprechen –, doch erst wenn alle Beteiligten im Boot säßen. Er wusste, dass sich die geballte Aufmerksamkeit auf ihn richten würde, sobald der geheime Informant einen Namen hätte. Aus meiner Sicht musste ich Bescheid wissen, bevor die Story auf dem Tisch lag.

Noch am selben Tag schrieb ich an Verax und Poitras:

> Ich werde alles in meiner Macht Stehende tun, um das Dokument zu authentifizieren. Es ist oft der Fall, dass mir das nur zum Teil gelingt. Vielleicht finde ich eine zweite Quelle, die bestätigt, dass ein Dokument mit einem bestimmten Datum und Titel existiert, oder die einen oder mehrere Punkte sinngemäß oder im Wortlaut bestätigt oder grundlegende Fakten ohne Bezug auf das Dokument. …
> Kurz gesagt: Wenn ich keine völlig unabhängige Bestätigung bekomme, ist das Vertrauen in … die Glaubwürdigkeit der ursprünglichen Quelle kaum durch etwas anderes zu ersetzen. …
> In rund 20 Jahren Berichterstattung über nationale Sicherheit wäre es das erste Mal für mich, dass ich eine Story schreiben würde, ohne zu wissen, woher sie stammt. Ich will nicht sagen, dass ich das nicht tun werde. Das hängt von der Gesamtheit der Fakten ab, die ich auftreiben kann. … Aber ich wüsste sehr gern, ob es irgendetwas gibt, womit ich [Sie] überzeugen könnte.

Damit begab ich mich auf dünnes Eis. Mein Kanal zu Verax war noch neu und nach wie vor brüchig. Normalerweise würde ich nicht so starken Druck ausüben. Warum ging ich dieses Risiko ein, bevor er mir überhaupt etwas übermittelt hatte? Doch im Hinblick auf die Seriosität der Geschichte waren die Risiken noch größer. Niemand von uns erwartete, dass die Sache für Verax gut ausgehen würde. In nahezu jedem denkbaren Szenario würden wir am Ende unvermittelt und ohne Vorwarnung isoliert dastehen. Er könnte verhaftet werden, auf inoffiziellem Wege von unbekannten Parteien verschleppt werden, gezwungen sein, sich zu verbergen, oder gegen das Versprechen, Stillschweigen zu wahren, irgendwo Zuflucht erhalten. Er rechnete damit, möglicherweise umgebracht zu werden. Wir hätten keine Chance, herauszubekommen, was passiert war. Er würde einfach von der Bildfläche verschwinden. Wenn ich jetzt keine grundlegenden Fragen stellte, würde ich vielleicht – oder, wie ich glaubte, vermutlich – keine zweite Chance mehr bekommen.

Verax verschob die Bitte, seine Identität preiszugeben, auf später, ging aber auf Fragen nach zahlreichen weiteren Details ein. Es waren sonderbare, asynchrone Befragungen, hin und her per E-Mail und Chat, wobei im Zentrum stets ein großes Loch klaffte: Ich versuchte, die Echtheit eines Dokuments festzustellen, das ich noch gar nicht zu Gesicht bekommen hatte. Inzwischen hatte er erklärt, dass daraus der Zugriff der NSA auf Online-Accounts bedeutender US-Unternehmen hervorgehe. Ich stellte ihm immer zehn oder 20 Fragen auf einmal.

»Warum sollte ich glauben, dass Sie Zugang zu geheimem Material haben, geschweige denn die Möglichkeit, für seine Echtheit zu bürgen?«, begann ich. Das war nicht gerade diplomatisch, aber ich hoffte, dass wir in einem unverstellten Ton miteinander reden könnten. Unverblümtheit machte ihm offensichtlich nichts aus. Es gab Themen, die tabu waren – insbesondere diejenigen, die ihn persönlich und die Menschen, die er liebte, betrafen –, aber wenn es um Tatsachenbehauptungen ging, war er bereit, sie zu verteidigen.

»Aufgrund meiner Position habe ich direkten Zugang zu den Dokumenten«, antwortete er. »Ich weiß, dass sie authentisch sind, weil sie einer Zugriffskontrolle unterliegen, intern erstellt wurden und entsprechend gekennzeichnet sind. Wie ich schon gesagt habe, werden Sie wissen, dass sie echt sind, sobald Sie sie sehen.«

Ein Blatt Papier, entgegnete ich, bedeute für sich genommen nicht viel. Wichtig sei, was es offenbare. Bevor ich diese Offenbarungen für bare Münze nehmen könne, müsse ich noch eine Menge mehr wissen.

Wer hatte das Dokument verfasst? Zu welchem Zweck? Trug es Initialen oder Stempel, die auf seine Beglaubigung hinwiesen? Besaß er die Verteilerliste? Wie viele Personen hatten Zugriff darauf? Was verlieh dem Dokument Autorität? Es wäre katastrophal, eine große Story auf einem gefälschten Dokument aufzubauen, aber fast genauso schlimm, wenn es sich als Entwurf auf einer niedrigen Mitarbeiterebene, ein abgelehntes Vorhaben oder ein überholtes Memorandum zu einem längst verworfenen Pilotprogramm entpuppen sollte. Was, wenn das Dokument einfach von falschen Tatsachen ausging? »Dewey siegt gegen Truman« war eine Schlagzeile von 1948, die tatsächlich im *Chicago Tribune* erschienen war, aber dann legte der andere Typ den Amtseid ab.

»Nehmen wir an, das Dokument ist authentisch – aber ist es auch faktisch richtig?«, fragte ich. »Enthält es falsche Behauptungen, verdreht es die Tatsachen oder lässt es wichtige Dinge aus?« Verax entgegnete, er könne sich nicht für jede einzelne Seite verbürgen, doch seine Machart entspreche seiner Erfahrung mit Bestimmungen, Ausbildung, Sammelsystemen und Datenspeichern der NSA. Dies sei kein veraltetes Memo oder ein überholter Entwurf. Es sei ein Überblick aktueller Operationen auf höchster Ebene, vom obersten Leiter vorbereitet und auf den neuesten Stand gebracht. Jede Militärorganisation verfüge über einen derartigen »Marschbefehl«, sagte Verax, auch »um mit der Dringlichkeit des Programms Haushaltsforderungen zu rechtfertigen«.

Ich pirschte mich näher an persönliche Fragen heran. Diese Story würde zweifellos Abwehrfeuer provozieren, mit Attacken auf den Boten und seine Glaubwürdigkeit. Große Überraschungen könne ich mir da nicht leisten.

»Falls die Regierung versucht, die Quelle in Misskredit zu bringen, indem sie entweder Spekulationen über ihre Identität anstellt oder sie zu kennen vorgibt, wäre da eine spezielle Angriffslinie zu erwarten? Gibt es etwas, das die Regierung, berechtigt oder nicht, vorbringen könnte, das in der Lage wäre, die Glaubwürdigkeit der Quelle zu erschüttern?«

Hatte man ihn aus dem Staatsdienst gefeuert? Nein. Drogenkonsum? Nein. Betrunken am Steuer? »Ich trinke überhaupt keinen Alkohol«, war die Antwort. Nach einer Weile meinte er, es mache keinen Sinn, weiter über ihn zu reden. Er erwarte Angriffe auf seinen Charakter. »Sie können die Quelle nicht schützen, aber wenn Sie mir helfen, die Wahrheit ans Tageslicht zu bringen, betrachte ich das als einen fairen Deal«, schrieb er. »Und lassen Sie sich letztendlich nicht durch mich ablenken – die Aktivitäten sind wichtiger als die Akteure.«

Die Leute werden sagen, dass Sie nicht den Dienstweg eingehalten haben, schrieb ich. Wenn Sie so starke Einwände hatten, was genau haben Sie getan, um dagegen einzuschreiten? Später, nach Veröffentlichung der ersten Berichte, erzählte er mir, er habe durchaus mehrmals gegenüber NSA-Kollegen und -Vorgesetzten Bedenken geäußert. Ich hatte keine Möglichkeit, das zu überprüfen. Wie mir NSA-Beamte sagten, hätten sie keine Beweise dafür gefunden, dass Snowden Verstöße gegen Gesetze oder Regeln gemeldet habe, könnten jedoch auch nicht ausschließen, dass er gegenüber Mitarbeitern seine Zweifel informell geäußert habe. Andererseits wurde klar, dass Snowden kein offizielles Beschwerdeverfahren in die Wege geleitet hatte.[53] Damals wusste ich nicht, dass er kein Beschäftigter im öffentlichen Dienst, sondern ein Vertragsmitarbeiter war und damit womöglich nicht auf den begrenzten Schutz für Whistleblower durch eine aktuelle präsidiale Anweisung hoffen konnte.[54] In diesem ersten Austausch zwischen uns hob er die zu erwartende Fruchtlosigkeit eines solchen Vorgehens hervor – gewöhnlich haben Whistleblower nicht den Hauch einer Chance, wenn sie die Leiter oder Prioritäten ihrer Behörde in Frage stellen. Das wird wohl kein Regierungsmitglied und keine größere Verwaltung ernsthaft bestreiten.

»Die Intelligence Community hat sich lange darin üben können, interne Proteste oder Kontrollen im Keim zu ersticken, und man muss sich nur den bisherigen Ausgang entsprechender Proteste ansehen, um die Vergeblichkeit eines solchen Unterfangens beurteilen zu können«, sagte er.

Personen, die Fehlverhalten anprangern, bitte ich häufig, mir die schlagkräftigste Erwiderung der Gegenseite zu nennen. Das hilft mir, den Informanten einzuschätzen und mich auf Befragungen der von ihm Beschuldigten vorzubereiten. »Was wird mir die US-Regierung wohl sagen, wenn sie erfährt, dass ich im Besitz des Dokuments bin, und wie würden Sie an ihrer Stelle antworten?«, schrieb ich.

»Die üblichen Rechtfertigungen: Das Programm ist gesetzlich abgesichert, es ist von entscheidender Bedeutung für die nationale Sicherheit, und sensible Programme oder Partnerschaften mit Unternehmen werden nicht kommentiert. Ich glaube nicht, dass sie versuchen, die Echtheit des Dokuments an sich in Frage zu stellen, denn um es zu fälschen, wäre von vornherein der Zugang zu den Programmdetails erforderlich.«

»Falls die Regierung behauptet, dass die Offenlegung des Dokuments oder von Teilen daraus die nationale Sicherheit gefährden würde, wie würde sie das vermutlich begründen? Was wäre verkehrt an solchen Behauptungen?«

Laut Verax würde die Regierung sagen – was sich als richtig herausstellte –, dass sich die Publikation der Story »nachteilig auf Partnerschaften auswirken« würde.

Dabei konnte ich es nicht bewenden lassen. Gab es wirklich nicht mehr über die auf dem Spiel stehenden Sicherheitsinteressen zu sagen? Befürchtete er nicht, so fragte ich ihn, dass die Enthüllung dieses Dokuments »Taktiken, Techniken, Verfahren oder Technologien, von deren Offenlegung geheimdienstliche Ziele im Ausland profitieren würden« offenbaren würde?

Das ging ihm unter die Haut und er deutete erneute Zweifel an meinen Werten mit Blick auf das Establishment an. »Ich fürchte ein wenig, dass Journalisten gemeinhin zu der Auffassung erzogen werden, dass [ihre] Verantwortung darin besteht, die Methoden zu schützen, die einer Elite auf Kosten des angestammten Rechts auf Privatsphäre Macht verleihen«, schrieb er. »Ist eine solche Behauptung überhaupt noch in Zweifel zu ziehen?«

Ja, durchaus, sagte ich.

Verax war irritiert und ließ sich zu einem Eingeständnis hinreißen, das er später, als er in der Öffentlichkeit stand und seine Äußerungen immer stärker politisch geprägt waren, nicht mehr wiederholen wollte. Ein Bericht über das Dokument, so räumte er ein, werde einige Einbußen nach sich ziehen. Doch die Vorteile seien höher zu bewerten. »Ja, es werden einige von der US-Regierung heißgeliebte vertrauenswürdige dritte Parteien enthüllt, was ausländischen Regierungen nützen könnte, aber noch viel mehr Menschen würden profitieren«, schrieb er. Ausländische Regierungen »wissen bereits, dass die NSA große Fernmeldeunternehmen unterwandert. Wenn sie können, machen sie das Gleiche.« Die »unschuldigen und unbeteiligten« Leute hätten jedoch keine Ahnung, dass sie Opfer einer Überwachung in großem Stil seien. Darum sähen sich die Internetunternehmen keinerlei Druck ausgesetzt, sie davor zu bewahren. »Ich glaube nicht, dass schemenhafte Figuren eine größere Bedrohung für die Sicherheit darstellen als Informationskontrolle, totale Überwachung und permanente nationale Militarisierung«, fügte er hinzu.

Nach und nach lernte ich, dass dieser Tonfall ein Zeichen hellster Empörung war. Wenn er den in den folgenden Monaten und Jahren anschlug, wusste ich, dass es Zeit war, eine Pause einzulegen und das heikle Thema auf einen anderen Tag zu verschieben. Unsere Verbindung war flüchtig. Er konnte einen Kanal schließen und sich nie wieder melden. Dennoch hielt ich den Druck trotz der Warnsignale gelegentlich aufrecht. Als ich eines Tages zu viele Nachfragen hinterhergeschoben hatte, schrieb er zurück: »Gehen Sie mir absichtlich mit Fragen auf den Sack, von denen Sie wissen, dass ich sie nicht beantworten werde?«

Als am 20. Mai die PRISM-Präsentation eintraf, hatte die hypothetische Fragerei ein Ende. Der nächste Tag bescherte uns etwas völlig anderes.

```
Machen Sie sich auf etwas gefasst.
Jesus.
```

Das war nicht die Laura Poitras, die ich kannte. Ihre erste Dringlichkeitsmail enthielt eine sachliche Botschaft: Wir mussten uns treffen. Diese zweite hier war pures Adrenalin. Als ich in ihrem Hotelzimmer in Downtown eintraf, sah es aus wie auf einem Schlachtfeld – Ausrüstung, Anziehsachen und Papiere lagen auf dem Bett und fast dem ganzen Fußboden verstreut. Sie hatte nicht geschlafen oder sich umgezogen und ihrem Gesichtsausdruck war nichts zu entnehmen. Schock, ohne Zweifel, aber noch etwas anderes. Euphorie? Angst? Ungläubigkeit? Falls sie irgendetwas sagte, als sie mir die Tür öffnete, weiß ich es nicht mehr. Vor Augen habe ich noch, dass sie den Kopf schüttelte und eine Handbewegung machte. *Kommen Sie rein. Sehen Sie selbst. Mir fehlen die Worte.*

Verax hatte uns ein weiteres Paket geschickt, das umfangreicher als das erste war. Viel, viel umfangreicher. Drei digitale »vaults«, oder Tresore, jeder mit einer eigenen Passphrase, die ineinandersteckten wie Matrjoschka-Puppen.[55] Der äußere Tresor trug die Bezeichnung »Pandora«. Darin befand sich ein zweiter mit dem Namen »Verax« und in diesem ein weiterer: »Journodrop«. Ich tippte die letzte Passphrase ein – ein Statusfenster öffnete sich, und Texte erschienen und verschwanden so schnell wieder, dass sie nicht lesbar waren, während das verschlüsselte Archiv entpackt wurde. Es dauerte lange. Als der Vorgang endlich abgeschlossen war, umfassten die neuen Dateien acht Gigabyte. Für einen früheren Bericht hatte ich mal ausgerechnet, dass einem Gigabyte Zehntausende Seiten entsprechen konnten oder noch mehr, wenn es so gut wie keine komplexen Graphiken gab.[56]

Ich klickte versuchsweise auf den Ordner »fisa«, die Abkürzung für den Foreign Intelligence Surveillance Act (Gesetz zur Überwachung in der Auslandsaufklärung). Darin befanden sich zwei weitere Ordner. Ich klickte den oberen an und entdeckte darin elf weitere Ordner. Um zum Kern der Daten vorzudringen, öffnete ich jeweils den ersten Ordner jeder neuen Ebene. Im nächst inneren befanden sich sechs Ordner, dann 14 und dann 21 – Ordner in Ordnern in Ordnern. Eine flüchtige Sichtung der Dateinamen offenbarte Word-Memos, Plain-Text-Dateien, PowerPoint-Präsentationen, Adobe-PDFs, Excel-Tabellen und Fotografien.

Ich war sprachlos. Keine Regieanweisung hatte mich darauf vorbereitet, wie mit diesem Datenvolumen umzugehen sei. Wie sollte ich das alles unter die Lupe nehmen, vor Diebstahl schützen und eine solche Bandbreite von Daten zu Artikeln verarbeiten? Ich wusste, wie man Fakten mit althergebrachten investigativen Verfahren auf den Grund gehen konnte. Den Kontext erarbeitete ich mir über frei zugängliche Literatur und Hintergrundgespräche. Schwer erreichbare Ziele kreiste ich von außen ein, interviewte Quellen an der Peripherie, bevor ich mich den Schwergewichten im Zentrum näherte. Anschließend zog ich erneut weite Kreise. Diese Methoden funktionierten, aber sie ließen sich nicht beliebig skalieren. Ich war nicht in der Lage, geheime Dokumente stapelweise, zu Dutzenden oder Hunderten gleichzeitig, zu authentifizieren. Und es stand außer Frage, das Archiv online zu stellen, um es per Crowdsourcing analysieren zu lassen. In manchen Fällen war das ein nützliches Werkzeug, aber nicht, wenn es unbekannte Risiken für die öffentliche Sicherheit barg. Selbst wenn Verax das gewünscht hätte – er wandte sich vehement dagegen und bezeichnete die Idee als »waghalsig« –, wäre dies für mich keine Option gewesen.

Andererseits trug die schiere Größe des Archivs ihren Teil dazu bei, seine Echtheit zu bestätigen. Im Laufe der Jahre war ich mit teilweise recht überzeugenden Fälschungen konfrontiert worden, die Witzbolde oder Leute, die sich einen Profit erhofften, angefertigt hatten. Wer aber um alles in der Welt hätte eine solche Menge davon fabrizieren können? Welcher potenzielle Nutzen hätte die damit verbundene ungeheure Arbeit gerechtfertigt? Theoretisch konnten sich zwischen den echten Unterlagen auch einige gefälschte befinden. Darauf müsste ich achten. Doch so oder so war ich immer mehr von Verax' Aufrichtigkeit überzeugt. Poitras hatte für den Nachmittag einen Flug gebucht. Wir hatten nicht viel Zeit zum Reden. Sie behielt eine Kopie von Pandora, überließ mir das Original und ich nahm es mit nach Hause.

Dies war die Hollywood-Version eines Leaks – von irgendwo taucht eine unbekannte Quelle auf und hat einen unfassbaren Knüller im Gepäck. Im wirklichen Leben eines Journalisten passierte das so selten, dass es einem Mythos gleichkam. Üblicherweise bekam ich meine besten Storys häppchenweise von Leuten serviert, zu denen ich über die Jahre ein Vertrauensverhältnis aufgebaut oder die ich über ein gemeinsames Netz des Vertrauens ausfindig gemacht hatte; so formten sich viele Einzelteile zu einem Ganzen, das mir niemand direkt anvertraut hätte.

Die Größe des Archivs ließ mich nicht ruhen. Wie viele Dokumente enthielt es wohl? Die eigentliche Zahl spielte keine große Rolle, aber sie herauszufinden wurde zu einer beruhigenden Ablenkung. Diese Aufgabe war unerwartet schwierig. Mit Zeigen und Klicken ließen sich die gesammelten Inhalte von all diesen Hunderten von Ordnern nicht zählen. Letztlich griff ich auf die Befehlszeile zurück. Ich öffnete ein Terminal-Fenster und versuchte, mich an die Syntax zu erinnern. Zuerst brachte ich nur Murks hervor, dann googelte ich und tippte schließlich Folgendes:

```
find . -type f | wc -l
```

Auf diese Weise bat ich den Computer in der ökonomischen Sprache von Unix, eine Bestandsaufnahme zu machen. Schau in den aktuellen Datenträger. Finde nur Benutzerdateien. Statt die Dateinamen aufzulisten, zähle sie. Ich drückte Enter und sprang auf – Stillsitzen ging nicht. Die Sekunden verstrichen. Nichts geschah. Als ich die Hand nach der Tastatur ausstreckte, um zu sehen, was nicht stimmte, sprang der Cursor im Terminal-Fenster eine Zeile nach oben und zeigte eine Antwort an.

```
51662
```

Ich setzte mich wieder. Immer mit der Ruhe. Bestimmt hatte ich den Befehl falsch eingegeben. Der Computer war durch eine Airwall permanent vom Internet abgekoppelt; also nahm ich einen anderen Laptop und suchte nach einer präziseren Zählmethode. Ich probierte es mit fünf Varianten, wobei ich abwechselnd versteckte Dateien, temporäre Verzeichnisse und Datenmüll herausfilterte. Es blieb bei über 50 000.

Die Aufregung verleitete mich zum Abschweifen. Ganz klischeehaft nahm ich einen Packen billiges Druckerpapier aus dem Regal. Wie würde das Archiv wohl auf Papier aussehen? Okay, das ist eine Standardpackung, ein Ries, 500 Seiten, etwa 5 Zentimeter dick. Nehmen wir an, jedes Dokument ist eine Seite lang. Kann nicht stimmen, aber der Einfachheit halber gehen wir davon aus. Um 50 000 Seiten zu drucken, brauche ich dann 100 Ries. Mal 5 Zentimeter, geteilt durch 100 – der Stapel wäre 5 Meter hoch. Ich müsste mich zweimal auf meinen eigenen Kopf stellen, um an das oberste Blatt zu kommen. Und natürlich hatten die Dokumente nicht alle nur eine Seite. Die ersten fünf, die ich öffnete, hatten 57, 4, 188, 16 und 356 Seiten.

Ich hätte damit rechnen müssen. Warum haute mich das so um? Ich hatte schon zig Artikel über Geheimmaterial geschrieben. Als Korrespondent für militärische und diplomatische Fragen war das kaum zu vermeiden. In meiner Masterarbeit aus längst vergangenen Tagen hatte ich die politische Theorie von »Geheimhaltung, Sicherheit und dem Recht auf Information« analysiert.[57] Zweimal hatte ich zu dem Thema in Princeton ein Seminar abgehalten und in Fakultätskolloquien an der U.S. Naval Academy sowie dem Hoover Institut in Stanford darüber diskutiert.[58] Bislang hatte ich nie über den Volltext eines aktuellen offiziellen, mit Codewort verschlüsselten Dokuments verfügt, geschweige denn über eine Bibliothek. Das hatte noch niemand. Nicht in meiner Branche. Nicht in diesem Ausmaß. Ich wusste, dass dies nicht das umfangreichste Leak von US-amerikanischem Geheimmaterial in der Geschichte war. Drei Jahre zuvor hatte WikiLeaks eine Viertelmillion Botschaftstelegramme veröffentlicht. Aber die waren als »Confidential« (Vertraulich) oder »Secret« (Geheim) gekennzeichnet gewesen. Fast alles in diesem Archiv jedoch hatte eine Top-Secret-Einstufung; meistens handelte es sich um »Sensitive Compartmented Information« (SCI), also sensible gesondert zu behandelnde Informationen, und viele waren mit Decknamen, Handlungsprotokollen und Zugangsbeschränkungen versehen, die einen Zugriff weiter erschwerten.[59]

In diesen ersten Stunden tat ich nichts Systematisches. Ich öffnete Dateien, die mein Interesse weckten, und überflog sie. Ich entdeckte jede Menge technisches Material: Netzwerkdiagramme, Tabellen, Statusberichte. Außerdem Rechtsauffassungen, operative Anweisungen, Listen von Zielpersonen, Finanzpläne und Produktivitätszahlen für zahlreiche Sammelorte, die Decknamen trugen. Die meisten Fachbegriffe und Kryptonyme sagten mir nichts. Und dann entdeckte ich ein Dokument mit den folgenden Kennzeichnungen:

TOPSECRET//STLW//COMINT//ORCON//NOFORN

Die letzten drei Bezeichnungen betrafen ausschließlich für den internen Gebrauch bestimmte Informationen und waren eher allgemeiner Art: In dem Dokument ging es um Quellen und Methoden der Fernmeldeaufklärung (»Communications Intelligence«). Die NSA als »originating«, also erzeugende, Behörde kontrollierte die Verteilung. Und kein »foreign national«, also ausländischer Staatsangehöriger, sollte Zugriff darauf haben. Es war die zweite Kennzeichnung, das Kryptonym, das mir ins Auge sprang. *STLW!* Das kannte ich. Es stand für STELLARWIND, das von Dick Cheney Ende 2001 ins Leben gerufene Programm für Inlandsüberwachung ohne richterlichen Beschluss.[60] Er und sein oberster Berater hatten es geplant, den NSA-Direktor Michael V. Hayden mit seiner Entwicklung beauftragt, einen Anwalt vom Justizministerium ausfindig gemacht, der seinen Segen dazu gab, und das Programm Präsident Bush präsentiert, der es genehmigte. In meinem letzten Buch *Angler* hatte ich STELLARWIND zwar zwei Kapitel gewidmet, aber so ganz hatte ich nie herausgefunden, wie es funktionierte. Noch im letzten Jahr, also 2012, hatte ich Poitras anlässlich ihres Kurzfilms über den früheren NSA-Beamten Bill Binney, der in STELLARWIND eine gravierende Bedrohung für die Privatsphäre sah, geschrieben: »Ich würde zu gerne die zugrunde liegenden Details kennen, die seine Aussagen bestätigen. Diese Geschichte hat mich in den Wahnsinn getrieben – ich hab viel Zeit darauf verwendet herauszufinden, was das Programm eigentlich gemacht hat und immer noch macht, und mir daran die Zähne ausgebissen.«[61]

Wenn ich jemals auf der Jagd nach einem Weißen Wal gewesen war, dann war es dieser. Ich hatte die Geschichte historischer Kämpfe in der Bush-Regierung erzählt, die um ein Haar zu einem Massenrücktritt geführt hätten, aber von der Bestie selbst hatte ich nie eine klare Vorstellung gehabt. Und nun, aus heiterem Himmel, war sie auf dem

Bildschirm meines Computers angespült worden. Die Konturen zeichneten sich deutlich ab, die Eingeweide waren freigelegt. Das würde eine große, bedeutende Story werden, und schon an diesem ersten Tag entdeckte ich noch einiges mehr. Daneben stieß ich auch auf Informationen, die ich, wie mir sofort klar war, nicht veröffentlichen würde. Bei einigen wünschte ich mir beinahe – aber nur beinahe –, dass ich sie nie zu Gesicht bekommen hätte: laufende Operationen gegen eindeutig gefährliche Gegner, Fotos von geheim agierenden Mitarbeitern an ihrem Einsatzort.

Mist, Mist, Mist. Ich brauchte einen Anwalt. Ich brauchte ein Sicherheits-Upgrade. Ich brauchte eine Redaktion im Rücken. Ich brauchte einen sicheren Zugang zu anderen Experten und Quellen. Ich brauchte Rat von Dafna, einer großartigen Journalistin und der Liebe meines Lebens, aber ich wusste nicht, was ich sagen durfte, ohne meine Schweigepflicht zu verletzen. In unserer Wohnung konnte ich meine Erregung kaum zügeln – ich stand offenkundig unter Strom, aber war zum Schweigen verdammt.

In der griechischen Mythologie bedeutet Pandora »die Allbegabte«. War die Büchse mit ihren Gaben einmal geöffnet, ließ sie sich nie mehr versiegeln. Auch Verax hatte mir seine Gabe ohne Rückgaberecht überreicht. Wie es in dem Mythos weiterging, hatte er dabei vermutlich nicht bedacht. In der antiken Geschichte entfesselte die Büchse der Pandora alle Übel der Menschheit. Verax wollte so viele Informationen an die Öffentlichkeit bringen, dass sie eine unstillbare Debatte in Gang setzen würden. Mein Naturell und mein Beruf ließen mich davon ausgehen, dass seine »Pandora« weitaus mehr Gutes als Schlechtes bewirken würde, doch noch nie zuvor hatte jemand den Deckel einer Büchse wie dieser gelüftet.

Beim Auspacken eines anspruchsvollen Geschenks hält man zuweilen gleich Ausschau nach der Gebrauchsanleitung. Bei meiner ersten Durchsicht von Pandora hatte ich sie glatt übersehen. Das war nicht Verax' Schuld – er hatte gleich im Hauptverzeichnis einige Textdateien mit Namen in schreienden Großbuchstaben platziert:

»README_FIRST« und »README_SECOND«. Endlich nahm ich davon Notiz.

Die zweite Datei gab einen komplexen Überblick über die enthaltenen Themen und die Organisation der Ordner. Die erste, ein aus 1041 Wörtern bestehendes einleitendes Vorwort und Manifest, begann wie aus einem Gespräch heraus: »Man wird mich rückwirkend in Misskredit bringen, ich hatte einen guten Ruf und war beliebt.« Es war eine angespannte und holprige Eröffnung, die den sprachlichen Schliff, den ich mittlerweile von Verax erwartete, ein wenig vermissen ließ. Jahre später erzählte er mir, er habe beide Anschreiben in Eile, kurz vor dem Aufbruch von seinem Haus auf Hawaii, verfasst.[62] Er hatte die Flucht, mit der er seine ganze Welt hinter sich lassen würde, noch nicht angetreten, aber es war bereits zu spät, um es sich anders zu überlegen. Mit einem letzten Durchbrechen des Abwehrbollwerks der NSA, das er sich für den Schluss aufgehoben hatte, hatte er sich endgültig festgelegt.[63] Die Prüfsysteme würden mit Sicherheit schon bald Alarm schlagen. Hinter der schwülstigen Ausdrucksweise dieser Notiz verbarg sich ein junger Mann, allein, unter ungeheurem Stress:

> Ich habe ein bequemes und privilegiertes Leben geführt, das von den Machtstrukturen so konzipiert war, dass ich es nicht aufgeben wollte. Als ich dank meiner wachsenden Erfahrung die gefährliche Wahrheit hinter der US-amerikanischen Politik erkannte, die anstrebt, geheime, unüberwindbare Machtstrukturen zu entwickeln und sie in den Händen von einigen unverantwortlich Wenigen zu bündeln, plagte mich menschliche Schwäche. Während ich mich im Stillen bemühte, sie zu überwinden, stellte sich mir aus selbstsüchtiger Angst heraus die Frage, ob der von einem einzelnen Mann geworfene Stein den Verlust von allem, was ihm lieb ist, rechtfertigt. Ich habe meine Antwort darauf gefunden.
>
> Mein einziges Motiv ist, die Öffentlichkeit über das zu informieren, was in ihrem Namen und zu ihrem Nachteil geschieht. Die US-Regierung hat in geheimer Verabredung mit abhängigen Staaten, zuvorderst mit den Five Eyes – neben den USA Großbritannien, Ka-

nada, Australien und Neuseeland –, der Welt ein System geheimer, allgegenwärtiger Überwachung aufgezwungen, von dem es kein Entrinnen gibt. Sie schützen ihre Systeme im Inland durch Geheimhaltung und Lügen vor der Kontrolle durch die Bürger und wappnen sich gegen den öffentlichen Aufschrei, falls etwas nach außen dringen sollte, indem sie den begrenzten Schutz, den sie ihren Untergebenen gewähren, übermäßig hervorheben. Ich kann Ihnen aus Erfahrung sagen, dass diese Schutzmechanismen in einem einzigen Augenblick zunichtegemacht werden können.

Er schloss mit einem atemraubenden Vertrauensbeweis, mit dem er sich uns völlig auslieferte. Wie immer hatte er den Zeitpunkt bestimmt, doch er gab mir, was ich brauchte, als ich es brauchte. »Verax« verließ die Bühne. Sein Alter Ego trat hinter dem Vorhang hervor.

EDWARD JOSEPH SNOWDEN, SVN: [redacted]-[redacted]-[redacted][64]
CIA-DECKNAME »DAVE M. CHURCHYARD«
BEHÖRDLICHE ID-NUMMER: 2339176
EHEMALIGER SENIOR ADVISOR[65]| UNITED STATES NATIONAL SECURITY AGENCY, UNTER BETRIEBLICHEM SCHUTZ
EHEMALIGER FIELD OFFICER| UNITED STATES CENTRAL INTELLIGENCE AGENCY, UNTER DIPLOMATISCHEM SCHUTZ
EHEMALIGER DOZENT| UNITED STATES DEFENSE INTELLIGENCE AGENCY, UNTER BETRIEBLICHEM SCHUTZ

Jetzt hatte er einen Namen. So viele Fragen waren noch offen. Welcher Mann könnte solche Risiken eingehen? Wer würde Entscheidungen einer solchen Tragweite auf sich nehmen? Wie konnte er, wie konnte irgendwer unentdeckt mit dem Vermächtnis einer globalen Überwachungseinrichtung entkommen?

2
HEARTBEAT

Nicht jeder hätte das schaffen können, aber es erfordert auch nicht die Fähigkeiten eines Superschurken. Man muss nur durchschauen, wie das System funktioniert, und das gehört zum Job.

> Edward Snowden an den Autor, Dezember 2013

Mit offenen Fenstern und aufgedrehtem Radio steuerte Edward Snowden seinen neuen Integra über den Highway 750 Richtung Norden zu einer unterirdischen Festung.[1] Die Einfahrt ähnelte einem Minenstollen, den man in einen Vorortparkplatz getrieben hatte. In Waipahu, Hawaii, sprachen die Einheimischen von »the Hole«, dem Loch. Die NSA-Mitarbeiter, die ihn als Zugang zu ihren Arbeitsplätzen unter der Erdoberfläche nutzten, zogen die Bezeichnung »the Tunnel« vor. Im März 2012 trat Snowden seinen Dienst im Kunia Regional Security Operations Center an,[2] eine halbe Stunde Fahrzeit von der Baskin-Robbins-Filiale entfernt, in der Präsident Obama als Teenager Eis verkauft hatte.[3] Bis Snowden sich an Pressevertreter wandte, würden noch Monate vergehen, doch hier sollte sein Schicksal die entscheidende Wende nehmen.

Snowden ließ sein Handy im verschlossenen Auto zurück, präsentierte am Wärterhäuschen kurz seine Zugangsberechtigung und passierte die Sprengtür, die schon lange so schief in den Angeln hing, dass sie sich, wenn es jemals darauf ankommen sollte, kaum schließen lassen würde. An der gesamten Anlage nagte der Zahn der Zeit.[4] Anfang der 1940er Jahre hatten Militäringenieure aus Sorge vor einem zweiten

Pearl Harbor riesige unterirdische Hallen für den Bau von Flugzeugen aus dem Fels gehauen. Der Krieg nahm seinen Verlauf und die Produktion wurde nie in Gang gesetzt. So wurde aus der Anlage in Kunia ein ungenutztes Überbleibsel, mit dem niemand so recht etwas anzufangen wusste. Wechselnde Mieter nutzten sie vorübergehend als Waffenkammer der Navy, Bunker der Air Force, Truppenplatz der Army und als Kommandozentrale der US-Pazifikflotte. 1993 zog die NSA dort ein und funktionierte Kunia zum Lausch- und Spähzentrum für Asien um. Es sollte nur eine Übergangslösung sein, doch erst im Jahr 2007 nahmen die Bauträger die Realisierung einer Alternative in Angriff.[5] Als Snowden fünf Jahre später dort eintraf, herrschte laut einem Zeitzeugen immer noch ein Riesenchaos, ohne Ende in Sicht.[6]

Ein 400 Meter langer abschüssiger Gang brachte Snowden zu einer Schleuse mit zwei Drehkreuzen, zwischen denen er feststeckte, bis sein grüner Vertragsmitarbeiterausweis gescannt war und er über eine Tastatur die korrekte PIN eingegeben hatte.[7] Die Räumlichkeiten auf der anderen Seite hatten enorme Ausmaße. An jenem Morgen trat Snowden aus dem Tunnel in ein riesiges Höhlensystem aus monotonen Großraumbüros, Serverracks, durch Zahlencodeschlösser gesicherten Büros und endlosen Reihen langer gemeinschaftlich genutzter Tische in einem offenen Raum. Drei Ebenen, jeweils so groß wie ein Footballfeld, beherbergten Tausende Mitarbeiter unter Kilometern von Leuchtstoffröhren.[8] »Es sieht aus wie die geheime Zentrale eines Bond-Schurken, bloß mit einer beschisseneren Beleuchtung«, erklärte mir Snowden.[9] »Da drin sind auch viel mehr Leute, als man sich vorstellt. Ich weiß noch, wie ich gestaunt habe, als es eine Brandschutzübung gab.«

Snowdens kritische Sicht auf die Dinge entwickelte sich allmählich. Seine Rebellion gegen die Befehlskette begann oder endete nicht in Kunia. Sein riskantestes Vordringen in die Datenbanken der NSA sollte im Jahr darauf in der acht Kilometer nordöstlich gelegenen neuen Kommandozentrale der Behörde, dem Captain Joseph J. Rochefort Building, erfolgen. Dass sich Snowden irgendwann nicht mehr dem Staat, sondern der breiten Öffentlichkeit und ihren Interessen, wie er sie auslegte, verpflichtet fühlte, bahnte sich über Jahre an. Zu dem Zeitpunkt, als er die CIA verließ, waren aus rebellischen Phantasien Pläne geworden.

Schon lange zuvor, als Teenager und mit Anfang zwanzig, hatte Snowden die Unerbittlichkeit gegen sich selbst sowie die Fertigkeiten und Werte entwickelt, aus denen sich die Person von weltweitem öffentlichen Interesse formen sollte, zu der er schließlich wurde. Die Highschool verließ er, um sich einem selbst erstellten Lehrplan mit Netzwerktechnik, Graphikdesign, Kung-Fu sowie den Phantasiewelten von Anime, Cosplay und Computerspielen zu widmen. Gemeinsam nährten sie einen Drang zu meisterhaftem Können und schwarz-weiße Moralvorstellungen, in denen persönlicher Tugend und Tapferkeit zentrale Bedeutung zukam. Als er entdeckte, dass sich der Weg zu den Special Forces der US-Army abkürzen ließ, tauschte er Joystick gegen Gewehr und Rucksack und verlangte seinem Körper das Äußerste ab, bis er unter der Last zusammenbrach. Er sammelte Zertifikate als Ingenieur, indem er Zulassungstests absolvierte, ohne sich dabei jedes Mal die Mühe zu machen, die entsprechenden Vorbereitungskurse zu besuchen. All dies passierte, schon bevor er nach Kunia kam, aber hier in diesem Tunnel wurde Verax – als einer von mehreren Decknamen – geboren, und hier begann Snowden, das Abwehrbollwerk der NSA auf die Probe zu stellen.[10]

»Ich begann zu operationalisieren«, erinnerte sich Snowden, als er sich an einem heißen Moskauer Sommerabend kurz vor Ende eines neunstündigen Interviews für einen Moment aus der Deckung wagte.[11]

»Das meinen Sie vermutlich in zweierlei Hinsicht«, sagte ich vorsichtig, weil er sich schon so viele Male geweigert hatte, darüber zu sprechen. »Zum einen, was den Punkt betrifft, an dem Sie angefangen haben, Material aus den Systemen zu kopieren und zu sammeln, und es kein Zurück mehr gab. Und zum anderen in Bezug auf den Kontakt zu Journalisten.«

»Nun, eigentlich gehört das alles zusammen«, erwiderte Snowden. »Es ist der Übergang von dem Gedanken ›Es muss etwas geschehen‹ zu ›Ich werde etwas dagegen unternehmen‹.«

Ich wagte mich einen weiteren Schritt vor. Snowden schlug die Tür zu.

»Sie verlangen von mir, operative Aspekte von Vorgehensweisen zu bestätigen oder abzustreiten, die die Regierung als kriminell bezeichnet«, schrieb er später in einer E-Mail. Bei einer anderen Gelegenheit unterstellte er mir Sensationsgier, als ich ihn fragte, wie er so viele Dateien habe herausschmuggeln können. »Offenkundig gibt es ein persönliches Interesse. Es gibt menschliche Neugier. Aber an diese Dinge muss man zurückhaltend herangehen. Wenn Sie über Nutzen und Schaden sprechen – worin liegt der Nutzen von diesem Wissen?«[12]

Dennoch erlaubte er sich einen Anflug von Stolz.

»Ich bin mir nicht sicher, ob irgendwer jemals darüber reden wird, wie all das passiert ist«, sagte er. »Aber es war ungeheuer kompliziert. Ich spreche von Dingen, die in einem *absolut* restriktiven Umfeld sorgfältig und präzise vollzogen werden mussten.«

Der Umzug nach Hawaii war ein Zugeständnis an Snowdens Gesundheitszustand; er sicherte ihm den Fortbestand seiner Karriere beim Geheimdienst gerade noch lange genug, um sie endgültig zu beenden. Eine Reihe kleinerer Blackouts über mehrere Monate hinweg gingen einem schweren epileptischen Anfall voraus,[13] als er gerade mit seinem Chef bei der Dell Advanced Solutions Group, einem Auftragnehmer des Geheimdienstes, telefonierte.[14] Aufgrund der Diagnose durfte er nach den Gesetzen von Maryland nicht mehr mit dem Auto zu seinem Arbeitsplatz in Langley, Virginia, fahren, wo er als technischer Berater für die CIA tätig war. Dell vermittelte Snowden einen Job am anderen Ende der USA, der dann theoretisch mit dem Rad zu erreichen war. Eigentlich hatte er vor, von dem bungalowartigen Haus in Waipahu, das er gemietet hatte, zur Arbeit zu radeln, aber die Einheimischen warnten ihn, dass die unübersichtlichen Kurven nördlich der Plantation Road für Radfahrer lebensgefährlich seien.[15] Er sah sich die Strecke an und kam zu dem Schluss, dass er sie mit dem Auto sicher bewältigen konnte, obwohl nach den Gesetzen von Hawaii sechs anfallfreie Monate vorgeschrieben waren, bevor man sich hinters Steuer setzen durfte.[16] Wie stets kalkulierte er alle Unwägbarkeiten ein und vertraute seinem Urteil mehr als den Regeln. Würde er spüren, dass ein Anfall bevorstand, könnte er rechts vom östlichen Fahrbahnrand anhalten, wo er kein Menschenleben außer seinem eigenen in Gefahr bringen würde.

Umzüge waren für Snowden nichts Neues. In den Jahren zuvor hatten ihn diverse Jobs zweimal quer durch Langley, als technische Fachkraft der CIA in die Schweiz und im Zuge eines Auftrags der NSA für Dell nach Japan geführt. Die Arbeit in Kunia sollte unter anderem der Stressreduzierung dienen.

Im Frühjahr langweilte er sich bereits zu Tode. Snowden hatte bei Dell einen Vertrag für die Position eines Analysten im National Threat Operations Center der NSA (NTOC), das Insider wie »EN-tock« aussprechen.[17] Dort sollte er Seite an Seite mit dem militärischen und zivilen Personal chinesische Hackerangriffe auf US-amerikanische Regierungsanlagen vorhersagen, entdecken und abwehren. Schließlich wurde Snowden eine entsprechende Stelle zugesagt, aber im letzten Moment warf ihn die Unternehmenspolitik aus dem Rennen. Eine andere Fima, CACI International, war der Hauptvertragsnehmer.[18] Jemand von CACI entschied, den Dell-Mitarbeiter zugunsten eines Angestellten von CACI fallen zu lassen. Als Snowden davon erfuhr, hatte er bereits gepackt und seine Habseligkeiten auf den Seeweg gebracht. Zum Ausgleich brachte ihn Dell in einem verschlafenen Quartier unter – in HT322, dem Hawaii Technical Directorate, Office of Information Sharing. Dort hatte er die Aufgabe, geheime Netzwerkserver zu konfigurieren und zu betreuen und dafür zu sorgen, dass die Zugriffsbeschränkungen für jeden Account funktionierten.

Der Ersatzjob brachte ihm zwar mehr Geld ein als der ursprünglich vorgesehene, aber er hätte nicht langweiliger sein können. Nach wenigen Wochen hatte Snowden seine Aufgaben größtenteils automatisiert, indem er Skripte für die Wartung und andere Routineaufgaben schrieb, die sein Vorgänger jedes Mal per Hand erledigt hatte. Wie Snowden mir erzählte, brauchte er selten mehr als »eine halbe Stunde am Tag«, um den reibungslosen Betrieb der Microsoft-Share-

Point-Server zu gewährleisten.[19] Hin und wieder brauchte man ihn für rudimentären technischen Support. Nicht jeder bei der NSA war ein Computergenie – bei weitem nicht. Im August 2012 erreichte den Helpdesk ein dringender Hilferuf von einer ratlosen Mitarbeiterin aus dem Hauptquartier in Fort Meade.[20] Aus irgendeinem Grund konnte sie plötzlich keine Dateien aus Hawaii mehr öffnen. Als ein höherer Beamter am 24. August darüber schimpfte, dass das Hilfsersuchen »seit über einer Woche unbeantwortet« sei, gab jemand es an Snowden weiter. Am gleichen Tag übermittelte er eine Lösung des Problems, aber da hatte der Mail-Verkehr zur Sache schon hysterische Züge angenommen. Nach sechs Tagen und Tausenden Wörtern machte Snowden der Verwirrung ein Ende. »Wählen Sie ›Word Pad‹ aus der Programmliste, achten Sie darauf, dass das Feld unten links markiert ist, in dem steht ›Den gewählten Dateityp immer mit diesem Programm öffnen‹ und dann klicken Sie auf OK«, schrieb er am 30. August.

In seiner freien Zeit begann Snowden, die Dateiverzeichnisse, für die er zuständig war, zu durchstöbern. Für seine Arbeit war das nicht immer notwendig, aber es war auch kein eindeutiger Regelverstoß. Snowden war offiziell berechtigt, praktisch jedes Dokument auf den SharePoint-Servern zu lesen, zu bearbeiten, zu kopieren oder zu löschen. Sein Abteilungsleiter bei der NSA, ein Berufsbeamter, weitete Snowdens Aufgabengebiet bald schon aus. Er merkte, dass Snowden unterfordert war, und wies ihn an, in Bereichen der Windows-Netzwerkabteilung auszuhelfen, in denen er mehr zu tun hatte. Genau genommen gingen Snowdens zusätzliche Pflichten ein wenig über die vom Staat vorgegebenen vertraglichen Bestimmungen hinaus. Vermutlich wusste Dell nichts davon, aber nun stellte Dell der NSA Arbeitszeit in Rechnung, die in Snowdens vertragsmäßiger »Leistungsbeschreibung« nicht erfasst wurde. Inoffizielle Arrangements dieser Art waren gang und gäbe bei der NSA, die ihre Leute dort einsetzte, wo sie gebraucht wurden, und unmöglich für jede neue Aufgabe Vertragsergänzungen vornehmen konnte.[21] Snowden besaß das Zertifikat »Microsoft-certified systems engineer«, das er mit 19 Jahren erworben hatte, und konnte praktische Erfahrungen im Netzwerk-

Management vorweisen.[22] Seine Vorgesetzten hatten nicht vor, diese Talente ungenutzt zu lassen. Im April hatte man ejsnowd bereits in die »Super-User«-Shortlist der Windows Server Engineering Division von Kunia aufgenommen. Er durfte sich über die Beschränkungen für normale Benutzerkonten hinwegsetzen, weitere und tiefere Blicke in das Netzwerk werfen und dessen grundlegende Funktionen verändern. Wie Lonny Anderson, der technische Leiter der NSA, später erläuterte, gab es in der Behörde »drei Ränge von Systemadministratoren, eins, zwei und drei«.[23] Snowden hatte den obersten erreicht, genannt PRIVAC für »Privileged Access«, also »privilegierter Zugang«. Im Tunnel hatte er freien Zugriff auf jedes Windows-Gerät mit einer IP-Adresse.

»Ich unterstützte auch das Linux-Team«, erzählte er mir; gemeint war ein konkurrierendes Betriebssystem, das im Bereich der Netzwerktechnik viel genutzt wird.[24] »Ich verfügte also über Linux-Geräte, Linux-Zertifikate, virtuelle Server, das ganze Zeug. Im Grunde besaß ich die Schlüssel zu allem. Ich besaß die Schlüssel zum gesamten Datenverbund. Ich hatte Zugang zu sämtlichen Servern. Ich kannte die gesamte Infrastruktur.«

Dann kam Heartbeat. In den kommenden Monaten eröffnete dieses Projekt Kanäle zu TS/SCI-Netzwerken weit über Kunia hinaus, über den Pazifik, ja sogar über die digitalen Grenzen der NSA hinweg. Snowden war noch nicht einmal dreißig Jahre alt.

Am 29. Dezember 2001, zehn Jahre bevor Snowden nach Hawaii zog, gesellte sich eine neue Stimme zu den Foren von *Ars Technica*. Sie nannte sich TheTrueHOOHA. *Ars Technica*, lateinisch für »Kunst der Technik«,[25] betrieb Internetforen, in denen sich Nerds und Möchtegernexperten über alle denkbaren digitalen Themen austauschten.[26] Als Snowden in aller Munde war, wiesen *Ars*-Nutzer und -Redakteure auf Indizien hin, wonach er hinter eben jenem Pseudonym stecke.[27] Jahrelang wollte Snowden das weder bestätigen noch abstreiten. In unserem zweiten persönlichen Interview gab er es schließlich zu. Eigentlich, so sagte er zu mir, ärgere er sich darüber. Jeder solle die

Freiheit haben, sich anonym zu äußern, ohne dem Druck ausgesetzt zu sein, früher oder später über seine Worte Rechenschaft ablegen zu müssen.[28]

Als der Teenager Snowden sein Pseudonym auswählte, stellte er damit eine Reihe impliziter Behauptungen auf. Er kannte sich aus. Er hatte einen Standpunkt. Er mischte die Dinge gerne auf. Im Jargon der Army, bei dem er sich (mit falscher Schreibung) bediente, bedeutete HOOHA »alles außer ›nein‹«.[29] Snowden beschrieb sich selbst als »streitlustigen, wichtigtuerischen achtzehnjährigen Emporkömmling«, eine nicht ganz verkehrte Einschätzung eines jungen Mannes, der noch über sich selbst lachen konnte.[30] In seinen Beiträgen aus Ellicott City, Maryland, eine halbe Stunde nördlich von Fort Meade, mischten sich prahlerische Belesenheit, jugendliche Ironie, gerechter Zorn, große Hilfsbereitschaft und orthodoxe libertäre Plattitüden.

Snowdens erster Post offenbarte seinen Drang nach Autonomie. Er wünschte sich vollständige Kontrolle über die von ihm genutzte Technologie. »Dies ist mein erstes Mal, seid behutsam«, begann er.[31] »Mein Dilemma ist Folgendes: Ich möchte selbst ein Host sein. Was brauche ich dafür?« Wie jeder *Ars*-Leser sofort verstand, meinte Snowden, dass er einen eigenen Netzwerkserver einrichten wollte – einen, der eine Webseite betreibt oder digitale Dateien bereitstellt –, statt den einfachen Weg zu wählen und einen kommerziell verfügbaren Server zu mieten.

Mittlerweile hatte Snowden bereits mehrere Jahre in elektronischen Foren verbracht und sich dabei abgedrehte Decknamen wie Shrike und Belgarion zu- und wieder abgelegt.[32] Er wusste eine Menge über Computer und demonstrierte das auch, aber was die Wege und Mittel ihrer Vernetzung betraf, war er noch ein »Newbie«. Er wollte detaillierte Antworten auf grundlegende Fragen – »Ich muss wissen, wie ich einen Ping erkennen und die richtigen Dateien senden kann, oder was auch immer ein Server tut« –, aber er wollte sich nicht bevormunden lassen. Hausaufgaben schreckten ihn nicht ab. Wenn er sich mit einem völlig neuen Bereich vertraut machen musste, lud er die entsprechenden Handbücher herunter und verschlang sie. »Ich möchte so unabhängig wie möglich sein«, schrieb er. »Ich hab mir gedacht, dass hier ein paar Gurus sind, die meinen unbedingten Wunsch verstehen, alles zu wissen.«

Als er sich von seinem Projekt nicht abbringen ließ, überschütteten ihn die Arsianer mit Anweisungen. Er erhielt Hardware-Einkaufslisten und Links zu technischen Ratgebern. Es gab detailgenaue Erläuterungen zu Domain Name Systems, Dynamic Host Configuration Protocols und so weiter und so weiter. Snowden platzte vor Begeisterung. »Ich bin so aufgeregt, dass sich jemand für meine Fragen interessiert; ich kann nicht mehr klar denken«, schrieb er um 2:08 Uhr. »Aaah – das reinste Geek-Nirwana.«

Als seine Eltern in diesem Alter waren, hatten sie ihre Highschool-Liebe bereits durch die Eheschließung besiegelt und eine feste Anstellung. Edward Joseph Snowden, ihr zweites Kind, kam am 21. Juni 1983 in Elizabeth City, North Carolina, zur Welt. Sein Vater, Lonnie G. Snowden Jr., folgte seinem Namensvetter zur Küstenwache und stieg zum höchsten Rang eines Warrant Officer auf.[33] Seine Mutter Elizabeth, genannt Wendy, schlug eine Laufbahn als Regierungsbeamtin ein. Als die Snowdens im Jahr 1992 ins weiter nördlich gelegene Crofton, Maryland, zogen,[34] trug der neunjährige Ed eine überdimensionierte Brille und einen dunkelblonden Topfschnitt und brachte mit seinem altklugen Geplapper die Freunde seiner Eltern zum Lachen.[35] Die Lehrer an der Crofton Woods Elementary School hingegen wurden aus ihm nicht klug.[36] Sie legten seinen bedächtigen, schleppenden Südstaatentonfall fälschlich als Symptom einer Entwicklungsstörung aus. Als sie ihn testeten, erreichte er einen IQ von 155 auf der Stanford-Binet-Skala, wie gute Bekannte der Familie berichteten – das heißt, er lag im 99,97ten Perzentil.[37] Bei zwei weiteren Tests erzielte er ähnliche Ergebnisse. Der IQ ist zwar ein umstrittener Anzeiger für Intelligenz, aber ein Gutachter sagte zu Snowdens Mutter: »Er wird das lernen, was er lernen will.«

Snowdens ältere Schwester Jessica, die später als Wissenschaftlerin für die Bundesgerichte arbeitete, konnte ähnliche Testresultate vorweisen.[38] Sie übersprang eine Schulklasse und kam stets mit Bestnoten nach Hause.[39] Ed folgte ihrem Beispiel nur zum Teil. Er verweigerte sich Unterrichtsfächern, die ihn langweilten, verlor schnell das Interesse und seine Noten verschlechterten sich.[40] Laut Freunden und seiner Familie verschlang er alles Lesbare mit ungewöhnlicher Konzentration, seit er drei Jahre alt war. In seiner Grundschulzeit fand man ihn einmal schlafend im Haus seiner Großmutter, auf dem Gesicht ein aufgeschlagener Band von *The World Book Encyclopedia*. Bei seinen Zensuren war alles vertreten – Bestnoten in Fächern, die er mochte, gute und befriedigende oder noch schlechtere in den anderen.[41] Im Herbst 1998, seinem zweiten Jahr an der Arundel Highschool, fesselte ihn das Pfeiffersche Drüsenfieber für vier Monate ans Krankenbett. Als man ihm sagte, er müsse das Schuljahr wiederholen, weigerte er sich, wieder zur Schule zu gehen.[42] »Das öffentliche Schulwesen wandte mir seinen elenden, stacheligen Rücken zu«, schrieb Snowden einige Jahre später in einer Selbstbeschreibung.[43] Umgekehrt gilt vielleicht das Gleiche.

Während seiner Auszeit zu Hause nutzte der Fünfzehnjährige Commandline-Tools wie Telnet, um interessante Internet-Domains zu durchstöbern. Eines Tages stieß er dabei auf das Los Alamos National Laboratory, das geheime und nicht geheime Forschung für das US-Energieministerium betreibt. Mit Hilfe eines einfachen Verfahrens, dem »Directory walking«, stellte Snowden fest, dass das Labor zwar sein Angestelltenportal mit einem Passwort schützte, die Unterverzeichnisse jedoch wie Scheunentore offen standen. Er rief die Zentrale des Labors an, berichtete über die Sicherheitslücke und wartete dann ungeduldig darauf, dass der Schaden behoben würde. Etwa zwei Wochen später klingelte das Telefon der Familie Snowden und seine Mutter hob ab. »Hallo, hier ist das Los Alamos National Laboratory«, sagte eine ernste Stimme.[44] »Ist Herr Snowden zu sprechen?« Er meinte nicht Lon, sondern Ed. Nachdem der Mann ihm verschiedene eingehende Fragen gestellt hatte, wollte er wissen, ob Snowden auf Stellensuche sei.[45]

Bis heute äußern sich einige Kritiker in der US-Regierung verächtlich über Snowden – sie bezeichnen ihn als Schulabbrecher und einen kleinen Angestellten mit bescheidenen Fähigkeiten, für den die Geheimnisse, die er aufdeckte, böhmische Dörfer waren. Das ist eine verlogene Verdrehung der Tatsachen. Andernfalls wäre es zweifellos peinlich, dass ein solcher Leistungsverweigerer die NSA in ihrem zentralen Auftrag der »Informationsdominanz«, der Gestaltung von Ereignissen mit Hilfe der Geheimnisse anderer Leute, so gründlich vorführen konnte. Die Wahrheit über Snowden ist viel interessanter. Es ist die Geschichte eines jungen Mannes, der die schulischen Erwartungen nicht erfüllte, nicht bereit war, sich anzupassen, nicht ernsthaft an einem Hochschulabschluss interessiert war, eine Menge Zeit beim Computerspielen verpulverte und nie das gleiche Lehrgeld zahlen musste wie seine Vorgesetzten (oder einige davon), bevor er zum Großverdiener mit einem sechsstelligen Gehalt aufstieg. Und doch ist es auch die Geschichte eines autodidaktischen Universalgelehrten, der entschlossen war, seine Talente zu seinen eigenen Bedingungen einzubringen, und wiederholt Wege fand, konventionelle Hindernisse zu umgehen.

Charakteristisch für Snowdens frühe Erwachsenenjahre war ein Händchen für das Entwirren von Problemen, das Offenlegen der Komponenten, das Geschick, zu erkennen, wie der Mechanismus im Innern funktioniert, und ihn nach seinem Willen zu manipulieren. Er hatte ein Auge für verborgene Ansatzstellen. Er dachte wie ein Hacker im klassischen Sinne, was er sowohl im täglichen Leben als auch im Umgang mit Maschinen zur Anwendung brachte. Nur kein »Normalo« sein! Finde ein Seitenfenster, wenn der Haupteingang verschlossen ist, überspringe überflüssige Schritte, folge den Anweisungen in der falschen Reihenfolge, wenn das schneller zum Erfolg führt. Automatisiere langweilige Aufgaben oder wähle einen effizienteren Weg. Gestalte jedes Produkt, jeden Prozess um, wenn es deinen Zielen nützt. Teile deine Lösungswege anderen mit.

Einige von Snowdens Lifehacks waren genial. Andere funktionierten überhaupt nicht. Mit 16, nachdem er sich vom Drüsenfieber erholt hatte, schrieb er sich stundenweise am Anne Arundel Community College ein. Er glaubte, eine bequeme Abkürzung zu einem Highschool-

Abschluss gefunden zu haben. Nach seinem Verständnis der Regeln musste er am College lediglich Leistungspunkte sammeln, die zum Äquivalent eines GED-Zertifikats (General Education Development) führen würden. Das erlaubte es ihm, den langweiligen Schulunterricht zu umgehen und nur das zu lernen, was ihm Spaß machte. In den Augen seiner Eltern schien er seine Kursauswahl fast willkürlich zu treffen: Einführung in die Psychologie. Kampfkunst. Das Sonnensystem. Grundlagen der Buchhaltung.[46] Er schaffte Algebra und Geometrie mit links, nahm statt Trigonometrie Japanisch, machte einen Abstecher zu Mandarin und schloss Chemie gerade noch mit einem Befriedigend ab. »Ich finanziere dir den College-Besuch nicht, damit du deinen Spaß hast«, sagte sein Vater zu ihm und ermahnte den Teenager wiederholt, sich auf akademische Kernfächer zu konzentrieren.[47] Das Bildungsministerium von Maryland ließ sich von Snowdens Interpretation der Regeln nicht überzeugen und verpflichtete ihn zum Absolvieren der GED-Prüfung. Die Ergebnisse und das Zertifikat erhielt er im Juni 2002 – demselben Monat, in dem sein Highschool-Abschluss erfolgt wäre, wenn er nach der Krankheit ein Schuljahr wiederholt hätte.[48] Obwohl er drei Viertel des Highschool-Unterrichts ausgelassen hatte, lag er mit seinen Leistungen in kreativem Schreiben im 95. Perzentil, in Sozialkunde im 96. sowie in Naturwissenschaft, Mathematik und Literatur- und Geisteswissenschaften im 99. Perzentil.

Lon Snowden glaubte nicht, dass sein Sohn ohne College-Abschluss jemals eine Anstellung finden würde. Er konnte sich nicht vorstellen, dass Streifzüge durch das Internet Ed diejenigen Fertigkeiten und Qualifikationen verschaffen würden, die er benötigte. Laut seinen Altersgenossen besaß Snowden in jungen Jahren ein außergewöhnliches Vertrauen darauf, dass er den richtigen Weg einschlug. Wie andere Digital Natives seiner Generation lernte er, online zu denken, zu diskutieren und Dinge zu entwickeln, lange bevor die meisten Amerikaner simple E-Mails schreiben konnten. Von 1998 bis 2003, zwischen dem 16. und 21. Lebensjahr, erwarb er sich Stück für Stück eine technische Ausbildung.

Einer seiner besten Karrierehacks gelang Snowden im Februar

2002, als er sich für einen teuren Privatkurs in Systems Engineering für Windows anmeldete.[49] Das Computer Career Institute an der Johns Hopkins University, eine gewinnorientierte Einrichtung, nahm sein Geld, ohne den Nachweis einschlägiger Berufserfahrung oder einer vorangegangenen Ausbildung zu verlangen – nicht einmal eines Highschool-Abschlusses, der noch einen Monat auf sich warten würde. Lon Snowden sah keinen Sinn darin. Wer meldete sich zu einem Kurs in Netzwerktechnik für Fortgeschrittene an, ohne vorher einen Einführungskurs absolviert zu haben? Sein Sohn betrachtete das Ganze als Strategiespiel. In den Online-Foren hatte er etwas Wichtiges gelernt: Mit einem Zertifikat über technische Fachkenntnisse ließen sich Einstellungsverfahren in der rund um Washington boomenden Technologiebranche auf einfache Weise abkürzen. Computerwissen wurde stark nachgefragt und in den Personalabteilungen wusste man nicht, wie man Bewerber einschätzen konnte. Eine Microsoft-Zertifizierung galt mittlerweile als Standardkriterium. Von Snowden wurde nichts weiter verlangt, als 4414 Seiten Lehrmaterial über IT-Infrastruktur-Design, die Installation komplexer Netzwerke und ähnliches zu lernen.[50] Und in einem vorgegebenen Zeitraum simulierte Fehler zu beheben. Einige Monate später bestand er eine Serie von sieben strapaziösen Eignungsprüfungen. Mit 19 Jahren und einem absoluten Minimum an Vorbereitungskursen qualifizierte er sich als Microsoft-certified systems Engineer, ID-Nummer 2661071.[51] Es war das erste von zahlreichen Zertifikaten dieser Art, aber in jenem Jahr erwies sich das MCSE als goldenes Ticket. Es sollte ihn ans vordere Ende der Warteschlange katapultieren, wenn die Zeit dafür gekommen war.

Snowden hatte entdeckt, dass er eine ganz besondere Fähigkeit besaß: Er konnte zwischen den Zeilen eines Tests lesen und intuitiv erspüren, worauf er abzielte. Er antizipierte Irreführungen und stellte sich die Fallen vor, die er den Prüflingen gestellt hätte, wenn der Test von ihm selbst konzipiert worden wäre. Wenn niemand eine Frage falsch beantwortete, würden sich die Prüfungsergebnisse nicht wie gewünscht in einer Glockenkurve abbilden lassen. Snowden übte sich darin, Fehlerquellen zu entdecken, die man für die Unachtsamen eingebaut hatte. »Ich glaube nicht, dass ich wirklich so intelligent bin«, sagte er in einem introspektiven Moment zu mir.[52] »Ich habe einen Blick dafür, eine Art Talent, zu erkennen, was getestet werden soll. Die Person, die den Test entwirft, was versucht sie zu tun? Ich kann den Subtext der Frage erfassen. ... Ich bin mir nicht sicher, ob das tatsächlich eher so etwas bedeutet wie ›Er ist schlau‹ als vielleicht einfach nur, dass ich den Test irgendwie austrickse. Der Unterschied ist kaum spürbar, glaube ich, aber immer, wenn es darum ging, an irgendeiner Norm gemessen zu werden, kann ich eigentlich nichts anderes sagen, als dass ich gut abgeschnitten habe, auch wenn meine Qualifizierung diese Bewertung nicht unbedingt gerechtfertigt hat.« Wie auch immer man diese Fähigkeit nennen will – sie zeigte sich auch außerhalb des Unterrichts. Diese Behauptung führte Snowden selbst, etwas pathetisch, im Jahr 2003 bei einem kleinen Scharmützel mit einem *Ars*-Nutzer ins Feld, der eine Behauptung mit einem Verweis auf seinen College-Abschluss bekräftigte. »Bekommst du als Gegenwert für deinen Titel einen Geldpreis? Oder vielleicht eine Trophäe?«, schrieb Snowden und fügte hinzu: »Große Geister brauchen keine Universität, um glaubwürdig zu sein – sie bekommen, was sie brauchen, und brennen der Geschichte im Stillen ihre Spuren ein.«[53] Das wollte er erreichen, sogar damals schon.

Auch während er sich beruflich weiterbildete, widmete Snowden Rollenspielen und Fantasy weiterhin viel Zeit. Schon seit seinen Teenagerjahren hatte er mit einer festen Gruppe etwas älterer Freunde, die seine Faszination für die japanische Popkultur teilten, zusammen gearbeitet und gespielt. Gemeinsam betrieben sie einige Unternehmen:[54] die Webdesign-Firma Clockwork Chihuahua Studios[55] und Ryuhana Press, eine Webseite für Anime-Kunst und -Comics.[56] Wie mir Snowden später erzählte, hatte der Dotcom-Boom eine Menge Geld in diese Start-up-Unternehmen gespült und ihm eine gewisse finanzielle Unabhängigkeit gesichert.[57] Auf RyuhanaPress.com listete er sich selbst als »Editor/Coffee-Boy« auf, neben anderen Pseudonymen wie Edowaado und Phish.[58] An seinem 19. Geburtstag brachten ihn Freunde in Verlegenheit, indem sie Fotos des mageren Teenagers in verschiedenen »anzüglichen« Posen posteten und dazu verkündeten: »Ed ist davon überzeugt, dass er ein Geschenk Gottes an die Frauen ist.«[59]

Snowden spielte online zwar den Clown, aber Computerspiele nahm er todernst. In diesem Bereich offenbarte er die planerischen Fähigkeiten und den Instinkt, Abwehrmaßnahmen zu umgehen, ebenso wie den Siegeswillen, der ihn auf der Karriereleiter der US-amerikanischen Intelligence Community nach oben beförderte oder Schlupfwege finden ließ. Im August 2001 reiste er mit seinen Freundinnen Katie Bair und Lindsey Deets kostümiert nach Baltimore zu einem Treffen namens Otakon, nach dem japanischen Slangausdruck *otaku* für fanatische Anhänger.[60] Snowden war als Hakeem verkleidet, eine Figur aus dem Comic *Oasis Destiny*. Hakeem war ein »Gauner«, der sich hinter die feindlichen Linien schleichen konnte, um dann eine Attacke von innen zu starten. Getreu seiner Rolle kundschaftete Snowden eine Möglichkeit aus, ungesehen am Sicherheitspersonal vorbeizukommen, und lotste sie in Missachtung der Regeln der realen Welt auf das überfüllte Veranstaltungsgelände, ohne Eintritt zu bezahlen. Im Jahr darauf unterwanderte er, nach wie vor in seiner Rolle, das System erneut – dieses Mal schleuste er die Freundinnen durch weniger frequentierte Gänge.[61] Als Snowden Jahre später nach seinem Charakter gefragt wurde, meinte er, nur sehr wenige seien »gaunerhaft genug, um ein wahrer Hakeem zu sein«.[62] Sein Rat für die Ehrgeizigen lautete, »ab sofort zu üben, dem FBI aus dem Weg zu gehen«.

Damals entwickelte Ed eine besonders enge Freundschaft zu Jodon Bellofatto, der sich genau wie er für blutrünstige Computerspiele begeisterte. In zahllosen Stunden mit *Diablo II* und *Warcraft III* brachten sie Seite an Seite Tausende Dämonen zur Strecke.[63] Im wirklichen Leben betrieben sie in einem nahe gelegenen Dojo ernsthaft Jow-Ga Kung-Fu – sie übten Kampfkunsttechniken und nahmen an Turnieren teil.[64] Als sie gemeinsam in eine leer stehende Wohnung zogen, die Snowdens Mutter gehörte, schrieb Bellofatto: »Edo bettelt auch noch den letzten Idioten, der zur Tür reinkommt, auf Knien an, er solle mit ihm *Tekken* spielen.«[65]

Dieses japanische Computer-Kampfspiel war Snowdens am besten dokumentierte Obsession. Im *Tekken*-Universum muss sich ein einzelner Mann Zweikämpfen stellen, in denen sich das Schicksal eines ganzen Clans entscheidet. Im Rückblick kann man sich der Symbolkraft kaum entziehen. Snowden wurde zum *Tekken*-Star, indem er der Logik der Siliziumchips auf den Grund ging, die das Spiel zum Laufen brachten. Er berechnete die Reaktionszeiten jeder einzelnen Kampftechnik in »frames per second« (fps, Bilder pro Sekunde). »*Tekken* läuft mit 60 fps«, erklärte er einem Ratsuchenden. »Jede Kampftechnik nimmt eine bestimmte Anzahl an Frames in Anspruch, während sie ausgeführt wird, sowie eine bestimmte Anzahl an Frames, um sich davon zu ›erholen‹.«[66] Nachdem er sich eingeprägt hatte, wie viel Zeit jede einzelne Kombination kostete, verleitete er seine Gegner zu Attacken, die sie so lange beanspruchten, dass er zum entscheidenden Gegenschlag ausholen konnte. Auf der Jagd nach Vorteilen im Millisekundenbereich probierte er verschiedene Fingerkombinationen aus, um die effizienteste zu finden, und entschied sich für den »abwechselnden Einsatz von Zeige- und Mittelfinger beider Hände«. Er notierte sich Angriffssequenzen wie »1,2~f[f,f]..1,2~f[f,f]..1,2~f[f,f] 3, 4« und übte sie. Das war, selbst für *Tekken*-Meister, eher ungewöhnlich.

Diese Detailkenntnisse brachten Snowden zu der Überzeugung, dass in ganz Maryland nur drei Personen in der Lage seien, ihn zu schlagen.[67] Ed Blakslee, der Snowden bei einer Reihe seiner schätzungsweise 10000 Kämpfe zusah, schrieb: »Ich hab einen Kumpel, der ein *Tekken*-GOTT ist. Er erledigt JEDEN, der gegen ihn spielt.«[68] 2003 berichtete Blakslee, Snowden sei kürzlich ein weiterer Hack gelungen. Er habe gelernt, einen *Tekken*-Charakter mit den Füßen auf einer *Dance-Dance-Revolution*-Matte zu steuern. »Einmal hab ich ihn in einer Spielhalle spielen sehen; er drehte dem Bildschirm den Rücken zu und ... guckte in einen Spiegel«, fügte Blakslee hinzu.

Für einen Mann mit Snowdens Veranlagung war *Tekken* nicht reine Unterhaltung. Es war eine Art Probe, mit der er ein Vorgehen verfeinerte, das er auch anderswo gegen Widersacher einsetzen konnte. Im Militärjargon beruhten Snowdens Siege in *Tekken* auf einer überragenden »vorbereitenden Erkundung des Schlachtfeldes«. Er sondierte das

Terrain, beobachtete seinen Gegner eingehend und kalkulierte zahllose Szenarien im Voraus. Einen Wettstreit mit der NSA konnte er zwar nicht vorhergesehen haben, doch seine Spielstrategie antizipierte bereits manche seiner späteren Züge.

Zur selben Zeit, kurz nach seinem 20. Geburtstag, begann Snowden, sich intensiv mit anonymisierenden Proxy-Servern zu befassen – Datenschutz-Tools, die Ursprung oder Ziel einer Internetverbindung verbergen. »Nicht einmal der liebe Gott persönlich soll wissen, wo ich gewesen bin, das sag ich euch«, schrieb er.[69] Einige Arsianer gaben ihm Tipps. Andere waren skeptisch. »Falls das hier keine Fehlersuche oder ein Streich sein soll, klingt das ein bisschen illegal«, schrieb einer der Letzeren. »Warum zur Hölle bist du so paranoid?«, fragte ein anderer. Snowdens knappe Antwort: »Patriot Act« – das nach den Anschlägen von 2001 verabschiedete Gesetz zur Terrorismusbekämpfung. Dann setzte er zu einer Erklärung an: »Wenn sie meine Aktivitäten fehlinterpretieren, könnte ich ein Cyber-Terrorist sein, und das wäre verdammt scheiße«, schrieb er. »Es geht nicht um das, was man sagt, es geht um das, was man tut und was aus Textprotokollen herausgelesen wird. Mein Ziel ist, dass sie ... im schlimmsten Fall meine IP-Adresse einem Computer in Madagaskar zuordnen können.« Ein Jahrzehnt später verfolgte er in weiten Teilen, wenn auch ausgeklügelter, die gleiche Strategie, als er mir und anderen Journalisten geheime Informationen übermittelte. Was er im Herbst 2003 im Sinn hatte, bleibt im Dunkeln.

Selbst als er davon sprach, dem FBI zu entschlüpfen, träumte Snowden davon, zur Army zu gehen. Seine Eltern waren strikt dagegen. »Die Stimmung nach dem 11. September riss mich wirklich mit«, erzählte er mir. »Ich hab der Regierung wirklich geglaubt. Ich meine, ich hab's einfach geschluckt. ... Und als sie sagten, wir wollen das irakische Volk befreien, traf das bei mir einen Nerv.«[70] Er war in einer Familie aufgewachsen, die im Staatsdienst tätig und mit den Bundesgerichten sowie den Streitkräften traditionell bestens vertraut war, aber keiner von ihnen wollte, dass er seinen Militärdienst in Bagdad ableistete. Seine Familie beschwor ihn, auf dem College zu bleiben, zur Air Force oder zur Navy zu gehen, wenn es unbedingt sein musste, aber sich um Himmels willen von der Infanterie fernzuhalten. Snowden blieb unbeirrt. Er hatte einen unwiderstehlichen Hack ausgemacht, einen Seitenkanal, der es ihm vielleicht ermöglichen würde, Jahre der obligatorischen Ausbildung zu überspringen und sich direkt bei den Special Forces der US-Army zu verpflichten. Jedes Jahr bot die Army ein wenig beworbenes Programm namens 18X an, für das sie einige Rekruten als »Kandidaten für die Special Forces« aufnahm.[71] Wäre Snowden robust und schlau genug, könnte ihm der komprimierte Trainingsplan unter Umständen in nicht einmal einem Jahr den Weg in eine Eliteeinheit ebnen und ihn zum Sergeant befördern. »Mir gefiel die Idee des 18X-Programms, weil es sehr leistungsorientiert war«, sagte er.[72] »Wenn man ihren Test – den akademischen Test und den Fitnesstest – vor der Grundausbildung mit fliegenden Fahnen bestand, bekam man eine Chance auf die Special Forces. Das war keine Garantie, aber du bekamst eine Chance. Und das fand ich verlockend.«

Lon Snowden drohte, seine Beziehungen zum Pentagon spielen zu lassen, um die Rekrutierer der Army zurückzupfeifen. Doch das war leeres Wortgetöse, aus dem die Angst eines Vaters sprach. Nach 25 Jahren Dienst in Uniform wusste er, dass er bei der Entscheidung kein Wörtchen mitzureden hatte.[73] In der ersten Maiwoche des Jahres 2004, kurz vor Edward Snowdens 21. Geburtstag, fand Lon Snowden eine unter seiner Tür durchgeschobene Notiz. »Dad, ich weiß, du wirst dich aufregen«, begann sie. Sein Sohn hatte seinen Vertrag bei der Army unterschrieben. »Dies ist unerlässlich für meine persönliche Entwicklung«, schrieb Ed.

Im Musterungsbüro bestand Snowden den Armed Forces Qualification Test, mit dem die Army allgemeine Eignung und Intelligenz prüfte, mit Glanz und Gloria. Wie er mir erzählte, hatte er nur eine Frage falsch beantwortet und das wurmte ihn damals immer noch: »Wo im Körper befinden sich die Eustachischen Röhren?«[74] Dann kam die Defense Language Aptitude Battery, die die Fähigkeit testete, eine Fremdsprache zu lernen.[75] Dieses Sprachlogikspiel war Snowden so dermaßen auf den Leib geschneidert, dass er es vermutlich auch gerne zum Spaß auf dem Computer gespielt hätte. Nach Erläuterungen zu Grammatik und Vokabular einer fiktiven Sprache musste er die Regeln auf immer komplexere Phrasen und Sätze anwenden. Auch damit hatte er keine Probleme. Unbekannte Muster erschlossen sich ihm schnell. Als er auch die Tests zur Überprüfung der körperlichen Fitness meisterte, erhielt er von der Army einen Vertrag und eine Fahrkarte nach Fort Benning, Georgia.

Am 3. Juni 2004 meldete sich Private First Class Edward Snowden als Rekrut der Special Forces zum Dienst bei Kompanie E, Zweites Bataillon, 19. Infanterieregiment.[76] Bei 1,74 m Körpergröße brachte Snowden zum Beginn seiner Infanterieausbildung nur hagere 56 Kilo auf die Waage. Er besaß den Muskeltonus eines Kampfkunstsportlers, aber »es gibt dickere Supermodels als mich«, sagte er. Zu ihrer Belustigung wiesen ihm die Drill-Sergeants bei Übungen, bei denen man einen Kameraden tragen musste, als Partner einen Bodybuilder zu, der doppelt so viel wog. Snowden schaffte es gerade so eben, ihn aus einer vorgeblichen Killzone zu wuchten. Wie alle anderen absolvierte er meilenweite Läufe in Stiefeln und mit Kampfausrüstung. Angetrieben von den dummen Sprüchen der Ausbilder (»Was zur Hölle ist los mit dir, Mary? Hast du Sand in der Scheide?«) ignorierte er die heftigen Schmerzen in seinen Beinen. Gegen Ende der ersten, 14 Wochen langen Ausbildungsphase landete Snowden unglücklich, als er bei einem Marsch durch die Wälder mit einem 50 Pfund schweren Rucksack auf dem Rücken vom Stamm eines umgestürzten Baumes sprang. Am nächsten Tag konnte er sich beim Versuch zu stehen nicht auf den Beinen halten und stürzte zu Boden. Eine Röntgenuntersuchung offenbarte beidseitige vollständige Schienbeinfrakturen. Zwei gebrochene Beine. In wenigen Wochen sollte die nächste Ausbildungsphase mit Fallschirmspringen beginnen. »Wenn du so aus einem Flugzeug springst, werden sich deine Beine pulverisieren«, eröffnete ihm ein Militärarzt.[77] Etwas melodramatisch, aber die Botschaft kam an. Wie Snowden sagte, hatte er Anspruch auf »Recycling« in einer anschließenden Grundausbildung, doch die Chance auf eine beschleunigte Beförderung und die Aufnahme bei den Special Forces würde er einbüßen.[78] Er erklärte sich mit einer Entlassung aus verwaltungstechnischen Gründen einverstanden und trat am 28. September 2004, nicht ganz fünf Monate nach seiner Verpflichtung, den Rückflug nach Hause an.[79] Mit zwei Gipsbeinen im Rollstuhl sitzend landete er am Dulles Airport, wo er von Flugbegleitern aus dem Flugzeug geschoben wurde.

Drei Monate später stolperte Snowden – dieses Mal durch Zufall – in den Karrierehack, der alles, was danach kam, ins Rollen bringen sollte. Nach einer Zeit der Rekonvaleszenz in North Carolina kehrte er nach Ellicott City zurück, schrieb sich erneut am Community College ein und hielt Ausschau nach einem Job.[80] Es war eine Phase der Niedergeschlagenheit, nicht geschaffen für hochfliegende Pläne. Als die University of Maryland Snowden für 29000 US-Dollar im Jahr einen Posten als Wachmann anbot, hatte er keinen besseren Trumpf im Ärmel.[81] Ab dem 28. Januar 2005 leistete er Wachdienst an der Rezeption des Center for Advanced Study of Language (CASL). Zu der Einrichtung, die sich noch im Bau befand, gehörten nicht öffentliche Bereiche für geheime Forschungen der NSA.[82] Sogar als Empfangsbediensteter benötigte Snowden eine TS/SCI-Freigabe und musste einen Lügendetektortest absolvieren. Die Freigabe erhielt er gemeinsam mit einem am 7. Juli 2004 verfassten Schreiben vom Q223, dem NSA-Büro, das mit der Sensibilisierung für die Gefahren durch Ausspähung betraut war. »An den Sicherheitsbeauftragten im Dienst einer Fremdfirma«, stand dort. »Mit diesem für Ihre Unterlagen bestimmten Formular wird bestätigt, dass die unten genannte Person in Spionageabwehr unterwiesen wurde.« So geringfügig die Position auch war, beförderte die Freigabe Snowden doch in den engeren Kreis der Staatssicherheit. Mit 22 hatte er noch nicht einmal die unterste Sprosse der Karriereleiter erklommen, aber nun konnte er sich allein im Großraum Washington um Tausende Geheimdienstjobs bewerben.

Nachtschichten im CASL (das alle wie »Castle« aussprachen) boten nur wenig Abwechslung. Außer gelegentlichen Kontrollen der Schlösser und Alarmanlagen hatte Snowden nicht viel zu tun. Eines Abends schlossen er und sein Partner einen Laptop an einen Ethernet-Port in der Lobby an, weil sie sich die Zeit mit ein bisschen Surfen im Internet vertreiben wollten. Das Netzwerk in diesem Teil des Gebäudes war nicht verschlüsselt, doch die Standardeinstellungen erlaubten keine Verbindung zu einem unbekannten Gerät. Ärgerlich. Snowden gab eine Befehlszeile ein und pingte den Router an, um sicherzugehen, dass die physikalische Verbindung in Ordnung war. Das Einzige, was ihm fehlte, war eine Netzwerkidentität. Er hantierte an den Host-Control-Einstellungen herum, wies sich eine IP-Adresse im Subnetz zu – und das Internet lag in all seiner Pracht vor ihm ausgebreitet da.[83]

Zwei oder drei Wochen vergingen, bevor irgendjemand feststellte, dass unbefugte Geräte im Protokoll erschienen. Mittlerweile waren es richtig viele. Viele Wachleute hatten sich Snowdens Trick zunutze gemacht. IT-Mitarbeiter des Castle, die zunächst beunruhigt waren, fragten Snowden, wie es ihm gelungen sei, die Netzwerkzugangskontrolle zu umgehen. Im Grunde handelte es sich nicht um einen Verstoß gegen die Sicherheitsbestimmungen – Snowden hatte nicht versucht, ins Gebäude einzudringen, sondern aus ihm auszubrechen. Nach seinen Erläuterungen, so erinnerte er sich später, »meinten sie: ›Warum arbeitest du an der Rezeption? Möchtest du nicht zu uns ins Netzwerkteam kommen?‹« Das hätte er gerne gemacht, aber diese Position erforderte einen College-Abschluss. Ein Mann schlug vor, er solle zu den Jobbörsen für Personal mit Freigabe gehen. Einige der Unternehmen, die dort inserierten, würden keine Abschlüsse verlangen. Snowdens so wichtige TS/SCI-Freigabe eröffnete ihm den Zutritt zur lukrativen Welt der »Beltway bandits«, wo Auftragnehmer die Arbeit von Geheimdienstmitarbeitern für das doppelte oder dreifache Gehalt verrichteten.

Snowden besuchte seine erste Geheimdienst-Jobbörse, die TECH-EXPO Top Secret, im Winter 2005.[84] Er ging zum Stand von COMSO, einem kleinen Auftragnehmer aus Greenbelt, Maryland, der ihm auf der Stelle einen Job anbot.[85] Mehr als das Microsoft-Zertifikat, die Freigabe und ein zufriedenstellendes Vorstellungsgespräch brauchte er nicht. Snowdens Kunde, so der Auftragnehmer, würde die Central Intelligence Agency sein. Als er zum ersten Mal durch die Sicherheitsschleuse im George Bush Center for Intelligence, dem CIA-Hauptquartier in Langley, ging, war er 22 Jahre alt. Nur zwei Jahre zuvor war er ein arbeitsloser Schulabbrecher gewesen, der nach eigenem Bekunden acht Stunden am Tag im Internet surfte, vier Stunden im Dojo verbrachte und zwei Stunden *Tekken* spielte.[86] Nun verrichtete er die Arbeit eines Systemingenieurs und kümmerte sich als Mitglied eines Teams um Aufbau und Pflege eines CIA-Netzwerks, das sich über das nördliche Virginia, Washington und das südliche Maryland erstreckte.[87] Was Snowden von seinen Geheimdienstkollegen unterschied, war eine E-Mail-Adresse mit »CTR« für »contractor« (»Vertragsmitarbeiter«) und ein Gehaltsscheck mit der Unterschrift eines Privatunternehmers in Greenbelt.[88] Die Jobs waren im Grunde die gleichen.

Wieder arbeitete er in Nachtschichten, was seinem vampirhaften Schlafzyklus entgegenkam. »Der Tagesstern, er verbrennt«, schrieb Snowden im April 2006 in einem *Ars*-Post.[89] Er verrichtete vorwiegend standardmäßige Wartungsarbeiten – »das Netzwerk aufbauen, ausbauen, pflegen«, erzählte er mir. Zu jener Zeit betrachtete er sich als Windows-Flüsterer, der die wechselnden Stimmungen eines Servers vorhersehen und etwaige Zusammenbrüche abwenden konnte. Er liebte die Grabesstille der Nachtschicht, in der nur eine Rumpfmannschaft mit ihm die Totenwache hielt. Von sechs Uhr abends bis sechs Uhr morgens, an einem Schreibtisch in Raum 2P20 des New Headquarters Buildings oder im Serverraum in 1D04, waren Snowden und ein anderer Typ, wie er sagte, »für das gesamte Netzwerk des Großraums Washington die Masters of the Universe«.[90]

Spät in der Nacht wandelte Snowden durch leere Kellerflure mit Betonwänden. Lampen mit Bewegungsmeldern »folgen dir irgendwie«, sagte er, während vor und hinter ihm alles in Schatten getaucht war. Ihm war durchaus bewusst, dass er als Domänenadministrator »unglaubliche Zugangsmöglichkeiten, wahnwitzige Zugangsmöglichkeiten« hatte.[91] Wie er diese Zugänge nutzte, ist unklar. Bei meinem zweiten Moskaubesuch im Sommer 2015 sprach ich mit Snowden ausführlich über diese Zeit. Wie er damals sagte, hätte er die Dateien der CIA gründlich durchstöbern können, habe aber der Versuchung widerstanden, weil er große Angst gehabt habe, auf etwas Verbotenes zu stoßen. »Ich habe die vorgezeichneten Konturen nie übermalt«, sagte er. In seinen Memoiren von 2019 erzählte er jedoch, dass er »jede Nacht, Stunde um Stunde« geheime interne Webseiten durchstöberte; dort las er »streng geheime Bekanntmachungen über Handelsgespräche und Putsche, während sie noch im Gange waren«. Implizit gab er damit zu, ohne es ausdrücklich zu sagen, dass er über die Bekanntmachungen hinaus nach den Identitäten ihrer menschlichen Quellen geforscht hatte. »Der Klarname und die vollständige persönliche Vergangenheit« jener CIA-Quellen, also ihre Fallakten, so schrieb er, »waren dann nur wenige Klicks entfernt«. Ob Snowden nun die erforderliche Freigabe für diese Art von Materialien besaß oder nicht – auf jeden Fall fehlte ihm das unerlässliche »Need-to-know«, die Genehmigung, bei Bedarf Einsicht in bestimmte Geheiminformationen zu nehmen. Nach seinen Memoiren zu urteilen, hat er die Konturen deutlich übermalt.[92]

Nach einigen Monaten stattete ein Senior Technical Officer Snowden einen Besuch ab. Der ältere Mann lieh ihn für ein oder zwei Projekte aus, machte sich ein Bild von ihm und zwischen den beiden entwickelte sich ein freundschaftliches Verhältnis. Schließlich fragte der Officer Snowden, ob er Lust habe, in Übersee zu arbeiten. Damit rannte er offene Türen ein. 2002 hatte Snowden in einem *Ars*-Post über IT-Jobs in Japan geschrieben: »Ich möchte auswandern! Auswandern im großen Stil und mit geheimen Aktivitäten!«[93] Am 26. August 2006 ging sein Wunsch in Erfüllung.[94] Snowden fügte seiner Mailadresse ein »STF« für »Staff« hinzu, tauschte sein grünes Namensschild gegen ein blaues und erhielt die ID-Nummer 2339176 der Behörde. Nun war er ein Vollzeitangestellter und wäre bald als Sicherheitsbeauftragter für Telekommunikationsinformationen einsetzbar.[95] Die offizielle Bezeichnung war TISO, doch im Behördenjargon, besonders unter den älteren Semestern, sprach man von »Commo« (für »communicator«). Für diese Stelle, in Snowdens Augen ein Traumjob, nahm er eine Gehaltseinbuße im fünfstelligen Bereich in Kauf.

Die Abteilung für öffentliche Angelegenheiten der CIA beantwortet keine Fragen zu Snowdens beruflichen Pflichten oder Leistungen und überlässt es ehemaligen Beamten, zu erzählen, was sie wollen, ohne sich an dokumentarisch belegte Fakten halten zu müssen. Michael Morell, der bis August 2013 als stellvertretender und amtierender CIA-Direktor fungierte, saß zu Beginn des darauffolgenden Jahres mit mir in einem Straßencafe mit Blick auf den Dove Mountain in Arizona. Nachdem drei Monate vor seinem Ausscheiden aus der CIA die öffentlichen Enthüllungen begonnen hatten, hatte er sich über Snowden umgehört. Es sei absurd, so Morell, ihn als jungen Teufelskerl oder als eine Art Hochleistungsdurchstarter darzustellen. Snowden sei der kleinste unter den kleinen Angestellten und selbst für diesen Job schlecht qualifiziert gewesen. Die CIA habe ihn nur eingestellt, weil sie aufgrund der rapiden Beschleunigung ihrer weltweiten Operationen verzweifelt nach Commos gesucht habe. Wie Morell vermutete, sei Snowden dank gelockerter Einstellungsvoraussetzungen, die aus der Not geboren wurden, durchs Tor geschlüpft. Einige dieser Behauptungen sind nachweislich falsch. Historische Momentaufnahmen von der Stellenangebotsseite der CIA offenbaren keine grundlegenden Veränderungen der Anforderungsprofile.[96] Die Qualifikationen von Snowdens Kohorte im Vergleich zu früheren Jahren können nicht ernsthaft ein Staatsgeheimnis sein. Ehrliche Auskünfte zu Snowdens eigenen Leistungsbewertungen würden weitere Fragen klären. Morells so ganz und gar abfällige Darstellung lässt sich angesichts Snowdens stetem Aufstieg kaum aufrechterhalten.

Snowden erklomm die nächste Stufe nach einem sechsmonatigen Trainingslehrgang, dem Basic Telecommunications Training Program, in einer der Öffentlichkeit unbekannten Einrichtung der CIA bei Warrenton im Norden Virginias.[97] Frischgebackene Operations Officers, die Agenten der Behörde, lernten ihr Handwerk an einem besser bekannten Ort mit dem Spitznamen »The Farm«. Die Unterrichtsstätte für Snowden und andere Science und Technology Officers war »The Hill«.

Man ist versucht, an eine Szene aus einem James-Bond-Film zu denken, in der Q, der Guru, mit technischen Begriffen um sich werfend erklärt, wie man Raketen aus einem ferngesteuerten Auto abschießt. Im Lehrplan des Hill ging es jedoch weniger um Aston Martins als um kaputte Radios. »Du lernst den Umgang mit praktisch jedem Teil der Infrastruktur, das sich in einer Botschaft befinden könnte«, erklärte Snowden. Er übte das Konstruieren und Dekonstruieren von Routern, Telefonen, Firewalls und Lüftungsgeräten. Er erlernte die Grundzüge der modernen und historischen Kryptographie. Neben brandneuen Systemen musste er sich auch Fachkenntnisse zu überholten Gerätschaften aneignen, die Botschafter und Chiefs of Station der alten Schule möglicherweise noch nutzten. Firefly-Verschlüsselungssysteme, kastenförmige alte KG-84-Verschlüsselungsapparate mit Knöpfen und Einstellrädern – das waren mittlerweile alles Museumsstücke, aber Snowden musste sich damit auskennen.[98] Viel Zeit, so Snowden, wurde der »Wahrung der eigenen Deckung« gewidmet. Er und die anderen Mitglieder des Kurses erlernten elementare Spionagepraktiken für CIA-Mitarbeiter unter mutmaßlicher ausländischer Überwachung. Ebenso viel Zeit verwendeten sie auf das Aufrechterhalten einer Identität innerhalb der Botschaft. Einige Diplomatenkollegen würden über seinen wahren Arbeitgeber im Unklaren gelassen werden. »Du musstest einen Spezialkurs absolvieren, um später so zu tun, als seist du im Außenministerium beschäftigt. Um zu verstehen, wie es funktioniert. Dich im Grunde als Mitarbeiter des Außenministeriums zu maskieren. Weil die ihren eigenen Jargon haben. Sie benutzen ihre eigenen Akronyme. ... Und du musst in der Lage sein, dich an so einem Gespräch zu beteiligen.«

Snowden lernte, einen Verfolger auszumachen. Die Manipulation an einem Auto zu entdecken. Überzeugend zu lügen. Was man seinem Ehepartner erzählen durfte (kaum etwas) oder Kindern (nichts). Es gab einen Kurs über Telegraphieren vom Einsatzort, mit spezieller Unterweisung in CRITIC Reporting.[99] Damit waren geheime Informationen von solcher Tragweite gemeint, dass sie innerhalb von zehn Minuten identifiziert, niedergeschrieben und per Eilmeldung an den Präsidenten geschickt werden mussten. Die Kennzeichnung »CRITIC« war, laut einer geheimen Anweisung, allein solchen Angelegenheiten vorbehalten, die »unmittelbar und grundlegend lebenswichtige politische, wirtschaftliche, informationsbezogene oder militärische Interessen der

USA gefährden konnten«. Als abschreckendes Beispiel erzählte ein Ausbilder die, vielleicht erfundene, Geschichte eines unglückseligen Lehrgangsteilnehmers, der eine zu Übungszwecken verwendete CRITIC-Botschaft für bare Münze genommen und pflichtgemäß übermittelt hatte. Andererseits mahnte eine Folie neue Commos in riesigen Großbuchstaben: »WHEN IN DOUBT, PUT IT OUT!« (»Im Zweifelsfall senden«). Ein Präsentationsbeispiel kam aus dem CIA-Stützpunkt in Bagdad, gesendet am 2. August 1990 um 2:31 Uhr: »Irakische Truppen in Kuwait-Stadt. Kleinkalibriges Feuer in 900 Metern Entfernung von der US-Botschaft.«

Bevor der Lehrgang zu Ende ging, erteilte Snowden seinerseits der CIA eine Lektion. Er war bereit, sich unbeliebt zu machen, weil er der Meinung war, dass etwas Grundsätzliches auf dem Spiel stand. Seine Klassenkameraden murrten über ihre Unterkunft in einem heruntergekommenen *Comfort Inn* und die Weigerung der CIA, Überstunden zu bezahlen. Snowden betrachtete diese Missstände als Verstoß gegen das Arbeits-, Gesundheits- und Sicherheitsrecht. Er reichte eine formale Beschwerde ein, und als der Schulleiter ihn abblitzen ließ, unterbreitete er dem Direktor der Field Service Group der CIA sein Anliegen – und dann noch dessen Vorgesetztem. Der Lohn waren der Umzug in eine andere Unterkunft und ein Verweis für ungebührliches Verhalten. Letzteres beeindruckte ihn nicht. Im Gegensatz zu den anderen, so Snowden, war er bereit, die »Konsequenzen einer Eskalation« zu tragen.[100]

Am letzten Tag des Lehrgangs meldeten Snowden und seine Klassenkameraden ihre Präferenzen für ihren ersten Einsatzort an. Snowden wollte in ein Kriegsgebiet. Neben seinen bevorzugten Zielen Irak oder Afghanistan nannte er Genf als Plan B. Er hatte gehört, dass dort technische Herausforderungen warteten – es war ein großer Stützpunkt mit einer komplexen Netzwerkinfrastruktur in einer Stadt, in der mehr Agenten pro Kopf als sonstwo herumliefen. Dorthin schickte ihn die Behörde im März 2007. Sein hellroter Diplomatenausweis zeigte das Porträt eines milchgesichtigen 23-Jährigen in blauem Anzug, kastanienbraunem Frackhemd und einer gestreiften Clubkrawatte. Für die Außenwelt war Snowden ein Attaché der ständigen Vertretung der USA im UN-Hauptquartier in Genf, Mitarbeiter des Außenministeriums Nr. 64554. In der Botschaft arbeitete er im Information Technology Center in der obersten Etage. Außer dem Commo-Laden der CIA gab es, jeweils in einem eigens abgeschlossenen Bereich, das Kommunikationsteam des Außenministeriums sowie den Mitarbeiterstab des Special Collection Service, der lokale Ziele für die NSA ausspionierte. Schriftstücke unterzeichnete Snowden als »Dave M. Churchyard«. Diese Vorsichtsmaßnahme, die man nach der Besetzung der Botschaft in Teheran im Jahr 1979 eingeführt hatte, würde es erschweren, ihn als Geheimdienstmitarbeiter zu identifizieren, falls sich jemand Zugang zu den geheimen Aufzeichnungen verschaffte.

Mit seinem CIA-Gehalt und staatlichen Zuschüssen konnte er sich eine Fünfzimmerwohnung mit Blick auf den Genfer See leisten. Snowden lebte auf großem Fuß. Er kaufte sich einen BMW und begann, an der Börse zu spekulieren. Er hatte einiges an der Schweiz auszusetzen – »horrend teuer und voll von grauenhaftem Standesdünkel«, urteilte er in einem *Ars*-Chat –, aber insgesamt war doch alles »ziemlich cool«.[101] Die Arbeit unterschied sich nicht allzu sehr von dem Netzwerk-Management, mit dem er als Vertragsmitarbeiter in Langley betraut gewesen war. Weil er mehr zu tun haben wollte, meldete er sich freiwillig für kurzzeitige Sonderaufträge – »temporary duty assignments« (TDY) –, für die der Genfer Stützpunkt Mitarbeiter an andere Stationen auslieh. Im Frühjahr 2008 reiste er für einen Sonderauftrag zur US-Botschaft in Bukarest,[102] wo Präsident George W. Bush bald einen NATO-Gipfel besuchen wollte.[103] Snowden stieß zu einem Vorauskommando, das unter anderem Gefährdungsbeurteilungen der CIA an den Secret Service übermittelte. »Die Berichte über potenzielle Bedrohungen waren lächerlich«, erinnerte er sich. »Irgendein selbst ernannter Computerkrieger, der ankündigte, er werde Bush mit dem Auto überfahren.« Er fand die Hinweise unglaubwürdig und fragte sich, wie sie zustande kamen und ernst genommen werden konnten. Aber er habe es mit einem Lachen abgetan. Die Regierung verschwendete also Zeit und Ressourcen. Das war nichts Neues.

Wieder in Genf stieß Snowden auf Dinge, die ihm Sorgen bereiteten. Da waren zum Beispiel einige Case Officers, die einen saudischen Vermögensverwalter ermuntert hatten, sich betrunken hinters Steuer zu setzen, und dann versuchten, ihn als Spion zu rekrutieren, indem sie seine Verhaftung als Druckmittel benutzten.[104] »Wir machen mit einigen richtig üblen Leuten, mit miesen Leuten Geschäfte, die uns als Werkzeuge dienen«, sagte ein Kollege vom Geheimdienst, der später mit Snowden zusammenarbeitete. »Manche von den Mitteln, die wir anwenden – ich fühl mich schmutzig, darin verwickelt zu sein.«[105] Was Snowden weiter desillusionierte, war das umfassende Ausspionieren von UN-Diplomaten durch die USA. Wie er mir erzählte, arbeitete er mit drei Case Officers der CIA zusammen, die ihn informell um Rat baten, als sie in den Computer eines ausländischen Beamten eindringen sollten. »Sie meinten, wir haben einen USB-Stick, den wir da dranhängen sollen. Wie muss ich das machen? Was sind die Tricks? Worüber muss ich mir Sorgen machen? Was sollte ich auf keinen Fall verbocken? Wie würde man mir auf die Schliche kommen? Was sag ich dann? Mit solchen Geschichten, die glaubwürdig klangen, kamen sie an.«[106] Wie Snowden sagte, sah er durchaus die Vorteile, die das Ausspionieren von Verbündeten verschaffte, aber ihm missfiel die Politik, die man damit verfolgte. Aufgrund seiner libertären politischen Einstellung war er mittlerweile gegen den Krieg im Irak, gegen die geheime Überstellung angeblicher Terroristen und gegen Bushs Umgang mit dem Börsencrash von 2008. Warum sollte Amerika weiterhin versuchen, als Weltpolizei und Sicherheitsnetz für Unternehmen aufzutreten? Mavanee Anderson, die bei der ständigen Vertretung in Genf als Rechtsreferendarin arbeitete und Snowden aus der Zeit zwischen 2007 und 2009 kannte, erinnerte sich an ihn als ein introspektives Computergenie mit einem Hang zum Grübeln. Er habe eine Gewissenskrise durchlebt, erzählte sie.[107] Später sagte Snowden, er habe erstmals in Genf darüber nachgedacht, Interna zu verraten, sich dann aber zurückgehalten, weil er fürchtete, Menschen aus Fleisch und Blut wie die Case Officers und ihre Agenten damit in Gefahr zu bringen.[108] Außerdem hoffte er, der neu gewählte Präsident Barack Obama werde einige der politischen Missstände, die Snowden belasteten, beheben. Anfang 2009 klang er auf *Ars* nicht wie ein Mann, der bereit war, Geheimnisse auszuplaudern. Damals forderte er dazu auf, anonymen Beamten, die geheime Informationen verrieten, »in die Eier zu schießen ... der Scheiß ist aus gutem Grund geheim«.[109]

Etwa um diese Zeit steuerten die CIA und ihr fünfundzwanzigjähriger Angestellter auf eine Trennung zu. Es gibt drei widersprüchliche Darstellungen von Snowdens Abschied. Die erste stammt von »zwei leitenden amerikanischen Beamten«, die in der *New York Times* zitiert wurden. Ihnen zufolge habe Snowdens Vorgesetzter in Genf ihn des Versuchs verdächtigt, Dateien zu öffnen, die er nicht lesen durfte. Das habe der Vorgesetzte in seiner Personalakte mit einem »derogatory memo«, einem kritischen Vermerk, festgehalten.[110] In einer ungewöhnlichen Reaktion behauptete das Büro der CIA für öffentliche Angelegenheiten am Tag darauf in der *Times*, diese Geschichte sei unwahr. In Snowdens Akte befinde sich ein Vermerk, aber aus einem viel geringfügigeren Anlass.[111] Snowdens Erklärung entspricht eher der zweiten, offiziellen Darstellung. Beim Ausfüllen des jährlichen Selbstbeurteilungsbogens sei ihm eine Schwachstelle aufgefallen, über die jeder Mitarbeiter Malware in die Online-Personal-App der Behörde hätte einschleusen können.[112] Snowden schlug vor, den Mangel zu demonstrieren, indem er Kontrolle über das System übernahm, ohne Schaden anzurichten – ein verbreitetes Vorgehen in der Sicherheitsforschung. Er spielte mit dem Gedanken, eine bedrohliche Pop-up-Nachricht erscheinen zu lassen, aber sein Chef überzeugte ihn davon, sich mit etwas weniger Spektakulärem zu begnügen. Also demonstrierte Snowden beim Ausfüllen seiner Selbstbewertung, dass er die Kontrolle über die Web-Anwendung übernehmen konnte, indem er alle Farben auf der Seite veränderte. Der Chef vom Chef, der für Europa zuständige Technische Direktor, war laut Snowden peinlich berührt und wütend. Er war es, der den Aktenvermerk veranlasste und damit Snowdens weiterer Beförderung einen Riegel vorschob. Ein pensionierter CIA-Beamter sagte *Vanity Fair*, Snowden sei »zu klug für seinen Job«

gewesen.[113] Zu dem Konflikt sei es gekommen, weil »er, wie ich glaube, gerne mehr zu sagen gehabt hätte«.

Eine dritte Version von Snowdens CIA-Entlassung, die den anderen nicht unbedingt widerspricht, stammt von zwei Quellen aus seinem familiären Umfeld. Wie sie sagen, sei Snowden im Dezember 2008 heimgeflogen, um an der Verabschiedungszeremonie seines Vaters von der Küstenwache teilzunehmen. Seine Eltern bemerkten mit Sorge, dass ihr Sohn von einem chronischen trockenen Husten geplagt wurde, der einfach nicht einzudämmen war. Commos müssen zuweilen geheime Daten vernichten, indem sie elektronische Komponenten zu kleinen Teilchen zermahlen. Lon Snowden kam zu der Überzeugung, dass die CIA seinen Sohn aus Nachlässigkeit gefährlichen Konzentrationen von Siliziumdioxid-Staub ausgesetzt hatte.[114] Er bestand darauf, dass Ed zum Arzt ging. Snowden blieb noch eine Weile im Raum Washington, um sich von Fachärzten für Atemwegserkrankungen untersuchen zu lassen. Er nahm seinen Dienst nicht wieder auf. Der Genfer Stützpunkt räumte seine Wohnung aus und sorgte dafür, dass alles zu ihm nach Hause transportiert wurde.[115]

In Snowdens Kündigungsschreiben an seinen »lieben Freund und Vorgesetzten« vom 16. April 2009 hieß es: »Ich werde immer mit schönen Erinnerungen an die Zeit hier zurückdenken.«[116] Als sich die eine Tür schloss, öffnete sich eine andere. Seit seiner Jugend hatte er »davon geträumt, in Japan ›groß rauszukommen‹« – in der Heimat der von ihm geliebten Popkultur.[117] Als seine Lungen einigermaßen wiederhergestellt waren, bot ihm Dell den ersten von drei Arbeitsverträgen an, die er in den kommenden Jahren unterzeichnen sollte. Mitte 2009 trat er eine Stelle als Systemadministrator im Pacific Technical Center der NSA auf der Yokota Air Base außerhalb von Tokio an. Ab und zu durfte er kleine Ausflüge in die Spy-versus-spy-Welt machen, nach der er sich sehnte. Im August 2010 veranstaltete die Joint Counterintelligence Training Academy (JCITA) eine dreitägige geheime Konferenz in Yokota mit dem Titel »Counterintelligence Threat Seminar: China«.[118] Die damals in Elkridge, Maryland, ansässige JCITA war die führende Ausbildungseinrichtung des Verteidigungsministeriums, um

Besitzern einer Freigabe beizubringen, wie sich Geheimnisse der USA vor ausländischen Spionen schützen ließen. Kurz vor Beginn der Konferenz erfuhren die Organisatoren, dass ihr Cyber-Dozent ausfallen würde. Aus ganz Asien kamen Geheimdienstmitarbeiter nach Yokota, und es gab niemanden, der sie in digitaler Selbstverteidigung unterweisen konnte.

»Da stand ich nun mit meinem Team in diesem Sicherheitsbereich [und wir fragten uns]: ›Was sollen wir tun?‹«, erinnerte sich Danielle Massarini, die in jenem Jahr die Konferenz leitete.[119] Ein junger Mann in Khaki-Shorts und T-Shirt kam rüber zu ihnen. »Er schaltete sich ein und meinte: ›Hey, ich hab so was schon mal unterrichtet.‹ Wir dachten, was soll's. Geben wir ihm eine Chance.« Wie Massarini sagte, musste Snowden sich für die Vorbereitung die ganze Nacht um die Ohren geschlagen haben, weil er am nächsten Morgen eine Reihe Folien für den Top-Secret-Unterricht präsentierte. Massarini hatte sich schon ihre gesamte Karriere lang mit chinesischer Gegenspionage beschäftigt, unter anderem im Zuge von Aufträgen für das Büro des Verteidigungsministers und die 902nd Military Intelligence Group der Army. Was Snowden ihr an diesem Morgen überreichte, »war ohne Frage das beste Cyber-Briefing zum chinesischen Geheimdienst, das wir je hatten«.

Zwei Tage später stand Snowden vor einer Klasse mit Officers und Analysten aus der gesamten Intelligence Community: FBI, NSA, Ministerium für Innere Sicherheit, Navy Criminal Investigation Service, Air Force Office of Special Investigations. Er nahm sie mit auf eine virtuelle Rundreise durch chinesische Hacker-Konsortien und erläuterte ihnen eine ganze Palette von Angriffsmanövern – von simplen Phishing-Mails bis zu hochkomplexen, »Intrusion Sets« genannten Codes, die in einen ungeschützten Computer eindrangen und sich dort festsetzten. Die Regierung in Peking verschaffte sich häufig Zutritt über vormals unbekannte Sicherheitslücken. Eine Schwachstelle dieser Art nannte man Zero Day, weil Angreifer sie vor dem ersten Tag, Day 1, nutzten, an dem jemand die Bedrohung erkannte. Trotz der guten Tarnung derartiger Attacken zeigte Snowden den Teilnehmenden, wie sie in einer Umgebung, der sie misstrauten, sicher arbeiten und kommunizieren konnten. Eine Routine, die er ihnen beibrachte, wurde zu einem Schlüsselmoment in Laura Poitras' Film *Citizenfour*: Breiten Sie eine Decke über die Tastatur, sagte er, wenn Sie Ihr Passwort eingeben.

»Er war einfach brillant«, sagte Massarini – er hatte die Gabe, komplexe Inhalte in Alltagssprache zu vermitteln. Über seine letzte Folie tanzten glotzäugige Avatare mit der Beschriftung »Fürchtet Euch«. Als er die Anwesenden zu Fragen ermunterte, sah Massarini zu ihrem Erstaunen, dass überall um sie herum Hände in die Höhe schossen. Die Teilnehmenden wollten mehr. Das war in einem Cyber-Kurs *noch nie* passiert. Gegen Ende des zweistündigen Seminars hätten sie sich für gewöhnlich »den Bleistift ins Auge gerammt«, wie sie sagte. »Ich kann gar nicht in Worte fassen, wie gut die Präsentation war.« Beim Feedback für die dreitägige Konferenz erhielt Snowden mit Abstand die besten Bewertungen. »Der Typ macht mich wahnsinnig mit seiner Paranoia«, schrieb ein Teilnehmer. Sofort nach der Rückkehr nach Maryland lud Massarini Snowden erneut zu einem Lehrgang ein.[120] In den folgenden zwei Jahren ließ sie ihn ein halbes Dutzend Mal nach Elkridge, Quantico oder Dublin, Kalifornien, einfliegen, wo er pro Kurs ein Honorar von 1500 US-Dollar erhielt. Er sah vielleicht aus wie ein Hacker, der jede freie Minute vor dem Monitor hockte, aber wenn er wollte, konnte er auch aufgeschlossen und witzig sein. »Ich habe mit diesen Leuten gearbeitet«, sagte Massarini. »Er war in der Lage, ins Detail gehende technische Fragen zu beantworten, aber er konnte auch entspannt quatschen und einen mit dir trinken gehen.«

Wie üblich automatisierte Snowden die meisten Routineaufgaben, die in Japan für ihn anfielen. Die freie Zeit nutzte er, um nebenbei ein neues Projekt auf den Weg zu bringen. Niemand hatte ihn dazu beauftragt, aber er langweilte sich und hielt Ausschau nach einem lohnenswerten Unternehmen. Den ersten Anstoß für EPICSHELTER, wie er das Projekt nannte, hatte Snowden erhalten,[121] als er aus Genf verfolgte, wie serbische Demonstranten die US-Botschaft in Belgrad in Brand setzten.[122] Die Schäden am dortigen CIA-Stützpunkt führten in Snowdens Büro zu Spekulationen, dass möglicherweise wichtiges geheimdienstliches Material vernichtet worden sei. Er begann über das Problem der »Disaster Recovery«, oder Notfallwiederherstellung, nachzudenken. Wo, wenn überhaupt, bewahrte der Belgrader Stützpunkt Echtzeitkopien seiner Dateien auf? Wie könnte ein gut durchdachtes Backup-System Daten effizient übermitteln und speichern? Damals war es reine Neugier, aber die Fragen ließen ihn nicht los. In Yokota nahm Snowden sie ernsthaft in Angriff. Er hatte ein Backup- und Recovery-System vor Augen, dass klein anfangen und sich dann schrittweise ausdehnen könnte, um beliebig weite Teile des digitalen Einzugsbereichs der NSA abzudecken. Einige Komponenten, die ihm vorschwebten, ließen sich im Handel erwerben, waren aber über miteinander verflochtene geheime Netzwerke hinweg nicht leicht reproduzierbar. Eine »Deduplikation«, bei der für jede Datei jeweils nur ein einziges Backup angelegt wird, würde Speicherplatz einsparen, auch wenn in den Quellennetzwerken mehrere Kopien existierten. »Datenblock-Updates« würden die Datenübertragungsrate dezimieren, weil, sobald eine Quelldatei sich veränderte, nur neue Bits und Bytes hochgeladen würden, statt eine neue Kopie der gesamten Datei zu versenden. Snowden erarbeitete konzeptionelle Designs und Hardware-Spezifikationen für ein globales Netz von Vorrichtungen zur Netzwerkspeicherung.[123] Als sich EPICSHELTER unter Snowdens Vorgesetzten in Japan verbreitete, erstellte er ein White Paper und Folien zur Anleitung. Ende 2009 oder Anfang 2010 baten ihn die Organisatoren der Pacific Technical Conference der NSA um eine Präsentation und dann um ein Draft Proposal. Es kam zu einem Treffen zwischen Lonny Anderson, dem technischen Leiter der NSA, der Yokota einen kurzen Besuch abstattete, und Snowden, der ihn über das Projekt informieren sollte. Nach Snowdens Darstellung bescherte ihm dieses Treffen wiederum eine Einladung nach Fort Meade. Die technische Leitung der NSA übernahm das Projekt und betrieb im Anschluss mit großem Aufwand dessen Weiterentwicklung, Errichtung, Prüfung und Evaluierung. Wie viel davon Snowdens früherer Arbeit zu verdanken war, lässt sich schwer einschätzen. Nach der Bestätigung der wirtschaftlichen Machbarkeit wählte die NSA Hawaii als Pilotstandort aus. Als Snowden den Prototyp 2012 in Kunia im laufenden Betrieb sah, beanspruchte er die geistige Vaterschaft für sich.

Es ist schwer zu sagen, wie rasch Snowdens Zweifel in Japan wuchsen. Im Februar 2010 erklärte er bei *Ars* recht allgemein, dass »die Gesellschaft tatsächlich einen blinden Gehorsam gegenüber gruseligen Typen entwickelt hat«.[124] Seine Befugnisse als Administrator gewährten ihm Einblick in weitreichende Informationen über Politik und Operationen der NSA, und nun begann er mehr darüber zu lesen. Gleichzeitig peppte er seinen Lebenslauf mit neuen Ausbildungslehrgängen und Zertifikaten auf. In jenem Jahr erwarb er Zertifikate als Malware-Analyst, Malware-Forensiker, Certified Network Defense Architect sowie Projektmanager.[125] Zudem nutzte er Urlaubstage für Reisen nach Indien, wo die Kurse billiger waren, und erhielt 96 von 100 Punkten bei der Prüfung zum zertifizierten Sicherheitsanalysten.[126] Eine weitere, vom EC-Council abgenommene Prüfung war besonders folgenreich: die Qualifikation zum Certified Ethical Hacker. Gemäß DoD Directive 8570 erhielt Snowden damit endgültig einen Level-III-Zugang zum innersten Kern des Sicherheitsbereichs, genannt The Enclave, in den Netzwerken des Verteidigungsministeriums.[127]

Im Sommer 2010, kurz nach Snowdens 27. Geburtstag, bot ihm Dell die Rückkehr nach Hause und zur CIA in einer sehr viel gewichtigeren Position an. Ob die Initiative dazu von Dell oder Snowden ausging, ist unklar. Laut einem Vertrauten der Familie bat Snowden aus persönlichen Gründen, die seine Freundin Lindsay Mills betrafen, um die Versetzung aus Japan. In seinem neuen Job wies ihn seine Visitenkarte als »Solutions Consultant/Cyber Referent« der Firma Dell aus.[128] Im Auftragnehmerjargon war besonders das Letztere von Bedeutung – es kennzeichnete ihn als denjenigen, der für den gesamten Cyber-Bereich im geheimdienstlichen Aufgabengebiet von Dell verantwortlich war.[129]

Laut Snowden war EPICSHELTER gut fürs Geschäft. Dell hatte Hardware und Dienstleistungen für den Prototyp verkauft. Snowden hatte unter Beweis gestellt, dass er technische Probleme mit den Computercracks durchdenken und sie dann im Betrieb und Verkauf einem

Laienpublikum verständlich machen konnte. Als Dells Cyber-Kontaktperson zur CIA und ihren Schwesterbehörden pendelte er in einer Art Rundlaufverfahren quer durch Nordvirginia zum CIA-Hauptquartier in McLean, dem National Counterterrorism Center in Liberty Crossing und dem New-Dominion-Gelände des Global Communications Service in Reston. Die Behördenvertreter erklärten ihm, was sie benötigten. Snowden half bei der Entwicklung von Lösungen der Marke Dell. Eines Tages bat das Information Operations Center der CIA, im Grunde so etwas wie die NSA in Miniatur, um Angebote für Passwort knackende Computer. Die Behörde wünschte sich die schnellsten zahlenverarbeitenden Geräte, die im Hinblick auf Leistungsfähigkeit, Raum- und Kühlbedarf in den abgeschirmten Gewölbekeller passen würden, in dem sie untergebracht werden sollten. Snowden wählte die Hardware aus und griff dabei auf Komponenten und Expertise von Dells Teams für »High-Performance Computing« und »Fabric Networking« zurück. Auch an der Vorbereitung eines noch viel umfangreicheren Angebots war er beteiligt: »Projekt Frankie«, eine gemeinsam von Dell und Microsoft konzipierte Cloud im Wert von einer halben Milliarde US-Dollar, die allen Mitarbeitern auf der Welt die Bearbeitung und Speicherung der CIA-Infrastrukturdaten ermöglichen sollte.[130] (Ein Konkurrenzangebot von Amazon erhielt schließlich den Zuschlag.)[131] Snowden war nach wie vor ein junger Mann, aber er bewegte sich immer häufiger in exklusiven Kreisen. Regelmäßig saß er mit den Leitern der Technikabteilungen der CIA und deren Stellvertretern zusammen; er vertrat Dell in Meetings mit Jeanne Tisinger, Chief Information Officer der CIA, und Ira »Gus« Hunt, Chief Technology Officer der Behörde. Hunt liebte Brainstorming und Snowden erzählte mir, er habe ihm am laufenden Band das Blaue vom Himmel versprochen. Wie wäre es mit einem netzunabhängigen, weltweit einsetzbaren Rechenzentrum, das in einen Standardfrachtcontainer passt? Oder wie wäre ein Switch mit eingebauten »Separation Kernels«, also sicheren Hardware-Partitionen, die die Trennung zwischen Datenströmen unterschiedlicher Geheimhaltungsstufe gewährleisteten?

Snowdens Karriere schien eine vielversprechende Richtung einzuschlagen, doch er sah sich bereits nach etwas anderem um. Interessante Probleme, die gleichermaßen technische wie operative Herausforderungen bargen, waren für ihn attraktiver als der Zugang zu den Vorstandsetagen von Dell und den von ihnen betreuten Behörden. Im Mai 2011 wandte er sich mit einem Vorschlag an Massarini.[132] Snowden bat sie um Unterstützung, weil er sich bei dem Auftragnehmer Booz Allen, der Personal für Massarinis Schule für Gegenspionage bereitstellte, um eine Stelle bewerben wollte, die er sich selbst ausgedacht hatte. Snowden wollte ein Inventar optimaler Vorgehensweisen für digitale Gegenspionage aus allen Geheimdienstbehörden zusammenstellen, ein Testsystem »robust« machen und dann »einen Pool von multidisziplinären Teilnehmern« auffordern, in das System einzudringen. »Jedes Mal, wenn sie damit Erfolg haben, lässt sich eine wichtige, kritische Schwachstelle identifizieren, die zu beheben ist«, schrieb er an Massarini. »Immer wenn sie scheitern, erhält man eine quantifizierbare, stetig wachsende Menge von Daten, die verdeutlichen, in welchen Fällen wir Gegenspionage durch Akteure vom ›Skill-Level 3‹ bereits erfolgreich abwehren.« Snowden wollte nicht nur fortgeschrittene Cyber-Abwehr lehren, sondern auch dazu beitragen, den aktuellen Stand der Technik weiter voranzutreiben. Der Job verlangte eine Person, die Folgendes konnte: »1) mit Führungskräften und den meisten Spitzentechnikern [der Geheimdienstbehörden] überzeugend Gespräche führen, 2) das notwendige Vertrauen aufbauen, damit sich der Vertreter einer fremden Behörde für Programme mit Spezialverfahren anmeldet, 3) unter hohem Zeitdruck die unterschiedlichen Methoden der Behörden kennenlernen, 4) nach wie vor paranoid genug sein, um all dies dann in einen Lehrplan zu übersetzen, ohne den Sicherheitsstandard herabzusetzen.« Um ein solches Programm aus dem Nichts aufzubauen, schrieb er, benötigte man zudem »die Sozialkompetenz, um die politischen Beziehungen zu dirigieren, die zum Öffnen dieser behördenübergreifenden Türen erforderlich sind«.

Man brauchte also jemanden, so fand Snowden, der ihm schon sehr ähnlich war. »Ich möchte nicht arrogant klingen«, schrieb er, »aber auch auf die Gefahr hin, dass ich so rüberkomme, bin ich der ehrlichen Überzeugung, dass es nur sehr wenige Menschen gibt, die den für die erfolgreiche Installierung eines solchen Programms erforderlichen Hintergrund aufweisen.« Allerdings stellte er zwei persönliche Bedingungen. Erstens wollte er nicht mit Stempelkarte im Hauptquartier arbeiten; er brauchte die Flexibilität, in jedem Büro mit einem sicheren Terminal seinen Job erledigen zu können. Zweitens benötigte er vollständigen Zugang zu den Netzwerk-Accounts »mit allen relevanten IC-Organisationen und -abteilungen, so dass ich tatsächlich dort hineingehen und gemeinsam mit ihnen arbeiten kann«. Das waren gewagte und unorthodoxe Forderungen, aber sie entsprachen der von ihm angedachten behördenübergreifenden Mission. Aus FBI-Sicht wirkte Snowdens Vorschlag in der Rückschau plötzlich eher verdächtig.[133] Er bat um die Schlüssel zu vielen Schatzkammern und um Informationen zur Sicherung ihrer Tore. Wie auch immer – der Vorschlag lief ins Leere. Die Stelle, die Snowden vorschwebte, gab es nicht und Booz Allen erteilte ihm eine Absage.

Snowden pries seine Fähigkeiten in einem inoffiziellen Lebenslauf an, den er in jenem Sommer zusammenstellte.[134] Bei Dell, so schrieb er, habe er »Strategie, Politik und Planungsrichtung« für Millionen US-Dollar teure Vertragsentwürfe mitgestaltet und dabei »regelmäßig C-Level-Führungskräfte instruiert«. In einer recht hochtrabenden Anspielung auf EPICSHELTER rechnete er es sich als Verdienst an, »eine Modernisierungsinitiative für die gesamte OCONUS-Backup-Infrastruktur befördert« zu haben. (Das Akronym ist Pentagon-Jargon und steht für »outside the continental United States«.) Stellenweise strapazierte der Lebenslauf die Wahrheit bis an die Schmerzgrenze. Ein Teenagerjob in einem Zwei-Personen-Unternehmen, das in einem Reihenhaus auf militärischem Gelände untergebracht war, wurde zu »IT-Berater« in »Fort Meade«.[135] Sein Informatikzertifikat hatte er angeblich an der »Johns Hopkins University« erworben, obwohl Johns Hopkins und das auf dem Universitätsgelände befindliche Computer Career Institute, in dem er den betreffenden Kurs besuchte, zwei voneinander unabhängige Bildungseinrichtungen waren. Zu seiner Stelle als Nachtwächter, in der er beim Browsen im Internet erwischt worden war, schrieb er, er habe das Networking-Personal »in IT-Sicherheitsverfahren, IT-Zugang und Computational Intelligence« unterrichtet. Kommunizieren könne er auf »Japanisch, Französisch, Mandarin-Chinesisch, Spanisch, Bosnisch, Italienisch, Rumänisch und Thai«.

In der faszinierendsten Zeile der Vita beschrieb Snowden seine Erfindung »eines unzensierbaren Verfahrens der Kommunikation mit einem Agenten im Ausland für den Fall, dass der Urheber stirbt oder verhaftet wird«. Mit dem Agenten meinte er ausländische Staatsangehörige, die von Führungsoffizieren des US-Geheimdienstes angeworben wurden. Salopp gesprochen hatte Snowden eine Hightech-»Totmanneinrichtung« entwickelt. Der ausländische Agent konnte eine Notfallmeldung in eine Warteschleife eingeben und sicher sein, dass sie innerhalb von 24 Stunden übermittelt wurde, falls er keine speziellen Schritte unternahm, die Uhr zurückzusetzen. Hier erwies sich erneut Snowdens zweischneidiges Genie. Eine Totmanneinrichtung konnte eine wertvolle Ergänzung der HUMINT-Ausrüstung sein. Sie ließ sich aber auch für Snowdens eigene heimliche Aktivitäten nutzen – als Garantie, dass die von ihm entwendeten NSA-Dokumente die drei ausgewählten Journalisten erreichen würden, was auch immer mit ihm geschah. Snowden erzählte mir mehrmals, dass er kurz vor seiner Abreise von Hawaii, als das Risiko aufzufliegen am höchsten war, eine Totmanneinrichtung installiert habe, um die Übermittlung der Dokumente an Journalisten zu gewährleisten, falls er nicht mehr in der Lage sein sollte, sie selbst zu senden. »An einem gewissen Punkt der Ereignisse haben deine Vorbereitungen ein Stadium erreicht, in dem du nicht mehr verlieren kannst«, sagte er Ende 2013 zu mir, ohne weiter ins Detail gehen zu wollen. »Die Stunde der Wahrheit rückt näher. Die Wahrheit wird ans Licht kommen. Nichts wird sie zurückhalten. Wenn du ein verdammter Ingenieur bist, dann ist es nicht so schwer herauszufinden, wie das zu bewerkstelligen ist.«[136]

Ende 2011, als sich Snowden von einem epileptischen Anfall erholte, äußerte er seine politischen Ansichten allmählich offener. Im März 2012, unmittelbar vor dem Umzug nach Hawaii, spendete er

250 US-Dollar für den Präsidentschaftswahlkampf von Ron Paul, einem Kandidaten der Republikanischen Partei, der schon damals ein erbitterter Gegner der staatlichen Überwachung war.[137] Im Mai überwies er weitere 250 Dollar. Im Kunia-Tunnel trug er einen Kapuzenpullover mit einer Verballhornung des NSA-Logos.[138] Verkauft wurde der Hoodie von der Electronic Frontier Foundation, einem häufigen Gerichtsgegner der Geheimdienstbehörden. Darauf prangte ein Weißkopfseeadler mit übergroßen Kopfhörern, die mit AT&T-Telefonkabeln verbunden waren.[139] Außerdem lag auf seinem Schreibtisch ein Exemplar der amerikanischen Verfassung, um in Gesprächen mit Kollegen über die Überwachung als eine Form der »Durchsuchung und Beschlagnahme« noch wirkungsvoller auf den 4. Zusatzartikel hinweisen zu können.[140]

Am 18. November 2012 schrieb Snowden anonym an Runa Sandvik, eine Entwicklerin des Tor-Projekts.[141] Tor ermöglichte jedem das unbeobachtete Surfen im Internet, indem es Verbindungen über weltweit verteilte Server umleitete.[142] Das Tor-Netzwerk war von Freiwilligen abhängig, die die Verbindungen herstellten. Snowden teilte Sandvik mit, dass er einige der schnellsten »Exit-Server« eingerichtet habe – als Exit-Server werden diejenigen Server bezeichnet, die bei Datenverkehr, der durch Tor umgeleitet wird, als Ausgangsserver angezeigt werden.[143] Allein schon die Einrichtung solcher Server war riskant für einen Mann, der bei der NSA arbeitete. Exit-Server sind für jeden im Internet sichtbar und ihre Operatoren erhalten gewöhnlich Urheberrechtsvermerke und »schriftliche Androhungen rechtlicher Schritte«, so Sandvik.[144] Falls das FBI einen von einem Vertragsmitarbeiter des Geheimdienstes betriebenen Server entdeckte, könnte das mehr Fragen als üblich nach sich ziehen. Snowden wusste von Sandviks Twitter-Feed, dass sie plante, nach Honolulu zu kommen. Könnte sie dann einige Tor-Sticker und T-Shirts mitbringen?[145] Seine Erklärung hätte sie in Erstaunen versetzt, wenn sie gewusst hätte, wer sein Arbeitgeber war. »Ich bin dabei, einige von den technisch Versierteren bei meiner Arbeitsstelle dazu zu überreden, zusätzliche schnelle Server an den Start zu bringen, und ich hab gedacht, ein bisschen Werbezeug auf

Lager wäre vielleicht ein Ansporn für sie, es eher ›heute Abend‹ anzugehen als ›irgendwann‹«, schrieb er. Snowden warb ganz offen Überwachungskollegen an, die führende Technologie zur Überwachungsbekämpfung zu unterstützen. »Wenn ihr Shirts da habt, am liebsten schwarze, aber ich teil auch gern alles mögliche andere aus«, schob er zwei Tage später noch nach.

Als Sandvik antwortete, sie würde seine Bitte gern erfüllen, erklärte sich Snowden darüber hinaus bereit, mit ihr gemeinsam eine »Crypto-Party« zu veranstalten.[146] Das waren zunehmend beliebte Treffen, bei denen sich Hipster-Missionierung mit praktischen Anleitungen mischte, wie Big Brother in Schach zu halten sei. Unvorsichtigerweise verwendete Snowden für die Korrespondenz mit Sandvik über diese öffentliche Veranstaltung dieselbe anonyme Mailadresse, cincinnatus@lavabit.com, die er im Monat darauf auch für den ersten Kontakt mit Glenn Greenwald nutzte. Er erwähnte zwar nicht seinen NSA-Job, aber sandte Sandvik seinen vollständigen Namen und seine Privatadresse, damit sie ihm die Tor-Werbeartikel schicken konnte.[147] Er unterrichtete die Klasse mit ihr gemeinsam als »Ed«.

Zu diesem Zeitpunkt hatte Snowden die Grenze zum illegalen Dokumentensammeln entweder bereits überschritten oder war im Begriff, es zu tun. Jede Geste des Aufbegehrens barg ein Risiko. Warum wagte er sich so weit aus der Deckung, wenn seine Entlarvung ihn unweigerlich hinter Gitter bringen würde? Lange hielt ich seine Entscheidungen in jenen Monaten für fahrlässig. In jüngerer Zeit bin ich zu der Überzeugung gelangt, dass sie womöglich zur Tarnung dienen sollten. Kleine Sympathiebekundungen für NSA-Kritiker schützten ihn womöglich vor schwerwiegenderen Verdächtigungen. Sie passten nicht zum Profil einer heimlichen Bedrohung von innen. Er war einfach einer von diesen Jungs. So einen gab es in jeder Behörde. Vielleicht sarkastisch, nonkonformistisch, exzentrisch, aber letztlich harmlos.

Wie mir ein Analyst verriet, lautet ein alter Grundsatz der NSA: »Es gibt keine Traffic-Fee.«[148] Niemand ahnt wie durch Zauberhand, welche Daten du begehrst, und schöpft sie für dich ab. Die Lektion für Newbies, so der Analyst, besagt, dass »du deine eigene Sammlung anlegen musst und dich nicht darauf verlassen darfst, dass andere Leute dir ungefragt die Arbeit abnehmen«. Während Snowdens 14 Monaten auf Hawaii setzte er diese Lektion auf seine Weise in die Tat um.

Trotz seinen Erfahrungen aus Langley, Genf und Japan war das Netzwerk in Kunia »für mich eine völlig neue Konfiguration, mit völlig neuen Befugnissen, völlig neuen Servern«, sagte er. Langsam und sorgfältig erkundete er die Grenzen seines elektronischen Universums. »Um so etwas tun zu können, musst du zuerst einmal das Terrain kennen«, sagte er. »Du musst die Regeln verstehen. Du musst verstehen, was beobachtet wird. Du musst verstehen, was nicht beobachtet wird. Du musst verstehen, zu welchen Dingen du Zugang hast, zu welchen nicht. Du musst verstehen, wie alles konstruiert ist und wie es zusammenpasst.«

Zweifellos konnte er nicht einfach nach Lust und Laune im Netz herumstöbern. In einem digitalen Zertifikat legte das Zugangskontrollsystem der NSA für jeden autorisierten Benutzer feinkörnige Freigaben und Befugnisse fest. Abgekürzt wurde das Zertifikat mit PKI, für »public key infrastructure«. Im Pentagon trugen die Mitarbeiter ihre Zertifikate als Chip in einer Karte von Brieftaschengröße bei sich. Bei der NSA gab es keine entsprechende Hardware – die Zertifikate waren in den Netzwerkprofilen der Benutzer auf dem Computer gespeichert.

Die in Snowdens PKI aufgelisteten Zertifikate hätten Grund geboten, bei der internen Abwehr der NSA die Alarmglocken schrillen zu lassen. Eine Abfolge albtraumhafter Akronyme stand für das potenzielle Risiko, das er darstellte: TS//SI//G//TK//HCS. Jeder, der im Tunnel arbeitete, konnte zumindest das erste der Reihe, eine Top-Secret-Freigabe, vorweisen und vermutlich auch das zweite. »Special Intelligence«, das Kontrollsystem für gesondert zu behandelnde Informationen über Überwachungsquellen und -methoden, war das tägliche Brot der Kunia-Mission. Das dritte Zertifikat besaßen schon weniger von Snowdens Kollegen. Das G stand für »Gamma« und öffnete die Tür zu den Inhalten abgefangener Kommunikationen. Das vierte Zertifikat muss ungewöhnlich gewesen sein. »Talent Keyhole« betraf geheime Informationen über Spionagesatelliten und andere Datensammelsysteme am Himmel. Noch seltener bei der NSA war Snowdens Freigabe für HCS, das »HUMINT Control System«. (Militär- und Geheimdienstbehörden haben eine besondere Vorliebe für die Anhäufung von Akronymen. HUMINT stand für »human intelligence«, die geheime Arbeit der Führungsoffiziere, oder Case Officers, der USA.) Snowden verdankte sie seiner Zeit bei der CIA, die ihre Zertifikate beim Ausscheiden eines Mitarbeiters nicht zurückzog.

Gekrönt wurde all dies von dem privilegierten Zugang eines Systemadministrators der höchsten Ebene. Dieser Status ermöglichte Snowden, Rechenprozesse bereits auf der untersten Ebene, wo die elementaren Funktionen des Netzwerks kontrolliert wurden, anzuhalten, zu starten und zu verändern. Er konnte einige der Aktivitätsprotokolle, die sonst seine digitalen Bewegungen verraten hätten, lahmlegen, manipulieren oder löschen. Er konnte Dateien verschieben oder kopieren und Nutzungsbeschränkungen für externe Speichergeräte wie USB-Sticks umgehen.

Man darf die Zugangsmöglichkeiten, die die US-Regierung Snowden offiziell einräumte, allerdings auch nicht überschätzen. Die äußeren Umstände hatten ihm eine Reihe von Zertifikaten beschert, die nur wenige seiner Kollegen in Kunia vorweisen konnten. Das hieß aber nicht, dass der Staat ihm alle seine großen Geheimnisse anvertraute oder auch nur die meisten oder einen großen Teil davon. Dank seiner vier wichtigsten Freigaben – SI, TK, G und HCS – gehörte er zum Kreis derjenigen, denen diese Kategorien sensibler Informationen potenziell offenstanden, aber sie allein gewährten ihm den Zugriff darauf nicht. Es waren Schwellenqualifikationen – notwendig, aber nicht hinreichend. Bevor sich Snowden für irgendeine Abteilung »anmelden« und die Dateien darin untersuchen konnte, mussten die jeweils Zuständigen sein Need-to-know bestätigen. So hatte ihm sein letzter Job auf Hawaii den Zugang zu Bereichen wie BYZANTINEHADES und SEEDSPHERE ermöglicht, die von der chinesischen Regierung ausgehende Hacking-Aktivitäten betrafen. Daraus folgte jedoch nicht, dass er gesondert zu behandelnde Dateien über das chinesische Politbüro oder Hacker aus dem Iran lesen durfte.

So zumindest sollten die Beschränkungen funktionieren. Aus lebenslanger Gewohnheit hielt Snowden jedoch Ausschau nach Seitenkanälen. Er war nie als verdeckter Ermittler tätig gewesen, aber nun bediente er sich einer klassischen Methode der Irreführung. Seine offen ausgeführten offiziellen Pflichten boten ihm Deckung für seine Anwesenheit und Aktivitäten in digitalen Umgebungen, in denen er sonst möglicherweise Verdacht erregt hätte.

Schon früh funktionierte er für seine Zwecke ein routinemäßiges Sicherheits-Audit um, das ihm die Windows-Technikabteilung anvertraut hatte. Seine Aufgabe bestand im Wesentlichen darin, falsch abgelegte Geheimnisse aufzuspüren – vertrauliche Informationen, die irgendwie in weniger vertrauliche Bereiche des Netzwerks gewandert waren. Diese Dateien sollte er löschen, aber er hatte auch andere Optionen. Sobald er die Dateien unter seiner Kontrolle hatte, so der technische Leiter der NSA, Lonny Anderson, »nutzte er seine Vorrechte als Systemadministrator zum Herausschleusen der Dokumente. Dank seiner Befugnisse konnte er sie an einen Ort bewegen, an dem er sicher sein konnte: ›Hier kann ich die Daten abschöpfen.‹«[149]

In den Domains, die Snowden als Administrator betreute, suchte er nach »Dirty Words«. Damit waren Suchbegriffe gemeint, die eigentlich keine Treffer erzeugen durften. Wenn jeder die Sicherheitsprotokolle beachtete, würde man nicht fündig. Snowden konnte beispielsweise in einem System, zu dem die Five Eyes, die der NSA am nächsten stehenden ausländischen Geheimdienste, Zugang hatten, nach dem Begriff »NOFORN« suchen. Landete er einen Treffer, bedeutete das, dass jemand eine »Nicht-für-Ausländer«-Datei in einem Korb mit der Aufschrift »Für unsere ausländischen Freunde« abgelegt hatte.

Eine andere Form der Suche nach Dirty Words führte Snowden tiefer ins Netz. Er forschte nach Dateien mit der Kennzeichnung »ECI«, für »Exceptionally Controlled Information«. Nichts, was auf dieser Ebene verschlüsselt war, gehörte auf die SharePoint-Server. Derart sensible Informationen sollten in einem Raum mit Zahlencodesicherung in einem System gespeichert werden, das spezielle Zugangsberechtigungen erforderte. Ähnliche Beschränkungen galten für Dateien mit der Kennzeichnung »FISA« oder »FAA 702«, was auf Kommunikationen hinwies, die in den USA gemäß dem FISA Amendments Act, Absatz 702, abgefangen wurden.[150] Wie Anderson von der NSA sagte, besaß Snowden generell Befugnis für Berichte und Präsentationen, jedoch »keinen Zugang zu Daten in unserem Sinne, das heißt, er geht nicht in Archive und hat keinen Zugriff auf Rohdaten«.[151] Offiziell traf das auf Kunia zu, allerdings nicht auf seine letzte Position in Hawaii. Es war eine sehr unzureichende Beschreibung von dem, was er in der Praxis tun konnte.

Der digitale Apparat der NSA wird von Menschen betrieben, und Menschen machen Fehler. Menschen nehmen auch Abkürzungen, wenn die erlaubten Verfahren sie in der Ausübung ihrer Arbeit zu sehr behindern. In einem Fall hatte eine Gruppe von Analysten ihre Arbeitskopien von Dateien aus einer großen, vertraulichen Datenbank für geheime Rohdaten zusammengestellt und an alle Gruppenmitglieder verteilt. Sie wollten zusammenarbeiten und sich überflüssige Mühe sparen. Jeder von ihnen war befugt, das Material zu lesen, aber die Dateien gehörten nicht in das System, das sie zur gemeinsamen Nutzung verwendeten. Snowden entdeckte und kopierte sie, um aufzuzeigen, wie viele unschuldige Menschen ins Netz der NSA gespült werden.[152]

Snowden konnte die Suche nach Dirty Words verfeinern, als er eine Liste mit Decknamen für ECI-Bereiche entdeckte.[153] Er besaß keine Freigabe, um die Bereiche einzusehen, aber aufgrund seiner Berechtigung, des PKI-Zertifikats, durfte er die Namen der Bereiche lesen. Schließlich umfassten seine Suchbegriffe »AMBULANT«, »BLACKAXE«, »CRUMPET«, »DEVILFISH«, »FLYLEAF«, »HYSSOP«, »KESSELRUN«, »LIGHTNINGTHIEF« und mindestens 70 weitere ECI-Decknamen. Jedes Mal, wenn er einen Treffer landete, erschien auf seinem Bildschirm etwas Neues und sehr Sensibles, das vorher außer Reichweite gewesen war.

Eines Tages erbrachte eine dieser Suchen Treffer bei »STARBURST«, »WHIPGENIE« und »STELLARWIND«. Wenn es ein Ereignis gab, das bei Snowden endgültig den Schalter umlegte, dann war es vielleicht dieses. Die drei Decknamen bezeichneten verschiedene Phasen einer in der Entwicklung befindlichen Menge von Operationen, die zwischen 2001 und 2007 ausgeführt wurden. Auf Befehl von Präsident Bush spionierte die NSA US-Amerikaner auf eine Weise aus, die der Kongress schon 1978 verboten hatte. Die Inlandsüberwachung ohne gerichtliche oder gesetzliche Ermächtigung wurde nach den Attentaten vom 11. September von Vizepräsident Cheney und seinem Stabschef David Addington geplant und beaufsichtigt. Im Jahr 2004 befand das Justizministerium schließlich, dass einige dieser Operationen illegal waren. So viel war zu dem Zeitpunkt, als Snowden in Hawaii ankam, im Großen und Ganzen an die Öffentlichkeit gedrungen.

An jenem Tag stieß Snowden auf etwas Neues: einen fast fertigen Entwurf des vom Generalinspekteur der NSA angefertigten Berichts über diese Angelegenheit, geheim und als ECI klassifiziert. Er enthielt die 57 Seiten lange detaillierte Geschichte der Überwachungsprogramme ohne richterlichen Beschluss, die darin gipfelte, dass das Justizministerium seine rechtliche Unterstützung verweigerte. Cheney und sein Stabschef behaupteten, dass niemand in Exekutive, Judikative oder Legislative die Macht habe, die Autorität des Präsidenten als Kriegsherr zu beschränken. Das Erfassen von Informationen, das zur Kriegsführung gehöre, sei das alleinige Vorrecht des Oberbefehlshabers. Als der stellvertretende Justizminister James B. Comey die Rechtmäßigkeit der Operationen nicht bestätigen wollte, rief Cheneys Stabschef den NSA-Direktor Michael V. Hayden an.

»Am 11. März 2004«, so der Bericht, »musste General Hayden entscheiden, ob die NSA auch ohne die Unterschrift des Justizministers die Genehmigung erteilen sollte. General Hayden schilderte ein Gespräch, in dem David Addington fragte: ›Sind Sie einverstanden?‹«

Hayden sagte ja.

»Es war das STELLARWIND-Memorandum, das mich wirklich betroffen machte«, sagte Snowden zu mir. »Die Tatsache, dass Hayden wusste, dass es keine gesetzlich verankerte Genehmigung gab.« Laut Snowden nahm Haydens Karriere im Anschluss keinerlei Schaden. Er wurde nicht bestraft, eines Vergehens angeklagt oder in einer öffentlichen Anhörung zu seiner Entscheidung befragt. Als der Kongress von den Geheimprogrammen erfuhr, verlieh er den Beteiligten rückwirkend Immunität und genehmigte künftigen Präsidenten ihre Fortsetzung. Die Lehre, die Snowden daraus zog, lautete, dass selbst im extremsten Fall, wenn ein NSA-Direktor wissentlich das vom Justizminister definierte Gesetz brach, keine Staatsgewalt bereit war, ihn dafür zur Rechenschaft zu ziehen. Die Öffentlichkeit hatte von diesen Vorgängen keine Ahnung. Snowden war der Meinung, das müsse sich ändern. Im November 2013, Monate nachdem Snowden die Sache ans Licht gebracht hatte, trafen Hayden und ich bei einer Podiumsdiskussion an der Duke University aufeinander.[154] Er behauptete, jedes von Snowden enthüllte Programm sei legal gewesen. Ich merkte an, dass er eins von ihnen aufrechterhalten habe, nachdem das Justizministerium dies untersagt habe. Später, draußen auf dem Flur, warf Hayden mir vor, meine Bemerkung sei unfair gewesen. Er habe sich bereit erklärt, STELLARWIND für lediglich 45 Tage weiterzuführen, um die Angelegenheit rechtlich zu regeln. Er erklärte mir nicht, warum er sich für dieses Vorgehen entschieden hatte, statt die Operationen zu stoppen, bis eine solche Regelung existierte.

Einige seiner folgenschwersten Entdeckungen scheinen Snowden gelungen zu sein, indem er sich eine Maßnahme zur Steigerung der Effizienz in der Konfiguration von NSA-Benutzerkonten zunutze machte. Man konnte sich auf der ganzen Welt an jedem Arbeitsplatz der NSA anmelden, und das eigene »Active Directory Profile« – Arbeitsdateien und -ordner, Browser-Einstellungen, Identitätszertifikate – wurde zuverlässig aufgerufen. Wenn ein Besucher aus einem weit entfernten Büro, etwa dem Hauptquartier in Fort Meade, nach Kunia kam, konnte der Fernzugriff, oder »Remote Access«, holperig und langsam sein. In solchen Fällen war das System so angelegt, dass es das Profil des Besuchers in einen temporären lokalen Cache kopierte. Das hatte zur Folge, dass jedes Mal, wenn ein VIP in Kunia eintraf, Memos und Tabellen und Präsentationsfolien in einen Ordner unter Snowdens administrativer Obhut strömten. Joseph J. Brand, zu jener Zeit bei der NSA Associate Director for Community Integration, Policy, and Records, steuerte unwissentlich eine Dokumentensammlung bei. Laut meiner eigenen Analyse der Metadaten, der verborgenen Eigenschaften der Dateien, enthielt Brands temporärer Ordner den Bericht über STELLARWIND, der auf diese Weise Snowden in die Hände fiel.[155]

»Für diejenigen, die sich dafür interessieren, ›wie es dazu kam‹, ist am wenigsten die Tatsache zu begreifen, dass die Sicherheitsvorkehrungen der NSA rund 15 Jahre hinter dem aktuellen Standard herhinken«, schrieb mir Snowden. »Ihre Abwehr besteht aus der Airwall, einem Zaun und ein paar Polizisten.«[156]

Die Abwehrmechanismen waren alle nach außen gerichtet. Eine Airwall, also eine physische Trennung, gewährleistete, dass sich sensible Systeme nicht elektronisch mit der Außenwelt verbinden ließen. Zäune und Wachpersonal sorgten dafür, dass Feinde draußen blieben. Aber es gab keinen wirksamen Schutz vor einem cleveren Insider, der die Nerven besaß, Tag für Tag, Monat für Monat weiter nachzuforschen, selbst nachdem er bereits Kontakt zu Journalisten aufgenommen hatte.

Im April, etwa einen Monat nach seiner Ankunft auf Hawaii, ging Snowden ein neues Projekt an. Er nannte es Heartbeat. Snowden programmierte es von Grund auf vor den Augen seiner Kollegen. Jeder in Kunia konnte seine Fortschritte auf einer Intranetseite verfolgen, die als Kontakt seinen Namen und seine Systemkennung, ejsnowd, angab. Oben auf der Seite mit dem Titel »The NSA Heartbeat« platzierte Snowden ein selbst entworfenes Logo: Zackige grüne Linien, die ein horizontales Gitter kreuzten, wie bei einem Überwachungsmonitor im Krankenhaus. Darübergelegt war das Wappen von Kunia – ein Potpourri kryptologischer Symbole: Federkiel, Messingschlüssel, Blitz, brennende Fackel ...[157] Am unteren Ende prangte das Motto »Silent Sentinels« (»stille Wachen«).

Es hätte kaum ein besseres Projekt als Deckung für Snowdens eigene geheime Mission geben können.

Nun hatte er einen legitimen Grund, den Transfer von zunächst Tausenden, dann Hunderttausenden und schließlich noch mehr Dateien zu automatisieren. Das soll beileibe nicht heißen, dass er von all diesen Dateien welche für sich abzweigte. Beamte der US-Regierung, die die öffentliche Mutmaßung befeuerten, er habe 1,7 Millionen Dokumente gestohlen, gaben schließlich zu, dabei seien sie vom schlimmsten anzunehmenden Fall ausgegangen.[158] Aus eigener Erfahrung kann ich mit voller Überzeugung sagen, dass Snowden keinem Journalisten, nicht einmal allen Journalisten zusammen auch nur ein Zehntel dieser Menge überlassen hat.[159] Vermutlich gibt es Dinge, die er entwendete, aber entschied, nicht zu veröffentlichen. Wie viel es auch immer war – zweifellos sorgte Heartbeat dafür, dass eine große Menge an neuem Material unter seine Kontrolle geriet. Weil das Projekt ganz offen betrieben wurde, hätte laut Snowden jemand, der Belege für Journalisten sammelte, »in Bezug auf Heartbeat keine Protokolle gelöscht, seine Spuren verwischt, sein Vorgehen geheim gehalten und so weiter, wie er es vielleicht getan *hätte*, wenn er im Interesse der Öffentlichkeit gehandelt … und nicht gewollt hätte, dass man das entdeckte.«[160]

Heartbeat spielt eine zentrale Rolle, wenn man verstehen will, wie Snowden sein digitales Umfeld bei der NSA auskundschaftete und besiegte. Mit mir sprach er nur wenig über das Projekt, und das auch nur, weil er glaubte, die NSA habe seinen Abteilungsleiter zum Sündenbock gemacht, weil dieser es genehmigt habe. Als wir über die Funktionen und Ursprünge von Heartbeat redeten, widerstand Snowden meinen Versuchen, ihm Einzelheiten zu entlocken.

Ich: Helfen Sie mir, es richtig darzustellen. Egal, worum es geht – sobald mir der kleinste Fehler unterläuft, wird irgendwer behaupten, die ganze Geschichte sei von vorne bis hinten gelogen.

Snowden: Sie müssen ja keine eidesstattliche Aussage daraus machen.

Ich: Wer im Glashaus sitzt …

Snowden: Touché.

Nennen Sie mir einfach die Dinge, die ich Ihnen gemeinerweise, unangemessenerweise vorenthalten habe.[161]

Das tat ich. Er blieb stur. Was ich hier über Heartbeat schreibe, verdanke ich in großen Teilen anderen Personen sowie öffentlichen und anderen Berichten.

Snowdens Vorgesetzter, ein Berufsbeamter, war für eine Flotte von gut 2000 Windows-Rechnern im Tunnel verantwortlich. Eine Idee »spukte bereits eine Weile im Windows-Team herum«, sagte Snowden, aber niemand hatte die Zeit, ihr nachzugehen. Es ging um Folgendes. Viele Leute in Kunia benötigten regelmäßig Zugang zu Informationen, die an weit entfernten Orten gespeichert wurden, teilweise nicht einmal im digitalen Bereich der NSA. Je nach ihren individuellen Positionen und Spezialgebieten konnten die Kunia-Mitarbeiter auf Aufzeichnungen der CIA, des FBI, des Nachrichtendienstes des US-Außenministeriums oder einer der anderen 13 Abteilungen der Intelligence Community der USA zugreifen.[162] Es konnte den ganzen Tag dauern, bestimmte Verbindungen herzustellen, sich einzuloggen und auch nur einen Bruchteil davon zu suchen. Manche Analysten mussten das häufig tun. Laut Snowden offenbarte das Gesamtbild »einen Wirrwarr inkompatibler geschlossener Netzwerke und unausgegorener Notlösungen«, eine Beschreibung, die von anderen mit Erfahrung aus erster Hand bestätigt wurde.[163]

Mit der Zeit war das Bedürfnis nach einer besseren Lösung immer stärker geworden. Es gab doch sicher jemanden, der ein zentrales Portal für Geheimdienstinformationen aus mehreren Quellen einrichten konnte? Es war eine simple Idee, die unfassbar schwer zu realisieren war. Die Netzwerke kreuzten die Bahnen konkurrierender Behörden. Sie nutzten verschiedene Software, Datenformate und Zugriffsprotokolle. Jedes verfügte über ein eigenes kompliziertes Inventar an Sicherheitskontrollen, und Heartbeat müsste sie haargenau reproduzieren. Wenn das Portal funktionierte, würde ein und derselbe Suchbegriff jedem einzelnen Benutzer eine andere Menge an Ergebnissen präsentieren – je nach Freigabe und Need-to-know-Genehmigung. Die Herausforderung war gewaltig. Kunia hatte kein Budget dafür. Snowdens Arbeitgeber hatte keinen Vertrag für diese Arbeit zu vergeben. »Es war eine Idee der Marke Eigenbau«, sagte Richard Ledgett, der ehemalige stellvertretende Direktor, zu mir. »Es war nicht so, dass irgendein ›großes NSA-Ding‹ gefordert wurde – also hatten seine Abteilungsleiter vor Ort einen gewissen Spielraum. ›Klar, das klingt nach einer guten Idee.‹«

Das übliche Manöver in einem solchen Fall bestand darin, einen Prototyp zu bauen. Im nächsten Jahr würde man für das Projekt dann vielleicht Befürworter und Förderer finden. Snowdens Vorgesetzter gab ihm grünes Licht für den Versuch. Nun hatte er genug Zeit und nach seiner letzten Arbeit an dem Backup-System EPICSHELTER einen Startvorteil. Hatte er sich freiwillig für die Entwicklung von Heartbeat zur Verfügung gestellt, weil er dessen verborgenes Potenzial erkannte? Hatte sein Vorgesetzter die Idee? Hatte sich Snowden unauffällig so positioniert, dass man ihm aufmunternd auf die Schulter klopfen konnte? Das lässt sich wohl nicht eindeutig belegen. Die NSA bezahlte Dell, und Dell bezahlte Snowden für einen anderen Job.[164] In Wahrheit verschlang Heartbeat bald einen Großteil seiner Zeit. »Es ist nicht übertrieben zu sagen, dass 70 Prozent [meiner] Arbeitszeit dafür draufging«, verriet er mir.[165] Einer von Snowdens Mitarbeitern, der lange, nachdem das ganze Porzellan zerschlagen worden war, von *Forbes* interviewt wurde, fragte: »Wenn du einen Typen an der Hand hast, der Dinge tun kann, die sonst keiner zuwege bringt, und das einzige Problem ist, dass sein Ausweis nicht blau, sondern grün ist – was würdest du tun?«[166]

Heartbeat sprengte die Grenzen der Systeme der NSA. Wie das offene Internet verbanden die geheimen Netzwerke in der Welt der Geheimdienste eine Sackgasse in Hawaii mit virtuellen Wegen und Schnellstraßen, die den gesamten Globus umspannten. Die Glasfaserkabel des NSANet, jene Leitungen, auf die Ledgett anspielte, verknüpften die behördeneigenen Mailserver, Datensammelsysteme, Bearbeitungs-Tools, Plattformen für Geheimdienstberichte sowie Archive für abgefangene Aufzeichnungen und Inhalte miteinander. Doch da hörten die Leitungen nicht auf. Seit den Angriffen vom 11. September 2001 auf New York und Washington hatten das Weiße Haus und der Kongress die Geheimdienstbehörden massiv gedrängt, Informationen nicht mehr separat zu horten, sondern zusammenzuarbeiten. Entsprechend hatte sich das NSANet eines noch größeren Systems, im Grunde eines Netzwerks der Netzwerke, bemächtigt. Das Joint Worldwide Intelligence Communications System (JWICS) umfasste die Defense Intelligence Agency, das National Reconnaissance Office, die National Geospatial-Intelligence Agency und andere unter Kontrolle des Justizministeriums befindliche Einrichtungen. Darüber hinaus stellte das JWICS Verbindungen zu TS/SCI-Agenten des FBI und der CIA-Behörde Data Network her. Alles war untereinander vernetzt, auch wenn jede einzelne Behörde ihre sensibelsten Informationen offline aufbewahrte. Nach dem ambitioniertesten Entwurf würde Heartbeat zu einer Nabe mit Speichen, die sich über die gesamte Intelligence Community erstreckten.

Aber so war es nicht von Anfang an, und es erreichte auch nicht solche Ausmaße. Heartbeat wurde stufenweise erweitert – nach dem, was Snowden als »mission creep«, »schleichende Mission«, bezeichnete. Einige Geheimdienstprojekte, wie die Intellipedia der CIA, veröffentlichten jedes Mal eine automatische Notiz, wenn ein Artikel hinzugefügt oder überarbeitet wurde.[167] »Ursprünglich haben wir diese Feeds nur gespiegelt«, sagte Snowden, »aber damit war das Problem der Abrufbarkeit von Inhalten nicht gelöst.« Wenn man einen Artikel aus der Liste lesen wollte, musste man sich nach wie vor aus Heartbeat ausloggen, eine Netzwerkbrücke zu einer anderen Behörde einrichten und sich dort in den Server einloggen, auf dem das Dokument gespeichert war. Das stand Sinn und Zweck eines zentralen Portals entgegen. Snowden fügte ein Hintergrundprogramm ein, das jedes neu aufgeführte Dokument in den lokalen Speicher von Kunia kopierte. Dann fragten einige der ersten Begutachter von Heartbeat, ob Snowden auch neue Dateien auf externen Systemen abfragen konnte, die nicht automatisch aufgelistet wurden.

Laut Snowden begannen »zwei Monate des Stillstands«, während sich das Information Technology Directorate von Hawaii mit den möglichen Folgen dieses Vorschlags befasste. Auf dem Tisch lag die Idee, »ein stets aktuelles Spiegelbild sämtlicher neuer Inhalte aus allen verschiedenen internen Standorten und Netzwerken« zu erstellen. Um das zu erreichen, müsste Heartbeat sein eigenes Verzeichnis von Systemen, die zu anderen Behörden gehörten, entwickeln und fortwährend aktualisieren. Sobald im Verzeichnis ein neuer Eintrag erschien, würde Heartbeat eine Kopie davon importieren. Das wäre keine einfache Aufgabe, aber im vernetzten Computing auch keine neuartige Herausforderung. Sich selbst aktualisierende Verzeichnisse sind in der zivilen Welt gang und gäbe. Die Tools, von denen sie errichtet werden, bezeichnet man als Spider oder auch Webcrawler, weil sie wie Spinnen durch digitale Netzwerke krabbeln, um nach neuen Dateien Ausschau zu halten.[168] Google verwendet einen selbst entwickelten Spider, um das gesamte Internet zu katalogisieren oder zumindest weite Teile davon. Für die zweite Hälfte von Heartbeats Aufgabe, das Downloaden und Synchronisieren der neuen Dateien, würden Varianten bereits bekannter Tools wie wget und rsync angewendet werden.[169]

Es war eine kühne Idee, so etwas mit einem TS/SCI-Netzwerk zu versuchen, das jemand anderem gehörte. Neben anderen Hindernissen erforderte der Plan Zertifikate, die Snowden nicht aufweisen konnte. Jeden Tag – oder jede Stunde oder viele Male in einer Stunde – klopfte Heartbeat an unzählige Türen. Jede Tür führte zu einer weit entfernten geheimen Datenbank. Heartbeat durfte nicht unaufgefordert eintreten. (Technisch gesprochen war dazu ein digitales PKI-Zertifikat erforderlich.) Als Prototyp ohne offiziellen Status stand Heartbeat kein eigenes PKI zu. Das System selbst konnte nicht in die Gästeliste aufgenommen werden. Stattdessen bettete Snowden sein Zertifikat in den Digital Identity Store von Heartbeat ein. Wenn Heartbeat an eine Tür klopfte, stellte es sich als ejsnowd vor. Einige Türen blieben Snowden verschlossen. Einige führten zu Orten, die nur ein Beschäftigter im öffentlichen Dienst betreten durfte. Darum stellte sich eine neue Frage: Würde Snowdens Vorgesetzter seine digitale Identität Heartbeat zusätzlich zu der Snowdens zur Verfügung stellen? Gemeinsam würden sich den beiden Identitäten mehr Türen öffnen als einer allein. Laut Snowden erklärte sich sein Vorgesetzter einverstanden, nachdem er »verschiedene Ebenen der NSA und der Unternehmensführung«

zu Rate gezogen hatte, einschließlich des Sicherheitsmanagers für die Informationssysteme von ganz Hawaii. Wie Snowden sagte, hatte niemand etwas dagegen, aber es gab keine schriftliche Einwilligung. Projekte, die per Handschlag besiegelt werden, sind auch in der Sicherheitspolitik keine Ausnahme.

Jemand musste den Kopf hinhalten, als das FBI entdeckte, dass Heartbeat inoffiziell betrieben wurde. Am 18. Juni 2013, zwei Wochen nach den ersten Publikationen der NSA-Enthüllungen durch die *Washington Post* und den *Guardian*, spürten die Ermittler Snowdens früheren Manager auf, der Hawaii verlassen hatte, um eine neue Stelle anzutreten. Laut einem Schreiben der NSA an den Kongress, in dem der Mann lediglich als »Zivilangestellter« bezeichnet wurde, gestand er Sonderermittlern des FBI, er habe Herrn Snowden die Verwendung seiner digitalen Identität gestattet, um Zugriff auf Geheiminformationen im NSANet zu erhalten – obwohl er gewusst habe, dass Herrn Snowden dieser Zugriff nicht erlaubt gewesen sei.[170] Das war, ohne weiteren Kontext, eine rigorose Verdrehung der Tatsachen. »Sie haben diesen Mann den Wölfen zum Fraß vorgeworfen«, sagte Snowden. Ledgett sagte über Snowdens Vorgesetzten: »Wir haben den Kerl schließlich gefeuert. Er wusste, dass er es verbockt hatte.«

In seinem öffentlichen Schreiben an den Kongress erklärte Ethan Bauman, der NSA-Direktor für Rechtsfragen, wie der Vorgang abgelaufen war. »Auf Herrn Snowdens Bitte hin«, schrieb Bauman, »gab der Zivilangestellte sein PKI-Passwort in Herrn Snowdens Computerterminal ein. Ohne Wissen des Angestellten konnte Herr Snowden das Passwort abgreifen, was ihm noch umfangreicheren Zugang zu Geheiminformationen verschaffte. Dem Zivilangestellten war nicht bewusst, dass Herr Snowden beabsichtigte, unrechtmäßig Geheiminformationen preiszugeben. Gleichwohl verstieß er durch Weitergabe seines PKI-Zertifikats gegen die Sicherheitsvorschriften.« Einfach ausgedrückt: Bauman beschuldigte Snowden, das Passwort gestohlen zu haben, indem er einen Vorgesetzten reinlegte, der es besser hätte wissen müssen. Das Problem mit dieser Darstellung ist, dass sie nicht stimmen kann. Auf diese Weise funktionieren Zertifikate in einem System wie Heartbeat nicht. Falls Bauman das nicht wusste, beschäftigte seine Behörde doch jede Menge Leute, denen das sehr wohl bekannt war.

Damit Heartbeat überhaupt funktionierte, musste es rund um die Uhr mit jedem einzelnen Netzwerk, das es beobachtete, verbunden sein. Verbindungen erforderten ein Identitätszertifikat. Üblicherweise waren diese Zertifikate passwortgeschützt, aber autonome Systeme wie Heartbeat können sie nicht auf diese Weise nutzen. Heartbeat suchte und kopierte neue Dateien fast in Echtzeit, 24 Stunden am Tag. Niemand konnte an der Tastatur sitzen und für jedes dieser unzähligen Ereignisse ein Passwort eintippen. Snowden und sein Manager lösten dieses Problem so, wie Netzwerkadministratoren das normalerweise bei Skripten und anderen automatischen Operationen tun. Sie hoben den Passwortschutz für das Zertifikat des Managers auf, bevor sie es in den Digital Identity Store von Heartbeat einbetteten. Das war kein außergewöhnliches Verfahren. Snowdens Vorgesetztem, seinerseits ein erfahrener Netzwerktechniker und Systemadministrator der höchsten Ebene, musste klar sein, was er da tat. Für Laien mochte der Befehl zwar unverständlich sein, aber für diese Männer war es nicht komplizierter, als einen Haustürschlüssel in ein Schlüsselband einzuklinken.[171]

```
openssl pkcs12 --in bosskey.p12 --out bosskey.pem --nodes
```

Das lässt sich recht einfach übersetzen: Starte das Programm »openssl«. Führe den Befehl »pkcs12« aus. Konvertiere das Zertifikat namens »bosskey« von seinem ursprünglichen in ein neues Format. Hebe das Passwort mit der Option »--nodes« auf. Bei diesem Vorgehen wurde das Passwort des Managers weder gestohlen noch abgegriffen. Das Zertifikat wurde passwortlos gespeichert. Snowden sagte mir, er »habe nie, zu keinem Zeitpunkt, das Passwort des Typen gekannt oder verwendet.« Heartbeat brauchte es nicht.

Das Portal wuchs langsam. »Ganz am Anfang war es winzig«, sagte Snowden. »Es enthielt fast nichts. Ich musste erst ein gigantisches, gewaltiges Netzwerk aus all diesen Servern und Ressourcen zusammenflicken, damit das alles irgendeinen Sinn hatte, bevor es überhaupt irgendwelche Informationen sammeln konnte. ... Ich glaube, das ist wohl erst 2013 der Fall gewesen.«[172]

Am 24. Januar 2013 las Snowden einen alarmierenden Post in einem geheimen Blog, in dem es um aktuelle Fortschritte bei der Überwachung durch die NSA ging. In der Application Vulnerabilities Branch, S32313, einer Abteilung der Behörde, die sich mit der »Verwundbarkeit« von Anwendungssoftware beschäftigte, hatte eine kleine Gruppe schlauer Computerfreaks herausgefunden, wie man unter gewissen Umständen die von Tor gewährleistete Anonymität aufheben konnte. Tor war das Netzwerk, das die Privatsphäre seiner Nutzer schützte und von Snowden unterstützt wurde – und dessen Bedienung er Neulingen bei der CryptoParty in Honolulu beigebracht hatte. Was noch wichtiger war: Als er Kontakt zu Journalisten aufnahm, hing seine Freiheit von Tor ab. Sein Austausch mit Laura Poitras hatte drei Wochen zuvor begonnen und Poitras hatte mich bereits in New York aufgesucht. Konnte Tor geknackt werden, dann waren wir alle in Gefahr.

Schon seit Jahren waren die NSA und das GCHQ, ihr britisches Gegenstück, gegen Tor Sturm gelaufen und hatten nach einer Möglichkeit gesucht, seinen Schleier der Anonymität zu zerreißen. Es war ein »hartes Ziel« und gehörte zu den widerstandsfähigsten Tools, die der breiten Öffentlichkeit zur Verfügung standen. (»Tor ist Scheiße«, klagte die NSA auf einer Präsentationsfolie.) Um Neulingen den Einstieg zu erleichtern, hatten die Tor-Entwickler ihr Zauberwerk in eine benutzerdefinierte Version von Firefox eingebunden. Sie hieß Tor Browser Bundle. Nun hatte ein kleines Team aus NSA-Hackern entdeckt, wie man das Datenschutzbollwerk des Browsers überwinden konnte.

Die NSA stellte gern die Stars der Informatik und Mathematik von morgen für einen Sommer oder ein akademisches Jahr als Praktikanten ein. Junge Innovatoren entwickelten Hacks, die den alten Hasen nicht gelangen, und wenn sie erst einmal im Tunnel »eingebuchtet« waren, blieben sie manchmal bei der Stange und traten nach dem Studium eine Stelle an. Einer dieser Praktikanten hatte die Nachricht verbreitet, auf die Snowden im Januar gestoßen war. Der Praktikant und sein Team hatten nicht in Tor selbst, sondern in Firefox eine Schwachstelle aufgespürt, die sie aber nutzen konnten, um bestimmte Versionen des Bundles anzugreifen. Es war bezeichnend für Snowdens stahlharte Nerven – und den Verrat, den manche Kollegen so schmerzhaft empfanden –, dass er dem Praktikanten gratulierte und einen Austausch mit ihm begann, um mehr Einzelheiten aus ihm herauszukitzeln.

»Ich hab deinen Eintrag auf journal.nsa gelesen«, schrieb Snowden dem Praktikanten. »Großartige Arbeit! Sieht nach einem super Weg aus, mit dem TBB fertigzuwerden. Ich wüsste gern mehr, falls du nichts dagegen hast, dass ich dir schnell ein paar Fragen stelle.«[173] Erforderte die Methode die vorherige Identifizierung eines Ziels oder konnte man damit jeden Tor-Browser sabotieren? War sie gegen alle Betriebssysteme einsetzbar? Gab es irgendwelche Browser-Plugins, die den Exploit verhinderten?

Der Praktikant ging gerne auf die Fachsimpelei ein. »Danke«, antwortete er. »Ich hab meine neuesten Folienentwürfe angehängt.« In der hochtechnischen 58-Seiten-Präsentation wurden die Verfahren und Grenzen des neuen Exploits erläutert, der den Decknamen EGOTISTICALGIRAFFE, kurz EGGI, trug. Bislang, so der Praktikant, setzten ihn die NSA-Operatoren »nur gegen bestimmte extremistische Webforen ein«, aber dann fügte er hinzu: »Ich habe den Eindruck, dass sie praktisch jedem mit einem Exploit zu Leibe rücken könnten.« EGGI funktionierte auf dem Windows-Browser, aber nicht auf Mac oder Linux. Es funktionierte überhaupt nicht, wenn der Benutzer JavaScript unterdrückte, eine in moderne Webbrowser integrierte Programmiersprache.

Snowden war in Sicherheit. Er unterdrückte JavaScript immer. Das ging beim Tor-Browser problemlos, aber standardmäßig war die Skriptsprache aktiviert. Ohne weitere Erklärungen abzugeben, ermahnte Snowden mich und Poitras in den darauffolgenden Monaten eindringlich, »die verdammten Skripte zu deaktivieren«.

Snowden führte den Austausch mit dem Praktikanten weiter fort. Es ging ihm um einen pädagogischen Aspekt, den er für später im Ärmel behalten wollte.

»Das ist wirklich eine tolle Sache«, schrieb er am 25. Januar. »Ich hoffe, ihr bekommt die Anerkennung, die ihr dafür verdient. Wie lange habt ihr gebraucht, bis ihr am Ziel wart? Wenn das Tor-Team [Firefox] updatet … glaubt ihr, das TBB bietet euch genug Ansatzfläche, um den gleichen Zugang noch mal über eine andere Schwachstelle nutzen zu können? Gleicher Zeitaufwand? Oder mehr?« Snowden wollte wissen, wie lange es dauern würde, ein neues Schlupfloch im Browser zu entdecken, wenn das alte gestopft würde.

»Irgendwas zwischen einer und zwei Wochen«, antwortete der Praktikant. »Es gibt tatsächlich ein paar Programmfehler, nach denen wir bei Firefox 17+ suchen, und wenn ich nächste Woche von einem befristeten Job zurückkomme, mach ich mich mit den anderen vom Team daran, was auf die Beine zu stellen, und ich geh davon aus, dass wir das schaffen, bevor [die Tor-Entwickler] was Neues rausbringen oder unmittelbar danach:)«

Viel später, als Regierungsbeamte und andere Kritiker Snowden vorwarfen, er habe die NSA um Möglichkeiten zum Erfassen von Daten gebracht, berief er sich zu seiner Verteidigung auf den Austausch mit dem Praktikanten. »In Wirklichkeit habe ich versucht, zu euren Gunsten herauszubekommen, wie lange es dauert«, sagte er. »Wie lange dauert es, einen neuen Exploit zu entwickeln, wenn sie den alten einbüßen? Diese Frage widerlegt eigentlich eindrucksvoll das Argument der Regierung, dass wir Geheimniskrämerei betreiben.«[174]

In den ersten drei Monaten des Jahres 2013 boten sich Snowden zwei Optionen für die letzte Station seiner Geheimdienstkarriere. Irgendwer schlug vor, er solle die Zulassungsprüfung zur Tailored Access Operations Unit (TAO) der NSA ablegen – eine Position, die ihn von Dell wieder zurück in den Staatsdienst befördern würde. Mit *»tailored access«* war das maßgeschneiderte Eindringen in spezielle Netzwerke oder Geräte gemeint, die sich dem Zugriff der großen Datensammelsysteme der NSA entzogen. Diese Arbeit war überwiegend Routine.

Die Behörde verfügte über alle möglichen Hacking-Ensembles von der Stange und arbeitete beim Sammeln von Daten Checklisten ab. Wenn dies, dann das. Prüfe Hardware, Software, Firmware deines Ziels. Identifiziere bekannte Sicherheitslücken. Suche nach Antivirus-Anwendungen. Klicke auf diese Schaltfläche, führe jenen Suchlauf durch, aktiviere den entsprechenden Exploit. Im TAO-Slang hieß das »popping boxes«, »Kisten knacken« – nicht schwieriger als das Knacken eines Türschlosses für einen halbwegs kompetenten Einbrecher. Die »Kisten« waren die Computer, Router und Firewalls eines Überwachungsziels. Mit der entsprechenden Geschicklichkeit und Übung war ein frisch eingestellter Kryptologe der Aufgabe meist gewachsen.

Wenn widerstandsfähigere Ziele nach maßgeschneiderten Tools verlangten, wandten sich die Leiter der TAO-Sammelstelle an ihre Eliteeinheit, das Remote Operations Center (ROC). »The Rock« beherbergte einige der talentiertesten Hacker des Planeten. In einer Kultur mit einem besonderen Faible für Wortspiele waren sie die »ROC-Stars«. Wie mir der damalige FBI-Direktor Robert Mueller einmal verriet, lockten die Geheimdienstbehörden diese Männer und Frauen mit konkurrenzlosen Angeboten aus dem Silicon Valley heraus: Erproben Sie Ihre Fähigkeiten gegen die härtesten Widersacher der Welt. Wir laden Sie ein, Einbruchwerkzeuge zu erfinden, die Sie hinter Gitter bringen würden, wenn Sie so dumm wären, sie zu Hause auszuprobieren.[175] Snowden war gegen diese Versuchung nicht gefeit. »Viele Leute finden das richtig aufregend«, sagte er. »Weil du hackst. Das sind strafbare Handlungen« – zumindest in der normalen Welt. Snowden bestand die TAO-Prüfung mit Bestnote, wurde zu einem Vorstellungsgespräch eingeladen und erhielt ein Jobangebot. Der frühere NSA-Direktor Mike McConnell behauptete später, Snowden habe nur bestanden, weil er den Prüfungscomputer gehackt und die Antworten gestohlen habe.[176] Wie einige ehemalige Hacker in Staatsdiensten witzelten, hätte das, falls es stimmte, Snowdens hervorragende Eignung für TAO nur bestätigt. Snowden war gekränkt und sagte, er habe sich seine Beurteilung verdient. Er verglich die Herausforderung mit seiner Entwicklung von Heartbeat und sagte zu mir: »Betrachten wir es einmal so. Wenn jemand im Alleingang alle Netzwerke in der IC durch Netzwerkbrücken miteinander verbinden kann, ohne dass diese Behörden ausrasten, und sie alle in einer NSA-Website vereinigt, ist er vermutlich in der Lage, ohne Schummeln einen Test zu bestehen, der für achtzehnjährige Navy-Rekruten konzipiert ist.«[177]

Unerwarteterweise lehnte Snowden den TAO-Job ab. Er hatte ein Auge auf einen Vertrag mit Booz Allen geworfen, die »Infrastrukturanalysten« für das Threat Operations Center der NSA stellten. Snowden wurde einer von ihnen und siedelte aus dem Kunia-Tunnel in ein Großraumbüro im nahegelegenen Rochefort-Gebäude über. Das Public-Relations-Team der Behörde hatte die blitzblanke neue Einrichtung voller Stolz der Öffentlichkeit präsentiert, mitsamt einer Fotografie, auf der sie von einem doppelten Regenbogen überspannt wurde.[178] (Trotzdem wurde sie – wie sollte es anders sein – von einigen Insassen stets als Roach Fort, »Kakerlaken-Festung«, tituliert.)[179] Nun war Snowden nicht mehr Administrator von Netzwerken, die andere Leute nutzten, sondern arbeitete selbst mit einigen der geheimsten Tools der NSA.

Zu seinen neuen Aufgaben gehörte es, Hacker, mit besonderem Augenmerk auf China, auszumachen, auszubremsen und zu melden. Über Reverse Engineering rekonstruierte er das Eindringen digitaler Waffen, sogenannter Intrusion Sets, und verfolgte die Angriffe zu ihren Ausgangspunkten zurück. Vertragsmitarbeiter wie Snowden durften rechtmäßig »Computernetzwerkverteidigung« betreiben, wie die NSA es nannte, aber offensive Operationen waren nicht erlaubt. Der Krieg der Netzwerke oder »Computer Network Attack« unterstand militärischem Kommando. Die Grenzen waren klar gesteckt, aber in der Praxis ein wenig durchlässig. Die Geräte und Netzwerke auf der anderen Seite waren die »Infrastruktur« in Snowdens Berufsbezeichnung und er war berechtigt herumzustochern, solange nichts dabei zu Bruch ging. Wenn er genug in Erfahrung gebracht hatte, um von einem strafbaren Verhalten auszugehen, oder auf Hindernisse stieß, die sich ohne Flurschaden nicht überwinden ließen, konnte er Ziele für eine aggressivere Erhebung oder einen Gegenangriff vorschlagen.

»Ich interessiere mich viel mehr für operative Planung«, verriet Snowden mir, als er erklärte, warum er sich gegen TAO entschieden hatte. »Genau das macht ein Infrastrukturanalyst. Wir schauen uns die Operationen [der ausländischen Hacker] an. ... Woher kommen sie, welche Tool-Sets verwenden sie, wie greifen sie uns an? Wir verfolgen ihren Weg zurück und dann planen wir die Operation, mit der wir in ihr Netzwerk gelangen und sie ihrerseits hacken. Und das hörte sich für mich viel cooler an. Ich war wirklich gut darin.« Er lachte ein wenig wehmütig und schüttelte den Kopf. »Ich hab's nicht lang gemacht«, sagte er.[180] In einem anderen Leben wäre er gern dabei geblieben und hätte sich hochgearbeitet. Er verbrachte nur zwei Monate im NTOC, bevor er nach Hongkong flog.

Kurz nachdem Snowden an die Öffentlichkeit gegangen war, sagte er der *South China Morning Post*, er habe sich für den Vertrag mit Booz entschieden, weil er dort Zugang zu NSA-Dokumenten haben würde, die er enthüllen wollte.[181] Mir gegenüber wollte er diese Behauptung nicht wiederholen oder erläutern und deutete lediglich »ein zweigleisiges Interesse« an dieser letzten Stelle an. Auf jeden Fall ist klar, dass NTOC seinen geheimdienstlichen Horizont erneut erweiterte. Die neue Position verschaffte ihm »duale Befugnis«, wie die NSA sagt, eine Kombination von Zertifikaten, wie sie nur wenige Jobs erforderten. Zu jener Zeit besaß die Behörde zwei Hauptabteilungen – Informationssicherung (Information Assurance) und Signalaufklärung (Signals Intelligence). Die eine schützte die Geheimnisse der US-Regierung. Die andere stahl Geheimnisse aus dem Ausland. Jede verfügte über ein eigenes Arsenal an legalen geheimen Berechtigungen und jede hatte ihre speziellen Grenzen. Die Verteidiger durften in (einige) Kommunikationsnetzwerke der NSA schauen, um Indizien für ausländische Eindringlinge zu entdecken. Die Angreifer durften gemäß der präsidialen Durchführungsverordnung 12333 im Ausland spionieren und die von PRISM und Upstream im Inland gesammelten Daten nutzen.

Snowdens neuer Arbeitgeber, eine 2005 eingerichtete Organisation, gewährte ihm Zugang zu beiden Arsenalen. »Die Idee war, dass NTOC-Analysten die duale Befugnis zum Einblick sowohl in defensive Daten als auch in SIGINT-Daten erhielten«, sagte ein ehemaliger NTOC-Mitarbeiter. »An ein und demselben Arbeitstag konnte ich mich an der Bekämpfung eines staatlich geförderten Hackerangriffs beteiligen und versuchen, die Erfassung von SIGINT-Daten zu leiten, um diese Attacke zurückzuverfolgen. ... Die strategisch wichtigste Neuerung bestand darin, die duale Befugnis in einer Person zu vereinigen.«[182]

Im April 2013 flog die NSA Snowden zu ihrem Hauptquartier in Fort Meade, wo er sich mit der Führungsriege von NTOC treffen und mit Kollegen aus Maryland Notizen zum chinesischen Revier abgleichen sollte. Während seines Aufenthalts dort nahm er am obligatorischen Unterricht in der korrekten Anwendung seiner neuen Überwachungsbefugnisse teil. Vieles davon waren Übungen, die man selbständig online machen konnte. In einem vorgeschriebenen Kurs, OVSC 1400, gab es einen animierten Assistenten namens Ned NTOC, ein Geheimdienst-Pendant zu Clippy (oder Karl Klammer) von Microsoft Office.[183] »Ned NTOC ist Ihr treuer Begleiter und wird Sie im gesamten Kurs unterstützen, damit Sie den juristischen und politischen Dschungel kennenlernen, verstehen und sich in ihm zurechtfinden«, lautete der fröhliche Hinweis im Kursprogramm.

Eine Aufgabe lautete: Nehmen Sie an, Sie entdecken einen Malware-Angriff auf ein Netzwerk des Verteidigungsministeriums. Die Malware ist an eine Nachricht vom Mailserver der University of Maryland angehängt, die normalerweise nicht zu den Zielen der NSA gehört. »Sie glauben, dass es sich um einen BYZANTINE-HADES-Akteur handelt« – also um einen Hacker der chinesischen Regierung.[184] »Sie möchten auf die Mailserver-IP-Adresse der Universität zugreifen.« Ist das in Ordnung? Anders gefragt: Durfte Snowden das Gerät ausspionieren, das die gesamten ausgehenden E-Mail-Korrespondenzen einer großen US-amerikanischen Universität verwaltet? Zu der Frage gab es mehrere Antwortmöglichkeiten. Eine falsche Antwort lautete »Nie«. Falsch war auch »Bitten Sie Vorgesetzte um eine ›Bewertung nach dem Billigkeitsrecht‹«. Es gab zwei richtige Antworten. Er durfte den Universitätsserver legal ins Visier nehmen, solange er einen Suchbegriff verwendete, der »eine bekannte bösartige Signatur« enthielt. Wenn er darüber nicht verfügte, musste er sein Bestes geben, um eine Abfrage zu gestalten, »die nur die schädliche Cyber-Aktivität zutage förderte«. Die zweite Variante barg sehr viel mehr Raum für Übertretungen. Es war so gut wie sicher, dass dabei harmlose Nachrichten von Dozenten und Studierenden abgeschöpft wurden, aber Snowden war auf der sicheren Seite, solange er diese Kommunikationen nicht vorsätzlich an sich brachte. Laut dem Trainingskurs gab es auch noch die Option, »bei Bedarf« die Abfrage mit einem vorgesetzten Analysten oder einem NSA-Anwalt »abzuklären«. Dies war eine geheime Regel, klassifiziert als »special intelligence«, die öffentlich nicht bekannt war und nicht diskutiert wurde. Snowden erkannte die Absicht, ein Eindringen in den Hochschulbetrieb zu begrenzen. Dennoch bestürzte ihn dieses Vorgehen. Selbst ein neu eingestellter Analyst besaß ungeheure Befugnisse.

Weitere Trainingseinheiten in jener Woche verschafften Snowden Einblick in eine spezielle Kategorie von Inhalten, die innerhalb der Vereinigten Staaten abgefangen wurden. Diese Überwachung, »mit Unterstützung eines elektronischen Kommunikationsdienstes«, erfolgte gemäß einer geheimen Auslegung von Absatz 702 des FISA Amendments Act von 2008.[185] Einige Inhalte stammten von Bürgern, Unternehmen und Greencard-Inhabern der USA, die allesamt Anspruch auf Schutz durch den 4. Zusatzartikel besaßen. Diese Inhalte landeten in einem streng gesicherten Datenspeicher. Daraus bezogene Informationen mussten besonders gekennzeichnet sein.

THIS INFORMATION IS DERIVED FROM FAA COLLECTION

THIS INFORMATION IS PROVIDED FOR INTELLIGENCE PURPOSES IN AN EFFORT TO DEVELOP POTENTIAL LEADS. IT CANNOT BE USED IN AFFIDAVITS, COURT PROCEEDINGS OR SUBPOENAS, OR FOR OTHER LEGAL OR JUDICIAL PURPOSES.[186]

Nun besaß Snowden eine Freigabe für den FISA-Bereich. Er musste sich nicht mehr auf das Lesen alter abgefangener Daten aus Archiven beschränken. Er konnte neue Überwachungsziele »anpeilen«, das heißt bestimmen.[187] Er hatte den Umgang mit den Checkboxen und Drop-down-Menüs des Unified Targeting Tool der NSA und eines noch neueren Tools namens XKEYSCORE gelernt. Bald entdeckte er, dass ihm seine NTOC-Position Zugang zu einer weiteren Datenbank für den inländischen Nachrichtenverkehr verschaffte. Ihre Bearbeitung war ausschließlich dem FBI vorbehalten. Unter dem Decknamen CAPTAINCRUNCH besaß und überwachte das FBI geheime Netzwerkserver, die Hacker aus dem Ausland anlocken sollten.[188]

In seinem ersten Interview vor einer Kamera offenbarte Snowden der Welt, dass »jeder Analyst zu jeder Zeit jeden ausspionieren kann«. Er fügte hinzu: »An meinem Schreibtisch besaß ich in der Tat die Befugnis, jeden abzuhören, von Ihnen oder Ihrem Steuerberater über einen Bundesrichter bis hin zum Präsidenten.«[189] Beamte der US-Regierung reagierten mit Hohn und Spott auf diese Behauptung und bestritten rundheraus, dass Snowden so etwas tun könne.

Die Dementis vonseiten der Regierung bedienten sich einer juristischen Sprache, die sich zwar korrekt anhörte, aber den Punkt nicht wirklich traf. Niemand habe Snowden befugt, auszuspionieren, wen immer er wolle, hieß es. Snowden verstand unter »Befugnis« etwas anderes. Im Grunde verwendete er den Begriff so, wie auch Geheimdienstbeamte ihn üblicherweise verwendeten. Die rechtliche Grundlage einer Abhöraktion war davon abhängig, wo, wie, durch wen und zu welchem Zweck sie erfolgte. Jede dieser rechtlichen Grundlagen wurde als Befugnis bezeichnet. Aufgrund seiner neuen Stelle und Ausbildung besaß Snowden einen Status, der ihm mehrere davon gewährte – offensiver und defensiver Art, im Inland und Ausland. Er konnte im Ausland abgefangene Daten (gemäß präsidialer Befugnis) und im Inland abgefangene Daten (gemäß der von Gerichten und Kongress in Gestalt des FISA Amendments Act erteilten Befugnis) einsehen und bearbeiten. Diese Befugnisse waren in sein digitales Identitätszertifikat eingebettet.

Ich habe mehrmals versucht, die Dementis der Regierung auseinanderzunehmen. Robert Litt, General Counsel des Büros des Direktors der nationalen Nachrichtendienste (DNI), war dabei häufig mein Sparringspartner. Er formulierte präzise, wie es sich für einen Anwalt gehört, und wich meinen Fragen aus, wie es sich für einen PR-Manager gehört, der zum Aufsammeln der Scherben abkommandiert wurde. Wollte er bestreiten, dass Snowden in der Lage gewesen sei, die XKEYSCORE-Schnittstelle aufzurufen und »Selektoren«, oder Suchbegriffe, für eine neue Datensammlung und den Zugriff auf bereits gespeicherte Inhalte einzugeben? Litt drückte sich um eine Antwort herum. Als ich ihm darlegte, warum Snowden seinen NTOC-Job ohne einen solchen Zugang nicht hätte erledigen können, sagte Litt, er verfüge nicht über das technische Wissen, um sich dazu zu äußern. (Ich bat ihn, der Frage nachzugehen, und hörte nie wieder etwas davon.) Fragen nach Snowdens Qualifikationen für den Zugang zum FISA-Datenspeicher erbrachten praktisch das Gleiche.

Ich denke, was die Regierungsbeamten eigentlich meinten, war: Snowden wäre niemals damit durchgekommen, irgendeinen x-beliebigen Steuerberater oder Richter, geschweige denn den Präsidenten, auszuspionieren. Bei einigen Geheimsystemen wie PRISM musste man für solche Suchbegriffe vorher das Einverständnis eines Vorgesetzten einholen. Bei anderen mussten die Prüfer den Vorgang im Nachhinein begutachten. Bei den meisten Systemen musste ein Analyst für jede Überwachung einer Mailadresse oder eines anderen Selektors einen Zweck, einen Sachverhalt und eine rechtliche Grundlage angeben. Das ließ sich zwar durch simples Zeigen und Klicken erledigen, aber die NSA nahm die Sache dennoch ernst. Andererseits bearbeitete die NSA pro Jahr zig Millionen Selektoren. Die meisten Prüfer hatten Vollzeitjobs und begutachteten die von anderen Personen durchgeführten Suchen nebenbei. Snowden hätte durchaus auffliegen können, wenn er sich ungeschickt angestellt und offenkundig unbescholtene Zielpersonen bespitzelt hätte. Aber ungeschickt war er nicht. Ein zu ungesetzlichen Handlungen entschlossener schlauer Analyst war in der Lage, seine Absichten so zu verschleiern, dass ihm bei Routineprüfungen niemand auf die Schliche kam. Aus gegebenem Anlass wäre es verwegen zu behaupten, dass Snowden den Prüfern unweigerlich ins Netz gegangen wäre, wenn er sich auch nur einen Zentimeter zu weit vorgewagt hätte.

Bei einem meiner Moskaubesuche unterstellte ich Snowden, dass sich ein Mann, der so methodisch vorgehe, die gefährlichsten Zugriffe bis zum Schluss aufheben würde. Darauf wollte er nicht eingehen. Stunden später, lange nach Einbruch der Dunkelheit, als wir zwischen all dem Geschirr und Kram von drei Bestellungen beim Zimmerservice dasaßen, kam er auf das Thema zurück.

»Sie haben vermutet, man würde die ungefährlichsten Dinge zuerst erledigen und die gefährlichsten zuletzt«, sagte er. »Und das macht durchaus Sinn. Man möchte nicht bei einer Operation erwischt werden, weil man zu viel auf einmal wollte. Das muss bis zum Schluss warten. Weil man die Phase der Schutzlosigkeit, die Phase des Risikos minimieren will.«

Am 19. Mai 2013 buchte Snowden mit vier Laptops in seiner Reisetasche einen Flug nach Tokio.[190] Dort stieg er in ein anderes Flugzeug um und landete am nächsten Tag in Hongkong. »Ich hatte nicht wirklich einen Plan« für die Zeit danach, verriet er mir viel später. »Da endete mein Drehbuch.«

3
HEIMKEHR

Am 19. Mai 2013, einem Sonntag, rief ich spätabends in Edgewater, Maryland, an. Jeff Leen war zu Hause; er klang müde, als er sich meldete. Leen leitete die Investigativabteilung der *Washington Post*. Er hatte wahrscheinlich mehr preisgekrönte journalistische Arbeiten auf den Weg gebracht als irgendwer sonst in den USA. Sieben Pulitzer-Preise?[1] Könnte hinkommen. Die meisten Redakteure, die ich sehr gut kannte, waren irgendwann weitergezogen. Leen blieb seinem Arbeitgeber treu. Er hatte drei Herausgeber, drei Chefredakteure und eine entmutigende Kürzung der Newsroom-Ressourcen durchgestanden.[2] Der neue Chefredakteur Marty Baron war mit höchsten Ehrungen dekoriert vom *Boston Globe* gekommen, aber ich hatte ihn noch nicht kennengelernt. Ich brauchte jemanden, der mich ihm vorstellte – je eher, desto besser. Im Jahr 2007 hatten Leen und ich für eine zermürbende Serie von Artikeln über Vizepräsident Dick Cheney eng zusammengearbeitet.[3] Ich vertraute ihm. Aber der Telefonleitung vertraute ich nicht, und ohne einen Anwalt wollte ich nicht viel sagen. Darum führten wir ein sonderbares Gespräch.[4]

»Ich rufe an, weil ich eine ungewöhnliche Bitte habe«, sagte ich. »Ich müsste umgehend unter vier Augen mit Marty Baron sprechen. Es geht um ein heikles Thema. Ich muss ihn persönlich treffen. Ich weiß nicht, wen ich sonst fragen könnte.«

»Mit ihm sprechen? Worüber?«

»Eine Story. Eine große. Er wird bestimmt nicht denken, dass ich ihm seine Zeit stehle.«

»Okay. Was für eine Story?«

»Es geht um nationale Sicherheit. Mehr kann ich nicht sagen.«

»Ich hab verstanden, dass es heikel ist. Kannst du ein wenig konkreter werden?«, fragte Leen.

»Nein, tut mir leid.«

Schweigen. Na gut, dann eben ein wenig konkreter.

»Ich weiß, das hilft dir nicht weiter, Jeff, aber ich brauche ganz schnell eine Entscheidung von der *Post*. Ich erwarte jeden Tag ein Dokument, und nach 72 Stunden gibt die Quelle es vielleicht jemand anderem.«

Sein Tonfall wurde um eine Nuance schärfer. »Du machst wohl Witze, Bart. Gib mir ein bisschen mehr Futter.«

»Ich weiß, das klingt verrückt. Ich wünschte, ich könnte dir mehr sagen.«

Wieder Schweigen. Das lief nicht gut. Etwas zu spät wurde mir klar, wie sehr sich Leens Position geändert hatte. Vor fünf Jahren hätte meine Bitte genauso abgedreht geklungen, aber damals hatte Leens Wort so viel Gewicht, dass das nichts ausgemacht hätte. Len Downie, der Chefredakteur, hatte Leen schon so lange gekannt, dass er ihm rückhaltlos vertraute. Doch nun gab es einen neuen Chef, der kein halbes Jahr im Amt war, und Leen hatte bei ihm noch keinen Stein im Brett.

»Pass auf, ich hab selbst erst zweimal mit Marty zusammengesessen«, sagte er. »Ich kann nicht einfach in sein Büro spazieren und ihm sagen, dass er unbedingt irgendeinen Typen treffen muss, der mal hier gearbeitet hat, und ich hab keinen Plan, worum's geht.«

Ich beschloss, nicht über den Tonfall nachzudenken, in dem er »irgendeinen Typen« gesagt hatte.

»Sag ihm, ich hab eine theatralische Ader. Sag ihm, was du willst. Jeff, das ist wirklich eine große Sache. Wir werden es alle bedauern, wenn ich damit woanders hingehe.«

»So läuft das nicht, Bart«, sagte er. »Das kann ich Marty so nicht sagen. Ruf mich an, wenn du sagen kannst, was los ist.«

Wir legten auf, beide ungehalten. Ich versuchte, ihm nicht böse zu sein. Ich musste geklungen haben, als sei ich nicht ganz dicht. Zwei Minuten später klingelte das Telefon. Ich erkannte Leens Nummer.

»Du hast mich auf dem falschen Fuß erwischt«, sagte er. »Ich meine, so aus heiterem Himmel und das am späten Sonntagabend – das ist ziemlich ungewöhnlich, das musst du schon zugeben. Ich hab noch mal drüber nachgedacht. Ich werde sehen, was sich machen lässt. Sag mir nur bitte, dass es die Mühe wert ist.«

»Das ist es, das verspreche ich. Pass auf, ich wollte eben noch sagen, dass Marty seine Anwälte mitbringen sollte. Und mein alter Hausausweis kann eigentlich nicht mehr gültig sein. Kannst du mich am Seiteneingang abholen? Dann schlag ich einen Bogen und geh durch die Buchhaltung und die Treppe hoch. Ich will mich nicht im Newsroom blicken lassen.«

»Himmel, Bart«, grummelte Leen, aber zum Protestieren war es zu spät. Mitgefangen, mitgehangen. Jahre später verriet er mir, er habe zurückgerufen, weil er in meiner Stimme »einen leichten Anflug von Angst« zu hören glaubte. »Ich weiß noch, dass ich nach dem Auflegen gedacht habe: ›Wenn Bart Gellman vor irgendwas Angst hat, dann macht mir das auch Angst.‹ Das musste wirklich ein großes Ding sein.«[5]

Leen lieferte. Baron wollte mich am Donnerstag sehen, dem ersten Tag, an dem er wieder in der Stadt war. Ich könne mich vorab am Mittwoch mit Barons Nummer zwei, dem Geschäftsführer Kevin Merida, treffen. Ja, die Anwälte würden auch da sein.

Prima. Merida war einer von den Guten.

Ich habe der *Post* nie gestanden, wie nahe ich dran war, die Story woanders rauszubringen. Mein Abschied drei Jahre zuvor hatte bei mir einen bitteren Nachgeschmack hinterlassen. Der Newsroom war für mich ein wunderbarer Ort zum Lernen gewesen, voller Mentoren und Kollegen, die mir halfen, mich weiterzuentwickeln. Allein mitzuhören, was sich am Schreibtisch nebenan abspielte, war wie der Besuch einer Meisterklasse. Don Oberdorfer brachte mit sanftem Murmeln die neuesten Entwicklungen in der Außenpolitik ans Licht und sondierte so vorsichtig, dass seinen Informanten gar nicht auffiel, wie tief er vordrang. Ann Devroys bühnenreifer Spott wischte die vorgefassten

Formulierungen der Politiker kurzerhand beiseite. »Erde an Newt!«, trällerte sie eines Tages, als sie sich über den Sprecher des Repräsentantenhauses lustig machte. Eine knappe Stunde später, als ich wieder an ihrem Schreibtisch vorbeiging, hatte sie Gingrich immer noch in der Leitung. Einmal interviewte ich mit ihr gemeinsam den Nationalen Sicherheitsberater Anthony Lake. Schon bei seiner ersten Antwort, vielleicht zwei Minuten nachdem wir auf einer Couch in seinem Eckbüro im Weißen Haus Platz genommen hatten, schnitt sie ihm das Wort ab. »Wenn Sie uns nur den üblichen Scheiß auftischen wollen, Tony, reden wir lieber über was anderes«, sagte sie. Er gab klein bei.

Die *Post* vertraute mir einen großartigen Auftrag nach dem anderen an – Gerichtshof, Pentagon, Naher Osten, Außenministerium, danach ein Jahrzehnt mit langfristigen Projekten. Keiner befahl mir jemals, die Reißleine zu ziehen, und die Eigentümer schützten den Newsroom auf eigene Gefahr. Auf einer Reise nach Ägypten im Jahr 1997 las ich Katharine Grahams Memoiren mit einem Kloß im Hals.[6] Jeder erinnerte sich noch an Watergate, aber ihre Feuerprobe als Herausgeberin erlebte sie 1971, als es um die Pentagon-Papiere ging. Die Regierung unter Nixon versuchte, die Veröffentlichung einer geheimen Dokumentation über den Vietnamkrieg zu unterdrücken, und es gelang ihr, die Publikation durch die *New York Times* zu stoppen. Der Justizminister persönlich drohte, vor Gericht zu ziehen, falls die *Washington Post* die Story weiterverfolgen würde. Grahams Anwalt drängte sie nachzugeben und warnte vor dem möglichen Verlust des Unternehmens.[7] Graham nahm sich einen neuen Anwalt und veröffentlichte die Story.[8] Die *Times* und die *Post* fochten den Fall bis zum Obersten Gerichtshof aus und gewannen.[9] Und das alles geschah nicht in mythisch umwobenen alten Zeiten, auch wenn es lange vor meiner Zeit bei der *Post* passiert war. Dieser Geist prägte den Newsroom auch in den folgenden Jahrzehnten. Dank einer Unternehmenskultur wie dieser nahm ich Drohungen, meinen Presseausweis für ungültig zu erklären,[10] gelassen hin oder auch wüste Beschimpfungen am Telefon durch hohe Beamte, einschließlich eines denkwürdigen obszönen Anrufs von Israels Ministerpräsident Benjamin Netanjahu.[11]

Die *Post* gab mir Mut, zuweilen jenseits aller Vernunft, wenn ich in Somalia einen zwielichtigen Grenzposten passierte oder im Libanon durch von der Hisbollah kontrolliertes Gebiet fuhr. Ich war kein Keith Richburg oder Anthony Shadid, die routinemäßig viel größeren Gefahren trotzten, aber wenn ich in Schwierigkeiten geriet, wusste ich, dass die Zeitung keine Mühen scheuen würde, mich da rauszuholen.

Es gab auch Rückschläge. Downie nahm mich gnadenlos ins Gebet, wenn es nötig war.[12] Selbst die schlechten Tage bestätigten mir aber, dass ich wusste, wo ich stand und wofür die *Post* einstand. Doch 2009 war ich mir über beides nicht mehr sicher. Marcus Brauchli, der neue Chefredakteur, äußerte sich beunruhigend vage, wenn große Entscheidungen anstanden. Seine Botschaften ans Personal klangen beliebig, als wolle er sich stets ein Hintertürchen offenhalten. Einige unserer besten Reporter gerieten ins Stocken, waren unsicher, was sie von seinen widersprüchlichen Anordnungen halten sollten. Eines Tages bat mich Brauchli um eine Anpassung, wie er es nannte. Er brauche nach wie vor meine amibitionierteste Arbeit, kein Zweifel, aber investigative Projekte sollten in Wochen, nicht in Monaten erledigt werden. Er muss gewusst haben, dass er nicht beides haben konnte. Als sich dann in der *Post* selbst ein Skandal anbahnte, äußerten sich weder Brauchli noch der neue Herausgeber überzeugend zum fehlgeschlagenen Plan, Lobbyisten Tickets im sechsstelligen Bereich für »Salondinner« mit Reportern zu verkaufen.[13] Im Newsroom sank die Arbeitsmoral, was sowohl der Leitung als auch Personalkürzungen zuzuschreiben war. Meine Partnerin Dafna Linzer verließ die *Post* noch vor mir. Als sie eines Abends Brauchli in Abendgarderobe über den Weg lief, stellte sie ihn unten vor der Bühne, umringt von führenden Presse- und Rundfunkvertretern, zur Rede und warf ihm vor, er ruiniere die Zeitung. Anfang des Jahres 2010 nahm ich ebenfalls meinen Hut. Wir waren uns so gut wie sicher, dass es die *Post*, wie wir sie kannten, nicht mehr gab.

Als die Fäden für die Story über Snowden im Frühjahr 2013 allmählich zusammenliefen, trat ich gerade ein Stipendium bei der Century Foundation in New York an. Ich dachte darüber nach, ein Buch über das Unbehagen im Überwachungsstaat zu schreiben. Das *Time*-Magazin hatte mich mit einer Titelgeschichte beauftragt, die einen Ausblick auf einige meiner Themen geben würde. Ich wollte eingestehen, dass mein Eifer, vertrauliche Quellen und Notizen zu schützen, wahnhafte Züge angenommen hatte. Ich hatte mir das digitale Äquivalent eines versiegelten Raumes, privat und sicher, geschaffen, aber niemand kam zu Besuch. Das konnte kein gangbares journalistisches Arbeitsmodell sein. Ich würde meine Prioritäten neu austarieren müssen. Bevor ich mit dem Schreiben anfangen konnte, stellte Snowden die Geschichte auf den Kopf. Die Bedrohung durch Überwachung war noch schlimmer, als ich gedacht hatte, und ohne all jene gruseligen Tools hätten wir niemals miteinander reden können. Nun würde meine Geschichte eine völlig andere Richtung einschlagen.

Ich hatte nicht damit gerechnet, die Risikobereitschaft der *Time* auf die Probe stellen zu müssen. Einige meiner Freelancer-Projekte hatten zwar mit Geheimdienst und Gesetzesvollstreckung zu tun, aber ich brauchte keine Staatsgeheimnisse aufzudecken, um über selbst ernannte Patriotenmilizen oder Mitt Romneys politische Kindheit zu schreiben.[14] Wie würde das Magazin mit einer hochriskanten Geheimdienststory umgehen? Eine rot umrandete Titelgeschichte der *Time* hatte nach wie vor große Durchschlagskraft, wenn ich sie richtig zu nutzen wusste. Der Büroleiter in Washington, Mike Duffy, war ein Bilderbuchreporter, einer der besten, die ich kannte. Ich beschloss, es bei ihm zu versuchen. Am 7. Mai, nach einer Einführung in Verschlüsselungspraktiken, nahmen Duffy und der Geheimdienstkorrespondent Massimo Calabresi über einen sicheren Live-Chat von Washington aus Kontakt zu mir auf.

»Ich bin einem Dokument auf der Spur, das, wie mir gesagt wurde, recht detailliert beschreibt, wie viele Inhalte Telefongesellschaften und Internetdienstanbieter unter Berufung auf den FISA Amendments

Act an die NSA übermitteln. Welche Unternehmen, welche Daten«, schrieb ich.[15]

»Was sollten wir Ihrer Einschätzung nach im Vorhinein tun?«, fragte Duffy.

»Zunächst einmal ist es am wichtigsten, herauszufinden, was Geschäftsleitung und Anwälte davon halten, eine Story und ein Dokument zu veröffentlichen, die möglicherweise furchterregende Stempel tragen.«

»Wir müssen darüber nachdenken, was unsererseits notwendig ist, sowohl was Anweisungen für Sie betrifft, rote Linien, als auch darüber, ob wir Ihren Forderungen und denen der Anwälte voll umfänglich entsprechen können«, schrieb Duffy zurück. Ehrlich gesagt sei er sich nicht sicher, was »den Einsatz für eine Veröffentlichung ohne Rücksicht auf die Kosten, angesichts der derzeitigen unklaren Lage des Unternehmens« aufseiten der *Time* betreffe.

Wahrscheinlich hätte ich mich an jenem Tag zurückziehen sollen, aber ich wusste, Duffy würde es mir sagen, wenn die Zeit dafür gekommen sei. Time Warner bereitete sich darauf vor, die Printsparte abzustoßen, die den sagenhaften Profiten der Film- und Fernsehsparte hinterherhinkte. Time Warner war ein Unterhaltungskonzern und der Journalismus fand nur am Rande statt. Angesichts der bevorstehenden Abspaltung von Time Inc. wäre der Aktienmarkt nicht unbedingt erfreut über einen kostspieligen Rechtsstreit um die Enthüllung von Staatsgeheimnissen. »Derzeit keine günstigen Bedingungen, um Risiken einzugehen«, schrieb Calabresi in der Woche darauf, nachdem er die Lage ein wenig sondiert hatte.[16] Am selben Tag rief Duffy an, um mir mitzuteilen, dass die Anwälte auf die Bremse traten. Als Redakteur war er heiß auf die Story. Als Freund durfte er mir nicht raten dranzubleiben.

In einem letzten Versuch suchte ich Maurice Edelson, den Rechtsberater von Time Inc., auf. Er und seine Leute waren zweifellos fähige Anwälte, aber unser Gespräch schweifte ab. Wenn sie einzig und allein darauf aus waren, sich nicht in die Karten schauen zu lassen, konnte ich nichts dagegen ausrichten. Aber wenn das der Fall war, warum wollten sie dann überhaupt mit mir sprechen? Ein neuer Verdacht stieg in mir auf. Ich riss eine Seite aus meinem Notizbuch und kritzelte drei kurze Zeilen darauf. Jeder, der mit nationalem Sicherheitsrecht vertraut war, würde die Geheimdienstabkürzungen und Zitierkürzel für das Spionagegesetz erkennen.

TS//SCI//NF
18 USC 793
18 USC 798

Ich reichte den Zettel herum und fragte: »Ist Ihnen das ein Begriff?«

Nein. Leider nicht.

Ich hätte es vermutlich wissen müssen. Time Inc. besaß und verlegte rund hundert Zeitschriften.[17] Edelson und seine Leute vertraten die rechtlichen Interessen von Titeln wie *Horse & Hound* oder *SuperYacht World* ebenso wie die Flaggschiffe des Nachrichtenjournalismus *Time* und *Fortune*. Auch ohne eine bevorstehende Aktienkapitalübertragung verbrachten sie ihre Tage sicherlich mit Sponsorenverträgen, Rechteverwaltung, Arbeitsrecht und Unternehmensführung, vielleicht noch mit gelegentlichen Verleumdungsklagen.

»Ich möchte niemandem zu nahe treten, aber dieses Thema fällt in ein Spezialgebiet«, sagte ich. »Ich muss von Personen, die mit diesen Dingen schon einmal zu tun gehabt haben, wissen, wo das Unternehmen steht.«

Damit wurde das Problem eine Stufe höher gereicht und landete bei Time Warners General Counsel Paul Cappuccio, einer konservativen Naturgewalt, der als Angestellter für Richter Antonin Scalia gearbeitet hatte und unter Präsident George H. W. Bush Associate Deputy Attorney General gewesen war.[18] Mir wurde zwar keine Audienz gewährt, aber ich erfuhr, dass er Arnold & Porter mit dem Gellman-Problem betraut hatte. Ich wurde angewiesen, mich bei Baruch Weiss zu melden, einem Partner der Kanzlei und ehemaligem Acting Deputy General Counsel für das Heimatschutzministerium.[19] Im Beisein von Duffy und Calabresi rief ich ihn über ein Freisprechgerät an.[20] Wie Weiss uns mitteilte, biete Time Warner gern seine volle Unterstützung für meine NSA-Story an. Das Unternehmen habe ihn beauftragt, uns bei unserem weiteren Vorgehen zur Seite zu stehen. Zu unserem eigenen Schutz müssten wir drei Grundprinzipien beachten. Erstens dürfe ich im Namen der *Time* keine Interviews zu geheimdienstlichen Dingen führen. Stattdessen solle ich meine Fragen an ihn weiterleiten. Weiss werde sie mit einem Regierungsbeamten mit entsprechender Freigabe bereden und meine Redakteure darüber informieren, was für den Druck geeignet sei. Zweitens genehmige *Time* ihren Angestellten nicht, Geheiminformationen zu empfangen oder zu behalten. Bis die rechtlichen Fragen geklärt seien, solle ich mit den Redakteuren nicht über Staatsgeheimnisse – das heißt über meine Story – sprechen.

Ich war zu perplex, um darüber nachzudenken, ob mir die Erwähnung des dritten Prinzips entgangen war. War es möglich, dass mir Duffy mit diesem Anruf einen Streich hatte spielen wollen? Ihm mochte der Schalk im Nacken sitzen, aber die Röte, die sein Gesicht nun langsam überzog, war sicher nicht seinem schauspielerischen Talent zuzuschreiben.

»Wir sind beim Verfassen einer Story noch nie, noch kein einziges Mal, so vorgegangen«, sagte er, über das Freisprechgerät gebeugt. Die Reporter führten die Interviews. Sollte die Regierung den Alarmknopf drücken, würden die Redakteure rechtlichen Beistand suchen und eine Entscheidung treffen. Weiss zäume das Pferd von hinten auf, sagte Duffy. Damit überschreite er seine Befugnisse.

Dies seien besondere Umstände, entgegnete Weiss liebenswürdig. Wir könnten im Zuge der Berichterstattung mit dem Spionagegesetz in Konflikt geraten. Calabresi, um Selbstbeherrschung ringend, fragte Weiss, ob er ernsthaft glaube, dass ein Interview mit einem Regierungsbeamten als rechtswidriges Vergehen oder wegen des Erhalts von Informationen über die nationale Verteidigung gerichtlich verfolgt werden könne. Das sei rechtlich unklar, sagte Weiss. Natürlich sei es das, schoss Calabresi zurück. Niemand sei jemals so dumm gewesen, einen Reporter dafür vor Gericht zu bringen. Hier gehe es um grundlegende, im 1. Zusatzartikel verbriefte Rechte. Duffy versuchte, die Wogen etwas zu glätten. Wir seien keine Anwälte, räumte er ein. Doch abgesehen vom theoretischen Risiko stünde Justizminister Eric Holder bereits unter Druck, die Anwendung aggressiver Rechtsinstrumente gegen Journalisten in Fällen von Geheimnisverrat zurückzufahren.[21] Das, erwiderte Weiss, sei keineswegs garantiert.

Wir drei schoben uns Notizen zu. Was passierte hier?

> Ich: Hat er der US-Regierung gegenüber noch Verpflichtungen, weil er eine Freigabe besitzt?
> Duffy: Ich will ihn nicht als Gesprächspartner.
> Ich, doppelt unterstrichen: DEAL BREAKER.

Das Gespräch ging noch weiter, aber es war sinnlos. Schließlich ging mir auf, dass Weiss seine Befugnisse gar nicht überschritten hatte. Time Warner hatte ihn bewusst so platziert, dass er uns im Wege stand. Ich war dem Mann außerhalb der Arbeit schon mal begegnet. Ich unterstellte ihm keine bösen Absichten. Weiss hatte seine Anweisungen, und nun hatten wir unsere. Niemand konnte behaupten, dass Time Warner einen Exklusivbericht über die NSA unterdrückte – zumindest nicht offiziell. Sollte das, was unwahrscheinlich war, Staub aufwirbeln, hätte uns das Unternehmen lediglich höchst professionellen rechtlichen Beistand angeboten. Duffy lief wie ein Tiger im Käfig auf und ab. Kurz bevor er die Trenntaste drückte, fuhr er sich mit einem Finger quer über die Kehle. Calabresi presste beide Handflächen gegen eine große Fensterscheibe hoch über der Avenue of the Americas und tat so, als wolle er springen. »Es *muss* eine Lösung geben«, sagte er beinahe flehend. Wir wussten alle, dass es für mich höchste Zeit war zu gehen.

Nur wohin? Meine letzten Monate bei der *Post* nagten immer noch an mir. Drei Tage lang spielte ich mit dem Gedanken, es bei der *New York Times* zu versuchen. Am 15. Mai fragte ich einen alten Bekannten, ob er mir Jill Abramsons private Telefonnummer geben könne. Die Chefredakteurin der *Times* kannte mich flüchtig, zumindest so gut, dass sie meinen Anruf entgegennehmen würde. Ihre Zeitung war in meinen Augen immer die große Konkurrenz gewesen, der reichere, mächtige Rivale, doch Abramson könnte die Story rausbringen, wenn sie wollte. Snowden hatte Poitras und mir die Entscheidung überlassen, bezweifelte aber, dass die *Times* die Courage dazu haben würde. Nachdem die Zeitung 2004 in Erfahrung gebracht hatte, dass die Bush-Regierung inländische Telefonanrufe ohne richterlichen Beschluss überwachen ließ, hatte sie dieses Wissen über ein Jahr für sich behalten, ohne es zu veröffentlichen.[22] Ich wusste nicht genug über den Fall, um mir ein Urteil erlauben zu können, aber ich glaubte nicht, dass der Grund Feigheit gewesen war.[23] Was auch immer damals geschehen war – ich war mir ziemlich sicher, dass Abramson dieses Mal ja sagen würde. Das allerdings ließe erneut zahlreiche Möglichkeiten offen.

Dafna war die Erste, die mir sagte, ich müsse verrückt sein, komplett neu bei einer Zeitung einzusteigen, deren Räume ich noch nie von innen gesehen hatte. Sie wusste nicht, warum ich nichts erzählen durfte, aber ich hatte sie noch nie zuvor aus einem meiner Projekte ausgeschlossen. Geh zurück zur *Post*, sagte sie. Brauchli sei nicht mehr da. Ich könne das letzte Kapitel meiner Newsroom-Karriere neu schreiben. Meine Freunde Steve Coll und Bob Kaiser, beide ehemalige Redaktionsleiter, sagten das Gleiche. »Sie werden dich immer noch als einen der Ihren betrachten und die Sache entsprechend behandeln«, meinte Coll zu mir. In Zeiten knapper Kassen »wird man sagen: ›So stellen wir unter Beweis, dass mit uns noch zu rechnen ist.‹ Sie werden dich nicht im Stich lassen.«

Trotzdem dachte ich weiter darüber nach, wie es wäre, die *Times* anzurufen. Am 19. Mai um die Mittagszeit teilte ich Poitras und Snowden mit, dass das nicht funktionieren würde:

> Sie kennen mich nicht, ich kenne sie nicht, und das gegenseitige Vertrauen müsste unermesslich sein. Ich würde sie bitten, mich auf unbestimmte Zeit bei Gerichtsverfahren im Zusammenhang mit dieser Story zu vertreten, es in puncto nationale Sicherheit mit der Regierung aufzunehmen, sich auf mein Urteil und meine Zusicherun-

```
gen in Bezug auf vertrauliche Quellen zu verlassen, und
zwar nicht nur, was diesen Kanal betrifft, sondern auch
andere, die ich auf eigene Faust verfolge, und meine
Grenzen im Hinblick auf das zu akzeptieren, was ich ihnen
sagen und nicht sagen werde. …
Ich kenne ihre Persönlichkeiten, ihre Vergangenheit und
ihre Körpersprache nicht. Ich verstehe nicht, was sie
zwischen den Zeilen sagen. Ich weiß nicht, wer genau was
entscheidet oder welche inoffiziellen Kanäle im Newsroom
ich nutzen könnte, um es herauszufinden. Und ich weiß
nicht, wie gut ich mich auf mehrdeutige verbale Zusagen
verlassen kann. …
Bei der Vorstellung, mich an die Times zu wenden, habe
ich mich furchtbar hin- und hergerissen gefühlt, und der
Gedanke, zur WaPo zu gehen, ist ungeheuer erleichternd.
```

An diesem Abend rief ich Jeff Leen an.

Am nächsten Tag trafen die PRISM-Folien ein, Pandora am Tag darauf. Bald plagte mich die Sorge, dass ich sie verlieren könnte. Rotierende magnetische Scheiben in einer billigen Plastikhülle waren kein Aufbewahrungsort für unersetzliche Daten. Vor meinem inneren Auge entstanden Bilder von einem auf dem Boden liegenden zerbrochenen Laufwerk oder ungeschickten Fingern, die es in die Kaffeekanne fallen ließen. Ich dachte an Taschendiebe in der U-Bahn, heimliche Durchsuchungen meiner Wohnung oder meines Büros, einen Besuch vor Sonnenaufgang von Männern und Frauen mit Namensschildern.[24]

War es strafbar, Backups anzufertigen? Vielleicht – zumindest wenn man das Spionagegesetz von 1917 schwarz-weiß auslegte.[25] Doch der Gesetzestext war bekannt für seine Dehnbarkeit. Time Warners Anwalt hatte durchaus recht, wenn er sagte, das Gesetz müsse noch strikt mit dem 1. Zusatzartikel abgeglichen werden. (Ein enger gefasstes neueres Gesetz wurde in der Folgezeit entsprechend einschlägig.)[26] Die Informationen, die ich erhalten hatte, entgegenzunehmen, zu besitzen oder weiterzugeben – Aktivitäten, die in in meiner Branche nicht zu vermeiden waren – konnte theoretisch dazu führen, dass ich eines Verbrechens bezichtigt wurde. Nahm ich das Gesetz wörtlich, gab es für mich überhaupt keinen gangbaren legalen Weg – ich durfte die NSA-Dokumente nicht behalten, niemand anderem geben und sie auch nicht vernichten.[27] Kopien davon anzufertigen würde die Liste der Anklagepunkte womöglich noch verlängern.

Zur Hölle damit. Mir lagen Beweise für Inlandsspionage vor und die Regierung hatte sie geheim gehalten und zuweilen glatte Lügen darüber verbreitet. Im Stillen hatte man die Regeln geändert, verborgen vor der Öffentlichkeit und sogar vor Richtern, die in laufenden Verfahren damit befasst waren.[28] Dass Geheimhaltung zum Spionagehandwerk gehörte, war für mich selbstverständlich. Operationen des Geheimdienstes bedurften keiner Volksabstimmung. Doch eine solch geballte Macht verlangte zumindest nach einer freien Diskussion über ihre Grenzen und Prinzipien. In einer Demokratie durfte sich niemand im Verborgenen neue Befugnisse aneignen – schon gar nicht, wenn es um die Überwachung der souveränen Öffentlichkeit ging. Wie es schien, war auch ich nicht gegen hellste Empörung gefeit.

Es war eine Bauchentscheidung, aber ich wusste, was sie bedeutete. Ich würde nicht bereitwillig auf die Forderung eingehen, diese Dokumente oder meine Notizen dazu aus der Hand zu geben. Ich würde sie nicht der Gefahr aussetzen, ohne mein Einverständnis entwendet zu werden. Die Backups konnten nicht warten. Es musste mehr als eines geben und sie mussten anderswo gelagert werden. Geeignete Schlupfwinkel zu schaffen – verborgen, verstreut, überzählig und so hermetisch abgesichert, wie es mit zivilen Mitteln möglich war – war eine weitere Fertigkeit, die ich mir erst noch beibringen musste.[29] Einen Experten um Rat zu bitten, hätte das Risiko unnötig erhöht. (»Sag mal, wo ist ein geeigneter Platz, um etwas zu verstecken, worauf ein Nationalstaat oder zwei Jagd machen könnten? Ein Bekannter wollte das wissen.«) Wer Lust hat, die gleichen Überlegungen anzustellen wie ich, sollte sich einen Widersacher vorstellen, der dieselben Filme gesehen hat wie man selbst. Hinter einer Toilette, wie Michael Corleones Pistole? Daran erinnert sich der Typ bestimmt. Hohles Buch, Eis am Stiel, loses Dielenbrett? Kennt er schon, wird er finden.

Ganz normale Backups würden vielleicht nicht funktionieren. Ich versuchte, mich in Snowdens Gedankenwelt hineinzuversetzen, mir eine in Fraktalen gezeichnete Karte auszudenken. Mit Hilfe von Technikrätseln versuchte er, sich taktische Vorteile zu verschaffen, wobei jede Ebene komplizierter war als die vorige. Er hatte eindeutig ein Faible für Überraschungen. Es würde zu ihm passen, wenn er mir eines Tages eröffnete, dass auf dieser Festplatte etwas versteckt sei, das er bisher noch nicht erwähnt hatte. Zweifellos wusste er, wie man Informationen in digitalen Nischen verbarg, die ein Computer normalerweise ignorierte.[30] Durch Klicken und Ziehen erzeugte Kopien von Ordnern und Dateien konnten kritische Daten hinterlassen. Ich beschloss, Bit-by-bit-Klone zu erstellen, die sogar als beschädigt oder unbenutzt gekennzeichnete Plattensektoren reproduzieren.[31] Für den ersten Klon brauchte ich die ganze Nacht. Alles Weitere musste noch ein paar Tage warten. Am Morgen des nächsten Tages, dem 22. Mai, nahm ich einen Flug nach Washington.

Vor meinem ersten Gespräch bei der *Post* ging ich bei den Geschäftsräumen von Williams & Connolly vorbei, der bevorzugten Anwaltskanzlei der Zeitung, seitdem Katharine Graham im Jahr 1971 nach guten Anwälten Ausschau gehalten hatte. Mit dem Seniorpartner Kevin Baine hatte ich früher schon einige Scharmützel ausgefochten. Ausgesucht höflich wie eh und je legte er einen Arm um meine Schulter und geleitete mich zu einem in Leder und Antikholz gehaltenen eleganten Büro. Ein Porträt des kürzlich verstorbenen Richters Thurgood Marshall, der Baine 1975 als Referendar eingestellt hatte, nahm den Ehrenplatz an einer Wand ein. Bei einem flüchtigen Blick auf Anzug, Haar und Adlernase hätte man Baine für einen Süßholz raspelnden Politiker halten können, aber dann wären einem die Zähne hinter seinem Lächeln entgangen. Journalisten liebten diesen Mann für seinen unkonventionellen und mutigen Rat. Ich hatte von Baine noch nie gehört, wir sollten eine Story »höchstvorsorglich« verwässern, wie zaghafte Anwälte zu raten pflegten. Eine aggressive Berichterstattung lotete zuweilen die Grenzen aus und sorgte für Unmut. Baine half uns, unnötigem Ärger aus dem Weg zu gehen, doch er scheute auch keine Risiken.

Er hatte einem Treffen mit mir zugestimmt, ohne nach den Gründen zu fragen. Wie ich gehofft hatte, war Baine bereits im Bilde. Er werde in einigen Stunden bei der *Post* zu uns stoßen. Könne er mir unter dem Anwaltsgeheimnis einen persönlichen Rat geben? Er könne es versuchen, meinte er. Er befürchte keinen Interessenkonflikt, aber wenn es dazu käme, würde er mich bremsen. Gut. Das war eines der wichtigsten Dinge, die ich wissen musste. Ich begann entsprechend vage. Angenommen, ein freiberuflicher Reporter stolpere über ein streng geheimes Dokument. Etwas Sensibles im Zusammenhang mit der NSA. Baine lächelte, der Ansatz gefiel ihm. Dieser Freiberufler, erzählte ich ihm, wolle eine Reportage für einen in der Nähe befindlichen Newsroom schreiben. Ich umschrieb das Thema in groben Zügen und sparte die Einzelheiten erst einmal aus.

Baine blieb zunächst auf vertrautem Terrain. Der Staat habe bislang noch nie gegen einen Reporter unter Verweis auf das Spionagegesetz Anklage erhoben und er bezweifle stark, dass er nun damit beginnen werde, aber man könne eine Strafverfolgung nicht ausschließen, falls ein Artikel über Themen der nationalen Sicherheit offenkundigen Schaden anrichte. Dass das Gesetz vage und übermäßig dehnbar sei und mit verfassungsmäßigen Schutzvorkehrungen in Konflikt stehe, könne vorteilhaft für die Verteidigung sein oder auch nicht. Wir hätten weniger Möglichkeiten, wenn ich nach einem verwandten Gesetz angeklagt würde, dem 18 U.S.C. §798, »Disclosure of classified information« (»Enthüllung geheimer Informationen«). Anders als das Spionagegesetz besagte es explizit, dass eine Veröffentlichung strafbar sei. Zudem war es auf eine eng gefasste Kategorie von Geheiminformationen beschränkt, unter die ausgerechnet genau das fiel, was ich in der Hand hatte: Informationen über ein »kryptographisches System« oder »Aktivitäten der Fernmeldeaufklärung«. Andererseits hatte die Regierung bisher auch nicht den Mumm besessen, Journalisten unter Berufung auf dieses Gesetz gerichtlich zu belangen. Informanten waren zunehmend in Gefahr, eines Verbrechens angeklagt zu werden, aber Reporter noch nicht. Spätestens seit den 1980er Jahren hatten die *Post* und andere Nachrichtenmedien gelegentlich Berichte über abgefangene Kommunikationen veröffentlicht. Ich auch. Ein Strafverfolger könnte es auch mit anderen ausgefallenen Anklagen versuchen – zum Beispiel mit »widerrechtlicher Aneignung staatlichen Eigentums« zur persönlichen Bereicherung, aber das wäre wirklich zu weit hergeholt.

Wir verließen den Bereich des Hypothetischen. Sobald die Staatsanwälte gegen meinen Informanten Anklage erhoben, was unvermeidlich war, blühte mir vielleicht oder fast schon wahrscheinlich eine Vorladung unter Strafandrohung zwecks Zeugenaussage oder Vorlage von Beweisen. Die *Post* würde gegen meine Vorladung vorgehen und gegen Entscheidungen zu meinen Ungunsten Berufung einlegen, aber sollte das Justizministerium weiter Druck ausüben, so würden wir vermutlich verlieren. Der Prozess könnte sich über Jahre hinziehen, aber letzten Endes würde ich möglicherweise mit einer harten Entscheidung konfrontiert: Missachtung des Gerichts, so sagt man, legt den Schlüssel zur Gefängniszelle in die Hände des Missachters. Beuge dich dem Beschluss des Gerichts und du bist frei. Wenn du dich weigerst, bleibst du hinter Gittern, bis du dich fügst oder der Beschluss strittig wird. (Theoretisch muss dich der Richter freilassen, wenn er zu dem Schluss kommt, dass du dich niemals fügen wirst, aber normalerweise gehen Richter nicht davon aus.) War die Zeitung in der Lage, Beweismittel vorzulegen, konnte mangelnde Kooperation gesalzene und ausufernde Bußgelder nach sich ziehen. Noch ein guter Grund, dachte ich, die Dateien vollständig unter meiner Kontrolle zu behalten.

Andererseits fragte ich mich, ob ich hier nicht auf einen sicheren Ort für ein Backup gestoßen war. Wenn Williams & Connolly mich vertraten, könnte die Kanzlei dann nicht unter dem Anwaltsgeheimnis eine Kopie in ihrem Tresor verwahren? Baine rückte auf seinem Stuhl ein paar Zentimeter zur Seite – seine Körpersprache gab die Antwort, bevor er sie aussprach. Wenn sich die Frage stellen würde, sagte er, müsse er mit seinen Partnern darüber beraten. Das würde eine zähe

Verhandlung geben. Wie mir die Anwälte der *Post* später sagten, hatten sie die gleiche Bitte geäußert und die Kanzlei hatte abgelehnt.[32]

Der Fall wies einige neuartige Elemente auf, die Baine und ich überdenken mussten. Schließlich teilte ich ihm mit, dass ich zwei Tage zuvor beunruhigende Nachrichten erhalten hatte. Mein Informant hatte das Land verlassen, und was ich über seinen Aufenthaltsort wusste, gefiel mir nicht. Ich wollte nicht konkreter werden, aber das dortige Rechtssystem ließe sich nicht als wohlwollend bezeichnen. Das mache die Sache nicht einfacher, meinte er, sei aber auch keine Katastrophe.

Zum Abschied gab mir Baine noch eine Mahnung mit auf den Weg. Bisher sei ich mit vielen Dingen noch nicht rausgerückt. Es sei richtig, dass ich auf einem schriftlichen Vertrag mit der *Post* bestünde, aber die Stärke meines Rechtsschutzes sei davon abhängig, dass alle einander vertrauten. »Sie möchten ihnen sicher nicht etwas vorenthalten, das ihnen das Gefühl gäbe, an der Nase herumgeführt zu werden«, sagte er.

Eine halbe Stunde später schlich ich ins Hauptquartier der *Post* und stieg die Hintertreppe zu Don Grahams Suite im achten Stock hoch. Als Vorsitzender der Washington Post Company hatte er nun erweiterte Kompetenzen. Die Leitung des eigentlichen Zeitungsgeschäfts hatte er abgegeben. Was genau ich von ihm wollte, hätte ich nicht sagen können. Ein Angestellter, erst recht ein ehemaliger, zählte nicht zur Familie. Obwohl ich das wusste, klammerte ich mich an die Vorstellung. Seit meinem Sommerpraktikum mit 22 Jahren hatte Graham regen Anteil an mir genommen, mehr oder weniger mein gesamtes Berufsleben hindurch. Das Zerwürfnis mit Brauchli schmerzte ihn. Als ich 2010 zu ihm kam, um mich zu verabschieden, umarmte er mich fest. Vielleicht suchte ich nach einem Zeichen, dass das Band nicht ganz gerissen war. Ich sei mit einer Story zurückgekehrt, die eine Herausforderung darstelle, sagte ich ihm, eine, die jede Menge rechtlichen Beistand erfordere. Ich hoffe, die Zeitung werde mich nach wie vor unterstützen. Ich ließ meine Worte nachwirken. Er konnte mir unmöglich eine Antwort darauf geben, aber Graham ist nicht bekannt für sein Pokerface. Was ich sah, gefiel mir.

Zwei Etagen tiefer erschien der Redaktionsleiter Kevin Merida mit

Jeff Leen und dem nationalen Redakteur Cameron Barr in einem Konferenzraum. Jay Kennedy und Jim McLaughlin, die Anwälte des Hauses, brachten Kevin Baine mit. Alle wussten, dass die Entscheidung bei Marty Baron liegen würde, aber ich berichtete genug, um ihnen Respekt zu zollen und sie auf den folgenden Tag vorzubereiten. Mysteriöser Informant. Mit Codewörtern verschlüsseltes Dokument. Einfluss der NSA auf zahlreiche große Internetunternehmen. Ich bräuchte juristische Absicherung, ebenso wie meine Partnerin bei der Berichterstattung, eine Filmemacherin, die ich ihnen vorstellen würde, falls die *Post* mit von der Partie sein wolle.

Am späten Vormittag des nächsten Tages, dem 23. Mai, trafen wir, dieses Mal auf Einladung von Baron, wieder zusammen. Ich wusste, dass er beim *Boston Globe* eine mutige Untersuchung über Kindesmissbrauch in der katholischen Kirche geleitet hatte, die in dieser Stadt ein so mächtiger Gegner wie kaum ein anderer war. Mit einer solchen Vorgeschichte musste der Mann über eine Menge Selbstbewusstsein verfügen. Wo immer es steckte – er ließ es nicht heraushängen. Baron strahlte Autorität aus, ohne sie zur Schau zu stellen. Zwei Jahre später sollte ihn Liev Schreiber, einen Kopf größer, aber auf unheimliche Weise lebensecht, in *Spotlight* spielen, dem oscarprämierten Film über die Vertuschung der Missbrauchsfälle durch die Kirche.

Alle versammelt, stellte Baron fest, indem er mit dem Kinn auf das Aufgebot an Anwälten deutete. Wie ich höre, haben Sie eine tolle Story zu bieten. Erzählen Sie uns davon.

Weitere einleitende Worte hatte er nicht zu bieten. Ich schon. Es tue mir sehr leid, aber ich müsse die Gruppe bitten, ihre Handys draußen zu lassen oder die Akkus rauszunehmen. Ein paar von den Leuten sahen mich an, als hätte ich sie aufgefordert, die Socken auszuziehen. Baron gab die Marschrichtung vor, indem er meiner Bitte kommentarlos nachkam. Kennedy, der General Counsel der *Post*, sagte später zu mir: »Ich muss gestehen, dass ich in dem Moment dachte: ›Echt jetzt?‹ Ich hatte noch nie davon gehört, dass jemand per Fernsteuerung ein Handy einschalten und das Mikrophon aktivieren konnte. Ich dachte: ›Okay, das kann ja heiter werden.‹«[33]

Die zwei Seiten mit handgeschriebenen Notizen, die ich mitgebracht hatte, waren ein Durcheinander aus Pfeilen, Unterstreichungen, Einfügungen und Durchstreichungen. Das alles zu erklären, werde etwas dauern, sagte ich. Baron hörte wohl 20 Minuten zu, ohne mich zu unterbrechen. Ich erläuterte, wie PRISM funktionierte, wie es sich in das einfügte, was wir bereits wussten, wie ich an die Story gekommen war und was ich tun wollte, um sie zu authentifizieren. Falls wir uns einig würden, kämen auf Baron schwere Entscheidungen im Hinblick auf journalistische, rechtliche und nationale Sicherheitsrisiken zu. Mit allem Respekt müsse ich auch eigene Entscheidungen treffen. Ich wolle keinesfalls sein Weisungsrecht in Frage stellen, aber ich sei auch kein Mitarbeiter der Zeitung mehr. Selbstverständlich werde er letztlich entscheiden, was die Zeitung drucke, aber es gebe Dinge, die ich nicht auslassen, und Dinge, die ich nicht offenbaren wolle. Sollten wir keine Übereinstimmung erreichen – ich suchte verzweifelt nach einer diplomatischen Formulierung –, so hätte ich Verständnis dafür. Vielleicht, endete ich lahm, könnten wir es eines Tages dann noch mal mit einer anderen Story versuchen. Leen, der sich bereits etwas vorgewagt hatte, sah aus, als sei er wieder auf dem Rückzug. Natürlich stellte ich Barons Weisungsrecht in Frage.

Nach einer Weile fiel mir auf, dass ich nun im Plural sprach, als hoffte ich insgeheim, auf diese Weise ein »Wir« zu erzwingen. Der Informant, sagte ich, dränge darauf, dass wir innerhalb von drei Tagen eine Story veröffentlichten. Ich würde nicht glauben, dass das möglich sei, und auf Zeit spielen, aber das werde nicht mehr lange gutgehen. Der Informant bestehe außerdem darauf, dass unsere Story online durch das vollständige PRISM-Dokument und dessen kryptographische Signatur ergänzt werde.

Krypto-was?

Den Teil hatte ich vorher nicht geprobt. Zudem sind die Standardmetaphern der Kryptographie ziemlich dämlich.[34] Ich wünschte, jemand hätte die folgenden Minuten aufgezeichnet, die durchaus komödienhafte Züge trugen. Okay, sagte ich, man hat also diese beiden Schlüssel, einen öffentlichen Schlüssel und einen privaten Schlüssel.

(*Verständnislose Blicke.*) Die Schlüssel werden zum Verschlüsseln und Entschlüsseln verwendet, aber der private Schlüssel kann eine Datei auch »signieren«. (*Der Schlüssel ist also so etwas wie ein Stift?*) Eigentlich nicht. Vielleicht. Ja, so könnte man sagen. Der Punkt ist, dass die Signatur verrät, wer der Absender der Datei ist, weil jeder Schlüssel einen unverwechselbaren Fingerabdruck aufweist. (*Dann sind das also biometrische Schlüssel?*) Nein. Fingerabdruck ist nur eine Metapher. Wichtig ist, dass man einen Signierschlüssel nur dann verwenden kann, wenn man die Passphrase kennt, die ihn aufschließt. (*Moment mal, man muss den Schlüssel ... aufschließen?*) Vergessen wir das. Wieder so eine schreckliche Metapher. Aber etwas muss ich noch erwähnen. Die Signatur bestätigt den Inhalt der Datei, sie garantiert, dass er sich nicht vom Original unterscheidet. Wie eine beglaubigte Momentaufnahme. (*Also ist der Schlüssel gewissermaßen eine Kamera?*) Nein. Keine Kamera. Fangen wir noch mal von vorne an.

Relevant ist für uns momentan nur, dass man die Signatur einer signierten Datei mathematisch überprüfen kann. Wie, spielt jetzt keine Rolle. Ist die Signatur gültig, weiß man, wer die Datei signiert hat, und man weiß, dass die Datei nicht verändert worden ist. (*Ah. Warum haben Sie das nicht gleich ...*) Stimmt. Sie haben recht.

»Warum ist Ihrem Informanten die Signatur so wichtig?«, fragte ein kluger Kopf.

Die Frage traf ins Schwarze. Ich wusste es nicht. Als ich es später erfuhr, geriet unser Projekt in eine Krise. Vorerst konnte ich nur sagen, dass wir meiner Meinung nach nicht auf die Forderung des Informanten eingehen konnten. Mir war völlig klar, dass das PRISM-Dokument einen immensen Nachrichtenwert besaß. Andererseits beschrieb es in Teilen Details der Überwachung von Parteien, die uns eindeutig feindlich gesinnt waren. Wenn man die Sammlung geheimdienstlicher Informationen überhaupt für sinnvoll hielt, handelte es sich dabei um legitime Ziele. Wir würden niemals preisgeben wollen, was die NSA wo, wann und wie über sie erfahren hatte. Allerdings würden alle Änderungen, die wir in dem Dokument vornahmen, alle Auslassungen die kryptographische Signatur ungültig machen. Es war eine Frage der

Mathematik. Die Datei und ihre Signatur würden nicht mehr zusammenpassen. »Fast passen« stand nicht zur Diskussion. Ganz oder gar nicht.

Das musste fürs Erste warten. Es gab noch ein weiteres wichtiges Thema zu klären. Die *Post* konnte eine solch sensible Story nicht in der Umgebung eines normalen Newsrooms bearbeiten. Weil ich nicht in Washington wohnte, mussten zwei oder drei Teammitglieder lernen, wie man sicher online E-Mails schrieb und chattete. Zur Bearbeitung des Quellenmaterials brauchte das *Post*-Team speziell dafür vorgesehene Computer mit einer frisch gesäuberten, verschlüsselten Festplatte. Diese Geräte sollten von sämtlichen Netzwerkkomponenten physikalisch getrennt werden, damit sie vom Internet und den Newsroom-Produktionssystemen abgekoppelt waren. Baron müsse uns einen fensterlosen Raum mit Hochsicherheitsschloss, verstärkter Tür und einem schweren, am Boden verbolzten Tresor beschaffen. Auf Speicherkarten gezogene Dateien mit Decodierungsschlüsseln dürften sich nur dann im selben Raum befinden, wenn man sie benutzte. Sie müssen sich das nicht alles notieren, sagte ich. Ich habe eine Liste mitgebracht. Sobald all diese Sicherheitsvorkehrungen abgeschlossen seien, brauche man für den Zugang zu dem Geheimmaterial vier »Türöffner«: Türschlüssel, Safekombination, Speicherkarte für die digitalen Schlüssel und die Passphrasen. Wir würden diese Türöffner unter den Teammitgliedern aufteilen. Nur ich hätte alle vier.

O Gott. Hatte ich gerade Baron gesagt, ich würde ihn aus seinem eigenen Arbeitsbereich aussperren?

Sonst noch was?, fragte Baron mit unergründlicher Miene.

Don Graham sollte mit diesem Typ niemals Karten spielen. Hatte Barons Mundwinkel gerade ein ganz klein wenig gezuckt? Unterdrückte er ein Lächeln? War es ein positives Lächeln, ein verständnisvolles? Vielleicht war es auch eins von der bösartigen Sorte, eins, das sagte »nett, Sie kennengelernt zu haben, aber jetzt muss ich los«? Schwer zu sagen.

Sorry, Marty, bin gleich fertig. Nur noch ein paar Dinge.

Selbst angesichts all der Sicherheitsmaßnahmen würde ich mich dafür verantwortlich fühlen, selbst zu entscheiden, wie viel Quellenmaterial der *Post* zur Verfügung zu stellen sei. Wenn etwas aus meiner Sicht keinesfalls veröffentlicht werden solle, bedeute es ein unnötiges Risiko, es anderen zugänglich zu machen. Ich könne Baron das vollständige PRISM-Dokument zeigen, aber ich würde nur diejenigen Seiten weiterreichen, die wir beide für den Druck vorsähen. Zugleich befinde sich mein Informant mittlerweile in ernster Gefahr. Ich würde seinen Namen nicht gerne preisgeben. Oder seinen Aufenthaltsort.

Noch dazu: Der Informant sei ins Ausland geflogen. Die mit mir befreundete Filmemacherin, die den Kontakt zwischen uns hergestellt habe, habe mich eingeladen, sie dorthin zu begleiten.

Er sei im Ausland, sagte Baron. Eine Feststellung, keine Frage. Das gefiel ihm nicht besonders.

Ja, bestätigte ich. Ich hätte es gerade erst erfahren. Das Rechtssystem dort sei nicht wohlwollend, aber es liege nicht in meiner Macht, das zu beeinflussen. Entweder würde ich fliegen oder nicht. Es widerspreche jedem Instinkt, sich ein persönliches Interview entgehen zu lassen.

Nun hätte ich noch eine recht unverschämte Bitte. Ich würde mir Julie Tate als Teammitglied für die Story wünschen, die stärkste Rechercheurin der Zeitung und eine alte Freundin. Falls wir noch mehr Dokumente erhalten würden, hätte ich gern ein Mitspracherecht, wenn Baron Reporter für das Team auswähle. »Falls« war ein kaum verhüllter Kniff, die Andeutung eines Köders. So oder so hatte ich mich erneut unverhohlen ins Revier des Chefredakteurs vorgewagt.

Ich geriet ins Stocken, überlegte, wie meine Worte wohl für ihn geklungen hatten. Als ich die Liste mit den Punkten erstellt hatte, waren sie mir sinnvoll erschienen, aber wie konnte sich ein Redakteur mit all dem einverstanden erklären? Wenn ich die Gesichter rund um den Tisch richtig deutete, standen die Chancen nicht gut für mich. Alle Augen waren auf Baron gerichtet.

Sie haben eine Filmemacherin erwähnt, sagte er milde. Wie hieß sie noch gleich? Wie gut kennen Sie sie?

Ich schilderte meine Geschichte mit Poitras und dem Informanten. Poitras müsse als Mitautorin genannt werden, und mit ihren Reportagen habe sie das mehr als verdient. Baron stellte eine Menge Fragen; einige hatte ich bereits mit Snowden besprochen, andere waren mir noch gar nicht in den Sinn gekommen. Mittlerweile sei ich von der Echtheit des PRISM-Dokuments überzeugt, sagte ich, aber mir sei klar, dass wir dafür noch bessere Belege benötigen würden. Für Teile des Dokuments könne ich Sekundärquellen heranziehen, aber ich sei außerstande, das Ganze unabhängig zu authentifizieren. Am besten – und am wahrscheinlichsten – sei ein Szenario, in dem die US-Regierung so sehr aufgeschreckt werde, dass sie versuche, uns die Story auszureden. Ich würde dann sagen, dass wir uns nicht auf eine hypothetische Diskussion einlassen wollten. Diesem Druck hätte ich bereits früher standgehalten. Wenn Geheimdienstbeamte behaupten wollten, es drohe gravierender Schaden, dann müssten sie die Echtheit des Dokuments einräumen. Dies sei kein Trick oder Verhandlungssache. »Mal angenommen« sei in einer ernsthaften Debatte über die auf dem Spiel stehenden Interessen schlicht unangebracht.

Baron hatte beim *Globe* noch keine Erfahrungen mit derartigen Gesprächen gesammelt. Er wollte wissen, wie sie üblicherweise abliefen. Leen und der nationale Redakteur Cameron Barr erklärten, dass die *Post* um Kommentare und Kontext bäte, wenn eine Story geheime Themen betreffe, genau wie bei jedem anderen Artikel. Manchmal fordere uns die Regierung auf, etwas zurückzuhalten. Dann würden wir fragen, warum. McLaughlin, der als stellvertretender General Counsel der Zeitung schon in mehreren Episoden dieser Art sein Geschick bewiesen hatte, sagte, zwischen den Anwälten könnten über einen parallelen Kanal möglicherweise ebenfalls Gespräche laufen. Manchmal würden wir uns bereit erklären, einen Sachverhalt unter den Tisch fallen zu lassen, manchmal würden wir uns weigern und machmal einen Satz so umformulieren, dass die Botschaft rüberkomme, ohne dass ein heikles Detail offenbart werde. Falls der Regierung meine Antwort nicht gefiele, sagte ich, könne Baron oder sogar der Herausgeber in den Konflikt hineingezogen werden. Nach meiner Erfahrung könnten diese Auseinandersetzungen zivilisiert ablaufen oder auch ins krasse Gegenteil umschlagen. Zuweilen hätten Regierungsbeamte ihre Bedenken überzeugend begründet, indem sie mir inoffiziell ein sensibles Detail verraten hätten, das mir nicht bekannt gewesen sei. Bei anderen Gelegenheiten hätten sie überhaupt nicht kooperiert. Zweimal hätten sie mir zu verstehen gegeben, falls sich meine angeblichen Informationen als wahr herausstellen würden, werde ihre Veröffentlichung die Empfehlung ans Justizministerium nach sich ziehen, strafrechtliche Ermittlungen einzuleiten. Bis dahin könne ich zur Hölle gehen.

»Ich bin bereit, Ihnen das Dokument zu zeigen, wenn Sie das wollen«, sagte ich zu Baron. Baine begegnete seinem Blick und sie tauschten eine wortlose Botschaft aus. Time Warner hatte mir schon lange vorher das Wort abgeschnitten. Nur zu, sagte Baron.

Ich bootete einen meiner Wegwerflaptops über einen USB-Stick. Mit Hilfe eines zweiten verschlüsselten USB-Sticks öffnete ich den PRISM-Foliensatz und die Startseite erschien.[35]

Die Aufmachung entsprach einer speziellen Form der Präsentationsgestaltung, die ich noch aus dem Pentagon kannte. Alle typischen Merkmale waren vorhanden: kitschige Graphiken und Embleme eingezwängt zwischen Strahlenkränzen, Schaubildern, Tabellen, Pfeilen und Akronymen.[36] Die Firmenlogos fielen Baron zuerst ins Auge – sie waren ihm so vertraut wie alle anderen führenden amerikanischen Marken. Ich deutete auf ein rundes offizielles Siegel links darunter. Es gehörte zu Special Source Operations, PRISMs Dachorganisation innerhalb der NSA. Sehen Sie den Adler, der so etwas wie Fadenstränge, die sich um den Globus winden, in seinen Krallen hält? Das sind Glasfaserkabel. Das Internet. Der Adler hat das Internet in seinen Fängen. Und auch die internationalen Telefonnetze.

Nicht sehr subtil, sagte jemand. Im Ernst. Im Außenministerium oder im Pentagon kannten vermutlich die meisten Leute, die Memos verfassten, die »Titelseitenregel«: Bevor du es aufschreibst, stell dir die Schlagzeile vor. Vielleicht nahmen sie sich dieses Prinzip nicht zu Herzen, aber theoretisch wussten sie schon, dass geheime Dokumente manchmal an die Öffentlichkeit gelangten. Ein amerikanischer Adler als Raubtier mit der ganzen Welt als Beute war das Siegel einer Behörde, die an eine öffentliche Leserschaft nicht einmal zu denken schien.

Ich gab Baron den Überblick, den ich selbst gerne gehabt hätte, als ich diese Folien zum ersten Mal zu sehen bekam. Schauen Sie weiter unten auf die Startseite, sagte ich, wo in kleinerer Schrift »S35333« steht. S steht für das Signals Intelligence Directorate, S3 für Data Acquisition und jede weitere Ziffer für eine untergeordnete Funktion. S353, die Adlermenschen der Special Source Operations, erbeuteten gigantische Informationsströme aus den wichtigsten Hauptleitungen und Switches, die Sprach- und Datenkommunikationen über den gesamten Globus transportieren. Die Eigentümer dieser Infrastruktur, meist Großunternehmen, waren die »Special Sources«. Die NSA bezahlte sie, leitete ihren Datenverkehr heimlich um, hackte ihre Geräte oder verließ sich auf ausländische Verbündete, die ihre eigenen Methoden hatten. Für den US-Geheimdienst war es praktisch, dass ein riesiger Anteil der weltweiten Kommunikation die Vereinigten Staaten durchquerte. Es war gut möglich, dass ein Anruf oder eine E-Mail von Barcelona nach Bogotá über Miami geleitet wurde.

PRISM, oder S35333, bot dem Adlervolk eine weitere Form des Zugriffs. Hier bestanden die Special Sources aus den in Amerika angesiedelten Internetgiganten: Google, Facebook, Yahoo, Microsoft, AOL, Skype, YouTube und Apple.[37] Außerdem war da ein Dienst namens Paltalk, der mir nichts sagte, aber vemutlich Accounts von attraktiven Zielen hostete. Aus der Sicht eines Sammlers von Geheimdienstinformationen war das Großartige an diesen Unternehmen, dass sie sehr viel mehr taten, als Daten durch Leitungen fließen zu lassen. Im Gegensatz zu AT&T und anderen verbreiteten Datenübermittlern speicherten sie die Inhalte, die ihre Nutzer versendeten und empfingen. Die NSA musste nicht hinter all den E-Mails, Videos, Fotos und Dokumenten herjagen, die mit Lichtgeschwindigkeit durch Glasfaserkabel rasten. Das Aufsammeln konnte warten, bis die Daten irgendwo ankamen und stillhielten. (Oder die NSA entschloss sich, beides zu tun, was häufig vorkam, wenn sie die Gelegenheit dazu hatte.) Auf großen Datenservern von US-Unternehmen lagerten Exabytes an Benutzerinformationen –[38] also Tausende Trillionen Bytes.[39] Die Aufzeichnungen von Jahren konnten in einem einzigen Account gespeichert liegen. Im Jahr 2010 sagte Eric Schmidt, damals CEO von Google, die Welt produziere in zwei Tagen mehr Informationen als »von Anbeginn der Zivilisation bis 2003«.[40] Es gab einige Leute, die an seinen Zahlenangaben zweifelten, aber im Großen und Ganzen ließ sich nicht viel dagegen einwenden.[41] Das von der Menschheit produzierte Datenvolumen wuchs in einem beispiellosen Tempo. Ein enormer Anteil daran entfiel auf Google. Seine Pendants im PRISM-Sammelsystem, mit Dropbox und weiteren Partnern, die kurz darauf hinzukamen, dominierten den weltweiten Markt für Suchanfragen, Nachrichtensysteme, Video, E-Mail und Cloudspeicher.

In diese Schatzkiste griff die NSA im Verbund mit dem FBI gemäß einer geheimen Interpretation der rechtlichen Befugnis, die ihnen der Kongress 2007 und 2008 gewährt hatte.[42] Bis dahin durfte der Staat einen Skype- oder AOL-Account nicht ohne Genehmigung durch den Foreign Intelligence Surveillance Court durchsuchen. Für jeden richterlichen Beschluss war glaubhaft zu belegen, warum man der Ansicht sei, dass ein spezieller Account dem Agenten einer ausländischen Macht gehöre. Das Gericht erteilte die Genehmigung fast ausnahmslos, nahm aber eine individuelle Prüfung vor.[43] Nach Verabschiedung des Protect America Act und des FISA Amendments Act durch den Kongress überzeugten die Anwälte des Justizministeriums das Gericht davon, von nun an die Überwachung einer unbegrenzten Menge an Accounts mit einer einzigen Verfügung zu genehmigen. Der Beschluss des Gerichts, der allein auf Regierungsanweisungen basierte, wurde als »sensible gesondert zu behandelnde Information« gekennzeichnet.

Nach der neuen Vereinbarung benötigte ein Richter nicht mehr für jede vorgeschlagene Zielperson eine rechtsgültige Begründung der geheimdienstlichen Überwachung zum Zwecke der Auslandsaufklärung. Weder das Gericht noch der Geheimdienstausschuss im Kongress erfuhren überhaupt, wer die Zielpersonen waren. Einmal im Jahr segnete das Gericht in einem Geheimverfahren zwei Dokumente ab.[44] Das erste enthielt Regeln für die Auswahl der durch die NSA zu überwachenden Accounts.[45] Das zweite umfasste Regelungen zur »Minimierung« von bestimmten Informationen, die die NSA über US-Bürger, Greencard-Inhaber und Unternehmen sammelte – das heißt, es beschränkte den Zugriff darauf.[46] Der Justizminister und der Direktor der nationalen Nachrichtendienste (DNI) bescheinigten der NSA, dass sie die Regelungen befolgte. Im Anschluss wählte die Behörde ihre Zielpersonen nach eigenem Gutdünken aus, gemäß ihrer Auslegung der Beschränkungen. Das Gericht würde nur dann erfahren, dass die Behörde gegen eine Regelung verstieß, wenn das Justizministerium einem Richter den Verstoß meldete, so wie es eine weitere Regelung vorsah.[47]

Die Datensammlung zielte nicht bewusst auf US-Amerikaner ab. Die Zielpersonen mussten die Kriterien für Ausländer erfüllen. Beziehungsweise weniger streng: Die NSA brauchte einen Grund zu der Annahme, dass eine Zielperson mit größerer Wahrscheinlichkeit Ausländer war als kein Ausländer. Die Gewinnung ausländischer Geheimdienstinformationen musste zudem »ein signifikanter Zweck« des Ausspionierens sein, aber nicht der einzige oder zentrale Zweck. Aus verschiedensten Gründen, von denen einige vermeidbar waren und andere nicht, wurden zahlreiche Amerikaner unter diesen Bedingungen miterfasst.

Ich blätterte zu den Folien 15 und 40; Letztere war erst vor sechs Wochen aktualisiert worden. Ich zeigte Baron und seinem Team, dass PRISM Ende 2012 über mehr als 45 000 »Selektoren«, oder einzelne Überwachungsziele, verfügt hatte. Am 5. April 2013 befanden sich 117 675 Accounts unter aktiver Überwachung. Die Zahlen nahmen exponentiell zu – mit jedem Jahr stiegen sie bei Facebook auf mehr als das Doppelte und bei Skype auf mehr als das Dreifache.

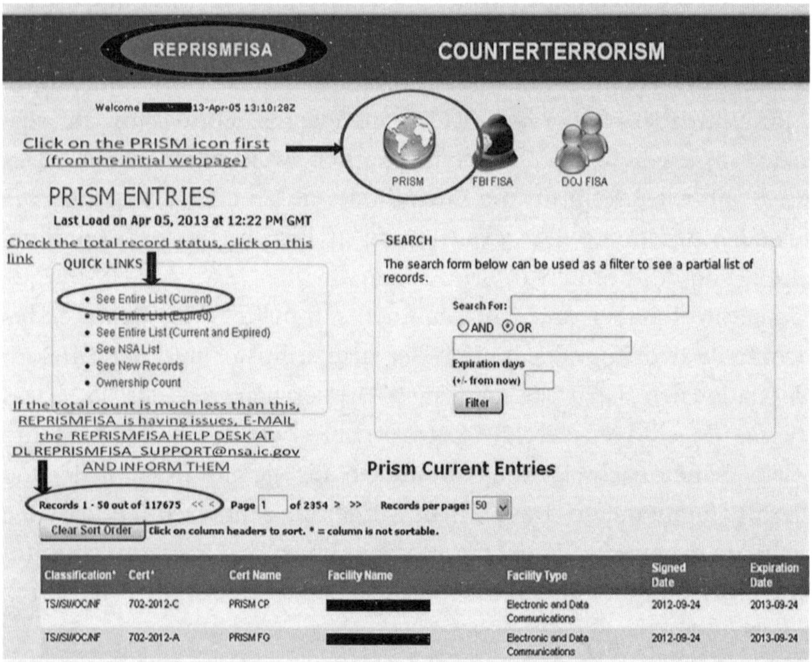

Konnte es so viele Terroristen, Spione und Zielpersonen ausländischer Regierungen mit Hotmail- oder Yahoo-Accounts geben? Wie musste man »Terrorist«, die oberste Zielkategorie, definieren, um solche Zahlen zu erhalten? Laut dem Untertitel dieses Foliensatzes war PRISM die »in der NSA-Berichterstattung *meist*genutzte« Quelle. Mit Berichterstattung waren in diesem Zusammenhang Benachrichtigungen und Briefings gemeint, die an Geheimdienstkunden im Umfeld der US-Regierung gesandt wurden. Anders gesagt: Diese Präsentation verriet uns, dass Fort Meade mehr Informationen verbreitete, die sie von amerikanischen Internetunternehmen erhielt, als von jeder anderen Quelle.

»Okay«, erklärte Baron.

»Okay?« Ich musste es explizit aus seinem Mund hören.

»Okay. Ich will diese Story. Wir können nach Ihren Bedingungen arbeiten. Wir entwickeln einen Sicherheitsplan und setzen einen Vertrag auf, um Sie zu schützen. Wann kann ich Laura sehen?«

Ich hatte das Gefühl, sehr lange den Atem angehalten zu haben. Nun atmete ich aus.

»Kann ich noch kurz mit Ihnen sprechen?«, fragte ich.[48]

Gemeinsam mit Baine gingen wir ein paar Schritte weiter in ein leeres Büro. Dort zog ich ein kleines rechteckiges Päckchen aus meiner Tasche. Eine zwei Nächte vorher geklonte Festplatte. Pandora. Ich brauchte einen sicheren Ort für dieses Backup und ich musste sichergehen, dass die *Post* bedingungslos auf meiner Seite stand.

Ich wählte meine Worte sorgfältig.

»Es könnte sein, dass uns mehr als ein Dokument zugänglich wird. Mehr als eine Story. Ich möchte, dass Sie dies hier für mich sicher verwahren.«

Wieder versuchte ich, mein Vertrauen unter Beweis zu stellen, ohne zu viel preiszugeben. Die Festplatte war verschlüsselt. Die Schlüssel würde ich behalten. Selbst unter behördlicher Anordnung konnte Baron sie nicht öffnen oder behaupten, ihren Inhalt zu kennen. Vielleicht vermutete er es, aber er behielt seine Gedanken für sich.

Auch wenn wir uns nun die Verwahrung des Archivs teilten, war ich rein formal nicht weniger gefährdet als vorher. Der 1. Zusatzartikel verteilte keine Mitgliedsausweise. Jeglicher Schutz, den er bot, wie unsicher er auch war, jegliche Abschirmung, die Privilegien nach dem Gesetz oder dem Common Law gewährten, sollte theoretisch gleichermaßen auch einem freiberuflichen Reporter zustehen. In der Praxis, in der Rechtskultur der Vereinigten Staaten des 21. Jahrhunderts, würde das von einer großen Zeitung gewährte Schutzschild die Optionen des Staates einschränken.[49] Meine Tür eintreten war das eine, einen Trupp aussenden, um den Newsroom zu durchsuchen, das andere. Selbst eine höfliche vorgetragene Zwangsvorladung könnte politische Kosten nach sich ziehen. Baron hatte mir bereits eine Menge versprochen. Die Publikation meiner Story in der *Post* würde die Verbindung zu meinem Informanten als legitime Berichterstattung bekräftigen. Die Übernahme meiner Rechtskosten würde mir eine große Last abnehmen. Dennoch konnte mir die *Post* ihr ungeschriebenes Privileg nicht auf Abstand gewähren. Erst wenn sie das Risiko mit mir gemeinsam schulterte, würde sie diese Story und meine Rechtsverteidigung vollständig zu ihrer Sache machen.

Ich wollte wissen, ob Baron ein persönliches Interesse an der Story hatte. Ich hielt die Festplatte in meiner offenen Hand. Es war eher eine Frage als ein Angebot. Würde er zustimmen?

Hinter meiner rechten Schulter ergriff Baine das Wort.

»Marty, als Anwalt des Unternehmens kann ich dir nicht raten, das zu tun«, sagte er.

Ich schloss die Augen. Ich öffnete sie wieder. Ich wollte etwas einwenden, gegen den Richterspruch einschreiten, aber ich hatte nichts vorzubringen. Baine hatte mich gewarnt, er werde protestieren, wenn sich ein Interessenkonflikt anbahne. Nun war es so weit. Wir waren an einem Punkt angelangt, an dem meine Interessen und die der Zeitung über Kreuz lagen. Baron hatte sich bereit erklärt, einen einzelnen Artikel zu veröffentlichen. Baine, so glaubte ich, vermutete mich auf heiklerem Terrain, mit wer weiß was und wer weiß wie viel in der Hinterhand. Für Baron gab es keinen Grund, mir in dieses unübersichtliche Dickicht zu folgen. Ich wusste, was jetzt kommen musste. Baine würde das mögliche Engagement der *Post* genauestens analysieren und festlegen. Die Geschäftsbedingungen waren eindeutig. Ich wappnete mich innerlich, aber der Anwalt sagte nichts weiter. Es wurde still. Ich brauchte ein paar Sekunden, um zu begreifen, dass Baine seinen Standpunkt bereits dargelegt hatte. Ich hatte den Moment falsch gedeutet. Sein Schweigen wurde zu einem subtilen, erregenden Signal.

Er versucht es gar nicht wirklich. Er versucht es überhaupt nicht. Baine hatte eine rechtliche Grenze abgesteckt, sonst nichts. Das war wohl buchstäblich das Mindeste, was er tun konnte. Wenn er dieser Transaktion tatsächlich Einhalt gebieten wollte, könnte er albtraumhafte Szenarien schildern, die Geister vergangener Kämpfe um Zwangsvorladungen heraufbeschwören, darauf hinweisen, dass ich noch nicht einmal gesagt hatte, was das Päckchen enthielt. Er könnte Baron zur Seite ziehen und ihm sagen, diese Entscheidung dürfe ein Redakteur nicht fällen. Williams & Connolly repräsentierten das gesamte Unternehmen. Baine könnte die zwei Treppen zum Herausgeber hochsteigen. Das tat er nicht. Er tat nichts von alldem. Selbst die wenigen Worte, die er gesagt hatte, hatten keine scharfen Kanten. »Kann ich dir nicht raten« war längst nicht so knallhart wie »rate ich dir ab«. Himmel, er hätte auch sagen können: »*Stopp*, Marty. Nimm dieses Päckchen nicht. Darüber müssen wir erst mal reden.« Baine hatte Baron zweifellos einen bequemen Ausweg angeboten. Viele Redakteure, viele Geschäftsführer, egal wo, wären dafür dankbar gewesen. Wenn Baron diese Last auf sich nahm, ohne in der oberen Etage nachzufragen, dann musste er sie allein schultern.

Baron nickte. Botschaft angekommen. Grenze registriert.

»Ich mach es«, sagte er.

Er streckte die Hand aus. Die Antwort lautete: Ja. Ja zur Story, Ja zur Festplatte, Ja zu meiner ganzen haarsträubenden Liste. Etwas stieg mir heiß in die Augen. Ich kämpfte um meine Selbstbeherrschung. Die *Post* war noch immer die *Post*. Ich war heimgekehrt.

4
PRISM

Als Snowden seine letzten Tage auf Hawaii zählte, drehte ein leitender Angestellter 5000 Meilen entfernt seine Runden durch das NSA-Hauptquartier.[1] Der Angestellte namens Rick leitete das Projekt PRISM, eine der produktivsten Operationen der Behörde. Nach einer Anlaufphase im Jahr 2007 hatte es PRISM bereits im ersten Monat auf drei Geheimdienstberichte gebracht.[2] Jetzt, fünfeinhalb Jahre später, hatte es sich zu einem zentralen Motor der US-Überwachungsmaschinerie entwickelt. Rick war sein Collection Manager und eifrigster Jünger.

In jenem Jahr verortete der Schaltplan der NSA Ricks Tätigkeit in einer Abteilung mit dem harmlos klingenden Namen Data Acquisition, einem Zweig des Signals Intelligence Directorate.[3] Mit anderen Worten: Rick leitete einen Spionierladen, was im Kontext des größeren Unternehmens durchaus Erwähnung verdient. Die NSA betrieb eine Menge Spionage und noch eine Menge anderer Dinge. Weite Bereiche, in die jeweils eine kleinere Bundesbehörde hineingepasst hätte, hatten mit dem Spionagegeschäft nur wenig oder gar nichts zu tun.[4] Eine Karte all dieser Inseln würde den Fort-Meade-Archipel etwa in zwei Hälften teilen. Auf der einen Seite sorgte die Abteilung für Informationssicherung für die sichere Verwahrung der US-amerikanischen Geheimnisse. Auf der anderen Seite brachte die Abteilung für Signalaufklärung die Geheimnisse anderer in ihren Besitz. Die Zwillingsmissionen Verteidigung und Angriff waren sich im Status ebenbürtig, nicht aber in ihrer Macht.[5] Angriff war stets der größere, reichere Bruder gewesen.

Im Prinzip hatte die Signalaufklärung den Ehrgeiz, alle Daten der Welt in elektromagnetischer Form an sich zu bringen. SIGINT beschränkte ihre Sammlung nicht auf menschliche Sprache und Bilder. Sie füllte immensen Speicherraum mit Maschinengeschwätz – Flugkörper-Telemetrie, Radarsignaturen, Datenflusssteuerung an Internethauptleitungen. Ganze Meere an Informationen fluteten in jedes Schöpfgefäß, das sterbliche Hände anzufertigen wussten. »Den Ozean verschlingen zu wollen ist ein törichtes Unterfangen«, sagte Joel F. Brenner, ein in Harvard ausgebildeter Anwalt, der Mitte der 2000er Jahre Generalinspekteur der NSA war.[6] »Keine Organisation und keine Technologie kann das bewerkstelligen. Signals Intelligence zu Zwecken der Auslandsaufklärung erfordert daher erstaunlich ausgeklügelte elektronische Filter-, Sortier- und Verteilsysteme.«

George R. Cotter, der bis 2009 als leitender Wissenschaftler der NSA fungierte, beschrieb die Arbeitsteilung in der Abteilung für Signalaufklärung gerne mit »Fetch It, Etch It and Retch It« – »Fass es, kau es durch, kotz es aus«.[7] Das »Fassen« erfolgte in Bereich S3 des Organigramms, der ersten Spionagestufe. Tausende Mitarbeiter zapften Leitungen und Router und Netzwerke auf der ganzen Welt an, um Informationen abzugreifen, die anderen Personen gehörten. Das »Durchkauen« fiel ins Aufgabengebiet von Bereich S2, Analyse und Produktion, wo Tausende weitere Mitarbeiter die abgefangenen Rohdaten filterten und ihre Bedeutung zu erschließen versuchten. Mit »Auskotzen«, wie es Cotter respektlos nannte, war die Arbeit im Bereich S1 gemeint, wo die NSA Geheimdienstberichte für den Präsidenten und eine lange Liste weniger bedeutsamer Kunden erstellte. Das offizielle NSA-Vokabular weckte eher Assoziationen an eine Fabrik: »Produktlinien« wurden je nach Thema und Geographie klassifiziert, dann – meist in Gestalt »serialisierter Berichte«[8] – zu »fertiggestellten Geheiminformationen« verarbeitet und portionsweise zu den Verbrauchern geleitet, je nach deren Freigabe und Bedürfnissen. Das Fließband durchlief die Bereiche also entgegen ihrer Nummerierung von S3 nach S1. Sammeln, analysieren, berichten. »Fetch, etch, retch«.

Rick war auf der »Fetch-It«-Seite des Hauses beheimatet. Er war sichtlich stolz auf PRISM und tat das auch überall kund. Im April 2013 wanderte Rick durch die S2-Flure von einem Büro zum anderen und erfreute die Analysten mit Geschichten über die Schätze, die Silicon Valley und das Microsoft-Reich östlich von Seattle verhießen: E-Mail, Voice- und Video-Chats, Sofortnachrichten, Fotografien, Budgetbelege, Reise- und Krankenakten, technische Zeichnungen, Adresslisten und vieles mehr. Er stützte sich auf ein »Unternehmensportfolio« aus neuen Firmen, die in der Reihenfolge ihrer Eingliederung in die PRISM-Maschinerie aufgelistet wurden: »Microsoft, Yahoo, Google, Facebook, Paltalk, AOL, Skype, YouTube, Apple«. Dropbox, der Cloudspeicher und Synchronisationsdienst, wurde als »demnächst verfügbar« aufgeführt.

Wie in vielen Verkaufsgesprächen dieser Art mischten sich in Ricks froher Botschaft Kundenunterrichtung mit Maßnahmen zum Vertrauensaufbau und Budgetverteidigung für sein Büro. »PRISM gehört zu den wertvollsten, einzigartigsten und produktivsten Zugängen für die NSA – lassen Sie sich das nicht entgehen«, verkündete er den Analysten. Wie er bemerkte, schöpften einige Büros PRISM nicht optimal aus. »Sie verpassen einzigartige Zugangswege zu ihren Zielpersonen.«[9]

Da es sich um eine Bundesbehörde handelte, war es unvermeidlich, dass Rick eine PowerPoint-Präsentation mitbrachte. Es waren 41 Folien an der Zahl, so vollgepackt, dass die Präsentation über eine Stunde gedauert haben muss. Er garnierte den Vortrag mit spektakulären Kostproben für jedes spezialisierte »Zielbüro mit exklusivem Interesse« in der Abteilung. Es gab Südasien-Highlights für S2A, China- und Korea-Highlights für S2B und so weiter bis zu S2I (Terrorismusbekämpfung) und S2J (Waffen und Weltraum).

Aus Journalistensicht gab es einige Merkmale, die Ricks Präsentation besonderen Wert verliehen. Er hatte fast 7000 Wörter starke Anmerkungen verfasst, gespickt mit feinkörnigen Einzelheiten, die auf den Folien selbst nicht erschienen. Einige Passagen offenbarten Sammeldetails, die ein vorsichtigerer Autor vielleicht ausgelassen hätte. Die offene Zurschaustellung der Liste der PRISM-Zuliefererfirmen, die eigentlich das tiefste Geheimnis des Projekts hätte sein müssen, verlieh der Präsentation einen weiteren Hauch von Indiskretion.[10]

Snowden stieß etwa zur selben Zeit auf die elektronische Version der PRISM-Datei, wie Rick sie Analysten in S2H, der russischen Produktlinie, präsentierte. Nichts von alldem, was Snowden zuvor unter die Augen gekommen war, spielte ihm besser in die Karten. Seit drei Monaten befand er sich im Austausch mit Poitras, war sich jedoch immer noch nicht sicher, ob seine Enthüllungen eine Öffentlichkeit interessieren würden, die auf Warnungen vor Verletzungen der Privatsphäre bisher kaum reagiert hatte. Die meisten NSA-Programme, die ihm Sorgen bereiteten, waren rechtlich und technisch kompliziert und nicht leicht zu erklären. Er brauchte Beispiele, die normale Menschen nachvollziehen konnten. Und da tauchte Ricks Präsentation auf, am oberen Rand jeder Folie geschmückt mit ikonischen Logos der weltweit bekanntesten Internetunternehmen. »PRISM trifft die Menschen mitten ins Herz«, sagte er zu mir.

Neben den berühmten Marken hatte Rick ein weiteres, doppelt so großes Bild platziert, das das PRISM-Projekt selbst repräsentierte. Viele NSA-Büros entwarfen ihr eigenes Siegel, oft mit Hilfe von Clipart aus dem Internet. Es waren Symbole, die Identität und Kompetenz unterstreichen sollten, ähnlich wie die gekreuzten Schwerter auf dem Aufnäher der US-Kavallerie. Das PRISM-Emblem bestand aus einem länglichen Glasblock mit einer dreieckigen Grundfläche – einem Prisma, wie es in der Optik verwendet wird. In das Glas fiel ein Lichtstrahl, zwei Lichtstrahlen traten wieder aus. Der zweite brach sich in einen Regenbogen zuvor verborgener Farben. War das ein Wortspiel, ein visuelles Spiel mit dem Decknamen »PRISM«, oder sollte es eine eher wörtlich zu verstehende Botschaft vermitteln? Das Internet selbst war ein Konstrukt aus Licht, das Informationen durch Kabel aus Glas schickte. Klinkte sich die NSA ein und durchsuchte den Lichtstrom nach Geheimnissen? Im Grunde tat sie das nicht – oder zumindest nicht mit PRISM. Nicht im Rahmen dieses Programms, wie Beamte in Statements später im Jahr vorsichtig formulieren würden. Es gab, im wörtlichen und übertragenen Sinne, Operationen an anderen Zugangspunkten für die NSA und den mit ihr verbündeten britischen Geheimdienst, an denen genau das geschah. Doch diese losen Enden hatte ich noch nicht zusammengefügt.

Snowden verstand die Macht der Bilder. »Im Prinzip ist das Internet ein System, dem du dich offenbaren musst, um es ganz genießen zu können; das unterscheidet es zum Beispiel von einem mp3-Player, den du nutzen kannst, ohne dass du deine Interessen verrätst«, schrieb er mir, als die Publikation der PRISM-Story näher rückte. »Es ist ein Fernseher, der dir zusieht.«[11] In PRISM sah er ein Bild, das die Öffentlichkeit davon überzeugen sollte, dass sich auf der anderen Seite des Bildschirms tatsächlich jemand befand.

In Filmen und Romanen belauschte die NSA meist Telefongespräche.[12] Die Möglichkeiten von PRISM gingen weit darüber hinaus. Laut dem Benutzerhandbuch für das Skype-Interface, einem separaten Dokument, konnten NSA-Analysten nicht nur gespeicherte Informationen über Accounts prüfen, sondern sich einwählen und »Audio-, Video-, Chat- und Dateiübertragungen« live aufzeichnen.[13] Die Analysten konnten um umgehende Benachrichtigung bitten, wenn sich ihre Zielpersonen bei Hotmail, AOL oder Yahoo Messenger einloggten.[14] Mit Hilfe anderer Tools außerhalb der PRISM-Rubrik war die NSA in der Lage,Tastenanschläge bei einem Live-Chat oder einer Internetsuche zu beobachten, noch bevor die überwachte Person auf »Senden« geklickt hatte.[15] »Sie können buchstäblich beim Tippen deine Gedanken verfolgen«, sagte Snowden zu mir.

Nie zuvor in der Geschichte hatte es so üppige Fundgruben für persönliche Informationen gegeben wie diejenigen, über die die Internetgiganten verfügten. In Ricks Präsentation war die Rede von »fortwährender exponentieller Zunahme« im Umfang der Informationen, die sein Projekt aus diesen Speichern bezog. Nach seiner Berechnung produzierte PRISM das Rohmaterial für über 15 Prozent der verwendeten Geheimdienstberichte der Behörde. Seit 2011 war keine Quelle so häufig im täglichen Bericht an den Präsidenten zitiert worden, in den die aktuellsten Erkenntnisse aller 17 Behörden und Organisationen der

US-amerikanischen Intelligence Community eingingen. Im Verlauf des Finanzjahres 2012 hatten den Präsidenten über seinen streng geheimen »Daily Brief« insgesamt 8233 Artikel erreicht.[16] Fast ein Fünftel davon, 1477, beruhten auf Informationen, die amerikanische Internetunternehmen unter der Schirmherrschaft von PRISM zur Verfügung gestellt hatten.

Dies waren entlarvende Zahlen für eine Behörde, die ihre Jahresaufnahme in Billionen Kommunikationen bezifferte. Wie konnte eine Behörde, die man zu Zwecken der Auslandsspionage errichtet hatte, ihre Fänge so tief in die Informationsindustrie der USA schlagen? Ricks Publikum kannte die Basics, aber er legte sie explizit dar. Auf legalem Wege durfte die NSA nur Ausländer bespitzeln und auch nur dann, wenn sie sich im Ausland befanden, doch »ein Großteil der weltweiten Kommunikationsströme floss durch die Vereinigten Staaten«, ließ er Kollegen wissen.[17] »Das Telefonat, die E-Mail oder der Chat einer Zielperson nehmen den kostengünstigsten Weg, nicht den direktesten.« Es war »sehr gut möglich«, dass die Gespräche, die die Analysten am dringendsten benötigten, »in und durch die USA flossen«.

Dieser glückliche Umstand hätte sich als wahre Goldgrube für die NSA erweisen können, aber bis vor relativ kurzer Zeit war das nicht der Fall gewesen. Rick stimmte in das alte Klagelied ein, der Kongress habe der Behörde die Hände gebunden. Der Foreign Intelligence Surveillance Act von 1978, so Rick, habe zu Unrecht »unseren ›Heimvorteil‹ beschnitten ... weil er denjenigen Personen Datenschutz gewährte, die kein Recht darauf hatten«. Rund »80 Prozent der bekannten E-Mail-Accounts von Terroristen nutzten Yahoo oder Hotmail«, doch bis 2007 musste die NSA für jeden Überwachungsauftrag eine individuelle Genehmigung beantragen – »nur weil die Regierung Daten aus einer Leitung in den Vereinigten Staaten sammelte«.

Dabei überging Rick geflissentlich die ersten sechs Jahre nach dem 11. September 2001, zu deren Beginn Präsident Bush die NSA angewiesen hatte, die gesetzmäßige Notwendigkeit, eine Genehmigung einzuholen, zu ignorieren. Im Rahmen von vier Beschaffungsprogrammen unter Aufsicht von Vizepräsident Cheney starteten NSA und FBI die weitreichende Überwachung von Internet- und Telefonkommunikation in den Vereinigten Staaten.[18] Cheney und sein Anwalt bestanden darauf, diese Operationen vor den meisten Mitgliedern von Bushs Nationaler Sicherheitsbehörde sowie fast allen Mitgliedern des Kongresses und des Foreign Intelligence Surveillance Court (FISC) geheim zu halten. Die Operationen wurden unter dem Decknamen WHIPGENIE als »Exceptionally Controlled Information« – die strengste Geheimhaltungskategorie – vor Entdeckung geschützt.[19] Später benannte man sie in STELLARWIND um, erweitert um ein spezielles Handlungsprotokoll namens RAGTIME. Die einzige Geheimhaltungsmaßnahme, die Cheney nicht genehmigte, war die Kennzeichnung von STELLARWIND als »Special Access Program«, als ein Programm mit besonders strikten Zugangsbeschränkungen. Wie Brenner erläuterte: »Die Schaffung eines neuen Special Access Programs erfordert die Benachrichtigung des Kongresses, aber STELLARWIND wurde direkt vom Büro des Vizepräsidenten ausgeführt und war der direkten persönlichen Kontrolle des Stabschefs des Vizepräsidenten, David Addington, unterstellt.«

Als die *New York Times* im Jahr 2005 eines der Geheimprogramme enthüllte, erfand einer von Bushs Redenschreibern die Bezeichnung »Terrorist Surveillance Program«, ein Marketing-Slogan, der den prüfenden Blick der Öffentlichkeit bewusst in die Irre führte. Mit der Inlandsüberwachung wurden keine bekannten Terroristen ausspioniert. Sie diente dazu, im Grunde alle Amerikaner unter die Lupe zu nehmen und dabei Hunderte Milliarden Telefon- und Internetprotokolle zu sammeln, um *unbekannte* Verschwörer zu entdecken. Laut internen Verschlüsselungsrichtlinien folgte die NSA Bushs politischer Führung und verwendete fortan »TSP«, eine erfundene Abteilungsbezeichnung, »in Briefings und Erklärungen für externe Adressaten wie den Kongress und die Gerichte«.[20]

Ein Aufstand im Justizministerium gegen ungesetzliche Anordnungen zwang Bush, vom FISC und schließlich auch vom Kongress die Befugnis für die Programme ohne richterlichen Beschluss einzuholen.[21] An diesem Punkt der Geschichte nahm Ricks Präsentation den Faden wieder auf. Mit dem Protect America Act von 2007 hob der Kongress vorübergehend die Notwendigkeit auf, jeweils eine Genehmigung zur Überwachung ausländischer Zielpersonen einzuholen, wenn die betreffenden Kommunikationen von einem amerikanischen Unternehmen zur Verfügung gestellt wurden.[22] Wie in Kapitel 3 erwähnt, räumte der Kongress in Absatz 702 des FISA Amendments Act von 2008 der NSA diese neue Befugnis ein.[23] Zudem gewährten die Gesetzgeber rückwirkend denjenigen Telefonnetzbetreibern oder Internet-Providern Immunität, die mit der Weitergabe geschützter Informationen an die Regierung ohne einen richterlichen Beschluss das Gesetz gebrochen hatten.

Das waren die Gesetze, die PRISM den Weg bereitet hatten. Die Exekutive hatte den Kongress davon überzeugt, dass es für die NSA zu schwierig sei, ihre Zielpersonen von ausländischen Zugriffspunkten aus zu observieren, wo ihre Daten in Pakete aufgeteilt und über verschiedene Pfade verstreut wurden. In vielen Fällen waren dieselben Informationen auf US-amerikanischem Boden erhältlich – und dort wurden sie in den Datenzentren der amerikanischen Unternehmen wieder zusammengefügt und gespeichert. »Die [Vereinigten Staaten] überrollten die Welt – nicht als Ausgangspunkt von Kommunikationen, sondern als Bereitsteller der Infrastruktur«, erläuterte Rick seinem Publikum. »Wir mussten die vollständigen Inhalte direkt von den Servern der Provider abschöpfen.«[24]

Die neuen FISA-Verordnungen waren zwar rechtskräftig und zwangen die Unternehmen, das FBI im Auftrag der NSA zu unterstützen, gaben jedoch nicht präzise an, was wie weiterzugeben sei. Laut Rick legte die NSA großen Wert auf die Partnerschaft, weil »der Zugriff durch PRISM zu 100 Prozent von der Unterstützung durch die Internetdienstanbieter abhängt.«[25] Ohne Hilfe konnte sich die Behörde nicht nehmen, was sie haben wollte. Ein gut informierter Insider verriet mir: »Die NSA kann nicht einfach bei Facebook auftauchen und sagen ›Hey, wir gehen gerade mal in euren Serverraum und schaffen alles rüber in unser Hauptquartier, okay?‹ Nur Facebook weiß, wie das geht. Wir reden hier über ungeheuer komplexe Dienste, die von Tausenden Weltklassetechnikern entwickelt wurden und ganze Kontinente umspannen. Es muss darüber verhandelt werden, wer vom Unternehmen damit betraut wird, was sich aufgrund der Struktur des Dienstes abschöpfen lässt, wie man das konkret in die Tat umsetzt, und so weiter.«[26]

PRISM war kein Programm zur Massenüberwachung. Das sage ich ganz deutlich, weil viele Leute das fälschlich so verstanden oder behauptet haben. Die Aktivitäten, die unter PRISM verfolgt wurden, waren Regelungen und technischen Grenzen unterworfen. PRISM griff auf Hotmail- oder Yahoo-Accounts nicht massenweise zu und war dazu auch gar nicht in der Lage. Die NSA bestimmte Ziel-Accounts über individuelle Anfragen – der Fachausdruck dafür lautete »individual taskings«. Analysten identifizierten diese Accounts mit Hilfe der Mail-Adresse oder vergleichsweise spezifischen Faktoren wie der zur Registrierung angegebenen Telefonnummer. Hierbei handelt es sich um sogenannte starke oder deterministische Selektoren, im Gegensatz zu schwachen Selektoren, die in anderen Überwachungsprogrammen genutzt werden und zu vielen Accounts passen können. (Das können dann Stichwörter aus einer Liste von Begriffen zu Überwachungszielen sein oder eine Auswahl von numerischen Geräteadressen aus einem interessanten ausländischen Netzwerk.) Wenn die Analysten das Unified Targeting Tool aufriefen, fragte sie das PRISM-Interface über ein Drop-down-Menü, welchen Zweck sie hinsichtlich der Auslandsaufklärung mit ihrer Anfrage verfolgten (»Select a Value«).[27] Ein weiteres Drop-down-Menü fragte nach einem »Fremdheitsfaktor«, der Anlass zu der Vermutung gab, dass die Zielperson weder US-Amerikaner war noch sich in den USA aufhielt. Die PRISM-Anwender durften nicht wissentlich »U. S. persons« ausspionieren; das war der juristische Begriff für US-Bürger, Personen mit unbeschränkter Aufenthalts- und Arbeitsbewilligung, Organisationen und Unternehmen. Wenn sich Amerikaner »zufällig« in ihrem Netz verfingen, waren die NSA-Operatoren zur »Minimierung« verpflichtet – sie mussten den Zugriff auf diese Namen einschränken. Vorgesetzte und Prüfer hatten ein Auge auf die Einhaltung dieser Vorschriften. Einmal im Jahr begutachtete der FISC in einer geheimen Sitzung die Verfahren zur Zielauswahl und zum Verbergen der Namen von Amerikanern, die erfasst worden waren. Nichts im Snowden-Archiv und nichts von dem, was ich unabhängig davon erfahren habe, bot mir Anlass, zu bezweifeln, dass die Belegschaft der NSA alles tat, um die Regeln in gutem Glauben zu befolgen.

Und dennoch verschleierten die formalen Beschränkungen das Ausmaß, in dem der Staat in die Informationswirtschaft der USA eindrang. In den Kontrollmechanismen, denen die Inlandsoperationen der NSA einst unterworfen waren, klafften mittlerweile große Lücken. Jahrzehntelang galten für die Sammlung von Geheiminformationen im Inland die traditionellen Richtlinien des 4. Zusatzartikels. Für das Abfangen von Signalen aus US-amerikanischen Leitungen benötigte man einen individuellen richterlichen Beschluss, der sich auf einen hinreichenden Verdacht und die gerichtliche Überprüfung der einschlägigen Fakten stützte. Im Rahmen von PRISM übermittelte die NSA dem Silicon Valley jeweils Zehntausende Selektoren, die jeweils mehr als hunderttausend Accounts »abdeckten« – von ihrer Menge her nicht überprüfbar und faktisch von keiner unabhängigen Behörde überprüft. Wenn der FISC den Auswahlvorgang genehmigte, fragte er nicht nach den betreffenden Accountnamen oder der Zahl der miterfassten US-Amerikaner und niemand teilte sie ihm mit.

Ricks Präsentation feierte die geringe Beweislast für die Bestimmung einer Zielperson im Rahmen der PRISM-Sammlung, im Vergleich zu den rechtlichen Bestimmungen in anderen Bereichen. Die Verurteilung wegen einer Straftat verlangte Beweise ohne begründeten Zweifel. Urteile nach dem Zivilrecht beruhten auf überzeugenden Beweisen, »mit einer Wahrscheinlichkeit von über 50 Prozent«, wie er schrieb. Die alte FISA-Voraussetzung für eine Überwachungsanordnung war hinreichender Verdacht. Bei einigen Arten von Genehmigungen waren die Anforderungen des FISC noch geringer. Es genügte ein »Anfangsverdacht«, so wie bei einer Verkehrskontrolle durch die Polizei. Für eine Überwachung durch PRISM war nicht einmal das erforderlich. Ein Analyst musste lediglich »begründet vermuten« können, dass sich im Ausland eine vermeintliche Zielperson befand. Einige angegebene Rechtfertigungen solch »begründeter Vermutungen«, etwa eine dem Anschein nach ausländische IP-Adresse, brachten bekanntermaßen eine beträchtliche Anzahl falscher Ergebnisse hervor.

Dass unter PRISM Inhalte von Amerikanern erfasst wurden, war ein »unbeabsichtigter Nebeneffekt« der beabsichtigten Überwachung von Ausländern, aber das hieß nicht, dass es nicht vorhersehbar war. Die NSA wusste, wie ihre Systeme funktionierten. Unbeteiligte fanden sich in ihren Datenspeichern in weit größerer Zahl als zur Überwachung vorgesehene Ziele, und viele dieser Unbeteiligten waren Amerikaner.[28] Die NSA behielt alle ihre Daten, und »Minimierung« bestand lediglich in der Beschränkung des Zugriffs auf die amerikanischen Identitäten. Zahlreiche Beamte waren befugt, sie zu demaskieren, um die Geheiminformationen im Kontext zu verstehen, oder aus anderen Gründen.

Die NSA-Abteilung für Aufsicht und Compliance verfasste viele Berichte, stellte aber selten Verstöße fest – im Wesentlichen, weil die Behörde diesen Begriff eng fasste. Ein Verstoß war die bewusste Verletzung von Regeln durch einen böswilligen Mitarbeiter aus Gründen wie persönlicher Bereicherung, Rache oder unerwiderter Liebe. (Für Letzteres gab es einen Spitznamen, LOVEINT, aber das kam selten vor.)[29] Die unredliche Nutzung von PRISM spielte praktisch keine Rolle. Die heiklen Fragen ergaben sich aus dem Kleingedruckten und dem täglichen Umgang mit dem Programm, wenn das System genauso funktionierte, wie es sollte. Die Regierungen unter Bush und Obama hatten die FISA-Erweiterungen von 2008 und 2012 als moderate technische Anpassungen an den Wandel der Zeiten verteidigt. Dabei insistierten sie, dass verfassungsmäßiger Schutz und Rechtsstaatlichkeit unangetastet blieben. Indem man strenge Geheimhaltung praktizierte und Fragen nach den Absichten der Regierung taktisch umschiffte, sorgte man dafür, dass eine gravierende Verschiebung der Grenzen außerhalb der abgeschotteten Welt der Geheimdienste unbeobachtet blieb. Brenner, der die Gesetzesänderung befürwortete, räumte nichtsdestoweniger ein, dass ihre Tragweite vor der Öffentlichkeit verborgen wurde. »Die NSA operierte gesetzeskonform – doch normale, intelligente, gebildete Amerikaner wären beim Blick auf den Gesetzestext nicht in der Lage gewesen, ihn so auszulegen, wie der FISC ihn auslegen würde«, sagte er 2015 vor einem geladenen Publikum in Fort Meade.[30]

Wegen dieser Geheimhaltung hatten selbst die bestinformierten Journalisten und Politikanalytiker keine Ahnung, wie PRISM funktionierte. Es konnten keine Verfassungsklagen vor dem Bundesgericht angestrengt werden. Der Kongress erfuhr keinerlei öffentlichen Druck und die großen Internetunternehmen wurden kaum einmal aufgefordert, die Privatsphäre ihrer Nutzer besser zu schützen. Die Wähler und Verbraucher konnten nicht auf Veränderungen drängen, weil sie die Wahrheit schlicht nicht kannten.

Zwei Tage nachdem sich Marty Baron bereit erklärt hatte, die PRISM-Story zu drucken, warf eine Nachricht von Snowden beinahe alles über den Haufen. Ich hatte ihm einen optimistischen Zustandsbericht geschickt. Die *Post* machte Dampf. In seiner Antwort wies Snowden unmissverständlich darauf hin, dass seine 72-Stunden-Frist für die Veröffentlichung abgelaufen sei. Das Dokument, das er Poitras und mir gesandt hatte, sprach in seinen Augen für sich selbst. Was sonst könnten wir noch brauchen?

Das hatten wir beide schon ausführlich besprochen. Es gab Schritte, die ich nicht überspringen konnte. »Es mag sein, dass Sie aus mir unbekannten Gründen unter Zeitdruck stehen«, hatte ich ihm geschrieben. »Ich möchte Ihnen erklären, wie unsere Situation aussieht. Mir ist praktisch nicht bekannt, dass eine Story von solcher Tragweite jemals in drei Tagen oder auch vier oder fünf druckreif gewesen wäre. Ich schlage Ihnen keine spezielle Alternative vor. Ich hoffe von Herzen, dass Sie über eine Deadline, die in Tagen gezählt wird, noch einmal nachdenken. Falls Sie ein wenig genauer erläutern könnten, inwiefern das Timing für Sie von Bedeutung ist, kann ich Ihnen vielleicht helfen, das Problem von einer anderen Seite anzugehen.«[31]

Am späten Abend des 25. Mai, einem Samstag, kam die Antwort und sie klang noch dringlicher. »Okay, reden wir als Erstes über den Zeitdruck«, schrieb er. »Ich erkläre Ihnen genauer, was mir im Nacken sitzt, damit Sie klarsehen. Bis die Story raus ist, befinde ich mich in allergrößter Gefahr, weil meine Gegner, zu Recht oder Unrecht, vielleicht glauben, dass sie die Sache noch stoppen können.« Er hatte seinem Arbeitgeber eine Geschichte über einen medizinischen Notfall aufgetischt, um sein Fortbleiben zu erklären, aber »mittlerweile bin ich sicher, dass uns keine Zeit mehr bleibt. Das heißt, wenn ich nicht deutlich geschickter bin, als ich annehme, dann wird der NSA am Montag aufgehen, wo ich bin, und dann werden sie nicht denken ›Was für ein mutiger und prinzipientreuer Whistleblower‹, sondern ›Wie machen wir den Spion platt?‹«[32]

Doch das waren nicht die Worte, die mir den Boden unter den Füßen wegzogen. Der Tiefschlag kam, als Snowden meine schon fast vergessene Frage nach der kryptographischen Signatur beantwortete, der kleinen digitalen Datei, die ich gemeinsam mit der Story und den PRISM-Folien veröffentlichen sollte. Ich hatte mir eine Erklärung für die Redakteure abgerungen, indem ich das Augenmerk auf die technischen Aspekte gelenkt hatte. Doch die Antwort auf eine noch wichtigere Frage war ich ihnen schuldig geblieben.[33]

Warum ist Ihrem Informanten die Signatur so wichtig?

In der Hektik der anderen Dinge, die noch zu erledigen waren, hatte ich ganz vergessen, darüber nachzudenken. Zum ersten Mal hatte Snowden die Signatur neun Tage zuvor, am 16. Mai, erwähnt. Nach seinen Worten hatte sie den Zweck, zweifelsfrei zu demonstrieren, dass das PRISM-Dokument »nicht manipuliert oder verändert worden ist«.[34] Das klang vielversprechend. Meine er, schrieb ich ihm zurück, dass jemand von der NSA die Präsentation amtlich beglaubigt habe? Das wären hervorragende Neuigkeiten gewesen, vergleichbar mit einem in Wachs geprägten königlichen Siegel.[35] Dann gäbe es kaum noch Zweifel an ihrer Authentizität. Snowden antwortete ausweichend und lenkte dann wieder vom Thema ab. »Sie schafft eine ›Beweismittelkette‹. Das spielt eine Rolle bei der Darlegung der Zusammenhänge«, schrieb er. »Mehr kann ich dazu noch nicht sagen.«[36]

Nach dem Treffen mit den Redakteuren der *Post* fiel mir ein, dass ich die Signatur selbst einer elementaren Prüfung unterziehen konnte. Das Ergebnis war ernüchternd.[37] Ich begriff nur langsam, was es bedeutete.

```
gpg --verify PRISM.pptx.sig PRISM.pptx
gpg: Signature made Mon May 20 14:31:57 2013 EDT
using RSA key ID [redacted]
gpg: Good signature from »Verax«
```

Nun wusste ich, dass Snowden im Namen seines Alter Ego Verax die PowerPoint-Datei persönlich signiert hatte. Wenn ich die Signatur veröffentlichte, würde das lediglich einigen Technikfreaks verraten, dass sich eine Quelle unter einem Pseudonym für sein eigenes Leaking verbürgte. Was hätte das für einen Nutzen?

In der E-Mail von Samstagabend sprach Snowden es aus. Er habe sich entschieden, seine Freiheit aufs Spiel zu setzen, schrieb er, aber er sei nicht bereit, sich mit einem Leben hinter Gittern oder noch Schlimmerem abzufinden. Lieber wolle er ein Zeichen für »eine Gemeinschaft potenzieller Whistleblower« setzen, die seinem Beispiel vielleicht folgen würden. Normale Bürger würden keine horrenden Risiken auf sich nehmen. Sie bräuchten Hoffnung auf ein glückliches Ende.

> Um das zu erreichen, möchte ich Asyl beantragen (am liebsten irgendwo mit stabilem Internet und Pressefreiheit, z.B. Island, obwohl es von der Intensität der Reaktionen abhängen wird, wie wählerisch ich sein kann). Angesichts der Tatsache, dass die USA diplomatische Außenposten streng überwacht (da kann ich mitreden, weil ich in unserem UN-Spionierladen gearbeitet habe),[38] kann ich das erst dann riskieren, wenn Sie bereits an die Presse gegangen sind, denn das würde uns umgehend verraten. Es wäre auch sinnlos, wenn ich meine Behaup-

> tungen nicht beweisen könnte – man würde mich womöglich hinter Gitter bringen –, und ich habe nicht vor, einer ausländischen Regierung irgendwelches Quellenmaterial auszuhändigen. Nach der Publikation werden mir das Ausgangsdokument und die kryptographische Signatur ermöglichen, umgehend die Wahrheit meiner Behauptungen sowie die Gefahr, in der ich mich befinde, unter Beweis zu stellen, ohne etwas aushändigen zu müssen. …
> Aus all dem folgt, dass ich wissen muss: Wann wird die Story voraussichtlich in Druck gehen?

Mir wurde schwindelig. Ich zwang mich, den Text noch einmal langsam durchzulesen. Snowden plante, eine ausländische Regierung um Schutz zu bitten. Auf einer Insel unter der souveränen Kontrolle Chinas würde er bei diplomatischen Vertretungen Klinken putzen gehen. Seine Wahlmöglichkeiten wären vielleicht sehr begrenzt. Die Signatur hatte den Zweck, und keinen anderen, ihm die Türen öffnen zu helfen.

Wie hatte ich das übersehen können? Poitras und ich brauchten die Signatur nicht, um zu wissen, wer uns die PRISM-Datei gesandt hatte.[39] Snowden wollte jemand anderem seine Rolle in der Story unter Beweis stellen. Dieser Gedanke war mir nie gekommen. Nach meiner Erfahrung belasteten sich vertrauliche Quellen beim Enthüllen geheimer Dokumente nicht selbst, schon gar nicht mathematisch-unwiderruflich. Sobald Snowden seine Strategie dargelegt hatte, trat ihre Logik klar zutage. Entsprachen wir seinem Wunsch, konnte Snowden beweisen, dass unsere Kopie des NSA-Dokuments von ihm stammte.[40] Mit seiner Bitte um Asyl würde er eine »begründete Furcht vor Verfolgung« wegen eines Akts des politischen Dissens zum Ausdruck bringen.[41] Die US-Regierung würde behaupten, Snowdens Handlungen seien nicht politischer Natur, sondern kriminell. Im Rahmen des Völkerrechts konnte sich jede Nation darüber ein eigenes Urteil bilden. Der Dreh- und Angelpunkt von Snowdens gesamtem Plan war die Signaturdatei, ein paar hundert Zeichen kryptographischer Text, etwa so lang wie dieser Absatz. Und ich war derjenige, der sie online stellen sollte, damit sie ihren Zweck erfüllte.[42]

Idiot. Denk an die »Beweismittelkette«. Er hat dir rundheraus gesagt, dass er die Zusammenhänge darlegen will.

Meine Gedanken überschlugen sich. Wenn Snowden mit einem Identitätsnachweis ausgestattet in ein Konsulat kam, würde jeder Geheimdienstbeamte vermuten, dass er womöglich über weitere Geheiminformationen verfügte. Zwar sagte Snowden, er wolle keine Dokumente weiterreichen, aber mir erschienen seine Worte an jenem Abend vieldeutig. Selbst wenn ich davon ausging, dass er nichts preisgeben würde, hatte ich mein Okay zu diesem Plan nicht gegeben. Ich hatte mich bereit erklärt, die Identität meines Informanten zu schützen, um die Öffentlichkeit ins Bild zu setzen. Nun wollte er, dass ich ihm half, seine Identität für seine privaten Zwecke zu offenbaren, um sie dann ausländischen Regierungen als Zertifikat präsentieren zu können.[43] Das war etwas völlig anderes.

Selbst in den darauffolgenden schrecklichen Stunden glaubte ich keine Sekunde daran, dass Snowden ein Spion war. Von dieser Warte aus hätte sein Verhalten überhaupt keinen Sinn ergeben. Niemand, der Agent eines fremden Landes werden will, würde seine Spionagelaufbahn starten, indem er Journalisten einen Haufen Geheimnisse anvertraut. Ausländischen Geheimdiensten wäre es viel lieber, ein Geheimnis zu erfahren, das sonst keiner kennt oder von dem keiner ahnt, dass sie es kennen. Wenn sie den Entschluss fassten, es in einer Propagandakampagne publik zu machen, würden sie selbst über den Inhalt und den Zeitpunkt entscheiden wollen. Ich hatte mich viele Stunden mit diesem Mann ausgetauscht und seine Geschichte und Motive auf Herz und Nieren geprüft. Seine Erklärungen wirkten aufrichtig, und mein Instinkt sagte mir, dass er ehrlich war. Das Problem war nur, dass mein Instinkt mich in den vergangenen Wochen schon öfter im Stich gelassen hatte. Snowden war nach wie vor für Überraschungen gut. Ich begann, an mir selbst zu zweifeln. Wie sicher war ich mir wirklich, dass ich seine tiefsten Absichten kannte?

Eine Welle der Übelkeit überrollte mich. Die Sicherheit und Freiheit dieses Kerls lagen möglicherweise in meiner Hand. Niemand bei der *Post* verstand das Signatur-Kauderwelsch. Marty Baron würde von mir eine Entscheidung erwarten. Meinem Informanten zu schaden war das Letzte, was ich wollte, aber für die Rolle, die Snowden mir zugedacht hatte, hatte ich mich nicht beworben. Ich versuchte, mir einzureden, dass sich die Frage erübrigte – von uns war ohnehin niemand der Meinung, dass wir das vollständige PRISM-Dokument veröffentlichen sollten, und jegliche Bearbeitung würde die Signatur ungültig machen. Das war aber nicht länger das Problem, und das wusste ich auch. Snowden hatte mir klipp und klar gesagt, was er mit der Signatur vorhatte. Wenn wir sie jetzt veröffentlichten, würde die *Post* seine Flucht vor dem amerikanischen Gesetz wissentlich unterstützen. Ich mochte ihm Glück wünschen. Das tat ich auch. Aber es war nicht meine Aufgabe, ihm dabei zu helfen.

Ich loggte mich in einen anonymen Chat-Account ein, in der Hoffnung, Poitras online anzutreffen. Es war schon spät, aber sie hatte das Gleiche getan.

BG: Hab gerade seine Mail gelesen
Sehen Sie sie?
LP: Ja
Heftig
BG: Ich kann mir nicht vorstellen, wie er von da, wo er ist, nach Island kommen soll. Überhaupt nicht.
Er hat uns gerade gesagt, er wolle um Asyl bitten und könne vielleicht nicht wählerisch sein
»Hat nicht vor«, einer Auslandsregierung Quellenmaterial zu geben
LP: Wie verstehen Sie das – dass er drüber nachdenkt?
BG: Ich verstehe das als eine Option, die er im Hinterkopf hat[44]

Rückblickend ist mir klar, dass ich Snowden damals komplett missverstanden habe. Die kommenden Ereignisse stellten zweifelsfrei unter Beweis, dass er keiner ausländischen Regierung seine Loyalität schenkte und nicht erwog, sich seine Sicherheit mit Geheimdaten zu erkaufen. Die Worte, die mich aus dem Gleichgewicht gebracht hatten – »am liebsten«, »wählerisch«, »habe nicht vor« – waren in diesem Kontext mehrdeutig. Ich war vom Schlimmsten ausgegangen. Wir beide.

LP: O Gott
Scheiße
BG: Er ist in der Lage, das Material zu liefern. Vielleicht wird er gezwungen. Wir dürfen ABSOLUT nichts tun, um dem Vorschub zu leisten, oder etwas, was so aussehen würde.
LP: Natürlich
BG: Ich will einfach nur ein verdammter Journalist sein

Am Sonntag stellten wir spontan eine Telefonkonferenz mit den Anwälten auf die Beine. Ich umriss die wichtigsten Entwicklungen – Datei, Signatur, Asyl –, ohne »NSA« oder »Hongkong« zu sagen. Kindisches »Feind-hört-mit«-Verhalten, aber wir hielten uns an weit verstreuten Orten auf und hatten keine Zeit, ein persönliches Treffen zu organisieren. Die Anwälte waren beunruhigt. Als zwei von ihnen gleichzeitig zu reden begannen, verstand ich etwas nicht richtig. »Sagen Sie mir nicht, dass ich Beihilfe und Vorschub leiste, wenn ich meinen Informanten nicht anzeige«, sagte ich. »Das werde ich nicht tun.«

Tatsächlich hatte das auch niemand vorgeschlagen. Alle Teilnehmer der Konferenz waren der Meinung, wir sollten mit unseren Publikationsplänen weitermachen und die Identität unserer Quelle wie bisher schützen. Ohnehin kannte niemand außer Poitras und mir Snowdens Namen. Kevin Baine, unser wichtigster externer Rechtsberater, bat mich jedoch eindringlich, offen und ehrlich zu ihm zu sein. Hatte ich jemals versprochen, die vollständige PRISM-Präsentation oder ihre digitale Signatur zu veröffentlichen? Nein, hatte ich nicht, und Poitras sagte das Gleiche. Unser Informant hatte diese beiden Punkte als

»Bitten« formuliert, bevor er uns das Dokument gesandt hatte. Poitras und ich hatten ausweichend reagiert und waren nicht auf das Thema eingegangen. Warum hätten wir uns auf eine hypothetische Diskussion einlassen sollen? Abhängig vom Inhalt des Dokuments wäre eine vollständige Publikation möglicherweise kein Problem gewesen. »Sie müssen ihm sagen, dass Sie sich damit nie einverstanden erklärt haben«, sagte Baine. Poitras und ich seien nun völlig neuen rechtlichen Risiken ausgesetzt. Eine »direkte Bitte um Unterstützung bei seinen Plänen, Kontakt zu einer fremden Regierung aufzunehmen« könnten wir nicht unbeantwortet lassen.

Es war in etwa so schlimm, wie wir befürchtet hatten. Dann verschärfte sich die Lage noch weiter. Am Tag vor Snowdens Asyl-Mail hatten wir Baron erstmals gesagt, dass sich unser Informant in Hongkong aufhielt. Poitras habe vor, ihn dort zu filmen. Snowden habe mich eingeladen, sie zu begleiten. »Ich glaube kaum, dass ich außer den Folien viel anzubieten habe, aber ich stelle gerne jede mir mögliche Unterstützung oder Kenntnis zur Verfügung«, hatte er geschrieben.[45] Ich wollte den Mann unbedingt sehen. Ich sagte Baron, ich tendierte dazu, die Reise zu machen, aber ich steckte in einer Zwickmühle. Filmen sei Poitras' Metier. Die PRISM-Story zu schreiben meins. Dazu müsse ich höchst vertrauliche Gespräche mit Personen führen, die mit den Fakten vertraut seien. Wie könne ich diese Befragungen per Telefonat aus dem Ausland durchführen? Ich benutzte nicht einmal ein Telefon für Befragungen vor Ort. Ich traf meine Informanten persönlich; dazu verabredete ich mich vorab mit ihnen, falls das gefahrlos möglich war, oder tauchte unangemeldet bei ihnen zu Hause auf. »Ich bin hin- und hergerissen, wo meine Prioritäten liegen«, sagte ich. Baron lächelte, wandte sich an Poitras und sagte: »Wir überlassen es Ihnen, ihm den nötigen Schubs zu geben.« Es war der ganz natürliche journalistische Instinkt. Geh dahin, wo es brennt. Ich beschloss, es darauf ankommen zu lassen. Später am Tag schrieb ich Snowden: »Ich freue mich darauf, Sie persönlich kennenzulernen. Höchstwahrscheinlich werden unsere gemeinsame Freundin und ich uns am Samstag gemeinsam auf den Weg machen.«[46]

Kurz nach der ersten Telefonkonferenz kam eine Nachricht von Baine, dass wir miteinander reden müssten. Sofort. Er habe seinen Partner Barry Simon um Rat gefragt, der Experte für staatliche Fahndung und Strafverteidigung sei. Wie Baine sagte, habe Simon auf unsere Reisepläne »heftig reagiert«. So konnte man es auch formulieren. Als sich Simon in das Gespräch einklinkte, redete er so nachdrücklich auf mich ein, wie ich es von einem Anwalt in meinen 21 Jahren bei der *Post* noch nie erlebt hatte. Jederzeit könne bei unserem Informanten eine Durchsuchungsaktion durch US-Kräfte, chinesische Behörden oder unbekannte Parteien, die in Hongkongs geheimdienstlichem Niemandsland operierten, erfolgen. Befänden wir uns im selben Raum wie er, so wäre es durchaus möglich, dass wir gemeinsam mit ihm festgenommen würden, und das in einem System, das uns nicht viele Rechte zugestehe. Unter diesen Umständen könnten wir vom amerikanischen Konsulatsdienst nicht viel Unterstützung erwarten. Nach unserer Rückkehr könnte uns auch die Staatsanwaltschaft in den USA leichter einer Straftat überführen – weil sich unser Verhalten stärker von normalem Journalismus abhebe –, wenn wir im Ausland Geheimdokumente bei uns getragen oder in Besitz genommen hätten. Würden wir Notizen und Aufzeichnungen von unseren Interviews anfertigen, so wären darin so gut wie sicher ebenfalls Geheiminformationen enthalten. Wir sollten davon ausgehen, dass sowohl US-amerikanische als auch chinesische Behörden in der Lage seien, alles abzufangen, was wir in digitaler Form speicherten oder übermittelten. Würden wir unsere Dateien auf irgendeine Weise wasserdicht chiffrieren, könnte uns jemand zwingen, sie zu entschlüsseln. Und das letzte, unvermeidliche Risiko sei folgendes: Wir könnten uns praktisch nicht davor schützen, abgehört zu werden, wenn wir mit unserem Informanten zusammensäßen. Kein vernünftig denkender Mensch und am wenigsten ein erfahrener Journalist in Sachen nationale Sicherheit könne behaupten, noch nie davon gehört zu haben, dass China routinemäßig Hongkonger Hotelzimmer und Tagungsorte verwanze. Ich selber hätte schon Diplomaten zu diesem Thema interviewt. Beim Reden über Verschlusssachen – und wie sollten wir das umgehen? – würden Poitras und ich einem Auslandsgeheimdienst unmittelbar Geheimnisse verraten, die die nationale Sicherheit der Vereinigten Staaten betrafen. Wenn wir nicht glaubten, deswegen belangt zu werden, so Simon, seien wir auf dem Holzweg.

Baron war ernüchtert und machte keine scherzhaften Versuche mehr, uns anzutreiben. Diese Entscheidung müssten wir selbst treffen. Er werde uns keine Vorwürfe machen, wenn wir zu Hause blieben. Aber wenn wir uns auf die Reise machten, werde er uns auf jede erdenkliche Weise unterstützen. In jener Nacht schenkte ich Poitras in meinem Wohnzimmer einen Bourbon ein und ging das Gespräch mit Simon noch einmal mit ihr durch. »Finden Sie wirklich, dass wir mit einem Informanten nicht über die widerrechtliche Überwachung durch die *USA* reden dürfen, weil die *chinesischen* Überwacher uns vielleicht belauschen?«, fragte sie. »Das ist doch bescheuert, oder?«

Die Ironie der Situation konnte ich zwar nicht bestreiten, aber ich beschloss, die Reise zu verschieben. Von den Anwälten mal abgesehen, gab es genügend andere Gründe, noch zu warten. Ohne die Dokumente konnte ich meine Recherchen nicht abschließen oder eine Story schreiben. Ich hatte aber auch nicht vor, sie in den Hinterhof des chinesischen Ministeriums für Staatssicherheit zu tragen. Snowden war vielleicht gewieft genug, das Archiv in dieser feindlichen digitalen Umgebung sicher zu verwahren – genau diese Fertigkeiten hatte er seinen Schülern in den Kursen über Gegenspionage beigebracht –, aber ich nicht. Ebenso wenig wollte ich die US-Behörden zu Snowdens Tür führen. Ich hatte mittlerweile schon Tage damit verbracht, Fragen zu stellen. Hatte die Regierung Wind von der Story bekommen, so hatte sie möglicherweise schon meine Reisebuchungen und Kreditkarten im Blick. Ich glaubte nicht, dass Snowden dieses Risiko ausreichend mit einkalkuliert hatte.

Das waren ernst zu nehmende Überlegungen. Sie beschäftigten mich. Aber ich kann nicht verhehlen, dass Simons Warnung mich im Innersten erschüttert hatte. Ich hatte vier schulpflichtige Kinder, für deren Ausbildung ich aufkommen musste, und für dies hier kam keine

Versicherung auf. Jay Kennedy, der General Counsel der Zeitung, hatte mir die Kontaktdaten eines sehr guten Anwalts in Hongkong beschafft. Ich gab sie an Poitras weiter, mit der Anweisung, Rechnungen an die *Post* zu schicken. Sie stand noch unter Vertrag. Falls sie Snowden aufsuchen sollte, würde die Zeitung sie rückhaltlos unterstützen. In jener Nacht beschloss sie widerstrebend, ihren Flug zu canceln.

»Das alles macht mich krank«, schrieb sie am nächsten Tag.[47]

»Ich hab geglaubt, ich sei ganz gut darin, mir alle Eventualitäten auszumalen, aber daran habe ich überhaupt nicht gedacht«, antwortete ich.[48]

Poitras musste sich noch von einem anderen Austausch mit Snowden erholen. Drei Tage zuvor hatte sie ihm mitgeteilt, sie brauche noch Zeit zum Nachdenken, bevor sie in ein Flugzeug steige. Snowden glaubte, sie habe Angst, bei der Ein- und Ausreise in Hongkong verhört zu werden. Er schlug ihr vor, den Beamten zur Tarnung eine Lügengeschichte aufzutischen. Nun dachte Poitras ernsthaft darüber nach, welche Art von Verbindung dieser Fremde wohl im Sinn habe.

»Eine Affäre mit mir anzudeuten ist eine simple und glaubhaft verfängliche Möglichkeit, eine heimliche Reise und Zeit mit jemandem allein zu erklären«, hatte Snowden ihr geschrieben.[49] Sicherheitskontrolleure glaubten gerne, sie hätten die Geheimnisse von Reisenden durchschaut. Falls Poitras Verdacht errege, könne sie ihnen mit einem Koffer voller Sexspielzeug und Unterwäsche »das Gefühl vermitteln, sie hätten das Geheimnis gelüftet«. Bei einer Befragung könne sie ein Rendezvous mit einer Internetbekanntschaft andeuten. Erniedrigende Details müsse sie nicht angeben. Ihr Gepäck werde schon alles verraten. Die Kamera sei für Liebesspiele gedacht und zum Schutz ihrer Privatsphäre seien die Dateien verschlüsselt. Snowden hatte das Szenario in bunten Farben geschildert.

»Das ist gruselig, oder?«, schrieb Poitras mir. »Im Moment würde ich lieber zu Hause bleiben. Vielleicht muss ich erst mal eine Nacht drüber schlafen.« Das Missverständnis klärte sich rasch auf. Snowden hatte keine solchen Absichten. Sein Rat war dem Handbuch für geheime Reisen entnommen. Tarnung für Anwesenheit. Tarnung für

Aktivitäten. Schon als Fiktion eine peinliche Geschichte, aber gerade deshalb umso besser geeignet, die Wahrheit zu verschleiern.

Wir hassten die Antworten, die wir Snowden am 26. Mai geben mussten. Wir hätten uns anwaltlichen Rat geholt und das habe Folgen. »Sie waren offen zu mir, und nun will ich genauso offen zu Ihnen sein«, schrieb ich. »Ihre E-Mail enthält eine Reihe unbegründeter Annahmen. Meine Absichten und Ziele sind rein journalistischer Natur, und ich werde sie mit keinem anderen Ziel kausal oder zeitlich verknüpfen.« Ich sei mit Hochdruck an der Arbeit und wolle die Story rausbringen, aber »ich kann Ihnen nicht geben, was für Sie am wichtigsten ist.«

Poitras schrieb ihm ebenfalls.

> Seit Montag gab es einige neue Entwicklungen (z.B. Ihre Entscheidung, das Land zu verlassen, die Wahl Ihres Aufenthaltsortes, mögliche Absichten in puncto Asyl), die uns überrascht haben und uns zwingen, Klartext zu reden. Wie B erläutert hat, sind unsere Absichten und Ziele journalistischer Natur. Ich glaube, Sie wissen, wie sehr mich dieses Thema interessiert und wie sehr ich mich dafür engagiere. Bs Arbeit zu dem Thema spricht für sich. Ich kann Sie nicht persönlich treffen. Ich habe jedoch einige Fragen, wenn Sie noch bereit sind, sie zu beantworten.

Snowden antwortete verblüfft und alarmiert. »Die Antworten der letzten Tage von Ihnen und BRASSBANNER beunruhigen mich zutiefst, weil sie nach einem plötzlichen Gesinnungswandel aussehen«, schrieb er an Poitras. »Zuerst haben Sie mich beide unterstützt, und nun jagen Sie mir aus unerfindlichen Gründen große Angst ein. ... Ich kann mir nicht einmal mehr sicher sein, ob mein wirklicher Name und das Quellendokument nicht bereits [an die US-Behörden] ausgehändigt wurden. Um Himmels willen! Ich weiß nicht, was sie Ihnen erzählt haben, aber ich hab das alles nicht auf mich genommen, um meinem Land oder meinem Volk zu schaden.«[50]

Am selben Tag schrieb er mir: »Ich bemühe mich mit allen Kräften darum, in einer extrem schwierigen Situation das Richtige zu tun.« Er versuche nicht, der Redaktion das Heft aus der Hand zu nehmen. »Ich vertraue Ihnen als dem führenden Journalisten, der an einer Story von öffentlichem Interesse arbeitet, und habe nicht vor, Sie für meine Zwecke zu instrumentalisieren.« Er schloss flehend: »Bitte bestätigen Sie mir, dass Sie die kryptographische Signatur gemeinsam mit dem Quelldokument veröffentlichen. Sie wissen doch nun, dass ich in unmittelbarer Gefahr schwebe [, wenn Sie das nicht tun].«[51]

Es war entsetzlich. Snowden war gesprungen, weil er darauf vertraute, dass wir ihn mit einem Fallschirm ausgestattet hatten, aber das hatten wir nicht getan. »Was für ein Albtraum«, schrieb mir Poitras.[52] Wir würden ihn keinesfalls ans Messer liefern, wie er zu befürchten schien. Und ebenso wenig würden wir die PRISM-Datei den US-Behörden übergeben. (Das tue ich nie. Regierungen und Großunternehmen versehen sensible Dokumente häufig mit unsichtbaren Markierungen, um ihre Herkunft zurückverfolgen zu können, falls jemand sie an die Öffentlichkeit bringt.) In dieser Hinsicht konnte ich ihn beruhigen. »Bitte haben Sie Verständnis dafür, dass ich mich einzig und allein dafür einsetze, die Publikation dieser Story vehement voranzutreiben und die Identität einer vertraulichen Quelle zu schützen. Beiden Aufgaben werde ich mich weiterhin verpflichtet fühlen. Ich habe mich nicht dazu verpflichtet – und hätte es mit meiner Verantwortung nicht vereinbaren können –, ein Dokument und einen kryptographischen Schlüssel zu veröffentlichen, die ich nie gesehen habe.«[53]

Für einen jungen Mann im freien Fall antwortete Snowden bemerkenswert großzügig. Er bemerkte trocken: »Ihre Mitteilungen scheinen um einiges stärker rezensiert zu sein als vorher.« Er könne die *Post* nicht mehr exklusiv mit der Publikation betrauen. »Ich bedauere, dass wir es nicht geschafft haben, dieses Projekt noch länger eingleisig zu verfolgen, aber so ist es halt. Viel Glück bei Ihrer Arbeit – ich wünsche Ihnen, dass Sie die Wahrheit finden.«

An jenem 27. Mai führte Snowden sein erstes Gespräch mit Glenn Greenwald. Als ich diesen Ablauf der Ereignisse zwei Wochen später in einem Artikel erwähnte, erregte das Greenwalds Missfallen.[54] »Bart Gellmans Behauptungen über Snowdens Interaktionen mit mir – wann, wie und warum – sind allesamt falsch«, schrieb er im ersten einer wütenden Serie von Twitter-Posts.[55] »Laura Poitras und ich haben seit Februar mit ihm zusammengearbeitet, lange bevor irgendwer mit Bart Gellman gesprochen hat.«[56] In seinem Buch *Die globale Überwachung* (Original: *No Place to Hide*) ging er näher darauf ein. Mein Erscheinen auf der Bühne gegen Ende Mai habe eine unwillkommene »neue Wendung« markiert, als Poitras mir einen Knüller präsentiert habe, für den die *Post* »keinen Strich getan ... hatte«.[57] Statt die Geschichte aggressiv zu verfolgen, hätten die *Post* und ich Anwälte eingeschaltet[58] und das Weiße Haus eingeladen, unsere Story handzahm zu machen.[59]

Diese Behauptungen ließen sich allesamt überprüfen, und als er sein Buch schrieb, muss er gewusst haben, dass sie nicht der Wahrheit entsprachen. Greenwald hatte nicht seit Februar mit Snowden oder Poitras zusammengearbeitet. Er hatte nicht Ende März oder Anfang April die Verschlüsselungssoftware installiert und den direkten Austausch mit Snowden aufgenommen, wie er der *Huffington Post* erzählte.[60] Er hatte noch nie etwas von dem Informanten oder seiner Geschichte gehört, bis Poitras ihm am 19. April persönlich davon erzählte – fast drei Monate nachdem sie sich erstmals mit mir getroffen hatte, um darüber zu reden. (Und selbst da war Greenwald noch nicht klar, dass Verax mit dem Cincinnatus identisch war, der sich zuvor erfolglos an ihn gewandt hatte.)[61] Poitras sagte über Greenwald, er sei voller Eifer, aber habe »keine Ahnung von den sicherheitstechnischen Aspekten« – so sei er nach wie vor nicht in der Lage, die verschlüsselten Kanäle zu nutzen, die zur Beteiligung an dem Austausch erforderlich seien.[62] Weitere fünf Wochen verstrichen, bis Verax Ende Mai mit Greenwald Kontakt aufnahm.[63] Poitras, die sich schließlich doch für die Reise nach Hongkong entschied, lud Greenwald ein, sie zu begleiten. Sie gab ihm das Pandora-Archiv, kurz bevor sie am 1. Juni ihren Flug antraten.

Ich will hier nicht ewig auf dem genauen Zeitablauf herumreiten, den ich in einer Anmerkung kurz umreiße, aber alles, was ich in diesem Buch bisher beschrieben habe, bis zu dem Moment, an dem Snowden schrieb, es sei nicht möglich, »dieses Projekt noch länger eingleisig zu verfolgen«, ereignete sich, bevor Greenwald einen ersten Blick auf die Dokumente werfen konnte, und vor seinem ersten Austausch mit einem Informanten, dessen Namen er immer noch nicht kannte.[64]

Zweifellos spielte Greenwald eine führende Rolle bei den Enthüllungen über die Massenüberwachung – unbhängig vom Zeitpunkt, zu dem sein Part begann. Aber seine Behauptungen gingen darüber hinaus: Dies sei von Anfang an seine Story gewesen und in den Mainstream-Medien habe niemand den Nerv gehabt, sich der Sache anzunehmen. Er verglich seine »kühne journalistische Arbeit«[65] über die NSA mit dem »ängstlichen, vorauseilenden Gehorsam gegenüber der Regierung«[66] aufseiten der *Post* und ihrer Mainstream-Genossen. Diese Fabel vom Mann unter journalistischen Mäusen wurde zu seiner Visitenkarte.

Einer nuancierteren Kritik des Establishment-Journalismus hätte ich zustimmen können. Manchmal mangelte es unseren Artikeln an Skepsis, sie beugten sich zu sehr den Autoritäten oder übten sich in falscher Ausgewogenheit, wenn wir die Möglichkeit hatten, widersprüchliche Darstellungen genauer unter die Lupe zu nehmen. Dennoch taten gute Zeitungen – und davon gab es nach wie vor einige – alles, »um der Wahrheit auf die Spur zu kommen und sie rückhaltlos zu erzählen«, wie es Marty Baron sagte, als er genau dafür geehrt wurde.[67] An ihren besseren Tagen stellten sich Mainstream-Journalisten in den Dienst der Allgemeinheit und zogen die Mächtigen zur Verantwortung.[68]

Greenwald vertrat die Ansicht, die traditionellen Nachrichtenmedien, wir alle miteinander, seien zitternde Diener der Männer und Frauen an der Macht.[69] Dafür ließ er sich eine Menge Metaphern einfallen. Was ich im wirklichen Leben bei der *Post* sah, als die NSA-Story Gestalt annahm, war ein Newsroom, der sich rückhaltlos in die Bresche warf. Die Reporter, Redakteure und Graphikdesigner, die mit mir dort waren, leisteten journalistische Arbeit, die zum Besten gehörte, was ich je hautnah miterleben durfte. Es ist eine schlichte Tatsache, dass die *Post* nie auch nur einen Satz aus einem Artikel gekürzt hat, weil sie Angst hatte, sich bei der Obrigkeit unbeliebt zu machen.

Am frühen Morgen des 11. Juni, zwei Tage nach seinen Eröffnungssalven, reichte mir Greenwald einen Olivenzweig. »Hey Bart – es tut mir wirklich leid, dass wir wegen Belanglosigkeiten, die wirklich keine Rolle spielen, öffentlich in Streit geraten sind«, schrieb er. »Ich muss zugeben, dass ich mich da hab reinziehen lassen.«[70] Als ich zwölf Stunden später zu einem Sandwichladen in der Whitehall Street ging, klingelte mein Handy und zeigte die Nummer von Charlie Savage an, Rechtskorrespondent der *New York Times*. Wie er mir mitteilte, habe Greenwald ihm gerade gesagt, dass ich bei meinem Blick hinter die Kulissen zu Snowden und dem PRISM-Dokument gelogen habe.[71] Laut Greenwald habe Snowden nie darauf bestanden, dass ich jede Folie veröffentlichte. Er habe nur darum gebeten, dass ich seine digitale Signatur online stellte. Das wisse er, habe Greenwald zu Savage gesagt, weil er unsere Korrespondenz gelesen habe.

Es war laut auf der Straße. Hörte ich richtig? Der Kreuzritter des Datenschutzes las meine Mails und plauderte ihre Inhalte aus? Greenwald konnte gar nicht alle meine Mailwechsel mit Snowden gelesen haben.[72] Selbst Poitras hatte nicht alles zu Gesicht bekommen und Snowden fertigte keine Kopien an. Zudem ergab Greenwalds Behauptung überhaupt keinen Sinn. Die Signatur hätte nur dann zu dem Dokument gepasst, wenn ich beide genauso veröffentlicht hätte, wie Snowden sie mir geschickt hatte. Vielleicht fragen Sie erst mal einen Experten, sagte ich zu Savage. Er ließ die Story fallen.

An jenem Nachmittag antwortete ich auf Greenwalds Nachricht. »Heute habe ich von Charlie Savage gehört, Sie hätten gesagt, dass Sie alle meine Mailwechsel mit dem Informanten gelesen hätten und er nie auf der vollständigen Veröffentlichung des PRISM-Dokuments bestanden habe«, schrieb ich. »Stimmt das?«[73]

»Ich habe nie behauptet, alle Ihre Mailwechsel gelesen zu haben«, schrieb Greenwald zurück. »Wie hätte ich wissen können, dass das, was ich gesehen habe, alles war? Ich habe gesagt, das, was ich gesehen hätte, seien in meinen Augen alle Ihre Fragen und Antworten zu PRISM gewesen, und dass es meines Wissens nach nie eine Forderung nach der Veröffentlichung sämtlicher Folien gegeben habe. Ich habe auch gesagt, dass er uns gegenüber nie eine solche Forderung erhoben hat. Das heißt natürlich nicht, dass er Sie nicht zu irgendeinem Zeitpunkt darum gebeten hat.«[74]

Ich entwarf mehrere unterhaltsame Antworten. Ich löschte sie wieder.

Dreh dich einfach um und geh.

»Peace«, antwortete ich. »Wir haben alle eine Menge wichtiger Dinge zu erledigen.«

Viele Monate nach Erscheinen der NSA-Storys konfrontierten mich Reporter immer noch mit abfälligen Bemerkungen vonseiten Greenwalds.[75] Ich verweigerte jeden Kommentar dazu. Die *Post* verschaffte mir eine große Bühne. Dass dies kritisches Hinterfragen nach sich zog, war nur recht und billig. Ich wollte keinen Nebenkriegsschauplatz aufmachen. Greenwalds Beiträge sprachen für sich. Er brachte große Storys raus, gab seinem Informanten eine Stimme und formulierte wichtige Fragen zur Macht des Staates. Er schrieb vieles, was ich bewunderte, und vieles, was ich ganz anders sah. Ich fand, dass die Öffentlichkeit von unseren Differenzen mehr profitierte als von einem Marsch im Gleichschritt.

Am 5. Juni 2013, während ich mit den Vorbereitungen zur Publikation der PRISM-Story beschäftigt war, schickte ich von meinem neuen Account bei der *Washington Post* aus eine E-Mail an Ben Rhodes, Präsident Obamas stellvertretenden Berater für nationale Sicherheit und strategische Kommunikation. Ich arbeitete an einer außergewöhnlich sensiblen Story, teilte ich ihm mit.[76] Zweifellos werde er umgehend darüber informiert werden wollen. Einzelheiten sollte man besser unter vier Augen besprechen. Wie sollten wir vorgehen?

Ich war seit Jahren nicht mehr im journalistischen Tagesgeschäft aktiv gewesen. Rhodes kannte mich nicht, und ich hatte keine Ahnung, ob er meine Nachricht ernst nehmen werde. Ich bat meine alte

Bekannte Anne Kornblut, die schon über das Weiße Haus berichtet hatte, sich für mich starkzumachen. Dann meldete ich mich über einen zweiten inoffiziellen Kanal mit ebenso rätselhaften Worten bei Michael V. Hayden, dem ehemaligen CIA- und NSA-Direktor. Ich hatte seine private Mail-Adresse seit Jahren nicht verwendet. Er würde wissen, was das zu bedeuten hatte.

Ich kannte den pensionierten General schon lange. Im Jahr 1990, als er noch drei Sterne weniger vorzuweisen hatte, leitete er eine Denkfabrik des Pentagon für den Secretary of the Air Force. Damals war ich der grünste aller grünen Militärkorrespondenten. Eines Tages, kurz vor der US-Invasion des Irak, marschierte ich in sein Büro und bat ihn, mir zu erklären, wie sich die Air Force für den Krieg rüste. Nehmen wir an, ich kenne den Unterschied zwischen einer F-16 und einer M-16 nicht, sagte ich. Es folgten stundenlange Gespräche. Hayden war einer der beeindruckendsten Redner, denen ich je begegnet war, klar und charmant und mit einem unerschöpflichen Repertoire an bodenständigen Sportmetaphern. Er hatte ein Händchen für kleine Zugeständnisse, die seine Glaubwürdigkeit bei größeren und schwerer zu belegenden Punkten untermauerten. Im Laufe der Jahre, in denen Haydens Karriere Fahrt aufnahm, sprachen wir gelegentlich miteinander, wenn ich ein Geheimnis aufgespürt hatte. Er ließ mich ausreden, sagte mir, was er sagen konnte, und machte mich darauf aufmerksam, wenn ich in seinen Augen etwas falsch darstellte oder drohte, Schaden anzurichten, den ich vielleicht nicht bedacht hatte. Nach 2008 wurde unsere Beziehung auf die Probe gestellt, als ich zu der Überzeugung gelangte, dass er mich im Hinblick auf die Überwachung ohne richterlichen Beschluss getäuscht hatte. In meinem Buch über Cheney bezeichnete ich seine öffentlichen Bemerkungen über das Programm als irreführend.[77] Doch ungeachtet unserer Differenzen nahm ich an, er werde jemandem, der ihm zuhörte, von mir und meinem Anliegen erzählen.

Shawn Turner, Kommunikationsleiter für den Direktor der nationalen Nachrichtendienste, meldete sich als Erster. Ich las ihm Titel, Datum, Autor und Geheimhaltungskennzeichnungen der PRISM-Präsentation vor und teilte ihm mit, ich wolle in Kürze eine Story darüber rausbringen. »Ich nehme an, dass Ihre Leute das nicht am Telefon diskutieren möchten«, sagte ich. »Ich schlage vor, Sie besorgen sich eine Kopie davon und lassen mich wissen, wie Sie damit umgehen wollen.«

Am Abend jenes 5. Juni überraschte mich der *Guardian* mit seiner ersten Story aus dem Snowden-Archiv.[78] Im Auftrag der NSA sammelte das FBI Anrufdaten von Verizon, dem größten Telefonnetzbetreiber des Landes.[79] Jeden Tag händigte Verizon dem FBI eine CD mit einer aktualisierten Liste sämtlicher Telefonate von allen Kunden aus. Von allen. Ortsgespräche, Gespräche zwischen Bundesstaaten, Auslandsgespräche – es spielte keine Rolle. Auch die Nationalität war unerheblich. Die Listen erfassten Amerikaner und Ausländer gleichermaßen.

Informatiker nennen derartige Aufzeichnungen »Metadaten«; sie ähneln Adresse und Absender auf einem zugeklebten Briefumschlag. Die Worte, die bei einem Anruf gewechselt werden, bezeichnen sie, wie auch die Worte im Innern des Umschlags, als »Inhalt«. Das US-amerikanische Recht misst der Privatheit von Metadaten eine geringere Bedeutung bei, doch diese Informationen verraten sehr viel mehr, als Laien (oder Richter) gemeinhin vermuten. Weiß der Staat, wer wann wie lange mit wem spricht, ist er in der Lage, ein ausgesprochen aussagekräftiges Dossier zu erstellen. Eine Liste von allen Interaktionen mit Freunden, Geliebten, Kollegen, Geschäftskonkurrenten, Geistlichen, Ärzten, medizinischen Laboren oder Selbstmord-Hotlines erzählt eine Menge Geschichten. Mit dem gerichtlich abgesegneten Zugang zu rund einer Billion Anrufdaten pro Jahr verfügte die NSA über das Rohmaterial für eine umfangreiche Karte der sozialen, geschäftlichen, politischen und religiösen Netzwerke der Nation. Der Staat sammelte die unverwechselbaren Hardwarekennungen von Handys[80] und »umfassende Informationen über Kommunikationswege«,[81] mit deren Hilfe sich die Aufenthaltsorte eines Anrufers annähernd bestimmen ließen. Als das Programm öffentlich gemacht wurde, hieß es von offizieller Seite, die NSA speichere die Standortdaten ja eigentlich gar nicht.

Wichtig war, was sie tatsächlich mit den Daten machte – aber die

Politik konnte sich ändern. Das meinte Snowden, als er von »turnkey tyranny«, einer »schlüsselfertigen Tyrannei«, sprach, von solch mächtigen Systemen, dass es zu gefährlich sei, sie welcher Regierung auch immer anzuvertrauen. Auf jeden Fall galten verfassungsrechtliche Grenzen nicht nur für die Art und Weise, wie der Staat die Früchte einer Durchsuchung und Beschlagnahme nutzte. Die Sammlung an sich bedeutete schon einen großen Eingriff in die Privatsphäre. Wir als Nation erlaubten auch nicht der Polizei, allen Besuchern einer Theatervorstellung die Taschen auf links zu drehen, wenn eine Geldbörse verloren gegangen war, ganz unabhängig davon, was sie mit den Indizien machte.

Um ihr bemerkenswert dreistes Unterfangen der inländischen Massenüberwachung zu rechtfertigen, hatte sich die Exekutive eine radikal neue – und absolut geheime – Interpretation des Gesetzes zurechtgelegt. Im Jahr 2001 verlieh Absatz 215 des USA Patriot Act dem FBI vereinfachten Zugang zu Geschäftsdaten, die der FISC als »relevant für« eine genehmigte Terrorismusermittlung befand.[82] Relevanz ist eine Rechtsnorm, die typischerweise den Geltungsbereich staatlicher Macht begrenzt. Sie deckt dies ab, nicht jenes. Sie unterscheidet das, was Ermittler beschlagnahmen dürfen, von dem, was sie nicht beschlagnahmen dürfen. Unter den Präsidenten Bush und Obama verkehrte das Justizministerium den Begriff der Relevanz in sein Gegenteil. Regierungsanwälte überzeugten den FISC stillschweigend davon, dass *jede* Aufzeichnung von *jedem* Anruf dem Relevanztest standhielt, weil an einer terroristischen Verschwörung auch eine unbekannte Partei oder unbekannte Parteien beteiligt sein könnten. Die NSA schlug vor, diese Phantome per »Kontaktketten-Analyse« aufzuspüren, eine mathematische Überprüfung der Verbindungen zwischen Bekannten, Bekannten von Bekannten und so weiter. Die Rechenverfahren, die sich auf einen Graph mit Billionen von Knoten und Kanten stützten, überstiegen die Kompetenzen des Gerichts.[83] (Die FISC-Richter beschäftigten keine Technikberater.) Was das Gericht wusste und schließlich genehmigte, war, dass die NSA Zugriff auf die Gesamtheit inländischer Telefongespräche forderte.

Das Gericht beraumte bewusst einen geheimen Gerichtstermin an. Gegensätzliche Auffassungen gab es keine. Nicht nur der Inhalt, sondern auch die Existenz des Beschlusses blieben der Öffentlichkeit und den meisten Kongressmitgliedern verborgen, darunter auch einem federführenden Verfasser des Patriot Act.[84] Die gerichtliche Anordnung war als TOP SECRET//SI//NOFORN klassifiziert, eine Geheimhaltungsstufe, für die der großen Mehrheit der Gesetzgeber keine Angestellten mit der erforderlichen Freigabe zur Verfügung standen, die das komplexe Material hätten lesen und ihre Vorgesetzten entsprechend beraten können.[85] Nicht alle diese Punkte wurden in dem *Guardian*-Artikel erwähnt, doch es war eine Story, die weltweites Echo fand, und Greenwald erzählte sie gut.

Nun, da ich wusste, dass der Startschuss gefallen war, teilte ich Shawn Turner mit, die *Post* werde das Publikationsdatum für die PRISM-Story vorverlegen. Als mein Telefon erneut klingelte, hörte ich zum ersten Mal seit zwei Jahren wieder Robert Litts Stimme. Als General Counsel des Direktors der nationalen Nachrichtendienste, James R. Clapper Jr., war Litt innerhalb der Regierung der oberste Anwalt für geheimdienstliche Angelegenheiten. Er klang angespannt, eröffnete das Gespräch aber mit lockerem Geplänkel. Wir seien uns schon einmal im Wye River Conference Center in Maryland begegnet. Er sei sich nicht sicher, ob ich mich daran erinnerte. Das hätte ich schwerlich vergessen können. Im Frühjahr 2011, als das Aspen Institute eine kleine Gruppe von Journalisten und Geheimdienstbeamten zusammengerufen hatte, hatten wir in einem Konferenzraum zwei intensive Tage zusammen verbracht. Geplant war ein Dialog über die Berichterstattung zu Geheimnissen der nationalen Sicherheit. Um den Tisch saßen 28 Männer und Frauen, darunter ein zukünftiger FBI-Direktor und ein ehemaliger stellvertretender Direktor der nationalen Nachrichtendienste. Ich glaube, unter ihnen allen gab es keine zwei Personen, die so grundlegend unterschiedlicher Auffassung waren wie Litt und ich.

Litt erklärte mir, er habe die PRISM-Präsentation vor sich liegen. Mehrere andere Personen seien auch da und würden mithören, aber ihre Namen nannte er nicht. Mir wurde klar, dass sie dieses Gespräch direkt hier über eine offene Telefonleitung führen wollten, was mich verblüffte. Wie ich später erfuhr, waren Litt und Clapper zum Kapitolshügel zitiert worden. Für ein persönliches Treffen war keine Zeit.

Ich wusste, dass Litt und seine namenlosen Kollegen besorgt sein mussten. Ich bin kein Freund von Geheimstempeln. Ich habe sie schon auf Abdrucken von Artikeln gesehen, über denen mein Name stand. Doch in der PRISM-Präsentation gab es Passagen, die, wie wohl jeder eingeräumt hätte, ihre Top-Secret-Kennzeichnung verdienten. Einige Folien enthielten Auszüge aus abgefangenen Gesprächen und Dateien, die einem den Atem raubten. Man hatte Ausländer ohne ihr Wissen dabei ertappt, wie sie Pläne schmiedeten, Amerikaner zu töten, international geächtete Waffen zu bauen und in geheime Dateien von Vertragsmitarbeitern der US-Regierung einzudringen. Die PRISM-Sammlung hatte eine gefährliche Vertuschungsaktion einer nicht befreundeten Regierung offengelegt sowie geheime Vorrichtungen, die eine andere installiert hatte, um dem Blick von US-amerikanischen Spionagesatelliten zu entgehen. Niemand, der Spionage als ein sinnvolles Werkzeug der nationalen Verteidigung ansah, hätte wohl die Bedeutung dieser Entdeckungen in Frage gestellt. Wenn ich sie erwähnte, würden die Zielpersonen zweifellos untertauchen.

»Normalerweise neige ich nicht zu Übertreibungen, aber gerade stehen mir buchstäblich die Haare zu Berge«, sagte Litt.[86]

»Ich kann mir vorstellen, woran Sie denken«, sagte ich. »Vielleicht bin ich in der Lage, die Sache ein wenig abzukürzen.«

Das Dokument enthielt Dinge, die die *Post* nicht veröffentlichen werde. Am Telefon benannte ich sie nicht ausdrücklich und auch hier werde ich sie nicht nennen. Stattdessen ging ich die Einzelheiten durch, indem ich die jeweilige Seitenzahl und Position angab. In unserer Story werde nichts aus den Folien 14, 19, 21 oder 22 erscheinen. Garantiert nichts aus der Karte von Folie 23 oder dem Transkript in den Anmerkungen oder der verlinkten Videodatei. Nichts aus der Liste auf Folie 28, denn hier könne jede Zeile Rückschlüsse auf andere erlauben und das sei riskant. Diese Entscheidungen hatten wir nicht aus Angst vor verlorener Gunst oder staatlicher Vergeltung getroffen. Wir hatten uns ein eigenes Urteil gebildet und das war uns nicht schwergefallen. Was mich betrifft, bin ich mir meiner Loyalitäten durchaus bewusst. In dieser Hinsicht bin ich kein Weltbürger, der dem Ausgang nationaler Konflikte neutral gegenübersteht. Die Enthüllung der Details, auf die ich hier anspiele, hätten meinem Land und einigen seiner Verbündeten eindeutig geschadet. In der öffentlichen politischen Debatte hätte es nach unserem Dafürhalten keine gegenteiligen Interessenlagen gegeben. Nach gleich welchen rechtlichen Maßstäben wären dies berechtigte geheimdienstliche Ziele gewesen.

Ich konnte hören, wie am anderen Ende der Leitung die Stummtaste gedrückt wurde. Nach einer Weile meldete sich Litt wieder und sagte: »Wir sind sehr froh, das zu hören.«

Danach ging die Stimmung ziemlich schnell den Bach runter. Die *Post* wolle keine operativen Details verraten, aber wir seien der festen Überzeugung, dass wir eine wichtige Geschichte zu erzählen hätten. Der schiere Umfang der Sammlung, die Brisanz willkürlicher Abhöraktionen und die geheime Verschiebung rechtlicher Grenzen seien bedeutsame Nachrichten. Ich sagte Litt, ich wolle die neun Unternehmen nennen und Ricks Schilderung vom direkten Zugang zu ihren Servern zitieren.

Litt ist ein energischer Advokat. Er erhob gegen alles Einspruch. Die US-Regierung werde die öffentliche Enthüllung geheimer Informationen nicht stillschweigend hinnehmen. Sie behalte sich alle rechtlichen Möglichkeiten vor, dagegen vorzugehen. Ich zweifle nicht daran, dass er meinte, was er sagte, aber das tat er nur noch der Form halber. Er wusste, dass der Zug abgefahren war. Ich erhoffte mir Bestätigung und einen Kontext, um sicherzugehen, dass ich verstand, was ich gelesen hatte. Er ging nur deshalb ins Detail, weil er klarstellen wollte, welche der geheimen Fakten die Regierung für besonders schützenswert hielt. Litt bestritt nicht Ricks Schilderung, dass die Daten »direkt aus den Servern« des Silicon Valley gezogen würden. »Natürlich wäre uns sehr viel lieber, dass darüber überhaupt nichts geschrieben wird«, sagte er, aber was ihm wirklich auf dem Herzen lag, war die Preisgabe der Firmennamen.

»Warum?«, fragte ich.

Öffentlich am Pranger zu stehen, antwortete Litt, könne peinlich für sie werden und ihre Bereitschaft zu künftiger Kooperation einschränken.

»Wenn der Schaden, von dem Sie sprechen, darin besteht, dass es für eine Firmenmarke von Nachteil ist, wenn der Öffentlichkeit nicht gefällt, was sie tut, dann kann ich das nicht als Grund akzeptieren, die Story fallen zu lassen«, stellte ich klar. »Was nachteilige Folgen für die Gewinnung von Daten für den Geheimdienst betrifft, falls die Wähler der Meinung sind, das solle eingeschränkt werden, so gilt das Gleiche. Aus genau diesem Grunde berichten wir über aktuelle Themen – die Leser sollen entscheiden, was sie unterstützen und was nicht.«[87]

Ich erwartete, dass Litt die Sache eine Etage höher ausfechten würde. Ich gab ihm Marty Barons private Nummer, mit dem obligatorischen Witz, dass er sie höchstwahrscheinlich schon habe. Litt rief Baron nicht an und sein Chef auch nicht. Am Abend desselben Tages, dem 6. Juni, brachten wir die Story raus.[88] Die Version des *Guardian*, die keine der von uns ausgelassenen Folien oder sicherheitsrelevanten Details enthielt, folgte weniger als eine halbe Stunde später. Bald darauf trudelten die ersten wütenden Proteste aus dem Silicon Valley ein. Unternehmen, die vorher keinen Kommentar hatten abgeben wollen oder nichts von Substanz gesagt hatten, stritten nun kategorisch ab, dass irgendeine US-Behörde »direkten Zugang« zu ihren Servern habe. Ich gab mir Mühe, diese Behauptungen mit den Aussagen in Einklang zu bringen, die der Programm-Manager der NSA – zweifach wiederholt – in dem offiziellen Überblick über PRISM ausdrücklich getätigt hatte. Spät am Abend entdeckte ich einen Hinweis in einem anderen Dokument aus dem Snowden-Archiv. Dort, in der Beschreibung einer Vorgängerversion von PRISM, fand ich eine Formulierung, die von der Ricks abwich. »Bezüglich der Selektoren für Internetinhalte sandten Collection Manager Instruktionen zur Sammlung von Inhalten direkt an Geräte, die an Orten unter Kontrolle des Unternehmens installiert waren«, hieß es dort.[89] Das klang, als befinde sich die Black Box der US-Regierung auf dem Firmengelände, dürfe aber nicht in direkten Kontakt mit den Servern gebracht werden. Ich brachte meine Story auf den neuesten Stand, indem ich die widersprüchlichen Informationen und den neuen Beleg veröffentlichte.

»Direkter Zugang« klang so eindeutig, erwies sich aber als ein unerwartet unpräziser Begriff. In Silicon Valley und Fort Meade verstand man darunter völlig verschiedene Dinge. Für die Technologieunternehmen bedeutete der Ausdruck, dass Spionageausrüstung der Regierung physisch mit ihrer Kernhardware verbunden war. Das würde einen katastrophalen Verlust an Kontrolle bedeuten und letzten Endes hatten sie recht damit, es abzustreiten. Der interne NSA-Bericht sprach von einer Sammlung »direkt von den Servern«, und zwar im Gegensatz zu dem, was die Behörde als indirekte Sammlung bezeichnet – das passive Abgreifen von Daten auf ihrer Reise durch das Internet. Wie Rick den Analysten erläuterte, musste PRISM nicht Photonen in Glasfaberkabeln hinterherjagen. Es holte sich die Daten unmittelbar von der Quelle in den Datenbanken der neun Unternehmen. Aus der Sicht eines NSA-Analysten war dies eine so gut wie direkte Verbindung – er gab einen Selektor an und zurück kamen ganze Datenladungen. Aus der Sicht von Facebook oder Google war die Feuerschneise zwischen dem staatlichen und ihrem eigenen Equipment von immenser Bedeutung. »Die Architektur ist eine ganz andere, doch der materielle Effekt, mit einer gewissen Verzögerung wegen der Überprüfung, ist im Grunde derselbe wie bei einem direkten Zugang«, erläuterte mir der stellvertretende NSA-Direktor Chris Inglis.[90]

Rückblickend bin ich mit meiner Story nicht zufrieden. Damals fehlten mir zahlreiche Informationen, die ich erst später erhielt, als ich mehr Zeit hatte, mich mit den Dokumenten zu beschäftigen, und viele weitere Interviews geführt hatte. Die Frage des »direkten Zugangs« nahm eine Menge Zeit und Aufmerksamkeit in Anspruch; für die Unternehmen war sie von elementarer Wichtigkeit, für die Kernfragen öffentlicher Politik jedoch weniger. Überdies übersah ich völlig eine andere Story, die mir aus dem PRISM-Briefing eigentlich direkt ins Auge hätte springen müssen. Mit den FISA-Zusatzartikeln waren zwei neue Formen der legalen Datensammlung autorisiert worden, die parallel operierten. Die eine war PRISM. Die andere, die ich übergangen hatte, hieß Upstream. Diese gewann in späteren Monaten an Bedeutung.

Drei Tage nach Veröffentlichung der PRISM-Story gab sich Snowden der Welt in einem zwölfminütigen Video zu erkennen, das Laura Poitras für den *Guardian* gedreht hatte.[91] Am Newark Liberty International Airport vertrieb sich Danielle Massarini auf ihrem Weg nach Deutschland die Zeit. »Ich scrolle durch mein Twitter-Feed und seh überall ›Snowden‹, ›Snowden‹, ›Snowden‹«, erinnerte sie sich.[92] Warum kam ihr der Name so bekannt vor? Dann erschien Snowdens Gesicht auf einem Bildschirm über der Bar und Massarini rief laut: »Ach du Scheiße!« Der Operations Officer ihrer neuen Einheit, der Army Foreign Counterintelligence Activity, sah sie fragend an. »Ich hab den Typ angeheuert«, erklärte sie. Er habe an der Akademie für Spionageabwehr vom Verteidigungsministerium Kurse für Cyber-Sicherheit gegeben. »Dann benachrichtigen Sie mal besser den Chef«, antwortete der Operations Officer. Das FBI würde bald kommen und jeden befragen, der Snowden jemals über den Weg gelaufen war.

5
GEGENWEHR

Wir werden dieses Programm nicht der Art von Kontrolle aussetzen, die sich die Eiferer wünschen.

> Admiral Dennis Blair[1]

Ich hielt Ausschau nach einem vielversprechenden Tisch, darauf bedacht, denjenigen Quellen aus dem Weg zu gehen, die mich nicht gern in ihrer Nähe haben würden. Eine lange Reihe von Führungskräften aus den Ressorts Verteidigung und Geheimdienst schlängelte sich am Buffet entlang. Als ich einen freien Platz in der Nähe von Admiral William McRaven entdeckte, stellte ich mein Tablett zwei Plätze rechts von ihm ab. Es war diese Art von zwanglosem Kontakt beim Essen und in den Pausen zwischendurch, die mich jedes Jahr wieder zum Aspen Security Forum zurückkehren ließen. Wenn es so etwas wie ein Establishment der nationalen Sicherheit gab, dann verbrachte es vier Tage im Juli hier unter dem Sommerhimmel der Rocky Mountains. Vizeminister und Staatssekretäre, Geheimdienstchefs, Combatant Commander, Waffenlieferanten, Präsidentenberater und Kongressmitglieder waren versammelt, um Ideen auszutauschen und über den Zustand der Welt nachzusinnen. Ein üppiges Angebot an potenziellen Opfern für einen Reporter wie mich. So war es zumindest früher gewesen. Als wir uns am 18. Juli 2013 zum Mittagessen niederließen, brannten die Snowdenfeuer schon seit sechs Wochen lichterloh.

Ich kannte McRaven. Vor zwei Jahren hatten wir ein ziemlich langes Gespräch geführt, nachdem er kurz zuvor Oberbefehlshaber des Kommandos für Spezialoperationen der USA geworden war.

»Schön, Sie zu sehen«, sagte ich.

Schweigen. Sein Gesicht versteinerte sich.

»Admiral?«

Er sah mich nicht an. McRaven war eine imposante Erscheinung, knapp 1,90 Meter groß,[2] kantig, mit dem Adler und Dreizack eines Navy SEAL auf der Jacke seiner blauen Ausgehuniform. Vor zwölf Jahren hatte er sich mühsam zu alter Form zurückkämpfen müssen, nachdem ihm bei einem fatalen Trainingssprung das Becken zerschmettert worden war.[3] Nach über 3000 Metern freien Falls war er in der Luft mit einem SEAL-Kameraden zusammengeprallt und halb bewusstlos geschlagen worden, während ihm die Zeit knapp wurde, seinen Fallschirm zu öffnen. Als es ihm schließlich gelang, schlangen sich Teile des Fallschirms und die Tragegurte um seine Beine und »zersplitterten mich wie ein Nussknacker«,[4] wie er mir 2011 erzählte – in dem Jahr, als er Kommandeur der Operation in Abbottabad, Pakistan, war, bei der Osama bin Laden getötet wurde.

Oben auf der Bühne lieferte sich der General Counsel der NSA, Rajesh De, ein Wortgefecht mit Anthony Romero, dem Geschäftsführer der American Civil Liberties Union. In ihrem Gespräch über »das Spannungsverhältnis zwischen der freien Presse und der nationalen Sicherheit« spielte Snowden eine prominente Rolle.[5] McRaven starrte wütend auf seinen Teller. Unter dem Leinentischtuch wippte sein Bein hektisch auf und ab. Gelegentlich atmete er geräuschvoll aus – es klang mehr nach Knurren als nach einem Seufzer. Ich griff nach einem der kleinen Notizblöcke, die manchmal auf Tagungen verteilt werden, schrieb ein paar Worte und schob den Block nach links hinüber.

»Offensichtlich beschäftigt Sie etwas. Können wir darüber reden?«, lautete die Notiz.

McRaven blickte kurz darauf, schüttelte den Kopf und schob seinen Stuhl mit etwas mehr Nachdruck als nötig nach hinten. Mit ein paar langen Schritten ging er auf den Ausgang zu. Dann blieb er stehen, machte kehrt und stieß mit dem Zeigefinger in meine Richtung.

»Es gab kein zweites 9/11«, sagte er. Seine Halsmuskeln spannten sich. »Solange ihr nicht den Abzug drücken müsst, solange ihr nicht eure eigenen Leute begraben müsst, habt ihr nicht die geringste Ahnung.« Er machte eine abschätzige Handbewegung in Richtung Romero auf der Bühne. »Keiner von euch. Keiner von diesen Leuten. Keiner von euch hat die geringste Ahnung.«[6] Ein leises Gemurmel von den Tischen in der Nähe folgte ihm bis zur Tür.

Streng genommen hatte McRaven zweifellos recht. Die Gefahren, denen ich bei Einsätzen vor Ort ausgesetzt gewesen war – wenn ich an Grenzübergängen in einen auf mich gerichteten Gewehrlauf blickte oder im Schutz einer Mauer einem Feuergefecht zusah – waren keine Kampfhandlungen gewesen, in die ich involviert war. (Ich spreche für mich. Einigen meiner Kollegen und Kolleginnen ist es sehr viel schlimmer ergangen und nicht alle haben überlebt.) Ich musste nie entscheiden, ob jemand weiterleben durfte oder nicht, und hatte den Tod keines Menschen auf dem Gewissen. Dennoch traf mich McRavens Wutausbruch völlig unvorbereitet. Soldaten und Zivilisten leben in verschiedenen Welten. Das war nichts Neues. Andererseits war McRaven nicht dafür bekannt, dass er die Beherrschung verlor. Nach dem Überfall auf bin Laden berichtete mir ein Zeuge, dass McRaven »mit der Stimme von Walter Cronkite sprach«, als er Präsident Obama live über den Verlauf unterrichtete; seinen Bericht über den Hubschrauberabsturz und schließlich die Nachricht, dass der Tod des al-Qaida-Anführers bestätigt worden sei, lieferte er mit derselben Kaltblütigkeit ab.[7]

Einst hatte McRaven an der University of Texas Journalistik studiert.[8] Was ausdrücklich nicht bedeutete, dass er bereit war, Geheiminformationen zur nationalen Sicherheit mit den Augen eines Reporters zu betrachten. Jahre bevor wir aufeinandertrafen, praktisch in der Mitte seiner beruflichen Laufbahn, hatte McRaven eine Abhandlung über besondere Kriegsführung geschrieben, in der Heimlichkeit die Hauptrolle spielte: Geheimhaltung, Überraschung, die heimliche Überwachung eines Feindes.[9] Als er von dem Einsatz in Abbottabad sprach, wies er das Verdienst der CIA, der NSA und der National Geospatial-Intelligence Agency zu. »Dies wird als eine der größten *Geheimdienstoperationen* aller Zeiten in die Geschichte eingehen«, sagte McRaven damals zu mir.[10] Und so meinte er es auch.

McRaven blieb nicht lange genug beim Mittagessen, um seine Bemerkung zu einem zweiten 9/11 zu erklären. Ich verstand ihn so, dass elektronische Überwachung von der Art, wie sie von Snowden aufgedeckt wurde, die Jagd nach bin Laden und seinen Stellvertretern befeuert hatte. Die weiträumige Suche der NSA hatte die Anführer von al-Qaida in den Untergrund getrieben und sie davon abgehalten, ein weiteres komplexes Attentat zu befehligen und zu steuern. Die Geheimdienste hatten die SEALs zu bin Ladens Tür geführt und sie verschafften Kommandoteams bei Tausenden Überraschungsangriffen auf zahlenmäßig überlegene Gegner entscheidende Vorteile. Falls durch Snowden Quellen und Verfahren lahmgelegt worden waren, musste McRaven das als Sabotage betrachten. Aus diesem Blickwinkel würde ich selbst auch als Saboteur gelten.

Ich hatte nie in McRavens Welt verkehrt, in der Geheimnisse zuweilen über Leben und Tod entschieden. Doch das wäre nicht das einzige Thema des Gesprächs gewesen, das ich gerne mit ihm geführt hätte. McRaven war auch in meiner Welt nie heimisch gewesen. In meiner Welt dienten Geheimnisse manchmal der Vertuschung von Lügen. Manchmal verbargen Geheimnisse ein Verhalten, das sich im Licht betrachtet kaum rechtfertigen ließ. Manchmal spiegelten Geheimnisse ein Einverständnis mit Entscheidungen vor, von der die Öffentlichkeit nie erfuhr, dass sie sie hätte treffen können. Die mit Selbstverwaltung und Selbstverteidigung einhergehenden Dilemmata verfolgten mich schon seit meinen ersten Studienjahren;[11] meine Examensarbeit über Kriegsgeheimnisse behandelte zum Teil dieselben Themen, die auch McRaven beschäftigten.[12] Wir, er und ich, verfolgten verschiedene und gleichermaßen lebenswichtige Interessen in einer Demokratie, die sich im Kriegszustand befand.

Jahre später versuchte ich erneut, mit McRaven Kontakt aufzunehmen. Inzwischen war er vom aktiven Dienst zurückgetreten und Kanzler der University of Texas, seiner Alma Mater. Ich glaubte, zu wissen, was ihn in Aspen so erzürnt habe, schrieb ich ihm, »aber statt [in meinem Buch] Mutmaßungen anzustellen, würde ich es viel lieber von Ihnen persönlich hören«.[13] Zuweilen zahlt sich ein Schuss ins Blaue aus. »Ich würde gerne mit Ihnen plaudern«, antwortete McRaven eine Stunde später per E-Mail.[14] Am Tag darauf rief er aus seinem Büro im dritten Stock im Zentrum von Austin an, wo ein Kaffeebecher mit John-Wayne-Konterfei und die Figur eines Soldaten aus dem Unabhängigkeitskrieg neben seinem Schreibtisch Wache standen.[15] Er konnte sich nicht mehr genau erinnern, »was schuld an meinem Ausbruch war«, aber er entschuldigte sich freundlich. »Mir ging es immer um die Sicherheit von Amerikanern, die sich in Gefahr befinden«, sagte er. »Ich gehe fest davon aus, dass dies auch das Anliegen eines guten Reporters ist. ... Wie finden Sie zum Gleichgewicht zwischen dem, was die Öffentlichkeit Ihrer Ansicht nach wissen muss, und dem Risiko, Menschenleben aufs Spiel zu setzen?«[16]

Er suchte nach einem gemeinsamen Nenner. Viel hatte er nicht anzubieten. »Ich glaube aus tiefstem Herzen an Transparenz, das dürfen Sie bitte gern so wiedergeben«, sagte McRaven. »Und da draußen gibt es Verfahren, die dafür sorgen, dass die Transparenz auf der richtigen Ebene aufscheint.« Die richtige Ebene, wie er sie verstand, befand sich nicht in einem frei zugänglichen Bereich. Eher war das Gegenteil der Fall. McRaven glaubte an Transparenz innerhalb der Mauern des Foreign Intelligence Surveillance Court und der Geheimdienstausschüsse von Repräsentantenhaus und Senat. Es war nicht notwendig, dass die Öffentlichkeit informiert wurde oder von außen ihre Ansichten zu politischen oder rechtlichen Themen kundtat. Geheime Transparenz, mit anderen Worten. McRaven sah keinen Widerspruch darin. Dieses Denkmodell, das unter McRavens Berufskollegen vorherrschte, reichte weit über die Überwachungspolitik hinaus. Wie viele Zivilisten starben bei Sondereinsätzen? Entsprachen die Regeln für die Beteiligung daran amerikanischen Werten oder internationalem Recht? Sollten US-Drohnen autonome Entscheidungen über Leben und Tod fällen dürfen? All diese Dinge waren geheim, nicht zur Diskussion freigegeben.

McRaven war bereit, mich als »einen charakterfesten und integren Mann« anzuerkennen, aber die Erbsünde meiner Transaktion mit Snowden konnte er mir nicht verzeihen. »Er hat das Gesetz gebrochen, und so haben Sie sich, indem Sie diese Informationen preisgegeben haben, letzten Endes mit einem Kriminellen eingelassen«, sagte er. »Wo ist da die Integrität?« (Auf diese berechtigte Frage komme ich in Kapitel 7 zurück.) Wie sehr ich mich auch bemühen mochte, den möglichen Schaden zu bedenken, welche Beratungen ich auch immer mit der Regierung abhielt – McRaven war der Meinung, dass das, was ich schrieb, Konsequenzen habe, die ich nicht absehen könne. Wie er andeutete, wolle ich mir in dieser Hinsicht möglicherweise auch gar keine allzu große Mühe geben.

Der Admiral hielt seine Stimme unter Kontrolle, aber allmählich schaltete er wieder in den Angriffsmodus. »Sie als Reporter treffen die Entscheidung, dass es für die Öffentlichkeit – und ich würde behaupten: vor allem für den Reporter – wichtiger ist, diese Story rauszubringen, bevor jemand anderer Sie aussticht«, sagte er. »Die Berichterstattung liegt in der Natur Ihres Jobs. Das haben Sie im Blut. Und ich glaube, die Berichterstattung ist immer der Standardfall für Sie. Und für sich können Sie immer Argumente finden, warum das amerikanische Volk irgendetwas wissen muss.«

Lange vor meinem ersten Kontakt mit Snowden hatte mich das Aspen Institute gebeten, eine Plenarsitzung zu moderieren. Die Stars der Veranstaltung sollten zwei ehemalige Direktoren der nationalen Nachrichtendienste sein – Botschafter John Negroponte und Admiral Dennis Blair. Das für uns vorgesehene Thema war überschrieben mit »Mission erfüllt? Hat die Intelligence Community alle Punkte miteinander verbunden?« So kam es, dass mir sechs Wochen nach den ersten Snowden-Enthüllungen der pure Zufall eine Stunde auf der Bühne mit zwei Männern bescherte, die das moderne Zeitalter der Überwachung entscheidend mitgeprägt hatten. Das Format versprach Substanz, nachdem uns Washington über einen Monat lang wenig gehaltvolle Gesprächsthemen aufgetischt hatte. Meine Podiumsgäste waren nicht mehr im Amt, aber sie hatten die elektronische Sammlung geheimdienstlicher Daten in der Dekade ihres revolutionären Wachstums beaufsichtigt. Negroponte war von 2005 bis 2007 der erste Direktor der nationalen Nachrichtendienste gewesen. Unter Präsident Bush hatte er dabei geholfen, die Überwachungsprogramme ohne richterlichen Beschluss in eine neue Form zu gießen, so dass FISC und Kongress, die bis dahin im Dunkeln gelassen worden waren, sie absegnen konnten.[17] Unter Blairs Aufsicht von 2009 bis 2010 expandierten einige dieser Programme so rasant, dass die NSA die gesammelten Datenmassen kaum bewältigen konnte.

Bei einer Telefonkonferenz acht Tage vor unserem Treffen erfand ich ein »Moderatorenprivileg«, das es mir erlaubte, unser Thema umzuformulieren. Bestimmt werde das Publikum erwarten, dass wir über die NSA und Snowden redeten. Es sei zu spät, das ausgedruckte Programm zu ändern, aber für unsere Zwecke würde ich vorschlagen, die Frage abzuändern in »Verbinden die Nachrichtendienste der USA alle Punkte oder sammeln sie zu viele?«

Blair antwortete als Erster. Er klang verärgert. »Das gefällt mir nicht besonders«, sagte er. »Was zur Hölle ist darüber zu sagen? Alle Verantwortlichen haben erklärt, es sei alles ordnungsgemäß genehmigt und überwacht gewesen. Wir werden dieses Programm nicht der Art von Kontrolle aussetzen, die sich die Eiferer wünschen.«[18] Mit hoher Stimme, die wohl einen Eiferer darstellen sollte, greinte er: *»Raus mit der Sprache, denn wir vertrauen euch nicht.«*

Negroponte, der Berufsdiplomat, schlug einen versöhnlichen Ton an. »Ich habe mich vergewissert, dass alles bestens abgesichert war«, erklärte er in beruhigendem Bariton. »Ich habe mich gründlich vergewissert.«

Blair, der gerade erst warmlief, schaltete sich wieder ein. »Die Öffentlichkeit und die Presse verstehen nicht, dass wir es so handhaben«, sagte er. »Was mich dabei sprachlos macht, ist: Es gibt keinen eindeutigen Beweis dafür, dass es sich um Machtmissbrauch handelt. Es heißt immer nur: *›Oh, eventuell.‹*« Der greinende Eiferer meldete sich wieder zu Wort. »*Oh, krass, das ist eine große Sache!* Nach meiner Erfahrung beachten die Leute die Regeln und ihnen steht auf der Stirn geschrieben, dass man Amerikaner nicht ohne Erlaubnis ausspionieren darf.«

Blair machte noch eine Weile so weiter. Ich sagte, Aspen könne das ideale Forum sein, um die Sache zu klären. Ich würde fragen. Sie würden antworten. Sie würden viele Gleichgesinnte im Raum haben. Nach vierzig Minuten – das muss ich ihnen zugutehalten – erklärten sich die beiden Männer einverstanden.

Am Tag der Plenarsitzung versammelten wir uns in einem Raum von der Größe eines Ballsaals am oberen Ende der Roaring Fork Gorge bei Aspen. Zur Eröffnung machte ich einen kleinen Scherz über eigenartige Bettgenossen. »Als wir vor einigen Monaten die Diskussionsteilnehmer auswählten, haben unsere Podiumsgäste mit Sicherheit nicht damit gerechnet, dass sie mit einem Typen auf der Bühne sitzen würden, der heimlich mit Edward Snowden Kontakt hatte.«[19]

Ich hatte das Eis brechen wollen, mit einer Bemerkung, die kaum ein Schmunzeln wert war. Meine Kinder hätten von einem Papawitz gesprochen. Die Reaktion ließ nichts Gutes ahnen. Ich glaube, für Moderatorenwitze gibt es eine Art Bewertungskurve. Zwischen Sprecher und Zuhörern besteht eine Art Bündnis. Das Publikum sucht nach Stichworten. Es will reagieren. Dieses hier erstarrte in Schweigen. Weder Blair noch Negroponte konnte sich ein Lächeln abringen.

Okay. Dann also geradewegs drauflos. 2006 hatte der FISC der US-Regierung im Stillen die Befugnis erteilt, Aufzeichnungen von sämtlichen Telefongesprächen in den Vereinigten Staaten zu sammeln und zu speichern. (Im Grunde konnte eine Sammlung nie vollständig sein, aber die Erlaubnis dazu existierte.) Bis dahin hatte die Regierung unter Bush diese Aufzeichnungen bereits jahrelang im Geheimen gesammelt, ohne das Gericht darüber zu informieren. »Wozu um alles in der Welt brauchten Sie all diese Informationen?«, fragte ich. »Und wie passt das zu den Grenzen, die das amerikanische Volk erwartet, um seine Privatsphäre zu schützen?«

Negroponte zu meiner Rechten sagte, die drei Monate zuvor erfolgten Bombenanschläge auf den Boston-Marathon seien Antwort genug. »Einer der Gründe für dieses Vorgehen lautet, dass man dann über all die Daten verfügt und die Zarnajew-Brüder verhaftet und die Telefonnummern herausfindet, mit denen sie in Tschetschenien oder sonstwo in Kontakt gestanden haben«, sagte er. »Dann wirft man sie in den Topf mit den Nummern aus der Datenbank und vielleicht findet man dann noch andere Leute, die dieselben Nummern angerufen haben.«[20]

»Werfen« klang sehr handfest. Hol dir die Anrufdaten von einem üblen Kerl, schüttel sie durch und schau, wer rauskullert. Dagegen konnte niemand etwas einwenden. Negroponte wählte seine Worte sorgfältig. So weit entsprachen sie der Wahrheit. Für das, was in Washington erzählt wurde, galt das nicht. Neben zahlreichen anderen hatte Senator Lindsey Graham kürzlich behauptet, die NSA suche nur nach Aufzeichnungen über Personen, die »mit den Terroristen reden«.[21] Nun wiederholte Negroponte diese falsche Behauptung. Er griff die Reaktion von Präsident Bush auf Nachrichten über ein ähnliches Überwachungsprogramm von Januar 2006 auf. »Falls jemand mit al-Qaida redet, erscheint es mir plausibel, dass wir wissen wollen, warum«, hatte Bush gesagt.[22] Negroponte fügte hinzu: »Und das ist gewissermaßen die zugrunde liegende Philosophie dieses Programms.«

In Wahrheit entsprach das ganz und gar nicht der Art und Weise, wie die NSA die Gesprächsaufzeichnungen nutzte. Das Programm sollte nicht herausfinden, warum, sondern, ob amerikanische Anrufer etwas mit einer terroristischen Verschwörung zu tun hatten, und zu diesem Zweck inspizierte es uns alle. Mit Hilfe des FBI erstellte die NSA ein Fünf-Jahres-Inventar der Telefonate von sämtlichen Anschlüssen, an die sie herankam. Billionen Telefonate.[23] Niemand musste die Tiefen und Weiten dieses Ozeans ergründen, um die Nummern auf der Telefonrechnung eines Bösewichts zu finden. Was die NSA in Wirklichkeit betrieb, war eine Kontaktkettenanalyse, die ausgeklügelte Form einer Suche, bei der verborgene, indirekte Beziehungen in sehr großen Datenmengen aufgespürt werden sollten. Der Ausgangspunkt einer Kontaktkettenanalyse war die Telefonnummer einer Zielperson, etwa die von Dschochar Zarnajew, und dann wurde der Fokus kontinuierlich erweitert, indem man herauszufinden versuchte, mit wem Zarnajews Kontaktpersonen redeten und mit wem diese Leute redeten und immer so weiter. Komplexe Software-Tools verbanden die Anrufdaten als »Knoten« und »Kanten« zu einem Raster von solcher Größe, dass ein Menschengehirn es ohne Hilfe nicht erfassen konnte. Die

Knoten waren die Punkte auf der Karte, die jeweils eine Telefonnummer repräsentierten. Die Kanten waren Linien zwischen den Knoten, die jeweils einen Anruf repräsentierten. Ein damit verwandtes Tool namens MapReduce komprimierte die Billionen Datenpunkte zu Berichten, die ein menschlicher Analyst bewältigen konnte.

In der Netzwerktheorie bezeichnet man diese Karte als soziales Diagramm. Es bildet die Beziehungen und Gruppen ab, die die Interaktionen aller erfassten Personen mit der Welt definieren. Die NSA-Analyse betraf nahezu alle US-Amerikaner, weil das Diagramm mit Fortschreiten der Kontaktkettenanalyse exponentiell wuchs. Der einzige Sinn der Kettenanalyse bestand darin, von den unmittelbaren Kontakten einer Zielperson immer weiter nach außen zu den Kontakten der Kontakte und danach zu den Kontakten der Kontakte der Kontakte vorzustoßen. Jeder Schritt in diesem Verfahren war ein sogenannter Hop.

Wenn man einen Cent jeden Tag verdoppelt, hat man in nicht einmal einem Monat eine Million Dollar. So sieht exponentielles Wachstum mit einer Basis von zwei aus.[24] Auf dem Weg der Kontaktkettenanalyse durch die Hops wächst das soziale Diagramm noch viel schneller. Führt eine Person pro Jahr mit durchschnittlich zehn Personen Telefongespräche, so erzeugt jeder Hop eine zehnfache Steigerung.[25] Die meisten Menschen telefonieren mit viel mehr als zehn Leuten. Doch egal, wie groß diese Zahl ist, ob es sich um Dutzende oder Hunderte handelt – wenn man sie mit sich selbst multipliziert, erhält man die Wachstumsrate für jeden einzelnen Hop.

Just an dem Tag, bevor sich Negroponte und Blair auf dem Podium zu mir gesellten, hatte der stellvertretende Direktor der NSA John C. Inglis im Kongress ausgesagt.[26] Laut Inglis gehen NSA-Analysten beim Aufdecken einer Analysekette in der Anrufdatenbank typischerweise »zwei oder drei Hops nach außen«.[27] Um das in Relation zu setzen: Datenwissenschaftler haben vor Jahrzehnten geschätzt, dass nicht mehr als sechs Hops oder Handschläge nötig sind, um zwischen zwei beliebigen Menschen auf der Erde eine Verbindung herzustellen.[28] Ihr Forschungsergebnis fand sogar Eingang in die Popkultur –

in dem Bühnenstück und gleichnamigen späteren Film *Six Degrees of Separation* von John Guare.[29] Drei Studenten des Albright College machten aus dem Film das Gesellschaftsspiel »Six Degrees of Kevin Bacon«.[30] Schließlich folgte noch die Webseite The Oracle of Bacon, auf der der jeweils kürzeste Weg von dem Star aus *Footloose* zu seinen Hollywood-Kolleginnen und -Kollegen berechnet wird.[31] Die Seite ist nach wie vor aktiv und bietet einen unterhaltsamen Exkurs über Hops und wohin sie führen können.

Es gab eine lange Liste von Schauspielerinnen und Schauspielern, die gemeinsam mit Bacon in einem Filmabspann auftauchten. Das waren seine direkten Verbindungen, ein Hop von Bacon selbst entfernt. Wer nie mit ihm zusammengearbeitet hatte, wohl aber mit jemandem, der es getan hatte, war zwei Hops von Bacon entfernt. Scarlett Johansson hatte nie mit Bacon gedreht, aber beide jeweils mit Mickey Rourke – Bacon in *American Diner*, Johansson in *Iron Man 2*. Durch Rourke waren sie über zwei Hops miteinander verbunden.[32] Bacon hatte nie in einem *Star-Wars*-Film mitgespielt, aber es gab Verbindungen über zwei Hops zu Harrison Ford, Carrie Fisher, Mark Hamill und James Earl Jones. Spielte man weiter, so stellte man fest, dass Bacon nur selten mehr als jeweils zwei Hops von anderen Schauspielerinnen oder Schauspielern entfernt war, ungeachtet der zeitlichen Abstände und stilistischen Unterschiede. Mit zwei Hops gelangte man zum Stummfilmstar Charlie Chaplin, zu Groucho Marx und Fred Astaire, von denen keiner im selben Jahrhundert wie Bacon zur Welt kam. Hedy Lamarr? Humphrey Bogart? Zwei Hops. (Alle hatten gemeinsam mit Eddie Albert gedreht.) In einer Stadt wie Hollywood, die über nur eine einzige Industrie verfügt, mögen derartige Verbindungen jedem einleuchten. Verblüffender, falls man mit Logarithmen nicht sehr vertraut war, waren da schon die Entfernungen, die man mit einem oder zwei Hops durch die sehr viel weitläufigere NSA-Datenmenge zurücklegen konnte. Laut akademischen Studien konnte sich mit Hilfe von jeweils drei Hops – drei Verbindungen in der Kette, also mit derselben Zahl, die Inglis erwähnt hatte – ein Weg zwischen zwei beliebigen Amerikanern herstellen lassen.[33]

In diese Richtung wollte ich das Gespräch lenken. Blair bot mir eine Überleitung.

»Fakt ist Folgendes«, sagte Blair. »Wie viele Zugriffe auf diese Aufzeichnungen hat es im Jahr 2012 gegeben? Raten Sie mal. Okay, Bart, ich schlage Ihnen ein paar Zahlen vor. 10, 250, 10 000, 5 Millionen?«

Wahrscheinlich wusste er, dass ich diese Frage beantworten konnte. Inglis hatte die Zahl am Tag zuvor genannt. Das war eine Inszenierung fürs Publikum.

»Weniger als 300, laut der Regierung«, antwortete ich.[34]

Blair machte eine triumphierende Geste. Punkt und Sieg. FBI und NSA besaßen ein Meer an Informationen über uns. Gut. Aber sie schauten kaum einmal hinein. Wer konnte gegen ein solch flüchtiges Eintauchen in so tiefe Wasser etwas einzuwenden haben?

»Dann reden wir doch einmal darüber, was das bedeutet«, sagte ich. »Gestern erst haben wir von Chris Inglis gehört ... dass die Kontaktkettenanalyse dieser Nummern zwei oder drei Hops umfasst. Nehmen wir an, dass Personen, die Telefongespräche führen, im Mittel pro Jahr mit jeweils 100 Individuen telefonieren.«

Ich rechnete laut vor.[35] Multipliziere bei jedem Hop mit 100. Bei Anrufdaten von 300 Personen würden beim ersten Hop die Anrufe von 30 000 Personen überprüft. Beim zweiten ginge es bereits hoch auf 3 Millionen. Beim dritten Hop ergäbe die Kontaktkettenanalyse »ein potenzielles Universum von rund 300 Millionen, was in etwa der Bevölkerung der Vereinigten Staaten entspricht«.[36]

Darf ich vorstellen – Dennis Blair, Scarlett Johansson. Aller Wahrscheinlichkeit nach kennen Sie mindestens eine Bekannte eines Bekannten einer Bekannten von ihr. Sie ist zwei Hops von Kevin Bacon entfernt und nicht mehr als drei von nahezu jeder anderen Person zwischen Hawaii und Maine.

Negroponte beugte sich vor. »Darf ich kurz unterbrechen?«, sagte er. »Geht es hier um eine hypothetische Diskussion oder eine echte?«

»Das ist bloß *Mathematik*«, entgegnete ich.

Darauf ging Negroponte nicht ein. »Das ist *bloß* Mathematik«, sagte er. »Es ist nicht das, was wirklich geschieht.« Vielleicht ermögliche es die Sammelerhebung von Telefondaten der NSA, die Kommunikationen aller Menschen in diesem Raum, aller Menschen in Amerika zu kartieren. Doch die Personen, die diese Macht besäßen, nutzten sie mit Disziplin und Zurückhaltung. »Sie überprüfen sich bei jedem Schritt des Verfahrens«, sagte Blair, »und sie stöbern nicht in Billionen von Datenaufzeichnungen herum, um womöglich etwas Interessantes zu finden.«

Sie überprüfen sich. Es gab Prüfer und Kontrollbeamte, einen Generalinspekteur, einen General Counsel und einen Direktor der nationalen Nachrichtendienste, die einander unter der Hand bescheinigten, dass die NSA ihre Regeln einhielt. (Die Regeln waren ebenfalls geheim.) Sollten wir ihnen genauso vertrauen, wie sie sich selbst vertrauten? Sollten wir nicht nur Blair und Negroponte, nicht nur Präsident Obama vertrauen, sondern allen nachfolgenden Erben der Überwachungsmaschinerie? Hätte Blair persönlich diese Macht guten Gewissens weitervererbt, wenn er damals gewusst hätte, dass Donald Trump 2017 das Ruder übernehmen würde?[37] Bis dahin würden viele seiner pensionierten Kollegen »Niemals-Trump«-Briefe unterschreiben und ihn, unter anderem wegen seiner rücksichtslosen Machtgier, als ungeeignet für das Präsidentenamt erklären.

Die Antwort darauf hing womöglich zum Teil davon ab, was auf dem Spiel stand. Wie viel ließ sich einer simplen Anrufliste tatsächlich entnehmen? Die offizielle Position der Regierung bei Gericht lautete, dass diese Art von »Metadaten«, also Informationen über Informationen, keinerlei Datenschutzinteressen unterlägen. Bei ihnen gehe es um das Wer/Wann/Wo eines Gesprächs, nicht um die Worte selbst. In Princeton, wo ich Visiting Fellow war, hatte ich mich mit der Bedeutung von Metadaten auseinandergesetzt, gemeinsam mit Ed Felten, einem Informatiker, der eine Zeit lang als Stellvertretender Technischer Direktor der Vereinigten Staaten fungiert hatte.[38] Unsere Gespräche drehten sich immer wieder um »eingebettete Muster« in voluminösen Datenmengen. In jenem Sommer legte er dar, was er bei einem Rechtsstreit gegen die NSA in einer eidesstattlichen Erklärung als Vertreter der Kläger formuliert hatte. Der Informatik gelang es mittlerweile, aus sehr großen Sammlungen sehr kleiner Hinweise private Geheimnisse herauszulesen. »Einzelne Datenwerte, die zuvor weniger geeignet schienen, private Informationen preiszugeben, können nun in ihrer Gesamtheit sensible Details über unser tägliches Leben offenbaren – Details, deren Preisgabe wir nie beabsichtigt oder erwartet hätten«, schrieb er.[39]

Möglicherweise würden sich über die Aufzeichnungen der Anrufdaten eines Tages unbekannte Terroristen identifizieren lassen, aber das sollte sich als eine monumentale Herausforderung erweisen. Später im Jahr kam eine vom Präsidenten beauftragte Prüfgruppe zu dem Schluss, die NSA habe in dieser Hinsicht noch keinen einzigen Durchbruch erzielt.[40] Es gab andere Dinge, ausgesprochen private Dinge, die leichter aufzuspüren waren. Ohne nennenswerten Aufwand konnte der Staat Personen identifizieren, die Whistleblowing-, Drogenmissbrauchs-, Vergewaltigungs- oder Selbstmord-Hotlines anriefen. Reporter erwähnte Felten nicht, aber journalistische Quellen ließen sich leicht herausfischen, wenn sie keine ungewöhnlichen Vorkehrungen trafen. Über den Zugang zu den Telefondaten ließen sich mit Big-Data-Verfahren »Mitglieder, Spender, politische Förderer [und] vertrauliche Quellen« von Menschenrechts- oder Protestgruppen ermitteln. Geldspenden, die per SMS, einem zunehmend beliebten Kanal, überwiesen wurden, verrieten Unterstützer von politischen Parteien und religiösen Institutionen. Mit Data-Mining ließ sich die sexuelle Orientierung eines Menschen verlässlich bestimmen. Man konnte die telefonischen Fingerabdrücke geheimer Liebesaffären in ihrem zarten Ersprießen, Erblühen und Dahinwelken verfolgen. Chefs ließen sich von ihren Angestellten unterscheiden, weil ihre Anrufe im Allgemeinen schneller beantwortet wurden und sie weniger Skrupel hatten, ihre Untergebenen nachts aus dem Bett zu klingeln.

Berücksichtigte man auch Zeit und Abfolge, waren die Ergebnisse verblüffend. Felten schrieb: »Vor dem geistigen Auge entwickelt sich eine plausible Geschichte, wenn eine junge Frau ihre Gynäkologin anruft, dann umgehend ihre Mutter, danach einen Mann, mit dem sie in den letzten Monaten wiederholt nach 23 Uhr telefoniert hat, und sich schließlich bei einem Zentrum für Familienplanung meldet, das auch Abtreibungen anbietet.« Es mag sein, dass der Staat sich selten darum schert und dieses Wissen in einem gegebenen Jahr nicht missbraucht. Doch nun hatte er zum ersten Mal in der Geschichte der Menschheit die Macht, genau das zu tun.

Stewart Baker, vormals General Counsel der NSA, zog mit Fernsehauftritten, Zeitungsinterviews und Blogbeiträgen sehr schnell gegen Snowden zu Felde. Auch einige meiner Artikel kritisierte er scharf.[41] Doch was die Macht des sozialen Diagramms betraf, nahm er kein Blatt vor den Mund. »Metadaten verraten dir wirklich alles über das Leben eines Menschen«, sagte er. Was Signals Intelligence betraf: »Hat man genug Metadaten, so braucht man eigentlich keine Inhalte.«[42] Im Frühjahr darauf pflichtete ihm Michael Hayden, früherer NSA- und CIA-Direktor, freiheraus bei. »Wir töten Menschen auf Basis von Metadaten«, sagte er. »Aber das ist nicht das, was wir mit *diesen* Metadaten tun.«[43]

Am Tag vor unserer Podiumsdiskussion fragte der Abgeordnete Bob Goodlatte, ein Republikaner aus Virginia, Robert Litt, den General Counsel des Direktors der nationalen Nachrichtendienste, in Washington, ob die Geheimdienstbeamten tatsächlich geglaubt hätten, die massenhafte Erhebung von Telefondaten lasse »sich ewig vor dem amerikanischen Volk geheim halten?« Litt erwiderte kleinlaut: »Immerhin haben wir es versucht.«

Das sahen Blair und Negroponte beide etwas anders. »Wer von uns als leitender Beamter in der Intelligence Community und verwandten Behörden tätig war, hätte sich sehr viel mehr Mühe geben sollen, die allgemeinen Prinzipien dieser Programme zu erläutern, ohne in kuriose Einzelfälle abzuschweifen, die außer unseren Gegnern niemandem helfen«, sagte Blair. »Und es wirkt irgendwie unterwürfig, wenn man vor den Snowden-Enthüllungen in die Knie geht und sagt: ›Ja, aber wir sind in Ordnung. Vertraut uns.‹«

Vertrauen wurde zum Kernpunkt unseres Gesprächs. Zu der Zeit, in der die beiden Männer die NSA geleitet hätten, und auch danach, sagte ich zu ihnen, hätten politische Entscheidungsträger und führende Geheimdienstbeamte vor der Öffentlichkeit routinemäßig falsche Zusicherungen abgegeben, die den üblichen Gebrauch von Sprache ad absurdum führten. Im Jahr 2012 hatte NSA-Direktor Keith Alexander rundheraus erklärt: »Wir besitzen keine Daten von US-Bürgern.«[44] In meinen Augen war das eine glatte Lüge. Wenn Alexander diesbezüglich anderer Meinung war, musste er irgendeine geheime Definition von »besitzen« oder »Daten« im Sinn gehabt haben, die zu erraten er von keinem seiner Zuhörer erwarten konnte. Drei Monate vor dem ersten Bericht über Snowden fragte Senator Ron Wyden den Direktor der nationalen Nachrichtendienste, James Clapper, bei einer öffentlichen Anhörung: »Sammelt die NSA Daten irgendwelcher Art über Millionen oder Hunderte Millionen Amerikaner?«[45] Clapper blickte vor sich auf den Tisch, strich sich über den kahlen Schädel und ballte die Hand zur Faust. Er verzog das Gesicht, als müsse er etwas Widerliches essen. »Nein, Sir«, erklärte er dem Tisch. Er blickte zu Wyden auf und schüttelte den Kopf. »Nicht wissentlich«, fügte er hinzu. Später bezichtigten ihn Kritiker, darunter auch Republikaner, des Meineids.[46]

Das sehe ich nicht ganz so streng. Clapper war ein Spion der alten Schule, ohne Gespür oder Talent für Wortspielereien. In der sogenannten »high side«, dem abgeschotteten Bereich der Nachrichtendienste, wo Geheiminformationen ausgetauscht wurden, galt er als ein integrer Mann des offenen Wortes. In der Öffentlichkeit schien er sich nie wohlzufühlen, weil er dort jeden Satz unvorbereitet filtern musste. Clapper stolperte über ein Dilemma, dem manch agilere Zeugen elegant hätten ausweichen können. Gesetz und Regeln verboten ihm, in einem nicht geheimen Kontext Geheimnisse auszuplaudern. Fragen zu umschiffen war Mike Haydens Spezialgebiet, nicht Clappers. Wyden war entschlossen, das Anrufdatenprogramm offenzulegen. Er hatte die Befragung als öffentliche Aufführung inszeniert. Die Antwort kannte er bereits. Clapper wusste, dass Wyden es wusste. Er hatte die Senatoren selbst in einer geheimen Sitzung unterrichtet. Doch Wyden wollte eine Ja-oder-nein-Antwort vor laufenden Kameras, und Clapper gab eine unglückliche Figur ab.[47] Als später die Tatsachen ans Licht kamen, machte er mit seiner Erklärung alles nur noch schlimmer. Er habe die »am wenigsten unwahre« Antwort gegeben, die ihm möglich gewesen sei, erklärte er Andrea Mitchell von NBC. Eine weniger unwahre Wahrheit – mit dieser Antwort tat er sich keinen Gefallen. In meinen Augen war Clappers sträfliches Vergehen, dass er sich nach der Anhörung weigerte, das Protokoll zu korrigieren.

Was mich auf dem Aspener Podium verblüffte, war, dass Blair nach wie vor die Wahrheit der falschen Darstellung beteuerte. Unser Gespräch nahm beinahe metaphysischen Charakter an. Die NSA sammle massenweise Telefondaten von US-Amerikanern, sagte ich. Clapper behaupte, sie sammle nichts. Alexander behaupte, sie besitze nichts. Wie könne Blair diese Aussagen guten Gewissens verteidigen?

»Ich glaube, Sie verwenden das Wort ›sammeln‹ falsch«, sagte Blair. »Ich glaube, das Wort, das richtige Wort hier, ist ›lagern‹, um Zugang zu haben, wenn die Genehmigung erteilt wird.«

Von wem die Genehmigung kommen solle, sagte er nicht. Die Richter des FISC genehmigten die Sammelerhebung von Anrufdaten, aber sie beschieden nicht darüber oder wussten nicht einmal, wann die NSA die Daten abrief und die Kette der Kontakte untersuchte.

»Sehen Sie, mit einem geheimen Fachbegriff dieser Art stellen Sie sich meiner Ansicht nach selbst ein Bein«, sagte ich. Wenn FBI-Agenten all unsere Anrufdaten zusammentragen könnten »und sie irgendwo in einem Silo verwahren und sagen, das sei keine Sammlung, dann verwenden sie unsere Sprache nicht so wie die meisten anderen Leute.«

Ich wartete mit einem weiteren Beispiel auf. Im Jahr 2009, als Blair die Intelligence Community leitete, versicherten Justizministerium und FBI dem Kongress in einer eidlichen Aussage, sie würden äußerst sparsamen Gebrauch machen von ihren Befugnissen gemäß Absatz 215 des Patriot Act, die richterliche Genehmigung für die Erhebung von »Geschäftsaufzeichnungen« zu erwirken. Laut FBI hatte der FISC in jenem Jahr lediglich 21 dieser Genehmigungen erteilt.[48] »Nun«, sagte ich zu Blair, »stellt sich heraus, dass man mit drei Genehmigungen dieser Art auf ungefähr 1 Billion Anrufdaten zugreifen kann.« (Das stimmte allerdings nicht. Die Genehmigungen wurden den drei Telefongesellschaften vierteljährlich erteilt; es waren also nicht drei von 21 Anordnungen, sondern zwölf.)

Nehmen wir an, Sie haben eine Tochter im Teenageralter, die zugibt, sie habe eine Hausparty veranstaltet, während Sie im Urlaub waren. Sie versichert Ihnen, das sei keine große Sache gewesen – sie habe nur 21 Freunde eingeladen. Später finden Sie heraus, dass 1 Billion Teenager angetanzt sind. Hat sie Sie angelogen? Sie könnte sich mit irgendwelchen Spitzfindigkeiten herausreden, aber welche Eltern würden sie damit davonkommen lassen? Sie hat Sie hinters Licht geführt, ganz bewusst. Das FBI hatte das Gleiche gemacht.

»Sie haben sich darauf eingestellt, dieses Programm zu rechtfertigen«, sagte ich zu Blair, »aber ich rede über Ehrlichkeit, die Aufrichtigkeit der öffentlichen Debatte.«

Zu diesem Zeitpunkt hatte ich die Schlacht bereits eindeutig verloren. »Ich bin hier eigentlich nicht als Debattierer vorgesehen«, musste ich zugeben. Negroponte lachte. Blair seufzte theatralisch. Das Establishment der nationalen Sicherheit spendete ironischen Beifall. Blair nutzte sogleich seinen Vorteil, wie er es bei der Navy gelernt hatte.

»Falls Sie Kommunikationschef des DNI-Büros würden, würden Sie zwar eine Freigabe erhalten, aber derselbe Bart Gellman bleiben, der boshaft ist und misstrauisch und sich ständig Sorgen macht«, sagte er.

Nicht misstrauisch genug, wie sich herausstellte. Damals sollte ich erst noch entdecken, wie viel die Regierung über das Anrufdatenprogramm nach wie vor unter Verschluss hielt. Selbst zum jetzigen Zeitpunkt gibt es noch eine Menge, was nie zugegeben wurde. Bisher hatte ich nicht die Gelegenheit, diesen Teil der Geschichte in der Presse zu veröffentlichen. Ich erzähle ihn hier zum ersten Mal.

Dass diese Story nie gedruckt wurde, liegt unter anderem daran, dass sie ihren Lesern ein gewisses Maß an Geduld abverlangt. Die Beweisführung ist ein Mosaik aus vielen Fragmenten. Einiges muss zunächst zusammengefügt werden. Scheinbar nebensächliche Fakten entwickeln sich zu folgenschweren. Ich glaube, wir sind auf dem Weg zu etwas Wichtigem, und ich möchte darlegen, was meine Arbeit erbracht hat.

In jenem Sommer 2013 sah ich in den Aufzeichnungen der Anrufdaten eine schlichte, wenn auch ungeheuer umfangreiche Liste. Ich ging davon aus, dass die NSA die Liste bereinigte – das Datum kommt hierhin, die Anrufdauer dahin – und sie in das von der Behörde bevorzugte »Atomic Sigint Data Format« konvertierte.[49] Ansonsten hielt ich die Daten für inaktiv. Ich hatte keinen Grund, an Blairs Erklärung zu zweifeln, dass sie »gelagert« würden, unberührt, bis der nächste Zarnajew auf der Bildfläche erschiene.

Selbst unter diesen Voraussetzungen kam mir angesichts des Umfangs der Sammlung eine unheilschwangere Formulierung des Rechtsgelehrten Paul Ohm in den Sinn. Wie er schrieb, mündeten jedwede in entsprechender Menge vorhandenen Informationen in eine »Datenbank des Verderbens«.[50] Diese Datenbank enthalte persönliche Geheimnisse, die, »einmal enthüllt, mehr als nur Peinlichkeit oder Scham hervorrufen würden; sie würden ernsthaften, konkreten, vernichtenden Schaden anrichten«.[51] Praktisch jeder Mensch in der entwickelten Welt, so Ohm, »kann mit wenigstens einer Tatsache aus einer Datenbank in Verbindung gebracht werden, die ein Widersacher zu einer Erpressung, Diskriminierung, Schikanierung oder zu Diebstahl von Geld oder Identität nutzen könnte.« So könnten Enthüllungen über »früheres Verhalten, Gesundheitszustand oder Familienschande« eine Person um eine Heirat, ihre Karriere, ihren rechtmäßigen Aufenthalt oder ihre physische Sicherheit bringen.

Die bloße Einrichtung einer solchen Datenbank, insbesondere im Geheimen, veränderte die Machtverhältnisse zwischen Regierenden und Regierten grundlegend. Dies war die Verkörperung des *Dunklen Spiegels*, des Einwegspiegels, der auf einer Seite durchsichtig und auf der anderen geschwärzt war. Falls Sie diese Überlegung nicht überzeugend finden, versuchen Sie im Geist einmal, die Verhältnisse umzukehren. Was wäre, wenn eine kleine Gruppe von Bürgern heimlichen Zugriff auf die Telefonprotokolle und sozialen Netzwerke von Regierungsbeamten hätte? Inwiefern könnte dieses privilegierte Wissen ihre

Fähigkeit beeinflussen, Ereignisse zu steuern? Wie würden sich ihre Interaktionen verändern, wenn sie die Mittel besäßen, die berufliche Karriere der Männer und Frauen an der Macht zu beschädigen und zu zerstören? Gelegenheit spielt immer eine Rolle, ob man sie wahrnimmt oder nicht. Eine nicht abgefeuerte Pistole ist vor dem Ziehen nicht weniger tödlich. Und wie die Geschichte zeigt, bleiben Gelegenheiten auf lange Sicht nie ungenutzt. Tschechows berühmte Weisung an Dramatiker gilt nicht nur für Theaterstücke, sondern auch für die gelebten Erfahrungen der Menschheit.[52] Das im ersten Akt präsentierte Gewehr – Atomsprengköpfe, biologische Kampfstoffe, Orwell'sche Kameras, die Gesichter auf der Straße verfolgen – muss im letzten Akt abgefeuert werden. Die latente Macht von neuen Erfindungen, wie abschreckend sie zunächst auch wirken mögen, wird nicht auf alle Zeiten in den Waffenkammern der Regierungen schlummern.

Das mochten vielleicht abstrakte Befürchtungen sein, »bloße Mathematik« einer anderen Sorte, aber mir erschienen sie sehr real. Als es September wurde, dämmerte mir, dass es zudem ganz konkrete Fragen gab, denen ich nicht gründlich genug nachgegangen war. Wo in den Katakomben der NSA lagerten die Anrufdaten? Was geschah dort mit ihnen? Das Snowden-Archiv beantwortete diese Fragen zwar nicht direkt, gab aber gewisse Hinweise.

Über den ersten Hinweis stolperte ich, als ich nach etwas anderem suchte. Mein Interesse an dem NSA-internen Austausch über »Sammelerhebungen«, das Erfassen sehr umfangreicher Datenmengen in ihrer Gesamtheit, war bereits entfacht. Es gab verschiedene Arten von Daten und die Telefonaufzeichnungen waren eine von ihnen. Die Behörde war immer geschickter, geradezu auf brillante Weise kreativ darin geworden, Informationen über andere Menschen aufzuspüren und sie sich ganz einzuverleiben. In letzter Zeit jedoch hatte die NSA aufgrund der übermäßigen Nahrungszufuhr Verdauungsstörungen entwickelt. Manager und Ingenieure der mittleren Ebene schlugen in Briefings an ihre Vorgesetzten Alarm. Auf der Titelseite einer Präsentation hieß es: »Ist dies das Ende der SIGINT-Welt, wie wir sie kennen?«[53] Die Autoren bemühten sich um einen flotten Ton, hatten aber keine eindeutige Antwort zu bieten. Die Überwachungsinfrastruktur stand unter ernsthaftem Druck.

Mein Blick blieb an einem Namen in einer Tabelle hängen, die Hochrisikosysteme auflistete.[54]

System Survival	FALLOUT Quota (MetaDNI/MARINA)
System Survival	MAINWAY (high volume/spam burst)
System Survival	FASCIA IVE GM HALO/DPS
System Survival	EKS (some sort of experimental modeling)

7 TOP SECRET//COMINT//REL TO USA, FVEY

MAINWAY. Das kannte ich. Ingenieure der NSA hatten MAINWAY nach dem 11. September 2001 hektisch aus dem Boden gestampft. Das Büro von Vizepräsident Cheney hatte von Präsident Bush unterzeichnete Anweisungen verfasst, etwas zu tun, was die NSA noch nie getan hatte. Die gesetzlich untersagte Order lautete, von US-Amerikanern auf US-amerikanischem Boden geführte Telefongespräche zu erfassen. Die daraus hervorgehende Operation, eines der in Kapitel 1 beschriebenen STELLARWIND-Programme, war der gesetzwidrige Vorläufer der breiter angelegten Operation, über die ich mit Negroponte und Blair diskutiert hatte.

MAINWAY entstand parallel zu STELLARWIND in den ersten panischen Wochen, nachdem al-Qaida Passagierflugzeuge ins Pentagon und in das World Trade Center gesteuert hatte. STELLARWIND beschrieb die Operation in ihren Einzelheiten. MAINWAY war ein Tool, um sie auszuführen. Die NSA wusste, wie so etwas mit Telefongesprächen im Ausland funktionierte, aber um es im eigenen Land zu machen, fehlte ihr die Maschinerie. Als NSA-Direktor Mike Hayden am 4. Oktober 2001 die Anordnung zur Ausführung des »Spezialprogramms des Vizepräsidenten« erhielt, konstruierten NSA-Ingenieure innerhalb von Tagen ein System mit entliehenen Codes auf Bare Metal – angesichts des hohen Drucks eine erstaunliche Leistung.[55] Sie beschlagnahmten 50 hochmoderne Computerserver von Dell,[56] die eigentlich für einen anderen Kunden bestimmt waren,[57] und zimmerten sie hastig zu einem provisorischen, aber sehr leistungsfähigen Ensemble zusammen. Hayden schaffte Platz in einem eigens abgeschotteten Flügel des Gebäudes OPS 2B, dem im schimmernden, schwarz verspiegelten Hauptquartier in Fort Meade gelegenen Allerheiligsten. Als das Ensemble anwuchs und schließlich rund 200 Geräte umfasste, zog MAINWAY in ein Nebengebäude der in der Nähe befindlichen Tordella-Supercomputeranlage um.[58] Am 6. und 7. Oktober begannen zuverlässige Lieutenants mit der Rekrutierung einer kleinen Gruppe aus Analysten, Programmierern und Mathematikern. Am Kolumbus-Tag, dem 8. Oktober, wies Hayden sie in ihre neuen Aufgaben im Rahmen einer speziell abgesonderten neuen Operation ein. An jenem Tag taufte er sie STARBURST. Bald darauf wurde der Name durch das Kryptonym STELLARWIND ersetzt. Noch am selben Wochenende entsandte Hayden Mitarbeiter der Special Source Operations, um mit AT&T, Verizon und Sprint über den geheimen Erwerb von Anrufdaten en gros zu verhandeln. In den darauffolgenden fünf Jahren sollte der Preis dafür auf über 102 Millionen US-Dollar anwachsen.[59]

Der ganze Trubel ließ sich unmöglich vor dem übrigen NSA-Personal verheimlichen, das mitbekam, wie neue Ausrüstung unter bewaffneter Begleitung in einem Höllentempo herangeschafft wurde, doch selbst unter den Inhabern einer Top-Secret-Freigabe wusste kaum jemand, was genau da vor sich ging. STELLARWIND war als ECI, »exceptionally controlled information«, gekennzeichnet – die Klassifizierung der höchsten Geheimhaltungsstufe. Aus seinem Büro im West Wing des Weißen Hauses ordnete Cheney an, STELLARWIND vor den Richtern des FISC und den Mitgliedern der Geheimdienstausschüsse im Kongress geheim zu halten.

Laut meinen Quellen und den Dokumenten, mit denen ich mich im Herbst 2013 eingehend beschäftigte, wurde MAINWAY rasch zum wichtigsten Tool der NSA, um soziale Netzwerke zu kartieren, zu einem Fixpunkt der »Large Access Exploitation«, wie die Behörde es nannte. »Large«, also »groß«, ist kein Adjektiv, das man in Fort Meade leichthin verwendet. MAINWAY war auf Operationen von ungeheurem Umfang ausgerichtet. Andere Systeme analysierten die Inhalte der abgefangenen Kommunikationen: Sprachnachrichten, Videos, E-Mails und Chats, Anhänge, Pager-Nachrichten und so weiter. MAINWAY war die Herrscherin über Metadaten aus dem In- und Ausland, dazu auserkoren, Muster zu entdecken, die aus den Inhalten nicht hervorgingen. Darüber hinaus war MAINWAY ein Prototyp für noch ehrgeizigere Pläne. Laut den Planern könnten Systeme der nächsten Generation die Leistungsfähigkeit der Überwachung noch steigern, indem man »von der eher traditionellen Analyse des Gesammelten zur Analyse dessen, was zu sammeln sei« übergehe.[60] Aus Anrufdaten abgeleitete Muster würden die Identifikation von Zielen in E-Mail- oder Adressdatenbanken ermöglichen und umgekehrt. Metadaten waren der Schlüssel zum Plan der NSA, quer über alle Arten abgefangener Inhalte hinweg »Beziehungen zu identifizieren, zu verfolgen, zu speichern, zu manipulieren und zu aktualisieren«. Auf einer graphisch realisierten integrierten Karte würde die NSA schließlich Wege und Kommunikationen fast aller Menschen weltweit darstellen können. In ihrem ersten Leitbild gaben die Planer dem Projekt den ernst gemeinten Namen *»the Big Awesome Graph«*, »großes ehrfurchtgebietendes Diagramm«.[61] Dass daraus ein flottes Akronym wurde – »the BAG« –, war unvermeidlich.[62]

Die entscheidende Entdeckung, die ich zu diesem Thema machte, offenbarte sich mir in der unteren rechten Ecke eines großen Netzwerkdiagramms von 2012. Ein kleines Kästchen in dieser Ecke (siehe unten) beantwortete endlich meine Frage, wo die NSA die Anrufaufzeichnungen versteckte, über die Blair, Negroponte und ich gesprochen hatten.[63] *Die Aufzeichnungen steckten in MAINWAY*. Die sich daraus ergebenden Konsequenzen waren erschreckend.

Das Diagramm als Ganzes, das sich hier aus Platzgründen nicht wiedergeben lässt, illustrierte einen »Strom von Metadaten aus Telefonrechnungen« von AT&T, die sich auf ihrem Weg nach Fort Meade durch ein Labyrinth von Zwischenstopps schlängeln mussten.[64] MAILORDER, der vorletzte Stopp, war ein elektronischer Verkehrspolizist, ein System zum Sortieren und Weiterleiten von Dateien. Der ultimative Zielpunkt war MAINWAY. Die »BRF Partitions« im Netzwerkdiagramm waren nach den »Business Records FISA orders« benannt, den gerichtlichen Anordnungen zur Sammlung von Geschäftsaufzeich-

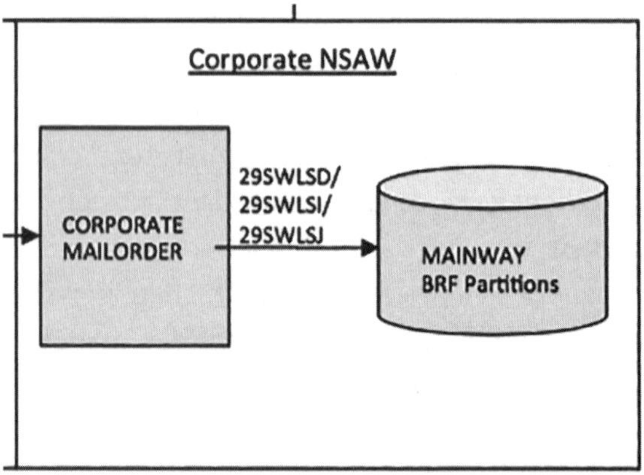

nungen – unter ihnen die zwölf im Jahr 2009 ergangenen, die MAINWAY die Einspeisung der Protokolle von mehreren hundert Milliarden Telefonaten gestatteten.

Wer zum ersten Mal ein Netzwerkdiagramm sieht, könnte das zylindrische MAINWAY-Symbol als Speicherbehälter interpretieren. Das ist es aber nicht. Der Zylinder ist ein Standardsymbol für eine Datenbank, ein Analyseprogramm, das auf der Hardware läuft. MAINWAY war kein Behälter für ruhende Daten. Dafür hat die NSA andere Bezeichnungen. Sie heißen »data marts« (»Datenmärkte«) und »data warehouses« (»Datenlager«). Hätte die Behörde die amerikanischen Telefondaten einfach nur gespeichert, so hätte sie sie in dem System FASCIA II abgelegt, dem »Lager für Verbindungsdaten«, aus dem MAINWAY gespeist wird.[65]

Die MAINWAY-Mission, wie sie für ihr erstes Finanzjahr anvisiert war, lautete, »die NSA in die Lage zu versetzen ... die weltweite Kommunikationsinfrastruktur sowie die Zielpersonen, die derzeit anonym in ihr operieren, zu beherrschen«. Um die Anonymität zu durchbrechen, nutzte sie die Kontaktkettenanalyse, das Verfahren, über das wir in Aspen gesprochen hatten.

Wie sich bald zeigen wird, ist es sinnvoll, hier den vollständigen Eintrag für MAINWAY im *SSO Dictionary*, einem geheimen Referenzdokument der NSA, wiederzugeben:

```
(TS//SI//REL) MAINWAY, oder MAINWAY Precomputed Contact
Chaining Service, ist ein Analyse-Tool für die Kontakt-
kettenanalyse. Es hilft Analysten, Zielpersonen aufzu-
spüren, indem es ihnen ermöglicht, schnell und problemlos
durch die wachsenden Metadaten-Corpora weltweiter
Kommunikationen zu navigieren. MAINWAY begegnet
dem Mengenproblem, das bei der Analyse des globalen
Kommunikationsnetzwerks auftritt.[66]
```

In diesem kurzen Absatz steckten zwei bemerkenswerte Begriffe: »precomputed«, also »vorberechnet«, und das »Mengenproblem«. Der erste der beiden Begriffe stellte mein Verständnis des Anrufdatenprogramms auf den Kopf. Aber bevor wir dazu kommen, noch eine kurze Bemerkung zum Mengenproblem:

Im Grunde hat die NSA viele Mengenprobleme. Zu viele Informationen, die zu schnell durch globale Netzwerke rasen. Zu viel, um sie aufzunehmen, zu viel, um sie zu lagern, zu viel, um sie über verfügbare Kanäle aus weit entfernten Erfassungsstellen abrufen zu können. Zu viele Störgeräusche, zwischen denen zu leise Signale untergehen. In der soeben zitierten Passage hingegen war mit dem Mengenproblem etwas anderes gemeint – etwas, das tiefer in den Eingeweiden der Überwachungsmaschinerie verborgen lag. Es war die einem ungezügelten Appetit geschuldete Belastung für den Verdauungstrakt der NSA. Die Erfassungssysteme schaufelten mehr Daten in ihren Rachen, als MAINWAY zerkleinern konnte. Nicht die Speicherung – die Verarbeitung war das Problem.

Eine Kontaktkettenanalyse, die die Anrufdaten einer ganzen Nation umfasste, war, selbst für MAINWAY, eine gewaltige Rechenaufgabe. Aufzutragen waren einzelne Punkte und Haufen von Anrufnummern, so dicht wie ein Sternenfeld, die durch komplizierte Liniengewebe miteinander verbunden waren. Die Analysemaschine von MAINWAY spürte verborgene Pfade auf der Karte auf und suchte nach Verbindungen, die menschliche Analysten nicht erkennen konnten. MAINWAY musste diese Karte nach Bedarf, unter Zeitdruck, erstellen, sobald seine Operatoren nach einer neuen Kontaktkette verlangten. Niemand konnte Namen oder Telefonnummer des nächsten Zarnajew vorhersagen. Um diesem Problem zu begegnen, gab es aus Sicht eines Datenwissenschaftlers logischerweise nur eine Lösung: Wenn jeder eine potenzielle Zielperson war, dann sollte MAINWAY versuchen, jedem ein Stück weit voraus zu sein.

»Man muss all diese Beziehungen bestimmen, sie etikettieren, damit man sie schnell findet, wenn man eine Anfrage startet«, erklärte mir der ehemalige stellvertretende NSA-Direktor Rick Ledgett Jahre später. »Sonst braucht man rund einen Monat, um eine Telefonrechnung mit zig Millionen Einträgen durchzusehen.«[67]

Und genau da kam die *Vorberechnung* ins Spiel. MAINWAY suchte permanent nach Kontaktketten – laut der geheimen Projektübersicht »rund um die Uhr«.[68] Was das System tat, ließ sich auf der untersten Ebene mit dem Erstellen eines Sachregisters in einem Buch vergleichen – wobei das Buch allerdings Hunderte Millionen Themen (Telefonnummern) und Billionen Einträge (Telefonate) aufwies. Der Vergleich hinkt auch insofern, als dies nach einer Aufgabe klingt, die irgendwann abgeschlossen ist. Die Arbeit von MAINWAY endete nie. Das System versuchte, das Register eines Buches zu erstellen, das gerade geschrieben wurde, aber nie eine letzte Seite haben würde. Das FBI schaffte der NSA jeden Tag über eine Milliarde neuer Daten von den Telefongesellschaften heran.[69] Eine weitere Milliarde pro Tag musste MAINWAY wieder löschen, um die vom FISC vorgegebene Fünfjahresfrist für die Aufbewahrung einzuhalten. Jede Änderung wirkte sich kaskadenartig auf das gesamte soziale Diagramm aus – die Karte wurde neu gezeichnet und MAINWAY war gezwungen, pausenlos Updates vorzunehmen.

Sinn und Zweck von MAINWAY war, anders gesagt, weder die Speicherung noch die Vorbereitung einer simplen Liste. Fortlaufende, komplexe und anspruchsvolle Operationen speisten eine weitere Datenbank namens »Graph-in-Memory«. Die Abbildung gibt den Arbeitsablauf wieder.[70]

Als die Bomben in Boston explodierten, war das Graph-in-Memory

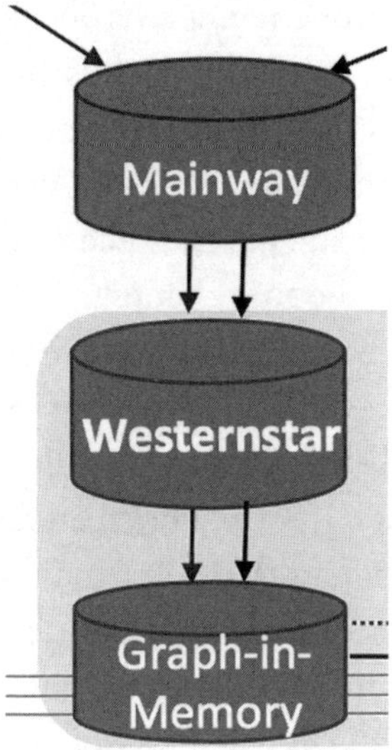

betriebsbereit. Ohne störende Datenlücken enthielt es bereits eine Überblickskarte der Kontakte, die die von den Zarnajew-Brüdern getätigten Anrufe offenbart hatten. Die zugrunde liegenden Details – Daten, Zeiten, Anrufdauer, Besetztzeichen, verpasste Anrufe und »Anklopfereignisse« – ließen sich auf Anforderung leicht ermitteln. MAINWAY hatte sie bereits verarbeitet. Da der erste Hop schon vorberechnet war, konnte Graph-in-Memory den zweiten und dritten viel schneller bewältigen.

Um ein Zarnajew-Diagramm griffbereit zu haben, musste MAINWAY auch für jede andere Person ein Diagramm vorberechnen. Und wenn MAINWAY über Ihre Anrufdaten verfügte, hatte es auch ein provisorisches Diagramm Ihres Berufs- und Privatlebens in der Hinterhand.[71]

Als ich die Dokumente weiter studierte und Quellen interviewte, ging mir endlich auf, worauf das Ganze hinauslief. Die NSA hatte ein lebendiges, fortwährend aktualisiertes soziales Diagramm der Vereinigten Staaten erstellt.

Unsere Anrufdaten lagerten nicht im Kühlraum. Sie lagen nicht unberührt herum. Sie wurden allesamt in einer Kontaktkette über

Ein-Hop-Verbindungen miteinander verflochten. Alle möglichen Geheimnisse – sozialer, medizinischer, politischer, beruflicher Art – wurden rund um die Uhr vorberechnet. Ledgett sagte zu mir, er sehe keinen Grund zur Beunruhigung, denn »die Verbindungen werden erst dann hergestellt, wenn man eine spezielle Anfrage startet«. Ich hingegen sah eine Datenbank, die so vorkonfiguriert war, dass sie auf Knopfdruck vom Leben jedes Einzelnen eine Karte zeichnen konnte.

Bill Binney, ein mathematischer Kryptograph, der die NSA aus Protest verließ, als er von STELLARWIND erfuhr, wurde später fälschlich bezichtigt, entsprechende Informationen an die *New York Times* verraten zu haben.[72] Nach Binneys Darstellung, die von der Regierung nicht bestritten wird, drangen FBI-Agenten im Juli 2007 in seine Wohnung ein und machten ihm mit vorgehaltener Waffe ihre Aufwartung, als er nackt aus der Dusche trat. Die Agenten wollten ihm nicht genau sagen, welches geheime Programm er angeblich ausgeplaudert hatte. Binney, der furchtloseste amerikanische Dissident, dem ich je begegnet bin, fragte sie fröhlich: »Oh, Sie meinen ›Cosmic Fart‹?«[73] Er wollte sie testen, ob sie ihrerseits eine Freigabe für gesondert zu behandelnde Informationen besaßen. Die Agenten starrten ihn mit steinerner Miene an, bis sich einer über Binneys Scherz, STELLARWIND als kosmischen Furz zu bezeichnen, ein gequältes Lächeln abrang.

Binney hatte seinen Hut genommen, weil das Ausspionieren von Amerikanern – ohne richterlichen Beschluss – für ihn eine rote Linie darstellte, ob es nun eine vom Präsidenten angeordnete vorgeblich rechtskonforme Maßnahme war oder nicht. Als technischer Direktor der World Geopolitical and Military Analysis Reporting Group der NSA hatte er bei der Entwicklung von Analyse-Tools mitgewirkt, die für die automatische Erzeugung eines riesigen sozialen Diagramms aus ausländischen Metadaten sorgen sollten. Wie Binney erzählte, erfuhr er an einem Tag im Oktober 2001, dass ein Kollege, Ben Gunn, die Installation neuer Geräte hinter einer mit rotem Siegel markierten Tür im dritten Stock von OPS 2B überwachte.[74] Gunn war ein kampferprobter ehemaliger Angestellter des GCHQ, der britischen Schwesterbehörde der NSA, der mittlerweile US-Bürger geworden war und für die NSA arbeitete. Besorgte Untergebene informierten Binney, wie er berichtete, dass Gunn Binneys Software ThinThread so manipulierte, dass sie Telefongespräche im Inland analysieren konnte. Als ich Binney das Netzwerkdiagramm der amerikanischen Anrufdaten zeigte, die in MAINWAY eingespeist wurden, musste er zweimal hinschauen.

»Darüber habe ich niemals zu irgendwem etwas gesagt«, erklärte er. »Das ist das Programm, das sie für STELLARWIND verwendet haben, um soziale Netzwerke zu rekonstruieren. Sie greifen auf eine Datenmenge mit Billionen Anrufen zu und komprimieren sie zu einem Netzwerkdiagramm, das zeigt, wer mit wem kommuniziert.« Mit »komprimieren« (synonym kann man auch »reduzieren« sagen), meinte Binney ein Analyseverfahren, das sich auf diejenigen Details – diejenigen Punkte und Linien auf der Karte – beschränkt, die die verborgenen Beziehungen zwischen Individuen und ihren sich überlappenden sozialen Gruppen sichtbar machen. Das war so, als würde man aus einer Himmelslandschaft mit unzähligen Sternen ein bestimmtes Sternbild hervorheben.

Binney bestätigte mir – was entscheidend war –, dass die von ihm entwickelten Verfahren nicht auf einzelne Zielpersonen beschränkt gewesen seien. Sie berechneten soziale Diagramme für jeden Gesprächsteilnehmer aus der gewaltigen Datenmenge.

»Die Software erstellt tatsächlich für jede Person in der Datenbank ein Profil, egal, ob die Analysten sich das anschauen oder nicht«, erklärte er. Wenn sie das wollten, könnten sie Individuen bis ins kleinste Detail verfolgen, indem sie aus dem Verzeichnis der einzelnen Anrufe eine Zeitleiste zusammenstellten. Diese Informationen würden wiederum durch Metadaten und Inhalte aus anderen NSA-Archiven ergänzt – zum Beispiel aus PINWALE, einer Datenbank für die Inhalte abgefangener E-Mails und anderer digitaler Texte.

Die amerikanischen Anrufdaten sollten in MAINWAY von anderen Datenmengen getrennt werden, und der Zugriff darauf erforderte eine Sondergenehmigung. Darauf weisen die gesetzlich abgesegneten »Partitions« in dem oben abgebildeten Netzwerkdiagramm hin. Doch

Regulierung und Praxis setzten diese Einschränkung im November 2010 praktisch außer Kraft, als Justizminister Michael Mukasey neue und tolerantere Regeln für die Abteilung für Signals Intelligence genehmigte.[75]

Eine Kurzdarstellung, die die NSA an die Analysten austeilte, pries die neue Freiheit, »bessere, schnellere Analysen« durchzuführen, ohne lästige Anstrengungen unternehmen zu müssen, die Privatsphäre der US-Bürger und -Einwohner zu schützen. Bislang mussten Analysten des Auslandsgeheimdienstes sichergehen, dass eine Telefonnummer (oder ein anderer »Selektor«, wie die NSA Suchbegriffe nennt) nicht einer US-amerikanischen Person gehörte, bevor sie sie bei der Kontaktkettenanalyse nutzten. Die von Mukasey genehmigten neuen Verfahren ermöglichten den NSA-Mitarbeitern die Erstellung von sozialen Diagrammen »ausgehend und mit Hilfe von jedem beliebigen Selektor, unabhängig von Nationalität oder Aufenthaltsort«. Mit anderen Worten: Eine US-amerikanische Telefonnummer konnte am Beginn, in der Mitte oder am Ende einer Kontaktkette verwendet werden und es galten dabei keine größeren Einschränkungen als bei einer Zielperson des Auslandsgeheimdienstes. Gleiches galt für britische, australische und andere Staatsangehörige der verbündeten »Five Eyes«, die normalerweise tabu waren. Die Analysten brauchten keine Sondergenehmigung von ihren Vorgesetzten, um Daten von Amerikanern zu bearbeiten. Der Vorteil dieser Änderung, so frohlockte das Überblicksmemo, bestand darin, dass sie »eine groß angelegte Diagrammanalyse von sehr umfangreichen Corpora an Kommunikationsmetadaten ermöglicht, ohne alle Knoten oder Adressen im Diagramm daraufhin überprüfen zu müssen, ob sie aus dem Ausland stammen«.[76]

2012, ein Jahr vor Snowdens Enthüllungen, hatte sich der NSA-Direktor Keith Alexander auf die DEF CON gewagt, eine jährlich in Las Vegas stattfindende Hackerkonferenz. Es war ein kühner Ausflug in eher feindliches Terrain, von dem er sich erhoffte, einige Meinungen ändern und neue Mitarbeiter anwerben zu können. NSA-Manager betrachteten die DEF CON als potenzielle, wenn auch eher feindselig gesinnte Talentschmiede. Berühmt-berüchtigt war der Wettbewerb »Spot the Fed«, bei dem denjenigen Preise winkten, die Bundesagenten in der Menge enttarnten.[77] Alexander trat mutig auf die Bühne.

»Gibt es bei der NSA wirklich eine Akte über jeden?«, fragte ihn Jeff Moss, der Gründer der DEF CON, unverblümt.

»Nein. Definitiv nicht«, antwortete Alexander. »Und jeder, der Ihnen erzählt, dass wir Akten oder Unterlagen über Amerikaner anlegen, weiß, dass das nicht stimmt.«[78]

Damals hatte niemand einen blassen Schimmer von dem Graph-in-Memory. Keiner wusste, dass NSA und FBI unsere Anrufdaten sammelten. Es gab keinen konkreten Beweis, mit dem man Alexander der Lüge hätte überführen können. Nutzte er unsere kollektive Ahnungslosigkeit aus, um die Unwahrheit zu sagen?

Die Fachterminologie der elektronischen Überwachung – »Metadaten«, »soziales Diagramm« – verschleiert, wie systematisch die Öffentlichkeit dazu gebracht wurde, an ihrer eigenen Wahrnehmung zu zweifeln. Wie ich mit der augenzwinkernden Geschichte von der Hausparty mit einer Billion Teenagern zu verdeutlichen versucht habe, ist es nicht so einfach, den Jargon in verständliche Alltagssprache zu übersetzen. Dennoch ist es manchmal erhellend, es trotzdem zu versuchen. Stellen Sie sich also vor, dass plötzlich ein Mann vom FBI mit ledernem Notizbuch und Stift in der Hand neben Ihrem Telefon steht. Er notiert sich die von Ihnen gewählten Nummern und die eingehenden Anrufe. Mit einer Taschenuhr in seiner Weste stoppt er die Dauer von jedem Telefonat. Am Abend schickt er sein Notizbuch ins FBI-Hauptquartier. Ganze Lastwagenkolonnen befördern all diese Notizbücher, mehr als 10 000 Tonnen pro Tag, über den Baltimore-Washington Parkway nach Fort Meade. Armeen von Angestellten übertragen jede Seite aus jedem Notizbuch auf eine Pergamentrolle, die von Küste zu Küste reicht.[79] Weitere Millionen Arbeiter erstellen in Schichten rund um die Uhr Querverweise zu jeder Zeile, bereiten ein Register vor und zeichnen eine riesige Karte.

Einer der Punkte auf dieser Karte ist das Handy in Ihrer Hosen- oder Handtasche. Ein weiterer ist das Telefon auf Ihrem Schreibtisch, falls Sie immer noch einen Festnetzanschluss haben. Die NSA-Karte verfolgt die Spuren zu Ihrem Ehepartner, Ihrem Chef, Ihrem Psychiater, Ihrem Vermieter, Ihrem Buchmacher und vielleicht auch zu jemandem, von dem Sie eigentlich nicht möchten, dass jemand von ihm erfährt. Die gute Nachricht ist, dass sich der Staat nicht für zielloses Herumschnüffeln interessiert und wahrscheinlich nie in Ihr kleines Eckchen auf der riesengroßen Karte schauen wird. Aber er könnte. Diese Macht hat er sich herausgenommen, als er im Geheimen beschloss, Ihre Anrufdaten zu sammeln und zu analysieren. Was einmal in die Karte eingetragen wurde, bleibt auch dort – bis zu dem Tag, an dem es sich jemand anders überlegt.

Natürlich könnte das Phantasiegebilde, das ich soeben beschrieben habe, in der analogen Welt niemals existieren. Das nötige Personal würde die Bevölkerungszahl bei weitem übersteigen. Für den Bedarf an Bleistiften und Pergament müsste man einen ganzen Kontinent abholzen. In der gesamten Menschheitsgeschichte hätten die von unserer Spezies geschaffenen Werkzeuge eine Überwachung in diesem Ausmaß nicht zuwege gebracht. Erst jetzt hat die Digitaltechnik dies ermöglicht. Unsere Regierung hat es verwirklicht und die Öffentlichkeit nie um Erlaubnis gefragt.

Mit komplexen, abstrakten Fragen ist unsere Intuition schnell überfordert. An diesem Punkt hilft uns unser Gedankenexperiment. Die imaginären Agenten und Notizbücher und Schreiber tun nur einige der Dinge, die MAINWAY mit unseren Anrufdaten getan hat, aber zumindest können wir uns ihre Arbeit vorstellen. Unter »Big-Data-Verfahren« können wir uns vielleicht nicht so viel vorstellen, aber vermutlich wissen die meisten, was sie denken würden, wenn der Typ mit dem Notizbuch plötzlich in der Tür stände. Und dabei erfasst das Pergamentrollen-Beispiel nicht einmal im Entferntesten die größte Bedrohung, die die Aufzeichnung unserer Anrufdaten birgt.

Das echte MAINWAY ist im Grunde eine Überwachungszeitmaschine. Sie kann in die Vergangenheit reisen und für einige Stunden oder Tage oder Wochen ihren Blick auf eine Zielperson richten, die für die NSA zuerst gar nicht interessant war. Das ist möglich, weil MAINWAY und das Graph-in-Memory von jeder Karte, die sie zeichnen, Kopien aufbewahren. Erinnern wir uns: Der FISC erlaubte der NSA, Anrufprotokolle fünf Jahre lang zu behalten. Jede Aufzeichnung enthielt Datum, Zeitpunkt und Anrufdauer. Das soziale Diagramm – die Karte der Beziehungen – konnte sich von einem Tag zum anderen gravierend verändern. Telefonverträge wurden geschlossen und gekündigt. Eine Woche lang gab es häufige Anrufe zwischen zwei Kontakten, dann für ein Jahr gar keine mehr. MAINWAY konnte die Karte wie bei einer Vorführung im Planetarium zurückspulen, eine Ansicht erneut aufrufen und wieder vorspulen.

Mit ein bisschen Phantasie können Sie vermutlich auch in Ihrem eigenen Berufs- oder Privatleben einen heiklen Punkt ausmachen. Meiner sieht folgendermaßen aus: Ich klappere vertrauliche Quellen für meine journalistischen Recherchen ab und glaube, dass ich unter dem Radar fliege, weil meine Story ja noch nicht veröffentlicht worden ist. Es gibt keinen Grund für die Regierung, die Menschen, mit denen ich spreche, zu beobachten, keinen Grund für den beträchtlichen Aufwand, eine richterliche Genehmigung zu meiner Überwachung einzuholen. Doch das spielt jetzt keine Rolle mehr, denn der Staat kann in die Vergangenheit zurückblicken, sobald er der Meinung ist, dass meine Arbeit geschützte Informationen zur nationalen Sicherheit gefährdet. Für die Ermittler ist es einfacher, meine Informanten auszuspionieren als mich. Die rechtlichen Hindernisse für die Überwachung einer Person, die für den Geheimdienst arbeitet, sind niedriger. Die Ermittler erstellen eine Liste von den Leuten, die die Dinge wussten, über die ich geschrieben habe. Wer von ihnen war in dem Monat vor Erscheinen meines Artikels mit mir in Kontakt? Wer von ihnen erhielt Anrufe von einem bar bezahlten Wegwerfhandy? Wessen IP- oder MAC-Adresse, die ein Gerät verraten, sobald es online geht, hatte sich in neu eingerichtete Accounts eingeloggt? Wessen Wege kreuzten sich mit meinen? Wenn meine Quelle und ich nicht ganz besondere Vorsichtsmaßnahmen treffen, sind die Antworten leicht zu finden. Der Staat kann uns in der Rückschau so mühelos beobachten, als wäre er uns in Echtzeit gefolgt. Das ist etwas völlig Neues; es war unmöglich, bis der Zugang zu genügend umfangreichen Metadaten geschaffen wurde.

Normalerweise denken wir bei Überwachung an die Zielpersonen. Die NSA beobachtet *Sie* oder mich oder ihn oder sie. Die Beobachter müssen wissen, worauf sie ihre Antennen ausrichten wollen. Mit der Sammelerhebung und einem alle umspannenden sozialen Diagramm ergibt sich ein völlig anderes Bild. Es gab keinen Anlass, meine Kontakte vor dem Leaking zu beschatten, doch MAINWAY und die damit verknüpften Tools konnten das ebenso gut in der Rückschau tun.

Was uns wieder zurück zu Keith Alexander auf der DEF CON führt. Eines muss man ihm lassen: Was die Akten betraf, hat er nicht gelogen. Zumindest nicht, wenn wir darunter irgendwelche Aktenordner in irgendeinem Aktenschrank verstehen. Die NSA erstellte keine individuellen Akten über uns, nicht einmal in digitaler Form. So funktioniert die Technik nicht. In MAINWAY schlummerte jedoch etwas noch Aufschlussreicheres. Unsere Akten schwebten körperlos in einer geheimen Cloud, vorberechnet und unberührt, bis sich jemand für sie interessierte. Sie waren Geister im Graph-in-Memory und wurden bei Bedarf heraufbeschworen.

Mir ist durchaus bewusst, dass man diesen Gedankengang zu weit treiben könnte. Vielleicht bin ich in meiner Vorstellung tatsächlich zu weit gegangen. Die Vereinigten Staaten sind nicht die DDR. Als ich die Bruchstücke dieses Mosaiks zusammenfügte, gab es für mich keinen Grund anzunehmen, dass die NSA ihre Echtzeitkarte des amerikanischen Lebens auf verwerfliche Weise missbrauchte. Die Regeln erlegten der Nutzung von Anrufdaten aus den USA nach wie vor Beschränkungen auf, auch nachdem Mukasey sie durchlässiger gemacht hatte. Nur 22 Spitzenfunktionäre waren laut dem Privacy and Civil Liberties Oversight Board befugt, die Erstellung einer Kontaktkette aus Daten in den »FISA-Partitions« von MAINWAY anzuordnen.[80] Die Geschichte hat uns jedoch gelehrt, dass sich Regierungen nicht immer regelkonform verhalten und dass die Regeln gefährliche Veränderungen durchlaufen können. Regeln kann man umgehen oder umschreiben – mit oder ohne Ankündigung, mit oder ohne böse Absichten, in kleinen oder auch großen Schritten. Eines Tages könnte die Regierung beschließen, in MAINWAY oder einem vergleichbaren System nach

Indizien für ein Gewaltverbrechen oder irgendein anderes Verbrechen oder zur Untermauerung eines beliebigen Verdachts zu suchen. Dieser Versuchung sind Regierungen auch früher schon erlegen. Zu unseren Lebzeiten ließ Richard Nixon seine politischen Gegner abhören. Das FBI, das Martin Luther King Jr. als »gefährlichen und erfolgreichen Neger« aburteilte, bespitzelte ihn heimlich, um seine sexuellen Liebschaften zu dokumentieren. Ein Stellvertreter von J. Edgar Hoover legte King nahe, sich umzubringen, wenn er nicht öffentlich bloßgestellt werden wolle.[81]

Zu einem bedeutsamen Missbrauch der Überwachung ist es erst in allerjüngster Zeit gekommen. Das FBI hat Hunderte GPS-Peilsender ohne richterlichen Beschluss installiert. Die New Yorker Polizei hat systematisch Moscheen ausspioniert. Regierungsbehörden aller Ebenen haben die Macht des Staates ohne jedes Feingefühl, zuweilen illegal, zur Beobachtung von Gruppen genutzt, die aufgrund von Armut, Rasse, Religion, Ethnie und ihrem Einwanderungsstatus benachteiligt sind.[82] Als Präsidentschaftskandidat drohte Donald Trump unverhohlen damit, seine Gegenkandidatin ins Gefängnis zu bringen. Als Amtsinhaber hat er das uneingeschränkte Recht auf Kontrolle über jede Regierungsbehörde geltend gemacht. Öffentlich und intern hat er immensen Druck auf das Justizministerium ausgeübt, seine Kritiker strafrechtlich zu verfolgen.

Von all diesen Dingen wusste das Graph-in-Memory nichts. Es besaß kein Bewusstsein für Gesetze oder Normen oder das Wesen des Missbrauchs. Es berechnete die Ketten und erstellte Diagramme unserer verborgenen Beziehungen auf einer riesengroßen, fortlaufend aktualisierten Karte. Es gehorchte seinen Anweisungen in Programmiersprache, wie auch immer diese Anweisungen lauteten oder jemals lauten würden.

In den internen Gesprächen des Establishments der nationalen Sicherheit wurde Snowdens Name häufig und nicht wohlwollend erwähnt. Es gab allerdings auch Ausnahmen. Manche Teilnehmer der Veranstaltung in Aspen sahen die Vorzüge einer transparenteren Debatte über die Überwachung. Andere meinten, die NSA sei zu weit gegangen. Eine Stunde nach unserer Podiumsdiskussion lehnte sich Negroponte zu mir herüber und sagte leise, die Anrufdatensammlung habe bislang nichts von Bedeutung zutage gefördert. Besucher aus ausländischen Behörden, eine weitere Minderheit, waren über manche Dinge, die sie erfahren hatten, hell empört. Den Anti-Terror-Koordinator der EU Gilles de Kerchove traf ich allein in einer Lounge im oberen Stockwerk an; er schaute mürrisch drein. Für einen Moment sah es so aus, als wolle er mich abwimmeln. Dann nickte er, wie zu sich selbst, und erzählte mir von dem Morgen drei Wochen zuvor, als er aus dem *Spiegel* erfahren hatte, dass sein Faxgerät von einem Überwachungsgerät der NSA manipuliert worden sei.[83] Mit 56, nach jahrelangem Austausch mit amerikanischen Ansprechpartnern, hielt sich de Kerchove nicht für naiv. Doch vor kurzem hatte ihm eine vertrauliche Äußerung des NSA-Direktors die Zornesröte ins Gesicht getrieben. »›Jeder weiß es. Jeder tut es‹ – das hat Keith Alexander gesagt«, verriet mir de Kerchove. »Mir gefällt die Vorstellung nicht, dass die NSA mein Büro verwanzt. Nein, das gefällt mir nicht. Unter Verbündeten? Nein. Es erstaunt mich, dass es Leute gibt, die das für kultiviert halten.«

Die meisten Amerikaner hier in Aspen sprachen über nichts anderes als Snowdens Verrat. Viele beschuldigten ihn, nahezu unisono, einen heiligen Eid gebrochen zu haben, als er mir die NSA-Dokumente aushändigte. Dieser in aller Ernsthaftigkeit geäußerte Vorwurf war ein faszinierendes Artefakt der Geheimhaltungskultur. Natürlich hatte Snowden, neben einigen Gesetzesübertretungen, gegen eine als sehr bedeutungsvoll empfundene Norm verstoßen, aber den Eid, von dem die Leute immer wieder sprachen, gibt es gar nicht. Sie verwechselten zwei unterschiedliche Dinge, verwoben sie miteinander. Snowden hatte, wie jede Person mit einer Freigabe, das Standardformular 312 unterzeichnet, das Classified Information Nondisclosure Agreement, mit dem man sich verpflichtet, Geheiminformationen nicht weiterzugeben.[84] Eine Verletzung dieses Vertrages mit der Regierung zieht eine Strafverfolgung nach sich. Der Eid, den Snowden ablegte, den auch die meisten seiner Ankläger gesprochen hatten, verpflichtete ihn, »sich für die Verfassung der Vereinigten Staaten einzusetzen und sie gegen alle Feinde aus dem Ausland und Inland zu verteidigen«.[85] Das hatte er freilich anders als seine Ankläger interpretiert.

Einige Insider fragten ungläubig, wieso mir die Regierung überhaupt erlaubte, Artikel über das geheime Archiv zu verfassen. »Um Ihre Sorge um die Sicherheit dieses Landes unter Beweis zu stellen, könnten Sie dem FBI alles aushändigen, was Sie von Snowden erhalten haben«, schrieb mir George Cotter später.[86] Da er aus seinem Amt als leitender wissenschaftlicher Berater der NSA ausgeschieden war, durfte ich ihn namentlich zitieren. Andere, die sich inoffiziell äußerten, meinten allen Ernstes, das FBI solle nicht erst auf mein Einverständnis warten.

Durch die Bars und Außenräume waberte kaum beherrschter Groll. Viele der Anwesenden konnten sich das Misstrauen des Gemeinwesens nicht erklären. Kurz vor Beginn des Forums erbrachte eine landesweite Umfrage, dass die Mehrheit in Snowden keinen Verräter, sondern einen Whistleblower sah. Laut der Umfrage hatte es unter den Wahlberechtigten »einen massiven Meinungsumschwung« gegeben, wobei die Mehrheit zum ersten Mal seit Jahren der Ansicht war, dass »die Regierung in ihren Bemühungen, den Terrorismus zu bekämpfen, zu weit gegangen« sei.[87] Die Mitglieder der Aspen-Sippe glaubten an ihre Mission. Wieso verstanden Öffentlichkeit und Presse nicht, dass sie versuchten, uns zu beschützen? Wer kam nur auf die Idee, dass es ein Zuviel an Geheimdienst geben könne? Präsident, Kongress und die breite Öffentlichkeit kannten kein Pardon, wenn die Geheimdienstbehörden Gefahren zu spät erkannten. Im Flur hörte ich, wie ein Mann sagte: »Ein Typ steigt mit einer Ladung TATP im Schritt ins Flugzeug, ist zu blöd, seine eigene Unterhose zu zünden, und das wird dann als systematischer Ausfall der Intelligence Community gewertet. Und jetzt erzählen uns dieselben Leute, die NSA solle einen Gang zurückschalten.«[88]

Die meisten hier anwesenden Männer und Frauen hatten ihre gesamte Laufbahn im geschlossenen Habitat der »high side« verbracht, in den geheimen Netzwerken, die ihr Arbeitsumfeld hermetisch abriegeln. So gut wie jeder innerhalb dieser Mauern hing in gewissem Maße von der Signals Intelligence ab. Die große Reichweite der Maschinerie schien irgendwann Routine geworden zu sein. »Ich hatte nicht wirklich Zeit, mal einen Schritt zurückzutreten und über philosophische Fragen nachzusinnen«, sagte jemand aus den obersten Rängen der US-Geheimdienste, der vor kurzem in den Ruhestand gegangen war. »Das hatte keiner von uns. Wir waren zu sehr damit beschäftigt, Feuer auszutreten und hochkomplexe Probleme zu lösen und hohen Herren Rede und Antwort zu stehen, die wissen wollten, warum zur Hölle wir dies oder jenes nicht hatten kommen sehen.« Politische Entscheidungsträger, Agenten und Analysten nahmen den Überwachungsapparat so an, wie sie ihn vorfanden. Sie versuchten, ihn klug zu nutzen. Das Misstrauen und die Wut der normalen Menschen, die plötzlich einen kleinen Einblick in die Maschinerie erhielten, traf sie völlig unvorbereitet.

Raj De, General Counsel der NSA und Mann der leisen Töne, sah ein, dass man über die Grenzen der Überwachung zu Recht unterschiedlicher Meinung sein konnte. »Ich hasse einfach den Unterton dieses ›Ihr Typen lügt doch alle‹«, sagte er zu mir. »Die Leute dürfen sagen: ›Damit sind wir nicht einverstanden.‹ Nur – ich hasse die Färbung, die das Ganze erhält.«

Negroponte suchte nach einer nüchternen Erklärung. »Ich glaube, die Geister von J. Edgar Hoover und Richard Nixon wurden schon vor langer Zeit ausgetrieben, aber ihr unheilvoller Schatten schwebt noch immer über manchen Dingen, die wir tun«, sagte er.

Manche Dinge, die ich in Aspen hörte, erinnerten mich an eine Präsentation, auf die ich kürzlich im Snowden-Archiv gestoßen war. Sie stammte aus dem Herbst 2001. Auf sieben Seiten mit der Kennzeichnung TOP SECRET//COMINT//NOFORN//X1 machte die NSA eine Bestandsaufnahme der Fähigkeiten, die sie in dem bevorstehenden Krieg gegen al-Qaida um jeden Preis bewahren musste.[89] Zugleich bestimmte die Behörde ihren eigenen Rang in der Hierarchie der »nationalen Aktivposten von entscheidender Bedeutung«.[90] Laut dieser Analyse war die »Fähigkeit der USA, SIGINT-Operationen auszuführen«, eine nationale Ressource der Stufe 1. Die Überschrift dieser Spalte lautete »Überleben«, vorgesehen für Aktivposten, »ohne die das Amerika, wie wir es kennen, nicht mehr existieren würde«. Die stabile Organisation der Abteilung für Signals Intelligence firmierte als Stufe 2, oder »Kritisch«, was bedeutete »kausal einen Schritt vom Überleben entfernt«.

TOP SECRET//COMINT//NOFORN//X1

NSA/CSS Mission: PROVIDE AND PROTECT VITAL INFORMATION FOR THE NATION

Survival - Without which America would cease to exist as we know it
Critical - Causally one step removed from survival
Significant - Importantly affect global environment in which U.S. must act

SIGINT Portion				
Survival – Level 1	**Critical – Level 2**	**Significant – Level 3**	**Level 4**	**Level 5**
Ability of the U.S. to conduct SIGINT Operations	1. Ability to collect, process and disseminate SIGINT related to:(Gather Secrets by Secret means) - Worldwide Terrorism - Homeland Defense - Weapons of Mass Destruction - Strategic military Forces - Russia and China Nuclear capability - Proliferation	1A. Ability to accept customer information needs 1B. Ability to exploit: - Military Information - Economic Information - Information Operations Information - Political Information 1C. NSA/CSS Worldwide Enterprise - NSAW/NSOC - Field Sites + Conventional Sites + Mission Ground Stations + Regional Security Operations Centers + Special Collection Sites	1a1. Provide Customer's SIGINT information needs to: - Requirements Staff - Standing and Ad hoc requirements database - RNET systems 1c1. Overhead Collection Management Center 1c2. Collection Strategy and Requirements Center 1c3. Remote Operations Center (ROC) 1c4. National SIGINT Collection Center 1c5.DEFSMAC	

DRV FM: NSA/CSSM 123-2
Dated: 24 Feb 98
DECL ON: X1. X3. X5. X6. X7. X8

TOP SECRET//COMINT// NOFORN//X1

Die Autorin dieser Folien war eine Berufsbeamtin, die auf der Karriereleiter schon recht weit oben angelangt, von der Spitze aber noch weit entfernt war. Ich fragte mich, ob die geäußerten Bewertungen lediglich ihre eigenen waren. Die Antwort erhielt ich, als ihr Name und diese Präsentation in einem Memorandum von Joseph J. Brand auftauchten. Zu jener Zeit war er Stabschef für Politik in der Abteilung für Signals Intelligence. Brand hatte den Foliensatz in Auftrag gegeben und zur Verteilung an die gesamte Intelligence Community bestimmt. Er führte ihn an, um eine Auszeichnung für besondere Leistungen seiner Autorin zu rechtfertigen.[91]

Die feste Überzeugung, bei ihrer Arbeit gehe es grundsätzlich um Leben oder Tod, färbte die von den hier Anwesenden geäußerten Sichtweisen über die Sinnhaftigkeit jedweder öffentlichen Debatte. Außenstehende hatten kein Mitspracherecht bei Entscheidungen darüber, wen der Staat mit seinem Überwachungsapparat ins Visier nehmen sollte und wen nicht. Leute, die ich seit Jahren kannte, gingen mir aus dem Weg, sobald ich mich näherte. Mehr als einer äußerte hörbar die Hoffnung, dass mir mein Verhalten auf die Füße fallen werde. Ein ranghoher Regierungsanwalt fragte spitz, ob es für Reporter eine Standesvertretung gebe, die unethisches Verhalten sanktioniere. (Die gibt es nicht. Jeder kann ohne Lizenz als Journalist arbeiten.) Als ich mich zu einer kleinen Gruppe beim Kaffeespender gesellte, bemerkte ein mir bis dahin unbekannter Anwalt für nationale Sicherheit ohne Einleitung, die Anwaltskanzlei Williams & Connolly vertrete im Hinblick auf den 1. Zusatzartikel eine »äußerst aggressive Rechtsauffassung«. Es war zwar kein Geheimnis, aber auch nicht überall bekannt, dass die Kanzlei die *Post* und mich vertrat. Ich musterte ihn prüfend. Wie gründlich, fragte er mich, hätte ich darüber nachgedacht, welche Folgen es haben werde, sich falsch beraten zu lassen?

An jenem Abend nahm Keith Alexander an einem Podiumsgespräch teil. Er äußerte den Wunsch, er könne »einfach das ganze amerikanische Volk mit in unser Boot holen und sagen, passt auf, so sieht unser Schlachtplan aus«. Das dürfe er aber nicht, weil »Terroristen ... unter uns sind und versuchen, unser Volk zu töten«.[92] Die Amerikaner sollten getrost auf die enge Kontrolle durch den FISC und die Geheimdienstausschüsse im Kongress vertrauen.

Ich erhob mich, um eine Frage zu stellen. Wir waren uns noch nicht persönlich begegnet. Alexander blickte nach unten und presste die Lippen aufeinander, als der Moderator Pete Williams von NBC meinen Namen nannte. Ich wolle auf das eingehen, was Alexander soeben gesagt habe. Wenn ich richtig informiert sei, befassten sich FISC und Kongress nicht eingehend mit operativen Details eines Programms wie

PRISM. So würden sie die Namen von Zielpersonen oder die Gründe für deren Auswahl nicht kennen. Wolle Alexander dennoch behaupten, Legislative oder Judikative »prüfen jeden der 45 000 Selektoren, die Sie nutzen, oder was sonst die Grundlage des ›plausiblen, klar zu benennenden Verdachts‹ ist? Ich denke, sie beschäftigen sich nicht damit, oder?«

»Sie beschäftigen sich nicht zwangsläufig damit«, räumte er ein. »Unser General Counsel, unser Generalinspekteur, sie schauen sich das an, um sicherzugehen, dass wir das Richtige tun.« Er kenne keine bessere Möglichkeit, die Bürgerrechte zu schützen, sagte Alexander. In perfekt neutralem Ton fügte er hinzu: »Möglicherweise sind Sie da besser informiert.«

Boshaft und misstrauisch. So lautete das Urteil. Ich hatte eine unsichtbare Grenze überschritten. Vielleicht war das nicht zu vermeiden gewesen, nachdem ich Snowdens Dokumente entgegengenommen und zuweilen seine Partei ergriffen hatte. Vielleicht hatte ich danach zu viele Fragen gestellt. Vielleicht würde das Video offenbaren, dass ich mich ungehobelt und gegenüber ranghohen Personen respektlos verhalten hatte.[93] Das Aspen Security Forum war vom Wohlwollen der Sprecher abhängig und von der Förderung durch Vertragsfirmen, die mit der Regierung zusammenarbeiten wollten. In jenem Jahr war Academi, das nach der jüngsten Umbenennung aus dem privaten Militärunternehmen Blackwater hervorgegangen war, ein Hauptsponsor des Forums. (Bei einem inoffiziellen Mittagessen stellte das Unternehmen Jose Rodriguez vor, den früheren Einsatzleiter der CIA, der die Vernichtung von Videobeweisen für Waterboarding angeordnet hatte.[94] Rodriguez beriet Academi bei der Einhaltung seines Verhaltenskodexes.) Im darauffolgenden Jahr kam keine Einladung aus Aspen – auch nicht im nächsten Jahr oder dem Jahr danach.

6
JAMBOREE

Kurz nach 8 Uhr morgens am 7. Februar 2012 trudelten die ersten NSA- und CIA-Mitarbeiter in einem bunkerähnlichen Bürogebäude in Herndon, Virginia, ein, nur ein paar Kilometer östlich vom Dulles International Airport. Die Gebäudehülle bestand aus Beton und dunklem Spiegelglas. Durch die die Top-Secret-Bereiche umgebenden Innenwände zog sich ein feines Kupfergeflecht, um elektromagnetische Schlupflöcher abzudichten. Die Nachbarschaft gab eine passable Tarnung ab. Auf der einen Seite befand sich ein unscheinbarer Büropark. Gegenüber, auf der anderen Straßenseite, besuchten kleine Kinder die Little Oaks Montessori Academy. Die Madame Curie School, Oak Hill Christian School und Lutie Lewis Coates Elementary School scharten sich ganz in der Nähe zusammen.

Drinnen im Gebäude versammelten sich an jenem Tag Entwickler digitaler Waffen von überall aus den Vereinigten Staaten, um ihre aktuellen Produkte zu präsentieren. Regierungslabore stellten die neuesten Knüller elektronischen Diebstahl-Equipments zur Schau. Nerdiger Enthusiasmus lag in der Luft. Wenn »Q«, James Bonds exzentrischer Agentenausstatter, in seinem Labor auch Software-Implantate und Zahnpastabomben herstellen würde, hätte er sich gleich heimisch gefühlt.[1] Private Vertragsfirmen warben mit Proof-of-Concept-Designs, um die neuesten Sicherheitsmerkmale von Smartphones, Computern und Netzwerkhardware auf der ganzen Welt »zu überlisten oder auszunutzen«.[2] Forscher tauschten einschlägige Testergebnisse aus. Hier gab es eine Möglichkeit, Secure Boot in Windows zu umgehen, dort eine erfolgversprechende Idee, drahtlose LTE-Netzwerke so zu manipulieren, dass man »diskrete Kontrolle über den Funk« eines Handys gewann und sein Mikrophon per Fernsteuerung aktivieren konnte.[3] Hier gab es ein Verfahren, mit dem sich per Röntgencomputertomographie kryptographische Schlüssel aus Siliziumschaltkreisen extrahieren ließen. Dort war STRAWHORSE, eine bahnbrechende Neuerung bei der geheimen Überwachung von iPhones. Das unerfüllte, doch stets angepeilte gemeinsame Ziel der Zusammenkunft waren das benötigte Knowhow und Equipment, um in jedes Gerät, jedes Netzwerk, jede elektronische Datenquelle wo auch immer auf der Welt eindringen zu können.

Die Führungskräfte der NSA betrachten ihre ehrgeizigen Pläne nüchtern. Das Stehlen ausländischer Geheimnisse sei das, wofür wir sie bezahlten.[4] So weit durchaus richtig, aber dabei sprengen sie die Grenzen der Verhältnismäßigkeit. Wie der Adler, der auf der ersten Seite des ersten Dokuments von Snowden seine Fänge in die Weltkugel schlägt, hat die NSA buchstäblich die weltweite Telekommunikation im Griff.[5] Noch hat sie keinen Zugang zu jedem Bit und Byte, aber sie ist nah dran. Lässt dieses Bild noch Raum für Selbstkontrolle? Erkennt die Behörde auch Grenzen an, die jenseits allgemein anerkannter und unbestrittener Rechtsprinzipien liegen? Regeln und Vorschriften sind unverzichtbar, aber Normen am Arbeitsplatz ebenso. Gesetze sind lückenhaft. Es gibt keine Präzedenzfälle, wenn die Technik alte Annahmen auf den Kopf stellt. Geheimoperationen lassen sich von Natur aus nur schwer in nicht öffentlichen Gerichtsverfahren prüfen. In der Überwachungspraxis gibt es weite Bereiche, die von Judikative wie auch Legislative unkontrolliert bleiben – sie machen nicht einmal Anstalten, es zu versuchen. Darum kommt der Kultur eine besonders wichtige Aufgabe zu, wenn fehlbare Menschen die Macht erlangen, die Geheimnisse anderer Menschen auszuspähen. Die Kultur füllt die weißen Flecken zwischen den Zeilen aus. Wie die Normen der NSA aussehen, lässt sich beurteilen, wenn man einmal – was im Kontext dieses Buches nicht einer gewissen Ironie entbehrt – die internen Gespräche in der SIGINT-Direktion belauscht.[6]

Seit ihrer Premiere im Jahr 2006 heißt die jährlich in Nordvirginia stattfindende Hackerkonferenz aus unerfindlichen Gründen

Jamboree – ein Begriff, mit dem ursprünglich Pfadfindergroßlager bezeichnet wurden.[7] Möglicherweise ist der Name mit einem Augenzwinkern zu verstehen. Er beschwört unpassenderweise Szenen mit jungen Pfadfindern und Pfadfinderinnen, mit Lagerfeuern und Friedensliedern herauf.[8] Beim Jamboree der Belauscher ist die Kulisse weniger idyllisch – ein TS/SCI-Konferenzraum – und gesungen wird von digitalen Schlachtfeldern.[9] Jamboree feiert technische Brillanz, Kühnheit im Angriff und erbarmungslosen Siegeswillen.[10] Es bestärkt die Teilnehmenden darin, ihren Laser punktgenau auf den Erfolg einer Mission zu richten. Diese Tugenden werden unter Spionen besonders hochgehalten. Sie sind freilich nicht die einzigen. Jamboree wurde in einer operativen Welt geboren, die zuweilen recht nonchalant mit der Privatsphäre Unschuldiger umgeht sowie mit Verachtung auf Männer und Frauen herabblickt, die sich von amerikanischen Cyber-Kriegern »ownen« lassen, wie Hacker sagen. Offene sexuelle Anspielungen, rassistische Beleidigungen und die Verhöhnung von Toten stellen in Unterhaltungen von NSA-Mitarbeitern durchaus keine Seltenheit dar. Die Leute, die intern einen solchen Umgangston pflegen, fürchten offensichtlich nicht, von ihren Vorgesetzten getadelt zu werden. Es sind dieselben Personen, deren Arbeit über Leben und Tod in einer Konfliktzone entscheiden kann. »Wie viele von Ihnen wissen, sind die Bombenabwürfe durch unsere Truppen im Irak allein der Leistungsfähigkeit von SIGINT zu verdanken«, verkündete Charles H. Berlin III., ehemaliger Stabschef der Abteilung für Signals Intelligence, seiner Belegschaft 2004 in einem internen Newsletter.[11]

Zahlreiche Beschäftigte der NSA beteiligen sich jedoch nicht an den Spötteleien. Ich bin mir so gut wie sicher, dass sie die große Mehrheit bilden. Die Mitarbeiter und Veteranen der NSA, die ich kennengelernt habe, reflektieren über ihre Macht und betrachten ihr – unzweifelhaftes – Eindringen in private Bereiche, die nichts mit Zielen der Auslandsaufklärung zu tun haben, mit zwiespältigen Gefühlen. Unter den Top Guns des NSA-Hackerclubs und denjenigen, die die Früchte ihrer Arbeit verwerten, sind eine eher lockere Sprache und Attitüde jedoch gang und gäbe. Es gibt zahllose Beispiele aus Dokumenten und vertraulichen Interviews, die die Tendenz in den einschlägigen Kreisen offenbaren, offizielle Berichte mit albernen Beleidigungen und abschätzigen Memes zu garnieren, die Teenager, Gamer und Nerds im Internet kreiert haben.

Im Herbst 2013 bat ich die *Washington Post*, einen dieser Nerds zu engagieren. Ashkan Soltani, damals 38 Jahre alt, hatte seine Jugend in Hackerforen und Anti-Establishment-Techniktreffs verbracht, von der DEF CON in Las Vegas und Hackers on Planet Earth in New York bis zum Chaos Computer Club in Berlin. Als Erwachsener erwarb er akademische Qualifikationen, arbeitete für bundesstaatliche und nationale Behörden, wurde Mitbegründer eines Start-ups und machte sich einen Namen in Datenschutz- und Sicherheitskreisen. Trotz alledem blieb er bodenständig. Ich trat zunächst mit einer eng umrissenen Bitte an ihn heran: Er sollte mir helfen, das technisch anspruchsvollste Material aus dem Snowden-Archiv zu entschlüsseln.

Beim Schreiben der NSA-Storys hatten mich bemerkenswerte Kolleginnen und Kollegen von der *Post* unterstützt, allen voran Greg Miller, Ellen Nakashima, Carol Leonnig und Julie Tate.[12] Nichts davon war trivial, bei weitem nicht, aber einige Geschichten waren zugänglicher als andere. Ab September wurden die zugänglichen immer seltener. Einige der folgenreichsten sollten erst noch kommen. Für diese brauchte ich eine andere Art von Unterstützung, mehr, als ich bislang hatte annehmen wollen. Ich sah hochinteressante Hinweise auf Operationen am Rande des Gesetzes oder im Konflikt mit dem, was die Regierung seit Jahren erzählte. Die Hinweise waren nur Fragmente, verstreute Einzelteile eines Puzzles. In unserem Newsroom gab es unglaublich fähige Leute, aber ich kannte niemanden mit den Computerkenntnissen und technischen Fähigkeiten, die mir fehlten. Die übliche Lösung dieses Problems – im Grunde die Kernkompetenz eines Reporters – besteht darin, sich aufzumachen und diejenigen Menschen zu finden, die Dinge wissen, und sie auszufragen. Doch hier stand ich vor einem Dilemma. Ich wollte keine verschlüsselten Dokumente herausgeben, bevor ich sie nicht selber verstand, und eigentlich auch dann noch nicht, aber ohne Hilfe würde ich sie nicht verstehen. Nach drei

Monaten Arbeit fand ich mich häufiger in einer Sackgasse wieder, als mir lieb war.

Falls ich jemandem erlaubte, das Archiv mit mir gemeinsam zu durchforsten – wen kannte ich gut genug, um ihm zu vertrauen? Wer wäre überhaupt dazu in der Lage? Ich brauchte einen Informatiker mit einem ungeheuer breit gefächerten Sachverstand für Netzwerkinfrastruktur, Endpoint Security, Überwachungspraktiken, öffentliche Politik und das Datenschutzgesetz. Dieser hypothetische Kandidat durfte keinen Interessenkonflikten unterliegen, nicht anderweitig gebunden sein und nicht belastet von einer Ideologie, die die Gefahr barg, dass er gewisse Indizien aussortieren würde. Manche Personen, die ansonsten geeignet wären, würden vielleicht vor den rechtlichen Risiken zurückscheuen. Wohl niemand, der bereits Besitzer einer Freigabe gewesen war oder hoffte, eine zu erhalten, würde freiwillig mithelfen, Staatsgeheimnisse ans Licht der Öffentlichkeit zu befördern. Ich notierte ein paar Namen. Andere wären auch in Frage gekommen, aber die kannte ich nicht persönlich. Schließlich schrumpfte meine Liste auf einen einzigen Namen zusammen.

Mit der Zeit wurde Soltani im Hinblick auf detektivische Berichterstattung zu meinem Alter Ego. Abgesehen von der Unterstützung im technischen Bereich erfüllte er auch eine Funktion, deren Notwendigkeit mir vorher gar nicht bewusst gewesen war: Er machte mich mit den Gebräuchen der Männer und Frauen – ganz überwiegend junger Männer – hinter den Texten vertraut.

Der erste Foliensatz, den ich Soltani am 19. September zeigte, strotzte vor Fachchinesisch und Graphiken, die mich hoffnungslos überforderten. Wenn ich im Großen und Ganzen richtig vermutete, dann verbarg sich hier etwas Bedeutsames. Ein Kernpunkt schien zu sein, dass die NSA in einigen Operationsbereichen Probleme damit hatte, die Signale, für die sie sich interessierte, aus Sturzbächen von Hintergrundgeräuschen herauszufiltern.

Soltani blätterte durch die Präsentation, sehr konzentriert und ein wenig eingeschüchtert von seinem ersten Blick auf das geheime Archiv. Er klickte von Folie 3 zu Folie 4.[13] Er hielt inne. Er starrte darauf. Er lachte. Er packte meinen Arm. »Das müssen Sie sich ansehen«, sagte er. Ich stand auf und blickte ihm über die Schulter. Auf Folie 4 erklärte ein Team der Special Source Operations, die zur Debatte stehenden Sammelsysteme seien nicht in der Lage, »Datenverkehrsarten zu bewerten«. Anders gesagt: Sie tauchten in einen Datenstrom ein, ohne zu wissen, was sie dabei herausfischten. In ihren Augen war das nicht deshalb ein Problem, weil sie mehr Informationen erwischten, als die Mission erforderte, sondern weil die Menge die verfügbaren Lagerkapazitäten sprengte. »Sammlungsoptimierung« war das Gebot der Stunde. Auf der Folie prangte das Foto einer Katze mit dunklem Fell – vielleicht einer Russisch Blau. Ihr Gesicht füllte das ganze Bild aus, die braunen Augen schauten nach unten, die Miene offenbarte Verdruss. Das Foto trug in großen Lettern die Aufschrift »Emo Cat« und darunter in kleinerer Schrift »Niemand versteht ihn«.[14]

Das Publikum, an das der Scherz adressiert war, wird ihn wohl verstanden haben, ein kurzes Signal der Zusammengehörigkeit in einer mit Memes vertrauten Gruppe. Die Fluten der Datenströme waren unbekanntes Terrain, so wie die Abgründe eines Katzenherzens. Die Verzweiflung von Emo Cat sollte die Leute zum Lachen bringen. Wie Soltani mir erklärte, hatten Katzenbilder mit sardonischen Sprüchen ihren Ursprung in den Randbereichen des World Wide Web. Ihre

Migration hatte sie von Internet-Relay-Chat-Foren und erklärtermaßen misanthropischen Foren wie 4chan zu Reddit und dann zu den sozialen Massenmedien geführt. Facebook-Kätzchen waren süß und flauschig. Ihre Vorfahren hingegen hatten im Großen und Ganzen einen gemeinen Zug an sich. In diesem speziellen Fall vermittelte »Emo« ein Pathos, das ein wenig lächerlich wirkte.

»Ja und?«, fragte ich. Ich hatte das Kätzchen beim Durchblättern kurz registriert und ihm weiter keine Beachtung geschenkt.

»Sie verstehen nicht«, entgegnete Soltani. Die Memes, auf die wir stießen, seien wie Höhlenmalereien, sagte er – schlichte, aber vielsagende Kulturmarker. »Ich *kenne* diese Jungs. Das sind die Jungs, mit denen ich jahrelang rumgehangen habe. Das sind die Jungs von Reddit und DEF CON. Es sind genau die Gleichen.«[15]

Als ich Soltani anheuerte, hatte er von den Männern und Frauen hinter den Festungswällen der beeindruckendsten elektronischen Nachrichtendienstbehörde der Welt bestimmte Vorstellungen gehabt. Nun zwangen ihn unsere Entdeckungen, dieses Bild zu revidieren.

»Ich bin, wie viele andere Leute, davon ausgegangen, dass bei der NSA überwiegend kurz geschorene Militärs oder Typen à la *Men in Black* arbeiten«, schrieb er mir später in Anspielung auf den Film über einen Geheimdienst, der die Beziehungen zwischen Menschen und Aliens regelt.[16] »Nachdem ich mir nun Schreibstil, Ton und Bildersprache angesehen habe, ist mir aber klargeworden, dass mindestens ein Teil der Leute dort sozial auffällige Reddit-Nerds sind. (Ich stell mir junge, etwas milchgesichtige Dickerchen vor, die mit einem Liter Mountain Dew oder so in Reichweite ihre Arbeit machen.) Das sind nicht eure typischen öffentlichen Bediensteten – die Rorschach-Bilder, die da aus dem Meer an Dokumenten auftauchen, verraten mir etwas viel Unerwarteteres, aber auch *viel Vertrauteres für Geeks wie mich.*«[17]

Die NSA-Mitarbeiter mit den blauen Namensschildern sind entweder zivile Angestellte oder uniformiertes Personal im Einsatz für Army, Navy, Air Force, Marineinfanterie und den Geheimdienst der Küstenwache. Die Militärs wurden schon vorher gründlich überprüft. Auf die Zivilisten wartet bei ihrer Bewerbung ein Mammutverfahren:

ein psychologischer Test mit 567 Fragen,[18] ein Follow-up-Interview, der Fragebogen SF-86 für National-Security-Jobs[19] und ein Lügendetektortest, um Gegenspionagerisiken aufzuspüren. Dennoch musste sich die NSA an die Gegebenheiten im Zeitalter des Internets anpassen, um die gewünschte Kohorte talentierter Hacker einstellen zu können. Im Allgemeinen treten sie nicht mit blank polierten Schuhen und Militärhaarschnitt an. Typisch für die Kultur sind laut Snowden »T-Shirts, Jeans, blondierte Haare, grüne Haare, Ohrringe, Meme-Shirts, Memes überall am Arbeitsplatz«. Die Rekrutierer sind zu Zugeständnissen bereit. Im analogen Zeitalter von Horchposten und Akten aus Papier hätten einige der fähigsten Berufsneulinge niemals eine Chance gehabt.

Der Mathematiker und Informatiker Alan Tu gehörte dieser Gruppe zwar nicht an, lernte sie aber gut kennen.[20] Nach seinem Examen am Georgia Institute of Technology im Jahr 2005 stieß er direkt zur NSA. Als vorgeschobener Außenposten am National Threat Operations Center (NTOC) in Hawaii, demselben Büro, in dem Snowden seine letzte Anstellung hatte, war Tu für Spionageabwehrmissionen gegen Staatshacker aus Asien zuständig. Er war umsichtig und gewissenhaft, hatte ein außergewöhnlich gutes Gedächtnis, galt als anständig und konnte einen Stoß an Empfehlungsschreiben vorweisen, den er in der Außenwelt aber niemandem präsentieren kann. Bei einem Besuch in Hawaii überreichte ihm General Keith Alexander die Challenge Coin des NSA-Direktors, eine Medaille mit Gravur als Anerkennung für herausragende Leistungen.

Tus Auftrag am NTOC war eine Kombination aus Cyber-Defensive und -Offensive, in der NSA eine Seltenheit. Tu jagte nach ausländischen Eindringlingen in Netzwerke des US-Militärs und leitete die eigens ins Leben gerufene Überwachung, um ihre Quelle aufzuspüren. Wenn er die Eindringlinge entdeckte, half er, Gegenmaßnahmen zu entwickeln. Gelegentlich nahm man bei den Operationen heimlich »threat actors« (»Bedrohungsakteure«) im Ausland ins Visier – man drehte den Spieß um und spionierte die Spione aus. Mit einer Sondergenehmigung, die selten erteilt wurde, konnte die Behörde einen Gegenangriff starten, um das ausländische Equipment zu zerstören oder zu deaktivieren. Tu arbeitete eng mit Hackern aus der Offensivabteilung des Hauses zusammen, darunter die coolen Kids im Remote Operations Center, »The Rock«.

Sechs Jahre später verließ Tu die NSA mit einem abgerundeten Bild von den Stärken und Schwächen seiner Arbeitskollegen. »Ich hege keinen Groll und kann mit keinem Paukenschlag aufwarten. Die Arbeit bei der NSA ist großenteils wenig spektakulär, das meiste ist nicht brisant und manches ist auch nobel«, sagte er zu mir.

»Man kann sowohl bei den Militärs als auch bei den Zivilisten auf merkwürdige Vögel treffen«, sagte Tu. Beim Militär »hat man sich mit 18 oder 20 eingeschrieben, hat die Grundausbildung und danach drei bis sechs Monate Technikunterricht absolviert, dann erhält man eine Freigabe und – zack – schon ist man bei der NSA. Kurz darauf hat man bereits Zugang zu Rohdaten. Besitzt man da die Reife, kluge Entscheidungen zu treffen? Das ist eine berechtigte Frage.« Bei den Zivilisten mussten die Personaler »schon mal ein Auge bei einigen der spektakuläreren Typen zudrücken«, die aus der DEF-CON-Szene kamen, mit Vorliebe Witze rissen und anspruchsvolle Videospiele ausfochten.

Er fügte hinzu: »Wir gelten als Geeks.« Im Umgang mit anderen seien typische Mitarbeiter »introvertierter, ruhig, eher Einzelgänger«. Über die Behörde kursiert der Standardwitz, dass die Extrovertierten unter ihnen auf die Schuhe *ihres Gegenübers* blicken, wenn sie sich unterhalten. Aber wenn sie sich an ihre Tastatur setzen und loslegen, kehren sie in ihren natürlichen Lebensraum zurück. Ihre Briefings und geheimen Blogbeiträge klingen zuweilen nach »The Wild Wild West«, meinte Tu.

Am 20. September 2013, einen Tag nachdem uns Emo Cat über den Weg gelaufen war, stellte ich Soltani dem Chefredakteur der *Post*, Marty Baron, vor. Da ich wusste, dass sich Kritiker unserer Arbeit womöglich auf Soltanis Herkunft stürzen würden, hatte ich Baron vorab mitgeteilt, dass er aus dem Iran stammte. Er habe Teheran als kleiner Junge verlassen und sei schon lange US-Bürger, erklärte ich. In diesem Satz verbarg sich eine lange Geschichte. Soltanis Vater war im Iran von Mohammad Reza Schah Pahlavi aufgewachsen, des von Amerika gestützten Machthabers und Letzten einer Linie absoluter persischer Monarchen.[21] Soltani senior, ein sehr guter Musiker, spielte die Tombak, eine Bechertrommel, und begleitete den Schah, wenn er mit dem iranischen Nationalorchester verreiste. Später wurde er leitender Angestellter der Iran Insurance Company und war verantwortlich für die Vermögenswerte des Schahs in der Region am Persischen Golf. Kurz: Seine Chancen auf ein glückliches Leben standen schlecht, als die Islamische Revolution von 1979 zum Sturz des Schahs führte und die Gesellschaftsordnung des Iran auf den Kopf stellte. Gemeinsam mit zwei Töchtern floh Soltanis Vater nach Amerika und ließ seine Frau und den vierjährigen Ashkan zurück, die nachkommen sollten, sobald die Angelegenheiten der Familie geregelt waren.[22] Schon bald saßen Ashkan und seine Mutter in der Klemme, weil es unmöglich war, Visa von einer US-Botschaft zu bekommen, die von Revolutionskräften in Geiselhaft gehalten wurde. Stattdessen schlugen sich Mutter und Sohn nach Europa und von dort weiter nach Kanada durch; in die USA reisten sie mit dem Auto ein. Sie baten um Asyl, das ihnen rasch gewährt wurde. Im Jahr darauf stellte die Einwanderungsbehörde ihnen Green Cards aus. Das waren noch andere Zeiten.

Die ersten Jahre seiner Kindheit in den Vereinigten Staaten verbrachte der kleine Ashkan in Akron, Ohio. Schon bald entdeckte er sein Talent dafür, Gegenstände auseinanderzunehmen und anders zusammenzubauen, um ihre Funktionen zu verändern. Zu seinen frühesten Erinnerungen gehört ein batteriebetriebenes Auto, ein Datsun-Modell, das er durchs Haus steuerte, indem er Tasten auf einem numerischen Tastenfeld programmierte – einen Sessel umkurvte er mit vier Längeneinheiten geradeaus, zwei nach rechts und drei nach links. Mit zehn Jahren, als seine Familie nach »Tehrangeles« zog, dem zentral in Los Angeles gelegenen Viertel Little Persia, konstruierte er bereits automatische Wählvorrichtungen für Telefone und kannte sich mit der Programmiersprache BASIC aus. Er brachte sich den Hexadezimalcode bei, um den Kopierschutz des Computerspiels *Jumpman* zu knacken, das damals gerade angesagt war. Irgendwann lötete er einen wiederbeschreibbaren Chip auf das Motherboard einer Spielkonsole von Sony, weil er Zugriffssperren für die Firmware umgehen wollte. Ausgerüstet mit einem Einwählmodem tauschte er in Computerforen, sogenannten Bulletin Boards, Hackertipps aus. Dort lernte er, wie man bei den ersten Handys die Softwareanweisungen änderte. Mit 15 Jahren ergatterte er ein Motorola MicroTac und schloss es zu Hause an einen Laptop an. Er gab eine Reihe Befehle ein, setzte damit die integrierte Steuerung außer Kraft und funktionierte das Mobiltelefon zu einem behelfsmäßigen Spionagegerät um. Wenn er wollte, konnte er in der näheren Umgebung Handysignale orten und die Identität jedes beliebigen Handys im Funkbereich bestimmen. Wie er außerdem herausfand, ließen sich mit Freon, einem Kältemittel auf Basis von fluorierten Halogenkohlenwasserstoffen, und einem Hammer die damals gebräuchlichen Kryptonite-Fahrradschlösser knacken. All diese Fertigkeiten standen in den Hackerzirkeln, in denen Soltani sich bewegte, hoch im Kurs. So wie zahlreiche andere Sicherheitsexperten der Zukunft verriet er mir: »Ich bin damit aufgewachsen, Systemschwachstellen aufzuspüren.«

Soltani absolvierte einen Bachelor in Kognitionswissenschaft und schloss sein Masterstudium an der University of California, Berkeley, mit einer Arbeit über Computersicherheit und Datenschutz ab. Dazu führte er gemeinsam mit zwei Kommilitonen das Forschungsprojekt »Know Privacy« durch. Ihre Arbeit zeigte auf, dass bekannte Webseiten weit mehr Informationen über ihre Besucher sammelten und verkauften, als sie in ihrer Datenschutzerklärung angaben. Später, als Berater des *Wall Street Journal*, fing Soltani die geheimen Signale von Smartphone-Apps ab, die unbemerkt persönliche Daten der Benutzer abschöpften. Sein Start-up MobileScope brachte dieses Verfahren auf den Markt. Als ich Soltani im Mai 2012 kennenlernte, erstellte ich eine falsche Identität, damit er mir das Produkt auf einem alten iPad, das ich noch zu Hause liegen hatte, vorführen konnte. Er zeigte mir, wie mich die Softwareentwickler heimlich auf meinen Wegen durch New York City und das Internet verfolgten – in Missachtung staatlicher Gesetze und der Versprechen, die sie in ihren Nutzungsbedingungen abgaben. Ich startete eine Medizin-App, dachte mir eine abwegige Frage aus und tippte »Gonorrhoe« in das Suchfeld. Sofort spuckte das Symbol für mein Gerät auf dem MobileScope-Fenster zwei Dutzend Zeilen aus, die jeweils einen Datenzugriff durch einen Werbeträger, einen Informationsvermittler oder einen Mittelsmann in der Datenwirtschaft anzeigten. Im Bruchteil einer Sekunde hatte das iPad unsichtbar mein Alter, mein Geschlecht, meine Geräte-ID, meinen Aufenthaltsort und genügend andere Details übermittelt, um mein Alter Ego »Bart Testbed« zu identifizieren, falls es existierte. Einige der Unternehmen griffen auch den peinlichen Suchbegriff ab. Seitdem hat Apple seine Datenschutzkontrollen verschärft und auch Google hat seine Android-Handys mit einigen dieser Maßnahmen gesichert, doch irgendwo in einer Datenbank ruht nun das medizinische Profil des unglücklichen Mr. Testbed. Das Misstrauen, aus dem Soltanis Projekt erwuchs, beruhte auf »der gleichen Hackermentalität«, die er von Kindesbeinen an besessen hatte: »Dies sind die Schwachstellen, bei denen das Gesetz die eine Linie vertritt, die Technologie jedoch die entgegengesetzte Richtung verfolgt.«

Zwischen College und Aufbaustudium gestaltete Soltani Arbeitsleben und Freizeit nach Lust und Laune. Ein Unternehmen aus Vancouver schickte ihn mit einem Auftrag in Sachen Computersicherheit nach Hongkong. Dort jobbte er nachts als DJ. Als ihn das Berufsleben ermüdete, ging er 2003 die meiste Zeit des Jahres mit einer Gruppe von Freunden snowboarden, ließ sich Unterricht mit Lifttickets bezahlen und lebte sparsam. Mit dem Lauf der Jahreszeiten reisten sie als Wanderer zwischen den Hemisphären dem Winter hinterher – von Lake Tahoe an der Grenze zwischen Nevada und Kalifornien nach Neuseeland und Japan. Im Jahr 2005 wurde Soltani von AT&T angeheuert, um beim Eindämmen einer albtraumhaften Welle von Spamnachrichten zu helfen. Die Telefongesellschaft hatte ein Merkmal eingeführt, das es den Kunden erlaubte, einen per E-Mail gesendeten Text zu empfangen. Infolgedessen liefen die AT&T-Telefone mit Milliarden unerwünschter Texte heiß, weil Spammer an alle denkbaren zehnstelligen Nummern Mails verschickten. Erneut war man auf eine unerwartete Sicherheitslücke gestoßen. Soltani entwickelte zur Abwehr einen Perimeter mit Spamfiltern, die auf Hochgeschwindigkeitsroutern liefen. »Eine Zeit lang war das meine Spezialität«, erklärte er. Das sprach sich herum, und so erhielt er ähnliche Jobs bei France Télécom sowie der Nippon Telegraph and Telephone Corporation in Japan. Danach beauftragte U.S. Customs and Border Patrol, ein Verband der amerikanischen Zoll- und Grenzschutzbehörde, Soltani mit der Sicherung einer Computeranlage in West Virginia gegen Denial-of-Service-Angriffe, die ihr Netzwerk mit zig Millionen gefälschter Anfragen überschwemmten. Da Soltani keine Sicherheitsfreigabe besaß, durfte er die Regierungsrechner nicht anrühren. Also musste er seinen Auftraggebern Zeile für Zeile diktieren, was sie anklicken und eingeben sollten.

Als ich Soltani kennenlernte, hatte er auch schon einen Auftrag als Technologe bei der Federal Trade Commission ausgeführt. Dort hatte er Google und Facebook mit forensischen Arbeiten drangsaliert, die belegten, dass sie ihre Nutzer illegalerweise ausspionierten. Seitdem hatte er seinen Lebensunterhalt überwiegend als Berater für State Attorney Generals verdient, die Technologieunternehmen bei den bundesstaatlichen Gerichten von New Jersey, Kalifornien, Ohio und New York verklagen wollten. Soltani, kompakt gebaut und charismatisch, konnte mit einem ganzen Arsenal an Bewunderern aus Regierungs-, Industrie- und Hochschulkreisen aufwarten, sogar in den Unternehmen, die er vorgeführt hatte. Mit seinen improvisierten »technologiepolitischen Cocktailpartys«, die er spontan auf Reisen veranstaltete, füllte er die Hinterzimmer von Kneipen in Washington, San Francisco und New York.

Im April 2013, sechs oder sieben Wochen vor der Publikation der Snowden-Storys, bat ich Soltani, mich auf einem langen Spaziergang ohne elektronische Geräte durch den Battery Park an der Südspitze Manhattans zu begleiten. Ich müsse meine digitale Sicherheit aufmöbeln, und das pronto. Wir sprachen über Szenarien, Arbeitsabläufe und Tools. Ich verriet ihm nicht, warum, und er fragte nicht nach. Seine Diskretion beeindruckte mich. Als meine erste NSA-Story am Abend des 6. Juni veröffentlicht wurde, sandte Soltani mir eine verschlüsselte

E-Mail.[23] »Das war es also«, schrieb er. Vier Monate später, am 23. September, stellte ich ihn Marty Baron vor. Sie verstanden sich auf Anhieb und Baron gab Soltanis Anstellung seinen Segen. Er verzog keine Miene, als Soltani ihm erklärte, meine bisherigen Vorsichtsmaßnahmen für das Snowden-Archiv seien nicht sicher genug. Wir bräuchten Laptops der Spitzenklasse, um, wie Ashkan sagte, eine »Lobotomie« vorzunehmen, indem wir Anschlüsse blockierten, Batterien entfernten und Netzwerkplatinen herausholten.

Die *Post* schloss mit Soltani einen Vertrag zu den gleichen Bedingungen wie meinen ab. Baron versicherte ihm, die Zeitung werde bei einem etwaigen Gerichtsverfahren hinter ihm stehen. »So hat die Zeitung es immer gehandhabt und ihr guter Ruf hängt davon ab«, schrieb ich Soltani später am Tag. Zu Baron sagte ich, er werde Soltanis Anstellung nicht bereuen: »Wir sind heiß auf die Storys, die wir in der Pipeline haben.«

Als wir uns an die Arbeit machten, stießen wir regelmäßig auf weitere Höhlenmalereien. Sie erzählten von Identität und Status und der Attitüde von NSA-Daten-Nerds auf der Jagd.

Was die NSA an Daten aufnimmt, hängt zum großen Teil davon ab, wie die Behörde ihre speziellen Quellen, die »special sources«, definiert. Die NSA bittet um geheimen Zugang zu dem einen oder anderen Abschnitt vom »Backbone«, dem Rückgrat, des globalen Kommunikationsnetzwerks.[24] Führungskräfte von amerikanischen Internet- und Telekommunikationsunternehmen, die eine Sicherheitsfreigabe halten, erklären sich damit einverstanden. Der NSA passt dieses Arrangement. Warum ein Auto kurzschließen, wenn der Besitzer dir den Autoschlüssel leiht? Einige Manager – seit Snowden nicht mehr so viele – betrachten die Unterstützung des US-Geheimdienstes als ihre patriotische Pflicht. Einige werden gesetzlich dazu gezwungen. Einige Unternehmen, zum Beispiel AT&T, haben unter dem Codenamen BLARNEY mit der NSA geheime Abmachungen getroffen, die bis in die 1970er Jahre zurückreichen. Einige erhoffen sich dadurch beim Kampf um größere Regierungsaufträge bessere Karten oder die

Chance, Regulierungen abwenden zu können. Für ihre Mühen enthalten die Unternehmen eine Entschädigung aus einem geheimen Budget für »Geschäftspartner«, das sich im Finanzjahr 2011 auf 394 Millionen US-Dollar belief.[25]

Wenn die NSA keinen Zugang aushandeln kann, bedient sie sich selbst. Im Ausland, wo die im Inland geltenden Beschränkungen nicht greifen, darf die Abteilung für Datenbeschaffung, S3, wühlen, wo sie will.[26] Eine weltweite Hacking-Infrastruktur namens QUANTUM liefert ein breites Spektrum an Tools, die Software-Exploits einschleusen, Kommunikationen mit Verfahren wie dem »Man-in-the-Middle-«[27] oder »Man-on-the-Side-Angriff«[28] abfangen sowie Anrufe und E-Mails über NSA-Erfassungsstellen umleiten. Die meisten dieser Operationen werden als passiv bezeichnet, weil sie elektronische Signale automatisch erfassen, während diese große Hauptleitungen und Knotenpunkte passieren. Reichen passive Verfahren nicht aus, spricht man bei der NSA von interaktiven Vorgängen.[29] In einer typischen Woche im April 2012 gab es 2588 derartige interaktive Missionen.[30] Diese Form maßgeschneiderten Hackings ist die Spezialität der Tailored Access Operations und ihrer Einheit »The Rock«.[31]

Gelegentlich rennt »The Rock« gegen eine Mauer an, die nicht zu durchbrechen ist. Normalerweise heißt das, dass das Überwachungsziel Geräte oder Netzwerkanbindungen verwendet, die außerhalb des öffentlichen Internets liegen und daher keine Möglichkeit bieten, einen Software-Exploit einzuschleusen. Dann greift die NSA auf die »manuelle« Datensammlung zurück; das übernimmt die Abteilung Access Operations, die geheime Missionen gegen ausländische Botschaften in den Vereinigten Staaten und im Ausland befindliche Ziele von Interesse durchführt. Auf dem Siegel der Abteilung ist, genau wie bei dem der Special Source Operations, die von einem Raubtier beherrschte Erdkugel zu sehen. Allerdings handelt es sich dieses Mal nicht um einen Adler. Es ist eine Schlange mit langer, gespaltener Zunge und dämonisch roten Augen. Ihr lateinisches Motto *Decipio – Circumvenio – Latrocinor* lässt sich übersetzen mit »Ich täusche – Ich umzingele – Ich raube«.[32]

Die Botschaft ist die Prahlerei eines Gamers: *Wir betrügen, wir stehlen, wir nehmen dir dein Schulbrot weg.* In einem offiziellen Briefing wird aus plakativer Angeberei eine echte Karikatur (siehe S. 240).[33] Die NSA-Einheit wird als Strichmännchen-Superheld dargestellt. Der »Böse«, der Teufelshörner trägt, versucht, sich in einer Internetumgebung zu verstecken, die die Hacker aus dem NSA-Hauptquartier nicht sehen können. »CNE Man« – das Akronym steht für »computer network exploitation« – kommt als Retter in der Not angeflogen und wird jubelnd begrüßt mit »YEAH!!! MAKE DATA HAPPEN!« Der NSA-Fachterminus für diese Art von Einsätzen lautet Traffic-Shaping, »Verkehrsgestaltung«. Die Access-Operations-Mitarbeiter übernehmen die Kontrolle über einen Switch, indem sie beispielsweise ein Hardware-Implantat installieren, und verändern damit die Route der Anrufe, Internetrecherchen und E-Mails, die sie in ihren Besitz bringen wollen.[34] Aus diesem Grund ist in der Karikatur die Rede von »midpoint« – die NSA leitet den Datenfluss mitten auf seinem Weg um. Die »Bösen« – die normalerweise überhaupt nicht böse, sondern lediglich interessant sind – reden nichtsahnend weiter. CNE Man ist eine Art Superman – ein Superbandit. Das wird akzeptiert, weil sein Ziel, in diesem Fall buchstäblich, dämonisiert wird.

Eine Variation des Heldenthemas ist von James Bond inspiriert. Die echten Spione borgen sich ihr Geheimagentenflair von einem imaginären Widersacher. So nennen sie ein Windows-Implantat ODDJOB, nach dem Bond-Bösewicht mit der rasiermesserscharfen Hutkrempe aus *Goldfinger*.[35]

Eine interessantere Anspielung findet sich in einem Planungsmemo zu »Leugnung und Täuschung«; darunter verstehen Geheimdienstoffiziere die Aufgabe, ihre Arbeit zu verbergen und Gegner in die Irre zu führen.[36] Schließlich wäre es unklug, wenn CNE Man mit einer NSA-Schlange auf der Brust zu einer Geheimoperation fliegen würde. Außendienstmitarbeiter brauchen glaubwürdige Geschichten, um nicht aufzufallen. Sie tarnen sich als Reparaturkolonne, Kontrolleure oder ähnliches, um keinen Verdacht zu erregen, wenn sie jemand bei der Arbeit beobachtet. Jemand muss ihre Reise buchen und falsche Unterlagen

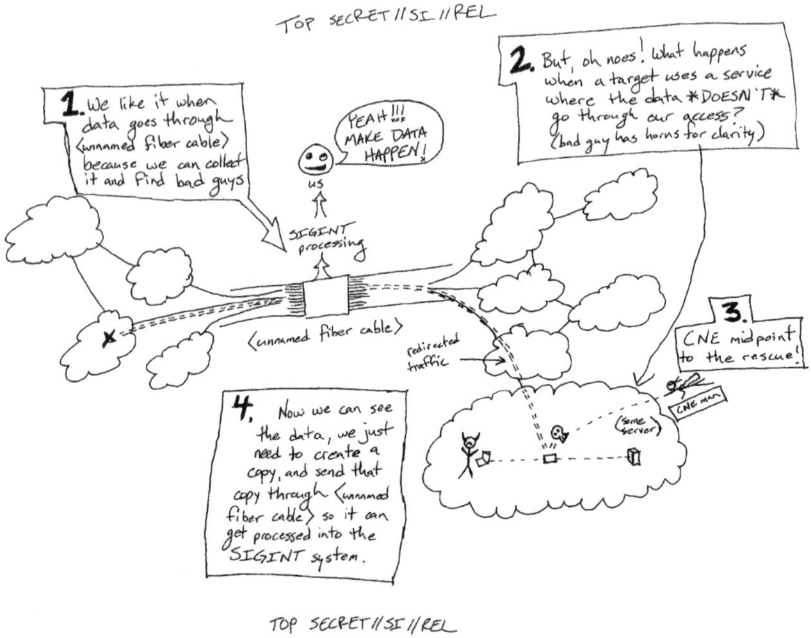

anfertigen. Tatsächlich gibt es einen ganzen bürokratischen Apparat, der unter anderem für »Tarnabrechnungen, Tarnreisen [und] Tarnfinanzen« zuständig ist.[37] Selbstverständlich hat dieses Unterstützungssystem seinerseits auch einen Tarnnamen: MISS MONEYPENNY, nach der treuen Sekretärin, die mit Bond flirtet und sich vergeblich nach einer Romanze mit ihm verzehrt.[38] Mit Moneypenny als Gefährtin wird der verwegene Datendieb schließlich zu Bond höchstselbst.

CNE Man, der im wirklichen Leben seine Arbeit aus sicherer Entfernung verrichtet, muss sich im Allgemeinen keiner Gefahr für Leib und Leben aussetzen. Da passt eine andere Einheit besser zum Hollywood-Klischee eines Spions. Kommt man mit »Midpoint Operations« nicht zum Ziel, greift die NSA auf S3283, Expeditionary Access Operations, zurück. Ihre Leute schlüpfen über ausländische Grenzen oder huschen daran entlang und suchen nach Angriffspunkten auf »harte Ziele«, an die die NSA auf andere Weise nicht herankommt. Diese Teams sind zuständig für das sogenannte *human-enabled close access network exploitation program,* ein von Menschen durchgeführtes

Programm zur Ausnutzung von Netzwerken, wobei sich das Ziel in physischer Nähe befinden muss. Sie haben ebenfalls ein lateinisches Motto. Es lautet: *Si ceteri non* – »Wenn andere nicht«. Mit anderen Worten: Wenn alle anderen scheitern.

Sich an ein Überwachungsziel heranzuschleichen kann riskant sein – wenn auch nicht immer, weil die Zielpersonen manchmal Spitzenpolitiker verbündeter Regierungen sind, die es vermutlich bei einigen empörten Worten bewenden lassen, wenn sie etwas spitzkriegen. In anderen Fällen ist es gefährlicher, erwischt zu werden. Die S3283-Teams verlassen sich auf Irreführung des Gegners und schnelles Verschwinden vom Ort des Geschehens. Falls sie bewaffnet sind, was von Fall zu Fall entschieden wird, tragen sie nur leichte Waffen zur Selbstverteidigung bei sich. »Ich hatte einen Blue Force Tracker«, erzählte mir ein Veteran, der an Überwachungsexpeditionen in Kriegszonen teilgenommen hatte. Er meinte ein Gerät, das den Standort amerikanischer Truppen anzeigte, die in beträchtlicher Entfernung stationiert waren. »Ich stand mit einem Typen vom Threat Operations Center in der amerikanischen Botschaft in Verbindung. Ich hatte genug Munition, um vielleicht 30 Minuten durchzuhalten, ein M-4[-Gewehr], eine Seitenwaffe, ein bisschen Wasser und einen Ausweich- und Fluchtplan. Ich war allein da draußen.«[39]

Im Snowden-Archiv findet sich noch mehr über Einheit S3283, darunter Zielpositionen, Fotos von Personal vor Ort und Details zu ihren Taktiken und Techniken. Darüber werde ich hier nicht schreiben.[40] Was mich interessiert, ist die Art und Weise, wie die NSA über ihre Arbeit spricht. Testosterongeladene Prahlerei beim Einsatz ist das eine. Was sich hier aber zeigt, ist, dass die dummen Sprüche Bestandteil des offiziellen Vokabulars von Fort Meade sind. Ingenieure und Führungskräfte beschreiben Close-Access-Einsätze, also Lauschangriffe vor Ort, als handle es sich um Verführung und Gefügigmachen durch Alkohol. Liest man formale Berichte über Expeditionsoperationen, erscheinen Überwachungsziele wie Frauen, die die Nacht am Morgen danach gern ungeschehen machen würden, wenn sie sich nur daran erinnern könnten.

Ein Standardeinsatz der Einheit S3283 besteht darin, ein lokales Funknetzwerk zu hacken. Weil WLAN-Signale eine kurze Reichweite haben, selbst wenn sie durch Überwachungsgeräte verstärkt werden, müssen sich die Lauschteams recht nahe heranpirschen. Jede Phase der Operation trägt einen zweideutigen Decknamen. Den Anfang macht BLINDDATE, wobei ein Teammitglied nach Geräten mit Schwachstellen sucht. Während der HAPPYHOUR schleicht sich das Teammitglied ins Netzwerk, mischt sich unter die anwesenden Computer und verführt sein angeschwipstes Opfer zu einem Tête-à-Tête. Danach kommt NIGHTSTAND, kurz für One-Night-Stand, in dessen Verlauf der Operator eine Ladung Malware in die wehrlose Maschine spritzt. Weiteren Spaß und Ausbeutung bietet SECONDDATE. In Anbetracht dieses Grads an Subtilität könnten die Tarnnamen genauso gut BIMBO, ROOFIE, BAREBACK und THE CLAP lauten.[41]

Nichts davon soll das Verdienst der Operationen an sich schmälern. Eine Expeditionsmission arbeitet per definitionem zielgenau, ist also das Gegenteil von Massenüberwachung, und die NSA wählt ihre Ziele so aus, dass sie den Anforderungen ihrer politischen Vorgesetzten entsprechen. Die Zielbeschreibungen, die ich in den Dokumenten gesehen habe, entsprechen dem, was man gemeinhin von einer gut funktionierenden Geheimdienstbehörde erwartet. Die Frage ist, was man von den Schenkelklopfern zwischen den Zeilen halten soll. Ich glaube, es ist nicht zu weit gegriffen zu behaupten, dass sexuelle Ausbeutung eine offizielle Metapher für Close-Access-Operationen ist, die sich in der gesamten Hierarchie wiederfindet, von Einsatzberichten aus den oberen Rängen bis hinunter zum Trainingsmaterial für die unteren Chargen. So enthält der siebenteilige Qualifikationskurs über Wireless-Exploitation-Techniken Unterrichtseinheiten wie »Einführung in BLINDDATE« – »Schnapp dir einen Partner!« –[42] und »Einführung in NIGHTSTAND«.[43] Und von dieser Sorte gibt es noch eine Menge mehr. Das NSA-Archiv bietet Dutzende Decknamen vom gleichen Stil, von VIXEN (»Füchsin; sexuell attraktive Frau«) über BADGIRL und LADYLOVE bis zu PANT_SPARTY.[44] Letzteres ist ein wandlungsfähiger Slangausdruck der Popkultur und auf alle möglichen sexuellen

Akte anwendbar. Im Überwachungsjargon steht er für das Einführen eines NSA-Software-Tools in eine »Hintertür« im Bollwerk der Zielperson.[45] Geh nah ran, hol dein PANT_SPARTY-Tool raus und steck es in ihre Hintertür. Die Entwickler, Instrukteure und Ausbilder, die sich in dieser Form des Frohsinns ergehen, sind – soweit ich feststellen konnte – ausnahmslos Männer.

Laut Alan Tu, dem ehemaligen NTOC-Analysten, ist diese Protzerei mit den dicksten Eiern das Produkt einer »Belegschaft, die unglaublich jung war, jung und männlich. Viele hatten gerade ihren ersten Job nach dem College angetreten oder waren Militärfunker zwischen 19 und 21. Das ist das Alter, in dem man vor Testosteron nur so strotzt.«[46] Wie Tu hinzufügte, kam es diesen Männern gar nicht in den Sinn, dass irgendjemand außerhalb ihres Zirkels lesen würde, was sie schrieben, oder etwas dagegen haben könnte. Und die Kontrolle könne lückenhaft sein, erinnerte er sich: »Qualifizierte Führungskräfte zu bekommen war zuweilen schwierig, weil sie häufig irgendeinen Kerl aussuchten, der ihnen in technischer Hinsicht am geeignetsten erschien, und ihm gleich die erste Führungsposition verschafften.«

Snowden lehnte einen TAO-Job zwar ab, war aber in dieser Kultur aufgewachsen. »Die Memes sind super für die Moral und den Spaß, aber du hast Spaß mit Systemen, die buchstäblich dafür sorgen, dass Menschen getötet werden«, sagte er zu mir. »Das ist Empowerment von Heranwachsenden. Buchstäblich: ›Ich kann machen, was ich will. Was kannst du schon tun, um mich aufzuhalten? Ich bin allmächtig.‹ Ich möchte hervorheben, dass Pubertät und Jugendlichkeit gemeinhin durch einen Mangel an Selbstreflexion und Selbstbeschränkung geprägt sind.«

Manche Insider vergleichen dieses Machogehabe mit dem privaten Wortgeplänkel zwischen Chirurgen und Krankenschwestern in der Notaufnahme. Da ist vielleicht etwas Wahres dran. Albernheit kann Stress abbauen und das Gemeinschaftsgefühl stärken. Dennoch hinkt der Vergleich, und er hat zwei Seiten. Es gibt medizinische Fachkräfte, die über todkranke Patienten hinter ihrem Rücken Witze machen, und es gibt Menschen, die das gutheißen, aber wenn Patienten und Öffentlichkeit davon erfahren, kommt es nicht gut an.[47] In den letzten Jahren gab es mehrere Skandale, weil Ärzte Selfies mit einer narkotisierten Patientin aufgenommen, sich über das Aussehen einer anderen lustig gemacht und einen dritten Patienten, der vermutlich an Syphilis litt, als »zurückgeblieben« bezeichnet hatten.[48] Die Gesellschaft erwartet einen gewissen Grad an Reife bei Menschen, die ein Skalpell führen. Sonst empfinden wir ihre Macht als beängstigend.

Ende 2018 saß ich in einer Hotelsuite im Zentrum von New York zu einem langen Gespräch mit dem früheren FBI-Direktor James B. Comey zusammen. Er hatte sich sehr um eine Kulturreform in seiner Behörde bemüht, bevor Donald Trump ihn im Mai 2017 feuerte.[49] Genau wie die NSA unternahm das FBI enorme Anstrengungen, um junge Techniktalente anzuwerben und zu beschäftigen. Bevor Trump und seine Leute die Regierungsgeschäfte übernahmen, suchte Comey nach einer Möglichkeit, das Einstellungsverbot für Bewerber, die früher Marihuana konsumiert hatten, zu lockern. »Im Kampf gegen Cyber-Kriminelle muss ich sehr viele Leute einstellen, und manche von diesen Kids würden auf dem Weg zum Vorstellungsgespräch gerne Gras rauchen«, verriet er dem *Wall Street Journal* damals.[50] Justizminister Jeff Sessions als strikter Marihuanagegner löste in dieser Hinsicht alle Grauzonen auf, doch das FBI wie auch die NSA lockerten einige festgefahrene Vorstellungen darüber, wer aufgenommen werden durfte und wer nicht. Ich fragte Comey, ob sich Fort Meade seiner Meinung nach mit der Subkultur, die mit den jungen Hackern Einzug gehalten habe, auseinandersetze.

»Das ist eine gute Frage«, sagte er. »Ich glaube nicht, denn ich weiß noch, als ich 2004 oder 2005 zum ersten Mal dort war, kam es mir so vor, als sei ich in die fünfziger Jahre zurückversetzt worden. Ich erinnere mich noch, wie ich dort reinging und die alte Wandvertäfelung und die altmodischen Teppiche sah. Es fühlte sich an wie eine Zeitreise. Das Personal bestand allem Anschein nach überwiegend aus weißen Frauen mit toupierter Hochsteckfrisur, alle aufgetakelt, und viele Männer mit kurzen Ärmeln. Ein bisschen wie in einem NASA-Film aus den Sechzigern. So fühlte es sich an. Als ich einen Witz darüber machte, sagte jemand, sehr viele Angestellte seien die Nachfolger ihrer Eltern, die früher auch schon dort gearbeitet hätten. Es ist ein Familienbetrieb.«[51]

Eigentlich ist die Behörde verpflichtet, ihre Decknamen zufällig auszuwählen.[52] In der Praxis wird das nur selten so gehandhabt. Ein echtes Kryptonym, meist eine zufällige Kombination aus zwei Wörtern, gibt keinerlei Hinweis auf das Geheimnis, das sich dahinter verbirgt. So weist BYZANTINEHADES nicht im Geringsten auf eine Verbindung zu chinesischer Cyber-Spionage hin. Es gibt jedoch Hunderte anderer Decknamen, bei denen die Undurchschaubarkeit eben nicht gewährleistet ist. Sie werden, schlicht oder komplex, je nach ihrer Bedeutung handverlesen vergeben. Zuweilen sind die Bezeichnungen ungeniert direkt. Eine Geheimabteilung, die mit dem britischen GCHQ zusammenarbeitet, heißt VOYEUR.[53] Sie beschäftigt sich mit dem Ausspionieren der Spione eines anderen Landes, während diese ihrerseits jemanden ausspionieren – ein besonders intimes Rendezvous. SCISSORS (»Schere«), eine prosaischere Wortwahl, steht für ein Verarbeitungssystem, das Daten zum Sortieren aufteilt.[54] Voyeure spähen durch Fenster. Scheren schneiden. Hier ist kein Rätselraten beabsichtigt oder erforderlich.

Die verräterischsten Tarnnamen sind kompakte Ausdrucksformen einer Kultur, die der Streetart ähnelt. Die Kultur speist sich zu einem großen Teil aus Gamern, Programmierern und anderen Digital Natives der Außenwelt. Einige ihrer Produkte, wie die Sequenz von BLINDDATE zu NIGHTSTAND, erinnern an die sexistischen Männercliquen im Silicon Valley, die Emily Chang in ihrem Buch *Brotopia* beschreibt.[55] Andere, wie BOUNDLESSINFORMANT (»grenzenloser Informant«), eine fortlaufend aktualisierte Karte der weltweit durch Überwachung gesammelten Datenmengen, sind so stumpfsinnig, dass sie schon an Selbstparodie grenzen.[56] (Die Karte selbst hat, ungeachtet einiger aufgeregter Kommentare, nichts Finsteres an sich.) In öffentlichen Verlautbarungen und Aussagen sprechen NSA-Beamte häufig von ihrer »Kultur der Regelkonformität«, die demütig und gehorsam die nach Watergate erlassenen Gesetze befolge. Das stimmt zum Teil, aber wenn die Hacker der Behörde ins Ausland ausschwärmen, wo sehr viel weniger Beschränkungen gelten, geben sie sich gern als Gesetzlose. Ein ganzer Zweig der Abteilung für Datenbeschaffung, S31177, beschäftigt sich mit TRANSGRESSION (»Regelverstoß«).[57] Erwähnt wird auch eine mysteriöse Abteilung namens BADASS (»knallharter Typ«), die aber unerläutert bleibt. PITIEDFOOL (»bemitleidenswerter Trottel«), eine Abfolge technischer Angriffe auf das Windows-Betriebssystem, weckt Assoziationen an die grimmige Warnung von Clubber Lang an seinen Gegner (*»I pity the fool!«*) im Film *Rocky III*.[58] Ebenso testosterongeschwängert sind BLACKBELT (»Schwarzer Gürtel«), FELONYCROWBAR (»Stemmeisen für Verbrechen«), ZOMBIEARMY und DEVILHOUND (»Höllenhund«). Eine andere Gruppe von Tarnnamen, darunter EPICFAIL (»episches Scheitern«) und ERRONEOUSINGENUITY (»irrtümliche Genialität«), verhöhnt Überwachungsziele, die ihre kritischen Daten unvollkommen schützen und fälschlicherweise davon ausgehen, ihre Spuren verwischt zu haben.

Fünf Monate nach den ersten NSA-Leaks sprach ich bei einer Podiumsdiskussion an der University of North Carolina mit Tom Donilon, der bis vor kurzem Nationaler Sicherheitsberater für Präsident Obama gewesen war. Im Anschluss gingen wir noch zusammen etwas trinken. Weil er zu aufgebracht war, um über Snowden zu reden, wechselte ich das Thema und kam auf die Hackerkultur bei der NSA zu sprechen. Die Computerkrieger erinnerten mich an die Kampfpiloten, die ich als Pentagon-Korrespondent bei der Navy und der Air Force kennengelernt hätte, sagte ich. Donilon sagte lächelnd: »Sie wollen *um jeden Preis* siegen.«[59]

Interner Austausch trieft vor falschem Mitleid mit den glücklosen Zielpersonen der NSA. »Der Ansatz, den wir seit kurzem verfolgen, ist *so furchtbar simpel* – es ist schon fast traurig, dass er überhaupt funktioniert«, schrieb jemand von der Technikabteilung, Unterabteilung T-314, End User Solutions (»Lösungen für Endanwender«). Sein Leitfaden für Kollegen präsentierte fünf Möglichkeiten, Router von ausländischen Gegnern zu hacken, die glaubten, in der Offensive zu sein. »Sehr übel für das Opfer«, bemerkte er.[60]

Insider-Praktiken signalisieren die Zugehörigkeit zu einem Stamm. Der Stamm hat eine Vorliebe für Science-Fiction und Fantasy, Comic-Helden, *Star Trek, Star Wars, Harry Potter,* Fast Food, Whisky, Mathewitze, Programmiererwitze, ethnische Witze, Witze über technische Laien und sarkastische Bildunterschriften. Sie illustrieren Berichte mit Fotos von Tieren in sonderbaren Notlagen; in einem wird die Zielperson einer Überwachung mit einem Pferd verglichen, dessen Kopf in einem Baum feststeckt. Sie äußern sich herablassend über »*leet*«- (oder »1337«-) Gegner, Möchtegern-»Elite«hacker, die denken, sie könnten mit den Haien der NSA schwimmen. Sie prahlen damit, ihre Rivalen zum Frühstück zu verspeisen, und äußern sich höhnisch über deren »Weiterbildung«.[61] Die Themen und Memes der Network Operations der NSA verraten viel über die Kaste der Programmierer, die ihr Leben am Bildschirm verbringt und für die sozialen Signale von Menschen unempfänglich ist, deren Interaktionen im wirklichen Leben stattfinden – oder in der Programmierersprache »IRL«, »*in real life*«. »Wir haben es hier mit einer Kultur zu tun, deren primärer Mitteilungskanal und Mechanismus zum Erleben von Gemeinschaft ein digital vermitteltes Wiki oder Forum ist«, erklärte mir Soltani.

Das Computer-Geektum kann skurrile Blüten treiben. Ein Ausbildungsleiter streute in eine Lektion über Kryptographie ganz nebenbei einen Witz über binäre Zahlen ein. »Es gibt 10 Arten von Menschen auf der Welt: diejenigen, die das Binärsystem verstehen, und diejenigen, die es nicht tun«, schrieb der Ausbilder.[62] Ein wöchentliches Briefing über Überwachungsoperationen legte zur Feier des Pi-Tages, dem 14. März, eine Pause ein; an diesem Tag entspricht die amerikanische Schreibweise des Datums, 3/14, der berühmtesten mathematischen Konstante. Dann gibt es da noch den NSA Round Table, einen elektronischen Diskussionszirkel, bei dem die Teilnehmer ihre Kommentare wechselseitig mit Plus- oder Minuspunkten bewerten können. Das von Reddit geklaute Bewertungssystem belohnt amüsante Beleidigungen genauso wie inhaltliche Qualität, und das in einem Forum, das sich vorgeblich ganz der Geheimhaltung widmet. »Warum ist in der Cafeteria eine Schöpfkelle für Kartoffeln (›*a scoop of potatoes*‹) größer als ein Löffel voll Rührei (»a scoop of eggs«)?«, fragte sich ein Teilnehmer namens Michael eines Tages. Paul erbot sich, den Troll zu spielen. »Ich bin der Erste, der dich downvotet«, schrieb Paul und gab mehrere spitzfindige Gründe an. Dann entspann sich eine Nebendiskussion: Sollte Michaels Post downgevotet, mit einem Warnhinweis versehen oder gelöscht werden? Clyde kehrte zum eigentlichen Thema zurück und präsentierte die nicht ganz ernst gemeinte Theorie, dass das Schöpfkellenvolumen proportional zur relativen Größe von Kartoffeln und Eiern sei. Was würde in diesem Fall passieren, entgegnete Scott, wenn »wir Eier servieren, die größer als Kartoffeln sind, zum Beispiel Straußeneier?« Jemand schlug ein einheitliches System vor: »Ein Löffel zum Schöpfen, sie alle zu schaufeln« – eine Hommage an den *Herrn der Ringe*. Die Wortspielliebhaber verlangten nach dem *»inside scoop«*, was »Insiderwissen« bedeutet, und beschwerten sich darüber, so viel Zeit mit »small potatoes«, sprich Peanuts, zu verschwenden.

Den gleichen Anspruch an nerdigen Witz offenbart ein riesiges Arsenal an Tarnnamen der NSA. Irgendwer schlug CAPTIVATEDAUDIENCE (»gefesselte Zuhörer«) für ein Software-Tool vor, das Gespräche belauscht, indem es das Handymikrophon einer Zielperson einschaltet.[63] In sehr vielen Kryptonymen werden Tierbezeichnungen – Kaninchen, Ziegen, Affen, Katzen, eine ganze Menagerie – mit unpassenden Adjektiven kombiniert.

Comic-Helden und -Schurken nehmen in der Ruhmeshalle prominente Plätze ein. MJOLNIR, der mythische Hammer Thors, dient der NSA als Waffe, um die Anonymität von Tor aufzubrechen. BATCAVE, Batmans geheimer Unterschlupf, beherbergt ein digitales Versteck für Hacker der Behörde, die erscheinen, um den Software-Code eines anderen Landes zu stehlen. Batmans verführerische Feindin und zuweilen auch Objekt der Begierde POISONIVY dient als Deckname für einen Remote Access Trojaner, den Spione der chinesischen Regierung nutzen. Ein anderes Programm ist nach DEPUTYDAWG benannt, dem Cartoon-Sheriff in einer Kindershow des Animationsstudios Terrytoons. Was zu dem Namen NIGHTTRAIN inspiriert hat, ist nicht mit Sicherheit zu sagen – so heißen ein Blues-Song, ein Country-Song und ein Song von Guns N' Roses, aber vom Kontext her scheint er sich auf einen Band der Comic-Serie *Hellboy* zu beziehen. In der Behörde ist NIGHTTRAIN Bestandteil eines besonders heiklen Programms: Es geht dabei um das Ausspionieren eines engen Verbündeten der USA bei Operationen, die in Kooperation mit dem Verbündeten gegen einen gemeinsamen Feind durchgeführt werden. NIGHTTRAIN ist die Überwachungstechnologie des Verbündeten. Die NSA hackt sie mit IRONAVENGER, benannt nach Marvel-Storys über Roboterduplikate berühmter Superhelden. Ein NSA-System für die automatische Decodierung verschlüsselter Daten heißt TURTLEPOWER, nach den Teenage Mutant Ninja Turtles.

So läuft das. Um die Exploits des Special Collection Service der NSA zu würdigen, ließen sich die Harry-Potter-Fans QUIDDITCH einfallen. SORTINGHAT, der Sprechende Hut, der die jungen Zauberer und Hexen auf die Häuser von Hogwarts verteilt, ist bei der NSA das Kontrollsystem für die Informationen, die sie mit ihrem britischen Pendant austauscht. BLADERUNNER und ALTEREDCARBON wurden von zwei verfilmten dystopischen Geschichten inspiriert. GROK, ein vom Science-Fiction-Autor Robert Heinlein erfundenes Wort, das tiefes Verständnis bezeichnet, ist ein Keylogger, der jeden Tastendruck eines Opfers aufzeichnet. Lieblingsgetränke (MAKERSMARK, WALKERBLACK, CROWNROYAL) und Junk Food (KRISPYKREME, COOKIEDOUGH, LIFESAVER) erfreuen sich ebenso großer Beliebtheit. UNPACMAN huldigt dem frühen Arcade-Spiel.

Die *Star-Trek*-Saga bietet ein besonders reichhaltiges Repertoire an Memes. VULCANDEATHGRIP, nach dem »vulkanischen Todesgriff«, den Commander Spock als ultimative Waffe im Nahkampf einsetzte, ist ein nerdiges Wortspiel mit Elementen aus dem Netzjargon: In diesem Fall werden Codierungsschlüssel beim »Handshake« von zwei Geräten, die eine sichere Verbindung herstellen, »abgegriffen«. BORGERKING kommt im Doppelpack: Fast Food und eine Anspielung an das Borg-Kollektiv, das Jean-Luc Picard, Captain der Sternenflotte, besiegt hat. Trekkies zeichnen auch verantwortlich für VULCANMINDMELD und WHARPDRIVE, aber ihre beste Schöpfung ist zweifellos

KOBAYASHIMARU. Damit bezeichnet die NSA ihren Vertrag mit General Dynamics, der ihr dabei geholfen hat, in die Überwachungsausrüstung eines anderen Landes einzudringen. Im *Star-Trek*-Universum bezieht sich der Name auf eine simulierte Mission aus dem Computerspiel Starfleet Academy, bei der ein junger Kadett in der Konfrontation mit einem unausweichlichen Unheil Charakterstärke beweisen muss. Jeder Weg im Spiel führt dazu, dass Schiff und Crew des Spielers zerstört werden. Kadett James T. Kirk, der das nicht mit sich machen lässt, hackt den Simulator und fügt ein Szenario hinzu, in dem er gewinnt. Die Metapher sagt vielleicht mehr aus als beabsichtigt: nicht nur kreatives Überlisten, eine Spezialität der NSA, sondern auch Hackergeist, der ihre Arbeit gamifiziert.

Bei all diesem Spiel und Spaß kann einem zuweilen das Lachen vergehen. Im Operations Center der NSA auf Hawaii verbreiteten zivile wie auch militärische Mitarbeiter über ihre Arbeitsgeräte Dutzende Memes, die ihren Ursprung bei Reddit, 4chan und somethingawful.com hatten. Auf einem anzüglichen Foto steckte ein meterhoher Donald Duck mit der Hüfte zwischen den Beinen eines kleinen Mädchens mit Zöpfen. Auf einem anderen zog ein kleiner Junge am Rock einer Spielkameradin; die Bildunterschrift lautete: »Die würd ich gerne durchbumsen!« Ein Bild mit blauen Eiern wurde von der Warnung an ein junges Mädchen ergänzt, ihren Freund nicht zu sehr »aufzureizen«, wenn sie keinen Sex mit ihm haben wollte. Unter einem Foto mit lächelnden Mittelstufenschülern, ein Teenager davon im Rollstuhl, stand: »Wer gehört nicht dazu? Richtig. Roll deinen Arsch woandershin.« Ein ähnliches Foto, auf dem ein Pfeil auf einen der Jungen zeigte, verkündete: »Jeder kann mit jedem befreundet sein! Mit Ausnahme von dieser kleinen Schwuchtel.«[64] Auf einem anderen Foto, das den Zieleinlauf bei einem Rennen der Special Olympics zeigte, erfuhr der glückliche Sieger: »Auch wenn du gewinnst – du bist trotzdem zurückgeblieben.«

Nichts davon hatte offiziellen Charakter, selbst wenn es während der Arbeitszeit die Runde machte, aber auch in Briefings und Ausbildungsunterlagen der NSA findet man rassistische und andere Beleidigungen. Am häufigsten tauchen sie auf, wenn sich Autoren von Unterrichtsmaterial ausländische Namen ausdenken sollen. Erfundene Namen finden sich überall in Kursunterlagen der NSA, weil Analysten während der Ausbildung die Identität echter Überwachungsziele im Ausland nicht erfahren dürfen. Also verwenden die Ausbilder fiktive Namen, um ihren Schülern die technischen und operativen Feinheiten der Zielauswahl zu vermitteln.

Zu den ersten Dingen, die ein Analyst lernen muss, gehören adäquate Kriterien, um zu entscheiden, ob ein potenzielles Überwachungsziel ein ausländischer Staatsangehöriger auf ausländischem Terrain ist. (Sonst gelten die im 4. Zusatzartikel angeführten Beschränkungen.) Der Lehrplan für das Smart Target Enhancement Program der NSA behandelt zwölf »Fremdheitsfaktoren«, auf die sich Analysten berufen können; für jeden gibt es Beispiele zur Illustration.[65] Einige Ersatznamen für Zielpersonen sollen einfach nur witzig sein: Elmer Fudd (die Zeichentrickfigur, die ständig Jagd auf Bugs Bunny macht), Dr. Evil, Bad Dude, Bad Girl, Bad Guy und Super Bad Guy. Die meisten rutschen dabei in Stereotype ab. Lotsa Casho, möglicherweise inspiriert von Lotsa de Casha, der Titelfigur aus einem von Madonna geschriebenen Bilderbuch, ist ein »in Kolumbien ansässiger Koordinator« eines Drogenkartells. Ein in Peking beheimatetes chinesisches Objekt von Interesse findet sich online als friedrice@hotmail.com. Die türkische Zielperson (kababs4u@yahoo.com) ist »Master Kabob«, den die NSA im Verdacht hat, »hungrige islamische Zellen mit gegrilltem Kebab versorgt zu haben«.

Die hämischsten Beschreibungen – und die häufigsten – gelten fiktiven Arabern und Muslimen.[66] Oft handelt es sich um Verballhornungen einer arabischen Respektbezeugung für Väter, »Abu«. So gibt es unter anderem Abu Bad Guy, Abu Evil und Abu Raghead (»Abu Windelkopf«). Eine andere Variante verwendet den Namen des Propheten: Mohammed Bad Guy, Mohammed Evil und so weiter. Wöchentliche Programm-Updates in Briefings für Vorgesetzte enthalten ähnliche Sprachbilder. Ein Bericht über eine laufende Überwachungsoperation erlaubte sich eine kurze Auszeit vom Tagesgeschäft und witzelte, was passieren würde, wenn der »Mulla [sic] sein Viagra mit seinem Heroin vermischt«. (»Dann kriegt er eine Erektion, aber kann nicht mehr stehen.«) Abgesehen vom letzten Beispiel handelt es sich in allen Fällen um amtlich überprüfte Lehrmaterialien.

Diese Art von Lockerheit wird auch bemüht, um U. S. Special Forces und Drohnenbediener der CIA im Einsatzgebiet moralisch zu unterstützen. Die Arbeit der SIGINT-Abteilung kann über Leben und Tod entscheiden, wenn es gilt, feindliche Kämpfer zu lokalisieren und zu identifizieren. In gedankenlosen Momenten, wenn NSA-Mitarbeiter einen Feind ins Visier nehmen, distanzieren sie sich wie Gamer vom Akt des Blutvergießens. Ein Überwachungsfoto in einem offiziellen Briefing zeigte einen Mann mit arabischer Kopfbedeckung, der auf einem gitarrenähnlichen Instrument spielte, nicht ahnend, dass er nicht mehr lange leben würde, wie dem Kontext zu entnehmen war. Die Bildunterschrift lautete »To Catch a Guitar Hero?«, nach dem Videospiel *Guitar Hero* von Activision. Die höhnischen Decknamen für die einst bei al-Qaida beliebteste Verschlüsselungssoftware, mit deren Hilfe ein Hinrichtungsopfer markiert wurde, lauteten EXPLETIVEDELETED (»Schimpfwort entfernt«) und EXUBERANTCORPSE (»ausgelassene Leiche«).[67]

Im Sommer des Jahres 2006 näherte sich die lange und frustrierende Jagd auf den Anführer von al-Qaida im Irak ihrem Ziel. Die NSA und andere Geheimdienstbehörden der USA hatten Jahre damit verbracht, Abu Musab al-Zarqawi aufzuspüren, der in seinem Bestreben, ausländische Streitkräfte zu vertreiben und die schiitische Mehrheit im Irak zu terrorisieren, ein beispielloses Blutbad mit Hunderten Entführungen, Enthauptungen und Bombenangriffen angerichtet hatte. Als ihn die amerikanischen Kampfflugzeuge am 7. Juni 2006 endlich stellten,[68] beanspruchten die NSA-Analysten in einem triumphierenden Statusbericht einen Teil des Verdienstes für sich.[69] Darin präsentierten sie ein halbes Dutzend Fotografien von Zarqawis Leiche. Unter seinem Kopf hatte sich eine Lache geronnenen Blutes gebildet, Blut rann aus seiner Nase und besudelte seine Wangen. Fliegen taten sich an seinem Fleisch gütlich. Später veröffentlichte die US-Regierung ein bereinigtes Bild des aufgebahrten Zarqawi, mit dem sie jegliche Zweifel an seinem Tod im Keim ersticken wollte. Die Fotos in dem NSA-Dokument waren brutale Nahaufnahmen. Die sechs Folien waren mit einer Audiodatei unterlegt. *»Oh noooo!«*, rief eine nasale Stimme wie aus einem Zeichentrickfilm – ein altes Meme, mit dem man sich über die Enttäuschung oder Schmerzen einer anderen Person lustig macht. Seit den ersten Internet-Chatrooms ist es ein zentraler Bestandteil von Flame-Wars, beleidigenden Diskussionen im Netz (manchmal auch als »oh noes!« oder »oh the noes!« wiedergegeben). Möglicherweise wurde das Meme Ende der 1970er Jahre von einem oft gesendeten Comedy-Sketch in der Fernsehshow *Saturday Night Live* inspiriert. Eine Tonfigur namens Mr. Bill, Star einer Parodieshow für Kinder, beendete die meisten Episoden mit einem schrillen »Oh noooo!«, weil Mr. Hands ihn verstümmelte, zerquetschte oder zerstückelte.

Als Trump an die Macht kam, stellte ich fest, dass meine harschen Kritiker aus der Intelligence Community mir gegenüber offener wurden. Leute, die mich nach Snowdens Enthüllungen gemieden hatten, begannen wieder mit mir zu reden. Unter ihnen war auch, kurz nach seinem Abschied als Direktor der nationalen Nachrichtendienste, Lieutenant General der Air Force James Clapper. Seine Eltern waren beide eine Zeit lang in Fort Meade beschäftigt gewesen, und zu Beginn seiner fast fünfzigjährigen Laufbahn arbeitete auch Clapper dort als Assistent des NSA-Direktors. Von den Vertretern der Regierung hatte Clapper mir 2014 am vehementesten vorgeworfen, mich zusammen mit Laura Poitras und Glenn Greenwald an einer kriminellen Verschwörung mit Snowden beteiligt zu haben.[70] Vier Jahre später, im Sommer 2018, erklärte er sich zu einem persönlichen Gespräch bereit. Zunächst hatte er etwas divenhaft erklärt, nicht einen halben Tag seiner Zeit für mich opfern zu wollen. »Ich muss wissen, worum es geht, bevor ich mich zu einer stundenlangen aufgezeichneten Befragung bereit erkläre«, schrieb er. Ich machte mich über seine Wortwahl lustig, antwortete ihm aber ausführlich. Zu guter Letzt stimmte er einem gemeinsamen Frühstück zu.[71] Wir trafen uns im McLean Family Restaurant, einem

Stammlokal der CIA in Nordvirginia, wo Clapper fast jeden zu kennen schien. Er machte die Runde, quatschte alte Freunde und Kollegen an und bestellte dann ein Eiweißomelett. Wir unterhielten uns mehrere Stunden, auch lange noch, nachdem die Bedienung unsere Teller abgeräumt hatte. Er hörte respektvoll zu und nahm kein Blatt vor den Mund. Ich erzählte ihm einige der Geschichten, die ich in diesem Buch wiedergeben wollte.

Gegen Ende des Interviews fragte ich Clapper, was von einer Geheimdienstkultur zu halten sei, in der sich Hacker und Analysten die Freiheit herausnähmen, sich über Tote lustig zu machen und im Dienst rassistische und sexistische Beleidigungen zu verbreiten. »Das sind nicht unbedingt Leute, die man in verantwortungsvollen Positionen sehen möchte«, sagte ich.

Seine Miene verfinsterte sich. »In TAO«, sagte er in Bezug auf Tailored Access Operations, »*sollen*, wie Sie wissen, die von unserer rechtmäßigen Regierung behördlich zugelassenen Hacker zum Einsatz kommen.«

»Richtig. Das sollen sie«, entgegnete ich. »Aber wenn sie Witze –«

Er unterbrach mich in sarkastischem Tonfall. »Aber wir wollen doch, dass sie *nett* sind. Wir wollen nichts tun, was politisch inkorrekt ist. Richtig? Das ist es doch, was Sie sagen wollen, oder?«

»Man möchte davon ausgehen, dass sie angesichts der Machtbefugnisse, die sie haben, ein gewisses Maß an Reife und Respekt an den Tag legen.«

Clapper entspannte sich. »Nun gut, ja. Das möchte man. Aber, hey, sie sind auch Menschen. Und ich bin sicher, dass wir das bereinigen können.«

Aufgeschlossenheit ist bei einer Führungskraft vom Range Clappers keine Selbstverständlichkeit. Dennoch hätte er genauer hinschauen können. Sprache ist das Symptom, nicht das Problem. NSA-Geeks sind nicht dasselbe wie andere Geeks, deren Kultur sie teilen. Die Top Guns der NSA entwickeln und betreiben den Apparat eines globalen Überwachungssouveräns und besitzen eine Lizenz für Dinge, die sie hinter Schloss und Riegel brächten, wenn sie sie andernorts versuchen würden. Ohne sie wären der Adler und die Schlange keine Alpha-Raubtiere. Nur Urteilsvermögen und Selbstkontrolle können sie regulieren, wenn die Regeln einen gewissen Spielraum lassen, wie es üblicherweise in einem weitläufigen Unterfangen der Fall ist. Die Designer digitaler Waffen haben die Tendenz, wie Ingenieure überall, das, was funktioniert, auch zu verwirklichen. Die Entscheidungen, die sie treffen, gehen weit über den Bereich der Bad Girls und Bad Guys hinaus.

Einige der klügsten Köpfe der Branche versammeln sich mehrere Male im Jahr, um »Signals Development«, kurz »Sigdev«, zu betreiben. Sie sind die Inkubatoren der dunklen Künste in der elektronischen Überwachung. Außerordentliche kreative Energie schafft Waffen, die gegen den Fortschritt in der digitalen Abwehr ins Feld geführt werden sollen. Dabei werden Kollateraleffekte nicht immer ausreichend kontrolliert. Im Jahr 2012 nahm die Jamboree-Konferenz eine gefährliche Wendung.

Seit das iPhone von Apple am 29. Juni 2007 auf den Markt gekommen war, hatten sich Forscher im Auftrag der NSA und CIA damit beschäftigt. Das erste Smartphone für den Massenmarkt war für die Überwachung ein absoluter Glücksfall – Kamera, Mikrophon, Standortanzeiger und noch mehr –, falls der Staat eine Möglichkeit fand, sich einzuschleichen. In den ersten Jahren war das keine große Herausforderung. Geschickte Bastler mit viel geringeren Ressourcen umgingen die von Apple errichteten Hürden gegen unberechtigten Zugang bei jeder neuen Version des iPhone-Betriebssystems innerhalb von Tagen. Bei diesem als Jailbreak (»Gefängnisausbruch«) bezeichneten Vorgehen wurde die Firmware entsperrt und so modifiziert, dass auf dem Handy Software laufen konnte, die von Apple nicht freigegeben war. »Jeder ›Untethered-Jailbreak‹ ermöglicht rechnerferne Exploits«, erklärte mir ein Fachmann.

NSA, CIA und andere US-Behörden wollten von der Arbeit dieser Bastler profitieren. Beim Jamboree von 2010 hielt Jared Osborne vom Applied Physics Laboratory der Johns Hopkins University einen geheimen Vortrag mit einer Zusammenfassung der »in der iPhone-Community angewendeten Jailbreak-Verfahren und der Nutzbarmachung dieser Kenntnisse« durch staatliche Überwachungs-Tools. Was den NSA-Hackern Sorgen bereitete, war die Tatsache, dass Apple die Hürden der iPhone-Sicherheit aggressiver als seine Konkurrenten immer weiter erhöhte. Es gab häufige Software-Updates und jedes Jahr brachte das Unternehmen ein neues Modell auf den Markt. »Die Intelligence Community (IC) ist in starkem Maße abhängig von einer sehr kleinen Anzahl an Sicherheitslücken, von denen viele öffentlich bekannt sind«, schrieb ein Forschertrio von den Sandia National Laboratories in einer geheimen Präsentation beim Jamboree im Jahr 2011. Sie fügten hinzu: »Apple geht diese Schwachstellen mit jeder neuen Firmware- und Hardware-Version umgehend an.«

Als Apple das iPhone 4 vorstellte, wartete dies mit einem kundenspezifischen Chip auf, dem A4, der für eine starke Verschlüsselung des Hauptprozessors sorgte. Der Schlüssel für die Firmware, der alle anderen Funktionen des Handys kontrollierte, war nun nach dem eigenen fortgeschrittenen Codierungsstandard der Regierung verschlüsselt. Selbst die NSA konnte den Code bei einem Frontalangriff nicht knacken.

2011 gingen zwei Forscherteams von Sandia das Problem aus verschiedenen Richtungen an. Beide waren erfolgversprechend, aber zu dem Zeitpunkt, als die Forscher beim Jamboree über ihre Arbeit berichteten, waren sie noch nicht am Ziel angelangt. Wichtig war, dass beide Ansätze den physischen Zugriff auf das Handy erforderten. Das eine Team versuchte es mit dem Verfahren der Differential Power Analysis, wobei die elektronischen Emissionen des neuen Apple-Chips extrem genau gemessen wurden. Die Methode kann man sich etwa so vorstellen, dass die Geräusche der Siliziumschaltkreise aufgezeichnet wurden, während der Decodierungsschlüssel ihre Wege abklapperte. Das andere Verfahren erforderte die Demontage des Handys und den Einbau spezialisierter Hardware. Die Forscher näherten sich ihrem Ziel, aber sie wussten immer noch nicht genau, wo der neue Chip seine Schlüssel speicherte.

Beide Ansätze waren noch nicht ausgereift. Falls sie irgendwann in der wirklichen Welt einsatzfähig sein sollten, wären sie nur für zielgenaue Überwachungsoperationen geeignet. Keiner von beiden versuchte oder barg auch nur das Potenzial, iPhones in großen Mengen oder aus der Ferne zu manipulieren.

Mit der Jamboree-Konferenz von 2012 ließ man alle Zurückhaltung fahren. Dieses Mal lag ein kühnerer Plan auf dem Tisch. Clyde Rogers, der Projektleiter, nannte ihn STRAWHORSE. Wie er dem Jamboree-Publikum erläuterte, habe sein Forschungsteam bereits Komponenten der neuen digitalen Waffe getestet. Sie funktioniere. Bemerkenswert an diesem Durchbruch war, dass STRAWHORSE anscheinend die Fähigkeit besaß, größere Mengen an iPhones zu manipulieren – und das aus einer Entfernung von Zehntausenden Kilometern.

STRAWHORSE gab sich gar nicht erst mit dem Versuch ab, die Mauern niederzureißen, die Apple errichtet hatte, um einen unberechtigten Zugang zu verhindern. Stattdessen suchte es nach Möglichkeiten, wie sich ein iPhone dazu bewegen ließ, seine Deckung zu vernachlässigen. Wenn das Gerät überredet werden könnte, seine Schlösser aufzusperren, könnte die Behörde Malware in Apps einbauen, die ein iPhone freiwillig installieren ließ. Ein Bonus war, dass das STRAWHORSE-Verfahren bei den Laptops und Desktop-Computern von Apple genauso gut funktionierte.

Ken Thompson, ein berühmter Informatiker, hatte bereits 1984 auf das »Henne-Ei-Problem« der Computersicherheit, wie er es nannte, hingewiesen.[72] Programmierer schreiben Software mit Hilfe eines Quelltextes, den sie überprüfen und verifizieren können. Bevor jedoch ein Computer die Software ausführen kann, muss der Quelltext in binäre Anweisungen übersetzt werden, die Menschen nicht entziffern können. Der Compiler (das Übersetzerprogramm) ist seinerseits eine Software, die für Angriffe anfällig ist, aber den Programmierern bleibt praktisch nichts anderes übrig, als ihr zu vertrauen. Wird der Compiler in irgendeiner Form manipuliert, kann er die Software, die er einbaut, auf eine Weise verändern, die nur sehr schwer zu erkennen ist. Dieses Dilemma diente als Inspiration für STRAWHORSE.

Der Apple-Compiler gehört zum sogenannten Xcode Software Development Kit des Unternehmens. Xcode ist gewissermaßen eine Software-Fabrik. Autobauer bauen ihre Autos in einem Montagewerk zusammen. Apple-Entwickler bauen iPhone-Apps in Xcode. Laut dem Sandia-Team war STRAWHORSE eine bösartig modifizierte Version des Apple-Compilers. Wenn das Tool wie angegeben funktionieren würde, hätte die NSA ein Werkzeug, um Überwachungsimplantate in jeder iPhone-App zu installieren, die auf einem durch STRAWHORSE infizierten Gerät erzeugt würde.

Die NSA-Hacker müssten nicht mehr in jedes einzelne iPhone eindringen. STRAWHORSE würde sie gewissermaßen zu Fabrikmanagern machen, die eine Fabrikationsstraße so konfigurieren konnten, dass in jedes Auto ein verstecktes Mikrophon eingebaut wurde.

In der Kurzfassung seines Vortrags beschrieb Rogers, wie sein Sandia-Team »unser manipuliertes Xcode« dazu genutzt hatte, in jede übersetzte App eine ferngesteuerte Hintertür einzubauen. Man hatte das Implantat bereits daraufhin getestet, »eingebettete Daten an einen Horchposten zu senden«, die Sicherheitschecks des iPhones umzuschreiben und nicht infizierte iPhone-Apps mit einem digitalen Zertifikat zu signieren, das die Verbreitung der Malware ermöglichte. STRAWHORSE hatte noch ein weiteres hinterhältiges Feature zu bieten, um seinen Nutzen zu mehren: Es modifizierte das Software-Installationsprogramm von Apple so, dass die Manipulationen auch in allen zukünftigen Installierungen von Xcode auf dem Gerät des App-Entwicklers aufrechterhalten würden.

Als STRAWHORSE in die Phase der Produktentwicklung ging, stand Jon Callas kurz vor dem Abschied von seinem Job als »Sicherheitsfreibeuter« bei Apple. Das war die selbstironische Bezeichnung für einen Pionier der Software-Technik. Neben anderen Verdiensten war er der führende Entwickler der kryptographischen Protokolle und Sicherheitsarchitektur für die iPhone- und Macintosh-Betriebssysteme. Als Soltani und ich auf die STRAWHORSE-Dokumente stießen, baten wir Callas um seine Einschätzung. Seine erste Reaktion war Wut. »Ich bin ziemlich sauer«, sagte er. »Es geht um den Ruf des Unternehmens.

Sehen Sie, als Entwickler bin ich für ein sicheres System verantwortlich. Man kann keine Sicherheit schaffen, die darüber entscheidet, ob man bestimmte politische Überzeugungen hegt oder nicht. Es handelt sich um eine Maschine. Entweder funktioniert sie oder nicht.« Besonderes Augenmerk legte Callas auf ein Merkmal von STRAWHORSE, das die Entfernung und Ersetzung des im iPhone integrierten »Security Daemon« bewirkte, eines Hintergrundprozesses, der permanent Wache über das Betriebssystem hält. »Wenn man seinen eigenen ›securityd‹ einschleust, kann man alles machen«, sagte Callas.

Im Unterschied zu früheren Angriffen auf das iPhone sollte das STRAWHORSE-Projekt seine Malware nicht im üblichen Sinne des Wortes »zielgenau platzieren«. Einerseits strebte es keine Massenüberwachung an. Die STRAWHORSE-Designer verfolgten keinen Plan oder plausiblen Weg, ihre Malware im offiziellen App Store von Apple so zu hinterlegen, dass alle registrierten Entwickler des Unternehmens sie downloaden würden. Andererseits war STRAWHORSE auch nicht gerade als präzise Waffe zu bezeichnen. Sein Sinn und Zweck war, die betriebseigenen Entwickler zu infizieren, die bei Organisationen, Behörden und Unternehmen arbeiteten, deren Software möglicherweise von einem Überwachungsziel der NSA genutzt wurde. Betriebseigene Entwickler sind typischerweise in Großunternehmen angestellt. STRAWHORSE war so beschaffen, dass es Hunderte oder Tausende iPhones in Mitleidenschaft ziehen konnte, obwohl es nur ein oder zwei manipulieren sollte. Die Malware zielte nicht auf Software-Entwickler ab, weil diese selbst Geheimdienstziele gewesen wären. Sie benutzte sie vielmehr als Sprungbrett. Um ein einzelnes iPhone zu erreichen, infizierte STRAWHORSE jede App auf jedem iPhone, das irgendeine von dem Entwickler geschriebene Software nutzte. Jedes Auto aus der Fabrik wurde mit einem Mikrophon ausgestattet, aber die Zielperson fuhr nur ein einziges.

Es war eine völlig rationale Strategie und sie entsprach dem Hackerethos von Überlistung und Sieg um jeden Preis. Wenn du in ein bestimmtes Gerät nicht eindringen kannst, versuche, um den Schutzwall herumzuschlüpfen, der sie alle abschirmt. Geh aufs nächste Level.

Triumphiere über sie. STRAWHORSE auf diese Weise einzusetzen würde vermutlich, egal, wie vielen iPhone-Besitzern man schadete, nicht gegen US-Recht verstoßen, solange der Einsatz sich im Ausland abspielte und letztlich auf eine gerechtfertigte ausländische Zielperson des Geheimdienstes gerichtet war. Wäre dies ein kluger und maßvoller Gebrauch ungeheurer Macht? Die Menschen, die unter dem Druck, Hindernisse zu durchbrechen und das Spiel zu gewinnen, mit diesen Entscheidungen in der Praxis konfrontiert werden, sind in ihrer Ausbildung nicht auf die Erwägung von solchen politischen Fragen vorbereitet worden – und ebenso wenig darauf, die Privatsphäre Außenstehender zu respektieren. Das entspricht weder ihrer Kultur, noch ist es ihre Aufgabe.

Die Snowden-Dateien sind voll von Operationen wie STRAWHORSE; einige davon sind sogar noch ambitionierter. So berichtete *The Intercept* von einem weiteren unglaublichen Fall. NSA und GCHQ schlichen sich gemeinsam in das niederländische Unternehmen Gemalto ein, das den Löwenanteil der weltweit in Handys verwendeten SIM-Chips herstellt, einschließlich der von Verizon, AT&T, T-Mobile und Sprint vertriebenen. In jeden von ihnen wird ein unverwechselbarer Codierungsschlüssel eingebettet, der in den neuesten LTE-Mobilfunknetzen als Schutz vor Lauschangriffen zum Einsatz kommt. NSA und GCHQ drangen in die Online-Accounts der Gemalto-Ingenieure ein und stahlen zig Millionen dieser Codierungsschlüssel. Die Verschlüsselung selbst zu knacken wäre schwierig gewesen, vielleicht sogar zu schwierig für die NSA. Irgendjemand sah sich das Problem an, hatte die Idee zu besagtem Schachzug und dachte: *»Game over.«*[73] Nun können die beiden verbündeten Geheimdienste Gespräche auf zig Millionen Handys belauschen.

Das Spiel geht immer weiter. Es wird niemals enden. Einige Monate nachdem STRAWHORSE auf dem Jamboree präsentiert worden war, starteten die Elitehacker der NSA einen neuen Talentaufruf. Ein Team der Offensivabteilung von »The Rock« mit dem Codenamen POLITERAIN brachte die Nachricht in Umlauf, es suche nach »Praktikanten, die Dinge zerstören wollen.«

In der geheimen Anzeige hieß es hingegen: »Unser Auftrag lautet, gegnerische Computer, Router, Server und netzwerkfähige Geräte aus der Ferne zu beeinträchtigen oder funktionsunfähig zu machen, indem wir die Hardware via Low-Level-Programmierung angreifen. Wir sind auch offen für Ideen.«[74]

7
FIRSTFRUITS

> Man kann nicht alle informieren, ohne es auch den Bösen zu verraten.
>
> > Edward Snowden zum Autor, 5. Dezember 2013

Als ich mich gegen Ende jenes ersten Snowden-Sommers durch das NSA-Archiv wühlte, stieß ich in den Dokumenten plötzlich auf meinen Namen. Ich starrte auf den Bildschirm und unterdrückte einen Fluch. Der Schock, der mich durchfuhr, war natürlich naiv. Ich wusste nur zu gut, dass es Regierungsbehörden gar nicht mögen, ihre Geheimnisse auf einer Titelseite ausgebreitet zu sehen. Zuweilen erbost sie ein Artikel so sehr, dass sie Ermittlungen einleiten. Wie zum Teufel hat der Reporter das herausgefunden? In ernsten Fällen schaltet sich vielleicht sogar das Justizministerium ein. Das wusste ich alles, hatte es aber nicht oft am eigenen Leib erfahren. Bis Snowden mein berufliches Leben auf den Kopf stellte, hatte ich mich selten als Zielscheibe besonderer Aufmerksamkeit wahrgenommen. Ich verwendete viel Zeit und Mühe darauf, Menschen zu schützen, die mir etwas anvertrauten, aber die Risiken fühlten sich abstrakt an. Die meiste Zeit hatte ich nicht das Gefühl, unter Beobachtung zu stehen.

Ich hatte die erste Seite des besagten Dokuments überflogen und es in den ersten turbulenten Wochen nach Erhalt des NSA-Archivs beseitegelegt. Über zwei Monate vergingen, bevor ich mich wieder dem Memo zuwandte und auf Seite 7 meinen Namen entdeckte. Warum es so lange dauerte, ist schwer zu erklären. Ich bin nicht darüber erhaben, im Register eines Buchs nach Gellman, Barton zu suchen. (Hat die Autorin meine Arbeiten erwähnt? Warum nicht?) Mit ein paar Tastenanschlägen hätte ich meinen Namen in den Snowden-Materialien gefunden, aber ich suchte nicht danach. Das erschien mir wohl zu melodramatisch.

Das Dokument, das mich eines Besseren belehrte, war über zehn Jahre alt, ein TOP SECRET//COMINT//ORCON//NOFORN-Memorandum für den Justizminister der Vereinigten Staaten über »unbefugte Enthüllungen ... von höchster Dringlichkeit für politische Entscheidungsträger der USA«. Dem Memo zufolge waren drei von meinen Artikeln Anfang 1999 zu strafrechtlichen Ermittlungen dem Justizministerium übergeben worden. Ein Gefühl der Entblößung lief mir kalt über den Rücken. Das FBI war auf den Fall angesetzt worden. Damals hatte ich keine Ahnung davon gehabt. Was hatte das Bureau herausgefunden? Dazu machte das Memo keine Angaben. Soweit ich wusste, waren meine Quellen unbehelligt geblieben, aber mir wurde klar, dass ich das nicht in allen Fällen mit Sicherheit sagen konnte. Es war schon lange her.

Der elektrisierende Dateiname »Denial and Deception – Ashcroft.doc« hatte mein Interesse an diesem Dokument geweckt. John Ashcroft war Justizminister unter Präsident George W. Bush, als al-Qaida bei den Anschlägen vom 11. September 2001 2996 Menschen tötete.[1] In Vorbereitung auf den bevorstehenden Krieg gegen Osama bin Laden richtete das Justizministerium zur Abschreckung vor dem Verrat von Staatsgeheimnissen eine Task Force ein. Die NSA brannte darauf mitzumachen. »Wir wissen, dass Ihr Ausschuss an unbefugten Enthüllungen interessiert ist, die möglicherweise Geheimdienstoperationen beeinträchtigt haben«, hieß es gegen Ende des Jahres in einer neunseitigen Mitteilung von NSA-Direktor Michael V. Hayden an Ashcroft.[2] In dem Memo, einem undatierten Entwurf, war die Rede von 49 kürzlich erschienenen Artikeln mit »Enthüllungen, die in unseren Augen besonders ungeheuerlich sind und einen offenkundigen Verstoß gegen die Bundesstrafgesetze darstellen«.

Ich befand mich in guter journalistischer Gesellschaft: Die Liste umfasste Namen wie die von James Risen und Don Van Natta Jr., Korrespondenten der *New York Times*, von den Reportern der *Washington Post* Doug Farah, Steve Mufson, Thomas Lippman und Kathy Sawyer sowie Seymour Hersh vom *New Yorker*. Sie hätte auch noch viel länger sein können. Man kann nicht gut über Diplomatie oder Krieg schreiben, ohne dabei auf Dinge zu stoßen, die unter Geheimhaltung stehen. Und wie ich feststellte, endete die Zeitspanne, die das Memo behandelte, einige Wochen nach 9/11. Viele von uns, die auf der Liste standen, sollten ihre hartnäckigsten Nachforschungen erst in den darauffolgenden zehn Jahren betreiben. Ich musste davon ausgehen, dass meine späteren Arbeiten mehr als einmal vom FBI unter die Lupe genommen worden waren.

In den drei Storys, die in diesem Memo erwähnt wurden, hatte ich eine gescheiterte Geheimdienstoperation in den Nachwehen des Golfkriegs von 1990–1991 geschildert.[3] Damals verfolgte der Irak tatsächlich ein Programm zur Entwicklung von Atomwaffen und besaß ein Arsenal an biologischen und chemischen Kampfstoffen. Sieben Jahre nach dem Krieg entdeckten UN-Waffenkontrolleure immer noch Überreste davon.[4] Die Vereinigten Staaten warfen Bagdad vor, weiterhin Massenvernichtungswaffen zu verstecken.[5] Der irakische Präsident Saddam Hussein warf Washington vor, in die Sonderkommission der Vereinten Nationen (UNSCOM) amerikanische Spione einzuschleusen. Wie meine Artikel offenbarten, erwiesen sich beide Behauptungen als wahr. Die US-Regierung nutzte Kontrollen als Tarnung für unmittelbare Spionage. Mit Hilfe der CIA installierte die NSA raffiniert versteckte Mikrowellenantennen in UN-Einrichtungen rund um den Irak, worüber die Behörde Regierungsgespräche in Bagdad belauschen konnte.[6] Ohne Wissen ihres Personals war UNSCOM zu dem Trojanischen Pferd geworden, über das Saddam stets Mutmaßungen anstellte. Trotz ihrer technischen Raffinesse beschwor die US-amerikanische Operation ein diplomatisches Debakel herauf. Als schon Wochen, bevor ich meine Artikel veröffentlichte, die Nachricht über die Überwachungsaktion im UN-Sekretariat die Runde machte, verlor die UNSCOM als neutrale Abrüstungsbehörde auch noch den Rest ihrer politischen Unterstützung. Ende 1999 löste der Sicherheitsrat sie auf.[7]

Der »Vorfallseinschätzungsbericht« der NSA kam zu dem Ergebnis, dass meine Berichterstattung

> das grundlegende Konzept eines streng geheimen Datensammelsystems der NSA sowie diplomatische Kommunikationen des Irak offenlegte. Das Kommunikationssystem war vor der Enthüllung inaktiv, und aufgrund des höheren Risikos wurden nach der Veröffentlichung in den Medien keine Anstrengungen mehr unternommen, den Zugang wiederherzustellen. Dem Justizministerium wurde ein Bericht über diese Enthüllung ausgehändigt.[8]

Das Interessanteste an dem Memo war die Einordnung des Schadens, den meine Artikel nach Ansicht der NSA angerichtet hatten. Er fiel in die Kategorie »Denial and Deception« (»Leugnung und Täuschung«). Dabei handelt es sich um einen Fachbegriff aus der Gegenspionage, der sich auf das Verbergen wertvoller Geheimsachen vor neugierigen Blicken bezieht.[9] Wie die NSA schrieb, lehre die Geschichte, dass »Presse-Leaks dazu führen könnten, dass unsere Widersacher Denial-and-Deception-Verfahren (D&D) anwenden«. Mit anderen Worten: Wenn die Widersacher wissen, wie die Vereinigten Staaten sie ausspionieren, können sie ihre Spuren besser verwischen. Das ist zwar eine berechtigte Sorge, die aber auch eine Kehrseite hat. Gute journalistische Arbeit deckt zuweilen auch von der US-Regierung begangene Betrügereien auf – nicht nur in der Spionagepraxis, sondern auch im Hinblick auf grundlegende politische Fragen und Prinzipien. Die Clinton-Regierung verteidigte die Neutralität der UNSCOM sogar dann noch, als sie die Inspekteure zu nichtsahnenden Spionen machte. Meine Reportage über den darauffolgenden Zusammenbruch offenbarte, welchen strategischen Preis man für die Unterwanderung einer internationalen Mission zum Erlangen taktischer Vorteile zahlen musste. Das Aufdecken dieses Betrugs auf amerikanischer Seite war aus Sicht der NSA ein Verbrechen.

Ein ganzer Ordner des Snowden-Archivs war Denial and Deception gewidmet. Dabei ging es nicht um ausländische Spione. Die in diesen Dokumenten behandelten Gegner waren Journalisten und die Menschen, die uns Informationen zukommen ließen. Die Memos und Foliensätze beschrieben die großen Gefahren, die die Berichterstattung in Theorie und Praxis darstelle. Zudem skizzierten sie erste Pläne, etwas dagegen zu unternehmen. Die nationale Sicherheit war ein Schauplatz, auf dem der Staat seine Überlegenheit gegenüber den Journalisten am besten demonstrieren konnte. Hier besaßen die gewählten und ernannten Regierungsvertreter mehr Macht als bei jedem anderen Thema, um unwillkommenen Enthüllungen entgegenzutreten, sie zu verhindern, zu beeinflussen und zu bestrafen. Und als die Snowden-Story veröffentlicht wurde, stellte meine eigene Regierung vielleicht nicht die größte Bedrohung dar. Meine Berichterstattung erfolgte in einem gefährlichen Umfeld und das durfte ich nie vergessen.

In jeder Datei aus dem Ordner »Denial and Deception« tauchte ein Kryptonym auf. Was sich dahinter verbarg, wurde nie erschöpfend erklärt, aber es schien sich um den Tarnnamen für den Versuch zu handeln, journalistische Leaks aufzuspüren und zu verfolgen.

FIRSTFRUITS. Den Namen hatte ich schon mal gehört. Ich hatte ihn für einen Mythos gehalten.

»Übrigens«, teilte ich Snowden einige Tage später in einem Live-Chat betont leichthin mit, »mein Name wird in der Datei auch erwähnt.« Ich erklärte den Bezug zu FIRSTFRUITS. Er wusste nicht, was es bedeutete.

»Vielleicht sollten Sie eine FOIA-Anfrage starten und sich nach dem Programm erkundigen«, schrieb er zurück. »Wegen den hübsch geschwärzten Seiten.«

»Bin schon dabei. Aus den Schwärzungen kann ich Streetart machen.«

Das war nur ein nerdiger kleiner Gag. Es war eher unwahrscheinlich, dass ich mehr über FIRSTFRUITS erfahren würde, wenn ich mich unter Berufung auf den Freedom of Information Act danach erkundigte.

Als die FOIA-Ergebnisse Jahre später eintrudelten, ähnelten die interessanten tatsächlich überwiegend der unten abgedruckten E-Mail aus der Korrespondenz zwischen leitenden Beamten des Weißen Hauses, des Justizministeriums und des DNI.

----- Original Message -----
From: [redacted]
To: (b)(3) [redacted]
(b)(3) [redacted] Weissmann, Andrew;
Caitlin_M_Hayden(b)(6) [redacted] <Caitlin_M_Hayden(b)(6) [redacted]>;
Christopher_C_Fonzone(b)(6) [redacted]
<Christopher_C_Fonzone(b)(6) [redacted]>; Avril_D_Haines(b)(6) [redacted]
<Avril_D_Haines(b)(6) [redacted]>; Cole, James (ODAG) (JMD); Anderson,
Trisha (ODAG) (JMD); Carlin, John (NSD) (JMD); Wiegmann, Brad (NSD)
(JMD); (b)(3) [redacted]
(b)(3) [redacted]
Cc: (b)(3) [redacted]
(b)(3) [redacted]
Sent: Thu Jun 13 19:43:28 2013
Subject: FW: Two new stories
(b)(3); (b)(5) [redacted]

Das Geplänkel mit Snowden nahm mir, ganz abgesehen vom Thema, eine Last von der Seele. Es war unser erster Kontakt seit Monaten. Nachdem im Juni ein von mir verfasstes Porträt über Snowden in der Zeitung erschienen war, hatte er den Kontakt zu mir abgebrochen. Sein Zorn war nicht ganz unberechtigt. Als ich in dem Artikel sein Pseudonym Verax erwähnte, verriet ich damit versehentlich einen Decknamen, den er immer noch verwendete. Am Tag darauf verschwand er von dem verborgenen Server, den wir zu Live-Chats nutzten. Eine andere Möglichkeit, ihn zu erreichen, hatte ich nicht.

Als ich mich am 24. August 2013 einloggte und ihn schließlich an unserem alten Treffpunkt antraf, hatte er einen neuen Decknamen, mit dem er sich an mir rächte – so etwas wie »Bart ist scheiße«, aber subtiler. Ich nahm es kommentarlos hin. Ich saß gerade in einem Zug von Washington Richtung Norden, als Snowden auf meinem Bildschirm erschien. Meine verschlüsselte Verbindung zum Server brach immer wieder ab, aber ich musste die Unterhaltung mit ihm aufrechterhalten. Es gab noch so viele Fragen, die ich ihm stellen wollte. Einen dauerhaften Bruch zwischen uns konnte ich nicht riskieren.

»Danke, dass Sie zurückgekommen sind«, schrieb ich. »Den Decknamen rauszuposaunen war echt blöd.«

»Ich mach mir nichts aus Entschuldigungen. Worum geht's?«

Wo beginnen? Es ging um viele Dinge. Zum Beispiel um eine Einladung, Snowden in Russland zu besuchen. Ich hatte die Reise nach Hongkong widerstrebend bis nach der Publikation der PRISM-Story verschoben, und dann war es zu spät gewesen. Nach all dieser langen Zeit hatte ich es noch immer nicht geschafft, diesem Mann zu begegnen oder mich persönlich mit ihm zu unterhalten. Es wäre eine Art Wiedergutmachung, wenn ich der erste Reporter wäre, der ihn in Moskau interviewte. Seit dem 23. Juni saß Snowden dort fest. Damals hatte er, unterwegs nach Lateinamerika, versucht, am Flughafen Moskau-Scheremetjewo in ein anderes Flugzeug umzusteigen, und hatte dabei feststellen müssen, dass sein Pass nicht mehr gültig war. Dabei hatte das US-Außenministerium ein ausnehmend schlechtes Timing bewiesen, denn eigentlich war der Plan gewesen, Snowden schon in Hongkong festzusetzen, um seine Auslieferung zu erzwingen. Doch nun hatte man selbst dafür gesorgt, dass er ausgerechnet an einem der Orte festgehalten wurde, die für den Arm des amerikanischen Gesetzes am wenigsten erreichbar waren. Wie ein hochrangiger Beamter des Justizministeriums mir verriet, sei dies ein kalkuliertes Risiko gewesen. »Bob Mueller stand kurz vor dem Ende seiner Amtszeit«, sagte der Beamte im Hinblick auf den FBI-Direktor. »Er wollte ihn um jeden Preis schnappen.« Russland hielt Snowden 39 Tage im Transitbereich des Flughafens fest, bevor das Land ihm am 1. August vorläufiges Asyl gewährte. Nun, gut drei Wochen später, sah es so aus, als werde Snowden für alle Zeiten in Moskau festsitzen. Heerscharen von Reportern suchten nach ihm. Er hatte mit keinem von ihnen gesprochen.

Eine Reise nach Moskau brachte ich jedoch noch nicht zur Sprache. Zunächst einmal musste ich unsere Reporter-Informanten-Beziehung wieder kitten. Snowden, wie üblich nicht an Smalltalk interessiert, wollte wissen, welches journalistische Projekt ich als Nächstes in Angriff nehmen würde.

»In meiner nächsten Story, die im Groben bereits steht, geht es um das Black Budget«, schrieb ich; gemeint waren die geheimen Ausgabenpläne der Regierung für Geheimdienstprogramme.[10]

»Dann werden Sie aber nicht mehr zu Weihnachtsfeiern eingeladen.«

»Nein. Dagegen läuft schon eine richtige Kampagne an.«

Drei Tage zuvor war ich mit meinem Co-Autor Greg Miller von der *Washington Post* nach Liberty Crossing in Nordvirginia gefahren, einem Hochsicherheitscampus, der dem Büro des Direktors der nationalen Nachrichtendienste unterstand. Wie uns mitgeteilt wurde, hatte das Büro Interessenvertreter aus den 17 Geheimdienstbehörden und -büros zusammengerufen, um über unsere bevorstehenden Artikel zu beraten. Das Black Budget umfasste mehrere tausend Seiten und listete 53 Milliarden US-Dollar an Geheimdienstausgaben auf, was auf eine Menge Interessenvertreter schließen ließ. Am Eingangstor empfing uns ein völlig verstörter Öffentlichkeitsbeauftragter; wie wir später erfuhren, kam er gerade von einer chaotischen Vorbesprechung, die von erregtem Stimmengewirr und Flüchen geprägt gewesen war. »Diese Jungs stehen richtig unter Strom«, warnte er uns leise.[11] Wir bahnten uns einen Weg zu einem erhöhten Podium vor unserem brodelnden Publikum. Anscheinend sollte Bob Litt, oberster Rechtsbeistand des Geheimdienstes, diese Begegnung moderieren, aber er war spät dran. Ohne einleitende Worte räusperten wir uns kurz und eröffneten das Meeting mit einem Abriss des Artikels, den wir herausbringen wollten. Zwei Dutzend Geheimdienstbeamte und -analysten, von denen nur einer sich namentlich auswies, stellten uns aggressive Fragen und durchbohrten uns mit Blicken wie Laserstrahlen. »Was gibt Ihnen das Recht dazu?«, wollte jemand wissen. »Wie kommen Sie auf die Idee, dass das okay ist?« Greg blieb beeindruckend ruhig, aber wir schafften es zu keinem Zeitpunkt, selbst Gegenfragen zu stellen. Schließlich kreuzte Litt auf und sagte an die Zuhörer ebenso wie an Greg und mich gewandt einige Worte, die im Grunde genau wie das klangen, was er uns regelmäßig am Telefon wissen ließ: »Für das Protokoll – wir enthalten Ihnen nicht nur Feedback, eine Handlungsempfehlung oder gar unsere Zustimmung vor, wir dulden auch explizit keine Veröffentlichung oder implizieren die Duldung einer Veröffentlichung von jeglichen geheimen Informationen, die Sie möglicherweise besitzen oder auch nicht besitzen.«

»Was war denn das?«, fragte ich Greg, als sich die Zusammenkunft langsam auflöste und wir zum Parkplatz flüchteten. Wie er mir später sagte, hatte er als Geheimdienstreporter der *Post* bereits viele Befragungen erlebt, »aber so etwas wie das noch nie«. Ich glaubte nicht, dass man diese Versammlung inszeniert hatte, um uns Angst einzujagen. Sie war viel zu chaotisch gewesen, um wie auch immer inszeniert zu wirken. Vermutlich hatten nur wenige dieser Männer und Frauen vorher schon einmal mit einem Reporter zu tun gehabt. Sie hatten Angst vor dem, was wir veröffentlichen könnten, und sie waren verwirrt, weil wir die Fäden in der Hand hielten. »Sie konnten es ganz einfach nicht fassen, dass es keine Möglichkeit gab, uns zu stoppen«, erinnerte sich Miller später.[12]

Einige Tage später bat Air-Force-General James Clapper, Direktor der nationalen Nachrichtendienste, um eine Unterredung mit Marty Baron und Cameron Barr, dem Chefredakteur der *Post* und ihrem nationalen Redakteur.

»Er war unnachgiebig«, teilte Baron dem Newsroom-Team mit, sobald Clapper gegangen war. »Sagte kaum hallo. Er meinte, ihm sei klar, dass es zwei Arten von Medien gebe, verantwortungsvolle und verantwortungslose, und –«

»Er hasst beide«, fiel Barr ein, nur halb im Scherz.

»– momentan sieht er uns im ›verantwortungsvollen‹ Lager«, sagte Baron.

Laut Baron hatte Clapper vier äußerst dringliche Anliegen, die die Geheimhaltung von Informationen betrafen. Wir gingen sie durch und waren uns einig, dass sie alle plausibel waren. Eine Bitte betraf Alternativpläne für den Fall, dass im Ausland ein bestimmter höchst gravierender Umstand eintreten würde, und falls wir die Existenz dieser Pläne erwähnten, würden sie mit geringerer Wahrscheinlichkeit funktionieren. Die Brisanz der weiteren Anliegen war zum Teil weniger offenkundig, aber nach einer entsprechenden Erklärung nachvollziehbar. Darüber hinaus einigte sich unser kleines Newsroom-Team auf eine kurze Liste von Übersichtstabellen zum Budget, die wir veröffentlichen wollten – ein winziger Bruchteil der 7000 Seiten, die uns in vier dicken Bänden vorlagen.

»Ich denke, dass hier einige wirklich vertrauliche Dinge enthalten sind«, teilte ich Snowden mit. »Ich würde nicht dafür plädieren, diese Dinge zu posten. Aber über eine Menge davon darf man mit Fug und Recht diskutieren und wir werden einige Graphiken und Tabellen und Ähnliches veröffentlichen.«

»Ja. Halten Sie sich nur an die Grundregeln: öffentliches Interesse, kein Schaden.«

Das war so viel leichter gesagt als getan. Was genau fällt unter »Schaden« oder »öffentliches Interesse«? Wie konnte ich ihren jeweiligen Stellenwert bestimmen und sie gegeneinander abwägen? Warum sollte irgendwer jemandem wie mir oder der *Post* zutrauen, diese Entscheidung zu treffen? Und war es meine Aufgabe, sobald ich etwas als schädlich erkannte, die Geheimsache aktiv zu schützen? Ich hatte meine eigenen Geheimnisse – vertrauliche Quellen, sensible Notizen, künftige Reportagethemen. Wie konnte ich gewährleisten, dass sie vor raffinierten Dieben sicher waren? Mit wem hatte ich es überhaupt zu tun? Früher hatte sich Journalismus viel unkomplizierter angefühlt.

Ich wischte mir das Fernseh-Make-up aus dem Gesicht, löste das Mikro vom Revers und trat aus der Studiotür der CBS News in Georgetown, wo mich ein schöner, sommerlicher Sonntag empfing. Die Snowden-Story war noch nicht einmal zwei Wochen alt und ich war gerade in einer Livesendung des Morgenprogramms *Face the Nation* aufgetreten. Auf der Rückbank eines Taxis zog ich mein iPad heraus.

Das Display leuchtete auf, begann plötzlich zu flackern und wurde dunkel. Was war das? Nach ein paar Sekunden wurde der Bildschirm wieder hell. Über einen schwarzen Hintergrund lief ein weißer Text. Er bewegte sich so schnell, dass ich nicht alles erfassen konnte, aber einige Fragmente konnte ich entziffern.

```
# root:xnu …
# dumping kernel …
# patching file system …
```

Moment mal – was? Es sah aus wie ein Unix-Terminal-Fenster. Das Wort »root« und das Hashtag-Symbol bedeuteten, dass das Gerät irgendwie auf Superuser-Modus umgestellt worden war. Jemand hatte die Kontrolle über mein iPad übernommen, indem er die Sicherheitsvorkehrungen von Apple durchbrochen und sich so in die Lage versetzt hatte, alles das umzuschreiben, worauf das Betriebssystem Zugriff hatte. Die Panik trieb meinen Reporterinstinkt dazu an, mir Notizen zu machen. Ich ließ das Tablet auf den Sitz neben mir fallen, als übertrage es eine ansteckende Krankheit, und unterdrückte den kopflosen Impuls, das Gerät aus dem Fenster zu werfen. Hastig kramte ich nach Stift und Papier. Wahrscheinlich waren mir einige halblaute Flüche rausgerutscht, denn der Fahrer fragte mich ein wenig besorgt, ob alles in Ordnung sei. Ich ignorierte ihn und drückte panisch die Powertaste – ich wollte gar nicht wissen, was als Nächstes erscheinen würde. Auf dem iPad befanden sich keine Geheiminformationen, aber zuzusehen, wie es sich gegen mich wandte, war ausgesprochen beunruhigend. Diese glatte schmale Platte aus Glas und Aluminium war ausgestattet mit Mikrophon, Kameras an Vorder- und Rückseite und einer ganzen Reihe interner Sensoren. Ein mustergültiges Spionagegerät.

Im Geiste ging ich rasch die wichtigsten Fragen durch. Nein, ich hatte mich mit dem iPad nicht in meine Online-Accounts eingeloggt. Nein, ich speicherte keine sensiblen Notizen darauf. Genau genommen überhaupt keine Notizen. Doch nichts davon war ein so verlässlicher Schutz, wie ich gerne glauben wollte. Zum einen war das hier kein Hackversuch eines Anfängers. Aus der Ferne, drahtlos, in ein iPad einzudringen erforderte rare Werkzeuge, die nur kurze Zeit wirksam waren. Apple stopft die Löcher in seiner Software so schnell, wie sie entdeckt werden. Auf neue Schwachstellen stürzen sich versierte Kriminelle und Geheimdienstbehörden umgehend. Undurchsichtige private Vermittler zahlen millionenschwere Prämien für Software-Exploits von der Art, wie ich sie soeben erlebt hatte.[13] Irgendwer hatte für den Versuch, in mein Gerät einzudringen, einiges an Ressourcen aufgewendet. Auf die Ehre, so hohe Ausgaben wert zu sein, hätte ich gerne verzichtet. Mir war nicht einmal klar, wie mein Widersacher das iPad überhaupt aufgespürt hatte. Mein Apple-Account war mit keiner öffentlichen Mail-Adresse verknüpft. Wenn Eindringlinge dieses Gerät lokalisiert hatten, musste ich davon ausgehen, dass sie auch mein Handy finden konnten sowie jeden Computer, mit dem ich ins Internet ging. Eines war ganz klar: Was sich eben in meinem iPad abgespielt hatte, war nicht für meine Augen bestimmt gewesen. Wenn ich Pech gehabt hätte, wäre es passiert, während ich schlief. Wenn der Exploit wie gewünscht funktioniert hätte, hätte ich nie davon erfahren. Das iPad hätte oberflächlich weiter ganz normal seine Arbeit getan. Aber es hätte nicht mehr für mich gearbeitet.

Dies war der erste bedeutsame Eingriff in mein digitales Leben – von dem ich wusste. Es sollte bei weitem nicht der letzte bleiben. Als ich im Revier der NSA-Überwachung herumstöberte, tauchten laufend Belege dafür auf, dass ich es mit aggressiven Gegnern zu tun hatte.

In den letzten Tagen des Jahres 2013 teilte mir der NSA-Whistleblower Tom Drake mit, er sei von einer meiner Mail-Adressen aus eingeladen worden, mit mir gemeinsam an einem Chat in Google Hangouts teilzunehmen. Es sah wie eine täuschend echte Nachricht von Google aus, aber Drake war so geistesgegenwärtig gewesen, nachzuprüfen, ob die Einladung tatsächlich von mir stammte. Das war nicht der Fall. Jemand wollte, dass Drake mit einem Betrüger redete, der sich als Barton Gellman ausgab. Einem ähnlichen Schwindel unter umgekehrten Vorzeichen fiel ich selbst, mangelnder Vorsicht geschuldet, zum Opfer. Ich schrieb einige vertrauliche Nachrichten an Tom

Lowenthal, einen Informatiker, der mich gelegentlich in Sicherheitsfragen beriet. Er schrieb zurück: »Ich habe zwei E-Mails von Ihnen erhalten, die ich nicht lesen kann, weil sie an den falschen Schlüssel gesandt wurden.« Irgendjemand hatte den falschen Codierungsschlüssel in einem öffentlichen Adressbuch, einem sogenannten Schlüsselserver oder Keyserver, platziert und ich hatte ihn dummerweise benutzt, ohne ihn zu überprüfen. Der Betrüger konnte meine verschlüsselte E-Mail lesen, aber Lowenthal nicht. Entsprechend tauchten zunehmend falsche Schlüssel für »Barton Gellman« auf öffentlichen Schlüsselservern auf. Wer sie benutzte, würde vertrauliche Botschaften an jemand anderen senden.

Anfang 2014 akzeptierte Google meine Anmeldeinformationen für gleich zwei Accounts plötzlich nicht mehr – der eine war ein privater Account, der andere mit meiner Position als Senior Fellow bei der Century Foundation verknüpft. In meinem E-Mail-Programm erschien eine Fehlermeldung: »Zu viele gleichzeitige Verbindungen.« Als ich der Sache nachging, entdeckte ich, dass die meisten Verbindungen von IP-Adressen kamen, die ich nicht kannte. Am oberen Rand der Gmail-Seite erschien ein pinkfarbener Warnbalken: »Achtung: Wir gehen davon aus, dass staatlich geförderte Angreifer möglicherweise versuchen, Ihren Account oder Computer zu schädigen. Ergreifen Sie umgehend Schutzmaßnahmen.«[14]

Mehr teilt Google einem Benutzer, der Ziel eines solchen Angriffs geworden ist, nicht mit – das ist die Politik des Unternehmens. Welcher staatliche Förderer? Das wäre gut zu wissen. Google verrät es nicht, weil es einen Verstoß gegen sein Sicherheitsprotokoll befürchtet. Ich forschte ein wenig weiter und erfuhr im Monat darauf aus vertraulichen Quellen, dass der an meinen Accounts interessierte Möchtegern-Eindringling Millî İstihbarat Teşkilâtı, der türkische Geheimdienst, war. Für vertrauliche Recherchen nutzte ich keine E-Mails, aber das waren trotzdem schlimme Nachrichten. Es gab bestimmt ein Dutzend ausländischer Nachrichtendienste, die ein noch größeres Interesse und bessere Möglichkeiten besaßen, an die NSA-Dokumente heranzukommen, angefangen mit Russland, China, Israel, Nordkorea und dem Iran. Sollte auch die Türkei versuchen, mich zu hacken, war die Bedrohungslandschaft dichter besiedelt, als ich gehofft hatte. Einige Hacker waren vermutlich versierter als die der Türkei, vielleicht zu gut, um sich in den Abwehrmaßnahmen von Google zu verfangen. Nicht sehr ermutigend.

Das MacBook Air, das ich für die tägliche Arbeit am Computer nutzte, schien ein lohnendes Ziel zu sein. Ich sandte eine forensische Sicherungskopie des Arbeitsspeichers an einen führenden Sicherheitsexperten des Betriebssystems von Macintosh. Er stellte fest, dass auf meinem Gerät unerwartete Daemons mit Funktionen liefen, die er nicht bestimmen konnte. (Ein Daemon ist ein Hintergrundprogramm mit zumeist guten Absichten, aber in diesem Fall schien die satanische Aura des Begriffs ihre Berechtigung zu haben.) Ich beschloss, den Laptop nicht mehr zu verwenden. Einige Software-Exploits nisten sich ein und sind nur sehr schwer wieder loszuwerden, selbst wenn man das Betriebssystem löscht und neu installiert. Ed Felten von Princeton meinte, er werde seinem Sicherheitstechnikkurs ein neues Projekt auftragen: Wie kann Bart alte Dateien auf ein neues Gerät transferieren, ohne gleichzeitig Schadsoftware zu übertragen? Aber dann änderte er seine Meinung, weil er zu der Überzeugung gelangte, dass das Problem nicht zufriedenstellend zu lösen sei.

Um einen neuen Laptop zu kaufen, erteilte ich einen anonymen Auftrag über die Universität, an der ich Fellow war. Ich setzte zwei Mittelsmänner ein, so dass mein Name in den Unterlagen nirgendwo auftauchte, und achtete darauf, die Transaktion in keiner E-Mail zu erwähnen. Ich glaubte, all das würde das Risiko einer Manipulation auf dem Transportweg verringern – ein Vorgehen, das NSA, FBI und ausländische Geheimdienste gleichermaßen nutzen, denn ein Gerät, das von vornherein infiziert ist, braucht man nicht mehr zu hacken. Bei dem neuen Laptop, einem MacBook Pro, traten bald schon lawinenartig Hardware-Fehler auf, beginnend mit der Tastatur, die verzögert auf Tastenanschläge reagierte, und das bei einem jungfräulichen Betriebssystem. Ich erfuhr nie, ob hier widrige Kräfte am Werk waren, aber die Probleme waren mehr als ungewöhnlich.

Ich brachte das widerspenstige Gerät zur Reparatur zu Tekserve, einem Unternehmen in New York City, das damals der größte unabhängige Dienstleister für Apple in den Vereinigten Staaten war.[15] Ich war bereits einige Jahre Kunde dort, seit Tekserve 1987 in einem Lagergebäude im Flatiron District ein Geschäft eröffnet hatte. Ich mochte die verschrobene Atmosphäre des Ladens – drinnen standen eine Hollywoodschaukel und ein uralter Cola-Automat, der einst 5 Cent pro Flasche verlangt hatte. Das Wichtigste an Tekserve war für mich momentan, dass mir die Service-Managerin Debra Travis erlaubte, dem Techniker, der meinen Computer inspizierte, über die Schulter zu schauen. Ich wollte ihn nicht aus den Augen lassen.

Der Techniker, ein umgänglicher Typ namens Anthony, tauschte nach kurzer Prüfung der Reihe nach die Tastatur, die Logikplatine, die Ein-/Ausgabe-Platine und schließlich, immer noch ratlos, die Stromversorgungs-Schnittstelle aus. Auch nach drei Besuchen blieb das Problem ungelöst. Wenn ich Tasten anschlug, passierte zuerst gar nichts, und dann, mit langer Verzögerung, regnete es Buchstaben. Tekserve zog Kontrolleure von Apple zu Rate. Niemand konnte sich das Phänomen erklären. Ich fragte Anthony vorsichtig, ob er auf den Leiterplatten irgendetwas sehen könne, das nicht dorthin gehöre. Er meinte, er verfüge nicht über das nötige Equipment, um Spionagemethoden dieser Art aufzudecken. »Ich weiß nur, dass ich jedes einzelne Teil des Geräts ersetzt habe«, sagte er. »Dass sich eine Maschine so verhält, haben wir noch nie erlebt.« Ich gab auf und kaufte einen neuen Computer.

Als die Snowden-Story rauskam, benutzte ich nach wie vor ein BlackBerry-Smartphone. Dann erhielt ich plötzlich leere SMS und E-Mails, die keinen Inhalt und keinen Absender zu haben schienen. Die Zeitstempel der geisterhaften E-Mails besagten, dass sie am 1. Januar 1970 um Mitternacht versandt worden waren – zur Geburtsstunde der Unix-Computer. Normalerweise versendet man SMS und E-Mails ohne sichtbaren Text, um bösartige Nutzdaten zu übermitteln. Ich verabschiedete mich von meinem BlackBerry und kaufte ein iPhone, weil es, wie Experten mir versicherten, das sicherste Mobilgerät für die breite Öffentlichkeit sei. Ich erledige prinzipiell keine sensiblen Arbeiten mit dem Smartphone, aber ich hatte nicht gerne das Gefühl, beobachtet zu werden.

Von Zeit zu Zeit erhielt ich echt aussehende E-Mails von Michael Hayden, dem früheren NSA-Direktor, und Justizminister Eric Holder. Die E-Mails enthielten einen Weblink, den ich nicht anklickte. Hayden und Holder hatten sie zwar nicht geschickt, aber die nicht öffentlichen (persönlichen) Adressen der beiden Männer waren gültig. Das weckte kurz mein Interesse, doch dann kam ich zu dem Schluss, dass die beiden Männer ihrerseits einem ganz gewöhnlichen Phishing-Angriff zum Opfer gefallen waren. Höchstwahrscheinlich hatten sie den Link unwissentlich an alle Personen in ihrem Adressbuch verschickt. Memo an hohe Beamte: Schließen Sie Ihren AOL-Account. Die Sicherheitsstandards sind unterirdisch.

Im Januar 2014 war ich einer der ersten Nutzer von SecureDrop, einem anonymen, verschlüsselten Kommunikationssystem für Informanten und Journalisten. Noch immer bietet es die sicherste Möglichkeit, vertraulich Kontakt zu mir aufzunehmen, wenn man begründete Angst vor Repressalien hat. (Mein Twitter-Profil @bartongellman verweist auf eine Seite, über die man in das System einsteigen kann.) SecureDrop erfordert keine technischen Vorkenntnisse; im Jahr zuvor war es von der Freedom of the Press Foundation als Newsroom-Tool eingeführt worden. Der zugrunde liegende Code stammte von Aaron Swartz, Kevin Poulsen und James Dolan.

Nachdem ich angekündigt hatte, nun auf anonymem Wege erreichbar zu sein, erwartete ich Malware und Angebote von Internet-Trollen und Verschwörungstheoretikern. Von allem bekam ich reichlich, aber auch wertvolle journalistische Tipps. Die Malware bestand überwiegend aus dem üblichen Kram. Irgendwer sandte mir einen standardmäßigen Phishing-Link, weil er hoffte, meine Anmeldedaten stehlen zu können, oder Ransomware, die bei einem falschen Klick meine Dateien verschlüsseln würde, um dann ein Lösegeld zur Entschlüsselung zu fordern. Weil ich niemals Programmdateien oder Skripte öffne, die ich per Mail erhalte, machte ich mir darüber keine großen Sorgen.

Eines Tages tauchte jedoch ein interessanterer Exploit auf. Der Absender versuchte, ihn mir schmackhaft zu machen, indem er die Datei als eine geleakte Präsentation zum Thema Überwachung verpackte. Ich bat Morgan Marquis-Boire, einen Sicherheitsforscher, der damals für das in Toronto ansässige Citizen Lab arbeitete, einen Blick darauf zu werfen. »Das ist pikant«, schrieb er zurück.[16]

Die meisten Hackerangriffe erfolgen in großem Maßstab. Ein und dasselbe Malware-Paket wird als Mail-Attachment oder Link zu infizierten Websites gleichzeitig an Tausende oder gar Millionen Menschen verschickt. Dieses hier war speziell an mich gerichtet. Es gehörte zu einer Sorte von Malware, die man als »Remote Access Trojaner«, oder RAT, bezeichnet. Es war in der Lage, Tastenanschläge zu beobachten, Screenshots zu machen, Audio- und Videodateien aufzuzeichnen und jede Datei auf meinem Computer zu stehlen. »In letzter Zeit irgendwelchen Russen ans Bein gepinkelt?«, fragte Marquis-Boire. Täter dingfest zu machen ist eine hohe Kunst, aber für seine Vermutung hatte er gute Gründe. Zum einen sollte der RAT meinen Computer mit einem Command-and-Control-Server verbinden, der von Corbina Telecom in der Kozhevnicheskiy Lane in Moskau gehostet wurde. Wäre dies gelungen, hätte ein Hacker meinen Computer in Echtzeit beobachten und manipulieren können. Andere mit der Malware verbundene IP-Adressen kamen aus Kasachstan. Zudem ließen interne Indizien vermuten, dass die Muttersprache des Programmierers Azeri war, das in Aserbaidschan und der russischen Republik Dagestan gesprochen wird. Der RAT verfügte über einen interessanten Verteidigungsmechanismus. Sobald Marquis-Boire auf der Suche nach weiteren Informationen tiefergehende Nachforschungen anstellte, womit er verriet, dass er der Quelle auf der Spur war, verschwand der Command-and-Control-Server aus dem Internet.

Gelegentlich wurde ich von Außenstehenden unverblümt aufgefordert, ihnen sensible Dokumente aus dem Archiv auszuhändigen. »Sehr geehrter Herr Barton Gellman«, hieß es in einer E-Mail von einem russischen Mailserver, »ich wüsste gerne, ob Sie mir zu wissenschaftlichen Zwecken ein Originaldokument des ›Black Budget‹ schicken könnten.

Ich erwarte Ihre Antwort. Herzliche Grüße, Yaroslav Afanasiev.« Ich weiß nicht, ob das der richtige Name dieses Typen war und für wen er womöglich arbeitete. Aus purer Neugier fragte ich nach. Ich bekam keine Antwort.

Offerten anderer Art erreichten meinen Freund und Kollegen Ashkan Soltani, schon bald nachdem sein Name in der *Washington Post* neben meinem erschienen war. Soltani war jung und Single und registrierter Nutzer der Partnerbörse OkCupid. Normalerweise sind es die Männer, die in solchen Börsen als Erste den Kontakt zu Frauen aufnehmen. »Innerhalb einer Woche bekam ich aus heiterem Himmel Anfragen von drei heißen, echt attraktiven Frauen«, erzählte Soltani mir, als wir später in einer Downtown-Kneipe in New York City bei einem Bier zusammensaßen.[17] OkCupid ist für Leute gedacht, die eher an längeren Beziehungen als an kurzen Affären interessiert sind – »Sie sind mehr als nur ein Foto« heißt es auf der Website –, doch zwei von den Frauen hatten ihre Absichten bereits kundgetan, bevor sie Soltani persönlich getroffen hatten.

Soltani zeigte mir Screenshots von ihren Nachrichten, die er gespeichert hatte.

»entschuldigen sie, das ich so vorpresche aber ich finde sie unglaublich süß und interesant«, schrieb die eine. »wie wärs mit einem treffen?«

An dem Tag, für den sie sich verabredet hatten, schlug sie dann plötzlich vor, sich in seiner Wohnung näherzukommen.

»es ist so ungemütlich draußen. da würd ich gerne kuscheln«, schrieb sie.

»Sie war diejenige, die gleich zur Sache kommen wollte, ohne Umschweife«, sagte Soltani. »Dass mir zwei Mädels hintereinander sofort beim ersten Date solche Avancen machten – ich dachte nur, was zur Hölle? Werde ich hier – wie sagt man noch gleich –«

»In eine Sexfalle gelockt«, sagte ich. »Da bin ich doch froh, dass ich kein Single bin.«

»Genau, in eine Sexfalle gelockt. Ich habe schon meinen Spaß, aber normalerweise geht man zuerst ein paar Mal miteinander aus oder so. Das ist mir noch nie passiert, dass beide Mädels gleich am ersten Abend aufs Ganze gehen wollten. Ich finde ja nicht, dass ich schlecht aussehe, aber ich bin nicht der Typ Mann, den Frauen aus heiterem Himmel einladen, mit ihnen zu kuscheln.«

Soltani vermutete, dass ihm ein Geheimdienst eine Falle stellen wollte – »die chinesische Regierung versucht, sich an mich ranzumachen« –, um ihm Informationen über die NSA-Dokumente zu entlocken oder die Dateien zu stehlen. Wir erörterten ein gängiges Informationssicherheitsszenario, den »Evil-Maid-Angriff«; dabei genügt der kurze persönliche Zugang zu einem Computer, um seine Verschlüsselungsdaten abzugreifen. Zu jener Zeit wurden die Snowden-Dateien getrennt von ihren Schlüsseln in einem Tresorraum der *Washington Post* verwahrt, aber das wussten Außenstehende nicht. Und wenn man Soltani nur die richtigen Argumente präsentierte – so könnte eine attraktive Spionin annehmen –, wäre alles möglich.

Kurz nach diesen Begegnungen loggte sich Soltani erneut bei OkCupid ein, um die beiden Verdächtigen genauer unter die Lupe zu nehmen. Er suchte nach den Frauen, die sich bei ihm gemeldet hatten. Ihre Online-Profile existierten nicht mehr.

Schließlich ging Soltani mit einer dritten Frau aus, die ihn etwa zur gleichen Zeit kontaktiert hatte, »aber in mein Haus habe ich sie eine ganze Weile nicht gelassen«, sagte er. »Ich fühlte mich nicht wohl dabei. Ich weiß noch genau, wie sich das anfühlte. Wenn ich ins Bad ging, hab ich immer mein Handy mitgenommen. Bei Verabredungen ständig auf alle möglichen Sicherheitsvorkehrungen zu achten ist schräg.«

War es angebracht, sich so zu verhalten? Ja. War das Misstrauen immer gerechtfertigt? Keine Chance, das herauszufinden.

Als wir dieses Gespräch im Spätherbst 2015 führten, schrieben Soltani und ich für die *Post* bereits keine Artikel mehr. Ich arbeitete an dem Buch, das Sie gerade lesen. Soltani war weitergezogen. Er hatte seinen alten Laptop in Rente geschickt, mir einen codierten Schlüsselanhänger, einen Key Fob, zurückgegeben und auch seine letzte Verbindung zu Geheimmaterialien gekappt. »Als wir die Sache beendet haben, fühlte es sich echt gut an, dass ich diese Last nun nicht mehr tragen musste«, sagte er zu mir. »Ich meine die Verantwortung, dieses Zeug zu schützen. Da drin gibt's immer noch einiges, das absolut niemals ans Licht der Öffentlichkeit dringen sollte, finde ich.«

Dann stellte zur Abwechslung er mir eine Frage. »Sie müssen nach wie vor pausenlos wachsam sein. Das machen Sie jetzt schon rund drei Jahre. Wie geht das im Urlaub?«

Tja, gute Frage. Die ständige Beschäftigung mit dem Thema Überwachung hinterließ Spuren in meinem Berufs- und Privatleben. Am Haupteingang von Disney World hätte ich am liebsten auf dem Absatz kehrtgemacht, als mir aufging, dass mein Fingerabdruck gescannt werden sollte und ich überall im Park ein Funkarmband tragen musste. Dafna, die mit unserem siebenjährigen Sohn neben mir stand, schoss mir herausfordernde Blicke zu. Ich gab natürlich nach. Nur mit ganz wenigen Ausnahmen nahm ich meinen Laptop überallhin mit, sogar an den Strand und auf Wanderungen. Auf Partys gab ich meine Laptoptasche nicht an der Garderobe ab. Die Vorsichtsmaßnahmen für meine elektronischen Geräte waren lästig für meine Freunde und meiner Familie peinlich. »Du driftest immer mehr in eine Welt ab, an der ich nicht teilhabe und die ich nicht verstehe und zu der ich auch nicht gehören will«, sagte Dafna eines Abends zu mir. Bis zu diesem Moment war mir gar nicht klar gewesen, wie abartig ich mich mittlerweile verhielt. Ich witterte überall Gefahren und fühlte mich nie ganz sicher.

Im Hinterkopf hatte ich noch eine Episode, die mich unwillentlich in die Welt der Geheimdienste hineingezogen hatte. Im Dezember 2003 war ich durch den Irak gereist und hatte Waffenexperten und Ingenieure interviewt, um zu rekonstruieren, was sie mit ABC-Waffen zu tun gehabt hatten. Eines Tages stattete ich dem Campus der Universität von Bagdad einen Besuch ab, um nach einem Biologen zu suchen, der von amerikanischen Regierungsbeamten beschuldigt wurde, an der Entwicklung von Designerviren zu arbeiten. Mein Dolmetscher fragte nach dem Weg, hörte zu und wandte sich dann mit ernster Miene an mich. Hier sei ich nicht sicher, sagte er. Vor mir sei schon ein anderer Mann auf dem Campus gewesen, der sich als Barton Gellman ausgegeben und wie ein Reporter Fragen gestellt habe. Entweder sei das ein CIA-Mann gewesen, übersetzte mein Dolmetscher, oder ich sei einer. Eigentlich entspricht es nicht der Politik des amerikanischen Geheimdienstes, sich als Journalist zu tarnen, aber es gibt ein Hintertürchen für »besondere Umstände«. Als ich einen Sprecher der CIA direkt danach fragte, konnte er nicht kategorisch ausschließen, dass die Behörde hier eine Ausnahme gemacht hatte. Der Betrüger hätte natürlich von überallher kommen können.

Der elektronische und physische Schutzwall, den ich um mich herum errichtete, wurde immer massiver und ich hatte Zugang zu Topexpertenwissen, aber eine formale Ausbildung in operativer Sicherheit hatte ich nicht erhalten. Um es knallhart zu sagen: Ich war als Amateur gegen Profis angetreten. Zweimal ließ ich den Haustürschlüssel über Nacht stecken. Einmal ging ich mit einem Informanten einen trinken und dann noch einen und noch einen – was ich sonst höchst selten tat. Am nächsten Morgen konnte ich meine Laptoptasche nirgendwo finden. Voller Panik ging ich die diversen Möglichkeiten durch. In der Bar war keine Fundsache abgegeben worden. Hätte sich mein Informant mit dem Rucksack aus dem Staub machen können? Nein, völlig unmöglich. Immer wieder lief ich im Geiste den Weg ab, den ich nachts von der U-Bahn nach Hause genommen hatte. Ich hätte um ein Haar meine Haltestelle verpasst und wusste noch genau, wie der Rucksack gegen meine Schultern gedrückt wurde, als ich durch die sich schließenden Türen schlüpfte. Wo also war er? Nur zu gut war ich mir der bitteren Ironie bewusst, als ich den Hausmeister meiner Wohnanlage überredete, das Video der Kamera im Eingangsbereich ansehen zu dürfen. (Ja, liebe Leser, ich hab's gehört: Überwachung ist gut für uns.) Da spazierte ich auf dem kleinen Schwarz-Weiß-Monitor zum Aufzug – ohne Tasche über der Schulter. Ich hatte den Rucksack nicht mehr dabei, als ich nach Hause kam. Schließlich fiel mir das Pizzastück mit Pilzen ein, das ich auf dem kurzen Weg von der U-Bahn nach Hause noch gegessen hatte. Ich raste nach draußen und um die Ecke. Zutiefst beschämt nahm ich meinen Rucksack entgegen, der hinter der Theke der Pizzabude in meiner Nachbarschaft auf mich wartete.

Immer wieder mal, wenn auch selten, unterliefen mir solch peinliche Fehler. Ich hatte auf einem separaten abschließbaren Raum bei der *Post* bestanden, den die Reporter, die die Snowden-Dokumente bearbeiteten, nutzen konnten. Als ich danach wieder dort war, präsentierte mir ein Mitglied des Hauspersonals stolz den neuen Arbeitsraum; er befand sich an einem Ehrenplatz direkt neben dem Büro des Präsidenten des Unternehmens. Allerdings besaß er, was ich ausdrücklich hatte vermeiden wollen: eine riesige Fensterfront. Verdrehte man den Hals ein wenig, konnte man einen Blick auf die Beaux-Arts-Villa werfen, die einen halben Block weiter westlich lag – die Residenz des russischen Botschafters in Washington. »Sie machen wohl Witze«, sagte Ashkan. Geknickt bat ich um einen anderen Raum ohne Fenster. Die *Post* machte brav einen ausfindig, versah ihn mit einem Hochsicherheitsschloss, installierte eine Überwachungskamera im Flur davor und brachte drinnen einen riesigen Safe an, der wohl 400 Pfund wog.

In New York erwarb ich ebenfalls einen großen, schweren Safe. Ich will nicht alle Schritte einzeln aufzählen, die ich unternahm, um meine Arbeit abzusichern, aber es waren viele ganz verschiedene und zuweilen machten sie mich ganz konfus. Die Computer, die wir für das NSA-Archiv verwendeten, waren besonders gesichert. Ashkan und ich nahmen zwei Laptops auseinander, entfernten die WLAN- und Bluetooth-Hardware und klemmten die Batterien ab. Falls ein Fremder an der Tür auftauchte, mussten wir bloß die Quick-Release-Netzkabel rausziehen, um die Geräte auszuschalten und sekundenschnell wieder zu verschlüsseln. Wir bewahrten die Laptops im Tresor auf und sicherten die Hardware mit Codierungsschlüsseln, die ihrerseits verschlüsselt waren und die wir jedes Mal mitnahmen, wenn wir den Raum verließen, und sei es nur für einen Toilettengang. Wir versiegelten die USB-Anschlüsse. Jeden Abend stöpselte ich den Router für den Internetzugang in meinem New Yorker Büro aus und schloss ihn ein. Ich trug Epoxidharz und Glitter auf die Schrauben am Gehäuseboden all meiner Geräte auf, um während meiner Abwesenheit vorgenommene Manipulationen zu entdecken. (Der Glitter trocknet in zufälligen, unverwechselbaren Mustern.) Weil der Sicherheitsexperte

Nicholas Weaver mir erklärte, dass der Nachweis von Manipulationen ebenso wichtig sei wie die Vorbeugung, experimentierte ich mit ultraviolettem Pulver auf dem Zahlenschloss des New Yorker Tresors. Staubmuster im Licht einer UV-Taschenlampe zu fotografieren erwies sich als vertrackt. Meine Notizen befanden sich in vielerlei verschlüsselten Datenträgern, wobei ich die Dateien so verwahrte, dass ich jeden Tag fünf lange Passphrasen eingeben musste, um überhaupt mit der Arbeit beginnen zu können. Fast nie tippte ich gleich beim ersten Versuch alles richtig. Ich vergaß die Passphrase für einen selten benutzten PGP-Schlüssel und verlor den Zugang zu einigen Dateien für immer. Newsroom-Kollegen, die sich auf eine nur annähernd normale Weise über die Story austauschen wollten, nervte ich zu Tode.

Bei einer Abschiedsparty für Anne Kornblut, die die Berichterstattung über Snowden leitete, führte das Newsroom-Team einen Sketch auf, der unsere Meetings für die Story auf die Schippe nahm. Die Reporterin Carol Leonnig, die Annes Part spielte, verteilte Augenbinden an die Teilnehmenden des vorgeblichen Meetings. Alle müssten sich die Augen verbinden, bevor Bart das Wort ergreifen könne, erklärte sie. Witzig und wahr, ich geb's zu. Ich war eine entsetzliche Nervensäge.

Ich ging nie davon aus, dass irgendeine der Barrieren unüberwindlich war. Laut Larry Schwalb, meinem alten Zimmergenossen aus Feriencamp-Zeiten, der einen Tresor- und Schlüsseldienst betreibt, brauchte ein Profi bei den meisten handelsüblichen Safes nicht mehr als zwanzig Minuten, um sie auf die eine oder andere Weise zu knacken. In Geheimdienstbehörden sind ganze Abteilungen darauf spezialisiert, Sperren und Siegel heimlich zu überwinden. Spezialantennen können die elektromagnetischen Abstrahlungen eines Computerbildschirms durch Wände hindurch lesen. Alles, was ich tun konnte, war, mein Abwehrbollwerk immer weiter zu verstärken und mich als ein eher unattraktives Ziel zu präsentieren. Weniger attraktiv als andere Journalisten, die im Besitz der Snowden-Dateien waren, wenn ich ehrlich sein soll. Wie ich von Greenwalds Kollegen erfuhr, traf er zumindest in den ersten Monaten deutlich weniger Sicherheitsvorkehrungen als ich. Laut einem Kollegen, der ihn besuchte, hatte er für den

WLAN-Router bei sich zu Hause kein Passwort. Mein Problem auf diese Weise zu betrachten war nicht sehr nett, aber der Gedanke flog mich an. Ich wollte nicht daran schuld sein, dass die Dateien massenhaft abgegriffen wurden. Wenn ich vielleicht auch nichts gegen einen Superschurken ausrichten konnte, so konnte ich doch wenigstens dem durchschnittlichen Einbrecher und möglicherweise auch einigen der begabteren einen Riegel vorschieben. Ich hatte die Pflicht, es zu versuchen. Ich häufte so viele Abwehrmaßnahmen an, dass ich routinemäßig eine Menge Zeit, Energie und psychische Stabilität benötigte, um mich durch sie hindurchzulavieren.

Richard Ledgett, der die NSA-Einsatztruppe für »Media Leaks« leitete und dann stellvertretender Direktor der Behörde wurde, erklärte mir Jahre später nüchtern, er gehe davon aus, dass mein Bollwerk durchbrochen worden sei. »Meiner Meinung nach war alles, was ihr hattet, ziemlich schnell im Besitz von jedem beliebigen ausländischen Geheimdienst, der sich dafür interessierte«, sagte er, als wir in einem Vorort in Maryland bei einem Mittagessen zusammensaßen. »Ob es nun Russen waren, Chinesen, Franzosen, die Israelis, die Briten. Sie, Poitras und Greenwald stehen mit einiger Sicherheit auf verlorenem Posten, wenn ein Nationalstaat einen Frontalangriff auf Ihre Geräte startet. Dazu gehören nicht nur Attacken aus der Ferne, sondern auch ganz handfeste nächtliche Besuche in Ihrem Zuhause oder so was in der Art. Das vermute ich. Spezielle Informationen darüber habe ich nicht.« Im Hinblick auf Russland und China fügte er hinzu: »Ich bin sicher, dass beide Staaten eine hübsche Akte über Sie angelegt haben, da Sie eine von seinen [Snowdens] drei wichtigsten Vertrauenspersonen waren.«[18]

Ich fragte, ob die NSA uns nicht auch überwacht hätte. Oder das FBI. Hatten sie nicht nach ausländischen Spionen Ausschau gehalten, die Jagd auf amerikanische Reporter machten? Die Vorstellung gefiel mir nicht besonders, aber während unseres Gesprächs ging mir auf, dass ich genau das vermutete.

»Nein. Das wäre ›Reverse Targeting‹«, sagte er – die unrechtmäßige Überwachung eines Amerikaners unter dem Vorwand, Ausländer zu beschatten. Rein rechtlich war das zwar richtig, aber nur, wenn kein richterlicher Beschluss vorlag. Ob bewiesen oder nicht – für Ledgett war die Sache eigentlich klar.

»Wenn einer von diesen Geheimdiensten Ihnen ans Leder will, dann schafft er das. Als Einzelperson kann man dagegen nicht viel ausrichten.«

Neil MacBride, US-Anwalt für den Eastern District von Virginia, erspähte mich vom anderen Ende einer langen Galerie aus. Es war klar gewesen, dass wir uns bei dieser Konferenz über den Weg laufen würden. Wir standen beide auf der Rednerliste. Würde er auf mich zukommen? Ja, das tat er. Einen Moment lang fixierte er mich, dann schlenderte er herüber. Es fühlte sich an wie eine Metapher. Ich sollte ihn kommen sehen. MacBride war der leitende Staatsanwalt im Verfahren United States v. Edward J. Snowden. Bislang hatte er meinem Informanten Diebstahl von Staatseigentum und Spionage in zwei Fällen vorgeworfen.[19] Laut MacBride hatte Snowden einer nicht autorisierten Person oder mehreren »geheime nachrichtendienstliche Kommunikationsdaten« übermittelt. Die Namen dieser Personen wurden unter Verschluss gehalten, aber einer davon musste meiner sein. Die anderen beiden, Poitras und Greenwald, blieben auf anwaltlichen Rat hin im Ausland. Wenn sich die Regierung einen von uns schnappen wollte, befand ich mich in Reichweite.

In meiner Branche genoss MacBride bereits einen gewissen Ruf. Fast drei Jahre hatte er dem Versuch gewidmet, James Risen von der *New York Times* hinter Gitter zu bringen, weil der in einem anderen Fall von Geheimnisverrat nicht gegen seine Quelle aussagen wollte.[20] Risen verlor schließlich in letzter Instanz.[21] »Ist nichts Persönliches, es geht mir nur ums Geschäft«, hatte MacBride vor Jahren zu mir gesagt, als ich ihm vorgeworfen hatte, zu verbissen gegen Risen vorgegangen zu sein.[22] Soweit ich weiß, zitierte MacBride diesen Ausspruch aus *Der Pate* jedes Mal, wenn ein neuer Anwalt in seine Kanzlei kam. Er pflegte zu sagen, es gebe zwei Arten von stellvertretenden US-Staatsanwälten, so wie die Brüder aus dem Film. Sonny Corleone starb, weil er zu hitzköpfig war. MacBride zog Michael vor, den Mörder für Intellektuelle.

Die Anwälte der *Post* meinten, wenn ich rechtliche Probleme bekommen sollte, dann vermutlich solche wie Risen. Eine bundestaatliche Grand Jury würde mich zur Offenlegung meiner Unterlagen vor das Gericht in Alexandria, Virginia, zitieren.[23] Wenn ich mich weigerte, würde das üble Folgen haben. Wie anschließend bekannt wurde, hatte MacBrides Kanzlei auch Risens E-Mail-Verkehr und Telefongespräche überwacht sowie sich seine Bankbelege und Bonitätsauskünfte beschafft.[24]

Bestimmt wollte MacBride den Fall Snowden nicht hier und jetzt besprechen. Ich jedenfalls würde es garantiert nicht tun. Was hatte er vor? MacBride, größer als ich, lächelte boshaft und trat so nah an mich heran, dass ich den Kopf in den Nacken legen musste.

»Ich hab mich gefragt, ob Sie mir mein Exemplar von *Angler* signieren könnten«, sagte er. Mein Buch über Cheney. Aber seine Hände waren leer.

Es war eine Frage der Höflichkeit, ihm die Pointe zu überlassen.

»Natürlich«, antwortete ich.

»Leider habe ich vergessen, es mitzubringen«, sagte er mit unbewegter Miene.

Alles, was wir sagten, war mehrdeutig. Mir war nicht klar, welche Botschaft genau er mir senden wollte. Ich konnte ihn schlecht danach fragen. (Expertentipp für Reporter: Wird dein Informant angeklagt, weil er gegen Bundesrecht verstoßen hat, plaudere nicht mit dem Strafverfolger über den Fall.) Am plausibelsten erschien mir, dass MacBride mir einfach das Gleiche wie schon vor einigen Jahren sagen wollte: *Nichts Persönliches, falls wir uns vor Gericht wiedersehen. Es geht mir nur ums Geschäft.*

Kurz nach dieser Begegnung hatte NSA-Direktor Keith Alexander einen Auftritt in einer eigenartigen Sendung, die für die interne Fernsehanstalt des Verteidigungsministeriums produziert worden war. Ihre Bedeutung ging mir erst später auf. Die Sendung mit dem Titel »I Spy, No Lie« wirkte verblüffend amateurhaft.[25] Sie anzuschauen hatte etwas nahezu Voyeuristisches. Gedreht wurde nach Ende der Öffnungszeiten in den abgedunkelten Ausstellungsräumen des National Cryptologic Museum gleich neben Fort Meade. Betreuungspersonal und Helfer gingen wiederholt durchs Bild. Ein hellgelbes Verlängerungskabel schlängelte sich durch den Raum und hinter Alexanders schlichtem Holzstuhl vorbei. Dies war ein Mann mit einer Botschaft, der zu ungeduldig war, um auf ein professionelles Aufnahmeteam zu warten.

Alexander tat sein Bestes, um lässig auszusehen und zu klingen. Seine vier Sterne trug er auf den Schultern einer legeren schwarzen Jacke mit Reißverschluss, die Knöpfe seines weißen Uniformhemdes waren am Hals geöffnet. Ab und zu stellte er der Interviewerin eine rhetorische Frage wie »Leuchtet Ihnen das ein?« Dann erschienen große weiße Blockbuchstaben vor einem schwarzen Hintergrund: »Ja, Sir, das leuchtet mir ein.« Unterlegt wurde das Interview mit leiser patriotischer Musik. Ich zeigte es Dafna und sie meinte, es wirke wie ein »Wayne's World«-Sketch aus *Saturday Night Live*, der in Pjöngjang spiele.

Trotz aller Bemühungen, volksnah rüberzukommen, rang Alexander sichtlich um Beherrschung. Jeden in seiner Position hätten die nicht abklingenden Enthüllungen der Reporter, die im Besitz der Snowden-Dokumente waren, aus der Fassung gebracht. Alexander schien mit seinem Latein am Ende zu sein. Er sprach nicht über Snowden, sondern die Journalisten, als er sagte: »Wenn Menschen sterben, sollten diejenigen, die für die Leaks verantwortlich sind, zur Rechenschaft gezogen werden.« Für eine legitime Debatte über Kosten und Nutzen der Überwachungsprogramme der NSA sah Alexander keine Möglichkeit. »Wir beziehen diese Prügel von der Presse aufgrund der Dinge, die diese Reporter lancieren«, sagte er, doch »niemand würde jemals wollen, dass wir aufhören, dieses Land vor Terroristen zu schützen.« Mit einer Analogie erläuterte er, warum die Öffentlichkeit nicht zum Widerspruch befugt sei. »Haben Sie Kinder?«, fragte er die Interviewerin. Würde sie ihnen nachgeben, wenn sie sich weigerten, einen Sicherheitsgurt anzulegen? Die Arbeit der NSA sei ebenfalls so etwas wie ein Sicherheitsgurt. »Sehen Sie, wir haben unsere Lektion gelernt, wie wir am besten für unser Volk sorgen. Diese Programme helfen uns, für unser Volk zu sorgen. Und wir würden nicht aufhören, wir sollten nicht aufhören, sie anzuwenden.«

Wie andere Offizielle klagte auch Alexander, dass Reporter über Dinge schrieben, von denen sie nichts verständen. »Es ist absurd«, sagte er. »Sie sehen es falsch. ... Die Reporter, die das in die Finger bekommen haben, sehen diese Daten und ziehen umgehend die falschen Schlüsse.« Sein dringendstes Anliegen drehte sich jedoch um korrekte Enthüllungen. Und hier nahmen seine Ausführungen plötzlich eine überraschende Wendung: Er forderte aktive Maßnahmen, um unsere Arbeit zu unterbinden.

»Was sie tun, wird unserem Land und unseren Verbündeten schweren Schaden zufügen«, sagte Alexander. »Also müssen wir einen Weg finden, das zu regeln. ... Ich denke, es ist falsch, dass Zeitungsreporter all diese Dokumente besitzen, 50000 oder wie viele auch immer es sind, und sie verkaufen und unter die Leute bringen, als ob diese – sehen Sie, das macht einfach keinen Sinn. Wir sollten uns etwas ausdenken, um dem ein Ende zu setzen. Ich weiß nicht, wie – das sollten wir den Gerichten und politischen Entscheidungsträgern überlassen. Aber in meinen Augen ist es falsch. Und zuzulassen, dass es weitergeht, ist falsch.«

Damals hörte ich nicht genau genug hin. *Uns etwas ausdenken, um dem ein Ende zu setzen.* Konnte Alexander das tatsächlich so meinen? Später wurde mir klar, dass er genau das tat. Bei Meetings in jenem Herbst forderte Alexander mehr als einmal Razzien, um unveröffentlichte Snowden-Dokumente zu beschlagnahmen, die sich im Besitz von Glenn Greenwald, Laura Poitras und mir befanden. Für ihn hatte die Regierung keinerlei Grund, sich zurückzulehnen und zuzusehen, wie ihre kostbaren Geheimnisse herausposaunt wurden. Das sagte einem der gesunde Menschenverstand. Es handelte sich um geheime Dokumente. Warum in aller Welt sollte der Staat sie sich nicht wieder zurückholen?

Allen Spionageromanen zum Trotz – derlei direkte Aktionen fallen nicht in den Zuständigkeitsbereich der NSA. Hätte sich Alexander jedoch durchgesetzt, so hätte möglicherweise das FBI die Führung übernommen. Genau das hatte ich befürchtet, als mir zum ersten Mal klarwurde, wie umfangreich und wertvoll das Snowden-Archiv war. Diese Angst trieb mich dazu, Backups anzufertigen, die schwer zu finden, zu stehlen oder zu zerstören waren. Ich weinte beinahe vor Erleichterung, als sich Marty Baron bereit erklärte, eine Kopie bei der *Washington Post* in Verwahrung zu nehmen. Die Regierung unter Nixon hatte 1971 zwar versucht, die Veröffentlichung der Pentagon-Papiere zu stoppen, was der Oberste Gerichtshof als Akt der Zensur zurückwies, doch selbst Richard Nixon verzichtete auf die Entsendung des FBI, um einen Newsroom zu filzen.

Alexander bekam seinen Willen nicht. »Er musste lediglich seiner Frustration Gehör verschaffen«, erklärte mir sein Stellvertreter Ledgett vier Jahre später. »Der Direktor der NSA macht keine Politik.« Unter Präsident Trump, so meinte er, »könnte ich nicht vorhersagen, wie sich die Regierung verhalten würde. Aber mit der Regierung davor wäre das niemals zu machen gewesen.«

Shawn Turner, der für Clapper arbeitete, erinnerte sich später an wiederholte Gespräche dieser Art mit Programmleitern der NSA. Jedes Mal, wenn ein Reporter eine neue Enthüllung vorbereitete, »musste ich zu diesen Leuten gehen und sagen: ›Ihr Programm ist als Nächstes dran‹«, erzählte Turner. »Dann wurden sie wütend. Sie konnten nicht verstehen, warum wir nicht mehr unternahmen. Es handelt sich um Staatseigentum. Wir wissen, wo es sich befindet. Warum können wir nicht hingehen und es uns wieder holen?«[26]

Kurz nach dem Alexander-Video gab es einen offizielleren Vorboten juristischen Unheils. Am 29. Januar ließ sich Clapper an einem Zeugentisch im Senat nieder, um die jährliche Einschätzung der weltweiten Bedrohungslage zu verkünden, seine umfassendste öffentliche Verlautbarung des Jahres. Es handelte sich um einen informativen Überblick über die größten Gefahren, mit denen die Vereinigten Staaten sich konfrontiert sahen. Er begann seine Ausführungen nicht mit Terrorismus oder der Verbreitung von Atomwaffen oder Russland oder

China. Er begann mit Ed Snowden, und nach nur wenigen Worten nahm er Bezug auf einen meiner Artikel.[27]

> Snowden behauptet, er habe gewonnen und seine Mission sei erfüllt. Wenn das so ist, fordere ich ihn und seine Komplizen auf, die Rückgabe der verbliebenen gestohlenen Dokumente zu ermöglichen, die bisher nicht offengelegt wurden, um die Sicherheit der Vereinigten Staaten nicht noch mehr zu gefährden.[28]

Sobald das Wort »Komplizen« gefallen war, hörte ich nur noch mit halbem Ohr hin. Das war keine spontane Bemerkung. Es war eine vorbereitete Aussage im Auftrag der Obama-Regierung, die vorher über mehrere Wochen hinweg von verschiedenen Abteilungen, einschließlich des Justizministeriums, überprüft worden war. Und »Komplize« ist ein strafrechtlich relevanter Begriff.

»Ich dachte an Glenn Greenwald oder Laura Poitras«, erklärte mir Clapper ohne Schuldbewusstsein Jahre später, als die Reste seines Eiweißomeletts abgeräumt wurden. »Sie haben mit ihm gemeinsam ein Komplott geschmiedet, sie haben ihm dabei geholfen, sich in Sicherheit zu bringen und selektiv zu verbreiten, was er bei sich hatte, also sind sie für mich Mitverschwörer.«

»Ich würde mich von ihnen nicht kategorisch abgrenzen«, entgegnete ich.

»Nun, dann sind Sie vielleicht ebenfalls einer. Oder kurz gesagt: Was dem einen sein Whistleblower ist, ist dem anderen sein Spion.«

Ähnlich äußerte sich auch der Generalinspekteur der NSA, George Ellard. Zweimal im Februar 2014 – beide Male saß ich in Sichtweite – bezeichnete Ellard die mit der Story befassten Journalisten als Snowdens »Agenten«.[29] Wir hätten mehr Schaden angerichtet, sagte er auf einer Konferenz an der Georgetown University, als der berüchtigte FBI-Verräter Robert Hanssen, der sowjetischen Sicherheitsdiensten geholfen hatte, US-Geheimagenten aufzuspüren und zu töten. Schmallippig und schroff machte er auf dem Absatz kehrt, als uns jemand nach der Podiumsdiskussion miteinander bekannt machen wollte. Als wir fast zwei Jahre später endlich ein Gespräch führten, sagte er: »Ich muss gestehen, dass ich Ihre Arbeiten mit großem Interesse gelesen habe.«[30]

War Clapper mit Alexanders Vorhaben einverstanden?

»Ich verstehe, was Keith meinte«, sagte Clapper Ende 2018 zu mir, nachdem er als Direktor der nationalen Nachrichtendienste zurückgetreten war, ein Buch veröffentlicht hatte und unter fortwährendem verbalen Beschuss durch Präsident Trump stand. »Ich verstehe, warum er es gesagt hat. Wenn es zu der Zeit, als ich noch Nachrichtendienstdirektor war, irgendeine Möglichkeit gegeben hätte, die [von Snowden] gestohlenen Dokumente zurückzubekommen, wäre ich ganz sicher dafür gewesen. Nun, da ich selbst ein Teil der ›verlogenen Medien‹ bin, habe ich große Bedenken, was das betrifft. Möglicherweise hätte ich anders darüber gedacht, als ich noch zur Regierung gehörte.« Es gab jedoch auch ganz praktische Hindernisse. Die Dokumente befanden sich in Deutschland bei Poitras, in Brasilien bei Greenwald und zweifellos verborgen im Internet. »Ich wüsste nicht, dass [Alexanders Idee] irgendwie weiter verfolgt worden wäre«, sagte Clapper.[31]

Wie ich später erfuhr, sagte Raj De, der General Counsel der NSA, zu Alexander, er solle seinen Ehrgeiz, die Snowden-Dokumente zurückholen zu wollen, stecken lassen. Laut De beschützte der 1. Zusatzartikel mich und die anderen Journalisten, welch unglückliche Folgen unsere Arbeit auch haben werde. Das war jedoch nicht die ganze Wahrheit. Der eigentliche Schutz ging nicht vom Wortlaut des Gesetzes aus, sondern von der politischen Kultur und den geltenden Normen Amerikas.

Man könnte die Position vertreten, dass Kopien der Snowden-Dokumente Beweisstücke in einer Strafsache waren. Man könnte auch vertreten, dass sie sich als Schmuggelware illegalerweise in unserem Besitz befanden und darum gesucht und beschlagnahmt werden durften. Noch bedeutsamer, vielleicht, war die potenzielle Annahme, dass es sich bei den Snowden-Dokumenten um Spionagebeute handelte. Letzteres würde nach meinem Dafürhalten möglicherweise die Forderung nach Maßnahmen der Spionageabwehr, einschließlich geheimer physischer und elektronischer Durchsuchungen unter Berufung auf den Foreign Intelligence Surveillance Act, erlauben. Freilich konnte man sich in dieser Sache unmöglich sicher sein, weil die Politik des Justizministeriums, was das betraf, ebenfalls geheim war. Nach einem Gerichtsverfahren über Informationsfreiheit verpflichtete das Gericht das FBI unter Berufung auf den Freedom of Information Act (FOIA), ein redigiertes Exemplar seines Domestic Investigations and Operations Guide zu veröffentlichen, in dem die Ermittlungen des FBI im Inland geregelt werden. Der Abschnitt mit der Überschrift »National Security Letters for Telephone Toll Records of Members of the News Media or News Organizations«, der sich im Namen der nationalen Sicherheit mit der Einsicht in Telefonrechnungen von Mitgliedern der Nachrichtenmedien und -agenturen befasste, war komplett geschwärzt, wie auch mehrere Seiten, auf denen es um geheime FISA-Beschlüsse zuungunsten von Reportern ging.[32] *The Intercept* veröffentlichte später eine geleakte Kopie des geheimen Appendix G vom Herbst 2013.[33] Darin hieß es, das FBI dürfe mit Hilfe von geheimen behördlichen Vorladungen »vertrauliche Quellen von Nachrichtenmedien identifizieren«, und zwar mit Genehmigung des General Counsel des FBI, eines stellvertretenden Geschäftsführers und des stellvertretenden Justizministers, der mit Angelegenheiten der Staatssicherheit betraut sei.

War ich berechtigterweise ein Ziel der Spionageabwehr?

»Nun, theoretisch könnten Sie das sein«, meinte Clapper. »Je nachdem, wie die Intelligence Community Snowden sieht, ist jemand, der sich mit ihm verbündet, mit ihm ein Komplott schmiedet, ein berechtigtes Ziel der Spionageabwehr und von daher auch der Exekutivorgane. Zumindest aus Sicht der Intelligence Community.«

Streng juristisch sah das FBI dies genauso. Ich fragte James Comey, nachdem Donald Trump ihn als FBI-Direktor gefeuert hatte, ob die Behörde hätte versuchen können, meine Notizen und Materialien zu beschlagnahmen.

»Ich denke schon«, sagte er. »Ja, sicher, rein rechtlich durchaus. Mit Barack Obama als Präsident und Eric Holder als Justizminister wäre das ein Ding der Unmöglichkeit gewesen, aber bei Trump und

Jeff Sessions könnte ich mir zumindest vorstellen, dass sie ins Auge gefasst hätten, die Arbeitsräume eines Journalisten zu durchsuchen oder ihn zu verfolgen«, um seine vertraulichen Quellen aufzuspüren. Andererseits, so Comey, »hätten sie sich damit so weit von den Normen entfernt, dass das Risiko aufzufliegen ungeheuer groß gewesen wäre.

Sie könnten sagen: ›Wir suchen nach Beweisen für ein Verbrechen, also sollte es möglich sein, dafür einen Durchsuchungsbeschluss zu erhalten, wie es ja auch der Fall wäre, wenn sie in einem Lagerschrank aufbewahrt worden wären.‹ Sie befinden sich auf dem Computer des Journalisten. Rein technisch könnte man es tun, aber ... möglicherweise käme es heraus und dann ginge die Welt auf die Barrikaden. Es sind die Normen, Gepflogenheiten, Traditionen, die Kultur und der Druck von außen, die die Journalisten ins Feld führen würden. Nicht nur die Journalisten, sondern auch die Allgemeinheit.«

Als ich Comey fragte, was er von Alexanders Vorschlag halte, schwieg er eine Weile.

»Ich war gegen Gewaltanwendung, weil ich Sie kannte«, sagte er schließlich, »aber ich verstehe. Diese Feindseligkeit war real. Sie hätten überall Feinde wittern müssen, denn es gab Leute, die es auf Sie abgesehen hatten.«

Unter US-Beamten wurde es zum Running Gag, dass Gellman niemandem den Rücken zuwenden solle. Im Mai 2014 nahm ich gemeinsam mit Comeys Vorgänger Bob Mueller an einer Podiumsdiskussion über Snowden teil. Moderiert wurde sie von Leon Panetta, dem ehemaligen Stabschef des Weißen Hauses und Verteidigungsminister. Mueller nahm mich ins Kreuzverhör: Standen die NSA-Dokumente nicht rechtmäßig unter Geheimhaltung? Waren sie nicht gestohlen worden? Hatte ich sie nicht trotzdem veröffentlicht? Ich streckte ihm meine Arme entgegen, die Handgelenke aneinandergelegt, als erwarte ich, in Handschellen abgeführt zu werden. Das Publikum lachte. Mueller nicht. Später im Jahr lief ich Mueller im Speiseraum eines Bed and Breakfast in Saratoga Springs, New York, erneut über den Weg. »Da sind Sie ja!«, dröhnte er, ganz Alphamann, während er seinen Teller beiseiteschob. »Wir haben uns gerade über unser gemeinsames Event im Panetta Institute unterhalten.«

»Hallo Direktor«, sagte ich.

»Beschatten Sie mich?«, fragte er. Dann verließ er den Raum.

Was genau packt man in seinen Koffer, wenn man einen Flüchtling besuchen möchte, der in Wladimir Putins Russland Asyl gefunden hat? Als ich meinen ersten Besuch plante, begann ich, Sicherheitsexperten kaum verhüllte Fragen zu stellen. Nehmen wir an, ein Reporter reist nach Moskau, ganz theoretisch. Ohne besonderen Anlass. (Augenzwinkern.) Er ist nicht so dumm, sensible Notizen mitzunehmen, erst recht keine Dokumente der US-Regierung. Er wird ein gebrauchtes, frisch gesäubertes Handy dabei haben. Einen alten Laptop mit einem neuen Festkörperlaufwerk und nichts drauf. Unterwegs wird er sich nicht in seine Online-Accounts einloggen. Er wird nur Einwegartikel verwenden. Was ich mir noch nicht vorstellen kann, ist Folgendes: Wie kann dieser Reporter Notizen und Fotos und Aufnahmen mit nach Hause bringen, ohne sie den jeweiligen Staatsbeamten beim Grenzübertritt zeigen zu müssen?

Gegen Beschattung durch die Russen oder das Abhören der Gespräche zwischen Snowden und mir war wohl nicht viel auszurichten. Ihr Revier, ihre Regeln, keine Aussicht auf wirksame Selbstverteidigung. Wenn die Russen uns belauschen wollten, würden sie es tun. Der Form halber nahm ich wasserlösliches Papier mit, für den Fall, dass Snowden mir eine persönliche Notiz schreiben wollte, aber als es so weit war, lachte Snowden nur. »Sparen Sie sich die Mühe«, meinte er. »Sie können davon ausgehen, dass hier alles überwacht wird.«

Meiner Reise gingen lange Verhandlungen voraus. Nachdem Snowden Hongkong verlassen hatte, sah er keine Notwendigkeit, sich mit mir oder irgendwelchen anderen Journalisten zu treffen. Die Dokumente waren die Story. Auch wenn ihm Kritiker Gier nach Ruhm vorwarfen und er mit der Zeit immer häufiger im Rampenlicht stand, war Snowden ausgesprochen zurückhaltend, wenn es um seine eigene Person ging. Bisher hatte er nur zwei Interviews gegeben – Poitras und Greenwald in seinem Bekennervideo[34] und einer Reporterin aus Hongkong, als sein Anwalt vor Ort versuchte, eine Auslieferung abzuwenden.[35] Hunderte Anfragen von Mediengrößen aus der ganzen Welt ließ er unbeantwortet. Er befürchtete, »mit dem Versuch, eine gemäßigte Position einzunehmen« würde ich ihm schaden. Er sprach von sich selbst in der dritten Person, als er sagte: »Wenn Sie, wie früher schon, in dem Artikel etwas Nachteiliges verbreiten, hat unser Freund vielleicht keine Zeit mehr, sich davon zu erholen, bis die Sache ausgestanden ist.«

»Ich werde Ihnen keinen Honig ums Maul schmieren«, entgegnete ich. »Ich bin nicht Ihr Fürsprecher. Aber ich interessiere mich brennend für Ihr Thema.«

Als Snowden schließlich mit einem Treffen einverstanden schien, fragte ich ihn, ob ich ihm etwas mitbringen solle. Snowden – der online für sich selbst manchmal die Bezeichnung »source« oder »src« verwendete – fand das unnötig. »src lebt von ramen-nudeln und chips, wie immer. hat 400 Bücher (weil jeder welche mitbringt, hat aber nie zeit zum lesen). ist eine wohnungskatze, braucht also nicht viel. ... was die leute nicht wissen: src ist von natur aus ein asket. er hat kaum bedürfnisse.« Ich packte ein paar Gläser mit Salsa für seine Chips ein (er hatte erwähnt, sie seien Mangelware), und dann rahmte ich ihm noch den Spruch aus einem Glückskeks ein, den Dafna nach einem Essen bei unserem Chinesen um die Ecke geöffnet hatte. »Setze die Daten, die du aufgedeckt hast, nutzbringend ein«, stand da in kleinen blauen Buchstaben.[36]

Anatoli Kutscherena, ein mit Putin verbandelter Oligarch, der zu Snowdens Asylanwalt in Russland auserkoren worden war, sandte mir die Einladung, die ich für ein Geschäftsvisum brauchte. Eigentlich wünschte ich keinen Kontakt zu ihm, und ich wollte ihn auch nicht in meine Reisepläne einweihen. Kutscherena hatte die schlechte Angewohnheit, seinen Freunden von der russischen Presse Bescheid zu geben, wenn Snowdens Familie zu Besuch kam, und ich zog es vor, am Flughafen nicht wie Lon Snowden von lokalen Fernsehteams in Empfang genommen zu werden. Stattdessen beantragte ich ein Touristenvisum und landete unbehelligt von der Presse am 5. Dezember 2013 um 10:15 Uhr am Flughafen Moskau-Scheremetjewo.

»Wie spät genau ist es auf Ihrer Uhr?«, fragte mich die Stimme am Telefon an jenem Nachmittag. Es waren die allerersten gesprochenen Worte, die Snowden an mich richtete. Ich schaute auf meine Armbanduhr – 15:22 Uhr. »Gut. Wir treffen uns um Punkt vier. Ich trage einen Rucksack.« Na klar. Snowden würde seinen Laptop nicht unbeaufsichtigt lassen.

Der Treffpunkt, den Snowden für uns ausgewählt hatte, war ein grellbuntes Casinohotel namens Korston Club in der Kosygina-Straße. Die riesigen blinkenden Farbwirbel an der Fassade waren wohl eine Hommage an Las Vegas. In der Lobby klimperte ein automatischer pompöser Flügel energiegeladene Popmusik. Direkt hinter dem Eingang befand sich die in Neonlila gehaltene »Girls Bar«.[37] Edelstahlstühle und Spiegel wetteiferten mit Paneelen in Holzoptik, Billigkopien von Perserteppichen und pulsierenden Stroboskopblitzen auf dreieinhalb Meter hohem Plastikblattwerk um die Aufmerksamkeit des Betrachters. Federschmuck gab es auch. Es sah aus, als habe ein Tornado einen Anhänger mit Madonnas alter Bühnendeko umgekippt.

Während ich noch gegen die geballte Reizüberflutung ankämpfte, tauchte neben dem Flügel ein junger Mann auf. Sein Äußeres war auf dezente Weise so verändert, dass einem das weithin bekannte Gesicht nicht gleich auffiel. Irgendwo in dieser Zirkuslobby mochte sich ein Aufpasser herumdrücken, aber ich konnte keine Regierungseskorte entdecken. Wir begrüßten uns mit Handschlag und einem nachdrücklichen »Daumen hoch«, dann führte Snowden mich wortlos zu einem Aufzug im hinteren Bereich. Mit einigen Sätzen Russisch für Touristen bestellte er kurz darauf vom Zimmerservice einen Burger, Pommes und Eis. Während der 14 Interviewstunden in den darauffolgenden zwei Tagen zog er nicht einmal die Vorhänge zur Seite oder setzte einen Schritt vor die Tür. Nach wie vor war er ein höchst interessantes Zielobjekt für die Geheimdienste nicht nur eines Landes. Er zog den Kopf ein.

Weil Snowden keinen Fotografen dabeihaben wollte, was die Sicherheitslage verkompliziert hätte, hatte ich eine gute Kamera mitgebracht. Er zog ein blassblaues Nadelstreifenhemd und einen dunkelgrauen Blazer an, wobei ihm die Muttermale an beiden Halsseiten zu schaffen machten – »Frankensteinbolzen« nannte er sie wenig liebevoll. Es waren die ersten Fotos von ihm in Moskau und sie sollten Kultstatus erlangen. Nach ihrer Veröffentlichung in der *Post* wurden sie tausendfach abgedruckt – Snowden stehend im Profil, Snowden im Spiegel, Snowden unter dem zarten Gemälde einer Frau mit weißem Sonnenschirm, Snowden mit nachdenklichem Blick, einen Laptop vor sich, auf dessen Deckel ein Aufkleber verkündet: »Ich trete für Online-Rechte ein.« Er bestand darauf, die Speicherkarte meiner Kamera an sich zu nehmen und jedes Foto zu prüfen, bevor ich es verwenden durfte. Das irritierte mich, aber ich versuchte, es mit seinen Augen zu sehen. Diese Bilder und dieses Interview waren sein Wiedereintritt in die Welt nach sechs Monaten des Schweigens. Seine Enthüllungen versetzten die Medien immer noch in Aufruhr. Zurzeit gab es auf der Welt keine größere Story und er war die mysteriöse Gestalt, um die sich alles drehte.

Gut die Hälfte meiner Fragen überschritten die Grenzen, mit denen Snowden seine Privatsphäre, seine Sicherheit oder seine Vorstellung vom Inhalt meiner Story abgesteckt hatte. Wie lebte er? »Unnötige Frage«, sagte er. Von Unterstützern aus dem Silicon Valley hatte er Geldspenden erhalten – »genügend Bitcoins zum Überleben, bis die scheiß Sonne kollabiert« –, aber die Namen von Spendern wollte er auf keinen Fall verraten. Zu einem anderen Thema sagte er: »Sie wissen, dass das vertraulich ist, und es hat nichts mit dem Kern der Sache zu tun. Sie sind zu misstrauisch.« Sprach er mit seiner Freundin? »Verarschen Sie mich nicht«, sagte er. Snowden gab zu, Kleinigkeiten von zu Hause zu vermissen. Milkshakes. Warum machte er sich nicht selber welche? Ob er einen Mixer besaß, wollte er weder verneinen noch bestätigen. Wie alle Elektrogeräte besitzen Mixer eine elektromagnetische Signatur, wenn man sie einschaltet. Er ging davon aus, dass die US-Regierung versuchte, herauszubekommen, wo er wohnte. Darum wollte er ihnen keine Hinweise liefern, seien sie elektromagnetischer

oder anderer Art. »Schutzschild vergrößern und Angriffsfläche verkleinern«, sagte er – eines seiner Sicherheitsmantras. Was die Fähigkeiten der US-Geheimdienste betraf, hatte er nicht unrecht. Als sie Osama bin Ladens Unterschlupf in Pakistan ausfindig machten, hatten sie die elektromagnetischen Abstrahlungen genau beobachtet.

Snowden setzte dem Interview Grenzen, teils auch in der Absicht, Kontrolle über meine Story auszuüben. Ich stellte ihm weiter Fragen.

»Sie bedrängen mich zu sehr«, sagte er. »Das ist kein Porträt. Sie sollten darauf hinweisen, dass ich einen hohen Preis bezahlt habe. ›Sehen Sie sich an, was dieser Kerl verloren hat. Er hat sein Zuhause aufgegeben, seinen Job, dieses Riesengehalt, den Kontakt zu seiner Familie.‹ Aber ich will nicht in die pornographischen Untiefen des Voyeurismus abgleiten. Nur so weit, dass Sie Ihre Geschichte erzählen können.«

Wenn Snowden zur Toilette ging, nahm er seinen Laptop mit – er vertraute mir genauso wenig wie Ashkan einer neuen Freundin. »Irgendwann erreicht die Paranoia eine Stufe, wo man sagt: ›Hey – übertreibst du jetzt nicht ein bisschen?‹«, meinte er, als ich über seine Vorsicht lächelte. »Aber es kostet ja nichts. Es ist – man gewöhnt sich daran. Man passt sein Verhalten an. Und wenn man damit das Risiko verringert, warum nicht?«

Ich antwortete, dass ich immer pessimistischer würde, was meine eigene Sicherheit betreffe.

»Ich hab mir einzureden versucht, wenn ich nur gut genug darin würde –«, setzte ich an.

»– dass Sie dann geschützt wären.«

»Dass ich dann geschützt wäre«, stimmte ich zu.

»Außer Gefahr«, flüsterte er melodramatisch.

»Dann scheint es also keine rein technische Lösung zu geben.«

»Sie vergessen dabei Folgendes: Auch wenn der Gedanke, dass es keine perfekte Sicherheit gibt, entmutigend ist – die Tatsache, dass ich mich heute frei bewegen kann, die Tatsache, dass ich immer noch in der Lage bin, mit Ihnen zu kommunizieren, das zeigt doch, dass es Fälle gibt und dass es Umstände gibt, in denen man der Sieger bleibt, wenn man alles richtig macht, wenn man vorsichtig ist. Nicht, weil Sie unbesiegbar sind ... Sie können buchstäblich der Sieger bleiben. Sie können sie schlagen.«

Ganz allmählich, im Laufe der sechs Stunden an jenem ersten Tag und der acht Stunden am nächsten, taute Snowden ein wenig auf.

Zum ersten Mal erklärte er mir, warum er sich im letzten Frühjahr einverstanden erklärt hatte, mich in die Story einzubeziehen. »Es war wichtig, dass dies kein radikales Projekt wird«, sagte er in Anspielung auf die Politik von Greenwald und Poitras. »Ich hab gedacht, Sie sind seriöser, aber weniger zuverlässig. Ich hab Sie auf Herz und Nieren geprüft, mehr als alle anderen. Mein Gott, aber Sie haben mich reingeritten, also hab ich Sie wohl doch nicht gründlich genug unter die Lupe genommen.« Er meinte das besagte erste Zeitungsporträt.

Ich hatte erwartet, einen in die Enge getriebenen und einsamen untergetauchten Mann vorzufinden, der womöglich dem Leben, das er verloren hatte, zutiefst nachtrauerte, ohne Orientierung inmitten einer Sprache und Kultur, die er nicht verstand. Stattdessen schien die Wohnungskatze mit sich im Reinen zu sein.

»Was ich ausgesprochen faszinierend finde, wenn man das Richtige tut, ist: Du kannst gut schlafen«, sagte er. »Deine Nächte sind ungestört. Es ist wirklich nicht der Riesenalbtraum, den sich die Leute vorstellen. Was meine persönliche Zufriedenheit und das Erfüllen meiner Mission angeht, kann ich sagen: Die Mission ist erfüllt. Ich hab schon gewonnen. Sobald die Journalisten mit ihrer Arbeit beginnen konnten, hatte ich alles, was ich wollte. Ich wollte nicht die Gesellschaft verändern. Ich wollte der Gesellschaft die Chance geben, sich selbst zu verändern. Ich glaube ganz fest an informierten Konsens. Das halte ich für einen Meilenstein, den wir vor langer Zeit hinter uns gelassen haben.«

Was die Lebensbedingungen betraf, sah Snowden im Hinblick auf seine Bedürfnisse zwischen Russland und Hawaii mehr Parallelen als Unterschiede.

»Was denken Sie, wie viele Stunden pro Tag Sie online sind?«, fragte ich.

»Alle, in denen ich wach bin. Es ist wirklich schwierig, mich vor die Tür zu locken. Ich brauch einfach nicht viel«, sagte er. »Ab und zu muss ich etwas erledigen oder ich schau mir was an, treffe Leute, nehme ein paar Pflichten wahr. Aber es muss immer zielorientiert sein. Wenn ich mich dagegen hinsetzen kann und nachdenken und schreiben und [online] mit jemandem reden, dann sehe ich darin für mich viel eher den Sinn des Lebens als darin, aus dem Haus zu gehen und mir Denkmäler anzugucken. Ich mag es zu lernen. Ich mag es zu lesen. Das macht das Internet so attraktiv.«

Ein paar Mal löcherte ich Snowden zu noch ungelösten Rätseln aus dem Archiv oder zwischen den Zeilen von Dingen, die er mir schon erklärt hatte. Dabei hatte ich vor allem eine Aussage aus seiner »README_FIRST«-Datei im Sinn, die seine erste Dokumentensendung begleitet hatte. Es war eine verwirrende Behauptung über etwas, das Snowden nach seinem Bekunden getan hatte, um zu beweisen, dass ganz normale Analysten Zugang zu jeder beliebigen Kommunikation in den USA erlangen konnten. Das war keine Behauptung, die ich ohne Beweise veröffentlichen würde, und er hatte mir keine geliefert.

Hier, 2013 in Moskau, wand sich Snowden um eine Antwort herum. »Das wäre Totmannmaterial«, sagte er kurz. Damit spielte er erneut auf eine »Totmanneinrichtung« an, ein Instrument oder Arrangement, das dafür sorgen würde, dass die sensibelsten Dateien in seinem Besitz unter nicht näher bezeichneten Umständen automatisch ans Licht der Öffentlichkeit gelangen würden. Im Jahr 2011 hatte Julian Assange von WikiLeaks ein entsprechendes explizites Arrangement getroffen, indem er eine verschlüsselte »Versicherungsdatei« online an verschiedene Unterstützer verteilte und drohte, den Decodierungsschlüssel zu veröffentlichen, falls die US-Regierung irgendetwas unternehmen würde, um ihm zu schaden oder WikiLeaks stillzulegen. Eine solche Drohung äußerte Snowden zu keinem Zeitpunkt, wohl aber Glenn Greenwald in einem publizierten Interview. »Snowden verfügt über genug Informationen, um der US-Regierung in einer einzigen Minute mehr Schaden zuzufügen als je eine Person vor ihm«, ließ Greenwald die argentinische Tageszeitung *La Nación* wissen. »Die US-Regierung sollte jeden Tag auf Knien darum bitten, dass Snowden nichts geschieht, denn falls ihm etwas geschieht, werden all diese Informationen enthüllt und ihr schlimmster Albtraum würde eintreten.«[38]

Unter vier Augen tat Snowden das alles als »alberne Rachestory« ab. Wie es schien, versuchte Greenwald, Snowden zu schützen, aber das tat er auf eigene Faust. Snowden sagte, es sei völlig irrational, so etwas zu arrangieren, denn das würde »jedem ausländischen Geheimdienst einen Anreiz bieten, mir ins Gesicht zu schießen«. Tötet Snowden, macht die Geheimsachen öffentlich. Zugleich wollte er Washington in jenen ersten Monaten aber auch nicht zu sehr in Sicherheit wiegen. »Wenn man die Existenz einer Totmanneinrichtung kategorisch abstreitet, lüftet man eine Wolke der Unsicherheit, die die Regierung in ihrem Handeln einschränkt«, sagte er. »Sie haben es sich zweimal überlegt, Leute wie Glenn zu verfolgen, weil sie Angst haben, dass die Alternative noch schlimmer wäre.«

Als ich Snowden bedrängte, mir auf gewisse andere Fragen eine Antwort zu geben, führte er erneut das »Totmann«argument an. Die Beweise existierten und kämen vielleicht irgendwann ans Tageslicht, aber über das Material habe er keine Kontrolle mehr. Er habe keine Geheiminformationen nach Russland mitgebracht und besitze keinen Decodierungsschlüssel. Möglicherweise gab es ja doch eine subtilere Version des Apokalypsearrangements. »Ich sage dazu nicht mehr, als bisher schon gesagt wurde, aber angesichts der Gründlichkeit, mit der die Dinge bislang anscheinend durchdacht worden sind, fände ich es nur fair, unserem Freund zuzugestehen, dass er sich mit offenkundigen herausfordernden Problemen auseinandersetzt und sie in seine Planungen einbezieht«, sagte er. Gab es also eine Totmanneinrichtung oder nicht? Gab es noch mehr Dokumente, die eventuell noch ans Licht der Öffentlichkeit gelangen würden? Nervtötende Unklarheiten dieser Art waren im Umgang mit Snowden unvermeidlich.

Als wir uns für die Nacht verabschiedeten, ging ich durch das Treppenhaus des Hotels zwei Stockwerke nach unten, wo in einem menschenleeren Korridor ein Sessel stand. Bevor ich in mein Hotelzimmer zurückkehrte, wo ich vermutlich beobachtet wurde, musste ich noch etwas erledigen. Ob mich genau in diesem Moment ebenfalls jemand überwachte, konnte ich nicht wissen, aber dies schien mir die beste Gelegenheit zu sein, ungesehen meine Arbeit zu tun.

Ich übertrug die Audiodateien von der Speicherkarte meines Aufnahmegeräts in ein verschlüsseltes Archiv auf meinem Laptop, zusammen mit den getippten Notizen. Ich verschloss das Archiv so, dass ich es ohne einen privaten Schlüssel, den ich an einem sicheren Ort in New York zurückgelassen hatte, nicht würde öffnen können.[39] Ich lud das verschlüsselte Archiv auf einen anonymen Server, danach auf einen zweiten und einen dritten. Die Downloads würden einen weiteren privaten Schlüssel erfordern, der ebenfalls in New York verwahrt war. Sobald ich sicher war, dass online mehr als genug Kopien existierten, löschte ich die verschlüsselten Dateien von meinem Laptop und zerschnitt die unverschlüsselte Speicherkarte aus meinem Aufnahmegerät. Die russischen Behörden würden auf meinen Geräten nichts finden. Beim Grenzübertritt in die USA, wo jeder Mensch aus welchen Gründen auch immer durchsucht werden darf, ohne dass dafür ein richterlicher Beschluss benötigt wird, wie ihn der 4. Zusatzartikel fordert, würde ich keinerlei Belege für dieses Interview bei mir tragen.[40] Selbst unter staatlichem Zwang käme ich unterwegs nicht an die Aufnahmen und Notizen heran. Ich hoffte aus tiefstem Herzen, dass mir das dann wieder gelingen würde, wenn ich zu Hause war.

Seit Erscheinen der ersten Serie von NSA-Artikeln war ich von Lesern immer wieder gefragt worden, von welcher Art die Informationen seien, die ich zurückhielt. Schließlich antwortete ich mit einer Parabel: Nehmen wir an, der Herrscher des Mars hat eine Geliebte. Sie erhält von der NSA Ohrringe, die Gedanken lesen können. Auf diese Weise werden die Pläne des Herrschers, die Erde zu erobern, gerade noch rechtzeitig aufgedeckt und vereitelt. Dies wäre der Stoff für einen Mega-Exklusivbericht, eine Schlagzeile für die Ewigkeit. Wenn ich diese Geschichte jedoch herumerzählen würde, dann würde ein vernünftig denkender Mensch nach und nach so reagieren:

Puh, das ist ja gerade noch mal gut gegangen.
Ich wusste gar nicht, dass die NSA so was kann.
Bin wirklich froh, dass sie das gemacht hat.
Jetzt kann sie es nicht mehr machen, du Arsch, weil du den Marsmenschen alles verraten hast.

(Nachfolgende Reportagen über den Roten Planeten berichten von der Enthauptung der Geliebten mitsamt Ohrringen und allem Pipapo.)

Natürlich dürfte man bei dieser Geschichte nicht nur an der Oberfläche kratzen. Es wäre gefährlich und brisant, wenn sich die Regierung eine Geheimtechnik zum Gedankenlesen beschaffen würde. Die Öffentlichkeit hätte jedes Recht, von dieser Entwicklung zu erfahren, selbst wenn ich über die Operation auf dem Mars Stillschweigen bewahren würde. Dennoch erfüllt die Parabel an dieser Stelle ihren Zweck, wie ich finde. Ich habe sie bewusst einfach gehalten. Vermutlich sind sich die meisten darüber einig, dass es falsch wäre, die Tarnung der Geliebten und ihrer Ohrringe auffliegen zu lassen, vor allem, wenn die Invasion unseres Planeten drohte.

In Moskau unterhielt ich mich mit Snowden über das Ziehen derartiger roter Linien. Dabei kam er auf zwei Formen verschlüsselter Kommunikation zu sprechen. Die NSA könne die eine entschlüsseln, aber nicht die andere. Konkreter wurden wir nicht, weil wir wussten, dass unser Gespräch möglicherweise mitgehört wurde. Ich sagte, ich würde in meinem Artikel nichts darüber erwähnen.

»Warum?«, fragte er, mehr aus Neugier als angriffslustig. Bisher hatte er nur selten eine Meinung darüber geäußert, was zu publizieren sei.

»Weil – mir gefällt ganz allgemein die Vorstellung nicht, auf Schwachstellen oder wunde Punkte hinzuweisen«, sagte ich.

»Ich verstehe, was Sie meinen. Man kann nicht alle informieren, ohne es auch den Bösen zu verraten.«

»Richtig. Und in dem anderen Fall gibt es einen speziellen Verschlüsselungsstandard, den gewisse Parteien favorisieren, die praktisch jeder als legitime Ziele der Auslandsaufklärung betrachten würde, und ich kenne die Möglichkeiten der NSA, um gegen sie vorzugehen, und bin nicht im Geringsten daran interessiert, das zu veröffentlichen.«

Ich werde hier nicht genauer auf diejenigen Dinge eingehen, die ich für mich behielt, aber ich war der festen Überzeugung, dass bestimmte Teile des NSA-Archivs nicht in die Öffentlichkeit gehörten. Wie schon erwähnt, gab es Fotos von Mitarbeitern im Einsatz. Namen von unter

Überwachung stehenden Widersachern. Einzelheiten über die Netzwerke, die sie zur Kommunikation nutzten. Die NSA hatte wertvolle Informationen gesammelt, und jeder, der meinem Land wohlgesinnt war, würde es begrüßen, wenn die Regierung darüber Bescheid wusste. Ich hatte nicht vor, diese Dinge offenzulegen – wobei mir die Entscheidung in einigen Fällen allerdings auch schwerfiel.

Zweifellos würden andere Menschen die Grenzen anders ziehen. »Wer in diesem Bereich kein Experte ist, kann den Schaden unmöglich richtig einschätzen. Es tut mir leid, aber Sie wissen nicht, was unheilvoll ist und was nicht«, schrieb mir der frühere leitende Wissenschaftler der NSA George Cotter. »Ihr Standpunkt, dass die Öffentlichkeit ein Recht auf Information hat, unterliegt der gravierenden Verzerrung des beschränkten und (bedauerlicherweise) nicht professionellen Urteils eines Autors.«[41] Bill McRaven, Bob Litt, James Clapper – sie alle und viele ihrer Kollegen waren der felsenfesten Überzeugung, ich dürfe unter keinen Umständen jemals irgendwelche Verschlusssachen veröffentlichen, Punkt. Für sie war das sonnenklar. Die zuständigen Behörden bestimmten, was geheim zu halten sei, und ich hatte mich ihnen zu fügen. Auf der anderen Seite brachten Fürsprecher radikaler Transparenz prinzipielle Einwände vor, wenn ich etwas zurückhielt.[42] Und zahlreiche Mainstream-Kritiker schrieben, ich solle noch etwas mehr enthüllen – zum Beispiel weitere Details aus dem Black Budget, um der öffentlichen Debatte über Ausgabenprioritäten eine bessere Informationsgrundlage zu verleihen.

Dass ich von allen Seiten gleichermaßen kritisiert wurde, muss nicht heißen, dass ich die richtige Balance gefunden habe. Das habe ich stets für ein törichtes Argument gehalten. Rein logisch konnte es auch bedeuten, dass ich jedes Mal die falsche Entscheidung traf. Die Wichtigkeit von Nachrichten gegen die potenziellen Risiken abzuwägen war zwangsläufig ein strittiges Unterfangen. In meinen Augen gab es keine Möglichkeit, sich dieser Verantwortung zu entziehen. Journalisten mit Moral veröffentlichen nicht jede Geheimsache, von der sie erfahren, aber ebenso wenig dürfen sie das Urteil des Staates als unantastbar hinnehmen.

Sehr viele Leute überrascht es, dass wir in dieser Sache überhaupt Entscheidungsfreiheit haben. Sie gehen davon aus, dass es illegal ist, Geheiminformationen zu veröffentlichen, oder finden, so sollte es sein. Doch das ist von Gesetzes wegen nicht der Fall. Nach geltender Rechtslage kann eine Person, der der Staat geheime Informationen anvertraut, wegen Spionage angeklagt werden, wenn sie diese Informationen jemandem übergibt, der nicht die erforderliche Freigabe besitzt, auch wenn der Empfänger kein ausländischer Geheimdienst, sondern ein Reporter ist. Reporter hingegen werden bislang nicht strafrechtlich haftbar gemacht, wenn sie derartige Geheimsachen offenlegen. Eine solche Strafverfolgung wird nach allgemeinem Dafürhalten durch den 1. Zusatzartikel verhindert – angesichts der zentralen Rolle, die die Rede- und Pressefreiheit in unserem Verfassungssystem einnimmt. Mehr oder weniger aus dem gleichen Grund untersagt kein Gesetz die Veröffentlichung falscher Informationen (abgesehen von einigen eng gefassten Ausnahmen wie Verleumdung). Entsprechend gilt die Publikation von Informationen, die eine andere Person gestohlen hat, gesetzlich nicht als illegaler Handel mit Diebesgut.[43]

Wie mich die Anwälte der *Post* jedoch schon vorgewarnt hatten, gab es einen Haken. Die Regierung hatte noch nie versucht, Journalisten oder Verleger unter Berufung auf den Espionage Act von 1917 gerichtlich zu verfolgen. Weil dieses Gesetz so weit gefasst ist, könnte man es dahingehend interpretieren, dass es jeden Bericht über »Informationen mit Relevanz für die nationale Sicherheit« unter Strafe stellt, seien sie als geheim klassifiziert oder nicht.[44] Niemand wusste genau, wie sich eine derartige Strafverfolgung unter Berücksichtigung des 1. Zusatzartikels gestalten würde. Mitte 2019 beschloss die Regierung Trump jedoch, die Sache zu prüfen. In einer öffentlichen Anklage gegen Julian Assange, den Gründer von WikiLeaks, warf ihm das Justizministerium Spionage in 17 Fällen vor. Drei davon beruhten ausschließlich auf der Weitergabe von Geheimsachen, die »durch die Veröffentlichung im Internet der ganzen Welt« zugänglich gemacht worden seien.[45] Egal, ob man Assange nun als »Journalist« bezeichnen möchte oder nicht, diese Unterscheidung ist rechtlich irrelevant.[46] Die gegen ihn geltend gemachten strafrechtlichen Merkmale – öffentliche Enthüllung geheimer Informationen – sind praktisch nicht von dem zu unterscheiden, was ich mit Snowdens NSA-Archiv getan habe, auch wenn ich dabei selektiver vorgegangen bin. Falls Assange ausgeliefert, vor Gericht gestellt und wegen der Veröffentlichung als geheim klassifizierter Informationen verurteilt wird und diese Verurteilung auch in einem Berufungsverfahren Bestand hat, dann wird sich das Klima für den investigativen Journalismus im Bereich der nationalen Sicherheit gravierend verändern. Zurzeit ist dieser Tag aber noch nicht gekommen.

Schon bevor meine Geschichte mit Snowden ihren Anfang nahm, hatte ich mich ausführlich mit diesen Fragen beschäftigt. Meine in Oxford verfasste Masterarbeit untersuchte die in der Demokratietheorie formulierten Grundlagen für ein »Recht auf Wissen« im Kontext der nationalen Sicherheit. Zweimal hatte ich in Princeton ein Seminar mit dem Titel »Geheimhaltung, Verantwortlichkeit und der nationale Sicherheitsstaat« gehalten.[47] Die meisten meiner Gastredner – darunter Mike Levin, ein ehemaliger NSA-Verantwortlicher für Informationssicherheit, der mich in einem Film mal als »Verräter« bezeichnete – waren sich am Ende unserer dreistündigen Tagungsblöcke einig, dass die Offenlegung von Verschlusssachen unter bestimmten Umständen gerechtfertigt sei.[48]

Was wäre zum Beispiel, wenn die US-Regierung amerikanische Truppen bewusst radioaktiver Strahlung aussetzen würde, um mehr über die medizinischen Folgen in Erfahrung zu bringen? Das war nach dem Zweiten Weltkrieg tatsächlich geschehen. »Es ist wünschenswert, dass kein Dokument veröffentlicht wird, das Experimente an Menschen betrifft und sich negativ auf die öffentliche Meinung oder den Ausgang von Gerichtsverfahren auswirken könnte«, schrieb der verantwortliche Beamte der Atomenergiekommission 1947 in einem Memorandum, das bis 1994 unter Verschluss blieb. »Dokumente aus einem solchen Arbeitsbereich sollten als ›geheim‹ klassifiziert werden.«[49] Wenn Reporter schon damals die Wahrheit gekannt hätten, wäre es dann richtig gewesen, sie zurückzuhalten?

Was wäre, wenn die US-Regierung Prostituierte in Guatemala bewusst mit Tripper und Syphilis infizieren würde?[50] Auch das ist tatsächlich passiert, in unfassbar unmoralischen Experimenten von 1946 bis 1948. Wenn die Prostituierten die Krankheiten für Forschungszwecke nicht schnell genug verbreiteten, »erfolgte eine Umorientierung des Forschungsansatzes zur direkten Impfung von Soldaten, Häftlingen und Patienten psychiatrischer Kliniken«, gestand der Staat 2010 in einem Entschuldigungsschreiben ein.

Was wäre, wenn bei einer geheimen militärischen Untersuchung »zahlreiche Fälle sadistischer, eklatanter und schamloser Misshandlungen« an ausländischen Gefangenen entdeckt würden, die gegen das Genfer Abkommen und den Uniform Code of Military Justice verstießen?[51] Das geschah 2003 im Abu-Ghuraib-Gefängnis. Die von Generalmajor Antonio Taguba geleitete Untersuchung wurde als SECRET//NOFORN klassifiziert. Selbst Aufsichtskommissionen des Kongresses erhielten kein unredigiertes Exemplar des Berichts, bis er durch einen nicht genehmigten Leak publik wurde. Ganz ähnlich waren die Abläufe – mit Sperrvermerken zum Verbergen von Informationen, die Regierungsbeamte nicht rechtfertigen konnten oder wollten –, nachdem der Staat al-Qaida-Verdächtige in Geheimgefängnissen gefoltert, die Überwachung von US-Bürgern ohne richterlichen Beschluss genehmigt und Lügen verbreitet hatte, was Erkenntnisse des Geheimdienstes über Massenvernichtungswaffen im Irak betraf.[52] Dies waren Ereignisse von historischer Bedeutung, voll politischen und juristischen Sprengstoffs, aber sie wurden der Prüfung durch die Öffentlichkeit entzogen, bis Presseberichte die Barrieren der Geheimhaltung sprengten.

Ich finde, dass ich hier durchaus nicht zu viel verlange. Wenn es um die Frage geht, ob etwas unter Verschluss gehalten werden soll oder nicht, berücksichtigen Sperrvermerke das öffentliche Interesse nur zum Teil. Selbst wenn die Geheimhaltung in den genannten Beispielen legitime Zwecke verfolgte, verhinderte sie zugleich, dass Verantwortung für folgenschwere Entscheidungen übernommen wurde. »Die Geheimniskrämerei des Kalten Krieges wurde zur Gewohnheit«, schrieb Mary Graham, Verfasserin der maßgebenden Geschichte der

Geheimhaltung durch die Exekutive. »Die Präsidenten weiteten die Überwachung aus, um Spione zu fangen und die Geheimnisse ihrer Gegner aufzudecken. Doch zugleich verbargen sie ihre eigenen geistigen oder körperlichen Erkrankungen, ihre moralischen Verfehlungen, ihr Eindringen in die Privatsphäre normaler Bürger und ihre gesetzeswidrigen Versuche, politische Widersacher zu schwächen.«[53] Die Moynihan-Kommission als bekanntestes der vielen parteiübergreifenden Foren, die sich seit den 1950er Jahren mit Geheimhaltung auseinandergesetzt haben, stellte fest, dass das System der Klassifizierung geheimer Daten »zu häufig verwendet wird, um der Öffentlichkeit das Verständnis des politischen Prozesses zu verwehren, statt zum notwendigen Schutz geheimdienstlicher Aktivitäten und anderer hochsensibler Angelegenheiten.«[54]

Lassen Sie mich eine einfache Frage stellen. Wie oft bricht die NSA fälschlicherweise ihre eigenen Datenschutzregeln? Die Behörde führt eine interne Statistik über diese sogenannten Compliance-Fälle. Die Statistiken sind als »Vertraulich« gekennzeichnet, womit gemeint ist, dass ihre Offenlegung die nationale Sicherheit beeinträchtigen würde. Warum sollte man die nackte Zahl, die bloße Anzahl der Fehler als Staatsgeheimnis behandeln? Noch schwerer zu rechtfertigen ist Folgendes: Das Justizministerium, das einen ähnlichen Compliance-Bericht für den Kongress und den FISC erstellt, kennzeichnete genau die gleiche Statistik als TOP SECRET//SI. Das hatte sehr reale Auswirkungen. Kongressmitarbeiter besitzen nur selten eine Freigabe höheren Grades. In den meisten Büros gab es niemanden, der die Compliance-Berichte lesen durfte. Da drängt sich die Vermutung auf, dass dies gewissen Leuten ganz gelegen kam.

Die Mitglieder des Kongresses äußern sich häufig frustriert über ihre mangelnden Befugnisse, der Exekutive in ihrer Geheimbürokratie auf die Finger zu schauen. Selbst mit verfassungsmäßiger Autorität kann man jemanden kaum dazu veranlassen, etwas zu verraten, wenn man gar nicht weiß, wonach man fragen soll. »Es bleibt einem nur der Schuss ins Blaue«, hörte ich den Abgeordneten Justin Amash einmal sagen, als er erklären wollte, warum der Kongress an der Kontrolle der

Überwachung scheiterte. »Hat die Regierung eine Mondbasis errichtet? Besitzt die Regierung einen sprechenden Teddy? Hat die Regierung eine Cyborg-Armee? Wenn man nicht weiß, über welche Art von Dingen die Regierung verfügen könnte, bleibt einem nur übrig, wilde Vermutungen zu äußern, und dann wird ein völlig lächerliches Frage-und-Antwort-Spiel daraus.«[55]

Zuweilen handelt es sich bei Staatsgeheimnissen um nichts anderes als Trivialitäten, die reine Konvention zu Verschlusssachen gemacht hat. Steven Aftergood von der Federation of American Scientists hat eine Bedienungsanleitung der Navy zum Waschen und Reinigen aufgetrieben, die als »Geheim« gekennzeichnet war.[56] Bei den Snowden-Dokumenten entdeckte ich ein weiteres wunderbares Beispiel. Hier ist ein vollständiger gesondert zu behandelnder Top-Secret-Absatz aus einer Präsentation von 2003:

> (TS//SI) Am 4. November 1979 stürmte ein Mob iranischer Studenten die US-Botschaft in Teheran und nahm das diplomatische Personal in Geiselhaft. Das Vorgehen der Studenten wurde kurz darauf von der Revolutionsregierung des Iran gebilligt, und zwischen den Vereinigten Staaten und dem Iran entwickelte sich im Ringen um das Schicksal der 52 festgesetzten amerikanischen Diplomaten eine Pattsituation. Diese Situation dauerte fast zwei Jahre an, bis die Geiseln im Januar 1981 freigelassen wurden (Tag der Vereidigung von Ronald Reagan).[57]

In der jüngeren Geschichte gab es nur wenige Ereignisse, über die in den Medien ausführlicher berichtet wurde als über die Geiselkrise im Iran. Trotzdem befand jemand bei der NSA – über 20 Jahre nachdem es passiert war –, dass die öffentliche Erwähnung der Episode »eine äußerst gravierende Gefährdung der nationalen Sicherheit« bedeute. So lautet die rechtliche Vorgabe für eine Top-Secret-Klassifizierung gemäß Executive Order 13526.[58]

Dies sind weder seltene, skurrile Ausnahmen noch repräsentative Stichproben aus dem Geheimdienstuniversum. Es gibt zahlreiche legitime Geheimnisse, wenn wir unter legitim verstehen, dass ihre Enthüllung voraussichtlich schlimme Folgen hätte. Doch nicht alle Verschlusssachen bestehen diesen Test und manchmal sind die Zusammenhänge von Ursache und Wirkung hypothetisch, abhängig von anderen Faktoren oder schlicht unklar. Manchmal ist der vermutete Schaden strittig. Zählt es als Schaden, wenn die Offenlegung einer geheimen Aktivität der US-Regierung einen Verbündeten beleidigt, ein Gerichtsverfahren nach sich zieht, Druck auf die Gesetzgebung ausübt, die Zahl der NSA-Anwärter schrumpfen lässt oder ein Privatunternehmen veranlasst, seine Mailserver zu verschlüsseln? All diese Dinge geschahen nach der Veröffentlichung der Snowden-Dokumente und jedes einzelne mag eine Einschränkung der Datensammlung bewirkt haben, aber wenn dies so war, dann war das Ergebnis ein bewusst eingebautes Merkmal unserer Regierungssysteme und kein Fehler. Diplomatie, Rechtsprechung, Politik und freie Märkte funktionierten genau so, wie sie sollten.

Dennoch ist die Sorge ernst zu nehmen, dass Berichte über die Snowden-Dokumente – meine nicht grundsätzlich ausgeschlossen – NSA-Operationen tatsächlich beeinträchtigten. Ich kenne keine Einzelheiten, weil auch derartige Schäden geheim gehalten würden, aber ich will nicht so tun, als hätte die Offenlegung so vieler Geheiminformationen folgenlos bleiben können. »Sie machen sich hoffentlich nichts vor«, sagte der ehemalige NSA-Analyst Alan Tu zu mir. »Trotz Ihrer Bemühungen haben Sie einige wichtige Projekte negativ beeinflusst, genau genommen sogar viele. Sie mögen zwar behaupten, das sei der Preis, um Transparenz und damit Vertrauen in einer feindlichen Umwelt zu schaffen, aber Sie sollten dennoch wissen, dass das, was Sie getan haben, einen Preis hat.«

In Moskau verwehrte sich Snowden gegen Eingeständnisse dieser Art. »Die Leute, die das größte, das absolut größte Interesse daran haben, die Berichterstattung zu unterbinden, die Schäden hochzuspielen, Folgeschäden zu erfinden, tun das einfach nicht«, sagte er. »Sie sind nicht in der Lage dazu. Es gibt keinerlei Hinweise darauf, dass tatsächlich irgendetwas schiefläuft.«

Als ich entgegenhielt, dass es Überwachungsziele geben müsse, die ihr Verhalten geändert hätten, meinte Snowden, mir sei nicht klar, dass nichts in der Signalaufklärung je Bestand habe. Das globale Kommunikationssystem sei der komplizierteste Apparat, den man je konstruiert habe, und seine physikalischen und virtuellen Strukturen befänden sich in stetem Wandel. Facebook passe ein Protokoll an, Cisco aktualisiere seine Firmware, Mozilla beseitige einen Systemfehler, China aktualisiere seine Firewall, die zweite Große Mauer, irgendwer in Russland ersetze einen Router – Millionen Dinge könnten passieren und schon funktioniere ein Teil der NSA-Maschinerie nicht mehr. Jede Veränderung berge auch Gelegenheiten. »Jeden Tag gehen Quellen und Methoden verloren«, sagte er. »Und das hat überhaupt nichts mit Leaks oder operativer Sicherheit oder sonst etwas in der Art zu tun. Es ist eine ganz natürliche Folge geheimdienstlicher Arbeit. Die NSA und die Intelligence Community sind eine Fabrik, die ständig neue Informationsquellen und Methoden produziert.«

Bis zu einem gewissen Punkt wären Snowden und Clapper darin womöglich einer Meinung gewesen. Kurz vor meiner Moskaureise informierte Clapper die Kongressmitglieder über die negativen Auswirkungen in den ersten Monaten nach den Snowden-Leaks. Die Intelligence Community habe in einer Rückschau einen Überblick über die derzeitigen Schadensfeststellungen nach größeren Sicherheitsverstößen erstellt. Später zeigte sich, dass der Schaden in jener frühen Analyse überbewertet wurde. In den unmittelbaren Nachwehen eines Verstoßes kamen die Geheimdienste gemeinhin zu dem Schluss, dass ihre Programme um mindestens ein Jahrzehnt zurückgeworfen worden seien. Diese Einschätzung erwies sich nur selten als richtig – insbesondere bei der Signalaufklärung, die meistens eine Möglichkeit fand, ihre Ziele wieder einzufangen. »Menschen müssen kommunizieren«, erklärte Clapper in dem nicht öffentlichen Briefing. »Sie müssen kommunizieren. Sie werden Fehler machen, und das werden wir ausnutzen.«[59]

Nichtsdestoweniger bringt eine Rückgewinnung, wie Clapper sie erwähnte, beträchtliche Opportunitätskosten mit sich. Geld und Arbeitskraft werden in großen Mengen umgeleitet, um den Schaden aus einem Sicherheitsverstoß, wie ihn Snowden begangen hatte, einzuschätzen und zu beheben. Gesicherte Aussagen lassen sich nicht darüber treffen, aber wahrscheinlich werden der NSA in der Zwischenzeit auch einige Signale entgangen sein, die sie sonst hätte abfangen können. Das Aufdecken von Geheimnissen verursacht (manchmal) Kosten und Nachteile, und Gleiches gilt, wenn man sie der Öffentlichkeit vorenthält.

Im Kern birgt Geheimhaltung im Dienst der nationalen Sicherheit einen Konflikt zentraler Werte: Autonomie und Selbstverteidigung.[60] Wenn wir nicht wissen, was unsere Regierung tut, können wir sie nicht zur Verantwortung ziehen. Wenn wir es wissen, wissen unsere Feinde es auch. Das kann gefährlich sein. In dieser Zwickmühle stecken wir. Zu Kriegszeiten ist Geheimhaltung besonders wichtig, weil es nie mehr auf Sicherheit ankommt als dann. Zugleich aber ist Geheimhaltung niemals gefährlicher für die Autonomie als im Krieg, denn Krieg zu führen ist das Musterbeispiel einer rein politischen Entscheidung.

Wie navigieren wir uns heil aus dieser Zwickmühle heraus und wer sollte dabei das Steuer übernehmen? Da gibt es eine lange Liste ungeeigneter Kandidaten. Beginnen wir mal bei mir. Ich bin nicht qualifiziert, den Schaden, den irgendeine Enthüllung für die nationale Sicherheit bedeutet, zu bewerten, und überdies trage ich nicht die Verantwortung für das Ergebnis. Der Präsident und die von ihm ernannten Amtsträger hingegen sind nicht qualifiziert zu entscheiden, was die Öffentlichkeit wissen muss, um sie zur Verantwortung ziehen zu können. Ich meine damit nicht, dass sie das hätten lernen müssen. Ich meine, dass ein autonomes Volk dem Präsidenten nicht prinzipiell die Kompetenz zugestehen kann, Dinge nach Belieben zu verschweigen und Menschen unter gesetzlicher Strafandrohung zu Geheimhaltung zu verpflichten.

Allgemein gesprochen weist das amerikanische Ökosystem aus Verschlusssachen und Leaks zwei wechselseitig unqualifizierte Parteien auf. Keine Seite ist in der Lage, allein darüber zu entscheiden, was geheim zu halten ist und was nicht. Der Staat versucht, seine Geheimnisse zu wahren, und hat damit im Allgemeinen Erfolg. Journalisten versuchen, einige davon zu lüften. Vielleicht hat es den Anschein, die Nachrichten seien voll von unrechtmäßigen Enthüllungen, aber die Leaks sind nichts gegen die Milliarden an geheimen Entscheidungen, die Millionen von Besitzern einer Freigabe jedes Jahr fällen. Folgenschwere Leaks sind Grenzfälle, Tropfen in einem Meer der Verschwiegenheit. Der Prozess, den diese Leaks im Ökosystem auslösen, ist eine Kombination aus Konkurrenz und Kooperation. Die traditionellen Mainstream-Medien wie auch viele ihrer modernen Ableger hören sich respektvoll die Argumente der Regierung an, wenn wir über die Publikation sensibler Informationen nachdenken. Wir versuchen, meist in gegenseitigem Einvernehmen, einen Mittelweg auszuhandeln, auch wenn dieses Einvernehmen zuweilen nur zögerlich und stillschweigend erzielt wird.

Als ich 2018 mit Clapper beim Frühstück saß, wollte ich ihm erklären, wie die *Post* mit diesen Dingen umgeht. Ich hätte gern seine Meinung zu unserem Vorgehen erfahren, aber Clapper verlor die Geduld, noch ehe ich ausgeredet hatte.

»Wissen Sie, Bart, das klingt, als versuchten Sie, sich mir gegenüber vier, fünf Jahre im Nachhinein zu rechtfertigen, als wollten Sie mir verkaufen, dass Sie ein verantwortungsvoller Journalist sind«, unterbrach er mich. »Und ich finde, aus der Perspektive der Geheimdienstarbeit, die damit befasst ist, Quellen und Methoden zu schützen, ist Ihr Verantwortungsbewusstsein schlicht kein verlässliches Kriterium.«

»Ich möchte nur wissen –«, begann ich, doch Clapper, außer sich, war nicht mehr zu bremsen.

»Sie überlassen es uns, ein Urteil zu fällen, ja, der gute alte Bart Gellman. Er wird uns schützen. Vielleicht werden Sie uns schützen. Vielleicht auch nicht. Vielleicht wird uns auch jemand anders reinreiten.«

Stimmt, wollte ich sagen. Manchmal gibt es so etwas wie den sogenannten Shadow-Brokers-Leak von 2016, als Unbekannte eine ganze Serie der wirkungsvollsten Software-Exploits der NSA online stellten.[61]

Der Verlust war ungeheuer, höchstwahrscheinlich schlimmer als alles, was Snowden möglicherweise losgetreten hatte. Schaden anzurichten und ihn der NSA anzuhängen schien der einzige Sinn und Zweck des Leaks gewesen zu sein. Ich hatte mir ein Gespräch mit Clapper darüber erhofft, wie ein Verhandlungsprozess ablaufen könnte, wenn Journalisten und Regierung gemeinsam die bestmöglichen Entscheidungen träfen.

Clapper trat entschieden meiner Behauptung entgegen, die Rücksprache mit der Regierung sei sein Best-Case-Szenario, falls ein Journalist etwas ausgraben solle. Aber wenn es erst einmal so weit gekommen war, hatten die in seinen Augen seriöseren Mechanismen der Informationskontrolle sowieso bereits versagt. Ich würde das Snowden-Archiv nicht zurückgeben. Ich würde nicht jede Story, die ich dort aufstöberte, über Bord werfen. Aber ebenso wenig wollte ich mutwillig Schaden anrichten. Vor allen Dingen war ich entschlossen, nicht etwas Fragiles zu zertreten, ohne zu wissen, wohin ich trat. Bei manchen Enthüllungen war ich anderer Meinung, was das Gewicht des öffentlichen Interesses betraf, aber ich musste erfahren, was in den Augen der Regierung ein Risiko darstellte. Und während die Snowden-Story Gestalt annahm, gab es oft die Möglichkeit, Einzelheiten wegzulassen, die meinen Gesprächspartnern wichtig waren, ohne den Informationsgehalt der Berichterstattung zu verwässern.

So wollte ich in einem Fall der Regierung ein Zugeständnis machen, indem ich einräumte, dass ein umstrittenes Überwachungsprogramm wertvolle Geheiminformationen erbracht hatte. Drei der besten Beispiele standen außer Diskussion – sie zu erwähnen würde eine laufende, ertragreiche Erfassung von Daten gegen einen bedeutsamen Widersacher der USA platzen lassen. Glenn Greenwald und Laura Poitras, die über alle drei Vorgänge im Bilde waren, hatten beide für sich ebenfalls entschieden, auf ihre Veröffentlichung zu verzichten. (Das weiß ich nur, weil die Publikation ausblieb. Wir stimmten uns über derartige Fälle nicht ab.) Als ich mich mit Julie Tate durch einen riesigen Berg abgefangener Daten arbeitete, stellte sie fest, dass vier Terrorverdächtige – die mittlerweile tot oder in Haft waren – mit Hilfe der Überwachungs-Tools, über die ich schreiben wollte, lokalisiert worden waren. Ich wandte mich an Clappers Büro. Gab es noch irgendeinen Grund, die Namen der vier Männer zu verschweigen, obwohl sie mittlerweile praktisch keine Bedrohung mehr darstellten? Die CIA, die beim Beantworten meiner Frage voranging, bat darum, zwei der vier Namen nicht zu erwähnen. Inoffiziell wurde mir ein überzeugender Grund für ihre Besorgnis genannt. Die *Post* erklärte sich bereit, auf die Nennung der Namen zu verzichten. Die anderen beiden veröffentlichten wir und von der CIA kam kein Widerspruch.

Das größte Hindernis für diese Rücksprachen war ein Dilemma, das sich die Regierung selbst eingebrockt hatte. Verschlusssachen dürfen nur über sichere Kommunikationskanäle der Regierung diskutiert werden. Ich besaß keine Freigabe zur Einsicht in Geheimunterlagen und durfte diese Kanäle nicht nutzen. Darum bestanden die NSA und das Büro des Direktors der nationalen Nachrichtendienste darauf, dass wir für den Austausch über die prekärsten Geheimsachen normale E-Mail- und Telefonverbindungen nutzten, wenn wir uns nicht persönlich treffen konnten. Das leuchtete mir nicht ein. Wie konnten sie das wollen? Was sie betraf, ging es lediglich darum, Informationen zu benennen, deren Veröffentlichung sie als schädlich ansahen.

Monatelang bat ich Vanee Vines, die Sprecherin der NSA, für unsere Gespräche kommerzielle, handelsübliche Verschlüsselungs-Software oder -Hardware zu verwenden. Shawn Turner, Sprecher des Direktors der nationalen Nachrichtendienste, schrieb kurz nach den ersten Snowden-Enthüllungen an die Sprecherin des Weißen Hauses, Caitlin Hayden. Dabei verwies er auf »eine andere Vorgehensweise, die sich Gellman für die Kommunikation betreffs der in seinem Besitz befindlichen Informationen wünscht. Er möchte uns Informationen aus dem Dokument nicht mehr zumailen. Er hat gefragt, ob wir uns entweder persönlich treffen oder über einen Kurier kommunizieren könnten.«[62] Tatsächlich war das von Beginn an mein Anliegen gewesen. Staatlich zertifizierte Verschlüsselungstechnologie war für jeden käuflich zu erwerben. Alles wäre besser als nichts. Vines saß in Fort Meade, Maryland. Ich lebte in New York. In den meisten Fällen konnten wir uns nicht persönlich sehen und ohnehin lief es häufig auf Telefonkonferenzen mit Leuten in anderen Bundesstaaten hinaus. Nach acht Monaten teilte mir Vines schließlich mit: »Wir haben Ihre Bedenken zur Kenntnis genommen. Sie wurden viele Male erwähnt. Wir können Ihnen keine Lösung für Ihr Problem anbieten.«[63]

Da wir auf normale Telefonverbindungen angewiesen waren, behalfen wir uns mit genuschelten Umschreibungen.

> Diese Sache, über die wir letzte Woche gesprochen haben ... Nein, die andere, über dieses Land ... Mit drei Silben ... Vierter Absatz, vierte Zeile ... Das Programm mit dem Tiernamen ...

Irgendwann hörte ich mich zu Chris Inglis, dem stellvertretenden Direktor der NSA, sagen: »Es gibt ein Diagramm mit zwei Wörtern, die sich reimen, und zwischen diesen Wörtern steht ein Akronym neben einem Kästchen. Sprechen Sie von dieser Fähigkeit?«

Ein anderes Mal wollte ich über eine große Menge offensichtlich unbearbeiteter abgefangener Daten reden. Es gab keine Seitenzahlen, keinen Autor, keinen Titel und keine andere Möglichkeit, um am Telefon zu erklären, welche Inhalte ich meinte, ohne zu viel zu verraten. Es handelte sich um Dutzende Seiten. Vines schlug vor, sie zu mailen. Auf keinen Fall, sagte ich. Wir berieten hin und her. Schließlich war ich bereit, ihr eine verschlüsselte Zip-Datei zu senden. Ich gab Vines Hinweise, aus denen sie auf eine lange, komplexe Phrase schließen konnte, so dass ich sie nicht am Telefon nennen musste. Das sei das Passwort, sagte ich.

Am nächsten Tag rief Vines zurück und teilte mir mit, sie könne die Zip-Datei nicht öffnen. »Meine IT-Leute sagen, sie wüssten nicht, warum es nicht geht«, sagte sie.

»Ihre IT-Leute? Die IT-Leute der National Security Agency kommen nicht mit einer Zip-Datei klar?«

»Können Sie sie noch mal mit einem einfachen Passwort schicken?«, fragte sie. »Vielleicht ›abc123‹?«[64]

Das fragte sie allen Ernstes. Ich weigerte mich. Schließlich bat ich

Julie Tate, meine Kollegin von der *Post*, die mir bei der Recherche half, die Seiten auszudrucken und sie vor dem Zeitungsgebäude in der 15th Street NW einem Boten der NSA zu übergeben. Bevor Julie ihm den Umschlag aushändigte, bat sie den Mann im Auto, sich auszuweisen. Er traute seinen Ohren nicht. »Du bist doch diejenige –«, geiferte er, dann gab er klein bei und zog sein NSA-Namensschild hervor. Eine surreale Szene.

Von FIRSTFRUITS hörte ich zum ersten Mal, als mir eine vertrauliche Quelle sagte, ich solle mal im Internet danach suchen. Ich fand aber nur Blogs mit wilden Mutmaßungen über gruselige Verschwörungen. Denen zufolge hatte die Bush-Regierung ein heimliches Spionageprogramm aufgezogen, das der Arbeit der Stasi aus DDR-Zeiten nachempfunden war. Angeblich belauschte FIRSTFRUITS Journalisten, politische Dissidenten, Kongressmitglieder und andere Gefährder der globalistischen Ordnung. In einigen Versionen dieser Theorie markierte das Programm Opfer, die verhaftet oder ermordet werden sollten. Selbst auf dem seriösen linksgerichteten Meinungsforum *Daily Kos* fand ich in dem nicht moderierten Bereich »Community« eine überhitzte Debatte zu FIRSTFRUITS.[65] Soweit ich feststellen konnte, ließen sich all diese Berichte auf einen Mann namens Wayne Madsen zurückführen,[66] der treffend beschrieben wurde als »paranoider Verschwörungstheoretiker in der Tradition von Alex Jones, in dessen Radioshow er häufig auftritt«.[67] (Nachdem Madsen berichtet hatte, ausländische Geheimdienste könnten beweisen, dass Barack Obamas Geburtsurkunde gefälscht sei, schob er einen Artikel nach, wonach »das Weiße Haus unter Obama Madsen töten lassen will«.) Ich stöberte ein wenig in diesem Fiebersumpf herum und kam dann zu dem Schluss, dass FIRSTFRUITS düstere Phantastereien eines Spinners seien.

Dann kam der Tag, an dem ich im Snowden-Archiv auf meinen Namen stieß. Wieder einmal gemahnten mich die Götter des Journalismus daran, dass sich zuweilen auch an den unwahrscheinlichsten Stellen ein Körnchen Wahrheit finden lässt. 16 Dokumente, darunter dasjenige, in dem ich erwähnt wurde, nannten FIRSTFRUITS als eine Datenbank der Spionageabwehr, die nicht genehmigte Enthüllungen in den Nachrichtenmedien aufspürte. Madsens Blogbeiträge waren voll mit absonderlichen Beschuldigungen – etwa dass die NSA FIRSTFRUITS nutzte, um »diejenigen Leaks zu stopfen, die geheime oder andere Informationen darüber preisgeben, dass die US-Regierung womöglich an den Terroranschlägen des 11. September 2001 beteiligt war«.[68] Nichtsdestoweniger wusste der Blogger drei Dinge, über die zuvor noch niemand öffentlich berichtet hatte. Die NSA verfügte wirklich über eine Datenbank namens FIRSTFRUITS. Sie war auf Presse-Leaks spezialisiert. Und sie fiel in den Bereich der Einheit »Denial and Deception (D&D)« innerhalb der Abteilung für Signals Intelligence der NSA.

Laut streng geheimen Instruktionsunterlagen, die Joseph J. Brand angefertigt hatte, ein leitender NSA-Angestellter, der auch bei der Bekämpfung von Leaks an vorderster Front marschierte, verdankte FIRSTFRUITS seinen Namen dem Ausdruck »the fruits of our labor« – »die Früchte unserer Arbeit«. Brand schrieb, dass »die Feinde heute mehr über die Quellen und Methoden von SIGINT wissen als je zuvor«. Einige nachteilige Enthüllungen waren der eigenen offiziellen Kommunikation der US-Regierung zuzuschreiben. Ermahnte Washington beispielsweise Moskau, die finanzielle Unterstützung von Rebellen in diesem oder jenem Land einzustellen, so offenbarte sie damit womöglich durch die NSA erlangtes Wissen. Laut Brand passierte so etwas erstaunlich oft. Er zählte 399 solcher »Demarchen«, wie formelle diplomatische Protestnoten auch bezeichnet werden, die zwischen 1999 und Anfang 2002 Quellen oder Methoden gefährdet hatten. Andere Geheimsachen fielen zwar ausländischen Spionen in die Hände, so Brand, aber »meistens waren für die Enthüllungen die Medien verantwortlich«. Er listete vier »eklatante mediale Geheimnisverräter« auf: die *Washington Post*, die *New York Times*, den *New Yorker* und die *Washington Times*. Das FIRSTFRUITS-Projekt ziele darauf ab, »signifikante Einbußen der Datensammelkapazität drastisch einzudämmen«.

Im Jargon der NSA stellt die Aufdeckung einer Überwachungsquelle oder -methode eine »kryptologische Gefährdung« dar. Führt die Aufdeckung zu einer Sammlungseinbuße, spricht man von »Beeinträchtigung«. Ich konnte mir durchaus vorstellen, dass manche Leaks eine Beeinträchtigung bewirkten, doch Brands Abrechnung – genau wie auch viele öffentliche Aussagen der Regierung – ließ Fragen offen.

Der bei weitem häufigste Vorwurf in Debatten zu diesem Thema lautet, dass Journalisten den Zugang zu Osama bin Ladens Kommunikation über Satellitentelefon mit verheerenden Folgen verhindert hätten. Die zentrale Bedeutung dieser Episode für die in der Intelligence Community gepflegte Legendenbildung über die Nachrichtenmedien ist kaum hoch genug einzuschätzen. Der Vorwurf, der, soweit ich feststellen konnte, erstmals 2002 vom Pressesprecher des Weißen Hauses Ari Fleischer öffentlich geäußert wurde, ging auf eine Kette von Ereignissen zurück, die Brand in einer geheimen Präsentation darlegte. Laut Fleischer hatte eine Zeitung berichtet, dass die NSA »Osama bin Laden über sein Satellitentelefon abhören« könne, woraufhin der al-Qaida-Anführer das Gerät nicht mehr benutzte.[69] In den darauffolgenden Jahren führten Präsident George W. Bush und zahlreiche weitere Regierungsbeamte diese Behauptung immer wieder an.

Ich will hier nicht als Advokat der *Washington Times*, der betroffenen Zeitung, auftreten, doch die Geschichte von der vereitelten Überwachung über das Satellitentelefon war so gut wie sicher eine Ente.[70] Schuld daran waren die folgenden Umstände. Am 21. August 1998 berichtete die *Washington Times* im 22. Absatz eines Porträts über bin Laden: »Die Verbindung mit der Welt hält er über Computer und Satellitentelefone aufrecht und gibt internationalen Nachrichtenagenturen gelegentlich Interviews.«[71] Kurz darauf benutzte bin Laden das Telefon nicht mehr. Einige US-Beamte, darunter James Bruce von der CIA im Dokumentarfilm *Secrecy*, sagten, Journalisten hätten bin Laden mit der Enthüllung, dass »wir zu Lauschangriffen in der Lage seien«, verschreckt. Doch diese Aussage tauchte erst Wochen nach bin Ladens Verstummen in Presseberichten auf.[72] Die Tatsache, dass bin Laden ein Satellitentelefon benutzte, war seit 1996 wiederholt öffentlich erwähnt worden und bin Laden versuchte auch nicht, sie zu verheimlichen. NBC News zeigte im Dezember 1996 Aufnahmen des mit dem Telefon *posierenden* al-Qaida-Anführers. Als ABC News im Jahr 1997 ein Interview mit bin Laden plante, baten seine Helfer den Mittelsmann sogar, ihrem Boss einen Ersatz-Akku mitzubringen.

Warum benutzte bin Laden das Gerät im Sommer darauf plötzlich nicht mehr? Die Antwort auf diese Frage ist wohl nur über die äußeren Umstände zu erschließen, aber die können ausgesprochen verräterisch sein. Am 20. August 1998, dem Tag, bevor der Artikel in der *Washington Times* erschien, feuerten die Vereinigten Staaten Marschflugkörper auf Trainingscamps von al-Qaida in Afghanistan und eine Fabrik im Sudan ab; dabei war unter ihren Zielen auch eine Einrichtung, die bin Laden vor kurzem aufgesucht hatte.[73] Bin Laden tauchte daraufhin unter und verzichtete auf elektronische Kommunikation, die seinen Aufenthaltsort hätte verraten können. Statt einem missglückten Anschlag auf bin Ladens Leben einen Zeitungsartikel für diese Entwicklung verantwortlich zu machen, entbehrte jeglicher Logik. Doch in der Intelligence Community wurde dieser Vorwurf zum Glaubensartikel.

Laut Brands NSA-Dokumenten stellte die Behörde im Jahr 2001 einen Mitarbeiterstab von Leak-Aufspürern auf die Beine, indem sie zu diesem Zweck neue Stellen in einer Einheit für Denial and Deception im Ausland einrichtete. Der CIA-Direktor rief ein behördenübergreifendes Foreign Denial and Deception Committee (FDDC) ins Leben. Das Projekt, das im Mai 1999 mit dem Sammeln von Aufzeichnungen begann, war laut Brand schon bald so umfangreich, dass es »mit FDDC-Mitteln einen Auftragnehmer anheuerte, der eine ausländische Wissensdatenbank (FIRSTFRUITS) anlegen sollte«. Eine ihrer Hauptaufgaben bestand darin, »die Task Force des Justizministers zur Ermittlung von Medien-Leaks« mit Informationen über schädliche Berichte zu versorgen.

In 49 Fällen, drei davon betrafen auch mich, erstellte das FIRSTFRUITS-Projekt »Kriminalitätsberichte für das Justizministerium«. Das FBI wiederum stand damit vor der schwierigen Frage, in welchem kriminellen Vergehen genau es denn ermitteln sollte. Der Kongress hatte nie ein Gesetz verabschiedet, das sich direkt mit unbefugten Enthüllungen von Staatsbeamten gegenüber Reportern auseinandersetzte. In den USA gibt es kein Pendant zum britischen Official Secrets Act. Öffentliche Bedienstete geloben mit ihrer Unterschrift, Geheiminformationen zu schützen. Wenn sie dieses Versprechen brechen, setzen sie ihre Freigabe oder ihren Job aufs Spiel. Das sind zivilrechtliche Sanktionen. Das Strafrecht bietet die Möglichkeit zur Anklage wegen Diebstahls oder des unrechtmäßigen Besitzes von Staatseigentum. Dem Vergehen am nächsten kommt jedoch der Strafrechtsbestand der Spionage, und dieser wird auch am häufigsten zur Anklage gebracht.

Das wird manchen Leuten auch recht einleuchtend erscheinen. Es wurde ein Geheimnis verraten und damit womöglich Schaden angerichtet. Aus Sicht der NSA ist ein Verlust ein Verlust. Da spielt es vielleicht keine Rolle, ob ein ausländischer Feind das Geheimnis von einem Spion oder aus einem Zeitungsartikel erfährt. Die kryptologische Gefährdung ist die gleiche. Vor der Enthüllung verfügte die NSA über eine wertvolle Quelle oder Methode. Danach nicht mehr.

Andererseits ist Spionage eine gruselige Analogie zu einem Leak aus den Nachrichtenmedien. Zu spionieren und mit einem Journalisten zu reden ist absolut nicht dasselbe. Spione, so wie wir den Begriff landläufig verstehen, stehlen amerikanische Geheimsachen zugunsten eines anderen Landes. Sie hoffen, dass unsere Regierung ihnen nie auf die Schliche kommen wird. Sie haben nur einen Kunden, der sich verborgen hält. Gemäß der Definition des Verbrechens im Espionage Act verfolgen sie die Absicht, »dass die Informationen zum Nachteil der Vereinigten Staaten oder zum Vorteil eines fremden Staates verwendet werden«.[74] Nachrichtenquellen hingegen übermitteln Reportern Informationen, damit diese der breiten Öffentlichkeit bekannt gemacht werden. Sie wollen, dass alle darüber Bescheid wissen. Vielleicht verfolgen sie auch eigene Interessen, aber gemeinhin glauben sie – ob zu Recht oder nicht –, dass ihre Mitbürger von dem Leak profitieren.

Dies soll keine juristische Argumentation sein. Es gab auch Nachrichtenquellen, die wegen Spionage angeklagt und verurteilt wurden.[75] Nichtsdestoweniger ist dieser Anklagepunkt eine Fiktion, der Gesetzeskraft verliehen wurde. Das eigentliche Verhalten, vielleicht Whistleblowing in seiner reinsten Form, wird verzerrt, indem man aus dem Whistleblower einen Spion macht. Wenn Berichterstattung Spionage ist, dann darf mich George Ellard logischerweise als Agent des Feindes bezeichnen und James Clapper mich einen Komplizen nennen. Und von dort ist es für den Staat nur noch ein kleiner Schritt, seine zudringlichsten Maßnahmen zur Spionageabwehr gegen einen Journalisten ins Feld zu führen.

All das hatte ich im Sinn, als ich unter Berufung auf den Freedom of Information Act und den Privacy Act Anträge auf Übersendung von Kopien derjenigen Aufzeichnungen über mich einreichte, die sich bei den Akten von Heimatschutzministerium, Justizministerium, FBI, NSA, CIA und anderen Regierungsbehörden befanden. Auch wenn ich mit Snowden Witze über diese Anfragen machte, waren sie mir doch ein ernstes Anliegen. Nachdem die meisten der Behörden über zwei Jahre lang versuchten, die Sache in die Länge zu ziehen, reichte ich 2016 Klage ein, um die Bearbeitung der Anträge zu erzwingen.

Trotz aller Schwächen des Freedom of Information Act, der mit sieben Arten von Ausnahmen und unzähligen Möglichkeiten zur Verzögerung durch die Regierung aufwartet, habe ich aus dem Verfahren Gellman v. DHS et al. einige interessante Dinge gelernt.[76] Von der CIA beispielsweise erhielt ich auf die Bitte um meine Akten eine sogenannte Glomar-Antwort.[77] »Die CIA kann die Existenz oder Nichtexistenz von Aufzeichnungen in Bezug auf Ihre Anfrage weder bestätigen noch bestreiten«, teilte mir die Behörde mit. »Ob angefragte Aufzeichnungen existieren oder nicht, ist derzeit und ordnungsgemäß geheim.«[78] Vom Büro des Direktors der nationalen Nachrichtendienste erfuhr ich, dass es insgesamt 435 ungekürzte Dokumente über mich einbehalten habe; die Argumentation dahinter erläuterte es in einer geheimen einseitigen Erklärung, die meine Anwälte vom Reporters Committee for Freedom of the Press nicht lesen durften. Aus einem weiteren Dokument erfuhr ich, dass die Mitarbeiter des Heimatschutzministeriums einen 76 Seiten starken Bericht über alle internationalen Flüge erstellt hatten, die ich seit 1983 unternommen hatte. Mehr als einmal hatten Zollbeamte bei meiner Rückkehr von einer Reportagereise ins Ausland heimlich mein aufgegebenes Gepäck durchsucht.[79] Die Gründe und Ergebnisse dieser Durchsuchungen wurden redigiert, weil eine Offenlegung laut dem Zoll- und Grenzschutz »die Techniken und/oder Verfahren bei strafrechtlichen Ermittlungen und Strafverfolgung aufdecken würde«. Als die *Post* für die Berichterstattung über Snowden geehrt wurde, schimpften Geheimdienstbeamte in behördenübergreifenden E-Mails darüber. »Könnt ihr das mit der Bekanntgabe des Pulitzer-Preises verstehen?«, schrieb ein Beamter. »So ärgerlich.« Hunderte E-Mails bezeugten inoffizielle Reaktionen und interne Diskussionen über die Art und Weise, wie auf meine Anfragen oder Artikel zu reagieren sei. Die Regierung bat das Gericht, sie alle aufgrund des »deliberative privilege« zurückzuhalten – damit ist das Recht gemeint, die Offenlegung von Material zu verweigern, das der Entscheidungsfindung in Bundesbehörden dient.

Im Zuge meiner FOIA-Anfragen lernte ich noch etwas anderes. Wenn ich um Kommentare zu einem Artikel bat, hatte ich es bisher immer so gehandhabt, dass ich meine Fragen präzise formulierte und sie per E-Mail an die jeweiligen Behördenvertreter schickte. Damit wollte ich Missverständnissen und ausweichenden Antworten vorbeugen. Nun offenbarte mir die interne Regierungskorrespondenz, die ich im Laufe meines FOIA-Verfahrens erhielt, dass die Vertreter meine E-Mails stets an das FBI weiterleiteten. Der Laden für öffentliche Angelegenheiten ordnete seine Arbeit völlig dem Gesetzesvollzug unter. Man musste die Vertreter nicht einmal um ihre Mithilfe bitten. Sie boten sie freiwillig an. »Unten finden Sie Korrespondenz zwischen dem Reporter Bart Gellman und NSA & ODNI Public Affairs«, schrieb ein leitender Geheimdienstbeamter, dessen Name in dem FOIA-Exemplar geschwärzt worden war, am 21. Dezember 2013 an eine Führungskraft im Office of the National Counterintelligence Executive, oder NCIX. »In der E-Mail verweist Gellman auf Unterhaltungen mit Edward Snowden. ... Sind diese E-Mails von Nutzen für das NCIX?«

Die Führungskraft antwortete: »Ja, Korrespondenz dieser Art ist von Nutzen. Wir sorgen dafür, dass sie ans Ermittlungsteam des FBI weitergeleitet wird.« Der stellvertretende Direktor für Analyse- und

Sammlungsmanagement übermittelte meine E-Mails an den Gruppenleiter für Analyse und Produktion, der wiederum an jemanden im FBI-Hauptquartier schrieb. »Ich bin gebeten worden, Untenstehendes den zuständigen Sachbearbeitern des FBI zukommen zu lassen. Hiermit leite ich es an Sie weiter, so dass Sie entsprechend damit verfahren können«, schrieb der Teamleiter. Von da an wurden meine E-Mails routinemäßig an das FBI gesandt.

Bisher hat keine der FOIA-Enthüllungen die Existenz von FIRSTFRUITS bestätigt. Allerdings hat mir die Beschreibung von Dokumenten, die mir das Gericht auf Bitten der Regierung vorenthalten soll, zwei Hinweise geliefert. Wie bereits erwähnt, wusste ich, dass das Foreign Denial and Deception Committee einen Auftragnehmer zur Verwaltung der Datenbank eingestellt hatte, die Nachrichten, Reporter und Empfehlungen von strafrechtlichen Ermittlungen nachverfolgt. Im FOIA-Verfahren rechtfertigte die Regierung mit Verweis auf die »Betriebsgeheimnisse« eines Auftragnehmers die Vorenthaltung von, wie sie vorsichtig umschrieb, »urheberrechtlich geschützten Bulletins mit Zusammenfassungen von geheimdienstlichen Berichten, die vertragsgemäß von einem regierungsunabhängigen außenstehenden Anbieter erstellt werden«.[80]

Die beunruhigendsten Enthüllungen offenbarten mir Dokumente, die darauf hinwiesen, welcher Art die Aufzeichnungen sind, die das FBI mir vorenthalten will. Laut einer eidesstattlichen Erklärung von David M. Hardy, einem Abteilungsleiter in der Information Management Division des FBI, taucht mein Name in Dateien auf, die sich auf »Nachforschungen über mutmaßliche strafrechtliche Verstöße gegen Bundesgesetze sowie von Dritten durchgeführte Nachforschungen zu Terrorismusbekämpfung und Spionageabwehr« beziehen.[81] Das heißt, es geht nicht nur um den Fall Snowden. Nachforschungen und Dritte – Plural. Einige dieser Dateien, so Hardy, könnten in einer ELSUR-Datenbank auftauchen – kurz für »electronic surveillance«, elektronische Überwachung. Diese enthält »alle Personen, deren Stimmen aufgezeichnet wurden«.

Wie Hardy dem Gericht erklärte, würden selbst die Namen der

FBI-Dateien schon zu viel verraten. Die Dateinamen, in denen auch »Gellman« vorkommt, benennen »nicht öffentliche investigative Techniken« sowie »nicht öffentliche Details über Techniken und Verfahren, die sonst an die Öffentlichkeit gelangten«. Besonders besorgt ist das FBI um den Schutz einer nicht näher bezeichneten Methode zur Sammlung geheimdienstlicher Daten. »Ihre Anwendung im spezifischen Kontext dieser Ermittlungen ist nicht öffentlich bekannt«, schrieb Hardy. Das FBI wolle »den Charakter der durch ihre Anwendung erlangten Informationen« schützen.

Das klingt nicht sehr ermutigend.

8
EXPLOIT

An dem Tag, als ich den Sicherheitstechniker von Google traf, war es gerade noch warm genug für einen Tisch im Freien. Eigentlich sollte er sich nicht mit einem Journalisten unterhalten, schon gar nicht über geschäftliche Angelegenheiten, aber trotzdem hatte er sich mit mir für ein sonntägliches Treffen außerhalb der Arbeitszeit verabredet. Ich hatte versprochen, ihm etwas mitzuteilen, das weitreichende Folgen für seine Arbeit haben würde. Es richtig zu verstehen sei von ebenso großer Bedeutung für meine Arbeit. Das genügte als Köder. Er wusste, mit welcher Art von Arbeit ich mich beschäftigte.

Das klingt vielleicht nach einem Quidproquo, aber darum ging es mir nicht. Ich hatte keinerlei Handel im Auge. In seltenen Fällen beschloss ich, einem meiner Informanten ein Dokument zu zeigen – nicht als Tauschgeschäft, sondern um mir bei meiner Berichterstattung helfen zu lassen. Manchmal konnte ich die Indizien ohne einen Experten nicht richtig deuten. Irgendetwas ging innerhalb von Google vor sich. Ashkan Soltani und ich hatten bereits genug herausgefunden, um zu wissen, dass es sich um etwas Wichtiges handelte. Nun brauchte ich Insider – von Google oder der NSA oder von beiden. Sie mussten sehen, was wir sahen, um uns weiterzuhelfen.

Nun saßen wir an einem Spätnachmittag im Herbst auf einer breiten Promenade, die den Hudson River säumte. Die strahlende Sonne stand schon tief am Himmel. Skateboarder erprobten sich in ihren Kunstflugmanövern und schrammten über die Krone einer niedrigen Betonmauer. Mein Informant trank sein Bier und machte ein wenig Smalltalk, während ich einen Laptop hochfuhr. Wir einigten uns auf ein paar Grundregeln. Ich rief Seite 14 einer 23-seitigen NSA-Datei auf und drehte den Bildschirm in seine Richtung. Der Mann schirmte die Augen vor der Sonne ab.

Ich konnte genau sehen, in welchem Moment er den Smiley fast am unteren Ende des geheimen Diagramms entdeckte. Seine Augenbrauen schossen in die Höhe. Er beugte sich näher zum Bildschirm. Er wollte etwas sagen, holte tief Luft und las die Seite noch einmal. Die Überschrift lautete »Aktuelle Schritte – Google«. Aktuelle Schritte der NSA. Gegen Google.

»*Arsch*-löcher«, sagte er schließlich mit Nachdruck. Er langte nach seinem Bierglas, sah, dass es leer war, und winkte dem Kellner. »Ich hoffe, Sie machen das publik. Ich hab Jahre damit verbracht, dieses Netz abzusichern. Zur Hölle mit diesen Typen.«

Wir redeten noch zwei Stunden weiter und beschlossen dann, uns noch einmal zu treffen.

Der von Hand gezeichnete Cartoon, den ich dem Sicherheitstechniker gezeigt hatte, verlieh der geheimen Präsentation, die ansonsten auffallend dicht und komplex war, eine skurrile Note.[1] Zwei flauschige Wolken schwebten nebeneinander an einem zitronengelben Himmel. Die linke war als »Öffentliches Internet« gekennzeichnet, die rechte als »Google Cloud«. Ein Pfeil zeigte auf die Stelle, an der sich die beiden Wolken berührten – das digitale Grenzgebiet zwischen den internen Netzwerken von Google und der Außenwelt. Der dazugehörige Text lautete: »SSL hier eingefügt und entfernt!« Dahinter hatte der Künstler den Smiley platziert.

Eingefügt und entfernt? Das erschien kaum denkbar. SSL, die Abkürzung für »secure sockets layers«, ist die zentrale Technologie für Verschlüsselung im Internet.[2] Sie ist das Vorhängeschloss in der Adresszeile Ihres Browsers, die Rüstung, die Informationen auf ihrem Weg durch das Web schützt. SSL zu entfernen würde bedeuten, das Schloss zu knacken, die Rüstung zu durchbohren, die Verschlüsselung aufzubrechen. Konnte die NSA das tatsächlich bewerkstelligen?

Die Zeichnung fesselte mich. Ashkan und ich verbrachten fast einen ganzen Monat der Recherche und Berichterstattung damit, uns einen Reim auf sie zu machen. Eines war von vornherein klar: Das Emoji war zweifellos Prahlerei, der Siegestanz eines Computerkriegers. Die NSA hatte auf irgendeine geheimnisvolle Weise über Google triumphiert. Sie hatte, was Sinn und Zweck der Signalaufklärung war, einen Weg zu etwas Wertvollem gefunden, das Google vor neugierigen Augen verborgen glaubte. LOL Google, wenn du denkst, deine Cloud sei sicher, sagte das Diagramm. Die Botschaft erinnerte an ein altes Hacker-Meme, das einen besiegten Gegner verspottet: *All your base are belong to us* (wörtlich »All deine Stützpunkte sind gehören uns«, ein Zitat aus der Eröffnungssequenz des Computerspiels *Zero Wing*).[3] Game over. Danke fürs Mitspielen. Kein Wunder, dass mein Informant vor Wut fast platzte.

Eine so simple Zeichnung und doch so rätselhaft. Nichts auf den Seiten davor oder danach erklärte, wie die NSA ihren Raubzug zuwege gebracht hatte. Für journalistische Zwecke spielten technische Details nicht immer eine Rolle, aber hier waren sie verdammt wichtig. Jegliches Vertrauen auf Privatsphäre im Internet, jede sichere Transaktion beruhte auf SSL. War die Verschlüsselung grundlegend gebrochen worden, so lebten wir in einer anderen Welt, als man uns bisher glauben gemacht hatte. Vielleicht besagte das Diagramm auch etwas anderes, aber diese Frage zu klären war unabdingbar.

»Für Google steht hier definitiv eine Menge auf dem Spiel«, meinte der Techniker. Das Unternehmen war nicht nur abhängig von SSL – seine Mitarbeiter waren auch entscheidend an der Entwicklung des gemeinsamen Software-Codes beteiligt, der Websites weltweit verschlüsselte.

Auf irgendeine Weise überwand die NSA die Grenze zwischen dem öffentlichen Internet und der privaten Infrastruktur von Google. In der Abbildung war diese Grenze virtuell, eine digitale Abstraktion in Gestalt eines handgezeichneten Kästchens, das sich zwischen zwei Wolken kuschelte. In der realen Welt musste dieses Kästchen etwas Konkretes sein – physische Hardware, die man sehen und berühren und auf einer Karte präzise lokalisieren konnte. Aber wo?

Informationen umrundeten den Globus zu Land, zu Wasser und in der Luft und Google organisierte Operationen auf vier Kontinenten.[4]

Falls die NSA nicht sämtliche Grundsätze über Bord geworfen hatte, was ich nicht annahm, musste die Operation im Ausland laufen. Auf amerikanischem Boden eine heimliche Datensammlung zum Nachteil eines amerikanischen Unternehmens vorzunehmen wäre ein klarer Rechtsbruch vonseiten der Behörde, da gab es gar keinen Zweifel. Selbst mit einer Genehmigung des Bundesgerichts war die elektronische Überwachung innerhalb der Vereinigten Staaten gemeinhin Sache des FBI. Außerhalb der USA waren die Operationen der NSA erheblich weniger Einschränkungen unterworfen. Bei Datenerhebungen im Ausland kam der Foreign Intelligence Surveillance Act nicht zur Anwendung – es sei denn, man nahm bewusst mit in den USA stationierter Ausrüstung eine amerikanische Person ins Visier. Weitere Regeln und Vorschriften beruhten auf Executive Order 12333, einer von Präsident Ronald Reagan unterzeichneten Anordnung.[5] Unter Insidern hieß sie Twelve Triple Three. Die in dieser Präsidentenverfügung festgelegten Richtlinien waren großzügiger, sie waren in geheime Vorschriften gefasst und unterlagen außerhalb der Exekutive kaum einer Kontrolle.

»Schauen Sie, die NSA beschäftigt ganze Heerscharen von Anwälten, die sich mit nichts anderem als der Frage auseinandersetzen, wie man innerhalb der Grenzen des Gesetzes bleiben und zugleich die Sammlung von Daten maximieren kann, indem man jedes Schlupfloch ausnutzt«, erklärte mir der ehemalige NSA-Analyst John Schindler, der nun am Naval War College unterrichtete. »Man kann durchaus sagen, dass die Regeln unter Executive Order 12333 weniger restriktiv sind als unter FISA.«

Kongress und Gerichte hatten damit kaum etwas zu tun. Der FISC war hier nicht zuständig, und die Geheimdienstausschüsse »wissen viel weniger über Operationen, die unter Berufung auf Twelve Triple Three durchgeführt werden«, wie mir ein führendes Mitglied des Senatsausschusses verriet. »Ich denke, die NSA würde uns Antworten geben, falls wir Fragen stellten und falls wir wüssten, dass es Fragen zu stellen gibt, aber routinemäßig informiert sie uns nicht über diese Dinge, und im Allgemeinen würden diese auch nicht in den Zuständigkeitsbereich des Ausschusses fallen.«

Die NSA brauchte nicht in das Google-Hauptquartier in Mountain View, Kalifornien, einzudringen, um die Datenströme des Internetgiganten anzuzapfen. Google hatte auf der ganzen Welt riesige Filialen errichtet, die so groß waren, dass sie eigene Umspannwerke und Kühlanlagen benötigten.[6] Tausende Kilometer an Glasfaserkabeln, im Besitz des Unternehmens oder mit exklusivem Nutzungsrecht geleast, verbanden die insgesamt 16 festungsähnlichen Rechenzentren miteinander. »Cloud« war eine substanzlose Metapher für diese weltumspannende Maschinerie. Einer einfallsreichen Behörde für Signalaufklärung mussten sich da zahlreiche potenzielle Zugänge bieten.

Der Techniker und ich erörterten mehrere Hypothesen ausführlich. Um zu verstehen, wie die NSA eingedrungen war, musste ich heikle Fragen stellen. Wie genau schützte Google seine Cloud vor einem derartigen Angriff?

»Das werde ich Ihnen nicht sagen«, war die Antwort.

»Nicht gut genug, wie es aussieht«, sagte ich.

»Eins sag ich Ihnen – das wird sich ändern«, erklärte er.

Ganz abgesehen vom Tatort war auch rätselhaft, welches Motiv die NSA überhaupt hatte, bei Google einzubrechen. Für Heimlichkeit bestand auf den ersten Blick gar kein Grund – zumindest konnte ich keinen erkennen. Über PRISM hatte die NSA bereits verbindlichen Zugriff auf alle Informationen, die Google über ausländische Zielpersonen besaß. Dieser Zugriff war sicherlich kein Geheimnis, von dem Google ausgeschlossen wurde, auch wenn die Öffentlichkeit vor den Snowden-Enthüllungen keine Ahnung von PRISM gehabt hatte. Die NSA sandte Google Zehntausende Geheimaufträge mit Angaben zu den Accounts, die sie anzapfen wollte. Solange die Behörde einen gesetzmäßigen Zweck im Hinblick auf Auslandsaufklärung angeben konnte und die Aufträge ordnungsgemäß erteilt wurden, musste

Google kooperieren. Zudem durfte die NSA mit einer separaten Genehmigung vom FISC Kommunikationsdaten sammeln, während diese auf ihrem Weg von einem ausländischen Staat zum anderen durch US-Kabel strömten. All dies geschah in den Vereinigten Staaten, im Rahmen von Rechtsverfahren, die man längst für einen reibungslosen Ablauf optimiert hatte. Warum sollte die NSA dann irgendwo anders verstohlene Geheimdienstoperationen gegen wichtige Google-Objekte vornehmen?

Als ich mit Ashkan ähnliche Dokumente unter die Lupe nahm, fanden wir nichts, was den Hintergrund der Operation oder die Art des Vorgehens erschöpfend erklärt hätte. Über ein Dutzend Präsentationen aus dem Snowden-Archiv enthielten Verweise oder kurze Anmerkungen, die uns relevant erschienen. Ein kryptischer technischer Hinweis nach dem anderen wurde in unser Indiziengebäude eingefügt: »international/Glasfaser«, »privater Suchindex«, »interne Server-zu-Server-Authentifizierung«, »GCHQ-Access-Umgebung«, »Gaia-Protokoll«. Einige Tarnnamen tauchten wiederholt auf: WINDSTOP, MUSCULAR, GHOSTMACHINE. Immer wieder entdeckten wir Hinweise auf eine Operation in großem Stil: »massenhafter Zugang«, »vollständige Aufnahme«, »hohes Volumen«. Laut einer Präsentation mussten die Sammelsysteme »wirklich ungeheure« Mengen an Informationen bewältigen. Kein Wunder. Google verantwortete den Löwenanteil des weltweiten Datenverkehrs im Zusammenhang mit Internetrecherchen, E-Mails, Fotos, Chats, Online-Dokumenten und Videos.

Nach einer Woche Detektivarbeit beschrieb ich Snowden in einem Live-Chat über eine unserer sicheren Verbindungen das Google-Cloud-Diagramm. In der Abbildung steckte noch einiges mehr, als ich bislang erwähnt habe. Es sah folgendermaßen aus:

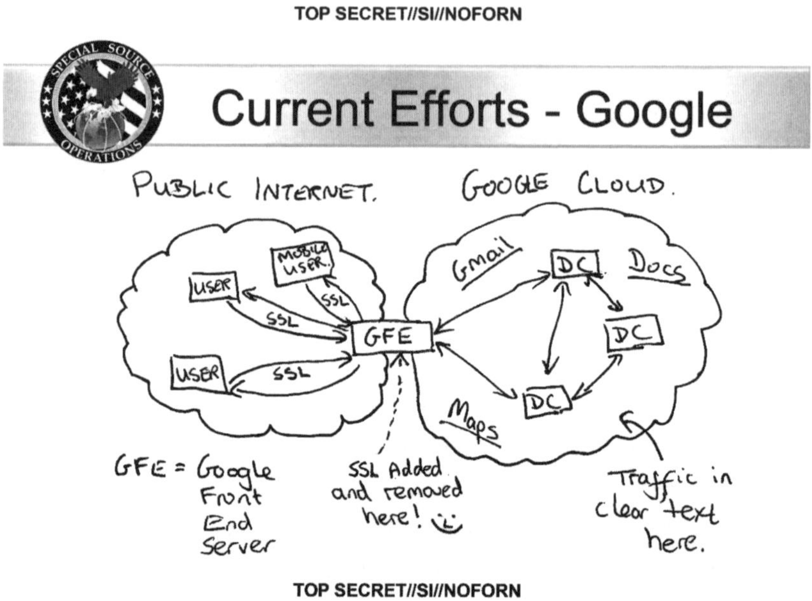

Das Kästchen, wo die Verschlüsselung »eingefügt und entfernt« worden war, trug die Aufschrift GFE. Das bedeutete Google Front End. Dieser Begriff bezog sich auf die Computerserver – davon gab es viele –, die die internen Systeme von Google mit den von der Öffentlichkeit genutzten Browsern verbanden. Wenn Sie Ihre Mails checken, nimmt Ihr Computer Kontakt zu einem Front-End-Server auf. Die private Infrastruktur von Google, so erklärte ich Snowden, war auf der rechten Seite des Diagramms abgebildet. Darin befanden sich Kästchen mit der Aufschrift DC für Data Center. »Traffic in clear text here« lautete eine weitere Beschriftung mit Verweis auf die Google Cloud – der hier enthaltene Datenverkehr war nicht verschlüsselt. Nur außerhalb seiner digitalen Grundstücksgrenzen, im öffentlichen Internet, panzerte Google seine Daten mit Verschlüsselungen. Irgendwie war die NSA in das Google-Haus gelangt.

Snowden und ich tauschten einige kurze technische Informationen aus, aber im Grunde fragte ich ihn, wie der NSA der Einbruch gelungen sei.

»Das ist ein kompliziertes Thema und ich hab nicht auf alles eine Antwort«, schrieb Snowden.

Dann eben zu einer grundlegenderen Frage: *Warum* machte die NSA so etwas?

Weil sie es könne, antwortete Snowden. Die Behörde sehe große Mengen an Informationen unverschlüsselt durch erreichbare Kanäle fließen. »Das ist nur eine Spekulation, aber leichte Beute lässt die NSA nicht ungenutzt liegen«, schrieb Snowden.

In einem der NSA-Dokumente stieß ich auf dieselbe Formulierung. Die massenhafte Datenerhebung im Ausland lasse sich »optimieren«, hieß es da, indem man sich zunächst auf vertraute »Protokolle und Anwendungssoftware – ›leichte Beute‹« konzentriere.[7]

In den darauffolgenden Tagen dämmerte es mir allmählich, auch wenn es zuerst nur Vermutungen waren. Die NSA musste im Ausland etwas bekommen, was ihr zu Hause verwehrt blieb. Rein rechtlich war der Ort des Geschehens der alles entscheidende Punkt. Über Datensammlung im Inland musste gemäß den FISA-Regelungen grundsätzlich von Fall zu Fall entschieden werden. PRISM bot einen weitreichenden Zugriff auf Google-Accounts, aber die NSA musste individuelle ausländische Zielpersonen benennen. Die NSA-Analysten sandten Google, meist in Form von Mail-Adressen, »Selektoren«, und die Auswahl der Ziele unterlag gerichtlich genehmigten Vorgaben. Anders gesagt: Die NSA musste von vornherein wissen, wen sie bespitzeln wollte. Sie durfte keine Werkzeuge der Massenüberwachung einsetzen, um bislang unbekannte Ziele zu entdecken – zumindest nicht, solange diese Werkzeuge auf US-amerikanischem Boden zum Einsatz kamen. Langte die NSA hingegen aus dem Ausland in die Google Cloud, so hatte sie sehr viel mehr Handlungsspielraum. Die Analysten konnten einen ganzen Datenstrom abschöpfen und ihn mit Auswahlkriterien durchsieben, die FISA nicht zuließ. So konnten sie beschließen, jede Kommunikation zu sammeln, die *diese* Version *jener* Software nutzte oder *diese* Schlüsselwörter in *jenen* Domains verwendete. Auf diese Weise würden sie unweigerlich viel mehr abschöpfen, als sie brauchten, doch mit zusätzlichen Filtern ließe sich der Fang bewältigen.

Schließlich gelang es mir, einen Gedanken festzuhalten, der in meinem Kopf herumgespukt hatte, aber bisher nicht greifbar gewesen war. Normalerweise tippe ich Notizen ein, aber dieses Mal griff ich zu Stift und Papier.

1. Was »hier« ist, ist »dort«

Daraus ergab sich alles Weitere.

2. Unbeschränkte Masseneinfuhr
3. Beiläufiges Nebenprodukt
4. Verwischt Unterscheidung Inland/Ausland?

Kurz gesagt, vereinte meine Liste vier Ideen, die ich bislang noch nicht in einen Zusammenhang gebracht hatte.

Erstens konnten die Informationen, die Google über amerikanische Account-Inhaber besaß, ebenso gut in Irland wie in Iowa gespeichert sein. An beiden Orten befanden sich große Anlagen des Unternehmens. Über die ganze Welt verstreute Rechenzentren, acht davon im Ausland, dienten einander als Backups und teilten sich die Arbeit, Inhalte durch das Internet zu befördern. Drosselte ein Knotenpunkt das Tempo, sorgte ein anderer für Beschleunigung. In einem solch riesigen System waren die Abläufe in Wahrheit natürlich viel komplexer, aber in jedem Netzwerkaufbau war der Lastenausgleich von fundamentaler Bedeutung. Das heißt, dass Ihre Google-Daten ins Ausland reisen, auch wenn Sie selbst Ihr Land nie verlassen. Eine E-Mail von Austin nach Boston kann durchaus Quilicura, Chile, passieren oder später zum Backup dorthin gelangen.

Zweitens konnte die NSA im Ausland höchst ergiebige Netzwerke anzapfen und tat es auch – sie sammelte Daten »in Massen«, ohne eine Vorauswahl zu treffen. Langfristig behielt die Behörde nicht alles, was ihr in die Finger geriet, aber sie hatte nichts dagegen, in die Finger zu bekommen, was in Reichweite war. Und da amerikanische Daten durchs Ausland reisten, waren von dort erfolgten Massenerhebungen zweifellos auch in den USA lebende Amerikaner betroffen.

Drittens durfte die NSA gemäß Twelve Triple Three »beiläufig abgefangene Informationen« über Amerikaner speichern, solange sie diese nicht bewusst als Ziel der Überwachung ins Visier nahm.[8] »Beiläufig« (»incidentally«) war ein spezieller Rechtsbegriff. Er bedeutete nicht »zufällig, unerwartet, unvorhergesehen« oder gar »unerwünscht«. Er besagte, dass die NSA »U.S. persons« in Netzen einfing, die sie zu einem anderen rechtmäßigen Zweck auswarf. Die Sammlung blieb selbst dann beiläufig, wenn die NSA sicher wusste, dass Amerikaner mit eingefangen wurden, und froh darüber war. Die NSA durfte die beiläufig abgefangenen Daten behalten und tat das auch. Sobald sie die amerikanischen Kommunikationsdaten in den Händen hatte, konnte sie sie zusammen mit den ausländischen durchsuchen und analysieren. Wenn man die Identität der Amerikaner unkenntlich machte (was gelegentlich geschah), war man sogar in der Lage, die Informationen mit anderen Behörden zu teilen. Das Gesetz sagte nicht »Wer es findet, darf es behalten« – da war es nuancierter –, aber die NSA musste die im Ausland erbeuteten Daten über Amerikaner auch nicht aussondern.

Aus diesen drei ersten Punkten folgte viertens: Dass die NSA ihre Sammelbefugnisse zu Zwecken der Auslandsaufklärung so aggressiv nutzte, konnte für die Privatsphäre von Amerikanern ebenso weitreichende Folgen haben wie die Überwachung im Inland. Vielleicht sogar mehr. Die Auslandsoperationen waren von sehr viel größerem Ausmaß. Wenn Informationen aus South Carolina in Singapur abgefangen werden konnten, verriegelte das Gesetz eine Tür, während es eine andere weit offen ließ. Spionage aus der Ferne könnte die Regeln gegen Spionage aus der Nähe ganz ohne böse Hintergedanken durchlässig machen.

Konservativ geschätzt mussten 100 Millionen von insgesamt über einer Milliarde Google-Accounts Amerikanern gehören.[9] Hier ging es nicht um »Auslandsaufklärung«, wie man als Laie vielleicht vermuten würde. Praktisch ohne jede öffentliche Debatte hatten wir uns in eine Welt begeben, in der die NSA einzelne US-Amerikaner zwar nur mit richterlichem Beschluss ausspionieren durfte, aber sie auf einen Streich millionenfach in ihre Netze spülen konnte. Dies war das vorhersehbare Ergebnis von Operationen en gros – »hohes Volumen«, »vollständige Aufnahme« – in der Google Cloud. Und die NSA durfte – in Ermangelung von Gegenbeweisen – davon ausgehen, dass im Ausland gesammelte Informationen Ausländern gehörten. In dieser Hinsicht war »beiläufig« ein Wort mit Durchschlagskraft.

Daniel Ellsberg, der Whistleblower, den die Pentagon-Papiere berühmt gemacht hatten, stieg von einer Dachterrasse mit Blick über die Bucht von San Francisco vorsichtig eine verwitterte Treppe hinunter. Ganz auf sein Vorhaben konzentriert, hatte er kaum einen Blick für das Panorama übrig. Ellsberg ging an einem Whirlpool vorbei und öffnete die Tür zu einem »ehemaligen Keller«, wie er mir beim Herumführen erklärte.

Sein unterirdisches Büro, ein Gewirr miteinander verbundener Räume, war vollgestopft mit den Büchern und Unterlagen eines ganzen Lebens. Auf manchen der wackeligen Stapel aus Ablageboxen thronten Drahtkörbe mit noch mehr Akten. Ungleich geformte Buchregalreihen ließen nur schmale Durchgänge frei. Die Regale waren nach Themen bestückt: UNHEIL, VÖLKERMORD, BOMBARDIERUNG VON ZIVILISTEN, BUSH. Ellsberg hatte nichts von seiner Empörung über die Nachrichten aus aller Welt eingebüßt, nichts von seiner Lust am politischen Nahkampf. Mit 82, das Gesicht voller Falten, aber nicht altersmilde, wirkte er immer noch wie ein Raubvogel auf der Jagd.

Im Jahr 1971 hatte Ellsberg, damals noch Verteidigungsexperte mit einer Top-Secret-Freigabe, eine geheime Chronik des Vietnamkrieges an die *New York Times* und die *Washington Post* übermittelt – 7000 Seiten stark und damit genug, um die Lügen von zwei Präsidenten über den Krieg zu entlarven. Er wurde zu einer Ikone des politischen Protests, zum Archetyp eines Whistleblowers, der gesellschaftlichen Wandel vorantreibt. Henry Kissinger, zu jener Zeit Richard Nixons Nationaler Sicherheitsberater, nannte ihn den »gefährlichsten Mann in Amerika« – ein Abzeichen, das Ellsberg mit grimmigem Stolz trug. Ellsberg war der erste Amerikaner, der wegen der Weitergabe von Informationen an die Presse der Spionage bezichtigt wurde.

Nun, vier Jahrzehnte später, im selben Monat, in dem ich den Techniker von Google traf, beugte sich Ellsberg über ein geliehenes Notebook. Mit einer ihm unvertrauten Software loggte er sich in einen anonymen Account ein. Irgendwo in Moskau, zehn Zeitzonen entfernt, wartete Snowden online auf Ellsberg. Beide Männer waren bemerkenswerte Vertreter ihrer Zeit. Ihre in einem Transkript festgehaltene Verabredung war, wie beiden offensichtlich bewusst war, historisch, sollte aber ein privates Tête-à-Tête bleiben.

Seit seiner Ankunft in Moskau hatte Snowden weder Rundfunk noch Presse ein Interview gegeben. Auch wenn er behauptete, sich nicht um seinen guten Ruf zu kümmern, hatte er ein wachsames Auge auf Videos von sich. Er bat Ellsberg, ihre Unterhaltung vertraulich zu behandeln – auch die Tatsache, dass sie überhaupt stattgefunden hatte. »Die Regierung hat versucht, einige ausgesprochen harmlose Dinge zu skandalösen Statements aufzubauschen. Darum möchte ich möglichst kleine Fußabdrücke in der Presse hinterlassen, um den Fokus auf den Kampf um Reformen zu richten«, schrieb Snowden.

Ellsberg erklärte sich mit Snowdens Bedingungen einverstanden und der jüngere Mann entspannte sich ein wenig. Selbst in vertraulichen Gesprächen wog Snowden normalerweise jedes Wort sorgfältig ab, aber der Überschwang des Älteren ließ seine Fassade bröckeln. In Temperament und politischer Einstellung waren sie grundverschieden. Snowden, der kühle Libertäre, teilte im Allgemeinen nicht die Leidenschaft der Linken. Doch im Laufe der folgenden zwei Stunden und zwanzig Minuten wagte er sich nach und nach immer mehr aus der Deckung.

»Wow! Das finde ich sehr aufregend!«, tippte Ellsberg, wobei die kompakte Tastatur fast unter seinen großen Händen verschwand. »Wenn Sie irgendwelche Äußerungen von mir über Sie und Ihre Aktion gelesen haben, wissen Sie, dass Sie mein Held sind.«[10]

»Das gilt für uns beide«, antwortete Snowden. »Ich glaube, es gibt kaum noch Leute, die das, was Sie getan haben, nicht respektieren. Für die Dinge, die Sie gesagt und geschrieben haben, haben Sie meine tiefste Wertschätzung. Ich denke, Ihre Geschichte und Schlagkraft haben wirklich dazu beigetragen, die öffentliche Wahrnehmung zu drehen.«

Ellsberg hatte Snowden öffentlich als einen Mann nach seinem Herzen, der seinem Beispiel gefolgt war, bezeichnet. Kein Leak in der amerikanischen Geschichte, so verkündete er, sei von größerer Bedeutung. »Vierzig Jahre lang hab ich auf jemanden wie Sie gewartet und gehofft«, gestand er Snowden zu Beginn ihres Chats. Drei Monate zuvor hatte er im *Guardian* geschrieben, Snowden stelle unter Beweis, »dass die sogenannte Intelligence Community zur Vereinigten Stasi von Amerika geworden ist«.[11] Snowden vermied zwar flammende Metaphern wie diese, aber er fand Ellsberg inspirierend. Monate bevor er mit dem NSA-Archiv an die Öffentlichkeit gegangen sei, habe er mit seiner Freundin Lindsay Mills einen Dokumentarfilm über die Pentagon-Papiere angeschaut, erzählte er mir. Zu Ellsberg sagte er, das »hat mich in meinem Entschluss bestärkt«.

Als sie sich über die NSA austauschten, wartete Ellsberg gleich mit einer düsteren Theorie auf. »Ich glaube, sie halten das Ausspionieren von Einzelpersonen geheim, weil sie auf diese Weise Kongressmitglieder und Richter erpressen können und alle Möglichkeiten haben, die Quellen von Journalisten aufzuspüren und der echten investigativen Berichterstattung den Garaus zu machen«, schrieb er. Das führte er noch eine Weile weiter aus. »Irgendwelche Ideen zu diesem Potenzial der Erpressung im großen und kleinen Stil?«

Snowden wand sich ein wenig. »Technisch ist es möglich«, antwortete er. »Es wäre nicht mal schwierig. Trotzdem weiß ich persönlich nichts darüber (und glaub es auch nicht) – wenn es stimmt, müsste es streng geheim sein. Genau genommen sind die meisten normalen Mitarbeiter [der NSA] gute Leute, die einen guten Job machen wollen. Ich denke, irgendwer würde einen Weg finden, das ans Licht zu bringen.«

Ellsberg tippte immer schon los, bevor Snowden geantwortet hatte – in einem Höllentempo feuerte er Fragen, Exkurse, Einschübe ab. »Wie geht es Ihnen in Russland? Sehen Sie irgendwelche Aussichten, das Land wieder zu verlassen?«

»Es geht mir gut. Was meine Fähigkeit angeht, lange Zeit ohne menschlichen Kontakt zu funktionieren, bin ich schon fast ein Autist.« Die zweite Frage überging er geflissentlich.

»Was hat Sie angetrieben, was hat Sie den letzten Schritt gehen lassen?«, fragte Ellsberg.

In der Öffentlichkeit nannte Snowden viele verschiedene Gründe – zum Beispiel seine Wut über James Clapper, der bei seiner Aussage vor dem Senat geleugnet hatte, dass die NSA »wissentlich« Daten über Millionen Amerikaner sammle. (Diese Erklärung passte nicht ganz zum zeitlichen Ablauf der Geschehnisse, denn Clapper machte seine Aussage erst, als Snowden schon lange dabei war, Dokumente beiseitezuschaffen, und Kontakt zu Journalisten aufgenommen hatte.) Nun gab Snowden eine persönlichere Antwort. Er spielte auf die Online-Tagebücher seiner Freundin an und die provokativen Fotos, die sie von sich selbst machte.

»Ich kann nicht sagen, was den Ausschlag gab. Ich denke viel darüber nach. Als ich sah, wie Lindsay ihren Internetauftritt entwickelte – einen großen, wunderschönen, kreativen Fußabdruck im Netz – und erkannte, wie verletzlich sie das machte und Millionen Unschuldige wie sie ebenso, da löste das wohl so etwas wie eine Glaubenskrise bei mir aus. Ich kann nicht etwas Bestimmtes hervorheben. Mir wurden plötzlich die Tendenzen klar und wohin sie führen würden.«

Ellsberg bat Snowden, auf einige seiner Kritiker zu reagieren. »Sind Sie sich wirklich sicher – im Gegensatz zu dem, was Lehnstuhlstrategen annehmen –, dass Russland und China es nicht geschafft haben, an Ihre Daten ranzukommen?«

»Ja. Dass RU oder CN irgendwelche Daten von mir besitzen, ist undenkbar. Wie ich sie schütze, kann ich Ihnen nicht erklären, aber es ist physikalisch [unmöglich]. Um an die Daten zu gelangen, müsste man mehr Energie aufwenden, als im gesamten Universum vorhanden ist.«

»Was halten Sie dem Argument entgegen, dass es für die Amerikaner nicht von Nutzen ist, wenn Sie so viel darüber verraten, wie die NSA ANDERE Länder ausspioniert?«, fragte Ellsberg.

»Dahinter stecken zwei falsche Annahmen: 1) Nicht die Aktion (das Spionieren) verursacht den Schaden, sondern der Whistleblower. 2) Das Spionieren selbst ist von Nutzen. Ich würde behaupten, dass der öffentliche Nutzen der NSA-Spionage die Risiken nicht aufwiegt. Wenn wir eine moralische Instanz sein wollen, müssen wir uns auch so verhalten.«

Aus Snowdens Sicht stand es Ausländern ebenso wie Amerikanern zu, vor willkürlicher Überwachung geschützt zu werden. Gab es keine triftigen Gründe, eine Person zu bespitzeln, so sollten ihre Daten unbehelligt bleiben. Als geeignete Messlatte für legitime Spionage im Ausland nannte Snowden häufig den »hinreichenden Verdacht«, die strenge Vorgabe für die richterliche Genehmigung von strafrechtlichen Ermittlungen. Dies war möglicherweise seine radikalste Überzeugung. Für das Sammeln von Geheiminformationen im Ausland hatte es noch nie solche Beschränkungen gegeben. Snowden widersprach im Grunde Jahrzehnten verfassungsrechtlicher Analysen durch Bundesgerichte und geradezu dem Kerngedanken der Auslandsspionage. Geheimdienste suchen nach Informationen, nicht nach Indizien für Verbrechen.

»Ich glaube daran, dass unsere Verfassung jeden Menschen schützt, nicht nur unsere Bürger«, meinte er. »In der Unabhängigkeitserklärung heißt es nicht, dass ›alle Staatsangehörigen der USA gleich geschaffen sind‹, oder? Darauf beruht ein großer Teil meiner Argumentation.«

Ellsberg, der keinen Versuch unternommen hatte, vor der US-Gerichtsbarkeit zu fliehen, lobte Snowden, weil er im Ausland um Asyl gebeten habe, um einer Anklage wegen Spionage zu entgehen: »UNTER DEN DERZEITIGEN AUSLEGUNGEN DIESER GESETZE ERWARTET SIE IN DEN USA KEIN FAIRES VERFAHREN.«

»Das Spionagegesetz hätte schon 1917 abgeschafft werden sollen«, stimmte Snowden ihm zu und führte ein neues, wenn auch unpolitisches, Argument ins Feld. »Es führt das Anreizsystem ad absurdum – warum sollte sich ein rationaler Akteur (der ausländischen Regierungen keine Informationen verkauft) einem Rechtssystem unterwerfen, das ihn so bestraft, als verkaufe er ausländischen Regierungen Informationen? Sie bieten positive Anreize für Hochverrat und negative für Whistleblowing. Im Grunde setzt das Spionagegesetz Geheiminformationen (zum Beispiel die in meinem Kopf) einer Gefährdung aus, indem es mich zwingt, aus den USA zu fliehen, statt mir zu erlauben, zu bleiben und für die Verteidigung des öffentlichen Interesses zu kämpfen (oder eine vertretbare Strafe hinzunehmen).«

Snowden hatte soeben etwas eingeräumt, das er mir gegenüber nie, auch nicht hypothetisch, in Erwägung gezogen hatte: dass seine Anwesenheit in Russland ein potenzielles Sicherheitsrisiko für die Vereinigten Staaten darstellte. Dann fragte ihn Ellsberg, wohin der nächste Whistleblower fliehen solle.

»Das ist schwierig. Die naheliegende Antwort lautet Russland, denn gemäß ihrer Denkweise würden sie nie jemanden ausliefern, den künftige ›echte Spione‹ für einen ›Selbstanbieter‹ halten könnten. Sonst würden sie nämlich ›echte‹ Selbstanbieter abschrecken.«

Wie ich wusste, war dies tatsächlich Snowdens Meinung, die er jedoch öffentlich nicht so geäußert hätte. Es war ein schräges Argument, das man leicht gegen ihn verwenden konnte. Snowden meinte: Ich bin kein russischer Agent, aber die russische Regierung beschützt mich, weil ich auf andere potenzielle Agenten wie einer wirke. In seinen Augen behandelte Moskau ihn auch deshalb gut, weil man dadurch die Anwerbung neuer Spione befördern wollte.

Es gab keinerlei öffentliche Indizien dafür, dass Snowden den Russen tatsächlich Informationen zugespielt hatte. Kein Beamter, dessen Position ihm erlaubt hätte, das zu wissen, behauptete mir gegenüber jemals, dass die Regierung über solche Informationen verfüge. Andererseits konnte Snowden aber auch nicht das Gegenteil beweisen. Am nächsten kam er dem Thema noch bei unserem Interview im Dezember 2013. »Ganz theoretisch würde ich sagen, es würde so ablaufen, dass du aus der Schlange bei der [Pass-]Kontrolle rausgeholt würdest, so wie in jedem anderen Land auf der Welt auch, und dann kommst du in einen Raum mit einem Haufen Leute und sie sagen: ›Hör zu, so sieht's aus, das können wir dir anbieten, bla bla bla, willst du für uns arbeiten? Hast du irgendwas, das uns weiterhelfen könnte?‹ Eine Art

Freundschaftsangebot. Und du sagst: ›Also, ich finde nicht, dass das angebracht wäre. Das tue ich nicht. Darum geht es hier nicht.‹ Und wenn du wirklich willst, dass sie dich in Ruhe lassen, würdest du sagen: ›Ich muss derartige Gespräche abbrechen oder ich werde darüber berichten.‹ Was, glauben Sie, würden die tun?«

Gestützt von Indizienbeweisen stellte Snowden klar, dass er in den 39 Tagen, die er auf dem Flughafen Scheremetjewo festgehalten wurde, permanent Zugang zum Internet hatte; während dieser Zeit hatte er eine Zeugin, Sarah Harrison, und regelmäßigen Kontakt zu Journalisten. Wenn russische Regierungsbeamte Snowden stärker unter Druck gesetzt hätten, wie viele US-Beamte spekulierten, wäre er vermutlich abgeschottet worden und man hätte ihm diesen Kontakt mit der Außenwelt und Unterstützung verwehrt. »Wenn du jemanden bei dir hast, bist du nicht isoliert«, sagte er zu mir. »Du hast weniger Angst. Du bist auf einem Flughafen mit drahtlosem Internetzugang in jedem Raum. Also können sie dir keinen Scheiß erzählen, denn du hast einen Laptop vor dir, auf dem sich alles, was sie sagen, sofort überprüfen lässt. Das ist im Grunde die stärkste Verhandlungsposition, die du in einer schrecklichen Situation haben kannst.«

Snowden brauchte keine finanzielle Unterstützung von der russischen Regierung. Russland hätte ihm das Leben schwermachen und viel mehr unternehmen können, um ihn unter Druck zu setzen, aber Wladimir Putin hatte ein spezielles Interesse daran, ihn mit Samthandschuhen anzufassen. Snowdens Freiheit bedeutete für Putin keine Gefahr, bereitete jedoch den Vereinigten Staaten beträchtliche Magenschmerzen und hielt eine Story am Köcheln, die die US-amerikanische Diplomatie und Politik erschütterte. »Ich unterhalte keinerlei Beziehung zur russischen Regierung«, erklärte mir Snowden. »Ich bin keine Vereinbarungen mit ihnen eingegangen. Ich habe keinen Kontakt zu ihnen. So läuft das schlichtweg nicht.« Ein weiteres Indiz: Snowden riet mir davon ab, Geheiminformationen mit nach Moskau zu bringen, was ein russischer Agent wohl kaum getan hätte. Ich war durchaus offen für Gegenbeweise, aber fand nie welche.

In seiner Unterhaltung mit Ellsberg schrieb Snowden, das »ideale«

Fluchtziel für jemanden wie ihn sei eine Demokratie, in der Whistleblower zuverlässig Schutz erhielten und man gewillt sei, Druck aus Washington standzuhalten. Dass ein solches Land existierte, schien mir eher unwahrscheinlich. Er erwähnte Island, Ecuador und Uruguay, aber wie viel wären sie tatsächlich bereit, für ihn zu opfern, und für wie lange?

Immer wieder kam Ellsberg auf seine lebenslange Beschäftigung mit Leaks und Leakern zu sprechen. Es gebe so viele von Staaten begangene Verbrechen, so viele Geheimnisse, so wenige mutige Menschen, die bereit seien, die Wahrheit ans Licht zu bringen.

»Ich wünsche mir von ganzem Herzen mehr Snowdens«, schrieb er dem Jüngeren. »Haben Sie irgendeine Antwort auf die Frage (die ich mir selbst seit 40 Jahren – zugegebenermaßen ohne großen Erfolg – stelle): Warum gerade SIE? Und nicht IRGENDWER von all den anderen Jungs, die über einen vergleichbaren Zugang verfügten UND die sich mit Ihnen über elementare Werte und die Ansicht einig waren, dass es falsch sei, was da geschah?«

»Ich weiß es nicht. Ich denke, die meisten Leute lähmt ihre Bequemlichkeit und ich selbst habe nur wenige Bedürfnisse. Für jemanden, der nicht viele Wünsche hat, ist es viel einfacher zu gehen.«

Als ich Ellsberg später besuchte, meinte er, Snowden habe ihm nur die halbe Wahrheit gesagt. »Es liegt auf der Hand, warum die meisten Menschen so etwas nicht machen«, sagte er. »Sie wollen nicht ins Gefängnis, wollen ihren Job nicht verlieren. Aber warum tut es *keiner* von ihnen? Warum kommt es so selten vor? Es steht doch so viel auf dem Spiel – man könnte denken, dass manche Menschen durchaus bereit wären, dafür ins Gefängnis zu gehen. Hier geht es um das Beenden eines Krieges, das Abwenden eines Krieges, womöglich eines Atomkrieges oder die Bankrotterklärung der Verfassung.«

Ellsberg hatte es sich schon seit Jahren zur Aufgabe gemacht, jeden Whistleblower zu befragen, den er ausfindig machen konnte. Jeden Austausch hielt er in seinem ausführlichen Tagebuch fest. (»13:46 Uhr: für Gellman um 14:00 Uhr bereitmachen«, notierte er an dem Tag, an dem wir uns trafen.) »Es läuft darauf hinaus, dass wir alle einen Ansatz gewählt haben, der uns absolut natürlich erschien«, erklärte er mir. »Weil es kein anderer macht, muss ich es tun.« Dennoch bleibe das Rätsel bestehen. Die Männer oder Frauen, die diese Last auf sich nähmen, »sind nicht normal«, räumte Ellsberg ein. »Was haben diese Leute gemeinsam? Ihr Hintergrund hat mir da kaum weitergeholfen.«

Ich fand es faszinierend, dass Ellsberg es nicht sah. Was ihre Lebenserfahrung betraf, wiesen er und Snowden zwar kaum Parallelen auf.[12] Der Ältere von beiden hatte erfolgreich als Zug- und Kompanieführer in der Marine gedient; der Jüngere war aufgrund einer Verletzung schon als Rekrut aus der Army ausgeschieden. Ellsberg hatte in Harvard promoviert und eine steile Karriere bis in die oberen Etagen der nationalen Sicherheit hingelegt – er war zertifiziertes Mitglied der Top-Insider. Von den Geheimunterlagen über den Vietnamkrieg, die er schließlich offenlegte, besaß er genaueste Kenntnisse, weil er zu dem Team aus drei Dutzend Wissenschaftlern gehörte, das sie verfasst hatte. Snowden war wie Ellsberg hochintelligent, konnte jedoch nicht dessen Qualifikationen oder institutionelle Wurzeln vorweisen. Er war ein Autodidakt ohne festen Lehrplan, ein Außenseiter, der durch sich bietende Schlupflöcher nach innen vorgedrungen war. Sein Aussichtspunkt lag an der Peripherie der NSA, weit entfernt vom Zentrum, aber mit dem Privileg, umherstreifen zu dürfen. In seinen alltäglichen Verwaltungsaufgaben war sein Talent unterfordert, was sich aus Sicht der Behörde im Rückblick als fatal erweisen sollte.

Was Ellsberg und Snowden jedoch gemeinsam hatten, war ihr unerschütterliches Vertrauen in ihre Überzeugung von dem, was richtig und was falsch sei. Als Journalist hatte ich eine Reihe Leaker kennengelernt, die ein besonderes Anliegen antrieb. Mehr als jede andere Eigenschaft zeichnete sie Gewissheit aus, selbst wenn sie erst einige Zeit, nachdem sie im System gearbeitet hatten, abtrünnig wurden. Sie entwickelten eine tiefsitzende Abneigung gegen Kompromisse und entfremdeten sich von den Normen ihres Arbeitsplatzes. Nach meiner Erfahrung erhoben sie keinen Anspruch darauf, im alleinigen Besitz der moralischen Wahrheit zu sein. Für ihre Weltsicht war typisch, dass die Wahrheit in ihren Augen eigentlich für alle offensichtlich war.

Als ich Snowden zum ersten Mal sah, bemühte ich mich hartnäckig, ihn in diesem Punkt zu einer klaren Aussage zu bewegen. Viele Leute missbilligten, was sie bei der Arbeit sähen, sagte ich. »Die meisten machen einfach weiter. Man braucht eine Menge – ich weiß nicht genau, intellektuelles und moralisches Selbstbewusstsein dafür, stimmt's?«, fragte ich.

»Oder Soziopathie«, witzelte er – diese Art der Befragung behagte ihm nicht.

»Irgendwie müssen Sie das Gefühl haben, dass Sie von all den Leuten, die das Gleiche tun könnten – in diesem Fall Zehntausende –, dass Sie derjenige sind, der den Wandel auf den Weg bringen sollte«, sagte ich. »Die große Mehrheit würde sich einfach nicht rühren und nach rationalen Erklärungen dafür suchen, oder? Ein paar würden sagen: ›Dabei kann ich nicht mitmachen‹, und gehen. Kaum einer würde sagen: ›Ich muss derjenige sein, der dem ein Ende bereitet.‹«

Snowdens Miene hellte sich auf. »Das stimmt. Und darum war ich frustriert. ... Wenn du siehst, dass sich die Dinge nicht ändern, und du den Ernst der Lage erfasst, fühlst du dich vielleicht einfach getrieben, etwas zu unternehmen. Weil du begreifst, dass du es kannst. Du erkennst, dass du die Fähigkeit dazu besitzt, und du erkennst, dass all die anderen Scheißkerle, die mit am Tisch sitzen, dieselbe Fähigkeit haben, aber nichts tun. Also muss jemand den Anfang machen.«

Im Unterschied zu ihren Arbeitskollegen konnten es Whistleblower nicht ertragen, eine Überzeugung zu haben, ohne sich auch entsprechend zu verhalten. Es gab Schwarz und es gab Weiß, und sie weigerten sich, den Blick abzuwenden, sogar – oder gerade – wenn andere nicht genau hinschauen wollten. Daraus folgte für sie zwangsläufig der Schritt in die Öffentlichkeit. Was auch immer Ellsberg und Snowden antrieb – ihre Leidenschaft war echt.

Ashkan und ich stellten vier, dann fünf und schließlich sechs Hypothesen darüber auf, wie die NSA in die Google Cloud eingedrungen sein konnte.[13] Vielleicht, so dachten wir, hatte die NSA das Master-SSL-Zertifikat des Unternehmens gestohlen, was Spione in die Lage versetzen würde, die Online-Dienste von Google zu imitieren. Ihr Computer denkt, er spricht mit Google, aber in Wirklichkeit spricht er mit Fort Meade. Vielleicht hatte die NSA aber auch die Verschlüsselung des echten Zertifikats geknackt. Ihr Computer spricht wirklich mit Google, aber die NSA hört mit. Vielleicht konnte die NSA ein Zertifikat fälschen. Vielleicht betrieb sie heimlich eines der Unternehmen (»Zertifizierungsstellen«), die Zertifikate als authentisch verifizierten. Vielleicht hatte sie einen Bug in dem Software-Code entdeckt, der Zertifikate in Browsern steuerte. Vielleicht – das war die beunruhigendste Möglichkeit – wusste die NSA von einem, wie Ashkan es nannte, »Master-Fehler« in der grundlegenden Funktionsweise von kryptographischen Zertifikaten. »Wir glauben, gerade herausbekommen zu haben, dass die NSA über ein Master-SSL-Zertifikat für das gesamte Internet verfügt«, hielt ich zu einem frühen Zeitpunkt unserer Recherchen dezent übertrieben in einer Tagebuchnotiz fest.

Falsch. Komplett falsch. Im weiteren Verlauf unserer Arbeit lösten sich alle sechs Hypothesen in Luft auf. Das ist Sinn und Zweck von journalistischem Handwerk, aber wir kamen nicht von der Stelle.

Wie hätte das Rätsel, vor dem wir standen, im Mittelalter ausgesehen? Wir wussten, dass die NSA geheime Botschaften lesen konnte, die man sicher hinter hohen Burgmauern verwahrt glaubte. Wir wussten nicht, wie sie die Befestigungen durchbrochen hatte oder wie viele Geheimnisse verlorengegangen waren. Bestach die NSA die Wache der Königin? Wusste sie, wie man Raben, die Botschaften transportierten, im Flug abfangen konnte? Schlüpften Spione durch Spalte in den Burgmauern, brachen sie das Fallgatter auf, gruben sie Tunnel unter dem Burggraben? Vermochten sie, mit Hilfe dunkler Magie durch Wände zu gehen? Manche Versionen dieser Geschichte waren folgenschwerer als andere.

Wieder traf ich mich mit einem Techniker aus dem Sicherheitsteam von Google – dieses Mal in einem schummerigen Coffeeshop an einem Tisch im hinteren Bereich. Er fluchte zwar nicht, als er den Smiley sah, aber abgesehen von dieser ersten Reaktion sagte er dasselbe wie sein Kollege: »Ich hoffe, Sie machen das publik.«

»Das Diagramm stellt das, was wir tun, vereinfacht dar«, sagte er. »Es ist nicht ganz korrekt, aber das heißt nicht, dass sie über die Einzelheiten nicht Bescheid wissen.« Er zeigte auf die rechte Seite der Skizze, wo die Google-Rechenzentren Informationen innerhalb ihrer eigenen privaten Cloud »im Klartext« austauschten. »Dass sie das herausgefunden und den großen Smiley dahingesetzt haben, heißt eindeutig, dass sie genug angezapft haben, um zu wissen, wie wir organisiert sind. In unserem privaten Backbone ist der Datenverkehr unverschlüsselt.«

Er lächelte grimmig, aber beherrscht. Er wirkte wie ein Schlossermeister, der soeben erfahren hatte, dass jemand die Schlösser an seinem eigenen Haus geknackt hatte – und zwar wiederholt über einen sehr langen Zeitraum hinweg. Laut einer Folie des Dokuments war die Operation vor über sechs Jahren erfolgt.[14] Die NSA wusste, wie die Google-Netzwerke von innen aussahen, und er glaubte, dass sie das nur auf eine einzige Art und Weise entdeckt haben konnte: »Sie wissen, wo sich der Klartext befindet, und das wissen sie, weil sie selbst herumgeschnüffelt und ihn gefunden haben. Und als sie ihn erst mal gefunden hatten, haben sie höchstwahrscheinlich nicht gesagt: ›Das ist ja interessant!‹ und ihn dann liegen gelassen.«

Höchstwahrscheinlich nicht, aber unmöglich war es auch nicht. Theoretisch hätte die NSA die Schlösser von Google knacken, ins Innere spähen, eine Goldmine ungesicherter Informationen entdecken und sich wieder zurückziehen können, ohne etwas anzurühren. Es war auch denkbar, dass es der Behörde gelungen war, von einem anderen Ort aus Infomationen über die Google-Nutzer zu sammeln. Also ohne in die Google-Burg einzudringen. Über die Grundstücksgrenze hinweg. Um diese Story hieb- und stichfest zu machen, mussten Ashkan und ich beweisen, dass die NSA etwas besaß, das nur den internen Netzwerken von Google eigen war – Bits und Bytes, die nirgendwo sonst existierten.

Mit Hilfe von Informanten aus der Regierung und dem Unternehmen stießen wir schließlich auf Fragmente unbearbeiteter gesammelter Daten in NSA-Dateien, die den zwischen den Rechenzentren von Google verwendeten Datenstrukturen und -formaten entsprachen.

Diese Formate waren geschützt und unverwechselbar. Sie waren nicht über das Internet transportiert worden. Fall abgeschlossen. Und nicht nur, was Google betraf. Die NSA war auch bei Yahoo eingebrochen, dem Konkurrenten von Google in Silicon Valley. Laut einer Präsentation war die Behörde gezwungen gewesen, »benutzerdefinierte Demultiplexer zu entwickeln«, um das »firmeneigene Format« zu dekonstruieren, das Yahoo für »den Transfer kompletter E-Mail-Accounts« verwendete. Wir fanden starke Indizienbeweise dafür, dass auch die ausländischen Datennetze von Microsoft in Mitleidenschaft gezogen worden waren, aber nicht genug, um es mit Sicherheit behaupten zu können.

Schließlich erkannten wir, warum all unsere Hypothesen über den Exploit der Google Cloud falsch gewesen waren. Wir hatten die verkehrte Frage gestellt. Wir waren davon ausgegangen, dass die NSA die SSL-Verschlüsselung, die den Datenverkehr von Google schützte, beseitigt (»eingefügt und entfernt«) hatte. Und dann hatten wir gefragt, wie sie das gemacht hatte. Aber so lief es überhaupt nicht. Google selbst entschlüsselte seinen eigenen Datenverkehr als Teil der normalen Arbeitsabläufe – und zwar in dem Moment, in dem die Daten aus dem öffentlichen Internet an der Grenze zur privaten Cloud des Unternehmens eintrafen. Die Abteilung für Datenbeschaffung der NSA musste gar nicht die Burgmauern von Google durchbrechen oder sich unter ihnen durchgraben. Bildlich gesprochen drang die NSA in das Torhaus ein und wartete darauf, dass Google das Tor öffnete. Ganz real gab es über die Welt verstreute physische Kreuzungen, wo die eigenen Kabel von Google, die die internen Netze des Unternehmens miteinander verbanden, auf das Glasfaser-Backbone des Internets trafen. Diese Anschlusspunkte wurden von Privatunternehmen betreut. Das GCHQ, das britische Gegenstück zur NSA, unterhielt eine spezielle Beziehung zu einem dieser Unternehmen. GCHQ und NSA teilten sich den Zugang zu den Leitungen von Google an einem Ort, der nur als MUSCULAR bezeichnet wurde. Auf einem Foto aus dem Innern der Anlage, wo auch immer sie sich befand, waren nebeneinander angeordnete Racks mit Kommunikationsequipment zu sehen.[15] Die eine

Seite des Fotos trug die Bezeichnung »Carrier Equipment«, hier wurde die Glasfaserverbindung zum Google-Netzwerk hergestellt. Die andere Seite trug die Bezeichnung »Multiplex Equipment«, hier wurde eine Kopie des gesamten Datenstroms in das Verarbeitungssystem TURMOIL der NSA abgezweigt. Eine Kopie rein, zwei raus, und Google merkte nichts davon.

Das Ausmaß der Operation war bemerkenswert. Nach einem Top-Secret-Bericht vom 9. Januar 2013 sandte die Abteilung für Datenbeschaffung täglich Millionen Aufzeichnungen von den internen Yahoo- und Google-Netzwerken zu den Datenlagern im Hauptquartier der Behörde in Fort Meade. Laut dem Bericht hatten die Kollektoren 181 280 466 neue Aufzeichnungen verarbeitet und zurückgeschickt – einschließlich »Metadaten«, die angaben, wer wann E-Mails verschickte oder erhielt, sowie Inhalten wie Text, Audio und Video. Schließlich waren wir so weit, die Story zu veröffentlichen.

Der am 30. Oktober 2013 von Ashkan und mir verfasste Artikel begann mit den folgenden Worten: »Laut Dokumenten, die wir von Edward Snowden, dem ehemaligen Vertragsmitarbeiter der NSA, erhalten haben, sowie Befragungen von sachkundigen Beamten ist die National Security Agency heimlich in die Hauptkommunikationsverbindungen zwischen den weltweit verstreuten Rechenzentren von Yahoo und Google eingedrungen. Das Anzapfen dieser Verbindungen ermöglicht der Behörde, nach Belieben Daten von mehreren hundert Millionen Nutzerkonten zu sammeln, von denen viele US-Amerikanern gehören.«

Wir fuhren fort: »Mit dem Projekt MUSCULAR setzt die NSA allem Anschein nach ein ungewöhnlich aggressives Werkzeug der Spionagepraxis gegen amerikanische Vorzeigeunternehmen ein, was umso mehr verblüfft, als die NSA über ein weiteres Programm namens PRISM bereits einen gerichtlich genehmigten Zugang zu Nutzerkonten von Google und Yahoo besitzt.«

Mittlerweile hatte Google, teilweise als Reaktion auf unsere Fragen, seinerseits Nachforschungen in Gang gebracht. Bislang hatte das Unternehmen zu den meisten Überwachungsreportagen keinen Kommentar abgegeben, aber nun war die Hölle los. »Wir haben uns schon lange besorgt gefragt, ob eine derartige Schnüffelei denkbar sei, und aus diesem Grund immer mehr Google-Dienste und -Verbindungen immer stärker verschlüsselt«, sagte David Drummond, der Leiter der Rechtsabteilung.[16] Und er fügte hinzu: »Wir sind empört über das Ausmaß, in dem die Regierung offensichtlich Daten aus unseren privaten Glasfasernetzen abgezogen hat. Das unterstreicht die dringende Notwendigkeit von Reformen.«[17]

»Dieser Tag war sehr viel emotionaler als sonst üblich«, sagte Brad Smith, zu jener Zeit General Counsel von Microsoft, zwei Monate später zu mir. »In einer sonst so konkurrenzbetonten Branche herrschte im gesamten Technologiesektor große Einigkeit in den Reaktionen auf diese Nachrichten. Plötzlich wurde uns klar, dass wir möglicherweise nicht alles wussten, was vor sich ging. Unsere ureigene Position als Technologieanbieter wurde untergraben. Wir hatten über unsere eigenen Anlagen und Daten nicht die Kontrolle, von der wir ausgegangen waren.«

Der NSA-Direktor Keith Alexander befand sich gerade auf einer Konferenz über Cyber-Sicherheit, als der Artikel erschien. Ein anwesender Reporter fragte ihn danach. Der Reporter hatte unsere Story nicht gelesen und den Kernpunkt nicht ganz richtig wiedergegeben. »General«, fragte er, »uns erreichen gerade Nachrichten von einem Bericht in der *Washington Post* über neue Anschuldigungen von Snowden, wonach die NSA weltweit in Datenbanken von Yahoo und Google eingedrungen ist und sie diese Datenbanken infiltriert hat?« Alexander stürzte sich auf das Wort »Datenbanken«. Als er antwortete, klang es wie eine glatte Leugnung der Tatsachen, aber das war es nicht: »Das ist nie passiert. Die NSA dringt nicht in irgendwelche Datenbanken ein. Das zu tun, wäre illegal. Demzufolge weiß ich nicht, was genau in dem Bericht behauptet wird, aber ich kann Ihnen versichern, dass wir faktisch keinen Zugang zu Google-Servern oder Yahoo-Servern haben.«[18] Wie Alexander mittlerweile wusste, behauptete unser Artikel nicht, die NSA sei in Server oder Datenbanken eingedrungen. Wir behaupteten, dass die Behörde in Kooperation mit ihrem britischen Pendant Kommunikationen aus privaten Schaltkreisen zwischen Rechenzentren abfing. Entscheidend war der Unterschied zwischen »ruhenden Daten« und »Daten im Transfer«. NSA und GCHQ brachen nicht in Nutzerkonten ein, die in Anlagen von Yahoo und Google gespeichert waren. Sie fingen die Informationen auf ihrem Weg durch Glasfaserkabel in den Netzen der Unternehmen ab. Danach lenkte Alexander vom Thema ab und erklärte, dass die Regierung auf gerichtliche Anordnung hin Daten auf US-amerikanischem Territorium abfängt.

Alexander und sein Mitarbeiterstab wussten bereits seit sechs Tagen, worum es in unserer Story gehen würde. Wütend waren sie vor allem über die Erwähnung des rechtlichen Rahmens, der »weniger strenge Beschränkungen und Kontrolle« vorsah, weil die Operationen im Ausland erfolgten. »In den Vereinigten Staaten wäre eine solch umfassende Sammlung von Internetinhalten ungesetzlich«, schrieben wir.

Geheimdienstbeamte deuteten dies als Unterstellung von Böswilligkeit. Valerie Sayre, stellvertretende Direktorin für Rechtsangelegenheiten der NSA, sandte zwei Tage vor der Veröffentlichung eine Warnung per E-Mail an Bob Litt, den obersten Rechtsberater der Geheimdienste. »Bart Gellman, Washington Post, plant, möglicherweise schon am Dienstagnachmittag einen Artikel über eine gewisse 12333-Datensammlung durch die NSA zu publizieren, die seiner Ansicht nach Befugnisse gemäß [FISA Amendments Act, Absatz] 702 ›durch die Hintertür‹ umgeht«, schrieb sie am 28. Oktober. »Natürlich ist seine Analyse nicht korrekt.«[19]

Nicht korrekt war nach Meinung von Sayre und anderen der von uns implizierte Betrugsvorwurf. Ähnlich äußerten sich Litt und sein Amtskollege von der NSA, Raj De, am Morgen der Publikation auf einer Tagung der American Bar Association. De, sonst eher gelassen, sprach voller Empörung von »der Implikation, der Unterstellung, Andeutung oder unverhohlenen Behauptung, dass eine Behörde wie die NSA ihre Befugnis gemäß Executive Order 12333 ausnützen würde, um FISA zu umgehen oder auszuhebeln.« Litt klagte, immerhin sei »alles, was bisher [in der Presse] enthüllt wurde, im Rahmen des Gesetzes geblieben«.[20]

Genau genommen war das auch unser Standpunkt, sofern man behaupten kann, dass ein Bericht einen Standpunkt hat. Wir warfen der NSA nicht vor, das Gesetz gebrochen zu haben oder seine Grenzen zu ignorieren. Offengelegt hatten wir jedoch eine breite Kluft zwischen dem Gesetzestext, wie ihn die Anwälte der Regierung auslegten, und dem, was man die Amerikaner über ihre Privatsphäre glauben gemacht hatte. De und Litt wurden bezahlt, um herauszufinden, wie man sich durch ein Aufgebot im Weg stehender Regeln und Vorschriften hindurchlavieren konnte. Das taten sie in gutem Glauben, für eine gute Sache, und die NSA nutzte die Schlupflöcher, die sie entdeckten, voll aus. Die von der Story aufgeworfene Frage lautete, ob das Gesetz reformbedürftig sei, wie es Führungskräfte von Google und libertäre Bürger mit Nachdruck behaupteten. Laut dem Autor Michael Kinsley verbirgt sich der Skandal zuweilen in dem, was rechtmäßig ist.[21]

Anfang 2015 lud mich Alex Gansa, der Showrunner der vom Privatsender Showtime ausgestrahlten Fernsehserie *Homeland,* zu einem Talk mit den Darstellern und dem Kreativteam ein. Die Serie mit Elementen eines Psycho- und Agententhrillers, die gerade in ihre fünfte Staffel startete, hatte sich unter Leuten, die im wahren Leben für den Geheimdienst und die nationale Sicherheit arbeiteten, zu einem echten Hit entwickelt. Die Autoren von *Homeland* pilgerten jedes Jahr von Hollywood zu Gesprächen mit den realen Gegenparts ihrer fiktiven Figuren. In diesem Jahr standen zwei ehemalige CIA-Direktoren und eine Clique von ehemaligen Verbindungsbeamten der CIA auf ihrer Liste. Das versprach gute Unterhaltung.

Mein Freund Alex Gansa fragte mich, ob es wohl eine Chance gebe, Snowden für einen virtuellen Auftritt in unserer Runde zu gewinnen. Wider Erwarten war Snowden einverstanden. Wir beschlossen, ihn als Überraschungsgast zu präsentieren. Die Gruppe traf sich im privaten City Tavern Club in Georgetown, einem Gasthaus aus dem 18. Jahrhundert, in dem einst schon George Washington und John Adams ihr Bier serviert worden war. Es roch leicht nach Lederpolitur und alten Teppichen. Als wir beim Mittagessen saßen und sich ein Techniker hektisch bemühte, in der Clubhausbibliothek eine Videokonferenz einzurichten, teilte ich der Gruppe mit: »Gleich wird Snowden zu uns stoßen.«

»Wahnsinn«, sagte Claire Danes, die als Darstellerin einer bipolaren CIA-Agentin der Star der Serie war. Sie griff nach einem Handy und schrieb eine Nachricht. »Ich verschiebe meinen Flug«, sagte sie.

Snowden erschien auf dem Bildschirm wie der Zauberer von Oz – ein Kopf ohne Körper, überlebensgroß. Von Beamten der Geheimdienste, des Außenministeriums und des Weißen Hauses hatte die *Homeland*-Crew schon viel über ihn gehört – und zwar nichts Gutes. Heute waren auch einige Leute anwesend, die ihn bewunderten, aber das Lager war gespalten. Wie sich herausstellte, ging Snowden bereitwilliger auf persönliche Fragen aus der Gruppe ein, als er es sonst bei Journalisten tat. Wie schon Ellsberg brachte ihn auch das Team von *Homeland* zum Reden.

»Ihr Name wird immer und immer wieder erwähnt«, sagte Gansa. »Und, ehrlich gesagt, sobald Ihr Name fällt, ist es, als würde man ein Licht anknipsen. Und wie sehr sich die Leute [von der Regierung] angesichts der Enthüllungen betrogen fühlen. ... Ich würde Sie gerne zuerst einmal fragen, was Sie fühlen, wenn Sie von der geballten Wut erfahren, die wir zu spüren bekommen haben.«

»Also, das ist mir jetzt ziemlich neu, aber ich finde es wichtig, das zu hören«, begann Snowden. Das offizielle Washington hatte alles getan, um ihn zu diffamieren, und darum »überrascht es mich nicht, dass die Leute so reden. Aber ich wüsste gerne, wie viele von den Leuten, mit denen Sie reden, tatsächlich mit diesen Dingen vertraut sind, tatsächlich damit arbeiten, mich gekannt haben. Wie viele Leute mit diesen Programmen gearbeitet haben und *keine* Zweifel hegten.«

Snowden glaubte, dass er bei den einfachen Beschäftigten der Intelligence Community, unterhalb der Chefetage, auch Unterstützer hatte. »Fast immer, wenn man sich privat mit diesen Menschen unterhält, ganz inoffiziell, nicht als Journalist – man steht ihnen gegenüber als Freund, Vertrauter, und sie fühlen sich wirklich sicher –, dann, finde ich, drücken sie sich meist etwas differenzierter aus. Sie sagen dann nicht ›Hey, der Typ ist super, er hat eine Medaille und eine Parade verdient‹, und das erwarte ich auch gar nicht. Ich denke, das ist ein außergewöhnlicher Fall. ... Aber natürlich bin ich nicht vollkommen. Ich bin fehlbar. Ich bin ein Mensch. Ich hätte schreckliche Fehler machen können. Aber ich hatte das Gefühl, dass es meine Pflicht war zu handeln.«

Snowden war in Plauderlaune. »Ich kann nicht behaupten, dass es nichts an mir zu kritisieren gibt, ich kann nicht sagen, dass ich der Verfechter des Gesetzes bin, denn bei dem, was ich getan habe, habe ich sehr viele Regeln gebrochen. Aber in der Öffentlichkeit gibt es heute nicht viele Leute, die behaupten, es ginge uns besser, wenn wir nicht Bescheid wüssten. Ich hab getan, was ich konnte, um möglichst viel für das Wohl der Allgemeinheit zu tun und dabei möglichst wenig Schaden anzurichten.«

»Ich plappere wirklich nur nach, was uns zu Ohren gekommen ist –«, begann Gansa.

»Nein, nein, schon klar. Schießen Sie los.«

»– nun ja, dass es sehr schwerwiegende Rückschläge im Kampf gegen die Bösen gegeben hat.«

»Haben sie Zahlen genannt? Haben sie konkrete Beispiele gegeben? Denn in der Presse argumentieren sie unter der Hand genauso. Aber obwohl es tatsächlich im Kongress Anhörungen dazu gegeben hat, haben sie nie auch nur einen einzigen konkreten Fall nennen können.«

»Nun ja«, sagte Gansa, »hier dürfen sie nicht darüber sprechen. Wir werden nichts von diesem geheimen Zeug erfahren.«

»Sie sagen Schaden, Schaden, Schaden. Aber das ist meistens – vielleicht keine leere Phrase, aber übertrieben. Auf meiner letzten Stelle bei der NSA habe ich mit diesen Systemen tatsächlich Personen ins Visier genommen. ... Ich habe echte E-Mails von Terroristen gelesen. Ich habe E-Mails von Hackern gelesen. Ich weiß, wie diese Typen arbeiten. Ich weiß, wie die Systeme funktionieren. Ich kenne die Quellen und Methoden. Ich weiß, was wichtig für uns ist, denn ich war darauf angewiesen. Und ich hab getan, was ich konnte, um möglichst viel für das Wohl der Allgemeinheit zu tun und dabei möglichst wenig Schaden anzurichten.«

Snowden sagte, seine Enthüllungen seien für die normalen Leute neu gewesen, aber nicht für Terroristen und politische Führer im Ausland. Sie wüssten bereits, dass sie möglicherweise abgehört würden. »Es wird [sie] nicht überraschen, dass westliche Geheimdienste das Internet und die Telekommunikation kontrollieren. Das ist unser Revier. Das gilt als unsere Domäne. Sie wissen, dass sie sich auf feindliches Terrain begeben, wenn sie dort operieren.«

Danes schaltete sich ein. Es sei eine Sache, »stillschweigend klarzumachen, dass diese Überwachung stattfindet, aber eine andere, wenn man das ausdrücklich vor der ganzen Welt bestätigt – das Argument haben sie auch angeführt«, sagte sie.

Im Laufe des Gesprächs äußerte Snowden wiederholt Zweifel, ob es sinnvoll sei, in zwischenstaatlichen Angelegenheiten von »den Bösen« zu sprechen. »Wir sind so in diesen weltweiten politischen Konflikten gefangen, dass wir Partei ergreifen«, sagte er etwa. »Wenn Monster gegeneinander kämpfen, sagen manche Leute: ›Ich will, dass Godzilla gewinnt.‹ Andere sagen: ›Ich will, dass Mothra gewinnt.‹ Und dabei vergessen wir völlig: Wenn Monster sich bekämpfen, ist die Stadt die Leidtragende. Das ist der eigentliche Kernpunkt der Sache. Es gibt sie nicht, die Guten oder die Bösen.«

Auf der Suche nach einem gemeinsamen Nenner führte Snowden Carrie Mathison an, die CIA-Agentin, die Danes in *Homeland* spielte. »Was die CIA, die Case Officers oder vermutlich auch Leute wie Carrie betrifft – die CIA macht ihren Agenten Zusagen, wenn sie rekrutiert werden«, sagte er. »Es ist ein beliebtes Motiv, dass [ein Case Officer] in Gewissensnöte gerät, weil die Behörde sagt: ›Den müssen wir loswerden.‹« Manchmal, sagte er, werde eine Carrie im realen Leben von der Zentrale gezwungen, jemanden zu opfern, den sie eingestellt habe. Würde man die Versprechen, die man der Person gegeben habe, einhalten, so »würde man eine Operation gefährden oder einfach nur ein mächtiges Unternehmen in Verlegenheit bringen«, und die CIA treffe brutale Entscheidungen. »Sie sagen: ›Uns vor dieser peinlichen Situation zu bewahren ist wichtiger als das Leben dieses Agenten.‹ So was passiert wirklich. Ich kann hier nicht ins Detail gehen, aber das ist nicht nur Fiktion.«

So redete Snowden, wenn er richtig aufdrehte – er deutete Insiderwissen über Ereignisse an, bei denen es um Leben und Tod gegangen war. Ich fragte mich, wie er solche Dinge aufgrund seiner Erfahrungen als technische Fachkraft der CIA in Genf wissen konnte. Das *Homeland*-Team wirkte nicht überzeugt. Snowden legte nach und berichtete seinen Zuhörern von einem frühen Gespräch zwischen uns beiden. Damals hatten Laura Poitras und ich sein erstes Enthüllungspaket bereits erhalten, aber noch nicht mit der Publikation begonnen. Snowden hatte mich zur Eile gedrängt.

»Als ich mit Bart sprach, hielt er mich für unheimlich dramatisch«, sagte Snowden nun. »Es war nach wie vor sehr wahrscheinlich, dass mein Plan durchkreuzt würde. Ich sagte zu ihm: ›Wenn die US-Regierung denkt, dass die Aktion mit Ihnen steht oder fällt, wenn sie das verhindern kann, indem sie Sie tötet, dann wird sie das tun.‹ Und er glaubte mir nicht. Er ist vermutlich immer noch skeptisch, was das angeht.«

Nicht nur skeptisch, um genau zu sein. Ich glaubte nicht, dass die Regierung einen Reporter umbringen würde. Damals, als ich noch nicht einmal seinen richtigen Namen kannte, hoffte ich, dass Verax das nicht wörtlich meinte. Diese Prophezeiung war nicht dazu angetan, mein Vertrauen zu gewinnen. Vielleicht, so dachte ich, hat der Stress ihn so panisch gemacht. Es störte mich, dass Snowden die Geschichte jetzt wieder aufgriff – als habe er sie wirklich so gemeint, als verleihe sie ihm Autorität als dem wahren Spion in einem Raum voller Heuchler.

Danes, die in eine Kaschmirstola gehüllt in einem Ledersessel saß, zog die Füße unter sich. Sie schaute schon eine Weile ziemlich finster drein.

»Offensichtlich denken Sie sehr zynisch über die Arbeit der CIA«, sagte sie. »Glauben Sie, dass ein Geheimdienst überhaupt einen Wert hat? Glauben Sie, dass er uns als Land nützt?«

»Ja, das tue ich«, antwortete Snowden. »Und ich möchte klarstellen, dass ich die Geheimdienste für absolut wertvoll halte. Ich glaube, es ist gut, dass es sie gibt. Ich will die NSA oder die CIA nicht zerstören. Ich glaube, dass ihre Arbeit im Großen und Ganzen sehr sinnvoll ist. Womit ich nicht einverstanden bin, sind bestimmte Programme, die auf bestimmte Weisen eingesetzt werden. Ganz besonders die Befugnisse zur Massenüberwachung, ganz besonders die Täuschung der Öffentlichkeit, wobei wir doch eigentlich nur unsere Gegner täuschen sollten.«

»Warum sind Sie zuerst nach China gegangen? Haben Sie gewusst, dass Sie schließlich in Russland landen würden?«, fragte Danes.

»Bei China ging es mir darum, dass ein Auslieferungsersuchen dort auf jeden Fall Zeit kosten würde, und diese Zeit konnte ich nutzen, um mit den Reportern alles zu besprechen, was sie wissen mussten, um über die grundlegenden Zusammenhänge zu berichten, egal, was mit mir passieren würde«, sagte Snowden. »Ich habe nie damit gerechnet, letztlich in Russland zu landen. Beim Zwischenstopp in Russland erfuhr ich, dass die US-Regierung meinen Pass für ungültig erklärt hatte, während ich mich in der Luft befand. Deshalb saß ich dort fest. Ich hatte eigentlich einen Flug nach Ecuador gebucht.«

Das war korrekt. Für jenen Tag hatte Snowden zwei Zwischenstopps in Havanna und Caracas geplant. Sarah Harrison, die ihn ab Hongkong begleitet hatte, hatte mir Kopien der bestätigten Reservierungen geschickt.

Passenger(s):	Ticket(s) #:	Seat(s):
Miss Sarah Harrison	5552102421916	N/A
Mr Edward Snowden	5552102421917	N/A

Date	From	To	Flight	Status
24 Jun 2013	MOSCOW SHEREMET, RUSSIA 14:05 TERMINAL D - DOMESTIC/INTL	HAVANA, CUBA 18:45 TERMINAL 3	SU 150	Confirmed Economy

Wenn Snowden zu Hause geblieben wäre, sagte Gansa, hätte er niemals die Chance auf ein ordentliches Gerichtsverfahren gehabt.

Snowden stimmte zu und erinnerte an Ellsberg. »Die Leute vergessen, dass Daniel Ellsberg nur deshalb nicht noch heute im Gefängnis sitzt und dass die Anklage gegen ihn nur deshalb fallen gelassen wurde, weil Nixon so ungeheuerliche Dinge getan hatte, dass der Richter keine andere Wahl hatte, als die Klage abzuweisen«, sagte er. Damit spielte er auf den Einbruch von Nixons Agenten in die Praxis von Ellsbergs Psychiater an. »Wenn man unter dem Espionage Act angeklagt wird, ist eine erfolgreiche Verteidigung ausgeschlossen.«

Danes versuchte, sich Snowdens Leben in Russland vorzustellen. »Haben Sie Freunde gefunden? Mit wem haben Sie zu tun? Gehen Sie auf Dinnerpartys? Wie ist das Leben dort?«

»Sie stellen Fragen, zu denen das FBI garantiert sagen würde: ›O ja, bitte, fragen Sie weiter!‹«

Danes zog ein Gesicht. »Okay, gut, dann antworten Sie halt nicht darauf.«

Einige von uns, meinte Gansa, indem er vorsichtig den Kurs änderte, seien um Snowdens Sicherheit in Russland besorgt.

»Ich muss sagen, dass mich das freut«, antwortete Snowden. »Aber, ganz ehrlich, meine Arbeit ist getan. Ich habe das Gefühl, dass mein Lebenswerk im Wesentlichen abgeschlossen ist. ... Falls mir etwas Schreckliches zustößt und ich verschwinden sollte, müssen Sie mir keine Träne nachweinen.«

Mandy Patinkin, der in der Serie einen Spitzenbeamten der CIA verkörpert, schüttelte traurig den Kopf und sagte leise, so dass nur wir ihn verstehen konnten: »›Mein Lebenswerk ist getan.‹ Er ist doch noch ein Junge. Mein Kind ist zweiunddreißig. Das ist ein Junge.« Lauter, an Snowden gerichtet, fragte Patinkin: »Träumen Sie schlecht oder können Sie gut schlafen?«

»Das hat mich eigentlich noch niemand gefragt, außer meiner Freundin«, antwortete Snowden.

»Mandy gibt eine gute Freundin ab«, scherzte Danes.

»Ich hab Sie gerade nicht verstehen können, aber falls Sie gesagt haben, Lindsay sei eine gute Freundin –«

»Nein, schon gut«, sagte Danes grinsend. »War nur Spaß.«

Patinkin bohrte nach: »Erzählen Sie mir, was Sie träumen. Und ob Sie nachts gut schlafen.«

»Ich träume nicht«, sagte Snowden. »Und wenn ich doch träume, kann ich mich nicht daran erinnern.«

Die ersten Jahrzehnte der National Security Agency, die unter diesem Namen am 4. November 1952 ins Leben gerufen wurde, waren geprägt vom Zeitalter der Radiowellen und des elektrischen Stroms in Schaltkreisen aus Kupferdraht.[22] In diesen Jahren investierte man in einen weltweiten Apparat aus Antennen, Schaltern und Satelliten, die alle nur dem Zweck dienten, elektronische Signale spezieller Art einzufangen. Mit dem Zeitalter des Photons, das Ende des 20. Jahrhunderts so richtig begann, wurde ein großer Teil dieses Apparats überflüssig. Schon im Jahr 2000 erfolgte der globale Kommunikationstransport weitgehend in Form von Lichtimpulsen über Stränge aus gesponnenem Glas, die so dick wie ein Menschenhaar waren und dann zu Bündeln geordnet und zu Zöpfen geflochten wurden. Glasfaserkabel revolutionierten den Datentransit. Digitale Speicher revolutionierten die Datenaufbewahrung. Die NSA musste sich von Grund auf neu erfinden. Als sie ihre neuen Domänen beherrschen lernte, erlangte sie ein Ausmaß an Kontrolle über Informationen, von dem der menschliche Entdeckergeist bislang nicht zu träumen gewagt hatte.

»Wir steuerten *aktive* SIGINT an, indem wir uns unserem Ziel annäherten und aus der Nähe Informationen einholten, statt auf eine Übertragung zu hoffen, die wir mit Hilfe traditioneller *passiver* SIGINT hätten abfangen können«, schrieb Michael V. Hayden 2016 in seinen Memoiren *Playing to the Edge*, der ersten Autobiographie eines ehemaligen NSA-Direktors.[23] »Und darüber hinaus wussten wir: Selbst wenn wir unseren Job nur einigermaßen gut hinbekommen würden, wäre dies immer noch das Goldene Zeitalter der Signals Intelligence, denn die Menschheit speicherte und übermittelte mit jedem Tag mehr und mehr Daten in digitaler Form.«

Hayden fügte hinzu: »Ohne große Debatten wandelte sich unsere Welt, von einer, in der Radiowellen durch reinen Zufall auf unsere Antennen trafen, zu einer, in der wir Einbruchdiebstahl auf digitalem Wege begingen.«

Diese Zusammenfassung vermittelt einen falschen Eindruck. Auch in ihren analogen Jahren war die NSA ausgesprochen aktiv. Das Projekt BLARNEY, zu dem man Telefongesellschaften ins Boot holte, stammte aus den 1970er Jahren. Doch Ende 2001, angespornt durch die technischen Möglichkeiten und die Terroranschläge vom 11. September, begann die NSA mit einer massiven Datenerhebung, ausgehend von zentralen Schaltstellen globaler Kommunikationsnetze.

Im Sommer 2002 erfuhr Mark Klein, ein Techniker von AT&T in San Francisco, dass ein Vertreter der NSA vorbeigekommen war und mit Führungskräften des Unternehmens über geheime Geschäfte verhandelte. Im Handumdrehen wurde ein neuer Geheimraum, Raum 641A, in dem AT&T-Gebäude in 611 Folsom Street eingerichtet, einem Internet-Wegekreuz für die gesamte Westküste. Die Tür ließ sich, für das Gebäude ungewöhnlich, nur mit einer per Tastatur eingegebenen Geheimnummer öffnen, so dass der Zutritt externen Bau- und Wartungstrupps sowie Technikern ohne Top-Secret-Freigabe verwehrt blieb. Dokumente und weitere Indizien überzeugten Klein davon, dass dort etwas Verdächtiges vor sich ging.

In dem Gebäude befanden sich Peering-Links für die größten Internet-Provider im Westen der Vereinigten Staaten – physische Verbindungsstellen an den Schnittpunkten von Datenautobahnen. Laut Dokumenten, die ich von Klein erhielt und aus denen ersichtlich wurde, wie sich eine Kopie des gesamten Datenstroms erstellen ließ, entwickelte AT&T ein Verfahren, über das sich die NSA mit Hilfe eines Verteilelements, eines sogenannten Splitters, in eine zentrale Leitung einklinken konnte.[24]

An einem Abend im Jahr 2003 befand sich Klein in der Nachtschicht allein auf der sechsten Etage, unmittelbar über dem Geheimraum.[25] »Das war die Gelegenheit, der Sache auf den Grund zu gehen, ohne Aufsehen zu erregen«, erzählte er mir später bei sich zu Hause in Alameda, wo er mit seiner Frau und zwei Terriern lebte. Der Fußboden des Raumes, in dem er sich befand, bildete die Decke von Raum 641A, wobei der Hohlraum für die Leitungen mit Platten von rund 60 mal 60 Zentimetern abgedeckt war. Er kniete sich hin und begann, die Platten zu entfernen. Mit einem Prüfgerät von Fireberd verfolgte er die Verbindungen. »Ich löste eine Platte nach der anderen, und darunter kam die Verkabelung zum Vorschein«, sagte er. »Man kann genau sehen, wie das Kabel verläuft.« Vier Platten von seinem Ausgangspunkt entfernt stieß er auf den Punkt, wo die Kabel nach unten in einen Verteilerkasten in Raum 641A verschwanden. Eine Etage tiefer, im fünften Stock, fand Klein eine Leiter und »spähte nach oben – die Deckenplatte war offen«. Wie vermutet sah er, dass ein vom sechsten Stock kommendes Kabel in den Verteilerkasten mündete. Zwei identisch aussehende kamen wieder heraus. Es waren gelbe Kabel, gut zu erkennen. Damals beförderten sie pro Sekunde jeweils mehrere Gigabytes an Daten.

Laut einer Übersicht für die in den Geheimdienstausschüssen vertretenen Kongressmitglieder verfügte die NSA über zahlreiche dieser Installationen, »um auf der ganzen Welt Zugang zu internationalen Glasfaserkabeln, Schaltern und/oder Routern mit hoher Kapazität zu erhalten«. Einige hatte die NSA selbst konstruiert und andere, wie das gegen Google und Yahoo zielende MUSCULAR-Projekt, gingen auf einen Verbündeten von den Five-Eyes-Geheimdiensten zurück. Ein paar waren »unilateral« – heimliche Programme, die in aller Stille ausgeführt wurden. Eine größere Zahl stützte sich auf »Unternehmenspartner« wie AT&T, Verizon, Motorola und Cisco, wobei sich deren Identität in den NSA-Unterlagen hinter Decknamen wie FAIRVIEW und OAKSTAR verbarg. Es waren nicht viele solcher strategisch verteilter Zugangspunkte vonnöten, um der NSA einen souveränen Überblick über die weltweite Kommunikation zu verschaffen. Laut einer Präsentation von 2011 für eine Konferenz der Geheimdienste mit den NSA-Partnern aus Großbritannien, Australien, Kanada und Neuseeland lautete die »neue Sammelstrategie« der Five Eyes: »Alles ausschnüffeln, alles wissen, alles sammeln, alles verarbeiten, alles ausnutzen, alles gemeinsam tun.«[26] Damals wie heute war dieses Vorhaben ziemlich realitätsfern, aber als ambitioniertes Ziel klang es glaubwürdig.

Der Ehrgeiz, das Goldene Zeitalter der Überwachung einzuläuten, ging mit ebenso großen Befürchtungen im Geheimdienst-Establishment einher. Wenn »alles sammeln« greifbar nahe war, dann fühlte sich jedes fehlende Puzzleteil wie ein sträfliches Versagen an. David C. Gompert, der von 2009 bis 2011 stellvertretender Direktor der nationalen Nachrichtendienste und zwischendurch auch ihr amtierender Direktor war, berichtete mir einmal beim Frühstück in PJ's Pancake House in Princeton, er habe viele Male bei geschlossenen Anhörungen im Kongress ausgesagt. Kein Kongressmitglied habe ihn jemals gefragt, ob der US-Geheimdienst seiner Meinung nach zu weit gehe, zu viele Informationen sammle, zu viel Privatsphäre aufs Spiel setze. »Das Einzige, was sie jemals fragten, war, wie es nur habe sein können, dass wir etwas nicht vorhergesehen hatten, warum wir es nicht unterbunden hätten, warum wir nicht genug gewusst hätten«, sagte er. Nicholas Rasmussen, der bis 2017 das National Counterterrorism Center leitete, äußerte sich ähnlich: »Wenn nicht jeder einzelne Angriff, jedes einzelne Todesopfer so erbarmungslos abgestraft würde, wären sie nicht so besessen davon, alles zu erfahren. Aber sie werden kein Quäntchen ihrer Macht preisgeben wollen, wenn sie stets an dem Standard gemessen werden, dass nichts geschehen darf, von dem du nichts weißt.«

Im November 2014, zu Beginn seines zweiten Jahres als FBI-Direktor, verdeutlichte James Comey diese Geisteshaltung auf faszinierende Weise, als er auf einer Tagung im Center on National Security der Fordham University eine Grundsatzrede hielt. Wie sein Vorgänger warnte auch er davor, dass die sich ausbreitende Verschlüsselung in der Verbrauchertechnologie das FBI behindere – was in beträchtlichem Maße den Enthüllungen durch Snowden zuzuschreiben sei. Immer häufiger würden Ermittler auf Belege stoßen, die sich außerhalb ihrer Reichweite befänden – beispielsweise Fotos auf einem iPhone oder Nachrichten über WhatsApp. Das FBI verfüge über ausgefallene, großartige Tools, und zuweilen gebe es alternative Wege, um sich die Belege zu beschaffen, doch das FBI, so Comey, »tappe zu oft im Dunkeln«, wenn es um die Bekämpfung von Terroristen und mutmaßlichen Straftätern gehe.[27] Apple, Google und andere Technologieunternehmen würden es sich zur Aufgabe machen, ihre Produkte so zu gestalten, dass nur ihre

Kunden Zugang zu ihnen hätten. Sie weigerten sich, dem Staat eine Hintertür offen zu halten. Er ziehe den Begriff »rechtmäßiger Zugang« vor. Ohne diese Hilfestellung bestehe die Gefahr, so Comey, dass die Verschlüsselung einen rechtsfreien Raum schaffe, in den man nur noch ohne richterliche Genehmigung eindringen könne.

Ich meldete mich, um eine Frage zu stellen. Comey tat zum Spaß erst so, als wolle er mich ignorieren, dann sprach er mich mit Namen an. Vor einigen Jahren, in der Zeit, in der Comey keinen wichtigen Posten in der Regierung bekleidet und ich an *Angler* gearbeitet hatte, hatten wir uns angefreundet. Er hatte bei uns zu Abend gegessen. Nun war ich ein potenzieller Zeuge und, in den Augen einiger Personen, ein Komplize bei Verbrechen unter seiner Gerichtsbarkeit. Ich ging davon aus, dass wir unsere Freundschaft wiederaufleben lassen könnten, sofern unsere beruflichen Positionen das zuließen, doch die derzeitigen Umstände zwangen uns, auf Abstand zu gehen. Ein öffentliches Aufeinandertreffen wie dieses war das Einzige, was nun vernünftig schien.

Ich wollte eine Idee testen, mit der ich schon eine Weile gespielt hatte. Ein richterlicher Beschluss gab der Regierung das Recht zu suchen, nicht das Recht zu finden. Es gab keine Erfolgsgarantie. Verschlüsselungen stellten eine praktische Herausforderung dar, widersprachen aber nicht dem Buchstaben des Gesetzes. Die Gesellschaft hatte nicht die Pflicht, sich transparent zu machen. Die Gründerväter selbst hatten noch lange nach dem Sieg der Revolution in ihrer privaten Korrespondenz Codes und Geheimzeichen verwendet.[28] Wir alle hatten das Recht, Dinge zu verbergen, die nicht für die Augen und Ohren anderer Menschen bestimmt waren. Wir durften außer Hörweite flüstern, ohne aufgenommen zu werden. Wir durften einen Brief verstecken oder verbrennen. Das Gesetz barg zahlreiche Hindernisse: das Aussageverweigerungsrecht, das Verwertungsverbot für illegal gewonnene Beweise, die Bedingung der Einstimmigkeit bei Geschworenenurteilen. Amerika war von Anfang an nicht auf maximale polizeiliche Effizienz programmiert worden.

»Könntest du dir bei deinem Respekt für Bürgerrechte eventuell vorstellen, dass Ineffizienz bei der Gesetzesvollstreckung und beim

Sammeln geheimdienstlicher Informationen auf einer gewissen Ebene kein Fehler, sondern eine gewollte Eigenschaft des Systems ist?«, fragte ich.[29]

»Ich glaube, Bart, dass das im Grunde der Kernpunkt des Austauschs ist, den wir führen müssen: Wird es angesichts der Richtung, in die wir uns bewegen, an der Front der Gesetzesvollstreckung über bloße Ineffizienz hinweg auf eine völlige Verdunkelung hinauslaufen?«, sagte er. »Ich kann mir eine Zukunft vorstellen, in der wir auf diese Informationen keinerlei Zugriff mehr haben, und das soll bloße Ineffizienz sein? Vielleicht sehen einige das so. Meiner Ansicht nach wäre das möglicherweise der Inbegriff von Ineffizienz.«

Wenn er darauf bestehe, dass Apple einen speziellen Codierungsschlüssel für das FBI anfertige, fragte ich, »wäre das nicht dasselbe, als würdest du sagen, dass du ein Zahlenschloss nur dann kaufen kannst, wenn du dem Schlosser mitteilst, welche Zahlenkombination du wählen wirst, oder dass du einen Spaten nur dann kaufen kannst, wenn du dem Hersteller mitteilst, wo du ein Loch graben willst? Warum verlangst du, bis ins kleinste Detail zu wissen, was die Leute mit ihren Geräten tun?«

Der Unterschied, so Comey, liege darin, dass »es auf der Welt kein Schloss, keinen Safe mehr gibt, der sich nicht öffnen ließe«.

Eine aufschlussreiche Antwort, fand ich, deutlicher, als ich erwartet hatte. Mit der entsprechenden Befugnis konnte Comey schon jetzt jede physische Barriere im Inland durchbrechen. Er besaß die Macht, herauszufinden, was sich in jedem einzelnen Tresor verbarg. Nun wünschte er sich die gleiche Befugnis für die virtuelle Welt. Das hörte sich vielleicht so an, als sei es im Grunde dasselbe. Aber das war es nicht. Regierungen hatten noch nie zuvor über eine derartige Macht verfügt. Kommunikationen waren Geheimdienstbehörden noch nie umfassend zugänglich gewesen. Die meisten Interaktionen zwischen Menschen waren selbst im Zeitalter des geschriebenen Wortes nicht der Nachwelt erhalten geblieben.

Zu jeder anderen Zeit wäre es undenkbar gewesen, sich nach Belieben die Aufzeichnung einer Unterhaltung anzueignen, geschweige denn Aufzeichnungen von allen Unterhaltungen. Heutzutage war dieser Ehrgeiz plausibel, und einige von Comeys Kollegen in der Intelligence Community glaubten, ihn zu befriedigen sei unerlässlich. Es ging nicht darum, alles zu wissen, sondern darum, in der Lage zu sein, alles zu wissen. Jede Zuflucht vor Überwachung, jede Zone echter Privatheit galt es zu neutralisieren. Darum wurden Verschlüsselung, Anonymität und Antivirus-Software in internen Schreiben der NSA allesamt als »Bedrohungen« bezeichnet. Wie der stellvertretende NSA-Direktor Chris Inglis mir sagte, besäße die Behörde in einer idealen Welt »die universelle Fähigkeit«, jene Schutzwälle zu durchdringen, und ihre Gegner wüssten nicht, dass sie dazu in der Lage wäre.

Ich warf es dem Arm des Gesetzes und den Geheimdienstbeamten nicht vor, dass sie sich uneingeschränkten Zugang wünschten. Ihr Job war der Vater dieses Wunsches. Aber das hieß nicht, dass eine Republik in guter Verfassung ihnen diesen Wunsch auch erfüllen sollte.

Wie Google und Yahoo hatte auch Microsoft Grund zu der Annahme, dass die Verbindungen zwischen seinen Rechenzentren im Ausland manipuliert worden waren. In einem Blogeintrag über unsere Story schrieb Brad Smith, General Counsel von Microsoft, der später Präsident des Unternehmens werden sollte: »Heute ist die staatliche Schnüffelei neben ausgeklügelter Malware und Cyber-Angriffen potenziell eine ›weit entwickelte beständige Gefahr‹.«[30] Das war eine Kampfansage. Smith verglich die NSA mit einem ausländischen Feind oder einem Verbrechersyndikat. Ich konnte mir vorstellen, dass Microsoft die US-Regierung wegen MUSCULAR zur Rede gestellt und eine Erklärung gefordert hatte. Zwei Wochen später fragte ich Smith, wie die NSA reagiert habe. »Ich habe nicht gefragt, weil ich es gar nicht wissen will«, meinte Smith. »Denn wenn sie es mir sagen, wird es heißen, dass diese Information vertraulich ist. Und dann darf ich vielleicht nicht mehr darüber reden.«

Es gab alle möglichen Dinge, die »Big Tech«, die Großfirmen der Informationstechnologie, über die Nutzung der Infrastruktur amerikanischer Unternehmen im Ausland durch die NSA nicht wusste oder nicht wissen wollte. Die Präsidentenverfügung Twelve Triple Three aus der Ära Reagan verlieh zahlreichen Eingriffen rechtliche Legitimation. Ashkan und ich verlagerten unser Augenmerk nun ganz auf Operationen dieser Art – die im Ausland erfolgten, aber amerikanische Firmen in den USA betrafen. Kritiker warfen Snowden und uns vor, ausländische Operationen grundlos zu verraten. Das Kernanliegen unserer Berichterstattung war jedoch, ihre Auswirkungen auf das Inland zu verdeutlichen.

So entdeckten wir, dass sich die NSA an großen Internetkreuzungen postiert hatte und alles mitnahm, was nach einem elektronischen Adressbuch aussah – E-Mail-Kontakte und Instant-Messaging-Freundeslisten.[31] Genau wie ein altmodisches Adressbuch aus Papier beinhalteten diese elektronischen Verzeichnisse im Allgemeinen nicht nur Namen und Mail-Adressen, sondern auch Online-Nicknames, Telefonnummern, Straße und Hausnummer sowie geschäftliche und familiäre Daten. Die NSA liebte Adressbücher, weil sie so viele Informationen über zwischenmenschliche Beziehungen in strukturierter Form enthielten. Mit dem Computer konnte man die Einträge leicht manipulieren und mit Informationen über dieselben Leute aus anderen Archiven »anreichern«, wie die NSA es nannte. Zudem halfen die Adressbücher beim Abgleichen von Online-Identitäten, wenn eine Person mehr als eine verwendete.

Die NSA sammelte Millionen Adressbücher an Datenkreuzungen überall auf der Welt. Viele davon gehörten zwangsläufig Amerikanern. Es war das Gleiche wie bei der Google Cloud. Das Internet respektierte geographische Grenzen nicht. Nur weil die Datensammlung im Ausland erfolgte, hieß das nicht, dass es sich auch um ausländische Daten handelte.

Die Online-Dienste sind so strukturiert, dass sie häufig Adressbücher übermitteln, wenn ein Nutzer sich einloggt, eine Nachricht absetzt oder einen Computer oder ein Handy mit Informationen synchronisiert, die auf einem Fernserver gespeichert sind. Statt auf individuelle Nutzer abzuzielen, holte sich die NSA an ihren Außenposten im Ausland jedes Adressbuch, das sie auftreiben konnte. Schließlich entsprach deren Anzahl einem bedeutsamen Anteil der weltweiten E-Mail- und Instant-Messaging-Accounts. Die Analyse dieser Daten ermöglichte es der Behörde, innerhalb eines viel kleineren Universums von Zielen der Auslandsaufklärung nach verborgenen Verbindungen zu suchen und eine Karte von Beziehungen zu erstellen.

Laut einer internen PowerPoint-Präsentation sammelte die NSA-Abteilung für Special Source Operations an einem einzigen repräsentativen Tag 444743 E-Mail-Adressbücher von Yahoo, 105068 von Hotmail, 82857 von Facebook, 33697 von Gmail und 22881 von nicht näher benannten anderen Providern. Diese Zahlen, die als typischer Tagesertrag bezeichnet wurden, entsprachen einer Rate von über 250 Millionen Adressbüchern pro Jahr. Wie aus der Präsentation hervorging, sammelte die NSA jeden Tag schätzungsweise weitere 500000 Freundeslisten von Live-Chat-Diensten sowie von den Posteingangsverzeichnissen webbasierter E-Mail-Accounts. Zwei führende Beamte des US-Geheimdienstes räumten ein, dass die Sammlung zwar im Ausland erfolge, nichtsdestoweniger aber auch Amerikaner erfasse. Sie wollten keine Schätzung abgeben, bestritten aber auch nicht meine Behauptung, dass es sich wahrscheinlich um zig Millionen handele.

In der von Snowden losgetretenen Debatte hatte der NSA-Direktor Keith Alexander die massenhafte Sammlung von Daten, oder »Sammelerhebung«, schon früh als wesentliches Werkzeug der Terrorbekämpfung und Auslandsaufklärung verteidigt. »Du brauchst den Heuhaufen, um die Nadel zu finden«, sagte er. Das war eine kühne Aussage, mit der er das Unmaß einer anderen Operation, der Sammlung inländischer Telefondaten, zugab. Diese betraf nur Metadaten. In Adressbüchern war oft mehr als nur Metadaten enthalten: Nicknames, Labels und Notizfelder. Manchmal wurden die Kontakte gemeinsam mit den ersten Zeilen ihrer letzten Nachrichten aufgelistet. Insgesamt versetzten die Daten die NSA in die Lage, detaillierte Karten vom Leben eines Menschen zu erstellen, die seine privaten, beruflichen, politischen und religiösen Beziehungen widerspiegelten.

Vom Kongress oder dem speziellen Gericht, das die geheimdienstliche Überwachung im Ausland regelt, besaß die NSA keine Genehmigung für eine Massenerhebung von Kontaktlisten. Hochrangige Beamte gestanden ein, dass die Operation illegal wäre, wenn sie in den USA gelegene Anlagen als Quelle wählen würde. Die Behörde umging die FISA-Beschränkungen genau wie beim Ausnutzen der Google Cloud, indem sie Kontaktlisten an Zugangspunkten »in der ganzen Welt« abfing, wie mir ein Spitzenbeamter unter der Bedingung, anonym zu bleiben, verriet. »Keiner dieser Zugangspunkte befindet sich auf US-amerikanischem Terrain.« Aufgrund dieser Vorgehensweise sei die Behörde rechtlich nicht verpflichtet – und technisch auch gar nicht in der Lage –, nur Kontaktlisten von speziell benannten ausländischen Zielpersonen abzufangen, erklärte er mir.

Ich fragte ihn, wie sich das rechtfertigen lasse. Es würden ja zwangsläufig auch amerikanische Accounts erfasst. Die NSA glaubte, das Gesetz erlaube ihr, so zu tun, als sei das Gegenteil der Fall. Wenn Informationen den »ausländischen Sammelapparat« passierten, erklärte mir der Beamte, »ist davon auszugehen, dass es sich nicht um ›U. S. persons‹ handelt«. In der Tat war das die offizielle Regelung. Laut den gerichtlich abgesegneten Regeln zur Zielauswahl galt in Ermangelung spezifischer gegenteiliger Informationen: »Eine Person, von der berechtigterweise anzunehmen ist, dass sie sich außerhalb der Vereinigten Staaten befindet, oder deren Aufenthaltsort unbekannt ist, ist als ›non-United States person‹ anzusehen.«[32]

Wie auch andere Massenerhebungsprogramme stellte der schiere Datenüberschuss die Adressbuchsammlungen vor ein Problem. Laut einem NSA-Dokument seien die meisten E-Mails »SPAM von ›Fake-Adressen‹, die die Zielpersonen nie ›erreichen‹.« Das führte zum massiven Abschöpfen nutzloser Kontaktlisten, von denen einige vom Erfassungssystem »notfallmäßig« ausgesondert werden mussten. In einem Briefing der NSA-Arbeitsgruppe »Large Access Exploitation« verlangte der Verfasser, die Kriterien zum Abfangen von Daten einzuengen. Gefordert wurde eine »Verlagerung der Sammelphilosophie«: »Speichere, was du brauchst« statt »Bestell von allem auf der Karte etwas und iss, was du willst«.

Massenüberwachungsmethoden funktionierten normalerweise

nicht so. Sie sammelten Heuhaufen, keine Halme. Ein weiteres Programm, auf das wir stießen, war ganz besonders ehrgeizig: Es versuchte, den Aufenthaltsort jedes Handys, das einen Anruf tätigte, aufzuspüren und zu speichern, indem es ständig die Standorte aller Geräte protokollierte. Voraussetzung war, dass sich das Gerät von einem Switch aus überwachen ließ, der sich außerhalb von US-Territorium befand. Ashkan und ich entdeckten eine Gruppe von Programmen, die täglich fast 5 Milliarden Aufzeichnungen über die Standorte von Handys auf der ganzen Welt sammelten. So konnte die Behörde die Bewegungen von Personen in globalem Maßstab nachverfolgen – und ihre Beziehungen kartieren.[33]

Diese Datenbank enthielt Informationen über Hunderte Millionen Geräte, wenn nicht noch mehr. Für die NSA gab es keinen Grund zu der Annahme, dass die Bewegungen der überwältigenden Mehrheit der Handybenutzer im Einzelfall für die nationale Sicherheit von Bedeutung sein würden. Sie kartierte die ganze Welt oder so viel, wie ihr das Gesetz gestattete, weil die Datenbank ein ausgesprochen leistungsfähiges Set von Analyse-Tools speiste, die unter der Bezeichnung CO-TRAVELLER zusammengefasst wurden. Mit dem CO-TRAVELLER-Toolkit konnte die NSA beispielsweise unbekannte Partner bereits bekannter Geheimdienstziele ausmachen, indem sie Personen verfolgte, deren Wege sich kreuzten. Falls ich mein normales Handy ausschaltete und zur selben Zeit am selben Ort ein Wegwerfhandy einschaltete, konnte die NSA auch diese Verbindung herstellen und das Wegwerfhandy als meines identifizieren.

Auch hier führte die NSA die Sammlung nicht durch, um US-Amerikaner zu kartieren, aber dennoch wurden zahllose Amerikaner miterfasst. Zum einen hatten jedes Jahr zig Millionen Amerikaner ihren Wohnsitz im Ausland oder reisten dorthin und fast jeder von ihnen hatte ein Handy. Zum anderen, so verriet mir eine mit der Sammlung betraute leitende Führungskraft, erhielten sie »riesige Mengen« von Standortdaten, weil sie Handynetze anzapften, die sowohl von US-amerikanischen als auch von ausländischen Handys genutzt wurden.

Im Zusammenhang mit anderen Massenerhebungsprogrammen

fanden wir Hinweise auf Befürchtungen der NSA, der große Umfang an Informationen zur Handykartierung könne »unsere Fähigkeiten zur Aufnahme, Verarbeitung und Speicherung« von Daten übersteigen. Anders als in einigen anderen Fällen lautete der Vorschlag zur Verbesserung nicht, selektiver vorzugehen. Stattdessen erweiterte die NSA ihre Speicher- und Verarbeitungskapazitäten, um der Datenströme Herr zu werden.

In Umfang, Reichweite und den potenziellen Auswirkungen auf die Privatsphäre übertrafen die Bestrebungen, Standortdaten zu sammeln und zu analysieren, wohl alle anderen Überwachungsprogramme der NSA, die Snowden bei seinem Leak öffentlich machte. Überall auf der Welt konnten Analysten Handys aufspüren, ihre Wege zurückverfolgen und verborgene Beziehungen zwischen ihren Nutzern aufdecken. Über einen längeren Zeitraum aggregierte Standortdaten gelten unter Datenschützern weithin als ganz besonders sensibel. Mit Hilfe komplizierter mathematischer Verfahren gelang es den NSA-Analysten, zwischen den Bewegungsmustern von Tausenden oder Millionen von Handynutzern, deren Wege sich kreuzten, Beziehungen herzustellen. Die Handys sendeten ihre Standorte auch dann, wenn ihre Nutzer keinen Anruf tätigten oder keine SMS schrieben. »Eine zentrale Eigenschaft von Standortdaten, die sie so sensibel macht, besteht darin, dass die Gesetze der Physik es nicht zulassen, sie geheim zu halten«, erklärte mir der Datenschützer Christopher Soghoian. Menschen, denen ihre Privatsphäre wichtig ist, können ihre E-Mails verschlüsseln und ihre Online-Identitäten verschleiern, doch »die einzige Möglichkeit, unseren Standort zu verbergen besteht darin, sich von unserem modernen Kommunikationssystem abzukoppeln und in einer Höhle zu hausen«. Die methodische Sammlung und Speicherung dieser Geolokalisierungsdaten bedeutete, dass der Staat all diese Geräte bei vertraulichen Geschäftsbesprechungen oder privaten Besuchen von medizinischen Einrichtungen, in Hotelzimmer, Wohnungen und andere traditionell geschützte Räume begleitete.

Kein Rückzugsraum. Kein sicherer Hafen. Kein Platz, den die US-Regierung als Zufluchtsort respektierte.

Wie immer waren die uns verfügbaren Dokumente unvollständig. Mir behagte der Spielraum nicht, den die offizielle Stellungnahme von Bob Litt, General Counsel des Direktors der nationalen Nachrichtendienste, erlaubte: »Keine Komponente der Intelligence Community sammelt unter irgendeiner Befugnis im großen Stil vorsätzlich Standortdaten von Handys in den Vereinigten Staaten.« Gab es dann vielleicht eine andere Regierungsbehörde, die das tat? Kaufte die Regierung die Daten oder erwarb sie sie auf eine Weise, die nicht als »Sammlung« gemäß dem Geheimdienstgesetz galt? Was meinte er mit »im großen Stil«? Was bedeutete »vorsätzlich« in diesem Satz? Litt würde diese Fragen nicht beantworten.

Bei einer Aussage vor dem Senat im Oktober 2013 hatte Keith Alexander preisgegeben, dass die NSA 2010 und 2011 in einem Pilotprojekt »Stichproben« US-amerikanischer Handystandortdaten gezogen hatte. Man habe das Projekt nicht weitergeführt, weil es keinen »operativen Wert« besessen habe, sagte er damals. Nichts, was er sagte, ließ irgendeinen Zweifel an seiner rechtlichen Befugnis aufkommen. Das Erheben von US-amerikanischen Standortdaten »wird für unser Land in Zukunft möglicherweise irgendwann vonnöten sein, aber derzeit ist das nicht der Fall«, erklärte er. Hatte sich das geändert? Darauf hatten wir keine Antwort.

Im Zeitalter des Photons konnte ein Mann in Moskau Zuflucht finden, ohne sich völlig von der Welt abzukoppeln. Er konnte verborgen bleiben und sich dennoch virtuell an Gesprächen fast überall auf der Welt beteiligen. Snowden litt nicht unter der Isolation, die Verbannte in der Vergangenheit erfahren hatten. »Ich kann dabei sein, wann immer ich will«, sagte er im Jahr 2015 zu mir. »Wenn ich in Stanford, Harvard und Princeton Vorträge halte, dann ist meine Situation nicht schlecht. Die Regierung hat Macht eingebüßt. Das Einzige, was sie mir verbieten kann, ist der Grenzübertritt.«

Im selben Jahr sagte er zum Cast und Kreativteam von *Homeland*: »Dass ich dank dem Internet und meiner Fähigkeit, meine Kommunikationen abzuschirmen, so frei arbeiten kann – das ist etwas wirklich

Neues. Die jüngste Innovation, erklärte er, erlaube ihm, »gewissermaßen von einem Roboter ›Besitz zu ergreifen‹«. Das hatte durchaus etwas Geisterhaftes. Mittels einer Tastatur in Moskau schlüpfte Snowden in einen knapp 1,60 Meter großen Roboter auf Rädern.[34] Es war ein sogenannter BeamPro – 45 Kilo glatter Stahl, Aluminium und Glas, vom Hersteller, Suitable Tech Inc., als »Telepresence-Roboter« bezeichnet.

Natürlich nannten alle das Ding Snowbot. Mit seiner Hilfe konnte Snowden nicht nur sprechen und hören, sehen und gesehen werden, sondern sich auch in einem Raum oder über einen Flur bewegen. Die Bewegungen steuerte er mit den Pfeiltasten seiner Tastatur. Ich fühlte mich an Rosie, den Haushaltsroboter in der Zeichentrickserie *Die Jetsons,* erinnert. Im März 2014 gab Snowden sein öffentliches BeamPro-Debüt bei einem TED Talk in Vancouver, wo er sich abwechselnd an den Moderator und sein Publikum wandte.

Ich musste den Snowbot unbedingt mal sehen. An dem Tag, an dem ich in New York beim schicken Hauptsitz der ACLU eintraf, der American Civil Liberties Union, die Snowden unterstützte, hatte er über Tausende Kilometer Entfernung hinweg schon mehrere Stunden in ihrem Büro verbracht. Er nahm an einer simulierten Gerichtsverhandlung, einem sogenannten Moot Court, teil. Die Simulation wurde in Vorbereitung auf das bevorstehende Berufungsverfahren im Fall ACLU v. Clapper abgehalten. In dem Verfahren klagte die ACLU gegen das Programm zur Erhebung von Telefonmetadaten. Snowden nutzte den Roboter, um den großen Konferenztisch zu umrunden und sich abwechselnd so zu positionieren, dass er seinem Gesprächspartner ins Gesicht sehen oder ein Dokument in Augenschein nehmen konnte. Später wanderte er den Korridor entlang, inspizierte die Namensschilder an den Türen, sagte hallo und besuchte einen der Anwälte, Jameel Jaffer, für ein Einzelgespräch. Es klang nach einem Gag, aber diese Mobilität verschaffte Snowden eine Präsenz, die Videoanrufe ihm nicht bieten konnten.

»Das einzig Ärgerliche an dem Ding ist, dass es keine Arme hat«, meinte Snowden zu mir, als er sich am Nachmittag wieder zu einem Chat einfand.

Sein Hauptanwalt Ben Wizner zog einen schelmischen Vergleich zu Killer-Cyborgs und der grandiosen Künstlichen Intelligenz in den *Terminator*-Filmen. »Wir sind noch nicht ganz auf Skynet-Niveau angelangt, weil man nicht auf die Knöpfe im Fahrstuhl drücken kann«, witzelte er.

Fahrstühle. Snowden dachte kurz darüber nach und kam dann auf die taktischen Probleme zu sprechen. »Falls Sie jemals vor einem Killerroboter fliehen müssen«, riet er mir, »verstecken Sie sich im Fahrstuhl, weil der das WLAN-Signal killt. Dahin kann ich Ihnen hinterherrollen, aber sobald ich im Fahrstuhl drin bin und die Tür zugeht, bin ich komplett geliefert.«

»Herrlich«, antwortete Wizner. »OPSEC im 21. Jahrhundert.«

Wizner machte Witze. Snowden ging das Problem an.

Rückblickend führte Snowdens taktische Denkweise zuweilen zu verblüffenden Erkenntnissen. Als Sonderermittler Robert Mueller im Jahr 2019 mitten in den Untersuchungen über die Einmischung Russlands in die Präsidentschaftswahl von 2016 steckte, suchte ich in meinen Notizen von einem Interview mit Snowden aus dem Jahr 2013 nach etwas, das damit nicht in Zusammenhang stand. Dabei stieß ich auf einen Gedankenaustausch, dem ich seinerzeit keine besondere Bedeutung beigemessen hatte. Snowden hatte über die Gefahr philosophiert, dass die Überwachung durch die NSA zu politischen Zwecken missbraucht werden könne. Eine andere Art von Leaker mit anderen Absichten, sagte er, hätte Kommunikationen enthüllen können, um eine Wahl zu sabotieren.

»Was wäre, wenn ich ein waschechter Widerstandskämpfer gewesen wäre, der die Demokraten und Obama hasst und ab jetzt bis zu den bevorstehenden Halbzeitwahlen alle E-Mails demokratischer Amtsträger sammeln würde, um sie dann allesamt als die Sensation des Oktobers der Öffentlichkeit zu präsentieren«, sagte er damals im Hinblick auf die Zwischenwahlen von 2014. »Was hätte das für Auswirkungen auf unser Regierungssystem! Auf unser Wahlsystem! Darin liegt der Schaden, darin liegt das Risiko, das diese Gravitationszentren bergen, das diese Datenbanken bergen.«

Dieses Gespräch führten wir mehr als zwei Jahre, bevor Russlands GRU E-Mail-Accounts von Hillary Clintons Wahlkampfleiter und dem Democratic National Committee hackte. »Doxing« – kurz für »document dumping«, das Sammeln und Veröffentlichen von Dokumenten in meist böswilliger Absicht – war damals durchaus nichts Neues. Hacker hatten es in den 1990er Jahren als Rachewerkzeug erfunden. Als wirkungsvolles Instrument der Politik sollte es jedoch erst später zur Anwendung kommen. Zu der Zeit, als Snowden davon sprach, wurde Doxing in entsprechenden Diskussionen meist als eher harmloser Streich betrachtet. So hatten im März 2013 eine oder mehrere unbekannte Personen die Website *The Secret Files* geschaffen, die persönliche Informationen – Telefonnummern, Adressen und ähnliches – über Michelle Obama, Ashton Kutcher, Beyoncé, Joe Biden, Donald Trump und andere Prominente publik machte.[35] Erst ein rundes Jahr später gab es den katastrophalen Hackerangriff durch Nordkorea auf Sony sowie andere Vorkommnisse, die Bruce Schneier dazu veranlassten, vom »Aufstieg des politischen Doxings« zu sprechen.[36] Snowden erkannte das Potenzial, bevor es so weit war. Für ihn war es ganz natürlich, in eine solche Richtung zu denken.

Bis ich Vanee Vines persönlich kennenlernte, hatten wir uns bereits durch Dutzende für beide Seiten unbefriedigende Dialoge per E-Mail oder Telefon gequält. Als Sprecherin der NSA zur Zeit des Snowden-Dramas versuchte Vines, eine Rolle zu spielen, der niemand gewachsen gewesen wäre. Sie war eine Krisenmanagerin ohne Befugnisse.[37] Tag für Tag hatte sie durchweg schlechte Nachrichten für ihre Chefs und keine Nachrichten für die Reporter. Sie war selbst einmal Reporterin gewesen – in den ersten Jahren nach ihrem Grundstudium in Syracuse betreute sie beim *Virginian-Pilot* den Bereich Bildung und Erziehung. Nach dem Masterabschluss in Journalistik wechselte sie die Seiten. Pressearbeit war die Branche der Zukunft. Meist erledigte Vines ihren Job cool und souverän, doch hinter den Kulissen schimmerte ihre Verbitterung durch. An dem Tag, an dem wir uns persönlich an der Georgetown Law School trafen, hatte sie gerade gehört, wie George Ellard, der Generalinspekteur der NSA, Snowden – und mich als Snowdens »Agenten« – mit dem schlimmsten Verräter in der Geschichte des FBI verglichen hatte.[38] Nun zog sie mich beiseite und feuerte eine Breitseite auf mich ab. Snowden habe mich permanent angelogen, behauptete Vines, und ich sei jedes Mal auf ihn hereingefallen.

»Sie sind verliebt in Ihren Informanten«, sagte sie. »Haben Sie nie daran gedacht, dass er Ihnen was vormachen könnte?«

Das, dachte ich wenig charmant, war wohl eher ihr Metier. Aber ich sagte nichts. Vines war nicht die wahre Übeltäterin. Meistens gab sie nur weiter, was andere ihr vorgaben. Vonseiten der Regierungsbeamten hatte es viel zu viel unaufrichtige Schwadroniererei gegeben, zu viele fintenreiche Formulierungen, um von der Wahrheit abzulenken. Die Angehörigen des Geheimdienst-Establishments verabscheuten Snowden und wollten ihn fertigmachen. Sie glaubten, seine Verbrechen und Fehltritte seien die eigentliche Story.

Vielleicht tat ich das, was Vines mir sagte, auch zu leichtfertig ab. Etwa zur selben Zeit, als sie mich zur Rede stellte, also 2014, begann ich, eingehender über meine Wissenslücken im Hinblick auf Snowdens persönliche Geschichte nachzudenken. Seit der ersten Nachricht, in der sich Verax als »Edward Joseph Snowden« zu erkennen gegeben hatte, war eine Menge passiert.[39] Ich hatte mir seine Botschaft von damals schon lange nicht mehr angesehen. Nun nahm ich die Signatur im Licht der Erkenntnisse, die ich inzwischen gewonnen hatte, erneut in Augenschein.

EHEMALIGER SENIOR ADVISOR| UNITED STATES NATIONAL SECURITY AGENCY, UNTER BETRIEBLICHEM SCHUTZ
EHEMALIGER FIELD OFFICER| UNITED STATES CENTRAL INTELLIGENCE AGENCY, UNTER DIPLOMATISCHEM SCHUTZ
EHEMALIGER DOZENT| UNITED STATES DEFENSE INTELLIGENCE AGENCY, UNTER BETRIEBLICHEM SCHUTZ

Die Berufsbezeichnungen waren vage und damals nicht überprüfbar gewesen. Die Regierung sprach nicht über seine Vorgeschichte. Er ebenso wenig. Je mehr ich später über Snowden in Erfahrung brachte, desto mehr störten mich die Formulierungen in dieser Auflistung. War ein neunundzwanzigjähriger Vertragsmitarbeiter einer IT-Firma ein »Senior Advisor«, also ein leitender Berater? Machten ihn ein paar Tage, in denen er als Security-Trainer tätig gewesen war, zu einem »Dozenten« der DIA? Bedeutete die Beschäftigung als Vertragsmitarbeiter bei Dell oder Booz Allen, dass er »unter betrieblichem Schutz« arbeitete? Das suggerierte in diesem Fall, dass die Unternehmen ihm eine Art Tarnung verschafften, eine Fassade, hinter der sich die wahre Natur seiner Agententätigkeit verbarg. Aber wen sollte er schon hinters Licht führen, wenn er auf Hawaii jeden Tag zu seiner Arbeit bei der NSA ging?

Schräg klang besonders die Bezeichnung für seinen Job bei der CIA. Ein Field Officer unter diplomatischem Schutz gilt gemeinhin als ein Angehöriger des Geheimdienstes, der ausländische Agenten anwirbt und betreut, während er vorgibt, ein Angestellter des Außenministeriums zu sein. Snowden musste klar gewesen sein, dass ich den Titel, den er sich da verlieh, so verstehen würde. Wie ich viel später erfuhr, war er in Wirklichkeit ein »Commo«, eine technische Fachkraft, deren Aufgabe es war, die Kanäle offen und das Equipment instand zu halten. Ja, er arbeitete in diesem Bereich. Ja, seine Berufsbezeichnung enthielt das Wort »Officer«. Ja, er besaß wie jeder in der Genfer Botschaft diplomatische Legitimationen. Doch aufgrund dieser Umstände zu implizieren, dass er ein Undercover-Operator sei, fühlte sich an, als habe er es mit der Wahrheit nicht so genau genommen.

Snowden hatte mich genau in dem Moment in die Irre geführt, als er versuchte, mein Vertrauen zu gewinnen. Er hatte befürchtet, was er mir gegenüber später auch bestätigte, dass Journalisten ihn nicht ernst nehmen würden. Seine Zugangsmöglichkeiten und sein Wissen gingen über seinen formalen Aufgabenbereich hinaus, aber er hatte nicht gewusst, wie er das auf den ersten Blick vermitteln sollte. Dass er seine Qualifikationen gewissermaßen stichwortartig aufblähte, warf von Beginn an einen Schatten auf unseren Umgang miteinander. Vermutlich war es das, was mich störte, als er im Gespräch mit dem Kreativteam von *Homeland* auf sein dunkles Insiderwissen anspielte. Snowden hatte sich eine unverdiente Autorität übergestreift.

Es gab noch andere Anzeichen dafür, dass Snowden durchaus in der Lage war, sich die Wahrheit ein wenig zurechtzubiegen. Wenn wir uns über meine Arbeit austauschten und ich mir an einem schwierigen Problem der Berichterstattung die Zähne ausbiss, schlug er gelegentlich vor, Regierungsbeamten neue Geständnisse zu entlocken, indem ich so tat, als wüsste ich mehr, als der Fall war.

»Es klingt, als werde ich Ihnen keinen eindeutigen Beweis für die Story liefern können, aber ich rate Ihnen dringend, schwerwiegende Anschuldigungen zu erwähnen, wenn Sie auf erhellende Kommentare hoffen, auch wenn Sie sie im Artikel gar nicht vorbringen«, meinte er einmal zu mir. »Es scheint kaum eine andere Möglichkeit zu geben, die Wahrheit zu erfahren.«[40]

»Ich gebe nicht vor, etwas zu wissen, das ich nicht weiß«, entgegnete ich. Snowden ließ die Sache fallen.

Bei einer anderen Gelegenheit ging er noch weiter und schlug vor, ich solle fundierte Vermutungen als Fakten präsentieren. Falls die Beweislage für meine Story zu dünn sei, sähe sich die Regierung gezwungen zu reagieren und dabei mehr zu offenbaren. So oder so würde die Öffentlichkeit unterm Strich davon profitieren. Als Beispiel nannte Snowden den Artikel der *Washington Post* über das Aufspüren der Handystandortdaten. Ashkan und ich hatten geschrieben, dass die NSA pro Tag fast 5 Milliarden *Aufzeichnungen* über Standorte sammele. Wir hätten lieber geschrieben, wie vielen *Handys* die Behörde nachspürte, aber das wussten wir nicht.

»Das können Sie nicht sicher sagen, aber ich denke, dass die NSA das klären sollte«, meinte Snowden. »Schreiben Sie ›Handys‹, bis die [NSA] aus der Deckung kommt und verkündet, o nein, wir spüren nicht 5 Milliarden Handys nach, sondern nur 286 Millionen.«

Meinte er das ernst? Zuerst war ich mir nicht sicher, weil er seine Ausführungen mit Kritik an journalistischer Objektivität verknüpfte. »Ich finde, ideologisch gehen Sie nicht weit genug«, sagte er. »Sie sind nicht bereit, sie anzuklagen, weil die amerikanischen Mainstream-Medien so etwas nicht tun. Sie klagen keine Menschen an. Sie verurteilen Menschen nicht dafür, Dinge zu tun, die eindeutig falsch sind.«

»Ich denke, jemand sollte die Rolle des harten Hundes spielen«, erwiderte ich. »Aber ich finde, was das angeht, sind Sie bereits gut versorgt.«

Snowden, der gerade beim Essen war, prustete durch die Nase, als ich auf Greenwald anspielte. Ihm war die Arbeitsteilung zwischen uns immer klar gewesen. Dennoch wollte er deutlich machen, worauf es ihm ankam – ein Modell des Gebens und Nehmens auf dem Markt des gesellschaftlichen Diskurses. Fehlinformationen von Personen wie Mike Hayden, die das Geheimdienst-Establishment vertraten, so Snowden, würden die Regeln des Diskurses so sehr verzerren, dass nur rhetorische Gegenwehr den Sachverhalt wieder geraderücken könne.

»Das Problem ist: Man kommt der Wahrheit in dem Bereich nicht nahe, weil jeder auf seiner Seite einen Pflock einschlägt. Zwischen den beiden Pflöcken ist ein Seil gespannt, und wenn Hayden es in seine Richtung zieht, bewegst du dich nicht länger im Bereich der Wahrheit. Das ist das Problem.«

»Ich glaube nicht, dass wir uns da einig werden«, sagte ich, bemüht, das Thema zu wechseln.

Er bestand auf einer Antwort. Ich hatte mit ihm darüber bereits eine Grundsatzdiskussion geführt. Nun versuchte ich, konkreter zu werden. Falsche Behauptungen erschütterten das Vertrauen. Die Leser würden die Berichte, die ihm wichtig waren, nicht mehr für bare Münze nehmen, wenn ich mich als unglaubwürdig erwies.

Ich erklärte ihm, dass ich meiner Sache vor einer Publikation ganz sicher sein wolle. »Falls es eine Story gibt, die ich zurücknehmen muss, weil sie nicht stimmt, werden die Karten neu gemischt.«

Snowden sagte, früher habe er meine Meinung geteilt, aber das habe sich geändert. »Ich hab mal an die Niemand-verarschen-Politik geglaubt, wenn ich das so sagen darf. Ich bin nicht mehr sicher, ob das der richtige Weg ist. Ich denke: Eine Story, die nicht stimmt, kann für die Allgemeinheit trotzdem etwas Gutes bewirken. Sie kann der Regierung die Wahrheit entlocken.«

»Das überlasse ich lieber anderen«, sagte ich.

»Das ist keine bewusste Strategie. Für Menschen, die dann denken: ›Das ist ja eine Katastrophe!‹, kann daraus dann trotzdem ganz allgemein mehr Gutes erwachsen, als es vor der Story der Fall war«, antwortete er.

Die für mich verlockendste aller Snowden-Geschichten, die ich nie veröffentlichte, betraf kein NSA-Dokument mit einem Geheimhaltungsvermerk, sondern etwas, das er selbst geschrieben hatte. Er lieferte mir nur die Überschrift. Bevor ich damit an die Öffentlichkeit gehen konnte, brauchte ich die Details. Außergewöhnliche Behauptungen erfordern außergewöhnlich starke Beweise.[41] Ich wusste, wie die Beweise aussehen würden, aber ich konnte sie nicht dingfest machen. Zwei Jahre verstrichen, bis ich endlich verstand, warum.

Ich habe bereits die Textdatei »README_FIRST« erwähnt, die Snowden als Ergänzung zum NSA-Archiv erstellte, als er Laura Poitras und mir die Dokumente am 21. Mai 2013 erstmals übermittelte. Darin stellte er sich mit seinem Namen vor und fügte ein Manifest gegen Überwachung hinzu. Die Story, die ich nie geschrieben hatte, war der dramatische Höhepunkt jener Botschaft. Snowden berichtete, er habe etwas getan, um zu beweisen, dass sich der Überwachungsapparat der NSA gegen jeden Menschen richten könne. Er schrieb, es gebe »begrenzten Schutz« vor Missbrauch, aber dann: »Ich kann Ihnen aus Erfahrung sagen, dass diese Schutzmechanismen in einem einzigen Augenblick zunichtegemacht werden können.« Und das wusste er aus folgendem Grund:

> Allein auf Basis einer Selbstzertifizierung, die ich in einem Software-Programm vorgenommen habe, ist es mir gelungen, die Internetkommunikation der zurzeit im Kongress amtierenden Gang of Eight und des Obersten Gerichtshofs abzuhören.[42]

Das war eine atemberaubende Behauptung, konkret und anschaulich, und verdammt gut dazu angetan, sein Anliegen zu untermauern. Er habe etwas Ungesetzliches getan, um zu beweisen, dass es möglich sei, schrieb er. Selbst die Großen und Mächtigen waren dem allsehenden Auge der NSA ausgeliefert – neun Richter und acht der ranghöchsten Mitglieder von Repräsentantenhaus und Senat. Zur Erläuterung steuerte Snowden nichts als die folgenden Worte bei:

> Mögen sie die Aufmerksamkeit des von ihnen autorisierten Systems genießen. Sie werden nicht darunter zu leiden haben, denn diese Sammlung wird bei Entdeckung umgehend zerstört und ich [werde] ihrer privilegierten Stellung wegen bestraft werden. Doch ich bete darum, dass es jedem die Gefahr vor Augen führt: Was sie gerettet hat, ist nicht ihrer institutionellen Macht, sondern der aktuellen Politik geschuldet, und Politik kann sich jederzeit ändern. Wenn sich schon die Kommunikation der weltweit Mächtigsten und am besten Geschützten auf so triviale Weise überwachen lässt, wie unantastbar mag dann wohl Ihre Privatkorrespondenz sein?

Diese Nachricht von Snowden erreichte mich gemeinsam mit Zehntausenden Dokumenten, mit denen ich nicht gerechnet hatte. Ich musste noch eine Nachrichtenagentur finden, die meine Story veröffentlichen würde, das Archiv sichern, erste juristische Beratung einholen. An jedem anderen Tag hätte diese Behauptung meine ungeteilte Aufmerksamkeit gehabt. Damals ging sie in der Flutwelle, die über mich hereinbrach, unter. In der Woche darauf erwähnte Snowden das Thema erneut, als er mich drängte, den ersten Artikel zu veröffentlichen. Es sei von äußerster Wichtigkeit, sich zu beeilen, schrieb er, denn »zurzeit wird höchstwahrscheinlich bereits aktiv in einer bestimmten Aktion ermittelt, die ich in der ›README_FIRST‹-Datei enthüllt habe«.

Im Laufe der darauffolgenden Monate beschäftigte mich Snowdens Geschichte von den Richtern und der Gang of Eight immer wieder. Ich wunderte mich, dass die Story unter Verschluss blieb. Poitras und Greenwald, die die Sache wohl kaum übersehen hatten, waren vielleicht genau wie ich zu dem Schluss gekommen, dass sie nicht genug darüber wussten. Wann hatte Snowden diese Kommunikationen abgehört? Welche Accounts, welche »Selektoren« hatte er ins Visier genommen? (Die meisten Männer und Frauen auf seiner Liste hatten keine öffentliche E-Mail-Adresse.) Wie könnte Snowden beweisen, dass er wusste, worüber sie sich geäußert hatten?

Snowden wollte nicht ins Detail gehen und es gab immer auch andere Themen, die zu bereden waren. Trotzdem ließ mich das Rätsel nicht los, weil ich das Gefühl hatte, dass die Antworten greifbar nahe waren. Ich glaubte sogar, dass ich sie bereits in Händen halten könnte. Auf meiner Festplatte befanden sich Schatzkästchen voller Geheimnisse, die sich immer noch nicht öffnen ließen.

Dies war ein Punkt, der in einem allgemeineren Sinne zu Spannungen zwischen mir und Snowden führte. Es sah so aus, als habe er mir fünf verschlüsselte Behälter auf einmal geschickt, aber nur für einen lieferte er den Schlüssel mit. Einer der Behälter war größer als »Pandora«, also derjenige, den ich öffnen konnte. »Ihnen steht nur das zur Verfügung, wozu Sie über Klartext Zugang haben«, erklärte Snowden. »Alles, was darüber hinausgehen könnte, wäre vermutlich per Totmanneinrichtung oder Zeitschloss oder durch etwas ähnliches gesichert.« Weitere Erklärungen wollte er nicht abgeben und sagte nur: »Über diese Mechanismen zu reden würde sie schwächen.«[43]

Was immer Snowden mit der Totmanneinrichtung meinte – auf jeden Fall war er stolz darauf. In seinem Chat mit Ellsberg hatte er ihm verraten: »Ich habe ein technisches System konstruiert, das sicherstellen könnte, dass bestimmte Dinge auch dann noch übermittelt würden, wenn ich in Haft wäre, aber im Gefängnis wäre ich nicht in der Lage, es zu modifizieren, was mir eine Reihe von Risiken beschert hat.« In seinem Lebenslauf, den er an Booz Allen schickte, schrieb er sich folgende Leistung zu: »Entwicklung eines unzensierbaren Verfahrens zur Kommunikation zwischen Agenten, das im Falle des Todes oder der Inhaftierung des Urhebers zur Anwendung kommt.«

Als ich die Geschichte über die Gang of Eight zur Sprache brachte, spielte Snowden auf diesen gespenstischen Mechanismus an. Ich wusste, dass Poitras und Greenwald in Hongkong einige Dokumente erhalten hatten, über die ich nicht verfügte. Bei einem Live-Chat im Oktober 2013 fragte ich Snowden, ob darin die Abhörprotokolle vom Obersten Gerichtshof und der Gang of Eight enthalten seien.

»Ich habe sehr viel darüber nachgedacht«, antwortete er, »aber ich bin nicht sicher, dass dies in der näheren Zukunft an die Öffentlichkeit gelangen sollte, denn man würde es nutzen, um die Enthüllungen zu ›kriminalisieren‹. Möglicherweise erst nach dem Kampf um Reformen, doch selbst dann ist es riskant. Zurzeit hat es niemand. Es ist Totmannmaterial. Es wird keine Schlagzeilen darüber geben.«[44]

Im Juni 2014, ein ganzes Jahr nach den ersten Leaks, brachte Snowden die Geschichte von sich aus wieder zur Sprache. Ich hatte ihn um einen offiziellen Kommentar zu einer anderen Story gebeten. »Die NSA«, schrieb er mir, »hat Zugang zu den vollständigen, umfassenden Aufzeichnungen unseres Privatlebens aus den letzten fünf Jahren; das Beängstigende daran ist, dass irgendein Schulabbrecher eines Morgens aufwachen und beschließen kann, sich mit Kopien von Nancy Pelosis E-Mails aus dem Staub zu machen, und solange er sie nicht an die *Washington Post* weiterleitet, wird nie jemand etwas davon erfahren.«[45]

Ich kam auch nicht weiter, als ich bei Bundesermittlern anfragte, ob Snowden berühmte Leute abgehört habe. »Wir haben keinerlei Hinweise darauf«, sagte ein an den Ermittlungen beteiligter Beamter, der seine Skepsis äußerte. »Er konnte den Zugriff auf Sensoren beantragen. Er konnte nicht direkt auf Sensoren zugreifen. Es gibt einen Schritt in dem Verfahren, wo der Zugriff eingehend geprüft wird. Dafür sind Datenerfassungsmanager zuständig, die sich die Sache ansehen, entscheiden, auf welche Sensoren zugegriffen werden soll, und dann den eigentlichen Zugriff durchführen. Wenn jeder Trottel im System einen Zugriff einleiten könnte, würde das das System sprengen.«

Hätte Snowden diese Abläufe umgehen können? Eine Möglichkeit, das System auszutricksen, ohne Verdacht zu erregen, hätte darin bestehen können, seine Anfrage in ein verschlüsseltes Format wie Base64 zu konvertieren. Statt mit der Suche nach »Pelosi« Argwohn zu wecken, hätte er seine Zielperson als »UGVsb3Np« tarnen können. Im Brustton der Überzeugung abzustreiten, dass Snowden sich um jegliche Beschränkungen hatte herummogeln können, wäre angesichts anderer Coups, die er gelandet hatte, ziemlich dumm gewesen. »Mir fällt nichts ein«, sagte der Ermittler auf die Frage, wie Snowden dies hätte bewerkstelligen können. »Das soll nicht heißen, dass es völlig unmöglich wäre. Systeme und Menschen sind nicht vollkommen.«

Allerdings wusste ich mit Bestimmtheit, dass Snowden Zugang zu einigen Inhalten gehabt hatte, die unter dem Dach von PRISM gesammelt worden waren, was bedeutete, dass sie von Sensoren innerhalb der Vereinigten Staaten stammen mussten. Das hatte er bewiesen, indem er mir eine riesige Stichprobe abgefangener E-Mails und Online-Chat-Nachrichten übermittelt hatte. Was eine entsprechende Reportage betraf, ging ich davon aus, dass er im Besitz der Beweise war, die ich brauchte, um die Geschichte über den Obersten Gerichtshof und den Kongress zu erzählen. Meine Aufgabe war es, ihm diese zu entlocken. Im Sommer 2015, bei meinem zweiten Moskaubesuch, ergriff ich die Gelegenheit, Snowden persönlich von der Dringlichkeit der Sache zu überzeugen.

»Ich sage Ihnen nun, was mich am allermeisten interessiert, und ich muss Sie irgendwie davon überzeugen, mir davon zu erzählen«, erklärte ich. »In der ›README_FIRST‹-Datei von damals stellen Sie eine ganz besondere Behauptung über etwas auf, das Sie getan haben und wovon noch nicht öffentlich berichtet wurde. Sie haben behauptet, Sie hätten die Gang of Eight und die Richter abgehört. Ich kann nicht so tun, als hätte ich nie davon erfahren. Und das macht Sie, wieder einmal, so angreifbar gegenüber [Kritikern, die sagen würden]: ›Mensch, was für ein beschissener Schwachsinn!‹«

Snowden spielte auf Zeit. Die XKEYSCORE-Schnittstelle der NSA erlaube es einem Analysten, jeden beliebigen Selektor anzugeben, sagte er. Daraus folge, dass jeder überwacht werden könne. Die Behörde sage aber, dass es Sicherheitsmaßnahmen dagegen gebe, erwiderte ich. Und er selbst habe behauptet, dass er es bereits getan habe.

»Das ist eine folgenschwere Behauptung und es wäre tatsächlich – es ist eines der wirkungsvollsten Argumente, mit denen Sie Ihr Anliegen verdeutlichen könnten«, erklärte ich ihm. »Ich brauche mehr darüber.«

»Ich glaube, darüber haben wir schon mal gesprochen, und ich habe gesagt, es ist unwahrscheinlich, dass es jemals [heraus]kommt, und dafür gibt es gute Gründe«, entgegnete er. »Wir haben auch schon über Hongkong gesprochen und dass Dinge zerstört worden sind. Manchmal muss ich signalisieren, dass Dinge zugänglich sind, die niemals zugänglich sein werden, weil Sie nicht der dafür vorgesehene Empfänger sind.«

»Also hatten Sie die Beweise und haben sie in Hongkong zerstört?«

Snowden sah aus, als sei ihm unbehaglich zumute. Er wechselte ins Passiv. »Die Tragweite der Angelegenheit wurde nicht auf genau diese Weise demonstriert, aber der Nachweis der Machbarkeit wurde erbracht«, sagte er. »Es gibt eine namentlich bezeichnete Person, die dieser Gruppe angehört, aber mehr war da nicht.«

»Aber ich meine, im ›README‹ ... erwähnten Sie die Gang of Eight und den Obersten Gerichtshof. Wir reden über 17 Personen. Ist das wirklich passiert?«

»Nicht alle 17, nein. Ich enttäusche Sie sehr ungern, was das betrifft, weil ich weiß, dass es eine sehr wichtige Behauptung war.«

Zu der Zeit, als er die betreffende Nachricht geschrieben habe, meinte Snowden, habe er geglaubt, es gebe »keine Chance zu erklären ... irgendwen davon zu überzeugen«, wie leicht jeder Mensch zur Zielscheibe werden könne. Er habe unbedingt ein konkretes Beispiel gebraucht. »Sie und die anderen Journalisten mussten mir unbedingt auch ohne Beweise glauben, dass es möglich ist. Und es ist möglich. Ich habe es getan. Ich habe es gesehen. Ich habe es auch bei anderen Leuten gesehen. Wenn man eine E-Mail-Adresse eingibt, spuckt das System alles aus, was es dazu gesammelt hat.«

Aber Moment. Was hatte er tatsächlich getan, um die Machbarkeit nachzuweisen? Allmählich nahm eine Antwort Gestalt an. Snowden kannte die privaten E-Mail-Adressen der Richter des Obersten Gerichtshofs oder der Kongressmitglieder nicht. Um sie ausspionieren zu können, hätte er diese Adressen als Selektoren eingeben müssen. Stattdessen war er auf eine öffentliche E-Mail-Liste vom Büro der Abgeordneten Nancy Pelosi gestoßen, der kalifornischen Demokratin, die damals als Minderheitsführerin im Repräsentantenhaus fungierte. Adressen der Domain @mail.house.gov. Diese Adresse hatte er in XKEYSCORE eingegeben. Es war nichts besonders Interessantes dabei herausgekommen.

»Ich habe ein bisschen übertrieben«, gestand Snowden. Er wollte die Sache ein wenig im Dunkeln lassen, als er die Anekdote schilderte. »Ich bin mir nicht sicher – hab ich es wirklich so nachdrücklich formuliert, wie Sie es dargestellt haben?«

»Ziemlich direkt.«

»Aber im Ernst, wenn man die Worte semantisch unter die Lupe nimmt, war das eine klare Behauptung?«

»Ich hab's nicht dabei, weil ich keinen heißen Stoff über die Grenze schmuggele«, sagte ich.

»Ich wollte ... dass es ein bisschen nach Juristensprech klingt«, entgegnete Snowden. »Aber wenn das der Fall war, muss ich mich wirklich entschuldigen. ... Ich hätte echt ein schlechtes Gewissen, wenn ich das in Bezug auf all diese Personen rundheraus so behauptet hätte.«

Hatte es jemals einen geheimen Speicher für zusätzliche Dokumente gegeben? Einen Switch, der automatisch ihre Veröffentlichung steuern würde? Ja und nein. Wie Snowden mir nun erklärte, hatte er den Totmann-Code geschrieben und »das war der ursprüngliche Plan«. Er hatte in einem verschlüsselten Behälter ein Archiv für zusätzliche Dokumente eingerichtet. Den Schlüssel gab er niemandem. In diesem Behälter befanden sich Dateien, die noch ungeordnet waren, weil ihm die Zeit gefehlt hatte. Vielleicht waren sie sogar noch sensibler als die anderen. Er hatte ein System ausgeklügelt, das »Sie, Glenn und Laura in einem Secret-Sharing-Schema vereinen« sollte – das heißt, in einer kryptographischen Konstellation, wobei er den Decodierungsschlüssel so aufsplitten würde, dass wir drei unsere Zugangsberechtigungen zusammenführen müssten, um das Totmannarchiv öffnen zu können.[46] »Ich hatte Zweifel«, sagte er. »Selbst wenn Sie zugestimmt hätten, war ich mir nicht sicher, ob es richtig wäre«, dieses Material zu veröffentlichen. Letzten Endes hatte er ganz darauf verzichtet, den Totmannmechanismus zu aktivieren. Er hatte den Codierungsschlüssel für den zusätzlichen Behälter zerstört. »Dieses Zeug wird nie ans Licht der Öffentlichkeit gelangen«, sagte er.

Dass Snowden mich in die Irre geführt hatte, war eine unangenehme Entdeckung. Ein wirklicher Schock war es trotzdem nicht. Ausweichen und Aufblähen war der Preis, mit dem ein Journalist bei seiner Arbeit konfrontiert wurde. Als investigativer Reporter war ich bislang noch nie auf eine Quelle gestoßen, die dem platonischen Ideal entsprach. Manchmal verschleierten sie die Wahrheit. Manchmal machten sie sich selbst was vor. Sie irrten sich. Sie stützten sich auf Vermutungen. Sie verkauften Meinungen als Fakten oder peppten Wissen aus erster Hand mit Spekulationen auf. Wie ein Polizist oder Geheimdienstbeamter prüfte ich alles, was ich hörte, auf Herz und Nieren und erfuhr dennoch eine Menge.

Snowden war fast unnatürlich eloquent, weshalb es sofort auffiel, wenn er sich mal anders ausdrückte. Für mich waren die Verwendung des Passivs oder pedantisch präzise Formulierungen ein Signal, wachsam zu sein. Bei der Bewertung von Snowden als Quelle kalkulierte ich einen Unsicherheitsfaktor mit ein, was ich immer tue, und hielt Ausschau nach unabhängigen Belegen. Ich verzichtete auf die Veröffentlichung seiner zu perfekten Qualifikationen oder seiner zu perfekten Anekdote. Nur ganz wenige meiner Artikel zitierten ihn oder erwähnten ihn überhaupt.

Doch trotz alledem empfand ich Snowden als zuverlässiger als die meisten Kritiker und nicht namentlich genannten Amtspersonen, die mich wegen dieser Story konfrontierten. Wenn wir über bestimmte Ereignisse oder Fakten sprachen, formulierte er seine Behauptungen präzise und erläuterte, wie er zu seinen Erkenntnissen gekommen war. Wenn er etwas nicht wusste, sagte er das auch. Wie jeder Mensch hatte er eine subjektive Sichtweise. Zuweilen überschätzte er sein Verständnis der Zusammenhänge. Ich konnte mir vorstellen, dass Informanten aus dem Geheimdienst manchmal auch recht hatten, wenn sie sagten, er wisse nicht, wovon er rede. Doch gemeinhin war er, wenn es um nicht subjektive Informationen ging – um Einzelheiten, die ich im Wesentlichen verifizieren konnte –, zuverlässig gewissenhaft.

Von seinen Widersachern, die sich häufig gegenseitig in böswilligen Äußerungen überboten, wurden mir zahlreiche Wortverdrehungen aufgetischt. Regierungsbeamte bezeichneten Snowden routinemäßig als Schulabbrecher, obwohl sie wussten, dass er die allgemeine Hochschulreife und weiterführende Zulassungen erworben hatte. Sie beschrieben ihn als unbedeutenden Techniker, obwohl er in Wahrheit über die höchsten Privilegien eines Systemadministrators verfügt und Zuständigkeiten besessen hatte, die über sein Berufsbild hinausgingen. Sie verwendeten geheime Definitionen von alltäglichen Wörtern, um normalen Leuten die Wahrheit, wie diese sie verstehen würden, vorzuenthalten. Es gab auch die eine oder andere ehrliche Haut, die als Sprachrohr der Regierung auftrat und lieber den Mund hielt als irgendetwas vorzutäuschen, wenn die Antwort auf eine Frage nicht leichtfiel – aber auf die traf man nicht so oft, wie mir lieb gewesen wäre.

»Man hat mir stets beigebracht, die Presse nicht zu belügen«, erklärte Rick Ledgett, ehemaliger stellvertretender Direktor der NSA, der mir nie einen Anlass gab, an seinen Worten zu zweifeln. Als Geheimdienstbeamter »ist es schlichtweg ungesetzlich, das zu tun, weil man auf diese Weise US-amerikanische Kanäle mit Fehlinformationen füttert«.

»Das ist kurios«, sagte ich. Er lächelte. Er wusste, dass ich da andere Erfahrungen gemacht hatte.

»In dieser Hinsicht bin ich etwas naiv. Ich bin kein politischer Mensch.«

Vor allem in den ersten ein, zwei Jahren, nachdem sich Snowden zu erkennen gegeben hatte, war es in den Kreisen der nationalen Sicherheit gang und gäbe, ihn als Verräter zu beschimpfen. Ich habe keine Lust, mich an der Debatte zu beteiligen, welche Bezeichnung – Held, Verräter, Whistleblower, Verbrecher – denn nun die passendste sei,[47] aber der Vorwurf des Hochverrats war einfach nur dumm und der Hitze des Gefechts geschuldet. Kaum jemand versuchte, ihn in seiner eigentlichen Bedeutung laut der verfassungsmäßigen Definition zu rechtfertigen: »Als Verrat gegen die Vereinigten Staaten gilt nur die Kriegführung gegen sie oder die Unterstützung ihrer Feinde durch Hilfeleistung und Begünstigung.«[48] Regierungsbeamte angefangen von James Clapper bis zu den unteren Rängen räumten ein, dass das auf Snowden überhaupt nicht zutraf. Er hatte keinem anderen Land gegenüber einen Treueschwur geleistet oder sich in seinen Dienst gestellt. Er war für niemanden als Agent tätig gewesen, sondern allein für seine eigene Sache eingetreten. Seine Absicht war es – und Absicht war rechtlich relevant –, dem Interesse der breiten Öffentlichkeit zu dienen. »Ich kann mich an keinerlei Beweise dafür erinnern, dass die Russen über das geheime Material verfügen oder dass er ein Agent war«, sagte James Comey zu mir. »Ich bin zu der Ansicht gelangt, dass er sich als Retter in der Not verstand, dass er Missständen, die er wahrgenommen hatte, entgegentreten wollte.«

Snowden wartete mit einer markigen Formulierung auf. »Wenn ich übergelaufen bin, dann von der Regierung zur Allgemeinheit«, erklärte er. Diese Aneignung eines demokratischen Mandats erboste die obersten Vertreter der nationalen Sicherheit. »In einem Akt extremer Arroganz entschied er sich einfach dafür, öffentliches Vertrauen zu verletzen, ohne dass ihm die 330 Millionen Amerikaner, die ihm dieses Vertrauen geschenkt hatten, die Befugnis dazu übertragen hätten«, schrieb der frühere Verteidigungsminister Ash Carter in seinen Memoiren.[49] Wie Comey zu mir sagte, sei der »zentrale Fehler in seiner Argumentation, dass er derjenige ist, der entscheiden darf, dies alles jemandem außerhalb der US-Regierung mitzuteilen«.

Kurz nach den ersten Snowden-Enthüllungen erklärte Raj De, zu jener Zeit General Counsel der NSA, mir gegenüber: »Selbst wenn man, so wie ich, ebenfalls der Meinung ist, dass wir über einige dieser Punkte öffentlich diskutieren sollten, ist es nach wie vor richtig, zu denken, dass das, was er getan hat, falsch war und man nicht auf diese Art an die Sache herangehen sollte. In meinen Augen ist es irgendwo ziemlich antidemokratisch, wenn eine einzelne Person ihr Urteil über das aller anderen stellt.«

Doch das war schon immer die Rolle des Leakers – eigenmächtig Geheimnisse auszuplaudern. Und das war auch die Rolle eines Reporters. Immer wenn es darum gegangen war, die Überwachung durch die NSA auf nationaler Ebene in ernst zu nehmender Weise auf den Prüfstand zu stellen, hatte dabei nach allem, was ich wusste, ein Leak wie das durch Snowden eine Rolle gespielt. Ohne diese Enthüllungen, so sagte auch Comey zu mir, »gäbe es diesen öffentlichen Austausch meiner Ansicht nach garantiert nicht. Vieles spricht dafür, dass es uns deshalb – ich will nicht sagen, besser geht, aber auch nicht so schlecht, wie man vorher geglaubt und behauptet hat, und dieser Austausch hat auch etwas Gutes bewirkt.«

Ich fragte Raj De: »Wenn wir diese Debatte auch ohne die Snowden-Leaks hätten führen können, warum ist es dann nicht dazu gekommen?«

»Ich glaube, weil unser politisches System vermutlich auf irgendeiner Ebene mangelhaft ist«, antwortete er. »Die Bürokratie der nationalen Sicherheit befindet sich von Natur aus in einer gewissen konservativen Schieflage. ... Im Großen und Ganzen sind das wirklich gute Leute, die um die Sicherheit jedes Einzelnen bemüht sind. Und wenn das dein Job ist, betrachtest du Transparenz natürlich als ein Risiko.

Die Systeme sind nicht darauf ausgerichtet, größere öffentliche Debatten zuzulassen. Alles hat nur den Sinn und Zweck, nichts zu tun, was das Risiko vergrößert. Transparenz ist gewissermaßen ein abstrakter Wert und eine explodierende Bombe ist ein konkreter Albtraum, und wenn aufrechte Menschen befürchten, die eine Gefahr zu erhöhen, indem sie versuchen, jenen anderen Wert hochzuhalten, dann wird es richtig schwierig.«

Einige Kritiker Snowdens gestanden ein, dass die Offenlegung von Geheiminformationen der Demokratie im Prinzip auch nützen könne. Es könne durchaus Leaks geben, die zu rechtfertigen seien, so meinten einige, aber für die meisten Enthüllungen durch Snowden gelte das nicht.

»Man könnte argumentieren – was ich nicht uneingeschränkt tue –, dass es im öffentlichen Interesse gewesen sei, das Metadaten-Programm [für Anrufe im Inland] offenzulegen«, sagte Ledgett, als wir im Elkridge Furnace Inn, einige Kilometer nördlich von Fort Meade, eine Suppe mit Meeresfrüchten zu uns nahmen. »Beim PRISM-Programm wird die Argumentation schon dünner. Und bei allem, was dann noch kommt, bricht sie völlig zusammen.«

Die Idee dahinter war, dass nur diese Programme, wenn überhaupt, zur Inlandsüberwachung gezählt wurden, und nur die Inlandsüberwachung warf legitime Fragen auf, die es zu erörtern galt. Der Rest der Enthüllungen seien »nationale Sicherheitspornos«, wie Ledgett es ausdrückte, die wertvolle Geheimdienstverfahren unnötigerweise beschädigten.[50]

Ich war anderer Meinung – sonst hätte ich wohl kaum meine Artikel geschrieben. Selbst wenn man die Messlatte erst beim Belauschen von Amerikanern ansetzte, musste man berücksichtigen, welche Konsequenzen das Sammeln von Daten im Ausland hatte. Der Sammelapparat von NSA und CIA zapfte massenweise ausländische Netzwerke an und überall in diesen Leitungen waren auch Amerikaner unterwegs. Beim Exploit der Google und Yahoo Clouds wurden amerikanische Daten gesammelt. Beim massenhaften Aufspüren von Standortdaten wurden Daten von Amerikanern miterfasst. Beim Abgreifen von

Adressbüchern wurden Amerikaner in die Social-Network-Datenbank der NSA gespült. Die Methoden der Massenerhebung waren von Natur aus fast allumfassend und auch durchführbar.

Zwei Jahre nacheinander brachte Gus Hunt, der technische Leiter der CIA, genau das in öffentlichen Präsentationen zum Ausdruck. 2012 veröffentlichte er eine Folie, die die Logik hinter Keith Alexanders Heuhaufen-Metapher offenlegte.

1. Der zukünftige Wert eines Punkts [auf der Karte] ist heute unbekannt.
2. Punkte, die wir nicht haben, lassen sich nicht verbinden.
3. Das alte Modell »Sammeln – Aussortieren – Verbreiten« scheitert in der Big-Data-Welt zwangsläufig.

Darum, so Hunt, müsse die Intelligence Community alle Punkte sammeln, so viele, wie die Datenwissenschaft erlaube. Laien überrascht es vielleicht, aber der Umfang sei kein Hindernis. Mit Big-Data-Verfahren sei »6 998 329 787 eine kleine Zahl«.[51] So groß war die geschätzte Weltbevölkerung in jenem Jahr. »Wir sind bald in der Lage, Berechnungen mit Informationen anzustellen, die wir über alle Menschen generiert haben«, schrieb er.[52] Das Wort »alle« hatte er unterstrichen. Ein Jahr später, bei einer von GigaOm in New York City veranstalteten Konferenz, wurde er noch deutlicher. »Man kann den Wert einer Information nur dann ermessen, wenn man sie mit etwas verknüpfen kann, das in der Zukunft geschehen wird«, teilte er dem Publikum mit. »Da man Punkte, über die man nicht verfügt, nicht verknüpfen kann, müssen wir grundsätzlich versuchen, alles zu sammeln und es für immer zu speichern.«[53]

Ich hatte kein Problem mit der Sammlung von Daten im Kontext der Auslandsaufklärung. Sie war unerlässlich für die nationale Verteidigung und rationale Politik. Dennoch war es schlichtweg falsch zu behaupten, es sei technisch möglich, die Amerikaner aus diesem »alles … für immer« herauszuhalten. Bei unserem gemeinsamen Mittagessen beharrte Ledgett nicht auf diesem Punkt, hielt die damit verbundenen

Risiken jedoch für abstrus. Er war bereit, über die schwerwiegenden Probleme zu diskutieren, aber auch genervt.

»Den Menschen ist unwohl bei dem Gedanken, dass die NSA in alle Techniken und Dienste eindringt, die sie nutzen«, sagte ich.

»Was schlagen Sie vor, um herauszufinden, was die Feinde der Nation tun?«, fragte er. »Wenn wir sie davon überzeugen könnten, nur noch auf badguy.com zu gehen – das wäre cool. Dann bräuchten wir uns nur darauf zu konzentrieren.«

Das war die Wurzel des Übels. Die Zielpersonen der Geheimdienste vergangener Tage – das klassische Beispiel war das Nazi-Oberkommando in den 1940er Jahren – hatten unverwechselbare Chiffren, Codes und Kommunikationstechnik verwendet. Auf diesen Kanälen war sonst niemand unterwegs. Der Vorläufer der NSA und die britischen Verbündeten konnten dort eindringen, ohne mit »beiläufigen« Unbeteiligten rechnen zu müssen. Heutzutage gab es immer noch Zielpersonen, die maßgeschneiderte Technologie verwendeten, aber die bildeten die Ausnahme. Die meisten nutzten dieselben Leitungen wie wir alle.

Warum die Zielpersonen nicht dort aufspüren, wo sie sind und andere Leute nicht? Warum nicht nach ihren individuellen Geräten, lokalen Netzwerken, Anschlusspunkten suchen?

»Manches hängt von Gelegenheiten ab«, sagte Ledgett. »Manchmal fehlt uns die Gelegenheit. Dann geht es aber auch um Effizienz. Steht uns genug zur Verfügung – vor allem an Personen, aber auch an Geld –, um dies überall da zu tun, wo es nötig wäre?«

Nun waren wir wieder bei Effizienz und meiner Frage an Comey in der Fordham University angelangt. In der Geschichte der NSA hatte es Zeiten gegeben, in denen sie ihr gewissermaßen gottgleiches allsehendes Auge auf diejenigen Zielpersonen gerichtet hatte, die sich in ihren speziellen Kanälen bewegten. Nun verfolgte die Behörde noch immer das gleiche Ziel, wollte aber etwas, was sie nie zuvor gehabt hatte: effiziente Mittel, um alles auf jedem Kanal lesen und hören zu können. Meine Instinkte rebellierten gegen einen allzu effizienten Staat, der Operationen in dieser Größenordnung durchführte. Der dunkle Spiegel, so transparent von der einen Seite und so undurchlässig auf der anderen, jagte mir Angst ein. Das Machtgefälle von der Regierung zum Volk wurde zu steil.

Ich fragte Ledgett nach der künstlichen Trennung zwischen der im Inland und der im Ausland durchgeführten Überwachung. Schon vor dem 11. September 2001 hatte das Geheimdienst-Establishment auf Lockerung der Fesseln des FISA gedrängt – des Gesetzes, das seit 1978 die elektronische Überwachung innerhalb der Vereinigten Staaten regelte. Man hatte darauf verwiesen, dass rein ausländische Kommunikation – beispielsweise zwischen Russland und Italien – die Internet-Infrastruktur in New York passieren könne. Unter der ursprünglichen FISA-Gesetzgebung brauchte man für das Abfangen dieser Kommunikation eigens einen richterlichen Beschluss. Warum, so fragten die Geheimdienste, sollte man im Ausland lebenden Fremden den Schutz des 4. Zusatzartikels gewähren? Die Frage war berechtigt. Also verabschiedete der Kongress 2007 den Protect America Act und 2008 den FISA Amendments Act, um die Beschränkungen für derartige Operationen zu lockern. Was die Gesetzgeber dabei jedoch nicht bedachten, war die Kehrseite der Medaille. Wie bereits geschildert, sorgte dieselbe Revolution der globalen Telekommunikation dafür, dass auch rein inländische Kommunikation durchs Ausland reiste. So gut wie niemand forderte schärfere Kontrollen für die Datensammlungen durch US-Geheimdienste im Ausland, um all den ebenfalls erfassten Amerikanern Rechnung zu tragen. Ein entsprechendes Gesetz verabschiedete der Kongress nie. Twelve Triple Three blieb der einzige Gesetzesrahmen, der Terrain außerhalb der USA betraf.

»Die Standardannahme und der Grund, warum Sammlungen innerhalb der USA – oder Sammlungen, die in den USA stationierte Systeme durchführen – der FISA-Gesetzgebung unterliegen, lautet, dass man mit ziemlicher Sicherheit auf ›U. S. persons‹ trifft«, erklärte Ledgett. »Also braucht man Verfahren, die die Befugnis einschränken. Die Standardannahme bei Executive Order 12333 lautet, dass man mit ziemlicher Sicherheit nicht auf ›U. S. persons‹ trifft. Ich glaube nicht, dass diese Annahmen zwangsläufig falsch sind.«

Aber Amerikaner seien überall in den ausländischen Netzwerken unterwegs, betonte ich.

»Fakt ist, dass man in jedem Bereich des globalen Netzwerks auf Amerikaner stößt«, gab Ledgett zu. »Zu Beginn meiner Tätigkeit in diesem Metier ging es immer nur um die Sowjetunion, und wenn wir in ein Netzwerk eindrangen, waren da nur Sowjets unterwegs. Sie entwickelten, installierten und betrieben ihre eigenen Netzwerke für ihre Zwecke. Das globale System [von heute] zeichnet sich dadurch aus, dass alles miteinander vernetzt ist. Aus diesem Grunde gibt es Minimierungsverfahren. Wenn man beim Verfolgen ausländischer Zielpersonen – bei allen Schritten vom Anpeilen über das Sammeln, Verarbeiten und Speichern der Daten bis hin zu ihrer Weitergabe – unweigerlich auf Amerikaner trifft, gibt es Sperren, die die Identität amerikanischer Kommunikationsteilnehmer schützen. Damit sie nicht ...«

Er verstummte.

»Es gibt kein Rechtsregime, dass das verhindern könnte«, schloss er.

Das von Ledgett erwähnte Konzept der Minimierung war die Antwort der Intelligence Community auf das Unbeteiligten-Problem. Es war der Fachbegriff für ein undurchdringliches Regelwirrwarr, mit dem das Eindringen in die Privatsphäre von Amerikanern, die im Zuge der Überwachung anderer beiläufig miterfasst wurden, in Grenzen gehalten werden sollte. Die Minimierung sorgte nicht dafür, dass das Sammeln von amerikanischen Kommunikationsdaten eingestellt wurde. Vielmehr schrieb sie eine Reihe obligatorischer Verfahren nach Erfassung der Daten vor. Diese Verfahren gaben den Geheimdienstbehörden vor, was sie mit den US-Daten, die sie in Händen hielten, tun durften und was nicht. »Sammlungsregeln nehmen der Regierung die *Möglichkeit*, Daten zu missbrauchen«, wie es Jennifer Granick, zu der Zeit leitende Wissenschaftlerin für Bürgerrechte am Center for Internet and Society der Stanford Law School, in ihrem Buch *American Spies* formulierte. »Dagegen verweigern Minimierungsregeln Regierungsbeamten die *Erlaubnis*, Daten auf bestimmte Weisen zu missbrauchen.«[54]

Ledgett hatte recht damit, dass sich beiläufige Sammlung nie ganz ausschließen ließ. Auch wenn die NSA nur eine einzige Telefonleitung anzapfte, war es möglich, dass sie Anrufe erfasste, die der Mann oder die Frau der Zielperson tätigte, oder Unterhaltungen zwischen der Zielperson und ihrem amerikanischen Angelfreund. Selbst in diesem simpelsten aller Fälle konnten von der Überwachung mehr Nichtzielpersonen als Zielpersonen betroffen sein. Bei digitalen Inhalten vergrößerte sich der Umfang beiläufiger Sammlungen exponentiell. So konnten sich auf dem Laptop oder im Gmail-Account einer Zielperson private Fotos und Dokumente befinden, die anderen, für die Auslandsaufklärung irrelevanten Menschen gehörten – was auch häufig der Fall war. In der Realität von Überwachungsoperationen im großen Stil musste man mit diesem Ungleichgewicht leben.

Um mir zu demonstrieren, was das konkret bedeutete, hatte Snowden mir die Inhalte von 160 000 Kommunikationen geschickt, die im Zuge der PRISM-Operation abgefangen worden waren.[55] Ashkan, Julie Tate und ich verbrachten Wochen mit der computerunterstützten Analyse des Speichers, der etwa eine Viertelmillion Seiten umfasste. Am besten stellt man ihn sich als einen dicken Stapel mit Gesprächen vor, die die NSA abgefangen hatte. Darin befanden sich Texte von Chats und E-Mails wie auch Fotos und andere Arten von Dateien als Attachments. Wir zählten die im Stapel vertretenen individuellen Accounts. Über neun von zehn dieser Accounts waren keine vorgesehenen Ziele der NSA-Überwachung.

Diese Zahl – neun von zehn – stand für die »beiläufig gesammelten« Unbeteiligten. Sie entsprachen über 10 000 der 11 400 individuellen Accounts, deren Inhalte abgefangen worden waren. Einige der Unbeteiligten kannten die Zielpersonen der NSA und kommunizierten mit ihnen. Zahlreiche andere waren in den Stapel gelangt, weil sie sich, unabhängig vom Thema, in einem Chatroom aufgehalten oder den Online-Dienst eines Servers in Anspruch genommen hatten, die eine Zielperson für ganz andere Zwecke nutzte.

Die Hälfte jener Dateien betraf Amerikaner. Die NSA nahm beim Bespitzeln von 1250 ausländischen Zielpersonen so viele Inhalte auf, dass sie 65 000 Verweise auf US-Bürger und Besitzer einer Green Card schwärzen musste. Zudem entdeckten wir rund 900 US-Accounts, die die NSA-Analysten nicht geschwärzt hatten.

Selbst wenn die Analysten abgefangene Dateien ausdrücklich als nutzlos für Geheimdienstzwecke deklarierten, behielt die NSA sie. Die Inhalte hatten einen intimen, ja voyeuristischen Charakter. Sie erzählten Geschichten von Liebe und gebrochenen Herzen, verbotenen Affären, schweren psychischen Krisen, politischem und religiösem Sinneswandel, finanziellen Sorgen und enttäuschten Hoffnungen. Sie umfassten medizinische Berichte, die Familienmitglieder untereinander austauschten, Lebensläufe von Arbeitssuchenden und Zeugnisse von Schulkindern. Auf einem Foto strahlte ein junges Mädchen in religiöser Kleidung vor einer Moschee in die Kamera. Unzählige Bilder zeigten Säuglinge und Kleinkinder in der Badewanne, auf Schaukeln, auf dem Rücken liegend und von Müttern liebkost. Auf einigen Fotos präsentierten Männer ihren Körper. Auf anderen führten Frauen Dessous vor, beugten sich aufreizend einer Webcam entgegen oder posierten gewagt in Shorts und Bikini-Tops.

All diese Beispiele betrafen Nichtzielpersonen. »Keiner der erzielten Treffer war relevant«, schrieben zwei Kryptologen der Navy in einer von zahlreichen Berichten über unproduktive Überwachung. »Keine zusätzliche Information«, schrieb ein ziviler Analyst. Sobald eine Zielperson einen Chatroom betrat, sammelte die NSA unabhängig vom Thema die Worte und Identitäten aller Personen, die dort etwas posteten, sowie aller Personen, die dort nur »herumlungerten« und passiv lasen, was andere Leute schrieben. »1 Zielperson, 38 andere online«, schrieb eine Analystin. Sie sammelte die Daten von ihnen allen. In anderen Fällen designierte die NSA die Internetprotokolladresse (IP-Adresse) eines Servers, den Hunderte Menschen nutzten, als Überwachungsziel.

Die NSA hielt sich für befugt, sämtliche Inhalte, die beiläufig von Dritten abgefangen wurden, zu behalten, zu speichern, zu durchsuchen und an ihre Kunden von der Regierung weiterzugeben. Raj De sagte aus, die NSA versuche gemeinhin nicht, irrelevante persönliche

Inhalte zu entsorgen, weil ein Analyst kaum entscheiden könne, was für einen anderen möglicherweise irgendwann relevant werden würde.

Die Minimierung zu erklären war teuflisch schwierig, weil so viele Feinheiten und Bedingungen zu beachten waren.[56] Vor einem Laienpublikum in der Brookings Institution gab Bob Litt, der oberste DNI-Anwalt, folgende Erläuterung zum Besten: »Minimierungsverfahren sind Verfahren ... die ›dem Zweck und der Technik der betreffenden Überwachung angemessen derart gestaltet [sein müssen], dass sie die in Übereinstimmung mit dem Bedürfnis der Vereinigten Staaten, für die Auslandsaufklärung relevante Informationen zu erlangen, zu erzeugen und zu verbreiten, erfolgte Beschaffung und Speicherung von der Öffentlichkeit unzugänglichen Informationen, die *United States persons* betreffen und von denen keine entsprechende Zustimmung vorliegt, minimieren und ihre Weitergabe untersagen‹.«[57] Bei einem späteren Auftritt in der Öffentlichkeit sagte er, es habe Jahre gedauert, bis er die Schutzmaßnahmen durchschaut habe.[58] Angesichts so komplexer Regeln, bemerkte Granick, sei die Sorge über ihre praktische Anwendung und Wirksamkeit begründet.[59]

Im einfachsten Fall erforderte die Minimierung, dass die Namen von Amerikanern unkenntlich gemacht wurden, bevor die NSA einen Geheimdienstbericht herausbrachte. Normalerweise. Unter bestimmten Bedingungen. Das galt nicht uneingeschränkt. Zum einen wurden die Namen nur verborgen, nicht gelöscht. Man konnte sie nach Belieben wieder sichtbar machen, und das geschah ziemlich routinemäßig.

Falls die NSA einen Bericht über den Telefonanruf abgesetzt hätte, den ich Ende März 1997 als Jerusalem-Korrespondent der *Washington Post* von dem israelischen Ministerpräsidenten erhalten hatte, so hätte es in dem Bericht geheißen, dass Benjamin Netanjahu »dem MINIMIERTEN US-JOURNALISTEN mitgeteilt habe, seine Story sei ›Schwachsinn, und Sie wissen, dass es Schwachsinn ist, und das haben Sie absichtlich gemacht‹«.[60] Hätte ein Empfänger dieses Berichts jedoch um weitere Details, zum Beispiel meinen Namen, gebeten, um die Bedeutung oder Relevanz des mitgehörten Anrufs besser zu verstehen, dann hätte die NSA mich identifiziert. Vermutlich. Unter bestimmten Bedingungen. Eine gewisse Diskretion galt es zu wahren. Die Namen von Amerikanern konnten auch kenntlich gemacht und an das FBI oder eine andere Vollzugsbehörde weitergegeben werden, falls das NSA der Ansicht war, Indizien für ein Verbrechen entdeckt zu haben. Das allein war schon eine bedeutsame Ausnahme, weil die Indizien in einem solchen Fall ohne richterlichen Beschluss gesammelt worden waren.

Dass Ledgett bei der Beschreibung der durch Minimierungsverfahren auferlegten Beschränkungen nicht von Verboten, sondern von »Sperren« gesprochen hatte, war berechtigt. Jedes durch die Regeln errichtete Hindernis ließ sich auch wieder beseitigen. So sollten nicht einschlägige Informationen über Amerikaner aus den Datenspeichern der NSA gelöscht werden, doch diese Einschränkung galt nur, wenn »ausgeschlossen« war, dass die Informationen der Auslandsaufklärung dienten, und es für einen Analysten guten Grund zu der Annahme gab, dass es sich bei der betreffenden Person um einen Amerikaner oder eine Amerikanerin handelte. Wenn die Kommunikation »verschlüsselt« war oder es »begründeten Anlass zu der Annahme« gab, dass sie eine geheime Bedeutung hatte, durfte die Regierung die Inhalte ungeachtet der sonst geltenden zeitlichen Beschränkungen behalten. (Es war ja möglich, dass der Code später durch Kryptoanalyse entschlüsselt werden würde.)

Zudem waren einige Minimierungsverfahren als geheim klassifiziert. Ohne eine Freigabe der Regierung durfte man nicht einmal lesen, wie die Richtlinien lauteten.[61] Und wie Litt betonte: Die Regeln »können sich je nach dem Zweck der Überwachung und der dabei angewendeten Technik unterscheiden und tun das auch«. Er bezeichnete das maßgeschneiderte Anpassen der Regeln, obwohl man sie verheimliche, als »eine wichtige Maßnahme, um die Privatsphäre in angemessener Weise zu schützen«. Es wäre allerdings einfacher, Datenschutzvorschriften zu vertrauen, wenn sie weniger undurchsichtig wären. Aufgrund meiner Interviews und dem, was ich in den Dateien gesehen hatte, glaubte ich, dass die NSA-Mitarbeiter mit den Verfahren, so gut sie sie verstanden, verantwortungsvoll umgingen, dass sie das Richtige tun wollten und dass die Minimierung den Schaden, den die übermäßige Datenerhebung anrichtete, verringern konnte. In meinen Augen war Granick zu skeptisch, als sie schrieb, dass »dehnbare geheime Regeln im Grunde nicht besser sind, als überhaupt keine Regeln zu haben«.[62]

Dennoch bestand die Gefahr einer Überbewertung der Minimierung. Zuweilen wurde sie als Allheilmittel für sämtliche Übel der zeitgenössischen elektronischen Überwachung dargestellt, vor allem, wenn es um die Datensammlung im großen Stil ging. Das Geheimdienst-Establishment gab unumwunden zu: Wir wissen, dass wir (»beiläufig«) zu viele Daten sammeln und dabei auch amerikanische Kommunikationen erfasst werden, aber Sie brauchen sich keine Sorgen zu machen, weil wir die Ergebnisse anschließend minimieren – wir schließen die Augen, um nicht zu sehen, was wir nicht sehen sollten. Gegen diese Argumentation war streng gesehen erst mal nichts einzuwenden. Dass zu viel gesammelt wurde, war unvermeidlich, und die im Anschluss greifenden Sicherheitsmaßnahmen milderten die Auswirkungen auf die Privatsphäre. Manchmal jedoch wurde das Argument ins Feld geführt, als erübrige sich mit der Minimierung jegliche Frage, ob man die Datensammlung nicht von vornherein reduzieren solle. Aber diese Folgerung war unzulässig. Und sie wäre auch unzulässig gewesen, wenn die Minimierung viel strikter, viel klarer definiert und viel transparenter für die Öffentlichkeit gewesen wäre.

Machen wir ein Gedankenexperiment und kehren noch einmal zu der Science-Fiction-Technologie des Gedankenlesens zurück, die ich in Kapitel 7 beschrieben habe. In der Zeitschrift *Atlantic* hat der Autor Conor Friedersdorf eine Version dieses Szenarios vorgelegt. Nehmen wir an, die Regierung könnte tatsächlich die Gedanken der Menschen lesen. Sollten »die Überwachungsprofis dann davor zurückschrecken, in den Kopf aller Leute einzudringen, und somit für die Bedrohungen gegen die Vereinigten Staaten ›taub werden‹?«, fragte er.[63]

Ergänzen wir das Szenario noch um einige Details, um meinen Punkt klarer zu machen. Nehmen wir an, die Nationale Gedankenlesebehörde würde massenweise die Gedanken von Passagieren auf Verkehrsknotenpunkten in der ganzen Welt sammeln. Nach dem Gesetz dürfte sie davon ausgehen, dass diese Gedanken Ausländern gehören, da sich die Passagiere ja im Ausland befänden. Dann würden auch Millionen Amerikaner beiläufig von den Gedankenlesesensoren erfasst. Lassen wir den dystopischen Touch der gesamten Operation mal beiseite und konzentrieren uns nur auf den Schutz der amerikanischen Privatsphäre. Würden wir uns mit Verfahrensrichtlinien zufriedengeben, die vorsähen, dass die Gedankenleser nicht bewusst die Gehirne von Amerikanern anpeilten, dass sie Gedanken von Amerikanern nur zu rechtmäßigen Zwecken der Auslandsaufklärung läsen und (normalerweise) die Namen von Amerikanern aus den Gedankenleseberichten entfernten? Und wären wir einverstanden mit der vorsätzlichen Sammlung aller Gedanken, solange die Ergebnisse »minimiert« würden?

Bei unserem Mittagessen, das mehr als drei Stunden dauerte, war Ledgett ausnahmslos freundlich, aber einige meiner Fragen konnte er nicht wirklich ernst nehmen. Seiner Meinung nach hatten Leute, die sich Sorgen um Massenüberwachung und Minimierungs-Schlupflöcher machten und sich in phantasievollen Gedankenexperimenten ergingen, ein völlig falsches Bild von der Welt, in der er gearbeitet hatte.

»Es ist wirklich schwierig, die Menschen davon zu überzeugen, dass die Regierung in diesem Sinne überhaupt nicht an ihnen interessiert ist. Sie sind einfach nicht dermaßen interessant. Verschwörungstheoretiker aus dem Hinterland sitzen mit ihrem Aluhut in einem Keller voller Lebensmittel und legen Munitionsvorräte an. Ich verstehe ja, dass sie befürchten, der Staat belausche ihre Kommunikationen, aber darum kümmert er sich einfach nicht. Was sie tun, ist für die Belange der nationalen Sicherheit nicht interessant genug.«

Er sah mir direkt ins Gesicht und fügte hinzu: »Die National Security Agency interessiert sich nicht für Sie.«

Aber wofür sich der Staat interessiert oder auch nicht, ändert sich mit der Zeit. Für die Belange der nationalen Sicherheit war die Loyalität von deutsch- und japanischstämmigen Amerikanern, schwarzen Anführern von Bürgerrechtsbewegungen, Demonstranten gegen den Vietnamkrieg sowie den erklärten Feinden von Richard Nixon und J. Edgar Hoover einstmals von großem Interesse. Gläubige in Moscheen waren nach wie vor in einem Ausmaß von Interesse, das einige Richter für unangebracht hielten. Nicht immer betraf das die NSA, und es hatte auch Reformen gegeben, doch dass das staatliche Interesse so sehr von den äußeren Gegebenheiten abhing, war eines von Snowdens stärksten Argumenten. Viele Errungenschaften im Hinblick auf Bürgerrechte und soziale Gerechtigkeit, die wir mittlerweile für selbstverständlich erachten – das Frauenwahlrecht, das Aufheben der Rassentrennung, das Recht auf Gründung von Gewerkschaften, gleichgeschlechtliche Ehe –, sind dem organisierten Widerstand gegen die Gesetze ihrer Zeit zu verdanken. Die Underground Railroad, das Netzwerk, das Sklaven aus den Südstaaten zur Flucht verhalf, wäre in einer Zeit allgegenwärtiger Überwachung undenkbar gewesen. Gleiches gilt für die Amerikanische Revolution. »Sie hätten ihr Vorhaben nicht koordinieren können«, sagte Snowden über die Gründerväter. »Man hätte sie einen nach dem anderen geschnappt und in König Georgs Kerker geworfen.« Laut Snowden würde umfassende Transparenz im Dienste einer umfassenden Gesetzesvollstreckung bedeuten, »den Status quo dieser Gesellschaft auf alle Zeiten einzufrieren«.

Zu Beginn des 21. Jahrhunderts hatte die NSA sich ein Ausmaß an latenter Macht angeeignet, das in Snowdens Augen schon an sich eine Bedrohung darstellte. Der Apparat der elektronischen Überwachung und insbesondere der massenhaften Datenerhebung habe eine solche Reichweite erlangt, dass allein sein Missbrauchspotenzial zu größter Besorgnis Anlass gebe. »Das Einzige, was die Aktivitäten des Überwachungsstaates eindämmt, ist die Politik«, sagte er. Und Politik könne sich wandeln, erklärte er Poitras und Greenwald in einem ersten Video-Interview. »Und dann können die Menschen nichts mehr tun, um dagegen einzuschreiten. Das wäre eine schlüsselfertige Tyrannei.«

Bekanntlich stellte Senator Frank Church zu Zeiten Nixons schon vor Snowden diese Überlegungen an.[64] Er war Vorsitzender eines nach ihm benannten Kongressausschusses, der nach Watergate Ermittlungen zu missbräuchlichen Aktivitäten der Geheimdienste anstellte. Am 17. August 1975 hatte er einen Auftritt in der NBC-Sendung *Meet the Press*. Zu einer Zeit, in der die NSA noch sehr viel geringere Möglichkeiten hatte als heute und der Name der Behörde selten Erwähnung fand, sprach er folgende Warnung aus:

> Wir verfügen über sehr ausgedehnte Fähigkeiten, Nachrichten überall im Äther abzufangen. Mit Blick auf unsere Feinde oder potenzielle Feinde im Ausland ist das notwendig und wichtig. Doch zugleich muss uns klar sein, dass sich diese Fähigkeit auch jederzeit gegen das amerikanische Volk richten ließe und kein Amerikaner mehr eine Privatsphäre hätte, denn man kann alles überwachen – Telefongespräche, Telegramme, es spielt keine Rolle. Es gäbe kein Versteck mehr.
>
> Falls sich diese Regierung jemals zu einer Tyrannei entwickeln sollte, falls jemals ein Diktator die Macht in diesem Land an sich reißen sollte, könnten die technischen Möglichkeiten, die die Geheimdienste der Regierung an die Hand gegeben haben, diese in die Lage versetzen, eine absolute Gewaltherrschaft zu errichten. Und man wäre allem wehrlos ausgeliefert, denn auch der vorsichtigste Versuch, sich im Widerstand gegen die Regierung zusammenzuschließen, so verstohlen er auch wäre, bliebe dann der Regierung nicht verborgen. Dazu befähigt diese Technologie.

Das Church Committee hatte zahlreiche Reformen sowie eine Kultur des Respekts für Regeln innerhalb der NSA und anderer Behörden angestoßen. Doch nun, da ich zusammen mit Ledgett hier saß, hatten die USA einen Präsidenten gewählt, der eine eklatante Gleichgültigkeit gegenüber juristischen Feinheiten und Normen politischer Führung an den Tag legte.

»Gibt Donald Trump Ihnen Anlass, die Befugnisse und Praktiken zu überdenken, die Ihnen angemessen erschienen, weil Sie den Menschen, denen sie anvertraut waren, vertrauten?«, fragte ich.

»Ich habe dem System nicht wegen des Präsidenten oder seiner Lakaien, sei es im Weißen Haus oder im Kabinett, vertraut. Ich vertraue dem System wegen der Menschen, die es betreiben, wegen der jahrzehntelangen Kultur, Erfahrung, Übung und sittlichen Gesinnung der NSA und des Respekts, den sie alle dem 4. Zusatzartikel zollen.«

Und wenn der Präsident versuchen sollte, die Überwachung gegen seine politischen Gegner zu richten, so wie er versucht habe, die Ermittlungen im Justizministerium zu steuern?

»So sehr mir die Tragweite dieser Ereignisse bewusst ist – sollte es Anstalten zu einem solch unangemessenen Verhalten geben, so würde sich Widerstand dagegen regen und sehr schnell würden der Kongress, der DNI und der Justizminister davon erfahren«, sagte Ledgett.

Ich glaubte, dass er die Widerstandsfähigkeit dieser Institutionen gegen den präsidialen Einfluss überschätzte, aber das war eine andere, weiterreichende Frage – eine der zentralen Fragen der Jahre unter Trump. Stattdessen fragte ich ihn nach einem einflussreichen Faktor, der Trump in die Karten spielte – nach der Ehrfurcht in der NSA wie auch in allen Bereichen des Verteidigungsministeriums vor der Befehlshierarchie.

»Sie waren nie beim Militär«, erwiderte Ledgett. »Man legt keinen Eid gegenüber dem Präsidenten ab. Man schwört einen Eid auf die Verfassung, die größer und langlebiger ist als jeder Präsident – und das gilt [auch] für Zivilisten. Die Vorstellung, nur weil der Präsident etwas sagt, springen die Leute gleich und tun es, geht ein wenig an der Wahrheit vorbei, vor allem, wenn es um etwas geht, das so eindeutig gesetzeswidrig ist.«

Trumps größtes Talent, sagte ich, sei es, Menschen zu etwas anzustiften, die glaubten, ihre Grenzen zu kennen. Er würde sie Schritt für Schritt zu unerwarteten Regelverstößen verleiten. Vertraue Ledgett tatsächlich darauf, dass Leute in der NSA oder sonstwo genau erkennen würden, wann Gefahr drohe, eine rote Linie zu überschreiten? Letzten Endes, so räumte Ledgett ein, bekäme der Präsident möglicherweise seinen Willen.

»Könnte er beschließen, eine B-52 einzusetzen und eine Atombombe auf wen auch immer abzuwerfen? Na klar. Lass ich mir deswegen graue Haare wachsen?«, fragte Ledgett – und schüttelte den Kopf.

Doch das war ein alter Trugschluss, ein oft bemühtes Scheinargument. Ja, es schien paradox, sich um geringfügigere Eventualitäten Sorgen zu machen, wenn der Präsident in einem Atomkrieg die Welt in Schutt und Asche legen konnte. Allerdings war Ledgett zu klug, um zu denken, dass das meine Frage beantwortete.

Schon viel früher, im Jahr 2013, hatte ich bereits ein ähnliches Gespräch mit Raj De, dem damaligen General Counsel der NSA, geführt. Vielleicht habe sich die Regierung im Hinblick auf Informationen zu viele Machtbefugnisse eingeräumt, gab ich zu bedenken. Vielleicht sei es zu gefährlich, eine Maschinerie der Massenüberwachung, die alles beobachten könne, zu konstruieren. Vielleicht sollten wir eine solche Entscheidung noch hinauszögern. Die NSA könne noch nicht »alles sammeln«, aber sie befinde sich auf dem Weg dorthin. Habe er keine Angst vor den Folgen, wenn die Apparatur jemandem mit böswilligen Absichten in die Hände falle?

De hatte unter Obama im Weißen Haus gearbeitet. Er vertraute dem Präsidenten, der Präsidentschaft, den Normen der ihm bekannten Institutionen. Für ihn war eine finstere Wendung, wie ich sie mir ausmalte, mehr als unwahrscheinlich, und der NSA Fesseln anzulegen, um ihren Missbrauch zu vereiteln, erschien ihm sinnlos.

»Die Vorstellung, über irgendeine grundsätzliche Fähigkeit zu verfügen, eine Tyrannei zu vereiteln, ist nichts als Phantasterei«, sagte er. »Verdammt, Hitler ist in einer Gesellschaft gewählt worden, die damals als demokratisch galt. So etwas kann man nicht kategorisch ausschließen. Und ich finde, das sollte nicht unser Antrieb sein, wenn wir Maßnahmen zu unserem Schutz einrichten«, was die Auslandsaufklärung angehe. »Wenn Sie wirklich einen Überwachungsstaat verhindern wollen, der von einem Diktator missbraucht werden könnte, dann gelingt Ihnen das nur, wenn es keinerlei Überwachung gibt.«[65]

Möglicherweise hätte James Clapper, zu jener Zeit Direktor der nationalen Nachrichtendienste, damals das Gleiche gesagt. Fünf Jahre später und seit kurzem im Ruhestand änderte er allmählich seine

Meinung. Trump hatte den Vorwurf erhoben, von der Schattenregierung bespitzelt zu werden. Als ich mich mit Clapper im McLean Family Restaurant traf, war es gerade zwei Tage her, dass Trump auf ihn losgegangen war und gedroht hatte, ihm seine Sicherheitsfreigabe zu entziehen. Ich fragte Clapper, ob er glaube, dass Trump seine eigene Absichten auf ihn projiziert habe.

»Ich vermute, er könnte alles Mögliche tun«, sagte er. »Ich kann mir verschiedene Szenarien vorstellen. Ich glaube nicht, dass er sich die Mühe machen würde, Twelve Triple Three neu zu formulieren. Ich habe nicht den Eindruck, dass ihm ungeheuer wichtig ist, ob es dazu eine Präsidentenverfügung gibt. Er würde es einfach tun.«

»Das wird Ihnen jetzt vermutlich nicht gefallen, aber das war einer der ersten Punkte, die Snowden zu bedenken gegeben hat«, ließ ich Clapper wissen. »Er nannte es schlüsselfertige Tyrannei. Die Vorstellung, dass das System so viel verborgene Macht birgt – dass all die zahlreichen existierenden Sicherheitsvorschriften einfach weggefegt werden könnten.«

Clapper verzog das Gesicht. Er machte eine bissige Bemerkung über Snowden und meldete Zweifel an seinen Motiven an, aber dann überraschte er mich, indem er ihm in seinem zentralen Punkt zustimmte.

»Im Hinblick auf die Zeit vor Trump wäre das, nun ja, eigentlich undenkbar gewesen«, sagte er. »Ohne Kontrolle durch den Kongress, ja, da könnte er wohl eine Menge tun. In einer solchen Situation, die es noch nie gegeben hat, werden alle früheren Regeln, Normen und Richtlinien von den Ereignissen eingeholt. Mit anderen Worten: Das System ist zweifellos nicht unangreifbar. Es ist fragil. Es gründet auf Menschen, die sich auf eine bestimmte Weise verhalten, auf Konformität mit den Leitlinien dieses Landes, auf die Verfassung und langjährige Praxis und Verfahren. Und all das hat sich wegen Trump, nun ja, in Luft aufgelöst. In der Zeit vor Trump hat man ganz anders gedacht. Das war fast schon das Zeitalter der Unschuld.«

In der Welt der Geheimdienste, sagte ich, müsse es doch Leute geben, die die Ansicht verträten, dass man mit den Reformen in den 1970er und 1980er Jahren zu weit gegangen sei. Ich würde mich fragen, ob Trump im System willige Verbündete habe, die bereit seien, die Datenschutzregeln zurückzufahren. Personen, die ihn bei der Neuinterpretation der Richtlinien unterstützen oder Spielräume innerhalb der gezogenen Grenzen entdecken würden. Clapper nickte.

»Nun, ich nehme an, dass jeder Mensch seine eigene Vorstellung davon hat, wie sehr ihn existierende Regeln oder auch nicht existierende, die er gerne hätte, frustrieren – klar. Das ist die Natur des Menschen. Dagegen lässt sich nichts sagen.«

»Das bringt mich zu Folgendem«, sagte ich. »Und ich weiß definitiv keine Antwort, aber ich habe ein Gefühl, das mir keine Ruhe lässt – ich meine, sobald Sie zu diesem Schluss kommen, dass es wirklich stimmt, dass jemand all diese verborgene Macht missbrauchen könnte, verändert das Ihre Einstellung gegenüber der Erschaffung dieses Apparats, der so viel Macht verleiht? Denken Sie dann darüber nach, dass der Apparat, allein die Tatsache, dass er existiert, vielleicht zu weit geht? Dass es vielleicht gar nicht so toll ist, dass der Apparat all das tun kann, was er tun kann?«

»Okay, nun ertappen wir uns dabei, diese Fragen zu stellen. Dieser ganze Apparat wurde vorgeblich errichtet, um der Nation Sicherheit und Schutz zu gewähren. Was das betrifft, denke ich, ja, da gibt es möglichen Spielraum für Missbrauch.«

»Um es auf den Punkt zu bringen: Lehrt uns Trump eventuell, dass es wünschenswert wäre, die bestehenden Möglichkeiten zurückzuschrauben?«

»Wenn man die bestehenden Möglichkeiten zurückschraubt, hat man das Problem, dass man die technische Kapazität einer Kontrollinstanz unterstellt. Aber die technische Kapazität wird immer da sein. Man kann das Rad des technischen Fortschritts nicht zurückdrehen. Die einzig denkbare Kontrollinstanz wäre die Entscheidung, sich entsprechend zu verhalten. Aber die Technologie ist weiterhin vorhanden. Das Problem ist, Bart, wenn du es dir in den Kopf setzt, dann kannst du eine verlorengegangene oder aufgegebene Kapazität oder Fähigkeit immer wieder einsetzen oder zurückgewinnen. Denn solange die Technik vorhanden ist, der Mensch diese Technologie entwickelt hat, kann der Mensch sich eines anderen besinnen und sie ausschöpfen oder auch wieder darauf verzichten. Und keine Regel oder Gesetzgebung kann das ungeschehen machen.«

Clapper hatte keine Lösung anzubieten. De meinte, es gebe keine Lösung. Ledgett glaubte, Regeln und Kultur würden obsiegen.

Snowden hingegen, der die Alarmglocken geläutet hatte, setzte sein Vertrauen in die Technik, um der Übergriffigkeit der NSA einen Riegel vorzuschieben. »Lasst uns nicht mehr vom Vertrauen in den Menschen sprechen, sondern ihn kraft der Ketten der Kryptographie davon abhalten, Unheil anzurichten«, verkündete er in seiner ersten signierten Kommunikation in einer abgewandelten Version von Thomas Jeffersons Loblied auf die Verfassung. »Unsere Zukunft hängt vom Einsatz der Open-Source-Community ab.« In einem späteren Interview sagte er zu mir: »Die Menschen, die dies ändern und dauerhaft ändern werden, sind die Doktoranden von heute. Es sind die jungen Collegestudenten. ... Es werden Dissertationen geschrieben und neue Modelle entworfen, die gegen Überwachungssysteme gefeit sind.«

Von Moskau aus verbrachte Snowden viel Zeit bei virtuellen Treffen mit Technikern und Ingenieuren und sprach sich für sicherere kommerzielle Produkte aus. Er arbeitete gemeinsam mit Entwicklern an außergewöhnlichen Tools, darunter ein Projekt, bei dem ein Smartphone zu einem Gerät umfunktioniert werden sollte, das Manipulationen erkannte,[66] und ein anderes für automatisches »Secret-Sharing« von kryptographischen Schlüsseln – das Konzept hinter seiner auf Eis gelegten Totmanneinrichtung.[67] Regelmäßig äußerte er mir gegenüber Dinge wie: »Ich beschäftige mich gerade mit verschachtelter Virtualisierung, was echt Spaß macht.«

In der Geschichte, so Snowden, »war Kommunikation stets privat, weil es einfach keine Zugriffsmöglichkeiten gab. Im 19. Jahrhundert konnte man nicht in jedem Haus einen Spion der Regierung unterbringen. Dann hält die elektronische Kommunikation Einzug, alles wird plötzlich offener, bis wir vor etwa zehn Jahren einen Punkt erreichen, an dem sich alles überwachen lässt. Verschlüsselung war sehr selten. Im Grunde konnte man über jeden irgendwo irgendwelche

Informationen finden. Demnach [war] der gesamte Kommunikationsraum überwachbar. Nun beginnt sich diese Dynamik zu verändern. Wir verschieben sie. Im Wesentlichen erheben wir wieder Anspruch auf kleine Bereiche und erobern uns unsere Privatsphäre Stück für Stück zurück. Und diese Probleme sind tatsächlich nicht unlösbar. Wenn es gelingt, die gängigsten Settings sicher zu machen, lässt sich der Fokus der Überwachung vom Beobachten aller auf das Beobachten der wirklich Verdächtigen verlagern.«

Der Snowden-Effekt veränderte den Zeitgeist. Er stellte das in der NSA vorherrschende Modell vor rechtliche, diplomatische und gesetzgeberische Herausforderungen. Daneben, und das war wohl das Wichtigste, wurden im Privatsektor Forderungen nach stärkerem Widerstand gegen die Massenüberwachungsmethoden der NSA laut. Sicherheit und Datenschutz wurden zu Marketing-Kriterien der Internetriesen. Google forcierte sein Vorhaben, alle Dienste für Verbraucher- und Geschäftskunden zu verschlüsseln, und verstärkte auch die Sicherheitsmaßnahmen in seiner Cloud. »Ich bin bereit, [der US-Regierung] im rein defensiven Bereich zu helfen«, erklärte Eric Grosse, leitender Sicherheitstechniker von Google, bei einem Interview im Hinblick auf Cyber-Sicherheit. »Aber mit dem Abfangen von Signalen ist endgültig Schluss.« Dabei werde Google nicht mit der Regierung kooperieren, so Grosse, und er fügte hinzu: »Nichts für ungut, aber mein Job ist es, denen den Job zu erschweren.«[68]

Im Jahr nach unserer Story über den Exploit der Google Cloud veröffentlichte Grosses Team den Quellcode für die Softwarebibliothek End-to-End.[69] Es handelte sich um ein frei verfügbares Tool, das andere Softwareentwickler zur Verschlüsselung von E-Mails verwenden konnten. Für die NSA hinterließen die Sicherheitstechniker von Google ein unverblümtes »Ihr könnt uns mal!« in einem in den Quellcode eingebetteten Kommentar, mit dem sie den Smiley in der Cloud-Karikatur wieder aufgriffen:[70]

```
--ssl-added-and-removed-here-;-)
```

Snowden und die US-Regierung unternahmen gelegentliche vergebliche Versuche, eine Vereinbarung über seine Rückkehr in die Vereinigten Staaten auszuhandeln. Besonders intensiv waren die Bemühungen Ende 2013 und Anfang 2014, als für den amerikanischen Geheimdienst am meisten auf dem Spiel stand. Die Geheiminformationen, die Snowden gestohlen hatte, waren noch frisch. Die Regierung wusste nicht, wie viel noch ans Licht kommen würde. Ledgett glaubte, dass Snowden folgenschwere Unsicherheiten auflösen könne.

»Er hat bereits erklärt: ›Wenn ich auf eine Amnestie hoffen dürfte, würde ich zurückkehren‹«, sagte John Miller, Korrespondent von CBS News, am 15. Dezember 2013 bei einem Interview zu Ledgett. »Was würden Sie angesichts des potenziellen Schadens für die nationale Sicherheit von einem solchen Deal halten?«[71]

»Ich persönlich bin der Meinung, ja, es würde sich lohnen, darüber zu reden«, antwortete Ledgett. »Ich bräuchte Garantien, dass die restlichen Daten sichergestellt würden, und ich würde die Messlatte für diese Garantien sehr hoch ansetzen. Eine bloße Zusage seinerseits würde nicht ausreichen.«

Im Laufe der Zeit gelang es der Regierung zunehmend, ihre Verluste auszugleichen. Mit Hilfe forensischer Ermittlungen verschaffte sie sich größere Klarheit darüber, was Snowden entwendet hatte. Der Widerstand gegen das Aushandeln einer Vereinbarung mit Snowden war stets groß gewesen, und nach und nach verstummte der Ruf nach einem Kompromiss. Snowden wiederum richtete sich in seinem neuen Leben in Moskau ein. Seine Freundin Lindsay zog zu ihm. 2017 heirateten sie. Gemeinsam mit englischsprachigen Aktivisten baute er eine Online-Community auf. Bei Fertigstellung dieses Buches hatten sich beide Seiten mit einem Geduldspiel auf lange Sicht abgefunden.

»Keiner von uns«, erfuhr ich von Snowden, »hat das dringende Bedürfnis, eine Lösung zu finden.«

DANK

Mein erster Dank gilt Edward Snowden, der mir sein Vertrauen geschenkt und eine ungeheuer wichtige öffentliche Debatte über die Grenzen geheimdienstlicher Arbeit in einer freien Gesellschaft in Gang gesetzt hat. Laura Poitras danke ich, weil sie uns miteinander bekannt gemacht hat, und für unsere damalige Zusammenarbeit. Für seine Hilfe beim Koordinieren unserer komplexen Beziehung bin ich Ben Wizner, Snowdens Anwalt bei der ACLU, zu Dank verpflichtet.

Hunderte Menschen aus der Regierung der USA und anderer Staaten sowie aus dem Militär, den Geheimdiensten, der Privatindustrie, NGOs, Denkfabriken und Universitäten haben mir geholfen, die Welten, die ich in diesem Buch beschreibe, besser zu verstehen. Es sind viel zu viele, um sie alle namentlich zu nennen, und bei manchen darf ich es nicht. Ich bin ihnen allen dankbar. Wie immer bin allein ich verantwortlich für sämtliche falsch wiedergegebenen Fakten oder Fehlinterpretationen.

Ashkan Soltani war gerade dabei, seinen Van für eine lange Autoreise auszustatten, als ich ihn um Unterstützung bei den Recherchen zu diesem Buch bat. Zu dem Zeitpunkt hatten wir unsere Kooperation bei der *Washington Post* bereits beendet, wo wir in mühsamer Kleinarbeit Rätsel, vor die uns das Snowden-Archiv stellte, gelöst hatten. Ashkan war froh gewesen, nun von dieser Last befreit zu sein, sich von seinen Codierungsschlüsseln zu verabschieden und die Sicherheitsvorkehrungen zu lockern, mit denen er unsere Arbeit geschützt hatte. Beinahe hätte er nein gesagt, als ich ihn bat, sich erneut zu rüsten. »Stell dir doch nur mal vor – sich keine Gedanken mehr darüber machen zu müssen, deinen Computer nie unbeaufsichtigt zu lassen, und all das, und [dann] wieder da reingezogen zu werden«, schrieb er mir. Glücklicherweise ließ er sich umstimmen. Sein scharfer Blick und seine Fachkenntnis waren von unschätzbarem Wert, besonders für Kapitel 6 und 8.

Recherchieren und Schreiben kann ein einsamer Job sein, aber ich hatte zahlreiche Helfer. Am häufigsten und intensivsten nahm ich Sam Adler-Bell in Anspruch, der zahllose Notizen über seine Recherchen verfasste, mit seinen Geistesblitzen manch rätselhaftes Dunkel erhellte, Spuren verfolgte, meine Mutmaßungen in Frage stellte, jedes Kapitel einem Faktencheck unterzog und für Kapitel 2 einen ersten Entwurf zu Snowdens jungen Jahren erstellte. Insbesondere beeinflusste Sam meine Überlegungen im Hinblick auf die Schnittpunkte von Justiz und Privatsphäre und übernahm die Führung bei unserem langen Bericht über die völlig anderen Auswirkungen der Überwachung auf People of Color.* Er ist ein genialer Reporter, begabter Autor und leidenschaftlicher Kritiker, der nun seine eigene vielversprechende Laufbahn verfolgt, und ich warte voller Spannung auf seine nächsten Projekte.

Ein ganzes Aufgebot an jungen Frauen und Männern hat mich in unterschiedlichen Phasen ebenfalls bei der Recherche unterstützt: Victoria Beale, Erica Portnoy, Rachel Adler, Jordan Larson, Harrison Cramer, James McAuley, Colson Lin und Dina Lamdany.

Seit dem Frühjahr 2013, noch bevor die Enthüllungen über die NSA begannen, ist meine berufliche und geistige Heimat die Century Foundation in New York, ein überparteiliches Institut, das Forschung zur öffentlichen Politik betreibt und in der Welt der Ideen neue Maßstäbe setzt. Dank schulde ich der kürzlich verstorbenen Janice Nittoli, die mich eingestellt hat, ihrem Nachfolger als Präsident, Mark Zuckerman, der mir Zeit schenkte, während dieses Buch Form annahm, sowie dem Kuratorium für sein Interesse an meiner Arbeit und die umfangreiche Förderung. Unter dem Dach der Stiftung finanzierte Mark eine Serie

* Barton Gellman und Sam Adler-Bell, »The Disparate Impact of Surveillance«, Century Foundation, 21. Dezember 2017, auf https://perma.cc/WV8A-ZMV3.

von Grundsatzpapieren zu Überwachung und Datenschutz und sorgte dafür, dass die Stiftung Mitausrichterin von Snowdens erster öffentlicher Debatte wurde. Nicht zuletzt bin ich dankbar für das Lachen und die Kameradschaft meiner Kolleginnen und Kollegen. Meine Arbeit bei der Century Foundation wurde großzügig unterstützt von der Addy Foundation, den Open Society Foundations und der Ford Foundation.

Vor und während den Recherchen zu *Der dunkle Spiegel* bot mir die Princeton University eine zweite berufliche Heimat. Zweimal habe ich ein Seminar über Geheimhaltung im Dienst der nationalen Sicherheit an der Woodrow Wilson School of Public and International Affairs gegeben, wo ich eine Menge von meinen Studierenden und ihren Fragen lernte. Später hatte ich das Glück, als Forschungsmitarbeiter Gast am Center for Information Technology Policy sein zu dürfen, einem außerordentlich kreativen und inspirierenden Umfeld. Besonderen Dank schulde ich dort Ed Felten, Jonathan Mayer, Tithi Chattopadhyay und Laura Cummings-Abdo. Die finanzielle Förderung des Centers durch die John D. and Catherine T. MacArthur Foundation und die Microsoft Foundation unterstützten meine Arbeit.

Als ich einen Rückzugsort zum Schreiben benötigte, stellte mir die Columbia Law School großzügig ein Büro zur Verfügung und ernannte mich zum »renommierten Gastjournalisten«. Während meines Aufenthalts dort nahm ich gern die Gelegenheit wahr, als Gastdozent an einem institutsübergreifenden Kurs über Cyber-Sicherheit mitzuwirken, der von dem Powerteam Matthew Waxman, Steve Bellovin und Jason Healey geleitet wurde.

Meine Arbeit an den NSA-Enthüllungen begann bei der *Washington Post,* wo ich mein Handwerkszeug als Reporter gelernt und den größten Teil meiner journalistischen Laufbahn verbracht hatte, bis ich im Jahr 2010 meinen Abschied nahm. 2013 kehrte ich als freier Journalist mit den Snowden-Dokumenten in der Tasche zurück und fand in Marty Baron einen außerordentlichen Newsroom-Chef. Marty stellte sich in sämtlichen Belangen, die ich mir wünschen konnte, in den Dienst der Story, mit Mut und Ressourcen und ohne sich einen Patzer zu erlauben. Anne Kornblut leitete das Team und sorgte dafür, dass ich meine Gedanken beisammenhielt; sie war diejenige, die ich noch spätabends anrief, wenn ich mal überhaupt nicht mehr weiterwusste. Unter den vielen Kollegen und Kolleginnen, die bei unserer NSA-Berichterstattung eine wichtige Rolle spielten, möchte ich die folgenden besonders hervorheben: aus der Redaktion Kevin Merida, Jeff Leen, Cameron Barr, Jason Ukman und Peter Finn; aus der Abteilung Reportage Greg Miller, Ellen Nakashima, Carol Leonnig, Craig Timberg, Steven Rich, Marc Fisher und Craig Whitlock; für Recherchen Alice Crites, Jennifer Jenkins und vor allem Julie Tate. Julie, die mir mehr als alle anderen auf der Welt bei meiner Arbeit unter die Arme gegriffen hat, hat auch dieses Manuskript auf sachliche Richtigkeit überprüft, mich vor dummen Fehlern bewahrt und die Zitate korrigiert. Die *Post* hat unsere Arbeit mit der scharfsichtigen juristischen Beratung durch Jay Kennedy und James McLaughlin unterstützt, verstärkt durch Kevin Baine und Barry Simon von Williams & Connolly. Als ich mit einigen früh getroffenen Entscheidungen haderte, sorgten zwei renommierte frühere Mitarbeiter der *Post*, Bob Kaiser und Steve Coll, für Klarheit. Len Downie, ehemaliger Chefredakteur der *Post*, half mir bei einem schwierigen Problem, das später aufkam.

Mein Agent Andrew Wylie leitete mich auf der Reise mit dem *Dunklen Spiegel* mit sicherer Hand durch ungewohntes Terrain. Für weitere überreichliche Unterstützung danke ich James Pullen, Jessica Calagione, Jacqueline Ko und Katie Cacouris von der Wylie Agency.

Ich empfinde es als Ehre und Privileg, mit Penguin Press zusammenzuarbeiten – mehr kann sich ein Autor nicht wünschen. Ann Godoff hat als Gründerin und Präsidentin dafür gesorgt, dass Penguin Press im Bereich seriöses Sachbuch seit langem eine Spitzenposition einnimmt. Besonders glücklich kann ich mich schätzen, Scott Moyers, den brillanten Herausgeber von Penguin Press, als meinen Redakteur zu haben. Er sah die Konturen der Geschichte, die ich hier erzähle, schon vor sich, bevor der Text Gestalt annahm, gab mir Orientierung bei heiklen Entscheidungen, munterte mich auf, wenn ich schwächelte, und verbesserte das Manuskript mit jeder noch so kleinen Korrektur. Scott wagte sich mit diesem Buch in die Schusslinie, und das werde ich ihm nie vergessen. Während ich dies schreibe, trifft das Penguin-Team die Vorbereitungen für Herstellung, Lektorat, rechtliche Überprüfung sowie Werbung und Vertrieb. Mein herzlicher Dank geht an Bruce Giffords, Roland Ottewell, Yuki Hirose, Colleen Boyle, Danielle Plafsky und Mia Council für die Energie und Konzentration, die sie in dieses Projekt gesteckt haben.

Zurzeit läuft noch das Gerichtsverfahren Gellman v. DHS, der Fall, bei dem es um Informationsfreiheit geht und dem ich Fragen wie auch Antworten verdanke, die Eingang in dieses Buch gefunden haben. Ich ziehe meinen Hut vor den engagierten und unerschrockenen Anwälten des Reporters Committee for Freedom of the Press, die mich im Laufe der Zeit vertreten haben: Katie Townsend, Adam Marshall, Linda Moon, Gunita Singh, Selina MacLaren und Hannah Bloch-Wehba.

Dieses Buch dreht sich um das komplexe Thema der Geheimhaltung, und ich möchte einige Menschen herausheben, die in Gesprächen und ihren veröffentlichten Werken meine Haltung zu diesem Thema beeinflusst haben. Ein besonderer Dank geht an Mary Graham, David Pozen, Jack L. Goldsmith, Fritz Schwarz und Steven Aftergood. Dessen Blog *Secrecy News* bei der Federation of American Scientists ist eine wichtige Ressource für die Auseinandersetzung mit den Funktionen des Informationsfreiheitsgesetzes und des Klassifizierungsapparats.

Spezielle Freundschaften herauszuheben ist schwierig, aber die folgenden Menschen haben mir besonders geholfen, die richtige Balance zu wahren, wenn das Buch alles andere zu verschlingen drohte: Robin Miller, Craig Snyder, Debora Cahn, Michael Heller, Freyda Spira und Ben Slavin.

Und schließlich, aus tiefstem Herzen, danke ich meiner Familie. Da ist zunächst die Familie, in der ich aufgewachsen bin – meine verstorbene Mutter Marcia Jacobs, mein Vater Stuart Gellman, mein verstorbener Stiefvater Abe Jacobs, meine Schwestern Sheri Throlson und Cheryl Jacobs und mein Bruder Alan Gellman. Alan, ein Marketing-Experte, der mittlerweile als Coach für Führungskräfte arbeitet, stand mir im letzten Jahr mit seinen Coaching-Superkräften zur Verfügung, wann immer ich sie brauchte. Und dann ist da die Familie, die ich selbst gegründet habe und die mir Kraft gibt. Meine Kinder – Abigail Gellman, Micah Gellman, Lily Gellman und Benjamin Gellman – bereichern mein Leben und erfüllen mich mit Stolz. Und mit Dafna Linzer, meiner Partnerin in allen Lebenslagen, schaue ich voller Zuversicht in die kommenden Jahrzehnte.

ABKÜRZUNGEN

ACLU	American Civil Liberties Union (US-Nichtregierungsorganisation für Bürgerrechte)
CIA	Central Intelligence Agency (Auslandsgeheimdienst der USA)
COMINT	Communications Intelligence (Fernmeldeaufklärung)
D&D	Denial and Deception (Verschleierung und Irreführung)
DHS	Department of Homeland Security (US-Heimatschutzministerium)
DIA	Defense Intelligence Agency (US-Verteidigungsnachrichtendienst)
DNI	Director of National Intelligence (Direktor der nationalen Nachrichtendienste)
DoD	Department of Defense (US-Verteidigungsministerium)
ECI	Exceptionally Controlled Information (unter besonders strenger Kontrolle stehende Informationen)
FAA 702	FISA Amendments Act, Absatz 702
FBI	Federal Bureau of Investigation (zentrale Sicherheitsbehörde der USA)
FISA	Foreign Intelligence Surveillance Act (Gesetz zur Überwachung in der Auslandsaufklärung)
FISC	Foreign Intelligence Surveillance Court (Gericht der Vereinigten Staaten betreffend die Überwachung der Auslandsgeheimdienste)
FOIA	Freedom of Information Act (US-Gesetz zur Informationsfreiheit)
GCHQ	Government Communications Headquarters (britischer Nachrichten- und Sicherheitsdienst)

GPG	Gnu Privacy Guard (Open-Source-Anwendung eines Verschlüsselungsstandards)
GRU	Glawnoje Raswedywatelnoje Uprawlenije (Zentralorgan des russischen Militärnachrichtendienstes)
HUMINT	Human Intelligence (nicht technische Aufklärung)
ICRC	International Committee of the Red Cross (Internationales Komitee vom Roten Kreuz)
MAC-Adresse	Media-Access-Control-Adresse (unverwechselbare Hardware-Adresse eines Netzwerkadapters, die seine eindeutige Identifizierung ermöglicht)
NSA	National Security Agency (Nationale Sicherheitsbehörde der USA, US-Auslandsgeheimdienst)
NSANet	(globales Intranet der NSA)
NOFORN	No foreign national (kein Zugriff für ausländische Staatsangehörige)
NTOC	National Threat Operations Center (Abteilung der NSA)
ODNI	Office of the Director of National Intelligence (Büro des Direktors der nationalen Nachrichtendienste)
ORCON	Originator controls (Ersteller kontrolliert)
PKI	Public Key Infrastructure
SCI	Sensitive Compartmented Information (sensible gesondert zu behandelnde Informationen)
SI	Special Intelligence
SIGINT	Signals Intelligence (Signalaufklärung)
SSL	secure sockets layers (Technologie für Verschlüsselung im Internet)
SSO	Special Source Operations (Abteilung der NSA)
STLW	STELLARWIND (Programm für Inlandsüberwachung ohne richterlichen Beschluss)
TAO	Tailored Access Operations (NSA-Abteilung zur geheimdienstlichen Aufklärung durch Infiltration ausländischer Rechner und Netzwerke)
TATP	Triacetontriperoxid (hochexplosiver Sprengstoff)
TS	Top Secret

U. S. C.	United States Code (amtliche Sammlung der amerikanischen Bundesgesetze)
U. S. persons	(US-Bürger, Personen mit unbeschränkter Aufenthalts- und Arbeitsbewilligung, Organisationen und Unternehmen)

ANMERKUNGEN

VORWORT

1. Snowden und ich nutzten nicht die üblicherweise verwendeten Chat-Dienste von Skype, Yahoo oder Google, die Behörden leicht überwachen können. Wir nutzten Kanäle, die sowohl verschlüsselt waren (so dass niemand den genauen Wortlaut lesen konnte) als auch anonymisiert (Aufenthaltsort und Identität blieben verborgen). Für die Technikfreaks: Wir verwendeten Pidgin vom Betriebssystem Tails, per Verbindung zu Jabber-Accounts über versteckte Dienste von Tor mit einer geheimen Verschlüsselung.
2. Der Architekt Jack Self hat die elegante quaderförmige Struktur der OPS2A/B, der Einsatzzentrale der NSA, in einem Artikel beschrieben: »The Authorised Information Available on This Building Could Be Published in a Single Tweet«, *Dezeen*, 26. März 2015, abrufbar auf https://perma.cc/S8P7-MWJ8. Bei Wikimedia findet sich ein Public-Domain-Foto des Hauptquartiergebäudes auf https://perma.cc/9J6A-WGDN.
3. Der Begriff taucht in einem hochrangigen Dokument zur Politikplanung mit dem Titel »SIGINT Strategy« vom 23. Februar 2012 auf und wird auch von verbündeten Geheimdiensten aus Großbritannien, Kanada, Neuseeland und Australien verwendet. Von dem Papier existiert eine Online-Fassung auf https://perma.cc/CL7E-6VYß. Die erste öffentliche Erwähnung findet sich bei James Risen und Laura Poitras, »N. S. A. Report Outlined Goals for More Power«, *New York Times*, 22. November 2013, https://nyti.ms/31ToL5T.
4. Edward Snowden und Barton Gellman, verschlüsselter Live-Chat, Oktober 2013.
5. Edward Snowden, *Permanent Record – Meine Geschichte*, übers. von K. Greiners (Frankfurt am Main: S. Fischer, 2019). Original: *Permanent Record* (New York: Henry Holt, 2019).
6. Siehe zum Beispiel Jeffrey Vagle, »Surveillance Is Still About Power«, *Just Security*, 9. Februar 2016, www.justsecurity.org/29240/surveillance-power/.

1. PANDORA

1. Poitras, Gespräch mit dem Autor, 2. Februar 2013. Laut Micah Lee, der half, den ersten Kontakt zu Poitras herzustellen, schrieb ihm die potenzielle vertrauliche Quelle am 11. Januar 2013: »Ich muss Laura Poitras und nur ihr auf sicherem Wege Informationen übermitteln, kann aber keinen E-Mail-/Gpg-Schlüssel von ihr finden. Können Sie mir helfen?« Am 28. Januar 2013 schickte Lee der Quelle Poitras' Schlüssel und verifizierte, dass er authentisch war (indem er dessen aus 40 Zeichen bestehenden »Fingerabdruck« twitterte). Drei Tage später, am 31. Januar, schrieb Poitras mir eine E-Mail und wir trafen uns am 2. Februar. Micah Lee, »Ed Snowden Taught Me to Smuggle Secrets Past Incredible Danger. Now I Teach You«, *The Intercept*, 28. Oktober 2014, http://interc.pt/1DXiB2S.
2. Die NSA hält ihre Organisationsstruktur vor der Öffentlichkeit geheim. Interne Schaubilder, die durch Snowden zugänglich gemacht wurden und sich bei den Unterlagen des Autors befinden, verwenden »Q« als Kürzel für innere Sicherheit (nicht zu verwechseln mit der fiktiven Q-Abteilung des britischen Geheimdienstes, die James Bond mit Agentenausrüstung versieht). Die formale Bezeichnung ist Associate Directorate for Security and Counterintelligence. Als relativ kleine Abteilung im Vergleich zu S (Signals Intelligence), T (Technology) und anderen, wurde sie als »Group« bezeichnet. Vertrauliche Quelle, Interview mit dem Autor, 22. Februar 2016.
   Öffentliche Erwähnungen der Q-Group gibt es nur sehr wenige. Die beste Quelle, die ich aufgespürt habe, ist Eli Lake, »Inside the ›Q Group‹, the Directorate Hunting Down Edward Snowden«, *Daily Beast*, 10. Juni 2013, http://thebea.st/1oYatwL.
3. Die Kennzeichnung auf dem Dokument lautete »TOP SECRET//SI//ORCON//NOFORN«. Neben anderen Bedeutungen besagen diese Bezeichnungen, dass das Material »sensible gesondert zu behandelnde Informationen« über Quellen und Methoden der Special Intelligence enthält. Mit Hilfe von diesen Unterteilungen werden geheime Informationen klassifiziert, so dass selbst Personen mit entsprechender Freigabestufe den Inhalt nur dann sehen dürfen, wenn ihnen ein tatsächlicher Informationsbedarf bescheinigt wird – das sogenannte »Need-to-know«-Prinzip. Obwohl den PRISM-Folien die Kennung »ECI« fehlte, eine noch eingeschränktere Kategorie, die für »exceptionally controlled information«, also unter besonders strenger Kontrolle stehende Informationen, steht, war den beigefügten Anmerkungen zu entnehmen, dass Teile der Präsentation so zu behandeln seien. Mehr zur Kennzeichnung geheimer Unterlagen findet sich in »Intelligence Community Classification and Control Markings

Implementation Manual«, Office of the Director of National Intelligence, 31. Mai 2011, www.fas.org/sgp/othergov/intel/capco_imp.pdf.

4. PowerPoint-Präsentation, »PRISM/US-984XN Overview«, April 2013 (im Folgenden als »PRISM Overview« zitiert), bei den Unterlagen des Autors, teilweise veröffentlicht auf www.washingtonpost.com/wp-srv/special/politics/prism-collection-documents/. Andere Nachrichtenseiten haben weitere Folien in Teilen veröffentlicht. Sie sind auf https://nsa.gov1.info/dni/prism.html zusammengefasst. Siehe auch Barton Gellman und Laura Poitras, »U. S. British Intelligence Mining Data from Nine U. S. Internet Companies in Broad Secret Program«, *Washington Post*, 7. Juni 2013, http://wapo.st/1LcAw6p, archiviert auf https://archive.is/cYyFe.
   Mehrere US-amerikanische Regierungsbeamte machten sich über unsere Verwendung des Begriffs »Program« in diesem Artikel und der Überschrift lustig, weil wir damit demonstrieren würden, dass wir von dem Thema keine Ahnung hätten. Robert S. Litt, Justitiar des Office of the Director of National Intelligence, sprach in der Öffentlichkeit wiederholt vom »sogenannten PRISM-Programm«. Siehe seine Ausführungen in »Privacy, Technology, and National Security«, 18. Juli 2013, auf https://perma.cc/U3ZL-UCSX und »Facts on the Collection of Intelligence Pursuant to Section 702 of the Foreign Intelligence Surveillance Act«, 8. Juni 2013, auf https://perma.cc/Z567-NZ6M. In Letzterem wurde behauptet, PRISM sei lediglich ein Name für »ein internes Computersystem der Regierung«. Diese Behauptung war irreführend. Im NSA-Jargon ist PRISM ein »sigad« oder »signals intelligence activity designator«. Das bedeutet, dass ein sigad einen Zugangsort zu Daten bezeichnet, die die NSA sammeln will, sowie ein Verfahren, sie anzuzapfen. Um das einem Laienpublikum verständlich zu machen, fällt mir keine bessere Bezeichnung ein als »Programm«.
5. Insgesamt handelte es sich um neun Unternehmen, darunter auch AOL, Skype (bei Microsoft), Apple, YouTube (bei Google) und Paltalk. Laut der Präsentation stand ein entsprechender Zugang zu Dropbox unmittelbar bevor.
6. Die Entfernung ist zur Veranschaulichung in Luftlinie angegeben. E-Mails werden nicht auf geraden Wegen durch das Internet verschickt. Standardmäßige Netzwerkprotokolle teilen die Botschaft in »Pakete« auf, die unabhängig voneinander geroutet werden, bevor die Botschaft am Zielort wieder zusammengesetzt wird. Daten nehmen den kostengünstigsten oder schnellsten Weg, der nicht unbedingt der kürzeste ist. Die folgende Anmerkung erläutert, was das Besondere an den von Poitras und mir getroffenen Vorsichtsmaßnahmen war.
7. Wenn sich ein Computer mit einer Website oder einem Mailserver verbindet, sendet er üblicherweise eine Ziffernfolge – seine Internetprotokolladresse. Diese Adresse dient der Identifizierung des Geräts und seines Standorts.

Um unsere Anonymität zu wahren, verbanden Poitras und ich uns über Tor mit dem Internet, einem freien Proxy-Server, der jede Verbindung über drei zufällig ausgewählte Zwischenstationen leitet, die häufig in Übersee liegen. Siehe das Tor-Projekt, https://torproject.org. Eine interaktive graphische Darstellung des Systems findet sich in »Data Flow in the Tor Network«, https://torflow.uncharted.software/.

8. Jedes Gerät, das sich mit dem Internet verbindet, hat eine Netzwerkkarte mit einer unverwechselbaren Adresse aus 12 Buchstaben und Ziffern. Diese MAC-Adresse, kurz für »media access control«, dient zur Identifizierung der Hardware. Eine weitere Zeichenfolge, ein Satz aus Zahlen in vier Gruppen – das Internetprotokoll bzw. die IP-Adresse – weist dem Gerät eine lokale Netzwerkidentität zu. Letztere entspricht gewöhnlich weitgehend dem geographischen Standort. Siehe »What Is a MAC Address?«, http://whatismyipaddress.com/mac-address. Mit Hilfe von Software-Tools lassen sich diese beiden Adressen zufällig erzeugen, womit man viele Arten der Verfolgung unterbinden kann. Solche Tools werden beispielsweise in das Betriebssystem Tails eingebaut, das auf Debian Linux basiert und auf die Wahrung der Privatsphäre hin optimiert ist. Siehe »The Amnesic Incognito Live System«, https://tails.boum.org.

9. Poitras an den Autor, E-Mail, 21. Mai 2013. Der hier zitierte Chiffretext dient zur Veranschaulichung. Er ist eine verschlüsselte wörtliche Version des von Poitras geschriebenen Textes, aber nicht genau dieselbe verschlüsselte Version, die sie mir gesandt hatte. Für dieses Buch habe ich ihre Botschaft entschlüsselt und sie mit einem anderen Schlüssel erneut verschlüsselt. Im Grunde habe ich das Schloss ausgetauscht, was wiederum den Chiffretext veränderte. Hätte ich ihre Botschaft hier genauso wiedergegeben, wie ich sie erhalten hatte, könnte eine Geheimdienstbehörde sie mit Internetverkehr abgleichen, den sie möglicherweise am damaligen Tag erfasst hatte. Ein solcher Abgleich könnte unsere anonymen Accounts identifizieren und andere vertrauliche Aspekte unserer Arbeit beeinträchtigen.
Dieses Risiko ist nicht abwegig. Die »Minimierungsregeln« der US-Geheimdienste, der offizielle Begriff für Beschränkungen, denen die Überwachung von amerikanischen Bürgern und Einwohnern unterliegt, verpflichten die NSA normalerweise dazu, die gespeicherte Kommunikation von Bürgern und Einwohnern der USA zu vernichten, sofern sie für den Auslandsgeheimdienst nicht von Belang ist, in jedem Fall aber nach fünf Jahren. Die Beschränkungen gelten nicht für verschlüsselte Nachrichten. Regelungen für »nach wie vor geheime« Daten erlauben »die Speicherung jeglicher Kommunikation, die verschlüsselt ist oder allem Anschein nach eine geheime Bedeutung hat«, für »eine beliebige Zeitspanne«, bis die NSA sie entschlüsseln kann oder nicht mehr an ihr interessiert ist.

Im Sommer 2013, nachdem Snowden mit seinen Enthüllungen begonnen hatte, veröffentlichte das Office of the Director of National Intelligence (ODNI) eine zensierte Version seiner Minimierungsrichtlinien von 2011. Das »redigierte« Dokument, in dem die Bestimmungen zu verschlüsseltem Text geschwärzt waren, trug den Titel »Minimization Procedures Used by the National Security Agency in Connection with Acquisitions of Foreign Intelligence Information Pursuant to Section 702 of the Foreign Intelligence Surveillance Act of 1978, as Amended« (redigiert), dem Foreign Intelligence Surveillance Court am 31. Oktober 2011 vorgelegt vom US-Justizministerium, abrufbar auf https://perma.cc/R5JG-B356. Zwei Monate vor der ODNI-Publikation veröffentlichte ich den vollständigen, nicht redigierten Text desselben Dokuments, wie er dem Foreign Intelligence Surveillance Court (FISC) am 29. Juli 2009 vorgelegt worden war. Er ist wiedergegeben bei Scribd auf http://bit.ly/1oQ97DL sowie auf https://edwardsnowden.com/wp-content/uploads/2013/10/FAA-Minimization-Procedures.pdf. Der dazugehörige Artikel war Ellen Nakashima, Barton Gellman und Greg Miller, »New Documents Reveal Parameters of NSA's Secret Surveillance Programs«, *Washington Post*, 20. Juni 2013, http://wapo.st/1QMis6c. Kurz danach gab das ODNI eine Pressemitteilung heraus, ohne die Vorschriften für verschlüsselte Texte zu erwähnen. Siehe »ODNI Fact Sheet«, 25. Juni 2013, http://wapo.st/1NpW28K.

10. Poitras an den Autor, E-Mail, 22. Dezember 2010.
11. Mary Greendale, »Filming the Ravages of War: After Winning Peabody Award, Holliston Native Set to Focus on Iraq«, *MetroWest Daily News* (Framingham, MA), 13. Juni 2004, auf https://perma.cc/9AXE-3ESR.
12. Liz Karagianis, »Fulfilling a Dream«, *MIT Spectrum* (Frühjahr 2008), http://spectrum.mit.edu/articles/fulfilling-a-dream-2/.
13. Praxis Films, Pressebroschüre, 2006, www.praxisfilms.org/images/uploads/mycountrymycountry.presskit.pdf. Die Erstausstrahlung des Films beim Public Broadcasting Service erfolgte am 25. Oktober 2006. Siehe www.pbs.org/pov/mycountry/. Zur Nominierung für den Academy Award 2007 siehe https://to.pbs.org/1QJZkGk.
14. »Interview: Laura Poitras, Director of ›My Country, My Country‹«, *Indiewire*, 31. Juli 2006, www.indiewire.com/article/indiewire_interview_laura_poitras_director_of_my_country_my_country.
15. Siehe Zeitgeist Films, Pressebroschüre, 2010, https://zeitgeistfilms.com/media/films/182/oath.presskit.pdf.
16. So schilderte es Poitras mir damals und diese Darstellung wurde auch von der US-Regierung nicht bestritten. Später kam die Sache an die Öffentlichkeit. Siehe Dennis Lim, »An Eye on America Is Also Under Watch«, *New York Times*, 6. Mai 2010, http://nyti.ms/1ppyRaH, sowie Glenn Greenwald,

»U. S. Filmmaker Repeatedly Detained at Border«, *Salon*, 8. April 2012, www.salon.com/2012/04/08/u_s_filmmaker_repeatedly_detained_at_border/.

17. Später kursierten zwei mögliche Erklärungen, die Poitras von den Behörden aber nicht genannt wurden. Die erste bezog sich auf einen Hinterhalt, in den Soldaten der Oregon National Guard 2004 in Bagdad gerieten. Poitras hatte das Geschehen angeblich von einem nahegelegenen Dach aus gefilmt. Einigen Dokumenten zufolge, die sie unter Berufung auf den Freedom of Information Act (FOIA) vom FBI erhielt, denunzierte sie ein Oberstleutnant der Einheit bei der Criminal Investigation Division der Army und behauptete, er »sei der festen Überzeugung, dass POITRAS vorab über den Hinterhalt informiert gewesen sei« und die US-Streitkräfte hätte warnen können. In Regierungsdokumenten findet sich keine handfeste Grundlage für die Überzeugung des Offiziers. Siehe Poitras' FOIA-Publikation bei Poitras-65, gezeigt auf einer Ausstellung im New Yorker Whitney Museum im Jahr 2016 und abrufbar auf https://cryptome.org/2016/02/poitras-docs-whitney.jpg.
Eine zweite mögliche Erklärung wurde in einem Artikel des *New Yorker* erwähnt, wonach sie der Hauptperson in ihrem Film, einem sunnitischen Arzt und Klinikdirektor namens Riyadh al-Adhadh, Geld überwiesen hatte, als seine Familie 2006 vor dem Bürgerkrieg geflohen war. Siehe George Packer, »The Holder of Secrets«, *New Yorker*, 20. Oktober 2014, http://nyr.kr/ZliViV. Das FBI-Dokument Poitras-64 beschrieb das Umfeld des Arztes als »sehr SADDAM-HUSSEIN-freundlich«.
Vonseiten der Watchlist-Bürokratie scheint es keine Versuche gegeben zu haben, die aus diesen oberflächlichen Tatsachen gezogenen nachteiligen Schlüsse zu rechtfertigen oder Poitras oder der Öffentlichkeit irgendwelche anderen Belege zu liefern. Wie auch viele andere Journalisten im Irak war ich ebenfalls Zeuge von gefährlichen Begegnungen für die US-Truppen geworden, und ich hatte zur Wiedereingliederung eines irakischen Korrespondenten beigetragen, der sich nach den Zeiten Husseins zurücksehnte und seine Familie in Gefahr brachte, weil er für die *Washington Post* arbeitete. Eine Kritik des Watchlist-Verfahrens findet sich bei »U. S. Government Watchlisting: Unfair Process and Devastating Consequences«, American Civil Liberties Union, März 2014, www.aclu.org/us-government-watchlisting-unfair-process-and-devastating-consequences.
18. Eidesstattliche Erklärung von Laura Poitras, Absatz 35, 24. August 2016, in Poitras v. Department of Homeland Security, Civil Action Nr. 15-cv-01091-KBJ.
19. Im Jahr 2008 befand der 9. Gerichtsbezirk der Vereinigten Staaten, »dass kein begründeter Verdacht vorliegen muss, damit Zollbeamte an der Grenze

einen Laptop oder andere elektronische Speichergeräte durchsuchen dürfen«, womit er sich das Argument der Regierung zu eigen machte, dass Laptops und Festplatten ebenso zu behandeln seien wie andere geschlossene Behälter. Siehe United States v. Arnold, 523 F.3d 941 (9th Cir. 2008), https://caselaw.findlaw.com/us-9th-circuit/1162807.html. Der 4. Gerichtsbezirk hatte bereits festgestellt, dass für die Verordnung zu Durchsuchungen beim Grenzübertritt keine Ausnahme nach dem 1. Zusatzartikel der amerikanischen Verfassung für »Übertragungsmittel« gelte. Siehe United States v. Ickes, 393 F.3d 501 (4th Cir. 2005), https://caselaw.findlaw.com/us-4th-circuit/1308274.html.

20. Geprägt hatten diese Formulierung Samuel D. Warren und der spätere Richter des Obersten Gerichtshofs Louis D. Brandeis in »The Right to Privacy«, *Harvard Law Review*, 15. Dezember 1890, http://groups.csail.mit.edu/mac/classes/6.805/articles/privacy/Privacy_brand_warr2.html.

21. Die Präzedenzfälle ließen noch auf sich warten oder wurden gerade in erster Instanz verhandelt. 2013 rollte der 9. Gerichtsbezirk einige der strittigen Punkte im Fall *Arnold* wieder auf. Er befand, dass ein begründeter Verdacht erforderlich sei, um ein elektronisches Gerät mit forensischen Mitteln zu durchsuchen, was einen sehr viel größeren Eingriff in die Privatsphäre bedeute als eine konventionelle Durchsuchung. Siehe United States v. Cotterman, 709 F.3d 952 (9th Cir., en banc, 2013), https://caselaw.findlaw.com/us-9th-circuit/1624272.html. Im Jahr 2014 kam der Oberste Gerichtshof zu dem Schluss, dass Vollstreckungsbeamte eine Vollmacht benötigten, um ein Handy zu durchsuchen, das sie im Zusammenhang mit einer Festnahme beschlagnahmt hätten. Es liegt nahe, dass dieser Fall Auswirkungen auf Durchsuchungen beim Grenzübertritt hat, insbesondere wenn ein Gerät Behörden Zugang zu Informationen in einem Cloudspeicher gewährt. Siehe Riley v. California, 573 U. S._(2014), https://caselaw.findlaw.com/us-supreme-court/13-132-nr3.html.
Zu weiteren Ausführungen hierzu siehe Gretchen C. F. Shappert, »The Border Search Doctrine: Warrantless Searches of Electronic Devices After *Riley v. California*«, *United States Attorney's Bulletin*, November 2014, 1–14, sowie Thomas Mann Miller, »Digital Border Searches After Riley v. California«, *Washington Law Review*, 9. Dezember 2015, http://papers.ssrn.com/sol3/papers.cfm?abstract_id=2701597.

22. Im Jahr 2006 besorgten sich von Hewlett-Packard angeheuerte Privatdetektive illegalerweise die Telefonaufzeichnungen mehrerer Journalisten, um eine undichte Stelle im Vorstand des Unternehmens ausfindig zu machen. Siehe Damon Darlin, »Hewlett-Packard Spied on Writers in Leaks«, *New York Times*, 8. September 2006, http://nyti.ms/1xk61Jh.

23. Bereits vor den Enthüllungen durch Snowden wiesen Datenschützer

darauf hin. Siehe Christopher Soghoian, »When Secrets Aren't Safe with Journalists«, *New York Times*, 26. Oktober 2011, http://nyti.ms/1RskMQl.

24. Graham Cluley, »Don't Call It ›the Cloud‹. Call It ›Someone Else's Computer‹« Blog-Post, 3. Dezember 2013, www.grahamcluley.com/2013/12/cloud-privacy-computer/.
25. Der wichtigste Link, den ich Poitras schickte, war das ausgezeichnete Handbuch »Surveillance Self-Defense« der Electronic Frontier Foundation, https://ssd.eff.org, in dem die meisten dieser Akronyme erläutert werden. Noch hilfreicher ist, dass die EFF eine Denkstrategie präsentiert, um das jeweilige »Bedrohungsszenario« richtig einzuschätzen. Außerdem leitete ich einen der gelegentlichen Blog-Posts an sie weiter, die ich online für *Time* verfasse, »The Case of the Stolen Laptop: How to Encrypt, and Why«, *Techland*, 6. August 2010, http://ti.me/1Qjdu5f.
26. Siehe Steven Levy, *Crypto: How the Code Rebels Beat the Government, Saving Privacy in the Digital Age* (New York: Viking, 2001). Siehe auch Eric Hughes, »A Cypherpunk's Manifesto« (1993), www.activism.net/cypherpunk/manifesto.html, sowie John Perry Barlow, »A Declaration of the Independence of Cyberspace«, Electronic Frontier Foundation, 8. Februar 1996, www.eff.org/cyberspace-independence.
27. Zu den bahnbrechenden Artikeln von Mitarbeitern des Naval Research Laboratory gehörte David Goldschlag, Michael Reed und Paul Syverson, »Onion Routing for Anonymous and Private Internet Connections«, *Communications of the Association for Computing Machinery*, 28. Januar 1999, www.onion-router.net/Publications/CACM-1999.pdf. Onion Routing stellt eine Internetverbindung über eine Abfolge von jeweils verschlüsselten Teilstrecken her, womit sichergestellt ist, dass keiner der Netzbetreiber sowohl den Ursprung als auch das Ziel der Verbindung kennt. Heute bietet das Tor-Projekt (ursprünglich das Akronym für »The Onion Router«) einen kostenlosen, leicht zu nutzenden anonymen Browser auf www.torproject.org.
28. GPG, auch Gnu Privacy Guard oder GnuPG, ist eine kostenlose Open-Source-Anwendung des Verschlüsselungsstandards, den Phil Zimmermann mit dem kommerziellen Softwarepaket Pretty Good Privacy, oder PGP, entwickelt hat. (Jetzt haben wir schon vier Bezeichnungen für dasselbe Basisprodukt, oder fünf, wenn wir noch OpenPGP hinzunehmen.) Der Urheber von GPG ist immer noch der alleinige Hüter des Codes. Zum 10. Geburtstag des Programms sandte er einen Post an eine Mailingliste: Werner Koch, »GnuPG's 10th birthday«, 20. Dezember 2007, https://lists.gnupg.org/pipermail/gnupg-announce/2007q4/000268.html. Siehe auch Julia Angwin, »The World's Email Encryption Software Relies on One Guy, Who Is Going Broke«, ProPublica, 5. Februar 2015, https://www.propublica.org/article/the-worlds-email-encryption-software-relies-on-one-guy-who-is-going-broke.

29. Es handelt sich um den Fall United States v. I. Lewis Libby. Libby wurde 2005 schließlich wegen Meineid und Behinderung der Justiz verurteilt. Siehe Daniela Deane, »Prosecutor Demands Time Reporter Testimony«, *Washington Post*, 5. Juli 2005, http://wapo.st/1TthliJ. Siehe auch Matthew Cooper, »What Scooter Libby and I Talked About«, *Time*, 30. Oktober 2005, http://ti.me/1QovJVB. Der Chefredakteur von Time Inc. verteidigte seine Entscheidung in seinen Memoiren. Siehe Norman Pearlstine, *Off the Record: The Press, the Government, and the War over Anonymous Sources* (New York: Farrar, Straus & Giroux, 2007). Ich für meinen Teil würde nicht wollen, dass ein Redakteur oder Herausgeber eine solche Entscheidung an meiner Stelle treffen dürfte.
30. Den entmutigenden Beweis liefert ein Mail-Forum für die GnuPG-Nutzer; dort sind nur Nerds unterwegs, die sich in schier endlosen Ergüssen über die Geheimnisse der Software auslassen. Siehe The GnuPG-users Archives, http://lists.gnupg.org/pipermail/gnupg-users/.
31. Der Horrorklassiker kann mit rund 25 000 Wörtern aufwarten. Das GPG-Handbuch hat 16 000 Wörter zu bieten plus »häufig gestellte Fragen« in 11 000 Wörtern. Siehe Robert Louis Stevenson, *The Strange Tale of Dr. Jekyll and Mr. Hyde*, www.gutenberg.org/files/42/42.txt, beziehungsweise »The GNU Privacy Handbook«, www.gnupg.org/gph/en/manual.html sowie »GNUPG FREQUENTLY ASKED QUESTIONS«, www.gnupg.org/faq/gnupg-faq.txt. Nachdem ich mich für diesen Vergleich entschieden hatte, entdeckte ich einen Blog-Post mit einem ähnlichen Vergleich zu dem 40 000-Wörter-Roman *Fahrenheit 451*. Siehe Moxie Marlinspike, »GPG and Me«, 4. Februar 2015, www.thoughtcrime.org/blog/gpg-and-me/.
    Selbst die kommerzielle PGP-Software mit einer benutzerfreundlichen graphischen Oberfläche überforderte die normalen Anwender. Bei einem kontrollierten Test mit einem Dutzend Anfängern verrieten drei versehentlich ihre geheimen Codierungsschlüssel (womit der wichtigste Schutzmechanismus von PGP wirkungslos war), alle zwölf missachteten die Anweisung, sich eine komplexe Passphrase auszudenken, eine Person vergaß ihre Passphrase und eine schaffte es erst gar nicht, eine verschlüsselte Nachricht abzusenden. Siehe Alma Whitten und J. D. Tygar, »Why Johnny Can't Encrypt: A Usability Evaluation of PGP 5.0«, *Proceedings of the 8th USENIX Security Symposium*, 23. August 1999, 169–184, www.gaudior.net/alma/johnny.pdf.
32. Autor an Poitras, E-Mail, 14. Januar 2011, bei den Unterlagen des Autors.
33. Poitras an den Autor, E-Mail, 31. Januar 2013, bei den Unterlagen des Autors.
34. Laut dem Mittelsmann, der den Kontakt zwischen der Quelle und Poitras herstellte, stand der sichere Kanal am 28. Januar 2013, als er dem Informanten den aus 40 Zeichen bestehenden »Fingerabdruck« von Poitras'

Codierungsschlüssel bestätigte. Siehe Lee, »Ed Snowden Taught Me to Smuggle Secrets Past Incredible Danger«. Lees Tweet findet sich auf https://twitter.com/micahflee/status/296119710485979136.

35. Barton Gellman, *Angler: The Cheney Vice Presidency* (New York: Penguin Press, 2008). Zur Schilderung der Überwachung durch die NSA siehe vor allem Kapitel 6, 11 und 12.
36. Laut Malcolm Gladwell führte man systematische Tests durch, bei denen Videos von Befragungen präsentiert wurden und zu beurteilen war, ob die aufgezeichneten Personen die Wahrheit sagten oder nicht. Man testete »Polizisten, Zollbeamte, Richter, Strafverteidiger und Psychotherapeuten sowie Beamte von FBI, CIA, DEA und dem Bureau of Alcohol, Tobacco, and Firearms – also Leute, denen man durchaus zutrauen würde, dass sie ein gutes Gespür für Lügen haben. Im Schnitt liegen sie in 50 Prozent der Fälle richtig; mit anderen Worten hätten sie genauso gut abgeschnitten, wenn sie die Aufzeichnungen gar nicht gesehen und einfach nur geraten hätten«. Siehe Malcolm Gladwell, »The Naked Face«, *New Yorker*, 5. August 2002, http://nyr.kr/1Rsoae4. Siehe auch Paul Ekman, »8 Myths About Lying«, www.paulekman.com/psychology/8-myths-about-lying/.
37. In der Nacht von Rabins Ermordung fand ich die Notizen zu diesem Interview wieder und schrieb einen Artikel darüber. Barton Gellman, »In June, Suspect Talked of Israel's Weak Backbone«, *Washington Post*, 5. November 1995, http://wapo.st/20qTJ1X. Der Artikel über das Interview im Juni, in dem Amirs Name nicht erwähnt wird, ist Barton Gellman, »Jewish Settlers Grab Land as Arab Self-Rule Nears; Israel Does Little to Halt West Bank Moves«, *Washington Post*, 26. Juni 1995.
38. Im Jahr 2006 gab die CIA preis, dass eine auch von anderen Behörden genutzte streng geheime »Intellipedia« existiert. Siehe Cass R. Sunstein, »A Brave New Wiki World«, *Washington Post*, 24. Februar 2007, http://wapo.st/1oKv91F. Auf »IT Law Wiki« wurde NSANet erstmals 2011 online beschrieben; siehe http://itlaw.wikia.com/wiki/NSANet, aufgrund dieser datenbasierten Google-Suche: https://goo.gl/j0Jc8y.
39. Laura Poitras, »The Program«, *New York Times* (online), 23. August 2012, http://nyti.ms/1TBmnJp, war ein Porträt des Whistleblowers William Binney für die »Op-Docs«-Serie der Zeitung.
40. Für den Kontakt zu Greenwald verwendete Edward Snowden nicht den Decknamen Verax, sondern Cincinnatus. Laut Micah Lee, damals technischer Mitarbeiter der Electronic Frontier Foundation, versuchte die anonyme Quelle (die unter dem Namen »anon108« an Lee schrieb) erstmals im Dezember 2012, Greenwald zu erreichen. Als Greenwald nicht antwortete, wollte die Quelle es bei Poitras versuchen und bat Lee am 11. Januar 2013, einen sicheren Kontakt zu ihr herzustellen. Erst am 13. Mai,

als Snowden erneut versuchte, Greenwald ins Boot zu holen, schickte Lee einen USB-Stick mit Verschlüsselungstools nach Brasilien zu Greenwald. Da sich der Transport verzögerte, kam der Stick erst am 27. Mai dort an; an diesem Tag führte die Quelle dann die »erste verschlüsselte Unterhaltung direkt mit Greenwald«. Siehe Lee, »Ed Snowden Taught Me to Smuggle Secrets Past Incredible Danger«.

41. Siehe anon108, »GPG for Journalists – Windows Edition | Encryption for Journalists | Anonymous 2013«, Vimeo, 6. Januar 2013, https://vimeo.com/56881481.
42. Um fair zu sein, geriet die Diskussion außer Kontrolle, als Dina Temple-Raston von NPR ihm als Zuhörerin erbost vorwarf, über die Beweise in einer ihrer jüngsten Reportagen wisse sie besser Bescheid als er. Greenwald konterte und das Gespräch glitt mir aus den Händen. Verwundert über Greenwalds Feindseligkeit fragte ich ihn anschließend: »Sind Sie letztens ihrem Hund in die Quere geraten?« Er lächelte und sagte: »Ja, das kann man so sagen.« In einer kürzlich erschienenen Kolumne über Reporter, die Behauptungen des US-Geheimdienstes schlucken, ohne Beweise zu verlangen, hatte er Temple-Raston einen Einfaltspinsel genannt. Siehe Glenn Greenwald, »Government Accusations: No Evidence Needed«, *Salon*, 1. November 2010, www.salon.com/2010/11/01/awlaki_2/. Das von der New York University veranstaltete Diskussionsforum fand am 5. November 2010 statt. Das drei Tage später hochgeladene Video findet sich auf https://youtu.be/nyJU2Ceq83s.
43. Siehe Dana Priest und Julie Tate, »CIA Holds Terror Suspects in Secret Prisons«, *Washington Post*, 2. November 2005, http://wapo.st/1fk1wVN.
44. Siehe »Smiles or Tears for Town Crier?«, *Student Press Law Center Report* (Herbst 1979), 28, http://issuu.com/splc/docs/v2n3fall79. Im Jahr 2014 berichtete ich über diese Geschichte ausführlich in einer Rede, als das Student Press Law Center, das uns bei unserem Rechtsstreit zur Seite gestanden hatte, sein 40-jähriges Jubiläum feierte. Die Rede und die dazugehörigen Folien findet man ungekürzt auf YouTube, https://youtu.be/bSMnfzGyn08.
45. *Gellman v. Wacker*, U.S. District Court for the Eastern District of Pennsylvania, 1977. Ich strengte die Klage gemeinsam mit meinen Mitschülern Craig Snyder und Robert Gordon an. Viele Gerichtsunterlagen und Transkripte der Anhörungen befinden sich bei den Barton Gellman Papers, Box 10, Mudd Manuscript Library, Princeton University. Siehe http://findingaids.princeton.edu/collections/MC262/c011.
46. In meinem ersten Studienjahr am College überließ mir die Zulassungsstelle eine Kopie. (Ich hatte darauf verzichtet, mein Recht auf Einsicht in mein Empfehlungsschreiben unter Berufung auf das Buckley Amendment,

20 U. S. C. § 1232 g, einzuklagen.) In dem vierseitigen Formular hatte die Direktorin nichts ausgefüllt und nur einen Satz geschrieben: »Ich habe nicht den Eindruck, eine Empfehlung abgeben zu können, die Barton helfen würde, in Ihre Einrichtung aufgenommen zu werden.« Eine Kopie findet sich bei den Gellman Papers.

47. Das Foto gehört zum Artikel von Marc Schogol, »Confiscated School Paper May Lead to Court Fight«, *Philadelphia Inquirer*, 29. Oktober 1977. Eine Kopie findet sich bei den Gellman Papers.
48. Siehe zum Beispiel *Face the Nation*, CBS, 18. September 2011, http://cbsn.ws/1PXLdT6. Schieffer: »Barton Gellman, der eine Biographie über Sie, *Angler*, verfasst hat, sagte, in Ihrem Buch käme eine wechselseitige fortschreitende Desillusionierung zwischen Ihnen und Präsident Bush zum Ausdruck. Ist das korrekt?« Cheney: »Nein, das finde ich nicht. Ich fand, dass Gellmans ursprüngliches Buch ebenfalls nicht ganz so korrekt war. Ich glaube, es heißt *Angler* – das ist mein Deckname beim Secret Service. In diesem Punkt hatte er recht.«
49. Stellvertretender Justizminister William E. Moschella an Senator Arlen Specter, Vorsitzender des Justizausschusses im Senat, 23. November 2005, http://wapo.st/1TagwuW. Siehe auch Christopher Lee, »Report on FBI Tools Is Disputed«, *Washington Post*, 30. November 2005, http://wapo.st/1PR4g1r. Der betreffende Artikel war Barton Gellman, »The FBI's Secret Scrutiny: In Hunt for Terrorists, Bureau Examines Records of Ordinary Americans«, *Washington Post*, 6. November 2005, http://wapo.st/1KmBrrl. Anderthalb Jahre später, am selben Tag, an dem der Generalinspekteur des Justizministeriums einen vernichtenden Bericht herausgegeben hatte, zog das Ministerium die meisten seiner früheren Schreiben zurück und versprach, »sämtliche falschen Behauptungen aus ... der Korrespondenz an den Kongress nach Erfordernis zu korrigieren«. Siehe Office of the Inspector General of the Department of Justice, *A Review of the Federal Bureau of Investigation's Use of National Security Letters*, 9. März 2007, https://oig.justice.gov/special/s0703b/final.pdf, sowie Geschäftsführender stellvertretender Justizminister Richard A. Hertling an Senator Arlen Specter, 9. März 2007, http://wapo.st/1UEMpZB.
50. »Statement by Dr. David Kay, Special Advisor to the DCI [director of central intelligence]«, 3. November 2003, veröffentlicht als Pressemitteilung der CIA und an zahlreiche Nachrichtenagenturen verschickt. Abrufbar auf https://perma.cc/8CL8-U3AB. Kay beaufsichtigte die unter Leitung der CIA stehende Iraq Survey Group, die nach dem Sturz des irakischen Präsidenten Saddam Hussein nach Massenvernichtungswaffen suchte. Sein Statement und sein privates Schreiben an den Chefredakteur, in dem er verlangte, meinen Artikel zurückzuziehen, waren Reaktionen auf Barton Gellman, »Search in Iraq Fails to Find Nuclear Threat: No Evidence Uncovered of

Reconstituted Program«, *Washington Post*, 26. Oktober 2003, http://wapo.st/1Znfd ZD. 2006 sagte Kay zu mir, er habe zu jener Zeit gewusst, dass der Artikel von 2003 der Wahrheit entsprach. Wie er sagte, waren die nuklearen Anschuldigungen »grobe Datenmanipulationen«; der Druck, den der stellvertretende Direktor der CIA, John McLaughlin, und Cheney auf ihn ausgeübt hätten, habe es ihm unmöglich gemacht, die Wahrheit öffentlich einzugestehen – bis er im darauffolgenden Jahr Bush seinen offiziellen Bericht vorgelegt habe. David Kay, Interview mit dem Autor, 3. August 2006.

51. Der Artikel, der ihm missfiel, war Barton Gellman, »U. S. Bombs Missed 70 % of Time«, *Washington Post*, 16. März 1991, abrufbar von der Webseite der Stanford University auf http://stanford.io/1KSNLdM.
52. Verax an Poitras und den Autor, E-Mail, Mai 2013, bei den Unterlagen des Autors. Verax verwendete selbst in verschlüsselter Korrespondenz Decknamen, um eine weitere Sicherheitsebene hinzuzufügen.
53. In einer Stellungnahme, die das Büro für öffentliche Angelegenheiten der NSA per E-Mail an Reporter übermittelte, hieß es: »Es gibt zahlreiche Wege, auf denen Herr Snowden ... Bedenken oder verräterische Anschuldigungen hätte vorbringen können. Wir haben nach ... Anzeichen für Kontaktaufnahmen von seiner Seite in diesen Bereichen gesucht und bis heute keine diesbezüglichen Bemühungen feststellen können.« NSA statement, 29. Mai 2014.
54. Mit Präsident Obamas Anweisung wurde der Schutz von Whistleblowern erstmals auf Angestellte der Intelligence Community ausgedehnt. Vertragsmitarbeiter wurden dabei nicht erwähnt. Ohnehin traten die entsprechenden Maßnahmen erst im Juli 2013 in Kraft, also einen Monat nach Snowdens erster Enthüllung. Siehe »Presidential Policy Directive 19«, 10. Oktober 2012, http://fas.org/irp/offdocs/ppd/ppd-19.pdf. Siehe auch Glenn Kessler, »Edward Snowden's Claim That He Had ›No Proper Channels‹ for Protection as a Whistleblower«, *Washington Post*, 12. März 2014, http://wapo.st/1RMjylz. Der Intelligence Community Whistleblower Protection Act von 1998, Public Law 102–272, auf https://perma.cc/JJ64-WC43, bietet Angestellten – einschließlich Vertragsmitarbeitern – eine sichere Möglichkeit, dem Kongress oder dem Generalinspekteur einer Behörde über »dringliche« Angelegenheiten im Zusammenhang mit geheimdienstlichen Informationen Bericht zu erstatten. Laut dem Verteidigungsministerium bietet es jedoch keinen Schutz »vor Vergeltungsmaßnahmen für Whistleblowing«. Nach der Definition des Gesetzes von »Dringlichkeit« sind »Meinungsverschiedenheiten hinsichtlich Angelegenheiten der öffentlichen Politik« davon ausdrücklich ausgenommen. Siehe »About the ICWPA«, Department of Defense Office of the Inspector General, www.dodog.mil/programs/whistleblower/icwpa.html, sowie Daniel D'Isidoro, »Protecting Whistle-

blowers and Secrets in the Intelligence Community«, *Harvard Law School National Security Journal*, 29. September 2014, http://harvardnsj.org/2014/09/protecting-whistleblowers-and-secrets-in-the-intelligence-community/.

55. Die Tresore Pandora und Verax lagen im TrueCrypt-Format vor, wobei Verax in Pandora steckte. Der innerste Tresor Journodrop, der sich in Verax befand, war ein verschlüsseltes, komprimiertes Archiv im Format 7z, einer Alternative zum bekannteren ZIP-Format.
56. Setec, ein Unternehmen für forensische Sicherheit, hat dazu unter »How Many Pages per Gigabyte and Megabyte?« eine Tabelle veröffentlicht, www.setecinvestigations.com/resources/techhints/Pages_per_Gigabyte.pdf.
57. »Secrecy, Security and the ›Right to Know‹: Some Grounds and Limits of Open Government« (M. Litt thesis in Politics, University of Oxford, 1988).
58. Das Seminar, WWS 384, hieß »Secrecy, Accountability, and the National Security State«. Siehe https://registrar.princeton.edu/course-offerings/course_details.xml?courseid=011833&term=1132.
59. Die maßgebliche Quelle ist »Intelligence Community Authorized Classification and Control Markings«, Controlled Access Program Coordination Office, Office of the Director of National Intelligence, 30. März 2012, https://perma.cc/M9W2-SY3Z. Ein etwas benutzerfreundlicherer Guide ist »Marking Classified National Security Information«, Information Security Oversight Office, Revision 4, Januar 2018, https://perma.cc/6N2K-2SZB.
60. Siehe Gellman, *Angler*, Kapitel 11 und 12.
61. Autor an Poitras, 7. August 2012.
62. Edward Snowden, Interview mit dem Autor, 1. Juli 2015, Moskau.
63. Diese Geschichte wird im letzten Kapitel dieses Buches erzählt.
64. Die Schwärzung seiner Sozialversicherungsnummer habe ich vorgenommen, nicht Snowden. Er hatte sie uns vollständig übermittelt.
65. Ich komme später darauf zurück, ob Snowden bei Art oder Rang seiner Positionen übertrieben hat. Die hier von ihm verwendeten Bezeichnungen waren ungenau.

2. HEARTBEAT

1. Zu Snowdens täglichem Weg von seinem Haus in Waipahu, 94–1044 Eleu Street, zum Kunia Regional Security Operations Center siehe Google Maps, https://goo.gl/4vwT8w.
2. Snowden, Interview mit dem Autor, 1. Juli 2015, Moskau.
3. Peter Serafin, »Punahou Grad Stirs Up Illinois Politics«, *Honolulu Star-Bulletin*, 21. März 2004, http://archives.starbulletin.com/2004/03/21/news/story4.html. Zur Fahrzeit siehe Google Maps, https://goo.gl/SY1673.

4. Die Beschreibung der unterirdischen Anlage in Kunia beruht auf Interviews mit ehemaligen dort Beschäftigten. Entstehung, Konstruktion und die wechselweisen Nutzer werden beschrieben in »History of NIOC Hawaii«, Navy Information Operations Command, ohne Datum, www.public.navy.mil/fcc-c10f/niochi/Pages/AboutUs.aspx, sowie Donna Miles, »Beneath the Pineapple Fields«, *Soldiers*, Januar 1995, 26 f., https://fas.org/irp/news/1995/soldiers_jan95_p26.htm.
5. Siehe Michael A. Lantron, »NSA/CSS Hawaii Breaks Ground for New Operations Security Center«, U.S. Navy news release, 7. September 2007, www.navy.mil/submit/display.asp?story_id=31660.
6. Kurz vor Snowdens Ankunft kündigte die NSA die Fertigstellung des neuen Captain Joseph J. Rochefort Building an. Aus erster Hand erfuhr ich, dass der Umzug von einem großen Durcheinander geprägt war, mit den üblichen Beschwerden und Startschwierigkeiten. Jahre später wurde der Kunia-Tunnel immer noch genutzt, wobei viele Büros nach wie vor auf die beiden Einrichtungen verteilt waren. Siehe die Pressemitteilung der NSA, »NSA/CSS Unveils New Hawaii Center Designed to Boost Intelligence Integration, Collaboration«, 6. Januar 2012, https://perma.cc/JV6V-75WZ.
7. Zur schnellen Identifikation haben die NSA-Namensschilder unterschiedliche Farben: Blau für Angestellte, Grün für Vertragsmitarbeiter, Rot (mit einem großen »V«) für Besucher, Schwarz für Fotografen und so weiter. Snowden, Interview mit dem Autor, 6. Dezember 2013, Moskau, sowie Interviews des Autors mit Informanten aus der Behörde, die ungenannt bleiben möchten.
8. »History of NIOC Hawaii« berichtet von rund 5000 Röhren, die jeweils einen Meter lang sind – aneinandergereiht also etwa 5 Kilometer.
9. Snowden, verschlüsselter Live-Chat mit dem Autor, 14. Februar 2014.
10. In verschiedenen Phasen der Kommunikation mit Laura Poitras, Glenn Greenwald und mir nutzte Snowden Pseudonyme wie Cincinnatus, anon108 und Citizenfour.
11. Snowden, Interview mit dem Autor, 1. Juli 2015, Moskau.
12. Snowden, Interview mit dem Autor, 6. Dezember 2013, Moskau.
13. Snowden sprach von »wirklich großer Angst vor der Epilepsie« und einem »ziemlich gravierenden Ereignis«, woraufhin er sich den in Maryland geltenden Gesetzen beugte und nicht mehr Auto fuhr. Weitere Einzelheiten wollte er nicht preisgeben. Snowden, Chat mit dem Autor, 14. Februar 2014.
14. Auf Snowdens Visitenkarte, die vom Autor geprüft wurde, stand lediglich »Dell«. Die Abteilung, für die er arbeitete, trug die Bezeichnung »Dell Services Federal Government«.
15. In seinen Memoiren deutet Snowden an, ohne es ausdrücklich zu sagen, dass er mit dem Fahrrad zur Arbeit fuhr. In einem längeren Mail-Wechsel

erzählte er mir, er habe eigentlich vorgehabt, mit dem Rad zu fahren, sich dann aber anders entschieden und trotz des geringen Risikos, einen epileptischen Anfall zu erleiden, das Auto genommen. Siehe Edward Snowden, *Permanent Record – Meine Geschichte*, übers. von K. Greiners (Frankfurt am Main: S. Fischer, 2019), S. 274. Original: *Permanent Record* (New York: Henry Holt, 2019).

16. Im Grunde waren die Gesetze in Hawaii strenger als in Maryland, wo man nicht Auto fahren durfte, wenn man in den zurückliegenden drei Monaten einen epileptischen Anfall gehabt hatte. Siehe Epilepsy Foundation, »Driver Information by State«, www.epilepsy.com/driving-laws/2008696, sowie HAW.REV.STAT. § 286–4.1 (2011).
17. Formal handelt es sich um das NSA/CSS Threat Operations Center, wobei CSS die Abkürzung für Central Security Service ist. Siehe *National Cyber Incident Response Plan*, September 2010, www.federalnews radio.com/wp-content/uploads/pdfs/NCIRP_Interim_Version_September_2010.pdf. Die Ausschreibung einer Stelle, die der von Snowden ähnelt, findet sich bei National Security Agency, »Computer Network Defense (CND) Analyst«, NTOC, Hawaii, archiviert auf https://archive.is/ioxyb.
18. Damals war CACI International einer von vier Hauptauftragsnehmern unter einem übergeordneten NSA-Programm namens AXISS (Agency Extended Information System Services) für Informationstechnik und Sicherheitsdienstleistungen. Siehe Brian Friel, »Spy Agency Multiple-Award Contracts Bring 80 Companies $20 Billion«, Bloomberg Government, 20. November 2012, erneut hochgeladen auf http://iissonline.net/spy-agency-multiple-award-contracts-bring-80-companies-20-billion/. Eine Auswahl aktueller AXISS-Jobs bei dem Unternehmen findet sich auf http://careers.caci.com/key/Axiss-NSA.html.
19. Snowden, Live-Chat mit dem Autor, 13. Februar 2014.
20. Von der NSA im Zusammenhang mit FOIA Case 78137E veröffentlichte Korrespondenz bei den Unterlagen des Autors. Siehe Jason Leopold, Marcy Wheeler und Ky Henderson, »Exclusive: Snowden Tried to Tell NSA About Surveillance Concerns, Documents Reveal«, *Vice News*, 4. Juni 2016, https://news.vice.com/article/edward-snowden-leaks-tried-to-tell-nsa-about-surveillance-concerns-exclusive. Die vollständige Korrespondenz findet sich auf www.documentcloud.org/documents/2852366-Leopold-FOIA-NSA-Emails-About-Snowden-Concerns.html.
21. Vertrauliche Quellen, Interview mit dem Autor, Februar 2014. Ein Sprecher von Dell wollte sich nicht dazu äußern. Hintergrundinformationen bietet U. S. Government Accountability Office, »Civilian Intelligence Community: Additional Actions Needed to Improve Reporting on and Planning for the Use of Contract Personnel«, Januar 2014.

22. Das MCSE, ein für IT-Jobs häufig erforderliches Zertifikat, ist mittlerweile das Kürzel für »Microsoft-certified solutions expert«. Es bescheinigt Expertenwissen beim Designen, Konstruieren und Betreuen von IT-Systemen für große Unternehmen. Siehe Microsoft, »Explore Microsoft Certifications«, www.microsoft.com/en-us/learning/mcse-certification.aspx.
23. Ben Wittes und Robert McChesney, Podcast mit Lonny Anderson, *Lawfare*, 18. Dezember 2013, www.lawfareblog.com/lawfare-podcast-episode-54-inside-nsa-part-iii-wherein-we-talk-lonny-anderson-chief-nsas-technology.
24. Snowden, Interview mit dem Autor, 1. Juli 2015, Moskau.
25. Siehe »Welcome to Ars Technica«, *Ars Technica*, 8. Mai 1999, https://archive.is/PPRME.
26. Siehe Kara Swisher, »Ars Technica's Ken Fisher Speaks!«, *All Things Digital*, 17. April 2008, http://allthingsd.com/20080417/ars-technicas-ken-fisher-speaks/.
27. Siehe Kristina Cooke und John Shiffman, »Exclusive: Snowden as a Teen Online: Anime and Cheeky Humor«, Reuters, 12. Juni 2013, https://archive.is/SZbRn, sowie Joe Mullin, »NSA Leaker Ed Snowden's Life on Ars Technica«, 12. Juni 2013, http://arstechnica.com/tech-policy/2013/06/nsa-leaker-ed-snowdens-life-on-ars-technica.
28. Snowden, Interview mit dem Autor, 1. Juli 2015, Moskau.
29. Siehe U.S. Army, »Soldier-Speak: A Brief Guide to Modern Military Jargon«, 8. März 2015, https://perma.ccKC34-TS88.
30. Siehe TheTrueHOOHA, »Building a Web Server?«, *Ars Technica* OpenForum, 30. Dezember 2001, https://arstechnica.com/civis/viewtopic.php?p=16430380#p16430380.
31. Siehe TheTrueHOOHA, »Building a Web Server?«, *Ars Technica* OpenForum, 29. Dezember 2001, https://arstechnica.com/civis/viewtopic.php?p=16430380#p16430380.
32. Snowden, *Permanent Record – Meine Geschichte*, S. 66.
33. Edward Snowden und Vertrauter der Familie, Interviews mit dem Autor, 2015 und 2016. Siehe auch Bryan Burrough, Sarah Ellison und Suzanna Andrews, »The Snowden Saga: A Shadowland of Secrets and Light«, *Vanity Fair*, Mai 2014, www.vanityfair.com/news/politics/2014/05/edward-snowden-politics-interview.
34. 1993 kauften die Snowdens ein Haus im Knights Bridge Turn in Crofton, Maryland. Siehe Julie Bykowicz und Greg Giroux, »NSA Leaker Was Shy, Computer-Bound Teenager in Maryland«, Bloomberg, 11. Juni 2013, http://bloom.bg/25eHvZn.
35. Snowden, Interview mit dem Autor, 1. Juli 2015, Moskau, sowie Vertrauter der Familie, Interview mit dem Autor, 10. Dezember 2015.
36. Greg Toppo, »Former Neighbor Remembers Snowden as ›Nice Kid‹«, *USA Today*, 10. Juni 2013, http://usat.ly/1VgZmfk.

37. Gute Bekannte der Familie Snowden, Interviews mit dem Autor mit der Bitte, anonym zu bleiben, 2014 und 2015. Eine Tabelle mit Verteilungen von IQ-Testergebnissen findet sich auf iqcomparisonsite.com/iqtable.aspx. Siehe auch James Bamford, »The Most Wanted Man in the World«, *Wired*, 22. August 2014, www.wired.com/2014/08/edward-snowden/.
38. Federal Judicial Center, »Annual Report« (2015), https://archive.fo/yhlza.
39. Vertrauter der Familie, Interview mit dem Autor, 22. Juli 2014.
40. Vertrauter der Familie, Interview mit dem Autor, 12. Oktober 2015.
41. Vertrauter der Familie, Interview mit dem Autor, 22. Juli 2014.
42. Edward Snowden, Interviews mit dem Autor, 2015. Siehe auch Snowden, *Permanent Record – Meine Geschichte*, S. 87.
43. Siehe »Profile: Ed Snowden«, Ryuhana Press, Wayback Machine, 27. April 2002, http://web.archive.org/web/20031018021255/http://ryuhanapress.com/ed.html.
44. Vertrauter der Familie, Interview mit dem Autor, August 2016.
45. Snowden, *Permanent Record – Meine Geschichte*, S. 81.
46. Snowden und ein Vertrauter der Familie, Interviews mit dem Autor, 2014 und 2015. Siehe auch Jean Marbella, Shashank Bengali und David S. Cloud, »Details About Edward Snowden's Life in Maryland Emerge«, *Baltimore Sun*, 10. Juni 2010, www.baltimoresun.com/news/maryland/bs-md-snowden-profile-20130610-story.html.
47. Vertrauter der Familie, Interview mit dem Autor, 10. Dezember 2015.
48. Testergebnisse und Abschlusszeugnis Nr. 269403 vom Maryland Department of Education befinden sich bei den Unterlagen des Autors, mit freundlicher Genehmigung der Familie Snowden.
49. Snowden, Interview mit dem Autor, 1. Juli 2015, Moskau, sowie Vertrauter der Familie, Interview mit dem Autor, 10. Dezember 2015. Siehe auch Matthew Mosk et al., »Timeline: Edward Snowden's Life as We Know It«, ABC News, 13. Juni 2013, http://abcn.ws/21lizMS. Die Johns Hopkins University trennte sich sieben Jahre später von der gewinnorientierten Abteilung und das Unternehmen stellte den Betrieb dem Vernehmen nach ein. Siehe *South China Morning Post*, 22. Juni 2013, www.scmp.com/news/world/article/ 1266209/booz-allen-hired-snowden-despite-discrepancies-his-resume, sowie eine archivierte Version der CCI-Webseite von 2004, https://web.archive.org/web/20040611145138/http://www.jhutrain.com/about.aspx.
50. Das zu jener Zeit einschlägige Werk war das fünfbändige *Microsoft Windows 2000 Core Requirements Training Kit* (2. Aufl., Microsoft Press, 2002). Siehe auch die späteren Lehrwerke Daniel Petri, »Windows 2000 MCSE Certification Requirements«, Petri IT Knowledgebase, 8. Januar 2009, www.petri.com/windows_2000_mcse_certifica tion_requirements, sowie *MCSE:*

Windows 2000 Exams in a Nutshell, Safari Books Online, www.safaribooks online.com/library/view/mcse-windows-2000/0596000308/ch01s03.html.

51. Der Autor prüfte Snowdens Zertifikat von 2002 am 14. Juni 2016, mit freundlicher Genehmigung der Familie Snowden.
52. Snowden, Interview mit dem Autor, 1. Juli 2015, Moskau.
53. TheTrueHOOHA, *Ars Technica* OpenForum, 12. Mai 2003, https://arstechnica.com/civis/viewtopic.php?p=12895678#p12895678.
54. Sie waren nicht immer erfolgreich. 2003 schrieb eine Freundin in ihrem Blog, Snowden sei es schwergefallen, bei der Sache zu bleiben: »Ed ließ sich von verlockenden Objekten leicht von der Arbeit ablenken ... zum Beispiel von Monitoren, auf denen Spiele liefen.« Siehe Katie Bair, »Counting Unhatched Chickens«, *Katie Bair's Art Emporium & Petting Zoo*, 16. April 2003, https://web.archive.org/web/20030608093220/http://www.katiebair.com/news.html.
55. »Clockwork Chihuahua Studios«, Wayback Machine, 8. Juli 2002, https://web.archive.org/web/20030604101959/http://clockworkchihuahua.com/index.html. In Snowdens Memoiren wurde der Name des Unternehmens zu »Squirreling Industries« abgeändert. Siehe Snowden, *Permanent Record – Meine Geschichte*, S. 93.
56. »Ryuhana Press«, Wayback Machine, 3. November 2001, http://web.archive.org/web/20020408171636/http://ryuhanapress.com/home.html.
57. Snowden, Interview mit dem Autor, 1. Juli 2015, Moskau.
58. Ed Snowden profile, Ryuhana Press, Wayback Machine, 27. April 2002, http://web.archive.org/web/20031018021255/http://ryuhanapress.com/ed.html.
59. »Ahhh ... Birthdays Are a Blessed Time«, Ryuhana Press, Wayback Machine, 21. Juni 2002, http://web.archive.org/web/20031008215713/http://ryuhanapress.com/edbirthday.html.
60. Annalee Newitz, »Anime Otaku: Japanese Animation Fans Outside Japan«, *Bad Subjects*, April 1994, http://www.udel.edu/History-old/figal/Hist372/Materials/animeotaku.pdf.
61. Katie Bair, »Yes Folks, She's Still Standing!«, *Katie Bair's Art Emporium & Petting Zoo*, 13. August 2002, https://web.archive.org/web/20030130163154/http://www.katiebair.com/news081302.html.
62. TheTrueHOOHA, »Ah, the Memories«, *Katie Bair's Art Emporium & Petting Zoo*, 1. April 2004, http://katiebairsartemporiumandpettingzoo.yuku.com/topic/1069/I-Hate-Technology.
63. Jodon Bellofatto, »Yeah ... I'm Lazy and Busy ... Not a Good Combo ...«, TheRuse.net, 19. September 2002, http://web.archive.org/web/20020925190719/http://theruse.net/.
64. Jodon Bellofatto, »I'm Not Dead Yet!«, TheRuse.net, 22. Mai 2003, http://web.archive.org/web/20030620031441/http://www.theruse.net/.

65. Jodon Bellofatto profile, Ryuhana Press, Wayback Machine, 9. Juli 2003, http://web.archive.org/web/20030709083138/http://www.ryuhanapress.com/jodon.html.
66. Siehe Edward Snowden als TheTrueHOOHA, »Tekken Fans Rite This Way«, *Ars Technica* OpenForum, 28. April, 2003, https://arstechnica.com/civis/viewtopic.php?p=12972113#p12972113.
67. TheTrueHOOHA, »Tekken Fans Rite This Way«, *Ars Technica* OpenForum, 30. April 2003, https://arstechnica.com/civis/viewtopic.php?f=22&t=689447&p=12972042&hilit=tekken+500+ matches#p12972042.
68. Samurai77, *Ars Technica* OpenForum, 21. April 2003, https://arstechnica.com/civis/viewtopic.php?f=22&t=693468.
69. TheTrueHOOHA, »In-Depth Theory Questions: How Proxies WORK. (Difficulty:Guru)«, *Ars Technica* OpenForum, 14. Oktober 2003, https://arstechnica.com/civis/viewtopic.php?f=10&t=618700&p=11737503&hilit=layman%27s+version+of+how+remote+proxies#p11737503.
70. Snowden, Interview mit dem Autor, 1. Juli 2015, Moskau.
71. Eine genauere Beschreibung und ein Trainingsplan findet sich auf U. S. Army, »Special Forces Candidate (18X)«, www.goarmy.com/careers-and-jobs/browse-career-and-job-categories/intelligence-and-combat-support/special-forces-candidate.html.
72. Snowden, Interview mit dem Autor, 1. Juli 2015, Moskau.
73. Laut seinem LinkedIn-Profil wurde Lon Snowden im Oktober 1978 Mitglied der US-Küstenwache.
74. Snowden, Interview mit dem Autor, 1. Juli 2015, Moskau. Snowdens Testergebnisse lassen sich nicht unabhängig nachprüfen, aber sie genügten nachweislich den hohen Anforderungen, um als Kandidat für die Special Forces anerkannt zu werden.
75. Rod Powers, »All About the DLAB«, USmilitary.about.com, 23. Oktober 2015, http://usmilitary.about.com/cs/joiningup/a/dlab.htm.
76. Laut Snowdens Entlassungspapieren, die sich bei den Unterlagen des Autors befinden, diente er vom 3. Juni 2004 bis zum 28. September 2004 im Rang eines Private First Class mit Besoldungsstufe E3. Er wurde ohne Anspruch auf weitere Leistungen entlassen, als sei er nie bei der Army gewesen.
77. In seinen Memoiren zitiert Snowden den Arzt geringfügig anders als mir gegenüber. Demnach sagte der Arzt: »Mein Sohn, wenn du auf diesen Beinen landest, werden sie sich pulverisieren.« Snowden, *Permanent Record – Meine Geschichte*, S. 121.
78. Manchmal nutzt die Army eine Verletzung als Vorwand, um unliebsame Rekruten loszuwerden, statt ihre Grundausbildung umzustrukturieren, doch nach Snowdens Schilderung bot ihm der Militärarzt an, ihn woanders

einzusetzen. In diesem Fall wäre er jedoch aus dem 18X-Special-Forces-Programm ausgeschieden. Snowden schildert die Zusammenhänge ebenfalls in *Permanent Record – Meine Geschichte*, S. 121.

79. Der oberste zivile Sprecher der US-Army, George Wright, teilte dem *Guardian* im Juni 2013 in einer E-Mail mit: »Laut [Snowdens] Unterlagen verpflichtete er sich am 7. Mai 2004 bei der Armeeereserve als Rekrut der Special Forces (18X), wurde jedoch am 28. September 2004 entlassen.« Siehe Spence Ackerman, »Edward Snowden Did Enlist for Special Forces, US Army Confirms«, *Guardian*, 10. Juni 2013, www.theguardian.com/world/2013/jun/10/edward-snowden-army-special-forces.
80. Snowden, Interview mit dem Autor, 1. Juli 2015, Moskau.
81. Ebd. Ein Journalist der *Campus Reform* forderte öffentlich einsehbare Dokumente von der University of Maryland an, die bestätigten, dass Snowden vom 28. Januar 2005 bis zum 11. November 2005 am Center for the Advanced Study of Language arbeitete. Siehe Oliver Darcy, »Exclusive: Snowden Earned Annual Salary of $29K in First NSA Job«, *Campus Reform*, 12. Juli 2013, www.campusreform.org/?ID=4843.
82. Asawin Suebsaeng, »What Happens in the University of Maryland NSA Facility Where Edward Snowden Worked?«, *Mother Jones*, 12. Juni 2013, www.motherjones.com/mojo/2013/06/university-maryland-edward-snowden-nsa.
83. Snowden, Interview mit dem Autor, 1. Juli 2015, Moskau.
84. Eine archivierte Kopie der Webseite findet sich auf https://web.archive.org/web/20041030032011/http://www.techexpousa.com/.
85. Snowden, Interview mit dem Autor, 1. Juli 2015, Moskau. In seinen Memoiren schreibt Snowden, dass COMSO ein Personalwerber für BAE Systems war, einen Ableger von British Aerospace, der wiederum für die CIA arbeitete. Snowden, *Permanent Record – Meine Geschichte*, S. 153.
86. TheTrueHOOHA, »How Much Time Do You Spend Gaming per Day?«, *Ars Technica* OpenForum, 26. Oktober 2003, https://arstechnica.com/civis/viewtopic.php?f=22&t=615139&p=11679190&hilit=and+two+playing+Tekken+at+Kung+Fu.#p11679190.
87. Snowden, Interview mit dem Autor, 1. Juli 2015, Moskau. Der CIA-Sprecher Dean Boyd weigerte sich am 22. Juni 2016 per E-Mail, sich zu Snowdens Aufgaben oder Leistung zu äußern.
88. Snowden, Interview mit dem Autor, 1. Juli 2015, Moskau.
89. TheTrueHOOHA, »Who's Working Non 9–5 Shifts?«, *Ars Technica* Open Forum, 23. April 2006, https://arstechnica.com/civis/viewtopic.php?f=23&t=311911&start=40.
90. Snowden, Interview mit dem Autor, 1. Juli 2015, Moskau.
91. Ebd.
92. Snowden, *Permanent Record – Meine Geschichte*, S. 172ff.

93. TheTrueHOOHA, *Ars Technica* OpenForum, https://arstechnica.com/civis/viewtopic.php?f=10&t=868906&p=16121406#p16121406.
94. Vertrauter der Familie, Interview mit dem Autor, 10. Dezember 2015.
95. Die derzeitige Stellenbeschreibung für den CIA-Job findet sich auf https://web.archive.org/web/20100324173658/https://www.cia.gov/careers/opportunities/support-professional/copy_of_telecommunications-information-systems-officers.html.
96. Archivierte Seiten von Wayback Machine finden sich auf https://web.archive.org/web/*/https://www.cia.gov/careers/opportunities/support-professional/copy_of_telecommunications-information-systems-officers.html.
97. In Snowdens Lebenslauf steht »6 Monate geheimdienstliche technische Ausbildung«. »Ed Snowden, PMP, CISSP, MCSE«, Juli 2011, bei den Unterlagen des Autors.
98. Das Crypto Museum in Washington, D. C., bietet unter anderem eine umfassende Beschreibung des KG-84, eines vom Militär genutzten Verschlüsselungsgeräts für digitale Daten, auf www.cryptomuseum.com/crypto/usa/kg84/.
99. Der Berichterstattungsstandard, die Maxime, was im Zweifelsfall zu tun ist, sowie das Beispiel von der irakischen Invasion Kuwaits entstammen einer geheimen PowerPoint-Präsentation, die sich bei den Unterlagen des Autors befindet. National Security Operations Center, »Overview of CRITIC Reporting«, 24. Februar 1998.
100. Snowden, *Permanent Record – Meine Geschichte*, S. 188.
101. Joe Mullin, »In 2009, Ed Snowden Said Leakers ›Should Be Shot‹. Then He Became One«, *Ars Technica*, 26. Juni 2013, http://arstechnica.com/tecg-policy/2013/06/exclusive-in-2009-ed-snowden-said-leakers-should-be-shot-then-he-became-one/.
102. Snowden, Interviews mit dem Autor, 2013 und 2015.
103. Steven Erlanger und Steven Lee Myers, »NATO Allies Oppose Bush on Georgia and Ukraine«, *New York Times*, 3. April 2008, http://nyti.ms/1TGdayY.
104. Snowden, *Permanent Record – Meine Geschichte*, S. 203 ff. Zum ersten Mal erzählte er eine Version dieser Geschichte in Glenn Greenwald, Ewen MacAskill und Laura Poitras, »Edward Snowden: The Whistleblower Behind the NSA Surveillance Revelations«, *Guardian*, 11. Juni 2013, www.theguardian.com/world/2013/jun/09/edward-snowden-nsa-whistleblower-surveillance.
105. Vertrauliche Quelle, Interview mit dem Autor, 2016.
106. Snowden, Interview mit dem Autor, 1. Juli 2015, Moskau.
107. Anderson gehörte zu den ganz wenigen früheren Bekannten Snowdens, die sich in den Tagen nach den ersten Enthüllungen öffentlich äußerten.

Mavanee Anderson, »Who Is Ed Snowden? Friend Shares Memories, Offers Support for NSA Leaker«, *Chattanooga Times Free Press*, 12. Juni 2013, www.timesfreepress.com/news/opinion/freepress/story/2013/jun/12/who-is-ed-snowden/110584/.

108. Snowden, Interviews mit dem Autor, 2013 und 2015.
109. Mullin, »In 2009, Ed Snowden Said Leakers ›Should Be Shot.‹«
110. Eric Schmitt, »C.I.A. Warning on Snowden in ’09 Said to Slip Through the Cracks«, *New York Times*, 10. Oktober 2013, http://nyti.ms/1OK5VAm.
111. Eric Schmitt, »C.I.A. Disputes Early Suspicions on Snowden«, *New York Times*, 11. Oktober 2013, http://nyti.ms/1TvQ9LA.
112. Die Schwachstelle gehörte zum Typ XSS oder Cross-Site-Scripting. Siehe Amit Klein, »Cross Site Scripting Explained«, Juni 2002, https://crypto.stanford.edu/cs155/papers/CSS.pdf.
113. Burrough, Ellison und Andrews, »Snowden Saga«.
114. Die gesundheitlichen Folgen können gravierend sein. Siehe »Silica«, National Institute for Occupational Safety and Health«, www.cdc.gov/niosh/topics/silica/default.html.
115. Vertrauter der Familie, Interview mit dem Autor, 22. Juli 2014.
116. Eine vertrauliche Quelle, die eine Kopie des Schreibens besaß, las es dem Autor 2015 wortgetreu vor.
117. TheTrueHOOHA, »Has Anybody Considered Working as IT Security in Japan«, *Ars Technica* OpenForum, 18. Februar 2002, https://arstechnica.com/civis/viewtopic.php?f=10&t=868906&p=16108430#p16108430.
118. Siehe Department of Defense Instruction, »Joint Counterintelligence Training Academy (JCITA)«, 13. November 2013, www.dtic.mil/whs/directives/corres/pdf/524027p.pdf.
119. C. Danielle Massarini, Interview mit dem Autor, 12. August 2016.
120. Schreiben von C. Danielle Massarini, Leiterin des JCITA-Lehrgangs, an Ed Snowden, August 2010, bei den Unterlagen des Autors.
121. Snowden, Interview mit dem Autor, 1. Juli 2015, Moskau.
122. Bostjan Videmsek und Dan Bilefsky, »Protesters Attack U.S. Embassy in Belgrade«, *New York Times*, 22. Februar 2008, http://nyti.ms/1tc0nbb.
123. Snowden an den Autor, E-Mail, 15. August 2016.
124. TheTrueHOOHA, »Cisco’s Wiretapping System Open to Exploit, Says Researcher«, *Ars Technica* OpenForum, 4. Februar 2010, http://arstechnica.com/civis/viewtopic.php?p=503777.
125. Kopien der hier genannten Zertifikate befinden sich bei den Unterlagen des Autors, mit freundlicher Genehmigung der Familie Snowden.
126. »EC-Council Certified Security Analyst Examination Score Report«, 2010, bei den Unterlagen des Autors, mit freundlicher Genehmigung der Familie Snowden.

127. Siehe DoD 8570.01-M, »Information Assurance Workforce Improvement Program«, 19. Dezember 2005, http://dtic.mil/whs/directives/corres/pdf/857001m.pdf.
128. Auf der Karte stand (vom Autor aus einem geprüften Original übertragen):
Ed Snowden
solutions consultant/cyber referent
Advanced Solutions Group
Dell Inc
8270 Willow Oaks Corp. Drive
Fairfax, VA 22031
ed_snowden@dell.com
129. Snowden, Interview mit dem Autor, 1. Juli 2015, Moskau.
130. »Project Frankie« war Dells interner Name für das Projekt. Später, für den Verkauf an Großunternehmen, wurde es zu »Yes, Now! Cloud« umgetauft. Siehe Dell, »Say Yes to Cloud Apps«, https://security.dell.com/say-yes/cloud-apps.aspx, sowie Eric Savitz, »Out of the Cloud, and into the Business of ›Yes, Now‹«, *Forbes*, 23. Mai 2011, https://archive.fo/PQVO3.
131. Frank Konkel, »Sources: Amazon and CIA Ink Cloud Deal«, *FCW*, 18. März 2013, https://fcw.com/articles/2013/03/18/amazon-cia-cloud.aspx.
132. Snowden an Massarini, E-Mail, 31. Mai 2011, bei den Unterlagen des Autors. Sie setzten ihre Korrespondenz in regelmäßigen Abständen bis Ende Juli fort.
133. Kurz nachdem sich Snowden als Quelle der ersten Enthüllungen über die NSA zu erkennen gegeben hatte, befragten FBI-Agenten Massarini und fertigten Kopien von ihrer Korrespondenz mit Snowden an. C. Danielle Massarini, Interview mit dem Autor, 12. August 2016.
134. »Ed Snowden, PMP, CISSP, MCSE«, Juli 2011, bei den Unterlagen des Autors.
135. In seinen Memoiren verwendet Snowden das Pseudonym Squirrelling Industries für seinen Teilzeitarbeitgeber. Snowden, *Permanent Record – Meine Geschichte*, S. 92. Eigentlich hieß die Firma Clockwork Chihuahua Studios.
136. Edward Snowden, Interview mit dem Autor, 6. Dezember 2013, Moskau.
137. Snowdens Wahlkampfspenden stammten – anders als die von einem Theaterproduzenten und einem Ingenieur gleichen Namens – vom 18. März und 6. Mai 2012, laut Aufzeichnungen der Federal Election Commission und abrufbar auf http://fec.gov/finance/disclosure/norindsea.shtml. Siehe auch CNN Political Unit, »Ron Paul Gives Thanks to Leaker«, CNN, 10. Juni 2013, http://cnn.it/28Lj7Xx.
138. Andy Greenberg, »An NSA Coworker Remembers the Real Edward Snowden: ›A Genius Among Geniuses‹«, *Forbes*, 16. Dezember 2013, http://onforb.es/1YWdXMc.

139. Aaron Jue, »NSA Spying Hoodies«, Electronic Frontier Foundation, 16. Oktober 2012, www.eff.org/deeplinks/2012/10/nsa-spying-hoodies.
140. Greenberg, »NSA Coworker Remembers the Real Edward Snowden«.
141. Snowden (als »Cincinnatus«) an Sandvik, 18. November 2012, Kopie bei den Unterlagen des Autors. Zurzeit ist Sandvik Verantwortliche für Informationssicherheit bei der *New York Times*. Ihre persönliche Webseite ist https://encrypted.cc.
142. In Kapitel 1 habe ich erläutert, was Tor ist. Siehe www.torproject.org.
143. Snowden hostete die Server, die mit zwei Gigabits pro Sekunde liefen, auf virtuellen privaten Geräten, die er von Voxility.com in Rumänien mietete. Er registrierte sich mit der Mailadresse yopackets@lavabit.com. Zu der Zeit gab es weltweit weniger als tausend Exit-Server und Snowdens gehörten zu den schnellsten 10 Prozent. Siehe Tor Metrica auf https://metrica.torproject.org/realyflags.html?start=2012-11-01&end=2012-11-30&flag=Running&flag=Exit.
144. Runa Sandvik, Interview mit dem Autor, 21. Mai 2014.
145. Wie Snowden Sandvik erzählte, hatte er in einem von Reddits »Ask Me Anything«-Foren gesehen, dass sie solche Tor-Werbeartikel anbot; siehe https://archive.is/nzT1B.
146. Runa Sandvik, Interviews mit dem Autor, 21. Mai 2014 und Juni 2014. Teile dieser Anekdote wurden erstmals erzählt in Kevin Poulsen, »Snowden's First Move Against the NSA Was a Party in Hawaii«, *Wired*, 21. Mai 2014, www.wired.com/2014/05/snowden-cryptoparty/.
147. Snowden an Sandvik, 20. November 2012, bei den Unterlagen des Autors.
148. Vertrauliche Quelle, Interview mit dem Autor, 2016. Die Traffic-Fee taucht hier und da in geheimen NSA-Folien auf, einmal in Gestalt von Disneys Tinker Bell.
149. Wittes und McChesney, Podcast mit Anderson, *Lawfare*, 18. Dezember 2013.
150. Public Law 110–261, 10. Juli 2008, www.gpo.gov/fdsys/pkg/PLAW-110publ261/pdf/PLAW-110publ261.pdf.
151. Wittes und McChesney, Podcast mit Anderson, *Lawfare*, 18. Dezember 2013.
152. Diese Dateien waren das Ausgangsmaterial für Barton Gellman, Julie Tate und Ashkan Soltani, »In NSA-Intercepted Data, Those Not Targeted Far Outnumber the Foreigners Who Are«, *Washington Post*, 5. Juli 2014, http://wapo.st/28Uxwgj, sowie Barton Gellman, »How 160,000 Intercepted Communications Led to Our Latest NSA Story«, *Washington Post*, 11. Juli 2014, http://wapo.st/1Mq04zI.
153. Eine dieser Listen, »Exceptionally Controlled Information (ECI) Compartments«, mit der Klassifikation CONFIDENTIAL//REL TO USA, AUS, CAN, GBR, NZL, Januar 2013, befindet sich bei den Unterlagen des Autors.
154. Die Fragerunde im Anschluss an die Debatte wurde nicht aufgezeichnet. Die Debatte trug den Titel »Leakers or Whistleblowers? National Security

Reporting in the Digital Age«. Sie fand statt am 11. November 2013 in der Sanford School of Public Policy der Duke University und ist abrufbar auf YouTube, http://youtu.be/kfbHbht081E.

155. Indem ich beispielsweise den Terminal-Befehl »mdls« auf den Bericht des Generalinspekteurs anwandte, erhielt ich Werte für kMDItemFSOwner UserID und kMDItemFSOwnerGroupID, die anderen Dateien unter Brands Kontrolle entsprachen.
156. Snowden, Online-Chat mit dem Autor, 24. Februar 2014.
157. Der Wappen-Aufnäher, mit der Aufschrift »KUNIA RSOC« am oberen und »SILENT SENTINELS« am unteren Rand, ist auf einer inoffiziellen Webseite zu sehen, die die Counterterrorism Community der Navy betreibt, navycthis tory.com. Der Autor hat die Bilddatei auf http://archive.is/qc7MT archiviert.
158. Es ist eindeutig zu unterscheiden zwischen der Zahl der Dokumente, die Snowden »anrühren« konnte – zu denen er Zugang hatte –, und der Anzahl, die er tatsächlich kopierte und mitnahm. US-amerikanische Regierungsbeamte der heutigen und damaligen Zeit gingen über diesen Unterschied hinweg und behaupteten abwechselnd, er habe 900000 Geheimdokumente gestohlen, 1,5 Millionen, 1,7 Millionen, 1,77 Millionen oder noch andere Mengen. Der frühere NSA-Direktor Mike McConnell, stellvertretender Vorsitzender von Snowdens letztem Arbeitgeber Booz Allen Hamilton, behauptete als Erster, dass Snowden »1,7 bis 1,8 Millionen« Dokumente entwendet habe. Siehe Rachael King, »Ex-NSA Chief Details Snowden's Hiring at Agency, Booz Allen«, *Wall Street Journal*, 4. Februar 2014, http://on.wsj.com/29aRY0Z, sowie Margaret Hartmann, »Booz Allen Exec Describes How Snowden Deceived His Former Employer«, *New York Times*, 5. Februar 2014, http://nym.ag/297XMad. Eine Zusammenstellung anderer Schätzungen bietet Declaration of David G. Leatherwood, DIA, in Leopold v. Department of Defense, CA-14–0197, U. S. District Court for the District of Columbia, 21. Mai 2015, http://archive.is/8pZ63, sowie »A Deal for Snowden«, *60 Minutes*, CBS, 12. Dezember 2013, www.cbsnews.com/videos/a-deal-for-snowden/. Der damalige Direktor der Defense Intelligence Agency, Generalleutnant Michael T. Flynn, dessen Behörde ein Briefing an den Kongress schickte, in der von 1,77 Millionen gestohlenen Dokumenten die Rede war, räumte ein, diese Schätzung sei eine Vermutung auf Basis der von Snowden erreichbaren Dokumente gewesen. »Wir gehen davon aus, dass er alles mitgenommen hat, was er anrührte«, sagte Flynn. Siehe David Sanger und Eric Schmitt, »Snowden Used Low-Cost Tool to Best N. S. A.«, *New York Times*, 8. Februar 2014, http://nyti.ms/298WZa8. Kurz nach seinem Rücktritt als NSA-Direktor gab auch Keith Alexander zu: »Ich glaube, dass niemand wirklich weiß, was er tatsächlich entwendet hat, denn aufgrund seiner Vorgehensweise können wir keine präzise Zählung vornehmen. Was

wir genau beziffern können, ist die Zahl der Dokumente, die er angerührt hat, die er möglicherweise heruntergeladen hat, und das waren mehr als eine Million.« Siehe Christopher Joye, »Interview Transcript: Former Head of the NSA and Commander of the US Cyber Command, General Keith Alexander«, *Australian Financial Review*, 8. Mai 2014, http://archive.is/ilSpO.

159. Aufgrund von Berichten, die ich nicht wiedergeben kann, glaube ich zweifelsfrei zu wissen, was Snowden den vier Journalisten, mit denen er zusammenarbeitete, gegeben hat – also Poitras, Greenwald, Ewen MacAskill vom *Guardian* (bezüglich Dokumenten, die aus der britischen Regierungskommunikationszentrale stammten) und mir.
160. Snowden, Interview mit dem Autor, 1. Juli 2015, Moskau.
161. Snowden, verschlüsselter Chat mit dem Autor, 13. Februar 2014.
162. Insgesamt gibt es 17 Behörden und Organisationen, einschließlich der NSA. Siehe »Intelligence Community«, Office of the Director of National Intelligence, www.dni.gov/index.php.
163. Snowden, Interview mit dem Autor, 1. Juli 2015, Moskau.
164. In einem Mailwechsel vom 26. Februar 2014 schrieb David Frink, Director of Corporate Media bei Dell: »Wir diskutieren keine Einzelheiten zur Rolle einzelner Personen. Wir werden keine weiteren Kommentare dazu abgeben, weder offiziell noch inoffiziell.«
165. Snowden, Chat mit dem Autor, 13. Februar 2014.
166. Greenberg, »NSA Coworker Remembers the Real Edward Snowden«.
167. Die Listen wurden als sich selbst aktualisierende RSS-Feeds veröffentlicht, ein Akronym für »really simple syndication«, etwa »sehr einfache Verbreitung«.
168. Der bekannteste Spider im offenen Internet ist der sich ständig aktualisierende Suchindex von Google. Eine allgemeine Erläuterung bietet Google, »Crawling & Indexing«, *Inside Search*, https://goo.gl/k2vFw1. Die erste öffentliche Erwähnung von Spidern in Zusammenhang mit Snowden findet sich in Sanger und Schmitt, »Snowden Used Low-Cost Tool to Best N. S. A.«. In diesem Artikel zitierte Beamte brachten ihr Erstaunen darüber zum Ausdruck, dass er so viele Downloads automatisch durchführen konnte. Offensichtlich hatten sie keine Ahnung von dem Heartbeat-Projekt.
169. Das bereits jahrzehntelang genutzte Dienstprogramm rsync synchronisiert Dateien und Verzeichnisse über verschiedene Netzwerke hinweg. Es ist Bestandteil von Unix-Betriebssystemen, läuft aber auch auf anderen. Siehe https://rsync.samba.org/. Das Dienstprogramm wget lädt die Inhalte von Websites oder einzelnen Seiten davon herunter, einschließlich der Seiten, die von der ursprünglichen Zielperson verlinkt wurden.
170. Der kurze Bericht an den Kongress, der keine Verschlusssache war, um eine Veröffentlichung zu ermöglichen, erschien in Ethan Bauman, NSA Director

of Legislative Affairs, »Memorandum for Staff Director and Minority Staff, House Committee on the Judiciary«, 10. Februar 2014, bei den Unterlagen des Autors und abrufbar auf https://fas.org/irp/news/2014/02/nsa-021014.pdf.

171. Laut zwei Quellen mit technischen Kenntnissen aus erster Hand ist dies die korrekte Form des von Snowden eingegebenen Befehls. Der Einfachheit halber bin ich davon ausgegangen, dass die Bezeichnung für das Zertifikat des Managers »bosskey« lautete und sie im aktuellen Arbeitsverzeichnis des Terminals gespeichert war. Danach war nur noch ein weiterer Befehl nötig, um das Zertifikat in den Digital Identity Store von Heartbeat zu übertragen.
172. Snowden, Interview mit dem Autor, 1. Juli 2015, Moskau.
173. Snowden an NSA-Praktikant, interne NSA-Mail, 24. Januar 2013. Ihr Austausch, der sich bei den Unterlagen des Autors befindet, setzte sich bis zum 25. Januar fort.
174. Snowden, Interview mit dem Autor, 1. Juli 2015, Moskau.
175. Robert Mueller, Interview mit dem Autor, 11. März 2011.
176. McConnell wurde zitiert in King, »Ex-NSA Chief Details Snowden's Hiring at Agency, Booz Allen«.
177. Snowden, Chat mit dem Autor, 13. Februar 2014.
178. Das Foto gehörte zu einer Pressemitteilung der NSA, »NSA/CSS Unveils New Hawaii Center«, 6. Januar 2012, www.nsa.gov/news-features/press-room/press-releases/2012/a4hawaii-final.shtml, und archiviert auf https://archive.is/vScSE.
179. Zwei vertrauliche Quellen des Autors, die in Rochefort arbeiteten, erwähnten den Spitznamen unabhängig voneinander.
180. Snowden, Interview mit dem Autor, 1. Juli 2015, Moskau.
181. Lana Lam, »Snowden Sought Booz Allen Job to Gather Evidence on NSA Surveillance«, *South China Morning Post*, 24. Juni 2013, https://archive.is/VLzcT.
182. Vertrauliche Quelle, Interview mit dem Autor, 2014.
183. Kursprogramm für »OVSC 1400 – Dual Authorities: SIGINT/IA«, März 2012, Kennzeichnung SECRET//COMINT//REL TO USA, AUS, CAN, GBR, NZL, bei den Unterlagen des Autors.
184. Ebd., S. 72f.
185. Siehe Public Law 110–261, Foreign Intelligence Surveillance Act of 1978 Amendments Act of 2008, https://archive.is/4YMNx. Siehe auch www.law.cornell.edu/topn/fisa_amendments_act_of_2008.
186. Übersetzung des Zitats: »Diese Information entstammt einer FAA-Erhebung. Diese Information dient geheimdienstlichen Zwecken, um mögliche Hinweise zu erschließen. Sie darf nicht in eidesstattlichen Erklärungen, Gerichtsverfahren oder Zwangsvorladungen oder zu anderen juristischen oder gerichtlichen Zwecken verwendet werden.«

187. Lehrmaterial der NSA, »Entering New FAA-Authorized DNI Tasking in the Unified Targeting Tool (UTT)/Gamut«, 30. März 2010, Kennzeichnung S//SI//REL, bei den Unterlagen des Autors.
188. Vertrauliche Quelle, Interview mit dem Autor, 2015.
189. Laura Poitras und Glenn Greenwald, »NSA Whistleblower Edward Snowden: ›I Don't Want to Live in a Society That Does These Sort of Things‹«, *Guardian*, 9. Juni 2013, www.theguardian.com/world/video/2013/jun/09/nsa-whistleblower-edward-snowden-interview-video.
190. In den meisten Berichten heißt es fälschlich, Snowden habe einen Direktflug von Honolulu nach Hongkong genommen. 2015 in Moskau erzählte er mir, dass er über Tokio reiste.

3. HEIMKEHR

1. Als Reporter oder Redaktionsleiter gewann Leen tatsächlich Pulitzer-Preise, zuerst beim *Miami Herald* und dann bei der *Post*. Im Jahr darauf, also 2014, gab es den achten, in der Kategorie Dienst an der Öffentlichkeit, den sich die Zeitung mit dem *Guardian* teilte.
2. Leen kam 1997 zur *Post*, als Leonard Downie Chefredakteur war, gefolgt von Marcus Brauchli im Jahr 2008 und Marty Baron Ende 2012. Der Herausgeber Don Graham seinerseits wechselte auf eine Stelle im weiteren Bereich der Washington Post Company; im Jahr 2000 wurde er von Boisfeuillet Jones Jr. und diese wiederum 2008 von Grahams Nichte Katharine Weymouth abgelöst.
3. Die vierteilige Serie, abrufbar auf http://wapo.st/1PbY0us, begann mit Barton Gellman und Jo Becker, »A Different Understanding with the President«, *Washington Post*, 24. Juni 2007, https://wapo.st/1nOzs4j.
4. Ich habe dieses Gespräch mit Hilfe von Notizen rekonstruiert, die ich, auch unter Berücksichtigung von Leens Erinnerungen, im Anschluss aufgeschrieben hatte. Es war ein denkwürdiger Anruf für uns beide, aber er wird hier nicht im Wortlaut wiedergegeben. Dennoch denken wir beide, dass wir der Wahrheit recht nahe gekommen sind. Jeff Leen, Interview mit dem Autor, 16. März 2016.
5. Ebd. Ähnlich schilderte Leen die Situation in Roy J. Harris Jr., *Pulitzer's Gold: A Century of Public Service Journalism* (New York: Columbia University Press, 2015), in Auszügen auf www.pulitzer.org/article/14085: »›Ich war also absolut nicht im Arbeitsmodus‹, erinnert sich Leen. ›Ich war überrascht, von ihm zu hören, und ehrlich gesagt auch etwas ärgerlich. Er tat sehr geheimnisvoll und kryptisch.‹ Dann kamen die Bedingungen, auf die die *Post* laut Gellman eingehen müsse. … ›Mir drehte sich der Kopf von all den

Forderungen.‹ Aber er kannte Gellman. ›Es ist wie bei E. F. Hutton: Du hörst zu‹, sagt Leen.«

6. Katharine Graham, *Personal History* (New York: Alfred A. Knopf, 1997). Deutsch: *Wir drucken! Die Chefin der Washington Post erzählt die Geschichte ihres Lebens*, übers. von H. Thies (München: Kindler, 1999). Justizminister John Mitchell, der in Bezug auf eine andere Story bekanntlich sagte, Grahams »Titten« würden sich »in einer großen fetten Wringmaschine verfangen«, wenn die *Post* sie veröffentlichen würde, drohte damit, die Washington Post Company zu verklagen, als es um die Pentagon-Papiere ging. Auf die Konsequenzen gehe ich in der nächsten Anmerkung ein.
7. Die Einnahmen der Washington Post Company speisten sich zu großen Teilen aus lukrativen lokalen Fernsehsendern. Wird man einer Straftat überführt, verliert man seine Sendelizenz. Zudem rechnete Graham mit einer Finanzspritze aufgrund eines Erstbörsengangs, den ein Strafprozess ebenfalls gefährdet hätte. Siehe ebd., S. 448ff.
8. Zu den vielen Dokumentationen dieser Geschichte, darunter auch das wunderbare Kapitel in ihrem eigenen Buch, gehört Donald Graham, »Ben Bradlee, a Hero to the Post Newsroom«, *Washington Post*, 21. Oktober 2014, http://wapo.st/1UlWk94. Mit dem Anwaltswechsel kam Edward Bennett Williams ins Spiel, dessen Kanzlei Williams & Connolly schließlich die NSA-Storys von 2013 betreute.
   Die Geschichte gab der *Post* und der *New York Times*, die die Story als Erste herausbrachten, recht, wie auch ihrem Informanten Daniel Ellsberg, der ihnen die Pentagon-Papiere lieferte. Die ursprünglich geheime Geschichte des Vietnamkriegs liegt ungeschwärzt vor bei den National Archives as Vietnam Task Force, Office of the Secretary of Defense, *United States–Vietnam Relations, 1945–1967*, www.archives.gov/research/pentagon-papers/. Nixons Generalstaatsanwalt, der 1971 vor dem Obersten Gerichtshof behauptet hatte, die Publikation würde gravierenden Schaden anrichten, gab später zu: »Ich habe in der Veröffentlichung nie die geringste Bedrohung für die nationale Sicherheit gesehen.« Erwin Griswold, »Secrets Not Worth Keeping: The Courts and Classified Information«, *Washington Post*, 15. Februar 1989, http://wapo.st/25ssi86.
9. In *New York Times Co. v. United States*, 43 U. S. 713, 30. Juni 1971, www.law.cornell.edu/supremecourt/text403/713, hieß es, die Regierung sei der strengen Beweispflicht für ein Vorabverbot der Publikation nicht nachgekommen. Mehr als ein Richter vermerkte jedoch, sie hätten noch keine Entscheidung darüber getroffen, ob die Zeitungen im Nachhinein gerichtlich verfolgt werden könnten. Die Regierung verzichtete auf Strafanzeigen.
10. Die Episode mit dem Außenministerium wird in Kapitel 1 kurz erwähnt. Im Jahr 1997 drohte das Staatliche Presseamt Israels, mir meinen Status

als akkreditierter Auslandskorrespondent abzuerkennen, nachdem ich den Namen des Direktors des Inlandsgeheimdienstes Schin Bet, Karmi Gilon, veröffentlicht hatte. Offiziell war sein Name ein Geheimnis, aber trotzdem allgemein bekannt. (Selbst bei der Telefonauskunft kannte man seinen Namen. Ich habe mich einmal nach Gilons privater Telefonnummer erkundigt, nur um die Reaktion darauf zu prüfen. Nach einer langen Pause hieß es: »Sie wissen, dass ich Ihnen das nicht sagen darf.«) Mir wurde befohlen, meine Artikel der staatlichen Zensur vorzulegen. Ich weigerte mich, wie die Korrespondenten der *Post* vor und nach mir. Schließlich ließ das Presseamt die Sache fallen.

11. Der Ministerpräsident war empört über mein Interview mit seinem ultraorthodoxen Innenminister, der sagte, Israel werde Juden, deren Konversion in Übersee durch Rabbis des konservativen Judentums und Reformjudentums vorgenommen worden sei, nicht mehr anerkennen. Netanjahu stand kurz vor einer Reise nach New York, wo die Debatte über die Frage »Wer ist ein Jude?« ein wahres Minenfeld ist. Er warf mir vor, bewusst seine Reise sabotieren zu wollen, und stellte unter Beweis, dass er diverse amerikanische Schimpfwörter fließend beherrschte. Später erfuhr ich, dass ihm einige leitende Berater, die im Büro des Ministerpräsidenten neben ihm standen, vor dem Anruf dringend empfohlen hatten, sich erst einmal zu beruhigen.
12. Ich hatte das Glück, Downie nie sagen zu hören: »Dies wird eine wichtige Besprechung für Sie sein.« Es hieß nämlich, damit leite der Chefredakteur sein zweitletztes Gespräch mit einem Angestellten ein, dessen Job auf dem Spiel stand.
13. An die Öffentlichkeit gelangte die Geschichte mit Michael Calderone und Mike Allen, »WaPo Cancels Lobbyist Event«, *Politico*, 2. Juli 2009, http://politi.co/1RrrENG. Als sich die Zeitung tagelang nur ausweichend dazu äußerte, entschloss ich mich zu dem ungewöhnlichen Schritt, die Herausgeberin Katharine Weymouth anzurufen. Ich riet ihr dringend, die ganze Geschichte offenzulegen, statt darauf zu hoffen, dass der Skandal im Sande verlaufen werde. Die zentrale Mission der Zeitung verlange danach. »Ich weiß nicht, warum irgendein Unternehmen sich so etwas antun sollte«, ließ sie mich wissen. Ich mochte Weymouth, und sie schreckte auch nicht vor den Risiken der Snowden-Story zurück, als ich 2013 zurückkehrte, aber diese Antwort empfand ich als ernüchternd. Am selben Tag rief ich den Chefredakteur Marcus Brauchli an und sagte ihm das Gleiche. Zu einer vollständigen Offenlegung nahm er nicht eindeutig Stellung und sagte bloß, seine Position sei kompliziert. Später musste er einräumen, dass er in einem Interview über den Skandal mit der *New York Times* falsche Angaben gemacht habe. Siehe Jad Mouawad, »Newspaper Apologizes for Seeming

to Sell Access«, *New York Times*, 5. Juli 2009, http://nyti.ms/1RoL1do, sowie »NYT Accuses Washington Post Editor Marcus Brauchli of Lying to NYT Reporter About ›Off the Record‹ Dinners«, *The NYTPicker*, 17. Oktober 2009, www.nytpick.com/2009/10/nyt-accuses-washington-post-editor.html.

14. Barton Gellman, »The Secret World of Extreme Militias«, *Time*, 30. September 2010, http://ti.me/1XR17hv. Zur Geschichte von Romneys politischer Kindheit siehe Barton Gellman, »Dreams from His Mother«, *Time*, 4. Juni 2012, http://ti.me/1ZxUaDo.
15. Duffy und Calabresi, verschlüsselter Chat mit dem Autor, 7. Mai 2013.
16. Calabresi, verschlüsselter Chat mit dem Autor, 14. Mai 2013.
17. Siehe Time Inc., Our Iconic Brands, www.timeinc.com/brands/.
18. Siehe Peter Lattman, »Time Warner's Don ›Pooch‹: Part of the Vast Right Wing Conspiracy?«, *Wall Street Journal*, 10. Februar 2006, http://on.wsj.com/1RLE7fe; dieser zitiert Edward P. Lazarus, *Closed Chambers: The Rise, Fall, and Future of the Modern Supreme Court* (New York: Times Books, 1998).
19. Von 2003 bis 2006 war Weiss Acting Deputy General Counsel für das Heimatschutzministerium. Siehe Partnerprofil, Arnold & Porter, www.arnoldporter.com/en/people/w/weiss-baruch, sowie LinkedIn-Profil, »Baruch Weiss«, www.linkedin.com/in/baruch-weiss-2156491b.
20. Ich rekonstruiere diese Szene aus damals gemachten Notizen sowie zusätzlichen Notizen und Erinnerungen von Duffy und Calabresi. Mike Duffy und Massimo Calabresi, Interviews mit dem Autor, 5. April 2016.
21. Josh Gerstein, »Holder Walks Fine Line on Prosecuting Journalists«, *Politico*, 13. Mai 2013, http://politi.co/1N0zlit, sowie Tom McCarthy, »Eric Holder: Justice Department Will Not Prosecute Reporters Doing Their Job«, *Guardian*, 6. Juni 2013. Im Juli 2013, ein Monat nach den ersten Enthüllungen durch Snowden, verkündete Holder Regeln, die die Umstände einengten, unter denen Journalisten gerichtlich zur Herausgabe ihrer Aufzeichnungen gezwungen werden konnten. Siehe Charlie Savage, »Holder Tightens Rules on Getting Reporters' Data«, *New York Times*, 12. Juli 2013, http://nyti.ms/1SBOOSY.
22. Die wichtigsten Fakten für die Story lagen der *Times* bis Ende Herbst 2004 vor. Erst Ende 2005 brachte sie die Story raus. Siehe James Risen und Eric Lichtblau, »Bush Lets U.S. Spy on Callers Without Courts«, *New York Times*, 16. Dezember 2005, http://nyti.ms/1y8izFc. Siehe auch Margaret Sullivan, »Lessons in a Surveillance Drama Redux«, *New York Times*, 9. November 2013, http://nyti.ms/1VT9Q60, sowie Eric Lichtblau, »The Education of a 9/11 Reporter«, *Slate*, 26. März 2008, https://slate.com/news-and-politics/2008/03/the-inside-drama-behind-the-warrantless-wiretapping-story.html.
23. Die Verzögerung wurde von linksgerichteten Kommentatoren heftig kritisiert, von denen viele behaupteten, der Bericht hätte den Ausgang der

Wahl von 2004 ändern können. Siehe etwa Lawrence Velvel, »The NYT's Unconscionable Decision to Sit on the NSA Story for a Year«, *CounterPunch*, 7. Januar 2006, www.counterpunch.org/2006/01/07/the-nyt-s-unconscionable-decision-to-sit-on-the-nsa-story-for-a-year/.

24. Auch wenn ich es für eher unwahrscheinlich hielt, war das Risiko einer Razzia nicht von der Hand zu weisen. Ich hatte den Verdacht, der sich später bestätigte, dass es in der US-Regierung hochrangige Befürworter einer Operation gab, bei der die Dateien von mir, Poitras und Greenwald beschlagnahmt werden sollten. In Kapitel 7 gehe ich noch einmal darauf ein.
25. 18 U. S. C. §793, »Gathering, transmitting or losing defense information«. Am einschlägigsten für meine Zwecke sind die Absätze (b), (c) und (e), auf www.law.cornell.edu/uscode/text/18/793. Einen Kommentar bietet Stephen Vladeck, »The Espionage Act and National Security Whistleblowing After Garcetti«, *American University Law Review*, Juni 2008, http://digitalcommons.wcl.american.edu/cgi/viewcontent.cgi?article=1048&context=aulr.
26. 18 U. S. C. §798, »Disclosure of classified information«, untersagt ausdrücklich jedem, Geheiminformationen über Aktivitäten der Fernmeldeaufklärung durch die Vereinigten Staaten oder eine ausländische Regierung zu veröffentlichen. Der Gesetzestext ist abrufbar auf www.law.cornell.edu/uscode/text/18/798.
27. Gemäß dem Spionagegesetz ist das Behalten oder Verteilen von Informationen »im Zusammenhang mit nationaler Verteidigung« (was auch immer das bedeutet), ob geheim oder nicht, eine Straftat, die mit einer zehnjährigen Freiheitsstrafe geahndet wird. Snowden war noch nicht eines Verbrechens angeklagt worden, doch nichtsdestoweniger konnte das Löschen oder Beseitigen der Dateien wohl die Vernichtung von Beweismitteln oder die Behinderung der Justiz bedeuten.
28. Als unter Präsident George W. Bush die Inlandsüberwachung begann, war sie ausdrücklich so angelegt, dass sie von gerichtlicher oder rechtlicher Seite nicht überprüft wurde. Nach einiger Zeit war das Weiße Haus bereit zur eingeschränkten Unterrichtung der sogenannten Gang of Eight (die Parteivorsitzenden sowie die Vorsitzenden und nächstrangigen Parlamentarier in den Geheimdienstausschüssen beider Häuser des Kongresses) sowie des vorsitzenden Richters, aber nicht der anderen Richter, des Foreign Intelligence Surveillance Court. Siehe Gellman, *Angler*, S. 143, 150f. Die Regierung erkannte die Verpflichtung an, Strafverteidigern mitzuteilen, ob Indizien gegen ihre Mandanten aus der geheimen FISA-Überwachung stammten. 2012 versicherte Generalstaatsanwalt Donald Verrilli Jr. dem Obersten Gerichtshof, dass Generalbundesanwälte sich an diese Verpflichtung gebunden fühlten. Siehe Verrillis Abriss in Clapper v. Amnesty International, 568 U. S._(2013), auf http://bit.ly/2bDj3vF. Tatsächlich taten sie das

nicht, zum Teil, weil sie befürchteten, dass gegen die geheime Überwachung Verfassungsklage erhoben würde. Siehe Charlie Savage, »Door May Open for Challenges to Secret Wiretaps«, *New York Times*, 16. Oktober 2013, http://nyti.ms/2b3OacO. Im November 2013 gab die Regierung zu, Indizien aus einer FISA-Überwachung genutzt zu haben, um Mohamed Osman Mohamud einer Verschwörung zu überführen, bei der in Portland, Oregon, eine Autobombe gezündet werden sollte. Siehe Government's Supplemental FISA Notification: United States v. Mohamud, Case No. 3:10-cr-00475-KI (D. Ore. Nov. 19, 2013), auf http://bit.ly/2b5UZQ2. Mohamuds Antrag, das Urteil aufzuheben, wurde nicht stattgegeben. *United States v. Mohamud*, Case No. 3:10-cr-00475-KI-1, 2014 WL 2866749 (D. Or. June 24, 2014), auf https://archive.is/YcCKE.

29. Höchstwahrscheinlich gibt es nicht viele *Arten* von Verstecken, von denen Leute, die mit Suchen ihren Lebensunterhalt verdienen, noch nie gehört haben. Die Herausforderung besteht darin, physikalische und virtuelle Methoden anzuwenden, die auch dann sicher bleiben, wenn die andere Seite weiß, dass es diese Methoden gibt. In einem sehr großen Wald hilft es einem Sucher auch nicht, zu wissen, dass Leute manchmal Dinge unter Bäumen verstecken.
30. Der physikalische Platz auf einer Festplatte ist zum Teil für ein Betriebssystem wie Windows, Apple OS X oder Linux normalerweise unsichtbar oder bleibt unbeachtet. Dazu gehören nicht zugewiesene Datenblöcke oder Sektoren, Freiraum neben dem Master Boot Record und die »Pufferzone«, die frei bleibt, wenn eine Datei oder Partitionierung nicht den gesamten dafür reservierten Raum einnimmt. Eine technisch versierte Person könnte Daten an einem dieser Orte deponieren, die bei einer normalen Kopie nicht reproduziert würden. Eine Erläuterung zu »digitalen Labyrinthen, in denen Daten unbemerkt bleiben«, findet sich in Hal Berghel, David Hoelzer und Michael Sthultz, »Data Hiding Tactics for Windows and Unix File Systems«, *Advances in Computers* 74 (2008), www.berghel.net/publications/data_hiding/data_hiding.php.
31. Ein Computer-Bit, die kleinste Einheit digitaler Daten, ist eine binäre Ziffer – eine Null oder eine Eins. Alle anderen Dateneinheiten bauen sich daraus auf. (8 Bits ergeben ein Byte, 1024 Bytes ein Kilobyte, 1024 Kilobytes ein Megabyte und so weiter.) Normale Backups enthalten nur die Bits, die vom Betriebssystem zugewiesen oder gemappt werden. Sie hinterlassen eine Menge Datenmüll. Ein Klon, auch »forensische Sicherung«, erfasst die in der vorigen Anmerkung beschriebenen »digitalen Labyrinthe«. Es gibt im Handel erhältliche Softwarepakete für das Erstellen von Klonen, aber ich erledigte den Job schnell und schmutzig mit einem Befehlszeilen-Tool (»dd«), das in Unix-basierte Betriebssysteme wie OS X integriert ist. Siehe

die Handbuchseiten auf http://apple.co/21rZMAm sowie www.gnu.org/software/coreutils/manual/html_node//dd-invocation.html.

32. Jay Kennedy, General Counsel der *Washington Post*, und James McLaughlin, stellvertretender General Counsel, Interviews mit dem Autor, 31. März 2016.
33. Jay Kennedy, Interview mit dem Autor, 31. März 2016.
34. Im Jahr 2014 führten Studienanfänger in Arvind Narayanans Seminar über Datenschutztechniken an der Princeton University eine Studie durch, um zu prüfen, ob bessere Metaphern technischen Laien den Umgang mit E-Mail-Verschlüsselung erleichterten. Siehe Wenley Tong et al., »Why King George III Can Encrypt«, 6. Juni 2014, http://randomwalker.info/teaching/spring-2014-privacy-technologies/king-george-iii-encrypt.pdf.
35. National Security Agency, »PRISM/US-984XN Overview, or the SIGAD Used Most in NSA Reporting«, April 2013, vollständig bei den Unterlagen des Autors, in redigierter Form veröffentlicht auf www.washingtonpost.com/wp-srv/special/politics/prism-collection-documents/.
36. Als der PRISM-Foliensatz veröffentlicht wurde, machten sich Graphikdesigner verbreitet darüber lustig. Mindestens drei boten der NSA augenzwinkernd ihre Dienste an. Die Ersatzentwürfe waren tatsächlich nicht schlecht. Siehe Holly Allen und Chad Lorenz, »Those PRISM Slides Are Hideous: Here, NSA. We Redesigned Them for You«, *Slate*, 7. Juni 2013, http://slate.me/1Qqnfd7; Victoria Nece, »PRISM PowerPoint Redesign«, 8. Juni 2013, http://victorianece.com/2013/06/prism-powerpoint-redesign/; Emiland, »Dear NSA, Let Me Take Care of Your Slides«, 11. Juni 2013, www.slideshare.net/EmilandDC/dear-nsa-let-me-take-care-ou.
37. Skype und YouTube wurden in PRISM aufgenommen, bevor Microsoft bzw. Google sie übernahmen.
38. Soweit ich weiß, verraten die großen Internetunternehmen nicht den Umfang der von ihnen gespeicherten Datenmengen. Nach einer externen Schätzung beherbergt ein einziges Datenzentrum von Google zehn bis 15 Exabytes. Da Google über mehrere Datenzentren verfügt und einige seiner Konkurrenten vergleichbar große Speicher besitzen, ist durchaus möglich, dass ihre Bestände insgesamt Zettabytes von Informationen, also Tausende Exabytes, umfassen. Siehe Colin Carson, »How Much Data Does Google Store?«, Cirrus Insight, 18. November 2014, www.cirrusinsight.com/blog/how-much-data-does-google-store.
39. Siehe Roy Williams, California Institute of Technology, »Data Powers of Ten«, archiviert auf https://web.archive.org/web/19990508062723/http://www.ccsf.caltech.edu/~roy/dataquan/.
40. Eric Schmidt, Bemerkungen auf einer Techonomy Conference, 4. August 2010, http://readwrite.com/2010/08/04/google_ceo_schmidt_people_arent_ready_for_the_tech/. Das vollständige Zitat lautete: »Von Anbeginn der

Zivilisation bis 2003 wurden 5 Exabytes an Informationen erzeugt, aber heute erzeugen wir so viele Informationen in zwei Tagen.«

41. Robert J. Moore, »Eric Schmidt's '5 Exabytes' Quote Is a Load of Crap«, R. J. Metrics, 7. Februar 2011, https://blog.rjmetrics.com/2011/02/07/eric-schmidts-5-exabytes-quote-is-a-load-of-crap/. Nach Moores Schätzung müsse man eher davon ausgehen, dass die Welt in sieben Tagen so viele Informationen erzeugt wie im ganzen Jahr 2002.
42. Im Jahr 2007 verabschiedete der Kongress den Protect America Act, S. 1927 (110th Cong., 1st sess., enacted August 5, 2007), www.govtrack.us/congress/bills/110/s1927/text. Im Jahr darauf verabschiedete er den FISA Amendments Act, H. R. 6304 (110th Cong., 2nd sess., enacted July 9, 2008), www.govtrack.us/congress/bills/110/hr6304/text. Das Gesetz, in dem wichtige Teile des Foreign Intelligence Surveillance Act von 1978 umgeschrieben worden waren, wurde 2012 erneut überarbeitet. Siehe insbesondere Absatz 702.
43. Siehe »Foreign Intelligence Surveillance Act Court Orders, 1979–2015«, Electronic Privacy Information Center, https://epic.org/privacy/wiretap/stats/fisa_stats.html#footnote21.
44. Ellen Nakashima und Barton Gellman, »Court Gave NSA Broad Leeway in Surveillance, Documents Show«, *Washington Post*, 30. Juni 2014, http://wapo.st/1MZVvkP.
45. Siehe »Procedures Used by NSA to Target Non-US Persons: Exhibit A – Full Document«, *Guardian*, 20. Juni 2013, www.theguardian.com/world/interactive/2013/jun/20/exhibit-a-procedures-nsa-document. Originalkopie bei den Unterlagen des Autors.
46. »Procedures Used by NSA to Minimize Data Collection from US Persons: Exhibit B – Full Document«, *Guardian*, 20. Juni 2013, www.theguardian.com/world/interactive/2013/jun/20/exhibit-b-nsa-procedures-document. Originalkopie bei den Unterlagen des Autors.
47. Eine meiner Lieblingskolleginnen bestätigte das mit einem seltenen Interview mit dem vorsitzenden Richter des Foreign Intelligence Surveillance Court, zu jener Zeit der US-Bundesbezirksrichter Reggie Walton. Siehe Carol Leonnig, »Court: Ability to Police U. S. Spying Program Limited«, *Washington Post*, 15. August 2013, http://wapo.st/1WSZLVp.
48. Ich habe dieses persönliche Gespräch, das für mich von außerordentlicher Bedeutung war, noch nie erwähnt. Ich rekonstruiere die Unterhaltung aus Notizen, die ich mir anschließend gemacht habe, und setze nur die damals von mir notierten Wörter in Anführungszeichen. Den Rest paraphrasiere ich aus dem Gedächtnis, abgeglichen mit den Erinnerungen von Baine und Baron.
49. Mein Freund Jack Goldsmith macht geltend, dass unsere Rechtskultur die Anwendung allgemein anerkannter und unbestrittener Rechtsprinzi-

pien auf die Berichterstattung über nationale Sicherheitsfragen so gut wie ausgeschlossen hat. Ich weiß nicht, ob er mit mir einer Meinung ist, dass diese Beschränkung eher gilt, wenn Mainstream-Nachrichtenagenturen die rechtlichen Grenzen ausloten. Siehe Jack Goldsmith, *Power and Constraint: The Accountable Presidency After 9/11* (New York: Norton, 2012), insbesondere Kapitel 3.

4. PRISM

1. Ich habe die Entfernungsangabe etwas aufgerundet. Laut einer Tabelle im Internet beträgt die Entfernung zwischen den nächstgelegenen zivilen Flughäfen, die Fort Meade und die Anlage in Kunia bedienen, 4855 Meilen bzw. 7814 Kilometer. Siehe Air Miles Calculator, www.airmilescalculator.com/distance/hnl-to-bwi/.
2. Folie 16, »# of End Product Reports Citing US-984XN/PRISM (Sept 2007 to Feb 2013)«, in »PRISM/US-984XN Overview or The SIGAD used Most in NSA Reporting«, April 2013, bei den Unterlagen des Autors. Auszüge erschienen in der *Post*, im *Guardian* und auf unabhängigen News-Seiten. Ein großer Teil der Präsentation ist der Öffentlichkeit nach wie vor nicht zugänglich.
3. Die Behörde hat nie ein öffentlich einsehbares detailliertes Organigramm herausgegeben. Über viele Monate hinweg habe ich aus Fragmenten, die ich in Memos und Briefings aufgespürt habe, mein eigenes Organigramm zusammengebastelt. Ende 2015 erklärte der NSA-Direktor den Plan für null und nichtig und kündigte einen Plan zur Neuorganisierung namens »NSA21« an. Siehe Jane Edwards, »Adm. Michael Rogers: NSA to Undergo Reorganization in January«, ExecutiveGov, 17. Dezember 2015, www.executivegov.com/2015/12/adm-michael-rogers-nsa-to-undergo-reorganization-in-january/, archiviert auf https://archive.fo/hU4cr.
4. Bei den 80 Mitgliedern der Vereinigung kleiner Bundesbehörden sind im Schnitt jeweils 625 Mitarbeiter beschäftigt. Siehe »About the Small Agency Council«, www.sac.gov/about/.
5. Einige NSA-Direktionen, etwa das für Forschung, Research (R), das für Technologie, Technology (T), und das für Rechtsfragen, Legal (OLC), stehen im Dienste beider Missionen. Eine dritte große Abteilung, der Central Security Service, überwacht die kryptologischen Organisationen der einzelnen Teilstreitkräfte.

   Eine geheime Einführung in die NSA für neue Mitglieder der Geheimdienstausschüsse von Repräsentantenhaus und Senat sowie ihre Mitarbeiter enthielt Kurzdefinitionen der Mission Information Assurance (»Protect U.S.

Telecommunications and Computer Systems Against Exploitation«) und der Mission Signals Intelligence (»Intercept and Exploit Foreign Signals«). Mark Young, damals zuständig für legislative Angelegenheiten, bezeichnete die beiden Missionen als komplementär. »Natürlich verbessern Erfahrungen beim Abschirmen der US-amerikanischen Informationssysteme die Fähigkeit der NSA, ihre SIGINT-Mission zu erfüllen«, sagte er laut seinen Notizen zu Gesetzgebern. »Hinsichtlich der Kryptologie schließt sich der Kreis, insofern als die NSA ihre Erkenntnisse über Schwachstellen in ausländischen Informationssystemen nutzt, um geheime nationale Sicherheitssysteme und Systeme sensibler amerikanischer Regierungsinformationen sicherer zu machen.« Mark D. Young, »National Security Agency/Central Security Service Overview Briefing«, 2006, gekennzeichnet als SECRET//NOFORN//X1, bei den Unterlagen des Autors.

6. Joel F. Brenner, »Information Oversight: Practical Lessons from Foreign Intelligence«, Heritage-Vorlesung Nr. 851, gehalten in der Heritage Foundation in Washington, D. C., 30. September 2004, bei den Unterlagen des Autors.
7. Ein Kollege, der lange zusammen mit Cotter im technischen Fachprüfungsausschuss arbeitete, schrieb ihm diese Formulierung zu. Bill Binney, Interview mit dem Autor, Sommer 2013. Als Cotter darauf angesprochen wurde, meinte er, das Zitat sei »eine Variante von vielen, die man im Laufe der Jahre gehört habe«. Cotter an den Autor, E-Mail, 1. Dezember 2016. Cotter ging 2009 in den Ruhestand. Zu seiner offiziellen Biographie siehe die Konferenzaufzeichnungen der National Aeronautics and Space Administration für »Security in the National Grid«, 10. Oktober 2012, https://istcolloq.gsfc.nasa.gov/fall2012/speaker/cotter.html.
8. Eine gute Erklärung dieses Begriffs lautet: »Serialisierte Geheimdienstberichte unterscheiden sich sowohl von Berichten über geheime Rohdaten als auch von speziellen Geheimdienstberichten. Geheime Rohdaten werden vom Sammler unmittelbar weitergeleitet und dienen als Grundlage für serialisierte Berichte (täglich, wöchentlich, monatlich etc.) je nach Thema oder Herkunftsort. Spezielle Geheimdienstberichte sind Berichte – wie National Intelligence Estimates oder Berichte zu gesonderten Themen –, die auf Befehl oder bei Bedarf angefertigt werden. Serialisierte wie auch spezielle Berichte werden als fertiggestellte Geheiminformationen betrachtet (und dementsprechend ›finished intelligence‹ oder auch ›FINTEL‹ genannt).« Siehe Dana Priest und William M. Arkin, *Top Secret America: The Rise of the New American Security State* (New York: Little, Brown, 2011).
9. Folie 41, »PRISM/US-984XN OVERVIEW«.
10. In Ricks Worten: »Das PRISM-Projekt steht nicht unter ECI-Schutz (›Exceptionally Controlled Information‹). Die Projektdetails werden auf

der TS//SI//NF-Ebene behandelt. Dennoch erfordert die Sensibilität der Projektdetails verstärkte operative Sicherheit (›Operations Security‹), wobei nur Personen mit Need-to-Know Zugang zu diesen Details haben. Die sensiblen Details sind die Identifikation der PRISM-Zuliefererfirmen sowie Einzelheiten unserer über das FBI laufenden Beziehung zu ihnen.« Anmerkungen, Folie 11, »PRISM/US-984XN OVERVIEW«.

11. Snowden an den Autor, 31. Mai 2013.
12. Manchmal machte die NSA natürlich auch noch andere Dinge – zum Beispiel Attentäter losschicken, um politische Gegner aufzuspüren. Siehe Tony Scotts Klassiker *Enemy of the State* (Touchstone Pictures, 1998; dt.: *Der Staatsfeind Nr. 1*). Mein Freund Barry Eisler, ein ehemaliger CIA-Beamter, der zum Thrillerautor mutierte, nimmt sich in *The God's Eye View* (Seattle: Thomas & Mercer, 2016; dt.: *Das allwissende Auge*, übers. von P. Friedrich) diesbezüglich einige Freiheiten heraus. Nur damit das klar ist: Die NSA besitzt keine Erschießungskommandos und steuert keine Live-Videoübertragungen aus dem Weltall.
13. Der »User's Guide for Skype PRISM Collection« von August 2012 befindet sich bei den Unterlagen des Autors. 2014 veröffentlichte *Der Spiegel* das Handbuch mit leichten Änderungen auf www.spiegel.de/media/media-35530.pdf.
14. In der Präsentation ist die Rede von RTN, der Abkürzung von »real-time notification«, also »Benachrichtigung in Echtzeit«. Folie 34, »PRISM/US-984XN OVERVIEW«.
15. Dazu war PRISM nicht in der Lage. Diese Form der Überwachung gelang der NSA mit anderen Techniken, indem sie den in Microsoft Windows eingebauten Remote Desktop Service für ihre Zwecke nutzte. Am 14. Juni 2013 verriet mir der damalige stellvertretende Direktor Chris Inglis, dass PRISM dagegen statt einer Live-Überwachung das Wiederabspielen von Gesprächen erlaubte. »Es ist eine paketierte Welt«, sagte er. »Würde man die Beratung aufzeichnen, könnte man sie später erneut abspielen und gewissermaßen streamen, aber … man hat nicht die Möglichkeit, in Echtzeit zuzusehen.«
16. Die statistischen Angaben zum President's Daily Brief sind den Anmerkungen zu Folie 18, »PRISM/US-984XN OVERVIEW«, entnommen.
17. Alle hier angeführten wörtlichen Zitate entstammen den Anmerkungen zu Folie 4, »PRISM/US-984XN OVERVIEW«.
18. Siehe Gellman, *Angler*, Kapitel 6, 11 und 12.
19. Laut den internen Verschlüsselungsrichtlinien der NSA für Überwachung ohne richterlichen Beschluss »unterliegen Informationen, die der Erläuterung der partnerschaftlichen Beziehungen/Verortung des Programms dienen, dem Bereich ECI WPG SSO«. ECI bedeutet »Exceptio-

nally Controlled Information«, WPG ist die Abkürzung für WHIPGENIE und SSO steht für Special Source Operations, die sich in diesem Kontext auf die »Unternehmenspartnerschaft« mit großen Telefon- und Internetfirmen beziehen. »STELLARWIND Classification Guide (2–400)«, 21. Januar 2009, bei den Unterlagen des Autors. Die *New York Times* veröffentlichte dieses Dokument, das sie im Rahmen einer Vereinbarung mit dem *Guardian* erhielt, auf http://nyti.ms/2gq1fHt.

20. »STELLARWIND Classification Guide«.
21. Gellman, *Angler*, Kapitel 11 und 12.
22. Public Law 110–55, 121 Stat. 552, auf http://legislink.org/us/p1-110-55.
23. Formal handelte es sich um den Foreign Intelligence Surveillance Act of 1978 Amendments Act of 2008, Public Law 110–261, auf https://archive.is/4YMNx. Siehe auch www.law.cornell.edu/topn/fisa_amendments_act_of_2008.
24. Anmerkungen, Folie 5, »PRISM/US-984XN OVERVIEW«.
25. Anmerkungen, Folie 10, »PRISM/US-984XN OVERVIEW«.
26. Quelle aus dem Geheimdienst, Interview mit dem Autor, Sommer 2013.
27. Folien 30 und 31, »PRISM/US-984XN OVERVIEW«.
28. Darauf werde ich später zurückkommen. Siehe Barton Gellman, Julie Tate und Ashkan Soltani, »In NSA-Intercepted Data, Those Not Targeted Far Outnumber the Foreigners Who Are«, *Washington Post*, 5. Juli 2014, http://wapo.st/1Mvootx, sowie Barton Gellman, »How 160,000 Intercepted Communications Led to Our Latest NSA Story«, *Washington Post*, 11. Juli 2014, http://wapo.st/1Mq04zI.
29. Kurz für »love intelligence«; der Begriff bezieht sich auf Zuwiderhandlungen von NSA-Mitarbeitern, die laut dem Zeitungsartikel, der das Phänomen öffentlich machte, »die ungeheure Lauschpotenz ihrer Behörde nutzten, um Objekte ihrer Begierde auszuspionieren. ... Diese Praxis ist nicht verbreitet – ein Beamter schätzte, in den letzten zehn Jahren seien nur eine Handvoll Fälle vorgekommen –, aber immerhin ist sie gebräuchlich genug, um in der Spionagebranche eine eigene Bezeichnung zu tragen: LOVEINT.« Siehe Siobhan Gorman, »NSA Officers Spy on Love Interests«, *Wall Street Journal*, 23. August 2013, http://on.wsj.com/19NGBbE.
30. Joel F. Brenner, »Forty Years After Church-Pike: What's Different Now«, Ansprache bei der National Security Agency, 15. Mai 2015, bei den Unterlagen des Autors.
31. Autor an Edward Snowden, E-Mail, 18. Mai 2013. Unser Austausch an diesem Tag war vorläufig, weil ich das Dokument noch nicht in Händen hatte. Ich versuchte, die Dringlichkeit der Angelegenheit zu verstehen, aber sein 72-Stunden-Countdown hatte noch nicht begonnen.
32. E-Mail von Snowden, 25. Mai 2013.
33. Siehe Kapitel 3.

34. Snowden an den Autor, E-Mail, 16. Mai 2013.
35. Kryptographen machen mit Mathematik, was Könige und Herzöge einst mit ihren Wachsstempeln getan haben. Eine Signatur bestätigt nicht nur die Authentizität einer Nachricht, sondern gewährleistet auch ihre »Nichtabstreitbarkeit«, wie Kryptographen sagen. Nach dem Signieren eines Dokuments kann der Signierer nicht mehr leugnen, etwas damit zu tun zu haben. Ich hoffte auf eine amtliche Signatur der US-Regierung, weil diese durch eine verifizierbare Kette digitalen Vertrauens abgesichert wäre, die Public-Key-Infrastruktur (PKI).
36. Snowden an den Autor, E-Mail, 17. Mai 2013.
37. In meiner Wiedergabe des Befehls habe ich die Dateinamen und Dateipfade vereinfacht. Außerdem habe ich die alphanumerische Identität des Verax-Schlüssels geschwärzt, weil man diese nutzen könnte, um die von Snowden verwendete Mail-Adresse herauszufinden. Einige seiner anonymen Adressen sind zwar an die Öffentlichkeit gelangt, aber diese nicht. Experten werden zudem feststellen, dass eine standardmäßige PKI-Signatur der Regierung ein anderes Dateiformat verwendet hätte als das, was Snowden mir schickte.
38. Snowden bezieht sich hier auf seinen Job als technische Fachkraft im Stützpunkt der CIA in Genf, wo mehrere große Behörden der Vereinten Nationen angesiedelt sind, nicht auf das UN-Hauptquartier in New York.
39. Verax hatte alle seine E-Mails an uns signiert und auch verschlüsselt, so dass uns eine separate Signatur auf der PRISM-Datei keine weiteren Aufschlüsse über die Datenherkunft gegeben hätte.
40. Um zu beweisen, dass er unser Informant war, könnte Snowden eine Signatur erzeugen, die der von uns online veröffentlichten entsprach. Nur jemand, der in Besitz des unverwechselbaren Verax-Schlüssels war und dessen Passphrase kannte, war dazu in der Lage.
41. So formuliert es die verbindliche Regelung für Völkerrecht, das Abkommen über die Rechtsstellung der Flüchtlinge (auch: Genfer Flüchtlingskonvention), Kapitel I, Artikel 1(A)(2), 28. Juli 1951, auf http://www.bgbl.de/xaver/bgbl/start.xav?startbk=Bundesanzeiger_BGBl&jump To=bgbl253s0559.pdf.
42. Snowden konnte nicht einfach beweisen, dass er unser Informant war, indem er selbst jemandem die Signatur präsentierte. Jeder konnte das PRISM-Dokument, wenn es erst einmal veröffentlicht war, downloaden und signieren. Zumindest würde der Zeitstempel zeigen, dass er die Datei schon vor ihrer Publikation besessen hatte, und ihm standen noch andere technische Möglichkeiten offen, aber kein Beweis wäre auch nur annähernd so überzeugend wie die Bestätigung durch die *Post*, dass Snowden unser Informant war.
43. In einem anderen Zusammenhang sagte ich Snowden, dass ich gern seinen Namen und ein Interview mit ihm veröffentlichen würde, wenn es das war,

was er wollte. Der Sinn und Zweck der kryptographischen Signatur bestand darin, dass er seine Identität so auch privat gegenüber ausländischen Diplomaten enthüllen konnte – nicht gegenüber der breiten Masse von Nachrichtenkonsumenten.

44. Transkript eines anonymen, verschlüsselten Chats zwischen dem Autor und Laura Poitras, 25. Mai 2013. Mir ist bewusst, dass sich auf diesen Austausch mit Poitras Kritiker stürzen können, die Snowden schon lange vorwerfen, sein Land verraten zu haben. Wie ich hier ausdrücklich betone, ist mittlerweile völlig klar, dass ich unrecht hatte. Ich stützte meine Schlussfolgerung, die vom schlimmstmöglichen Fall ausging, auf nicht eindeutige Formulierungen, die, wie sich später herausstellte, ganz anders gemeint waren.
45. Snowden an den Autor, E-Mail, 24. Mai 2013.
46. Autor an Snowden, E-Mail, 24. Mai 2013.
47. Poitras an den Autor, E-Mail, 27. Mai 2013.
48. Autor an Poitras, E-Mail, 27. Mai 2013.
49. Poitras an den Autor, E-Mail, 24. Mai 2013.
50. Snowden an Poitras, E-Mail, 26. Mai 2013. Poitras und ich tauschten damals unsere gesamte Korrespondenz mit ihm untereinander aus.
51. Snowden an den Autor, E-Mail, 26. Mai 2013.
52. Poitras an den Autor, E-Mail, 27. Mai 2013.
53. Autor an Snowden, E-Mail, 27. Mai 2013.
54. Barton Gellman, »Code Name ›Verax‹: Snowden, in Exchanges with Post Reporter, Made Clear He Knew Risks«, *Washington Post*, 9. Juni 2013, http://wapo.st/2a4lo2Q, archiviert auf https://archive.is/dNEqk. Als ich diesen Artikel an dem Tag schrieb, an dem sich Snowden in einem Video des *Guardian* der Öffentlichkeit präsentierte, konnte ich Poitras oder Snowden vor Drucklegung nicht erreichen. Daher war mein Artikel zwar korrekt, aber höchst unvollständig und erwähnte die zentrale Rolle, die Poitras spielte, ebenso wenig wie die spärlichen Details, die mir über Snowdens Beziehung zu Greenwald bekannt waren. Die meisten meiner Interaktionen mit Snowden und Poitras waren nach wie vor streng vertraulich.
55. Das war die erste von mehreren zornigen Erklärungen in den darauffolgenden Tagen. Tweet von Glenn Greenwald (@ggreenwald), 9. Juni 2013, https://twitter.com/ggreenwald/status/343960115227025408, archiviert auf https://archive.is/B67nS. Greenwald reagierte auf die folgenden Zeilen eines Artikels, den ich am selben Tag verfasst hatte: »Snowden erwiderte lapidar ›Ich bedauere, dass wir es nicht geschafft haben, dieses Projekt noch länger eingleisig zu verfolgen‹. Kurz darauf nahm er Kontakt mit Glenn Greenwald von der britischen Zeitung *Guardian* auf.« Wie ich in der vorigen Anmerkung erläutert habe, war meine Darstellung korrekt, aber zwangsläufig unvollständig. Gellman, »Code Name ›Verax‹«, *Washington Post*, 9. Juni 2013.

56. Tweet von Glenn Greenwald (@ggreenwald), 10. Juni 2013, https://twitter.com/ggreenwald/status/344040301972815872, archiviert auf https://archive.is/VMnMk. Siehe auch Mackenzie Weinger, »Gellman, Greenwald Feud over NSA«, *Politico*, 10. Juni 2013, http://politi.co/1WJKx4W, archiviert auf https://archive.is/ou3py.
57. Der Kernpunkt von Greenwalds Darstellung war, dass ich auf den letzten Drücker Zugang zu einer begrenzten Zahl an Dokumenten erhalten hätte, die sich einzig und allein auf PRISM bezögen, während er mitten in der Arbeit an der größeren Story gesteckt habe. Nichts davon ist wahr. Glenn Greenwald, *Die globale Überwachung – Der Fall Snowden, die amerikanischen Geheimdienste und die Folgen*, übers. von G. Gockel, R. Weiß, T. Wollermann und M. Zybak (München: Droemer, 2014), S. 30, 85. Original: *No Place to Hide: Edward Snowden, the NSA, and the U. S. Surveillance State* (New York: Metropolitan Books, 2014).
58. Ebd. Das schien mir ein merkwürdiger Vorwurf zu sein, da er von einem ehemaligen Prozessanwalt stammte. Jede Nachrichtenagentur, die an der NSA-Story arbeitete, konsultierte Rechtsanwälte. Der *Guardian*, für den Greenwald damals schrieb, strich einige seiner Artikel aus rechtlichen Gründen und legte die Publikation anderer monatelang auf Eis; die dortigen Redakteure zerstörten eine Kopie der Snowden-Dokumente auf Druck des drakonischeren britischen Rechts. *The Intercept* und ihr Mutterunternehmen First Look Media, bei deren Gründung Ende 2013 Greenwald mitwirkte, heuerten die Medienanwältin Lynn Oberlander vom *New Yorker* an. Greenwald hatte nichts gegen Rechtsberatung für sich selbst einzuwenden, als er über eine Reise in die Vereinigten Staaten nachdachte. Fast ein Jahr lang verkündete er öffentlich, seine Anwälte hätten ihm wegen seiner Beteiligung an der Enthüllung der NSA-Dokumente davon abgeraten.
59. Greenwald, *Die globale Überwachung*, S. 85. Greenwald schrieb, dass die *Post* »sich pflichtschuldig an die ungeschriebenen Regeln halten« würde, »die es der Regierung ermöglichen, Enthüllungen selbst zu steuern und ihre Auswirkungen zu minimieren oder gar zu neutralisieren«.
60. »Ende März oder Anfang April installierte Greenwald die Verschlüsselungssoftware und nahm den direkten Austausch mit Snowden auf, wie er sagte«, so der Artikel. Michael Calderone, »How Glenn Greenwald Began Communicating with NSA Whistleblower Edward Snowden«, *Huffington Post*, 10. Juni 2013, http://huff.to/1pBnqfl, archiviert auf https://archive.is/fFeol.
61. Greenwald, *Die globale Überwachung*, S. 124f.
62. Laura Poitras, »Berlin Journal«, in *Astro Noise: A Survival Guide for Living Under Total Surveillance* (New York: Whitney Museum of American Art, 2016), S. 95.

63. In seinem Buch schreibt Greenwald, dass seine ersten verschlüsselten Kommunikationen mit der nach wie vor anonymen Quelle »in der Woche um den 20. Mai« erfolgten. Wie aus meiner nächsten Anmerkung ersichtlich wird, muss das Datum der 27. Mai gewesen sein. Greenwald schreibt, er habe Verax am darauffolgenden Tag, also am 28. Mai, um eine Stichprobe des Geheimmaterials gebeten, und es habe »mehrere Tage« gedauert, bis es ihm gelungen sei, die 25 Dokumente, die Verax ihm daraufhin schickte, entgegenzunehmen und zu entschlüsseln. Wenn mit mehreren Tagen zwei Tage gemeint sind, öffnete er die Stichprobe am 30. Mai, also zu einem Zeitpunkt, an dem Poitras und ich bereits seit zehn Tagen mit dem gesamten Pandora-Archiv beschäftigt waren. Greenwald, *Die globale Überwachung*, S. 29ff., 36.
Im Sommer und Herbst 2013 nahm Greenwald Anpassungen an der Zeitleiste vor, um seine besondere Rolle zu unterstreichen. Laut dem Reporter des *New Yorker* »sagte Greenwald mir, Snowden habe ihm zunächst über Poitras eine kleine Anzahl verschlüsselter Dokumente geschickt« und später, »im Mai, bot Snowden an, ihm ausführliche Regierungsdokumente über die Aktivitäten der N. S. A. zu senden«. Ken Auletta, »Freedom of Information«, *New Yorker*, 7. Oktober 2013, www.newyorker.com/magazine/2013/10/07/freedom-of-information. In Wahrheit hatte Greenwald bis Ende Mai keinen engen Kontakt zu Snowden, und im Besitz von Dokumenten, die Poitras ihm hätte schicken können, war sie erst ab dem 21. Mai, als sie und ich die Dokumente erhielten. Was Poitras Greenwald zeigte, als sie ihn im April traf, waren zwei der nach wie vor vieldeutigen E-Mails von ihrer unter Pseudonym schreibenden Quelle. Erst als sie am 1. Juni in das Flugzeug nach Hongkong stiegen, händigte Poitras Greenwald das Pandora-Archiv aus, und erst da erfuhr er Snowdens richtigen Namen.
64. Die folgenden Daten sind den derzeitigen mit Datum versehenen Notizen und E-Mails des Autors entnommen, von denen viele bereits in Kapitel 1, 3 und 4 erwähnt wurden, sowie Micah Lee, »Ed Snowden Taught Me to Smuggle Secrets Past Incredible Danger. Now I Teach You«, *The Intercept*, 28. Oktober 2014, http://interc.pt/1DXiB2S; Greenwald, *Die globale Überwachung*, insbesondere S. 17–45; den Auszügen aus »Berlin Journal«, wiedergegeben in Laura Poitras (Hrsg.), *Astro Noise: A Survival Guide for Living Under Total Surveillance* (New York: Whitney Museum of American Art, 2016); Screenshots aus dem Dokumentarfilm *Citizenfour* (Praxis Films, 2014), und Edward Snowdens unter Pseudonym aufgenommenem Video, anon108, »GPG for Journalists – Windows edition | Encryption for Journalists | Anonymous 2013«, Vimeo, 6. Januar 2013, https://vimeo.com/56881481. Wesentliche Auslassungen oder dem widersprechende dokumentarische Aufzeichnungen sind mir nicht bekannt.

1. Dezember 2012: Snowden schreibt als »Cincinnatus« an Glenn Greenwald und bittet ihn, ihm einen Codierungsschlüssel zu senden. Greenwald antwortet, er wisse nicht, wie.
6. Januar 2013: Als anon108 schickt Snowden Greenwald ein Video mit einer Verschlüsselungsanleitung. Greenwald reagiert nicht.
11. Januar 2013: anon108 richtet sein Augenmerk auf Laura Poitras und bittet den Technologieaktivisten Micah Lee von der Electronic Frontier Foundation, einen zuverlässigen Codierungsschlüssel für sie bereitzustellen.
28. Januar 2013: Als »Citizenfour« sendet Snowden seine erste bedeutende E-Mail an Poitras.
31. Januar 2013: Von Berlin aus schreibt mir Poitras und bittet mich um ein Treffen, weil sie einen Rat brauche.
2. Februar 2013: In einem New Yorker Café erzählt mir Poitras von ihrer Quelle und ihrer (noch vagen) Geschichte. Ich biete ihr an, die Geschichte zu überprüfen. Laut ihrem Tagebuch bittet sie auch Jacob Appelbaum, Datenschützer und Technologe in Berlin, um Rat.
30. März 2013: Citizenfour sendet Poitras einen Link zu einer verschlüsselten Datei mit der Bezeichnung »astro_noise«, aber nicht den Schlüssel, um sie zu öffnen.
19. April 2013: Poitras erfährt, dass Greenwald zu Besuch in New York ist. Sie bittet ihn um ein Treffen und zeigt ihm zwei E-Mails von Citizenfour, die zwar vielsagend, aber in Bezug auf die Story immer noch vage sind.
22.–28. April 2013: Poitras trifft sich zwei weitere Male mit Greenwald, beim zweiten Mal begleitet von Appelbaum und dem ACLU-Anwalt Jameel Jaffer. Sie findet, Greenwald habe »keine Ahnung von den sicherheitstechnischen Aspekten«, womit eine langfristige Zusammenarbeit oder ein direkter Kontakt mit der Quelle ausgeschlossen sind.
7. Mai 2013: Poitras und ich vereinbaren, die Story gemeinsam herauszubringen. Sie verbürgt sich gegenüber Snowden für mich, der sich nun »Verax« nennt. Wir rechnen jeden Tag mit dem Eintreffen eines Dokuments.
9. Mai 2013: Poitras, die immer noch hofft, Greenwald mit ins Boot zu holen, bittet Micah Lee, ihm beizubringen, wie man sicher kommuniziert.
13. Mai 2013: Lee sendet Greenwald einen USB-Stick mit Verschlüsselungssoftware, Anleitungen sowie vorkonfigurierten Mail- und Chat-Accounts. Der brasilianische Zoll hält das Paket zwei Wochen fest.
16. Mai 2013: Poitras und ich beginnen eine intensive Zusammenarbeit und tauschen separate Korrespondenz mit Verax untereinander aus.
20. Mai 2013: Verax schickt uns den 41 Seiten langen NSA-Foliensatz zu PRISM.
21. Mai 2013: Verax verrät uns seinen Namen und beruflichen Werdegang und schickt uns die Schlüssel zu Pandora, einem Archiv mit Zehntausenden Geheimdokumenten.

24. Mai 2013: Poitras und ich unterzeichnen einen Vertrag mit der *Washington Post* über die PRISM-Story. Wir planen, gemeinsam nach Hongkong zu fliegen.
25. Mai 2013: Snowden teilt uns mit, dass er im Ausland um Asyl bitten möchte. Er drängt uns, eine kleine digitale Datei – eine kryptographische Signatur – online zu stellen, mit der er ausländischen Diplomaten beweisen kann, dass er unser Informant ist.
26. Mai 2013: Poitras und ich lehnen die Bitte ab und canceln die Reise nach Hongkong.
27. Mai 2013: Snowden teilt mir mit, dass er der *Post* das Exklusivrecht zur Veröffentlichung entzieht. Er chattet zum ersten Mal online mit Greenwald.
30. Mai 2013: Greenwald erhält und öffnet eine Stichprobe mit rund 25 Dokumenten von Snowden.
1. Juni 2013: Poitras fliegt mit Greenwald nach Hongkong, begleitet von Ewen MacAskill vom *Guardian*. Unmittelbar vor dem Abflug übergibt sie Greenwald einen USB-Stick mit dem Geheimarchiv, das wir am 21. Mai erhalten hatten.
3. Juni 2013: Poitras, Greenwald und MacAskill treffen sich mehrere Tage hintereinander mit Snowden, der ihnen weitere NSA-Dokumente persönlich übergibt. Ich kommuniziere weiter über verschlüsselte E-Mails und Chats mit Snowden.
5. Juni 2013: Greenwald, dem Poitras von meinen Story-Plänen berichtet hat, veröffentlicht seinen ersten NSA-Artikel im *Guardian*. Er macht die Sammelerhebung von Aufzeichnungen von Telefongesprächen öffentlich.
6. Juni 2013: Die *Post*, gefolgt vom *Guardian*, veröffentlicht die PRISM-Story.
9. Juni 2013: Snowden gibt sich öffentlich als Quelle der NSA-Enthüllungen zu erkennen.

65. Er beschrieb seine »Furchtlosigkeit«, seinen »Mut« und kühne journalistische Arbeit in Greenwald, *Die globale Überwachung*, S. 80, und in regelmäßigen Abständen mit vergleichbaren Begriffen an anderen Stellen.
66. Wir waren auch »ängstlich«, »diffus«, »regierungsfreundlich« und »obrigkeitshörig«. Ebd., S. 33, 90, 91.
67. Marty Baron, Dankesrede beim Hitchens Prize Dinner in New York, 28. November 2016, www.vanityfair.com/news/2016/11/washington-post-editor-marty-baron-message-to-journalists.
68. In Kapitel 1 habe ich Beispiele dafür angeführt.
69. Greenwald, *Die globale Überwachung*, S. 134, und ähnliche Ausdrücke auf S. 33, 90, 91, 105, 117.
70. Glenn Greenwald an den Autor, 11. Juni 2013.
71. Savage bezog sich auf Gellman, »Code Name ›Verax‹«, *Washington Post*, 9. Juni 2013. In diesem Artikel verwendete ich versehentlich den Begriff »kryptographischer Schlüssel« statt »kryptographische Signatur«.

72. Ich überließ nicht einmal Poitras alle unsere Live-Chats und die gesamte Korrespondenz, obwohl sie natürlich am Austausch über die digitale Signatur beteiligt war. Aus Sicherheitsgründen bewahrte Snowden keine Kopien unserer E-Mails und Chats auf, und die Schlüssel, die wir zu ihrer Codierung verwendeten, tauschte er in regelmäßigen Abständen aus. Auf meine Frage erklärte er kategorisch, Greenwald kein einziges Wort unserer Korrespondenz gezeigt zu haben.
73. Autor an Glenn Greenwald, 11. Juni 2013.
74. Glenn Greenwald an den Autor, 11. Juni 2013.
75. Meistens sagten mir die Reporter, Greenwald kommentiere interne rechtliche und redaktionelle Erwägungen der *Post* mit wenig schmeichelhaften Worten; so behauptete er fälschlicherweise, die Zeitung drücke sich vor knallharten NSA-Storys und habe mir verboten, nach Hongkong zu fliegen. Ich weigerte mich, öffentliche Kommentare dazu abzugeben. Manchmal fragte ich die Reporter unter der Hand, wie Greenwald ihrer Meinung nach wohl diese Dinge wissen könne. Von den zahlreichen Anfragen dieser Art erreichten mich zwei im Zuge der Recherchen zu Janet Reitman, »Snowden and Greenwald: The Men Who Leaked the Secrets«, *Rolling Stone*, 4. Dezember 2013, http://rol.st/1b1Gujx, sowie zu Auletta, »Freedom of Information«. Siehe auch Peter Maass, »How Laura Poitras Helped Snowden Spill His Secrets«, *New York Times Magazine*, 13. August 2013, http://nyti.ms/2eAYykb. Hin und wieder, wenn Kritiker Greenwald vorwarfen, Hochverrat begangen, aus Profitgier Staatsgeheimnisse verkauft oder das Leben von Amerikanern in Gefahr gebracht zu haben, suchte er Deckung hinter mir. Ich hätte doch die gleichen Dinge getan wie er, ließ er seine Ankläger wissen. Warum schössen sie dann nicht auf mich? Doch wenn er mal nebenbei ein Kompliment fallen ließ (»Ich respektierte Gellman ...«), schob er meist noch eine Pointe hinterher (»... nicht aber die *Washington Post*«). Greenwald, *Die globale Überwachung*, S. 84.
76. Autor an Ben Rhodes, 5. Juni 2013. Ich berufe mich hier auf alte Notizen, versäumte es jedoch, die Original-Mail zu sichern, bevor die *Post* planmäßig ältere Inhalte auf ihren Mailservern löschte.
77. Siehe Gellman, *Angler*, S. 147ff.
78. Leider erfuhr ich aus Greenwalds Buch, dass er regelmäßig über meine Publikationspläne auf dem Laufenden gehalten wurde, und zwar mit Hilfe meiner Nachrichten an Poitras, die nach wie vor meine Co-Autorin war und bei der *Post* unter Vertrag stand. Offenkundig befand sie sich in einer peinlichen Lage, und ich nehme an, dass sie hoffte, unsere Arbeit konfliktfrei zu halten. Greenwald hatte andere Pläne. Wie er schrieb, nutzte er sein Insiderwissen, um zu gewährleisten, dass er – nicht »die *Washington Post* mit ihrer diffusen, regierungsfreundlichen Berichterstat-

tung« – der Story seinen Stempel aufdrücken werde. Greenwald, *Die globale Überwachung*, S. 90f., 117.

79. Siehe Glenn Greenwald, »NSA Collecting Phone Records of Millions of Verizon Customers Daily«, *Guardian*, 6. Juni 2013, www.theguardian.com/world/2013/jun/06/nsa-phone-records-verizon-court-order, archiviert auf https://archive.is/OgNKZ. Ungeachtet der Datumszeile, die der Printausgabe entsprach, erschien der Artikel online am 5. Juni.
80. Es gibt zweierlei Kennungen. Die International Mobile Subscriber Identity, oder IMSI, ist auf der SIM-Karte für jeden Nutzer-Account gespeichert. Mit der International Mobile Station Equipment Identity, oder IMEI, lässt sich das Mobiltelefon selbst identifizieren. Sie ändert sich nicht, wenn der Nutzer eine neue SIM-Karte einlegt.
81. Richter Roger Vinson, »Foreign Intelligence Surveillance Court Secondary Order«, 25. April 2013, bei den Unterlagen des Autors. Der *Guardian* stellte die Anordnung online auf https://assets.documentcloud.org/documents/709012/verizon.pdf.
82. Absatz 215 des USA Patriot Act von 2001 wurde in »public law« (öffentliches Recht) übernommen als 50 U. S. C. § 1861, »Access to certain business records for foreign intelligence and international terrorism investigations«, auf www.law.cornell.edu/uscode/text/50/1861.
83. Eine allgemeine Erläuterung der verwendeten Methoden wurde zwei Wochen vor Publikation der Verizon-Story in einem nicht geheimen NSA-Bericht veröffentlicht. Siehe Paul Burkhardt und Chris Waring, »An NSA Big Graph Experiment«, U. S. National Security Agency Research Directorate – R6, Technical Report NSA-RD-2013–056002v1, 20. Mai 2013, archiviert auf https://archive.is/3ra8T.
84. Siehe Ryan J. Reilly, »Jim Sensenbrenner, Patriot Act Author, Slams ›Un-American‹ NSA Verizon Phone Records Grab«, *Huffington Post*, 6. Juni 2013, www.huffingtonpost.com/2013/06/06/jim-sensenbrenner-nsa_n_3397440.html. Siehe auch den Brief Sensenbrenners an Justizminister Eric Holder, 6. September 2013, http://sensenbrenner.house.gov/uploadedfiles/sensenbrenner_letter_to_attorney_general_eric_holder.pdf. Zwei hochrangige Geheimdienstbeamte, die anonym bleiben wollten, haben mir berichtet, dass Sensenbrenner sich geweigert habe, an geheimen Briefings teilzunehmen, die das Ausmaß der Sammlung von Telefonaufzeichnungen offenbart hätten. Theoretisch konnte jedes Kongressmitglied darum bitten, die Rechtsdokumente in einem abgeschotteten Raum zu lesen, wo man sich keine Notizen machen durfte. Nur sehr wenige beauftragten einen Kongressangestellten mit entsprechender Freigabe, das Material zu lesen und eine Analyse vorzulegen.
85. Im Snowden-Archiv war lediglich eine »secondary order« enthalten, in der Richter Vinson die bereits zuvor erteilte rechtliche Befugnis bestätigte.

Snowden war nicht im Besitz der ursprünglichen Rechtsauffassung oder gab sie nicht heraus. Später, unter dem Druck der öffentlichen Enthüllungen, veröffentlichte das Büro des Direktors der nationalen Nachrichtendienste eine redigierte Version der gerichtlichen Begründung. Siehe »DNI Clapper Declassifies and Releases Telephone Metadata Collection Documents«, Office of the Director of National Intelligence, 31. Juli 2013, archiviert auf https://archive.is/9n0SK.

86. Zu diesem Gespräch vom 6. Juni 2013 machte ich mir in Echtzeit Notizen.
87. Ebd. Es ist besser, wenn ich mitschreibe, was andere Leute sagen, als meine eigenen Worte zu notieren. Meine eigenen Kommentare schrieb ich auf, kurz nachdem wir aufgelegt hatten.
88. Barton Gellman und Laura Poitras, »U. S., British Intelligence Mining Data from Nine U. S. Internet Companies in Broad Secret Program«, *Washington Post*, 6. Juni 2013, http://wapo.st/1LcAw6p, archiviert auf https://archive.is/cYyFe. Greenwalds Version, die darauf folgte, offenbarte nichts, was die *Post* zurückgehalten hatte. Glenn Greenwald und Ewen MacAskill, »NSA Prism Program Taps In to User Data of Apple, Google and Others«, *Guardian*, 6. Juni 2013, www.the guardian.com/world/2013/jun/06/us-tech-giants-nsa-data.
89. Working draft of NSA Inspector General's Report ST-09–0002, history of STELLARWIND surveillance, 24. März 2009, S. 20, bei den Unterlagen des Autors.
90. Chris Inglis, Interview mit dem Autor, 14. Juni 2013.
91. »NSA Whistleblower Edward Snowden: ›I Don't Want to Live in a Society That Does These Sort of Things‹ – Video«, *Guardian*, 9. Juni 2013, www.theguardian.com/world/video/2013/jun/09/nsa-whistleblower-edward-snowden-interview-video.
92. C. Danielle Massarini, Interview mit dem Autor, 12. August, 2016.

5. GEGENWEHR

1. Dennis Blair am Telefon zum Autor, 10. Juli 2013.
2. Das zumindest hatte mir sein stellvertretender Sprecher Kenneth McGraw im November 2011 gesagt. In einigen Presseberichten wurde seine Größe mit 1,93 Metern angegeben.
3. An jenem Tag nahm McRaven an einer Übung zur Festigung der HALO-Sprungtechnik teil, eine Abkürzung für »high altitude, low opening« – gesprungen wird aus großer Höhe, der Fallschirm aber erst im letzten Moment in niedriger Höhe geöffnet, um die Gefahr einer Entdeckung zu minimieren.

4. Soweit ich weiß, hatte McRaven vorher noch nie öffentlich über den Unfall gesprochen. Ich hatte ihn als Zweiten bei der Wahl zur Person des Jahres 2011 porträtiert. Siehe Barton Gellman, »William McRaven: The Admiral«, *Time*, 14. Dezember 2011, archiviert auf https://archive.is/6q7bq.
5. Michael Isikoff, damals bei den NBS News, moderierte ein Podiumsgespräch mit Raj De, General Counsel der NSA, und dem ACLU-Geschäftsführer Anthony Romero. Die anderen Teilnehmenden waren Neil MacBride, US-Bezirksanwalt des Eastern District of Virginia, Jeh Johnson, ehemaliger General Counsel des Pentagon, und die frühere demokratische Abgeordnete Jane Harman aus Kalifornien, die nun das Woodrow Wilson International Center for Scholars leitete. Ein Video des Forums gibt es auf www.youtube.com/watch?v=kJiTjCAMjLY.
6. Admiral William McRaven zum Autor, 18. Juli 2013. Unmittelbar nach seinem Abgang machte ich mir Notizen.
7. Während des Überfalls auf bin Laden stand McRaven über Live-Videos in Kontakt mit seinen Fronttruppen, der CIA und dem White House Situation Room. Zum Vergleich mit Cronkite: Michael Leiter, ehemaliger Direktor des National Counterterrorism Center, Interview mit dem Autor, 7. Dezember 2011. Ein weiterer Beteiligter, der anonym bleiben wollte, war derselben Meinung wie Leiter und fügte hinzu, andere Zeugen der Aktion hätten sich »in die Hosen geschissen. Ich definitiv.«
8. McRaven machte seinen Abschluss in Journalistik 1977 an der University of Texas, wo er auch zum Reserveoffizier der Navy ausgebildet wurde. Gellman, *Time*, 14. Dezember 2011.
9. McRavens Masterarbeit hatte 612 Seiten und trug angeblich dazu bei, die US-amerikanische Militärdoktrin der besonderen Kriegsführung in eine neue Richtung zu führen. William H. McRaven, »The Theory of Special Operations«, Naval Postgraduate School, Monterey, CA, 17. Juni 1993, bei den Unterlagen des Autors und archiviert auf https://archive.is/jNhf.
10. William McRaven, Interview mit dem Autor, 5. Dezember 2011.
11. Auf die Dilemmata der Berichterstattung über nationale Sicherheit gehe ich in Kapitel 7 noch ausführlicher ein.
12. Barton Gellman, »Secrecy, Security and the ›Right to Know‹: Some Grounds and Limits of Open Government« (M. Litt. thesis in Politics, University of Oxford, 1988).
13. Autor an William McRaven, E-Mail, 10. Januar 2017.
14. William McRaven an den Autor, E-Mail, 10. Januar 2017.
15. Die Beschreibung von McRavens Bürodeko beruht auf einem Foto in Brian D. Sweany, »The Four-Star Chancellor«, *Texas Monthly*, Oktober 2015, auf www.texasmonthly.com/the-culture/the-four-star-chancellor/.
16. William McRaven, Telefoninterview mit dem Autor, 11. Januar 2017.

17. Nur der vorsitzende Richter des FISC und die »Gang of Eight« im Kongress – der Sprecher des Repräsentantenhauses, die Sprecher der Mehrheits- sowie der Minderheitsfraktion im Senat und die Vorsitzenden und nächstrangigen Mitglieder der Geheimdienstausschüsse – waren in der ersten Zeit in die Überwachung ohne richterlichen Beschluss eingeweiht. Siehe Gellman, *Angler*, Kapitel 11 und 12.
18. Telefonkonferenz mit Dennis Blair und John Negroponte, 10. Juli 2013. Ich tippte die ganze Zeit hörbar Notizen mit und Blair nannte einige andere spezielle Punkte, die er »im Hintergrund« oder vertraulich belassen wollte.
19. Ein Video der Podiumsdiskussion mit Blair und Negroponte findet sich bei »Mission Accomplished? Has the Intelligence Community Connected All the Dots?«, Aspen Security Forum, 18. Juli 2013, https://youtu.be/QdxWWSG5f8Y.
20. Dschochar Zarnajew wurde wegen der Bombenanschläge vom April 2013 angeklagt. Sein älterer Bruder Tamerlan starb, nachdem ihn Dschochar auf der Flucht vor der Polizei überfahren hatte.
21. Senator Lindsey Graham, *Fox and Friends*, 6. Juni 2013. Das Video findet man auf https://youtu.be/UjTcs5T1jpQ.
22. Diese harmlos klingende Formulierung verwendete der frühere Präsident, nachdem die *New York Times* das ohne richterliche Beschlüsse durchgeführte Überwachungsprogramm ans Licht gebracht hatte. »President Bush Delivers Remarks on Terrorism«, Louisville, KY, 11. Januar 2006, https://georgewbush-whitehouse.archives.gov/news/releases/2006/01/20060111-7.html.
23. Die Regierung hat dazu keine Zahlen oder Schätzwerte veröffentlicht und dem Snowden-Archiv sind ebenfalls keine zu entnehmen. Mehrere Beamte, darunter Dennis Blair beim Forum in Aspen, sprachen von Billionen.
24. Beginnt man die Zählung der Cents beim zweiten Tag, so geht man von 2 in der ersten Potenz aus, dann von 2 hoch 2, dann 2 hoch 3 und so weiter. Am 28. Tag hat man 2 hoch 27 Cent, oder 1 342 177,28 Dollar.
25. Dies ist eine vereinfachte Darstellung, um das System zu verdeutlichen. Bei jeder großen Anzahl von Telefonanschlüssen werden sich einige meiner Kontakte oder Kontakte von Kontakten mit denen anderer Personen überschneiden. Die Anzahl der Individuen in der Kette, mit denen es Kontakte gibt, wird etwas langsamer ansteigen als in meiner vereinfachten Erklärung. Das ändert jedoch nichts an dem generell exponentiellen Wachstum.
26. Inglis, allgemein Chris genannt, kündigte Anfang 2014 sein Ausscheiden aus dem Dienst an. Am 10. Januar 2014 gab er National Public Radio ein Abschiedsinterview, archiviert auf https://archive.is/5j5Yg.
27. Aussage von John C. Inglis, »The Administration's Use of FISA Authorities«, House Committee on the Judiciary, 17. Juli 2013, https://fas.org/irp/congress/2013_hr/fisa.pdf.

28. Zu den frühen Arbeiten in diesem Bereich gehörte die 1991 verfasste Dissertation von Michael Gurevitch, »The Social Structure of Acquaintanceship Networks«, zu finden auf https://dspace.mit.edu/handle/1721.1/11312.
29. Das Stück, das am 30. Oktober 1990 mit Probeaufführungen eröffnet wurde, gewann 1990 den ersten Preis des New York Drama Critics' Circle. John Guare, *Six Degrees of Separation: A Play* (New York: Random House, 1990), ISBN 0-679-40161-X. Das Original-Programmheft ist archiviert auf www.playbill.com/show/detail/11250/six-degrees-of-separation.
30. Die Autoren des Spiels traten anschließend mit Bacon im Fernsehen auf und schrieben ein Buch dazu. Siehe Craig Fass, Brian Turtle und Mike Ginelli, *Six Degrees of Kevin Bacon* (New York: Plume, 1996).
31. The Oracle of Bacon, http://oracleofbacon.org.
32. Auf der Webseite zu The Oracle of Bacon wird statt »hop« der Begriff »Bacon Number« – auf Deutsch »Bacon-Zahl« – verwendet. So erhält Johansson die Bacon-Zahl 2.
33. Siehe zum Beispiel Stanley Milgram, »The Small World Problem«, *Psychology Today* 1, Nr. 1 (1967).
34. Ein von Präsident Obama einberufenes Gremium enthüllte später, dass es sich um 288 Zugriffe handelte. Siehe President's Review Group on Intelligence and Communications Technologies, *Liberty and Security in a Changing World*, 12. Dezember 2013, S. 102, https://obamawhitehouse.archives.gov/sites/default/files/docs/2013-12-12_rg_final_report.pdf.
35. Der Einfachheit halber führte ich eine Bierdeckelrechnung aus, die vermutlich von zu hohen Zahlen ausging. In meinem Beispiel verfügen alle Anrufer über jeweils 100 Kontakte, wobei sich die Kontaktlisten jedoch möglicherweise überlappen. Das heißt, dass die Gesamtzahl der Kontaktpersonen von jeweils 10 Anrufern vielleicht unter 1000 liegt. Beim zweiten und dritten Hop, die viel größere Zahlen erzeugen, ist eine solche Überschneidung statistisch wahrscheinlicher. Mit entsprechenden Anpassungen war die Berechnung dennoch annähernd korrekt.
36. Fünf Monate später ging US-Bezirksrichter Richard Leon von der gleichen Arbeitshypothese aus; er bezeichnete sie als konservativ, wobei er die Sammlung der Metadaten als nicht verfassungskonform befand. Klayman v. Obama, Civil Action 13–0851, U.S. District Court for the District of Columbia, 16. Dezember 2013, auf https://s3.amazonaws.com/s3.documentcloud.org/documents/901810/klaymanvobama215.pdf.
37. Blair hatte sich nicht in die Liste derer eingereiht, die Donald Trump in den Wahlkampfschreiben von 2015 und 2016 als ungeeignet für den Posten des Commander-in-Chief bezeichneten. Seine einzige öffentlich geäußerte Kritik war die Reaktion auf Berichte, wonach Trump darüber nachdachte, Blairs Job abzuschaffen. »Die Position des Direktors der nationalen

Nachrichtendienste zu streichen wäre ein herber Rückschlag für die Art von integrierter Geheimdiensttätigkeit, die die USA in Zukunft brauchen wird«, sagte er. Matthew Cole und Jenna McLaughlin, »Donald Trump Hopes to Abolish Intelligence Chief Position, Reverse CIA Reforms«, *The Intercept*, 18. November 2016, archiviert auf https://archive.is/VFnV3.

38. Leadership staff, Office of Science and Technology Policy, archiviert auf https://archive.is/ZLEol. Siehe auch https://obamawhitehouse.archives.gov/blog/2015/05/11/white-house-names-dr-ed-felten-deputy-us-chief-technology-officer.
39. Declaration of Professor Edward W. Felten, 26. August 2013, in ACLU v. Clapper, U.S. District Court for the Southern District of New York, archiviert auf https://archive.is/w3n04.
40. Die von Präsident Obama eingesetzte Gruppe kam zu dem Ergebnis: »Unsere Prüfung legt nahe, dass die per Verwendung von telefonischen Metadaten laut Absatz 215 zur Ermittlung von Terroristen verwendeten Informationen für die Verhinderung von Anschlägen nicht zwingend notwendig waren und auf einfache Weise zeitnah mit Hilfe konventioneller Anordnungen laut Absatz 215 hätten beschafft werden können.« Siehe President's Review Group, *Liberty and Security in a Changing World*, S. 104.
41. Siehe zum Beispiel Stewart Baker, »The Washington Post's Doubtful Privacy Statistics«, *Washington Post*, 6. Juli 2014, http://wapo.st/2jvSSg7. Meine Antwort darauf findet sich in Barton Gellman, »How 160,000 Intercepted Communications Led to Our Latest NSA Story«, *Washington Post*, 11. Juli 2014, http://wapo.st/1Mq04zI.
42. Stewart Baker, zitiert in Alan Rusbridger, »The Snowden Leaks and the Public«, *New York Review of Books*, 21. November 2013.
43. Bemerkungen von Michael Hayden, »The Price of Privacy: Re-evaluating the NSA«, Johns Hopkins University, 1. April 2014, auf https://youtu.be/UdQiz0Vavmc?t=27s.
44. Keith Alexander, »Cyber Security Threats to the United States«, American Enterprise Institute, 9. Juli 2012. Das Zitat findet sich bei Minute 51 des Videos auf www.c-span.org/video/?306956-1/cyber-security-threats-us. Ähnlich äußerte er sich zwei Wochen später auf der Sicherheitskonferenz DEF CON in Las Vegas. Siehe Kim Zetter, »NSA Chief Tells Hackers His Agency Doesn't Create Dossiers on All Americans«, *Wired*, 27. Juli 2012, www.wired.com/2012/07/nsa-chief-denies-dossiers/.
45. Der gesamte Wortwechsel und Clappers Erklärung fast drei Jahre später finden sich auf »IC on the Record«, dem Tumblr-Account des Director of National Intelligence, in einem Beitrag vom 7. Februar 2016, auf https://icontherecord.tumblr.com/post/139489829858/why-did-you-lie-about-nsa-surveillance-in-front-of. Er ist auch verfügbar auf www.youtube.com/

watch?v=nsmo0hUWJ08. Zunächst erklärte Clapper Andrea Mitchell von NBC, seine Erwiderung auf Wyden sei die »am wenigsten unwahre« Antwort gewesen, die er in einem nicht geheimen Kontext geben konnte. In dem Beitrag von 2016 sagte er: »Ich habe [bei meiner Antwort] einfach nicht an die Metadaten der geschäftlichen Telefonate gedacht. ... Ich dachte nur an die Inhalte.«

46. Am 12. März 2018 endete die fünfjährige Verjährungsfrist für eine solche Anklage. Siehe Steven Nelson, »James Clapper Avoids Charges for ›Clearly Erroneous‹ Surveillance Testimony«, *Washington Examiner*, 10. März 2018, https://perma.cc/DE8B-7UDL.
47. Wydens Mitarbeiter benachrichtigten Clapper vorab, dass der Senator diese Frage stellen würde, doch Litt, der DNI-Anwalt, sagte, die Nachricht sei inmitten all der zu erledigenden Dinge auf seinem Schreibtisch untergegangen. Laut Litt hatte Clapper nicht mit der Frage gerechnet. Robert Litt, Interview mit dem Autor, 2014.
48. Auf Verlautbarungen der Regierung beruhende statistische Tabellen erstellt das Electronic Privacy Information Center; siehe www.epic.org/privacy/surveillance/fisa/stats/.
49. Mehrere Monate später bestätigte ein unabhängiger Regierungsbericht diese Vermutung. »Beim Eintreffen neuer Aufzeichnungen bei der NSA führt das Technikpersonal der Behörde eine Reihe von Schritten aus, um sicherzustellen, dass die Daten, die aus verschiedenen Telefongesellschaften stammen, ein Standardformat haben, das mit den NSA-Datenbanken kompatibel ist.« Privacy and Civil Liberty Oversight Board, *Report on the Telephone Records Program Conducted Under Section 215 of the USA PATRIOT Act and on the Operations of the Foreign Intelligence Surveillance Court*, 23. Januar 2014, perma.cc/Y7F3-EZBX (PDF).
50. Paul Ohm, »Broken Promises of Privacy: Responding to the Surprising Failure of Anonymization«, *UCLA Law Review* 57 (2010): 1701, abrufbar auf SSRN: https://ssrn.com/abstract=1450006.
51. Paul Ohm, »Don't Build a Database of Ruin«, *Harvard Business Review*, 23. August 2012, https://hbr.org/2012/08/dont-build-a-database-of-ruin.
52. Die bekannteste Version lautet: »Wenn im ersten Akt ein Gewehr an der Wand hängt, dann wird es im letzten Akt abgefeuert.« Donald Rayfield, *Anton Chekhov: A Life* (New York: Henry Holt, 1997). Tschechow meinte damit, ein Dramatiker solle ein stillschweigendes Versprechen, das er dem Publikum gegeben habe, nicht brechen. Die Erwartungen hinter diesem Versprechen wurzeln jedoch in beobachteten Erfahrungen der Welt. Die meisten Waffen werden schließlich benutzt. Bei der Überwachung wie im Krieg werden einst geschaffene Möglichkeiten auch in die Tat umgesetzt.

53. Die Präsentation wurde von technischen Leitern erstellt, die die Datenqualität verbessern sollten. »Is It the End of the SIGINT World as We Have Come to Know It? Do You Feel Fine?«, 10. Mai 2012, bei den Unterlagen des Autors.
54. FALLOUT ist eines von mehreren Systemen, die Metadaten aus dem Internet verarbeiten; es ist hier nicht weiter von Belang. FASCIA macht das Gleiche mit einigen telefonischen Metadaten, bevor sie in MAINWAY eingehen. EKS steht für die umfassende Hochrüstung der NSA-Infrastruktur zu einem erweiterten Wissensystem, einem »Extended Knowledge System«.
55. Siehe Gellman, *Angler*, Kapitel 11 und 12.
56. »FY-2002 Signals Intelligence Directorate (SID) Project Baseline Standards and Architecture Assessment Activity«, bei den Unterlagen des Autors.
57. Laut einem so gut wie druckfertigen Entwurfsexemplar des geheimen *Review of the President's Surveillance Program* des Generalinspekteurs der NSA, S. 16, Fußnote 4. Bei den Unterlagen des Autors. In dem Bericht wird der Name des Lieferanten nicht genannt. Kirk Wiebe, der damals Stabschef des Signals Intelligence Automation Research Center war, nannte Dell als den Anbieter.
58. »FY-2002 Signals Intelligence Directorate (SID) Project Baseline Standards and Architecture Assessment Activity«.
59. Berichtsentwurf des Generalinspekteurs, S. 27.
60. Ebd.
61. Ebd.
62. Aus »KSP (aka the ›BAG‹): Connecting the Dots«, *SID Today*, 3. September 2003, ein interner Newsletter, bei den Unterlagen des Autors.
63. Ebd.
64. Ausschnitt aus »FAIRVIEW Data Flow Diagrams«, April 2012, bei den Unterlagen des Autors. FAIRVIEW ist der Deckname der NSA für AT&T, das von ihr als Unternehmenspartner bezeichnet wird. Ende 2016 veröffentlichte *The Intercept* die gesamte Präsentation mit Ausnahme der Anmerkungen auf https://the intercept.com/document/2016/11/16/fairview-dataflow-charts-apr-2012/.
65. *SID Project Baseline Technical Assessment, Project: MAINWAY*, Juli 2002, bei den Unterlagen des Autors. SID steht für das Signals Intelligence Directorate der NSA.
66. *SSO Dictionary*, bei den Unterlagen des Autors.
67. Rick Ledgett, Interview mit dem Autor, 22. August 2017.
68. »FY-2002 Signals Intelligence Directorate (SID) Project Baseline Standards and Architecture Assessment Activity«, bei den Unterlagen des Autors.
69. In der oben zitierten Erklärung von Felten war von geschätzten 3 Milliarden Telefongesprächen in den Vereinigten Staaten pro Tag die Rede. Ich gehe hier davon aus, dass mindestens ein Drittel davon in der Anrufdatenbank der NSA landete.

70. Das entsprechende Briefing vom 10. Mai 2012, das von einem Mitglied der Large-Access Exploitation Group erstellt wurde, trug den Titel »Is It the End of the SIGINT World as We Have Come to Know It?« Bei den Unterlagen des Autors.
71. Im Dezember 2013 traf Richter Richard Leon in *Klayman v. Obama* eine vergleichbare und kaum beachtete Aussage: »Die Regierung ... beschreibt die Vorzüge der Sammelerhebung so, dass ich davon überzeugt bin, dass die Metadaten der Kläger – tatsächlich die Metadaten jedes Einzelnen – analysiert werden«, schrieb er. *Klayman v. Obama*, S. 39. Felten, der Informatiker aus Princeton, unterstrich Leons Bewertung auf einer Technologie-Webseite. »Die Daten der Kläger – und Ihre Daten ebenfalls – werden nicht nur gelegentlich genutzt; auf sie wird vermutlich in fast jeder von der NSA vorgenommenen Kontaktkettenberechnung zurückgegriffen«, schrieb er. Ed Felten, »Judge Leon Explains Why the NSA Uses Everyone's Metadata«, *Freedom to Tinker*, 17. Dezember 2013, https://freedom-to-tinker.com/2013/12/17/judge-leon-explains-why-the-nsa-uses-everyones-metadata/.
72. Siehe auch »Bio: William Binney and J. Kirk Wiebe«, Government Accountability Project, undatiert, auf https://perma.cc/9KEF-BBRK.
73. Bill Binney, Interview mit dem Autor, Sommer 2013.
74. James Bamford, Wegbereiter der Berichterstattung über die NSA, beschrieb diese Szene in einem Artikel, der im Jahr vor Snowdens Enthüllungen erschien. Siehe »Shady Companies with Ties to Israel Wiretap the U.S. for the NSA«, *Wired*, 3. April 2012, auf https://perma.cc/TF9R-YCBS.
75. SID Management Directive 424, 29. November 2010, bei den Unterlagen des Autors.
76. Internes NSA-Memo, »(S//SI//REL) New Contact-Chaining Procedures Allow Better, Faster Analysis«, 3. Januar 2011, bei den Unterlagen des Autors.
77. In den Wettbewerbsregeln heißt es: »Wenn genügend Personen glauben, dass es sich um einen echten Agenten, einen Möchtegernagenten oder einen anderen verachtenswerten Typen handelt, gewinnt man ein Shirt mit dem Aufdruck ›I spotted the fed!‹« Siehe www.defcon.org/html/defcon-15/dc-15-stf.html.
78. Kim Zetter, »NSA Chief Tells Hackers His Agency Doesn't Create Dossiers on All Americans«, *Wired*, 27. Juli 2012, www.wired.com/2012/07/nsa-chief-denies-dossiers/.
79. Das Gedankenexperiment ist abstrus, aber wir können ja spaßeshalber mal nachrechnen. Mit einer 12-Punkt-Schrift passen auf einen Computerausdruck pro Meter etwa 200 Zeilen. Wenn wir davon ausgehen, dass unsere erfundenen Kopisten eine so kleine Schrift haben, dann füllen sie mit 200 000 Zeilen Anrufdaten 1 Kilometer Pergament bzw. mit 1 Milliarde Zeilen 5000 Kilometer. Die Entfernung zwischen Miami und Seattle beträgt

4400 Kilometer. Entsprechend bin ich willkürlich davon ausgegangen, dass ein Notizbuch ein Viertelpfund wiegt und 100 Millionen Notizbücher dann 12 500 Tonnen schwer sind.

80. Privacy and Civil Liberties Oversight Board, *Report on the Telephone Records Program Conducted Under Section 215 of the USA PATRIOT Act and on the Operations of the Foreign Intelligence Surveillance Court*, 23. Januar 2014, S. 8, www.pclob.gov/library/215-Report_on_the_Telephone_Records_Program.pdf.
81. Die Historikerin Beverly Gage von der Yale University war die Erste, die eine vollständige Kopie des anonymen Briefes aufstöberte, den William Sullivan, Chef der FBI-Inlandsaufklärung, an King sandte. Sullivan setzte ihm eine Frist und schrieb: »Zu tun bleibt Dir nur eins. Du weißt, was es ist.« Beverly Gage, »What an Uncensored Letter to M. L. K. Reveals«, *New York Times*, 11. November 2014, https://nyti.ms/2k2 JTUT.
82. Barton Gellman und Sam Adler-Bell, »The Disparate Impact of Surveillance«, Century Foundation, 21. Dezember 2017, auf https://perma.cc/WV8A-ZMV3.
83. Laura Poitras, Marcel Rosenbach, Fidelius Schmid und Holger Stark, »NSA Spied on European Union Offices«, *Der Spiegel*, 29. Juni 2013, auf https://archive.is/5So5r.
84. Office of the Director of National Intelligence, SF-312, »Classified Information Nondisclosure Agreement«, Rev. 7–2013, auf www.archives.gov/files/isoo/security-forms/sf312.pdf.
85. Laut Gesetz muss jeder, der in einer nationalen Behörde, beim Militär oder im öffentlichen Dienst arbeitet, diesen Eid, auch »Oath of Office« (»Amtseid«) genannt, leisten. Siehe 5 U. S. C. § 3331, auf www.law.cornell.edu/uscode/text/5/3331.
86. George R. Cotter an den Autor, E-Mail, 1. Dezember 2016.
87. Bei der Erhebung wurden 2014 Wahlberechtigte befragt; von ihnen fanden 45 Prozent, die Regierung sei »zu weit gegangen«, während 40 Prozent nicht dieser Meinung waren. Quinnipiac University, »U. S. Voters Say Snowden Is Whistle-Blower, Not Traitor, Quinnipiac University National Poll Finds; Big Shift on Civil Liberties vs. Counter-Terrorism«, 10. Juli 2013, https://poll.qu.edu/national/release-detail?ReleaseID=1919.
88. Gemeint war Umar Farouk Abdulmutallab, der am 25. Dezember 2009 auf einem Flug nach Detroit versuchte, eine Bombe zu zünden. TATP ist Triacetontriperoxid, eine hochexplosive chemische Verbindung. Im Oktober 2011 bekannte sich Abdulmutallab in acht Anklagepunkten schuldig, einschließlich des versuchten Gebrauchs einer Massenvernichtungswaffe, und wurde im Jahr darauf zu lebenslanger Haft verurteilt. Siehe U. S. Department of Justice, »Umar Farouk Abdulmutallab Sentenced to Life in Prison for Attempted Bombing of Flight 253 on Christmas Day 2009«,

16. Februar 2012, archiviert auf https://archive.is/LSPM3. Ein Senatsbericht kam zu dem Schluss, dass »systematisches Versagen der gesamten Intelligence Community« es Abdulmutallab ermöglicht habe, hochexplosiven Sprengstoff in das Flugzeug zu schmuggeln. Siehe Senate Select Committee on Intelligence, »Report on the Attempted Terrorist Attack on Northwest Airlines Flight 253«, 24. Mai 2010, www.intelligence.senate.gov/publications/report-attempted-terrorist-attack-northwest-airlines-flight-253-may-24-2010.

89. Die erste Seite, die die Überwachungsfähigkeiten auf einer sehr hohen Ebene darstellte, wies keine »portion markings« auf, Markierungen, die absatzweise angeben, wann es sich um Geheiminformationen handelt, wie es die NSA standardmäßig handhabt. Auf dieser allgemeinen Ebene war nichts Sensibles enthalten. Die Details auf den folgenden Seiten waren sensibler und werden hier nicht wiedergegeben.
Aufmerksame Leser werden mittlerweile wissen, dass die Markierungen auf diesem Dokument für »Fernmeldeaufklärung« (»Communications Intelligence«) und »nicht für ausländische Staatsangehörige bestimmt« (»no foreign distribution«) standen. Die Kennzeichnung X1 bedeutete, dass das Dokument von einer automatischen Prüfung zur Freigabe nach zehn Jahren ausgenommen war. Die damals geltende Regelung entsprach Information Security Oversight Office, »ISOO Directive No. 1«, 13. Oktober 1995, archiviert auf https://fas.org/sgp/isoo/isoodir1.html. Aktualisierte Regelungen, die die Freigabe der X-Serie beendeten, wurden eingeführt mit Information Security Oversight Office, »Marking Classified National Security Information«, Dezember 2010, auf www.archives.gov/files/isoo/training/marking-booklet.pdf. Ich danke Steven Aftergood, dem Autor des Blogs *Secrecy News* bei der Federation of American Scientists, der mich darauf hingewiesen hat.

90. »NSA/CSS Mission: PROVIDE AND PROTECT VITAL INFORMATION FOR THE NATION«, 24. Oktober 2001, bei den Unterlagen des Autors.

91. Der Ernennungsvorschlag, der sich bei den Unterlagen des Autors befindet, deckte den Zeitraum von Februar 2001 bis Januar 2002 ab. Den Namen der betreffenden Frau nenne ich hier nicht; sie hatte die Besoldungsstufe GG-13 von 15.

92. Ein Transkript meines Austauschs mit Alexander ist archiviert auf https://archive.is/tg9pB.

93. Die Podiumsdiskussion mit Negroponte und Blair wurde vollständig aufgezeichnet und lässt sich anschauen auf »Clear and Present Danger: Cyber Crime; Cyber Espionage; Cyber Terror; and Cyber War«, Aspen Security Forum, 2013, https://youtu.be/Ncc0zPRrV04?t=58m21s.

94. Mark Mazzetti und Scott Shane, »Jose Rodriguez, Center of Tapes Inquiry, Was Protective of His CIA Subordinates«, *New York Times*, 20. Februar 2008, archiviert auf https://archive.is/j5B2.

6. JAMBOREE

1. Bond, der fiktive britische Agent, setzte 1989 in dem Film *Lizenz zum Töten* eine Zahnpastabombe aus Q's Werkstatt ein. Siehe Jordan Hoffman, »23 of James Bond's Most Memorable Gadgets«, *Popular Mechanics*, 15. Oktober 2012, www.popularmechanics.com/culture/movies/g985/23-most-memorable-james-bond-gadgets/.
2. Einladung, TCB Jamboree 2012, bei den Unterlagen des Autors. TCB steht für Trusted Computing Base, was sich wiederum auf die zentralen Hardware-, Firmware- und Software-Komponenten bezieht, die für die Sicherheitsausstattung eines digitalen Geräts unerlässlich sind.
3. Ebd.
4. David Martin, »Former Intel Head Michael Hayden on Stealing Others' Secrets«, *CBS News*, 21. Februar 2016, www.cbsnews.com/news/former-intel-head-michael-hayden-on-stealing-others-secrets/.
5. Das Siegel der NSA-Einheit Special Source Operations habe ich in Kapitel 3 beschrieben.
6. Ironisch zwar, aber nicht widersprüchlich. Wie ich in Kapitel 7 darlege, ist Kontrolle durch die Öffentlichkeit nicht wirklich mit der Überwachung der Öffentlichkeit durch den Staat zu vergleichen.
7. Artikel ohne Autorenangabe, »Jamboree«, Intellipedia, TS//SCI, bei den Unterlagen des Autors.
8. Laut der offiziellen Pfadfinder-Webseite ist ein Jamboree »vor allem eine pädagogische Veranstaltung zur Förderung von Frieden und Verständnis«. Siehe »World Scout Jamboree«, Scouts, auf www.scout.org/jamboree.
9. Im Jahr 2012 veranstaltete der Rüstungskonzern Lockheed Martin das Jamboree in einem gedrungenen fünfstöckigen Bürogebäude, ausgestattet mit »sicheren Einrichtungen« für die geheimdienstliche Arbeit an »gesondert zu behandelnden Informationen«, 13560 Dulles Technology Drive in Herndon, Virginia. »Jamboree 2012«, Intellipedia, bei den Unterlagen des Autors. Eine solche Einrichtung, auf Englisch »Sensitive Compartmented Information Facility (SCIF)«, wird mit einem feinen Metallgeflecht und anderen Materialien gegen das Eindringen und Nachaußendringen elektromagnetischer Signale abgeschirmt.
10. Eine Definition von »Jamboree« lautet tatsächlich »Feierei, Gelage«. Siehe *Oxford English Dictionary*, online auf www.oed.com/view/Entry/100700?redirectedFrom=jamboree.
11. Zitiert in »InSIDers View of History: A Lesson Learned in Personal Accountability«, SID Today, 24. Dezember 2004, zuerst veröffentlicht in *The Intercept*.
12. Zu einer unvollständigen Liste weiterer Personen, die ich im Text nicht namentlich erwähne, gehören Alice Crites, Jeff Leen, Jason Ukman, Peter

Finn, Craig Timberg, Steven Rich, Peter Wallsten, Todd Lindeman, Marc Fisher, Craig Whitlock und Jennifer Jenkins.

13. Instruktionsfolien der NSA, »SSO Collection Optimization«, 7. Januar 2013, bei den Unterlagen des Autors.
14. Hier werden zwei verbreitete Memes miteinander verknüpft. Zur Erläuterung siehe die Referenzseite Know Your Meme auf https://knowyourmeme.com/memes/subcultures/cats sowie https://knowyourmeme.com/memes/cultures/emo. Die Allgegenwart von Katzen-Memes belegt ein künstliches neuronales Netzwerk, das von Programmierern darauf trainiert wurde, Bilder aus YouTube zu kategorisieren; es entdeckte mehr Bilder mit Katzen als mit jedem anderen Thema. Siehe Andrew Ng, Jeff Dean et al., »Building High-Level Features Using Large Scale Unsupervised Learning«, *Proceedings of the 29th International Conference on Machine Learning.* Edinburgh, Schottland, 2012, https://arxiv.org/pdf/1112.6209v3.pdf.
15. Ashkan Soltani, 19. September 2013.
16. In Barry Sonnenfelds Film von 1997 geht es um einen Geheimdienst, der die Erde vor gefährlichen Aliens beschützt. Siehe »Men in Black«, Internet Movie Database, www.imdb.com/title/tt0119654/.
17. Ashkan Soltani an den Autor, E-Mail, Juni 2017. Hervorhebung so im Original.
18. Es handelt sich um das Minnesota Multiphasic Personality Inventory, oder MMPI-2. Siehe https://psychcentral.com/lib/minnesota-multiphasic-personality-inventory-mmpi/.
19. Der Questionnaire for National Security Positions ist verfügbar auf www.gsa.gov/forms-library/questionnaire-national-security-positions.
20. Der Autor konnte Tus Identität anhand seines Führerscheins und seinen Auftrag für die NSA anhand eines Dokuments aus dem Snowden-Archiv verifizieren.
21. Ashkan Soltani bat darum, die Mitglieder seiner Familie nicht mit vollständigem Namen zu nennen.
22. Familiengeschichte mit freundlicher Genehmigung von Ashkan Soltanis älterer Schwester, Juli 2018. Auf Wunsch der Familie nenne ich nicht die vollständigen Namen der Geschwister und Eltern.
23. Barton Gellman und Laura Poitras, »U. S., British Intelligence Mining Data from Nine U. S. Internet Companies in Broad Secret Program«, *Washington Post*, 7. Juni 2013, http://wapo.st/1LcAw6p, archiviert auf https://archive.is/cYyFe.
24. Mit dem Backbone des globalen Kommunikationsnetzwerks ist eine komplexe Infrastruktur mit wichtigen Komponenten gemeint; dazu gehören Glasfaserhauptleitungen, Höchstgeschwindigkeits-Switches (sogenannte Core-Router), Kabellandestationen, wo Unterseekabel mit terrestrischen

Netzen zusammentreffen, sowie Internetknoten. Der überwiegende Teil des Telefon- und Internetverkehrs führt zur Infrastruktur in den USA hin, von ihr weg oder durch sie hindurch.

25. FY 2013 Congressional Budget Justification, Band 1, National Intelligence Program Summary, bei den Unterlagen des Autors. Siehe Craig Timberg und Barton Gellman, »NSA Paying U. S. Companies for Access to Communications Network«, *Washington Post*, 29. August 2013, auf https://perma.cc/4C9Y-HLJW. Mehr zu dem sogenannten Black Budget findet sich auf www.washingtonpost.com/wp-srv/special/national/black-budget/.
26. Selbst im Ausland darf die NSA ohne Genehmigung des FISC keine »U. S. persons« überwachen, was sie aber nicht davon abhält, die Infrastruktur der US-Unternehmen anzuzapfen. (Siehe Kapitel 8.) Laut Vereinbarung verzichtet die NSA auch, mit einigen Ausnahmen, auf geheime Überwachung in Kanada, Großbritannien, Australien und Neuseeland – den anderen vier Mitgliedern des Geheimdienstbündnisses der Five Eyes. Verdeckte Operationen in anderen verbündeten Ländern werden als riskant, aber nicht unzulässig angesehen.
27. Bei einem Man-in-the-Middle-Angriff platziert oder kontrolliert die NSA Equipment direkt im Weg des Datenverkehrs von einem Server zum anderen. Auf diese Weise kann die Behörde den Datenfluss zwischen Quelle und Zielort lesen – und, etwa durch Einschleusen von Malware – verändern.
28. Ein Man-on-the-Side-Angriff erlaubt der NSA den Zugriff auf Geräte, wie einen Router oder einen Switch, die sich zwischen der Quelle und dem Zielort des digitalen Verkehrs befinden, aber nicht die Kontrolle darüber. Auf diese Weise kann die Behörde den Datenfluss lesen, aber nicht verändern.
29. PowerPoint presentation, »NIOC Maryland Advanced Computer Network Operations Course«, Folie 7, bei den Unterlagen des Autors.
30. Ebd., Folie 21.
31. 2017 berichtete eine Kollegin, die Einheit sei in Computer Network Operations umbenannt worden. Ellen Nakashima, »NSA Employee Who Worked on Hacking Tools at Home Pleads Guilty to Spy Charge«, *Washington Post*, 1. Dezember 2017, www.washingtonpost.com/world/national-security/nsa-employee-who-worked-on-hacking-tools-at-home-pleads-guilty-to-spy-charge/2017/12/01/ec4d6738-d6d9-11e7-b62d-d9345ced896d_story.html.
32. Der Autor dankt Yelena Baraz, Privatdozentin für Altphilologie an der Princeton University, für die Übersetzung ins Englische.
33. Nicht unterzeichnetes NSA-Diagramm, »Network Shaping«, gekennzeichnet als TS//SI//REL, bei den Unterlagen des Autors und online wiedergegeben auf www.documentcloud.org/documents/2922412-Shaping-Diagram.html. Eine sehr viel detailliertere Erläuterung der NSA bietet der 81 Seiten

umfassende Foliensatz »Network Shaping 101« auf https://perma.cc/K7AB-MKLQ. Die mit Network Shaping verbundenen Gefahren für die Bürgerrechte beschreiben Axel Arnbak und Sharon Goldberg, »Loopholes for Circumventing the Constitution: Unrestrained Bulk Surveillance on Americans by Collecting Network Traffic Abroad«, *Michigan Telecommunications and Technology Law Review* 21, Nummer 2 (2015), auf https://papers.ssrn.com/sol3/papers.cfm?abstract_id=2460462.

34. Mit »Switch« sind hier generell Weichen gemeint. Es könnte sich zum Beispiel um einen Hochleistungs-»Core-Router« handeln, der den Verkehr durch die Internetkabel lenkt.
35. In den Snowden-Dateien habe ich nichts zu ODDJOB gefunden. Aufgedeckt wurde das Command-and-Control-Implantat für Windows bei einem Leak von Hacking-Tools der NSA durch eine Person oder Gruppe namens Shadow Brokers, hinter der sich nach allgemeiner Überzeugung ein ausländischer Geheimdienst verbirgt. Siehe Joseph Cox, »Shadow Brokers Dump Alleged Windows Exploits and NSA Presentations on Targeting Banks«, *Motherboard*, 14. April 2017, auf https://perma.cc/5STA-VRZ5.
36. Undatiertes NSA-Memo, »Denial and Deception Action Plan Review«. Das Memo wurde, basierend auf Metadaten von Microsoft Office, erstmals am 19. Dezember 2001 abgespeichert. Bei den Unterlagen des Autors.
37. Ebd.
38. Eine Zusammenstellung aller Bond-Szenen, in denen Moneypenny erscheint, findet sich auf »All the Miss Moneypenny Scenes 1962–2015«, YouTube, www.youtube.com/watch?v=jEL3bZSdokM.
39. Vertrauliche Quelle, Interview mit dem Autor, 2018. Der Informant gehörte nicht der Einheit S3283 an, nahm aber vergleichbare Expeditionsaufgaben wahr.
40. Vielleicht hätte ich die Einheit angesichts der Risiken hier überhaupt nicht erwähnt, wenn ihre Arbeit und Ausrüstung nicht bereits detailliert in einem weit verbreiteten Artikel und Originaldokument der NSA, dem sogenannten ANT Catalog, publik gemacht worden wären. Jacob Appelbaum und Christian Stöcker, »Shopping for Spy Gear: Catalog Advertises NSA Toolbox«, *Der Spiegel*, 29. Dezember 2013, www.spiegel.de/international/world/catalog-reveals-nsa-has-back-doors-for-numerous-devices-a-940994.html.
41. Roofie ist ein Slangausdruck für Rohypnol, eine berüchtigte Droge, mit der Vergewaltiger Frauen wehrlos machen. Infoblatt, »Date Rape Drugs«, Office on Women's Health, U. S. Department of Health and Human Services, auf www.womenshealth.gov/a-z-topics/date-rape-drugs. Ergänzende Anm. d. Übersetzerin: »Bimbo« bedeutet so viel wie »Flittchen« oder »Püppchen«. »Ride bareback« bedeutet »ohne Sattel reiten«, gemeint ist ungeschützter Geschlechtsverkehr. »The Clap« ist Slang für »Tripper«.

42. Lehrplan für siebenteiligen Trainingskurs, bei den Unterlagen des Autors.
43. Das Toolkit mit BLINDDATE, HAPPYHOUR, NIGHTSTAND, BADDECISION und SECONDDATE wird beschrieben in »Introduction to BADDECISION«, 15.–16. Dezember 2010, bei den Unterlagen des Autors und veröffentlicht in redigierter Form in *The Intercept* auf https://perma.cc/N855-Q5LX; »Introduction to WLAN/802.11 Active CNE Operations«, 15.–16. Dezember 2010, auf https://perma.cc/3PGN-BA3D; sowie Trainingsfolien mit dem Titel »Foxacid« auf https://perma.cc/AA3W-TSC7. NIGHTSTAND wird in einigen Dokumenten NITESTAND geschrieben. Im Herbst 2018 deckten niederländische Behörden ein ganz ähnliches Toolkit auf, das vom russischen Militärnachrichtendienst GRU verwendet wird. Siehe »The GRU Close Access Operation Against the OPCW in Perspective«, *Electrospaces*, 9. Oktober 2018, auf https://perma.cc/ANH3-AUMB.
44. »Pants Party« hat zahlreiche anzügliche Bedeutungen, von unerwünschten Erektionen bis zu Partys in spärlicher oder getauschter Kleidung. Siehe »Pants Party«, Urban Dictionary, auf https://perma.cc/8FC9-24CD.
45. Im vorliegenden technischen Fall bettete das PANT_SPARTY-Tool einen Decodierungsschlüssel der NSA in eine OpenSSH-Portable-Version von 2012 ein, ein verbreitetes Software-Paket für die sichere Kommunikation mit einem Unix-Server. Die Zielperson der Überwachung hielt ihre Verbindung zum Server für sicher, doch die NSA konnte ihren Datenverkehr nach Belieben verfolgen. »SNIPs of SIGINT: Monthly Notes for June 2012«, bei den Unterlagen des Autors.
46. Alan Tu, Interview mit dem Autor, 5. Juli 2018.
47. Alexandra Robbins, »Nurses Make Fun of Their Dying Patients. That's Okay«, *Washington Post*, 16. April 2015, auf https://perma.cc/AJN8-7SBF.
48. Siehe zum Beipiel Emily Yahr, »What Went Wrong with Joan Rivers's Last Medical Procedure: Lawsuit«, *Washington Post*, 28. Januar 2015, auf https://perma.cc/HMM8-CFG3, Yanan Wang, »Patient Secretly Recorded Doctors as They Operated on Her. Should She Be So Distressed by What She Heard?«, *Washington Post*, 7. April 2016, auf https://perma.cc/QNM8-3NX9, sowie Tom Jackman, »Anesthesiologist Trashes Sedated Patient – and It Ends up Costing Her«, *Washington Post*, 23. Juni 2015, auf https://perma.cc/N5K3-DLY7.
49. Siehe James Comey, *Größer als das Amt – Auf der Suche nach der Wahrheit – der Ex-FBI-Direktor klagt an*, übers. von P. Biermann, E. Liebl, W. Schmitz, K. H. Siber und H. Zeltner (München: Droemer, 2018). Original: *A Higher Loyalty: Truth, Lies, and Leadership* (New York: Flatiron Books, 2018). In der Vorbemerkung ist auf S. 12 zu lesen: »Ethisch integre Politiker prägen das kulturelle Klima mit allem, was sie sagen und, noch wichtiger, was sie tun, denn sie stehen unter ständiger Beobachtung.«

50. Charles Levinson, »Comey: FBI ›Grappling‹ with Hiring Policy Concerning Marijuana«, *Wall Street Journal*, 20. Mai 2014, auf https://perma.cc/T2AS-E4KZ.
51. James Comey, Interview mit dem Autor, 16. Oktober 2018.
52. So erklärte beispielsweise der NSA-Historiker James Bamford NSA-Decknamen in Tom Bowman, »Why Does the NSA Keep An EGOTISTICALGIRAFFE? It's Top Secret«, National Public Radio, 10. November 2013, auf https://perma.cc/2FLJ-MM9N. Der kürzlich verstorbene Matthew Aid, Autor von *The Secret Sentry: The Untold History of the National Security Agency*, sagte laut der Reporterin ebenfalls in einem Zeitungsinterview, »dass die meisten Codenamen der NSA einfach nur computergenerierte Wortkombinationen sind«. Emily Heil, »What's the Deal with NSA's Operation Names«, *Washington Post*, 22. Oktober 2013, auf https://perma.cc/J67L-MNXB.
53. NSA-Briefing, »TRANSGRESSION Branch: A Discovery Collaboration Effort«, 1. November 2010, bei den Unterlagen des Autors. Eine Beschreibung von VOYEUR durch das GCHQ findet sich in »Fourth Party Opportunities«, Erstveröffentlichung in *Der Spiegel* auf www.spiegel.de/media/media-35684.pdf. Zu einer unklassifizierten Erwähnung von VOYEUR siehe Collin Anderson und Karim Sadjadpour, »Iran's Cyber Ecosystem: Who Are the Threat Actors?«, Carnegie Endowment for International Peace, 4. Januar 2018.
54. »FY-2002 Signals Intelligence Directorate (SID) Project Baseline Standards and Architecture Assessment Activity«, Juli 2002, S. 203, bei den Unterlagen des Autors.
55. Emily Chang, *Brotopia: Breaking Up the Boys' Club of Silicon Valley* (New York: Portfolio, 2018).
56. Glenn Greenwald und Ewen MacAskill, »Boundless Informant: The NSA's Secret Tool to Track Global Surveillance Data«, *Guardian*, 11. Juni 2013, auf https://perma.cc/2VLS-S587.
57. NSA-Briefing, »TRANSGRESSION Branch«, siehe oben.
58. »SNIPs of SIGINT: Monthly Notes for June 2012«, bei den Unterlagen des Autors.
59. Tom Donilon zum Autor, 29. Oktober 2013.
60. »I hunt people who hack routers (part 5)«, Dezember 2012, bei den Unterlagen des Autors. Hervorhebung so im Original.
61. »I hunt people who hack routers (part 5)«, Dezember 2012.
62. Unterrichtsfolien, »Public Key Cryptography & Public Key Infrastructure«, 2002, bei den Unterlagen des Autors.
63. CAPTIVATEDAUDIENCE wird in einem Wiki-Artikel der NSA mit dem Titel »QUANTUMTHEORY CT Successes« beschrieben; bei den Unterlagen des Autors.

64. Ein Ordner mit Unmengen dieser »geilen Bilder« befindet sich bei den Unterlagen des Autors.
65. Kurslehrplan, »12 FAA FOREIGNNESS FACTORS WITH EXAMPLES«, undatiert, bei den Unterlagen des Autors. Außerdem berufe ich mich hier auf ein Seminar mit dem Titel »Entering New FAA-Authorized DNI Tasking in the Unified Targeting Tool (UTT)/Gamut«, 30. März 2010, bei den Unterlagen des Autors.
66. Die Beispiele in diesem Absatz stammen aus »Entering New FAA-Authorized DNI Tasking in the Unified Targeting Tool (UTT)/Gamut«, 30. März 2010, sowie »12 FAA FOREIGNNESS FACTORS WITH EXAMPLES« und »Target Analyst Rationale Instructions Final«, 20. Oktober 2009.
67. Special Source Operations Weekly, 14. März 2013, Folie 9, bei den Unterlagen des Autors.
68. Ellen Knickmeyer und Jonathan Finer, »Insurgent Leader Al-Zarqawi Killed in Iraq«, *Washington Post*, 8. Juni 2006, auf https://perma.cc/BH3X-CZ2P. Siehe auch Lawrence Joffe, »Abu Musab al Zarqawi obituary«, *Guardian*, 8. Juni 2006, auf https://perma.cc/8T2C-NZFP.
69. Bei den Unterlagen des Autors.
70. Siehe Kapitel 7.
71. James R. Clapper, Interview mit dem Autor, 17. August 2018.
72. Kenneth Thompson, »Reflections on Trusting Trust«, Turing Award lecture, abgedruckt in *Communications of the ACM*, August 1984, auf https://perma.cc/NL2L-7JX3.
73. Diese Geschichte gelangte an die Öffentlichkeit durch Jeremy Scahill und Josh Begley, »The Great SIM Heist«, *The Intercept*, 19. Februar 2015, https://theintercept.com/2015/02/19/great-sim-heist/.
74. Der Bewerbungsaufruf, der auf dem geheimen WikiInfo-Board der NSA gepostet wurde, trägt den Titel »S3285/InternProjects«; bei den Unterlagen des Autors.

7. FIRSTFRUITS

1. Brad Plumer, »Nine Facts About Terrorism in the United States Since 9/11«, *Washington Post*, 11. September 2013, auf https://perma.cc/47DN-JQWV.
2. Entwurf eines Memorandums ohne Titel und Datum von NSA-Direktor Michael V. Hayden an Justizminister John Ashcroft, bei den Unterlagen des Autors. Laut den Metadaten der elektronischen Datei stammte es vom 19. März 2002, aber interne Indizien legen nahe, dass es bereits im Dezember 2001 zu großen Teilen fertiggestellt war. Der Zeitraum, in dem darin auf Leaks Bezug genommen wurde, endete am 23. November 2001.

3. Das NSA-Memo an Ashcroft zitierte Barton Gellman, »Annan Suspicious of UNSCOM Role«, *Washington Post*, 6. Januar 1999, Thomas Lippman und Barton Gellman, »U. S. Says It Collected Iraq Intelligence Via UNSCOM«, *Washington Post*, 8. Januar 1999, sowie insbesondere Barton Gellman, »U. S. Spied on Iraqi Military Via UN; Arms Control Team Had No Knowledge of Eavesdropping«, *Washington Post*, 2. März 1999, auf https://perma.cc/ZTY6-9W2U.
4. Einige meiner Artikel berichteten allerdings über die allmählich nachlassende diplomatische Unterstützung uneingeschränkter Waffenkontrollen im Irak. Barton Gellman, »US Fought Surprise Inspections«, *Washington Post*, 14. August 1998, Barton Gellman, »US Tried to Halt Several Searches«, *Washington Post*, 27. August 1998, sowie Barton Gellman, »Inspector Quits UN Team, Says Council Bowing to Defiant Iraq«, *Washington Post*, 27. August 1998.
5. Von der Blockadehaltung des Irak außer Gefecht gesetzt, reagierten die Inspekteure der Sonderkommission der Vereinten Nationen, UNSCOM, mit aggressiven Geheimdienstmaßnahmen. Barton Gellman, »A Futile Game of Hide and Seek: Ritter, UNSCOM Foiled by Saddam's Concealment Strategy«, *Washington Post*, 11. Oktober 1998, Barton Gellman, »Arms Inspectors ›Shake the Tree‹: UNSCOM Adds Covert Tactic«, *Washington Post*, 12. Oktober 1998. Diese Artikelserie mit dem Titel »Shell Games« war Finalist für den Pulitzer-Preis in der Kategorie Nationale Berichterstattung.
6. Gellman, »U. S. Spied on Iraqi Military Via UN«. In dem Artikel wurde dargelegt, dass »die Fernmelde- und Sensortechniker, die das System installierten und warteten, ohne Wissen der UNSCOM Geheimdienstmitarbeiter waren und die von ihnen konstruierten Relaisstationen eine verdeckte Funktion hatten. In ihnen verbargen sich Antennen, die Mikrowellenübertragungen abfangen konnten, und die US-Agenten platzierten einige in der Nähe von wichtigen Kommunikationsknoten des irakischen Militärs.«
7. Mit der am 17. Dezember 1999 verabschiedeten Resolution 1284 des UN-Sicherheitsrates wurde die UNSCOM aufgelöst und durch ein sehr viel weniger aggressives Kontrollsystem unter Federführung der Überwachungs-, Verifikations- und Inspektionskommission der Vereinten Nationen, UNMOVIC, ersetzt. Der Text findet sich auf https://undocs.org/S/RES/1284(1999).
8. Das Überwachungsprogramm war aktiv, als ich es entdeckte. Die US-Regierung beendete es, als ich Beamten der Clinton-Administration im Zuge meiner Berichterstattung mitteilte, dass das UN-Sekretariat diesbezüglich Fragen stellte.
9. Zu den Methoden von D&D gehören sowohl Verschleierung als auch Irreführung. Ein Beispiel für »Denial« ist das Verbergen eines Waffenla-

bors unter einer Scheune, so dass Spionagesatelliten es nicht ausmachen können. Ein Beispiel für »Deception« ist das Legen einer falschen Spur mit Versandunterlagen, um vorzugeben, dass sich das Labor anderswo befindet. Siehe die Einträge für »Denial« und »Deception« in Mark L. Reagan (Hrg.), *Counterintelligence Glossary – Terms & Definitions of Interest for CI Professionals* (Office of the National Counterintelligence Executive, 9. Juni 2014), auf https://fas.org/irp/eprint/ci-glossary.pdf.

10. Letzten Endes veröffentlichten wir eine ganze Serie von Artikeln über den Ausgabenplan des Geheimdienstes. Der erste war Barton Gellman und Greg Miller, »›Black Budget‹ Summary Details U. S. Spy Network's Successes, Failures and Objectives«, *Washington Post*, 29. August 2013, auf https://perma.cc/2ELY-WBK7. Meine Kollegen erstellten eine großartige Online-Datenvisualisierung auf www.washingtonpost.com/wp-srv/special/national/black-budget.
11. Shawn Turner, der das zu mir und Greg Miller sagte, ließ den Moment in einem Interview vom 30. Mai 2019 Revue passieren.
12. Greg Miller, Nachricht an den Autor, 16. Mai 2019.
13. Zerodium, nach eigenem Bekunden »die weltweit führende Beschaffungsplattform für Exploits«, kauft Softwarefehler, die sie für Regierungskunden zu Waffen umfunktioniert. Das öffentliche Millionen-Dollar-Angebot stammt aus dem Jahr 2015. Siehe »ZERODIUM's Million Dollar iOS 9 Bug Bounty (Expired)«, 21. September 2015, auf https://perma.cc/AF7A-C5K8.
14. Die Google-Warnung erschien am 19. Februar 2014 auf meinen Accounts.
15. »Computers and Electronics«, Mayor's Office of Film, Theater, and Broadcasting, City of New York, archiviert auf https://perma.cc/N749-ZMLP.
16. Ich kannte Morgan als talentierten Hacker und Sicherheitsforscher. Ich bin ihm dankbar für Ratschläge und mehrere kostenlose forensische Untersuchungen, die er für mich durchführte. Im Jahr 2017 wurden gegen ihn glaubwürdige Anschuldigungen wegen sexueller Übergriffe erhoben. Er zog sich aus der Öffentlichkeit zurück und reagierte, soviel ich weiß, nicht auf die Vorwürfe. Siehe Sarah Jeong, »In Chatlogs, Celebrated Hacker and Activist Confesses Countless Sexual Assaults«, *The Verge*, 19. November 2017, auf https://perma.cc/J583-ZJKV.
17. Ashkan Soltani, Interview mit dem Autor, 16. Oktober 2015.
18. Rick Ledgett, Interview mit dem Autor, 22. August 2017.
19. Dies waren erste strafrechtliche Anklagen, um von den Hongkonger Behörden Unterstützung für ein Auslieferungsersuchen zu erwirken. Höchstwahrscheinlich wurden von der in Norfolk zusammengestellten Grand Jury in einer versiegelten Anklageschrift weitere Anklagepunkte aufgeführt. Siehe Criminal Complaint of Edward Snowden, United States v. Edward J. Snowden, Case No. 1:13 CR 265, U. S. District Court for the

Eastern District of Virginia, auf https://perma.cc/M2T8-KZB8. Für jeden der drei öffentlich gemachten Anklagepunkte ist eine Haftstrafe von bis zu zehn Jahren vorgesehen. Siehe 18 U.S.C. § 793(a)–(f), § 798(a)(3)(1)–(4) (2012); 18 U.S.C. § 641 (2012).

20. Ab 2010 leitete MacBride die strafrechtliche Verfolgung von Jeffrey Sterling wegen der unrechtmäßigen Enthüllung von Geheiminformationen gegenüber Risen und berief Risen wiederholt vor eine Grand Jury, damit er gegen seinen vorgeblichen Informanten aussagte. In der ersten Anklageschrift wird Risen als »Autor A.« bezeichnet. Siehe *United States v. Jeffrey Alexander Sterling*, auf https://assets.documentcloud.org/documents/2106787/sterling-indictment.pdf. Als Risen sich weigerte, versuchte die Regierung, ihn wegen Missachtung des Gerichts hinter Gitter zu bringen. Im Jahr 2013 entschied das Berufungsgericht für den 4. Gerichtsbezirk gegen Risen und 2014 wurde das Urteil vom Obersten Gerichtshof bestätigt. Siehe Adam Liptak, »Supreme Court Rejects Appeal from Times Reporter over Refusal to Identify Source«, *New York Times*, 2. Juni 2014.
21. Später, unmittelbar vor Risens Haftantritt, verzichtete das Justizministerium urplötzlich auf die Zwangsvorladung. Während sich der erstinstanzliche Richter darauf vorbereitete, Risen wegen Missachtung des Gerichts zu belangen, verkündeten die Strafverfolger im Januar 2015 ohne Erklärung, dass sie ihn nicht länger als Zeugen benötigten. Siehe Matt Apuzzo, »Times Reporter Will Not Be Called to Testify in Leak Case; Legal Fight Ends for James Risen of the New York Times«, *New York Times*, 12. Januar 2015.
22. Neil MacBride zum Autor, 1. Juni 2011.
23. Rule 17, Subpoena, Federal Rules of Criminal Procedure, auf www.law.cornell.edu/rules/frcrmp/rule_17.
24. Michael Isikoff, »DOJ Gets Reporter's Phone, Credit Card Records in Leak Probe«, MSNBC, 25. Februar 2011.
25. Das Videointerview mit Keith Alexander hatte seinen Ursprung in dem offiziellen Wissenschaftsblog des Verteidigungsministeriums. Jessica L. Tozer, »I Spy, No Lie«, *Armed with Science*, 24. Oktober 2013, auf https://perma.cc/P6SR-X7HJ. Auch verfügbar bei YouTube auf www.youtube.com/watch?v=6Kc5Xvr24Aw.
26. Shawn Turner, Interview mit dem Autor, 30. Mai 2019.
27. Siehe https://www.washingtonpost.com/world/national-security/edward-snowden-after-months-of-nsa-revelations-says-his-missions-accomplished/2013/12/23/49fc36de-6c1c-11e3-a523-fe73f0ff6b8d_story.html
28. James Clapper, Aussage vor dem Geheimdienstausschuss des Senats, 29. Januar 2014, transkribiert auf http://wapo.st/2b26smO und archiviert auf https://archive.is/QxYVN. Der einschlägige Videoausschnitt findet sich auf https://youtu.be/CowlDnng2Zc.

29. Der Generalinspekteur der NSA ließ Snowden und seine journalistischen »Agenten« im Vergleich mit dem berüchtigten FBI-Verräter Robert Hanssen nicht gut dastehen. Er sagte: »Hanssens Diebstahl war in gewisser Weise ein abgeschlossenes Vergehen, während der von Snowden einen offenen Ausgang hat, weil seine Agenten jeden Tag aufs Neue entscheiden, welche Dokumente sie publizieren.« George Ellard, Bemerkungen beim Forum »A New Paradigm of Leaking«, Symposium on Leakers, Whistleblowers and Traitors, 25. Februar 2014; Transkript verfügbar bei *Journal of National Security Law & Policy* 8, Nr. 1 (2015). Die gleichen Worte verwendete Ellard bei einer Konferenz am 24. Februar 2014 im Georgetown University Law Center, während ich nicht einmal drei Meter entfernt saß. Siehe Conor Friedersdorf, »A Key NSA Overseer's Alarming Dismissal of Surveillance Critics«, *Atlantic*, 27. Februar 2014, auf https://theatln.tc/My1aQ8.
30. George Ellard, Interview mit dem Autor, 9. Dezember 2014.
31. James R. Clapper, Interview mit dem Autor, 17. August 2018.
32. Siehe FBI, Domestic Investigations and Operations Guide, aktualisiert am 28. September 2016, veröffentlicht in zwei Bänden auf https://perma.cc/6YD4-VG3D und https://perma.cc/K7FR-6VTQ.
33. Dieser Anhang wird vollständig wiedergegeben auf https://assets.documentcloud.org/documents/2934087/DIOG-Appendix-Media-NSLs.pdf. Der dazugehörige Artikel ist Cora Currier, »The FBI's Secret Rules«, *The Intercept*, 30. Juni 2016, neu veröffentlicht am 31. Januar 2017 auf https://perma.cc/HRW5-ETNP.
34. Der *Guardian* postete das auf Video aufgezeichnete Interview: Laura Poitras und Glenn Greenwald, »NSA Whistleblower Edward Snowden: ›I Don't Want to Live in a Society That Does These Sort of Things‹«, *Guardian*, 9. Juni 2013, www.theguardian.com/world/video/2013/jun/09/nsa-whistleblower-edward-snowden-interview-video.
35. Lana Lam, »EXCLUSIVE: Whistle-Blower Edward Snowden Talks to South China Morning Post«, *South China Morning Post*, 12. Juni 2013, auf https://perma.cc/7BM6-7DBQ.
36. Dafna twitterte ein Foto vom Restaurant. »Ich hab gerade @bartongellman's Glückskeks bekommen«, schrieb sie am 27. Oktober 2013, https://perma.cc/9KP2-RNPD.
37. Tatsächlich gab es auch aufreizend gekleidete junge Frauen, die auffällig oft Augenkontakt herstellten, aber das nahm ich nicht persönlich. Fotos gibt es auf www.korston.ru/en/moscow/restaurants/promenade_bar/.
38. Die Nachrichtenagentur Reuters übersetzte das Interview ins Englische. Siehe »Glenn Greenwald: Snowden Documents Could Be ›Worst Nightmare‹ for U.S.«, Reuters, 13. Juli 2013. Das Original stammte aus Alberto

Armendáriz, »Glenn Greenwald: ›Snowden tiene información para causar más daño‹«, *La Nación*, 13. Juli 2013, auf https://perma.cc/8R6R-PFG4.

39. Mit Hilfe der PGP-Verschlüsselungssoftware kann man eine Datei mit einem »privaten Schlüssel« codieren, ohne den Schlüssel dabeizuhaben. Ich würde den privaten Schlüssel, der in New York geblieben war, brauchen, um meine eigenen Aufnahmen und Notizen zu entschlüsseln. Auf diese Weise konnte ich reisen, ohne Zugriff auf meine vertraulichen Arbeiten zu haben. Entsprechend sandte ich die verschlüsselten Dateien an Server, die Uploads, aber keine Downloads durchführen konnten. Um die Dateien zu Hause herunterladen zu können, brauchte ich einen »SSH-Private-Key«, den ich nicht auf meine Reise mitgenommen hatte.
40. Siehe »Notes: The Border Search Muddle«, *Harvard Law Review* 132, Nr. 8 (1. Juni 2019): 2278–2292, https://harvardlawreview.org/2019/06/the-border-search-muddle/.
41. E-Mail von George Cotter an den Autor, 1. Dezember 2016.
42. Julian Assange von WikiLeaks und John Young von der Leak-Website Cryptome kritisierten mich wie auch Glenn Greenwald und Laura Poitras häufig grundsätzlich dafür, Dokumente zurückzuhalten. Siehe beispielsweise »Snowden Long Drip Pie Charts«, 14. März 2014, auf https://perma.cc/FZ9M-ZXPF.
43. Die Publikation von gestohlenen Informationen gilt unter anderem nicht als illegaler Handel mit Diebesgut, weil der Oberste Gerichtshof die Anwendung des National Stolen Property Act, 18 U. S. C. §§ 2314 und 2315, auf materielle »Güter, Waren oder Handelsartikel« beschränkt. Siehe *Dowling v. United States*, 473 U. S. 207 (1985).
44. Siehe 18 U. S. C. § 794, »Gathering, transmitting or losing defense information«. Die Frage ist: Kann ein Pressebericht als vorsätzliche Übermittlung von Informationen mit Relevanz für die nationale Sicherheit an eine Person, die zu ihrem Empfang nicht berechtigt ist, verfassungsrechtlich verfolgt werden?
45. Superseding indictment, *United States v. Julian Paul Assange*, 23. Mai 2019, Case 1:18-cr-00111-CMH, Punkte 15 bis 17.
46. Er hat zwar viele Dinge getan, die ein traditioneller Journalist nicht tun würde, aber es lässt sich kaum bezweifeln, dass er als Herausgeber von WikiLeaks fungiert hat.
47. Das Seminar WWS 384 hieß »Secrecy, Accountability and the National Security State«. Siehe https://registrar.princeton.edu/course-offerings/course_details.xml?courseid=011833&term=1132.
48. Levins Kommentar stammte aus dem Dokumentarfilm *Secrecy* von 2008, Regie: Peter Galison und Robb Moss. Die einschlägige Passage findet man auf www.youtube.com/watch?v=0p5AWEaljÜk.

49. Memorandum von Colonel O. G. Haywood Jr., Army Corps of Engineers, for the Atomic Energy Commission, 17. April 1947, auf https://perma.cc/6S6A-K9GN.
50. U. S. Department of Health and Human Services, »Fact Sheet on the 1946–1948 U. S. Public Health Service Sexually Transmitted Diseases (STD) Inoculation Study«, 1. Oktober 2010, auf https://perma.cc/D7V9-YCVF.
51. Major General Antonio M. Taguba, »ARTICLE 15–6 INVESTIGATION OF THE 800th MILITARY POLICE BRIGADE«, auf https://perma.cc/VZSL-PJP4.
52. Ich verwende das Wort »Lügen« mit Bedacht für einen kleinen Teil der zahlreichen unkorrekten Behauptungen von Mitgliedern der Bush-Regierung, die irakische Massenvernichtungswaffen betrafen. Manche der Behauptungen waren lediglich Übertreibungen und manche, die in gutem Glauben getroffen wurden, beruhten auf falschen geheimdienstlichen Einschätzungen. Zu dem vorgeblichen – und nicht existenten – Atomwaffenprogramm des Irak hingegen machten Vizepräsident Dick Cheney und andere Spitzenbeamte Aussagen, von denen sie höchstwahrscheinlich wussten, dass sie nicht stimmten. Siehe etwa Gellman, *Angler*, S. 217, sowie Barton Gellman und Walter Pincus, »Depiction of Threat Outgrew Supporting Evidence«, *Washington Post*, 10. August 2003, auf https://perma.cc/WER2-82ZR.
53. Mary Graham, *Presidents' Secrets: The Use and Abuse of Hidden Power* (New Haven, CT: Yale University Press, 2017), S. 4.
54. Report of the Commission on Protecting and Reducing Government Secrecy, Senate Document 105–2, 1997, S. XXI.
55. Die Bemerkung fiel auf einer Konferenz zum Thema Überwachung im Cato Institute in Washington. Andrea Peterson, »Obama Says NSA Has Plenty of Congressional Oversight. But One Congressman Says It's a Farce«, *Washington Post*, 9. Oktober 2013, https://wapo.st/2Wwg6ql.
56. Naval Sea Systems Command, *Naval Ships' Technical Manual*, Kapitel 655, Laundry and Dry Cleaning, S9086-V4-STM-010/CH-655. Eine Präsentation von Steven Aftergood mit dem Titel »Confronting Government Secrecy« vom 1. März 2012 machte mich darauf aufmerksam.
57. Diese Top-Secret-Nachricht über ein weithin bekanntes öffentliches Ereignis stammt aus »CRITIC Seminar 4«, einem Trainingskurs vom 24. Juli 2003, bei den Unterlagen des Autors.
58. Dieser Standard für die Top-Secret-Klassifizierung ist festgelegt in Part 1, Sec. 1.2, Executive Order 13526 vom 29. Dezember 2009, »Classified National Security Information«, Federal Register – U. S. National Archives and Records Administration, Bd. 75, Nr. 2, S. 707, auf https://perma.cc/8PNY-NC5L.

59. Ich danke Greg Miller für diesen Bericht über Clappers Kongress-Briefing am 10. September 2013.
60. Zehn Jahre vor Veröffentlichung der Snowden-Story habe ich diese Dilemmata sehr viel ausführlicher bei zwei Vorlesungen in Princeton behandelt. Siehe »Secrecy, Security and Self-Government: An Argument for Unauthorized Disclosures«, 17. September 2003, archiviert auf https://perma.cc/RH4J-S55U, sowie »Secrecy, Security and Self-Government: How I Learn Secrets and Why I Print Them«, 9. Oktober 2003, archiviert auf https://perma.cc/6T9F-R2LG.
61. Siehe Bruce Schneier, »Who Are the Shadow Brokers?«, *Atlantic*, 23. Mai 2017, auf https://perma.cc/4E4C-Q2SC.
62. E-Mail von Shawn Turner an Caitlin Hayden, 12. August 2013, im Verlauf eines FOIA-Gerichtsverfahrens in den Besitz des Autors gelangt. In Wahrheit hatte ich von Anfang an um einen sicheren Kanal gebeten. Im Laufe des Sommers pochte ich immer nachdrücklicher darauf.
63. Vanee Vines, 27. Februar 2014.
64. Vanee Vines, Telefongespräch mit dem Autor, 21. Mai 2014, am selben Tag vom Autor in einer E-Mail festgehalten.
65. Es handelte sich um Frank Wyan Walton, »Operation FirstFruits: NSA Spied on Dissenters and Journalists?«, *Daily Kos*, 19. Januar 2006, auf https://perma.cc/WJ7E-S2RD. Der Post enthielt eine Warnung in Klammern: »Dieser Inhalt ist vor der Veröffentlichung nicht durch Daily-Kos-Mitarbeiter zu überprüfen.«
66. Siehe zum Beispiel Wayne Madsen, »Hayden's Heroes: A Tale of Incompetence and Politicization at America's Super-Secret Intelligence Agency«, *Wayne Madsen Report*, 8. Mai 2005, erneut gepostet auf Cryptome auf https://perma.cc/WYF5-CRQG, sowie »NSA Spied On Own Employees, Journalists, Other Intel«, *Wayne Madsen Report*, 29. Dezember 2005. Madsens Blog befindet sich hinter einer Paywall, doch der zweite Artikel findet sich auch auf Webseiten von Sympathisanten wie den antisemitischen *Rense News*. Zu Informationen über Rense siehe Heidi Beirich, »Jeff Rense: In His Own Words«, Southern Poverty Law Center, 27. April 2015, auf https://perma.cc/P6P8-HZV6.
67. Michael Moynihan, »NSA Nutjob: Anatomy of a Fake ›Observer‹ Story«, *Daily Beast*, 1. Juli 2013, auf https://perma.cc/H9VE-NBDB.
68. Wayne Madsen, »NSA Security Running Amok to Plug Leaks About 9/11«, *Wayne Madsen Report*, 7. Juli 2009, erneut veröffentlicht auf https://perma.cc/7J8C-HRPJ.
69. Ari Fleischer, der Pressesprecher des Weißen Hauses, behauptete das bereits kurz nach Brands Bericht: »So wurde 1998 infolge der unrechtmäßigen Verbreitung von Informationen der NSA offengelegt, dass die NSA in der

Lage sei, Osama bin Laden über sein Satellitentelefon abzuhören. Daraufhin benutzte er es nicht mehr.« Die 9/11-Kommission übernahm diese Darstellung im Jahr 2004: »Das Schlimmste war, dass die oberste Führung von al-Qaida die Verwendung eines bestimmten Kommunikationsmediums fast unmittelbar nach einer Enthüllung gegenüber der *Washington Times* einstellte.« Siehe den Kommissionsbericht, S. 127, auf www.9-11commission.gov/report/. Bush schloss sich der Darstellung 2005 an: »Dass wir Osama bin Laden auf der Spur waren, weil er einen bestimmten Telefontyp benutzte, gelangte infolge eines Leaks an die Presse. Und raten Sie mal, was passierte. Saddam – Osama bin Laden änderte sein Verhalten.« Noch im Jahr 2018 wiederholte die Sprecherin des Weißen Hauses, Sarah Sanders, die Behauptung. Siehe Glenn Kessler, »The Zombie Claim That Won't Die: The Media Exposed bin Laden's Phone«, *Washington Post*, 2. August 2018, https://wapo.st/2MtsC6t.

70. Ich bringe hier zwar neue Indizien ins Spiel, aber meine Argumentation beruht zum Teil auf Jack Shafer, »Don't Blame the Washington Times for the Osama Bin Laden Satellite Phone ›Leak‹«, *Slate*, 21. Dezember 2005, auf https://perma.cc/W73Y-UMSR, sowie Glenn Kessler, »File the Bin Laden Phone Leak Under ›Urban Myths‹«, *Washington Post*, 22. Dezember 2005, https://wapo.st/2Ij5WAs.
71. *Washington Times*, 21. August 1998.
72. Im Artikel der *Washington Times* stand nicht, dass die US-Regierung bin Ladens Telefon abhören konnte. Der erste einschlägige Artikel war Paul Richter, »Bin Laden May Use Stone Age Tactics to Elude High-Tech Hunt«, *Los Angeles Times*, 7. September 1998.
73. Angeblich hatte die CIA Präsident Clinton mitgeteilt, sie gehe davon aus, dass bin Laden das Lager Zawhar Kili wenige Stunden vor dem Einschlag der Raketen verlassen habe, aber sicher war sich die Behörde nicht. Steve Coll, *Ghost Wars: The Secret History of the CIA, Afghanistan, and bin Laden, from the Soviet Invasion to September 10, 2001* (New York: Penguin, 2004), S. 411.
74. Espionage Act, 18 U. S. C. §793(a).
75. So wurde Jeffrey A. Sterling wegen Spionage verurteilt, weil er James Risen, damals noch bei der *New York Times*, von einer verbockten CIA-Operation im Iran erzählt hatte. Siehe Matt Apuzzo, »C. I. A. Officer Is Found Guilty in Leak Tied to Times Reporter«, *New York Times*, 26. Januar 2015, auf https://perma.cc/5DRT-973G.
76. U. S. District Court for the District of Columbia, Case No. 1:16-cv-0635 (CRC).
77. Der Begriff geht zurück auf ein FOIA-Verfahren über den *Glomar Explorer*, ein Schiff, das geheimdienstliche Daten sammelte. Philippi v. CIA, No. 76–1004, United States Court of Appeals for the District of Columbia Circuit, 178 U. S. App. D. C. 243, 546 F.2d 1009.

78. Brief von der CIA an den Autor, 28. Januar 2015, bei den Unterlagen des Autors.
79. TECSII – Primary Query History, Passenger Activity, 30. Januar 2015, Erhalt einer zensierten Kopie gemäß FOIA, bei den Unterlagen des Autors.
80. Government's Motion for Summary Judgment, *Gellman v. DHS*, 3. April 2019.
81. Zensierte Erklärung von David M. Hardy, *Gellman v. DHS*, 3. April 2019.

8. EXPLOIT

1. Das Diagramm erschien auf einer Seite mit der Überschrift »Current Efforts – Google«, die zu einer als TOP SECRET//SI/NOFORN klassifizierten Präsentation von 2013 mit dem Titel »SSO Collection Optimization« gehörte; bei den Unterlagen des Autors. Eine Kopie des Diagramms findet sich in Barton Gellman und Ashkan Soltani, »NSA Infiltrates Links to Yahoo, Google Data Centers Worldwide, Snowden Documents Say«, *Washington Post*, 30. Oktober 2013, http://wapo.st/1UVKamr.
2. »FAQ: What is SSL«, SSL.com, https://info.ssl.com/article.aspx?id=10241.
3. Der Spruch stammte aus einem schlecht übersetzten Videospiel von 1991 und stieg in die Riege der Internet-Memes auf. Hacker und Gamer, die ihren Sieg verkünden wollen, benutzen ihn nach wie vor häufig. Siehe »All Your Base Are Belong to Us«, Know Your Meme, https://knowyourmeme.com/memes/all-your-base-are-belong-to-us.
4. Siehe »Data center locations«, About Google, www.google.com/about/datacenters/inside/locations/index.html.
5. »United States intelligence activities«, 46 FR 59941, 3 CFR, 1981 Comp., S. 20, www.archives.gov/federal-register/codification/executive-order/12333.html.
6. Eine virtuelle Tour bietet »Inside a Google Data Center«, YouTube, https://youtu.be/XZmGGAbHqa0.
7. SSO Collection Optimization, bei den Unterlagen des Autors.
8. Executive Order 12333, Absatz 2.3(i).
9. Anfang 2016 überschritt Google die Marke von einer Milliarde Nutzern jeweils bei sieben verschiedenen Diensten. Insgesamt kamen diese schon lange vorher auf eine Milliarde Accounts. Siehe Xavier Harding, »Google Has 7 Products with 1 Billion Users«, *Popular Science*, 1. Februar 2016, www.popsci.com/google-has-7-products-with-1-billion-users/.
10. Transkript eines Live-Chats zwischen Edward Snowden und Daniel Ellsberg mit dem Instant-Messaging-Dienst Jabber am 8. September 2013, bei den Unterlagen des Autors.
11. Daniel Ellsberg, »Edward Snowden: Saving Us from the United Stasi of America«, *Guardian*, 10. Juni 2013, auf https://perma.cc/F7RD-LK5V.

12. Einige messen diesen Unterschieden entscheidende Bedeutung für die Rechtmäßigkeit der jeweiligen Leaks bei, wobei Snowden schlechter abschneidet als Ellsberg. Siehe Malcolm Gladwell, »Daniel Ellsberg, Edward Snowden, and the Modern Whistle-Blower«, *New Yorker*, 19. und 26. Dezember 2016, auf https://perma.cc/YU2E-EY8W.
13. Ashkans eilig hingeworfene Liste sah folgendermaßen aus:
    1 Brute-Force-Angriff auf 1024 Bit- (oder längere) SSL-Zertifikate
    2 Fehler in SSL-Implementierung (d.h. OpenSSL à la Linux)
    3 Aneignung von SSL-Session-Tickets der Unternehmen (dafür PFS anwenden)
    4 Aneignung von privatem SSL-Zertifikat (d.h. Hacken des Servers)
    5 Eine vertrauenswürdige Stammzertifizierungsstelle dazu bringen, ihnen ein Zertifikat zu signieren (oder selber heimlich die vertrauenswürdige Zertifizierungsstelle sein)
    6 Master-Fehler in ALLEN SSL
14. Auf Folie 17 von SSO Collection Optimization (»Midpoint_TLC_Optimization_w_Google_Exploitation.pptx«) gab es einen Punkt, der am 8. Januar 2007 als geheim klassifiziert worden war.
15. Aus einer TOP SECRET//COMINT//NOFORN-Präsentation mit dem Titel »Special Source Operations: The Cryptologic Provider of Intelligence from Global High-Capacity Telecommunications Systems« (UODDS2 Overview_v1-1.pptx), S. 14, bei den Unterlagen des Autors.
16. Craig Timberg, »Google Encrypts Data Amid Backlash Against NSA Spying«, *Washington Post*, 6. September 2013, auf https://perma.cc/E55V-ELVZ.
17. Stellungnahme von Google zum Eindringen der NSA in Verbindungen zwischen Rechenzentren, 30. Oktober 2013, auf https://perma.cc/8M7G-UVA7.
18. Barton Gellman, Ashkan Soltani und Andrea Peterson, »How We Know the NSA Had Access to Internal Google and Yahoo Cloud Data«, *Washington Post*, 4. November 2013, auf https://perma.cc/2F3P-6FUU.
19. E-Mail von Valerie Sayre an Shawn Turner, Jeffrey Anchukaitis und Robert Litt, 28. Oktober 2013, dem Autor im Zuge eines Gerichtsverfahrens über Informationsfreiheit zugegangen.
20. Robert S. Litt, Bemerkungen bei der American Bar Association, 23rd Annual Review of the Field of National Security Law, Washington, DC, 31. Oktober 2013, auf https://perma.cc/CDR5-A4WH.
21. Michael Kinsley, »The Conspiracy of Trivia«, *Time*, 10. März 1997, auf www.cnn.com/ALLPOLITICS/1997/03/10/time/kinsley.html.
22. George F. Howe, *The Early History of NSA*, für die Öffentlichkeit freigegeben am 18. September 2007, auf https://perma.cc/N4PQ-X5NH.
23. Michael V. Hayden, *Playing to the Edge: American Intelligence in the Age of Terror* (New York: Penguin Press, 2016), S. 134. Hervorhebungen wie im Original.

24. Technisches Handbuch von AT&T, dem Autor von Mark Klein zur Verfügung gestellt.
25. Mark Klein, Interview mit dem Autor, 18. Februar 2015.
26. Die Präsentation wurde erstmals in Glenn Greenwald, *Die globale Überwachung* (*No Place to Hide*), veröffentlicht. Sie findet sich gemeinsam mit anderen auf http://glenngreenwald.net/#BookDocuments.
27. James B. Comey, 3. November 2014, Video von »James Comey at Today's Terrorism: Today's Counterterrorism«, YouTube, www.youtube.com/watch?v=0LRVGdmr000.
28. Rachel B. Doyle, »The Founding Fathers Encrypted Secret Messages, Too«, *Atlantic*, 30. März 2017, auf https://perma.cc/AR3V-UZYH.
29. Transkript des Wortwechsels mit James B. Comey, 3. November 2014, mit freundlicher Genehmigung von Karen Greenberg vom Center on National Security, Fordham Law School.
30. Brad Smith, »Protecting Customer Data from Government Snooping«, Microsoft *Technet*-Blog, 4. Dezember 2013, auf https://perma.cc/UWH8-VPL5.
31. Barton Gellman und Ashkan Soltani, »NSA Collects Millions of E-mail Address Books Globally«, *Washington Post*, 14. Oktober 2013, auf https://perma.cc/ZR32-EC4Q.
32. In Ergänzung eines Artikels, den ich mit Ellen Nakashima und Greg Miller verfasst hatte, veröffentlichte die *Washington Post* eine Fassung der Zielauswahl- und Minimierungsregeln von 2009. Siehe »Classified Documents Show Rules for NSA Surveillance Without a Warrant«, https://apps.washingtonpost.com/g/page/politics/top-secret-documents-show-rules-for-nsa-surveillance-without-a-warrant/248/.
33. Barton Gellman und Ashkan Soltani, »NSA Tracking Cellphone Locations Worldwide, Snowden Documents Show«, *Washington Post*, 4. Dezember 2013, auf https://perma.cc/PS3M-Y5HJ.
34. »Meet BeamPro«, Suitable Tech Inc., https://suitabletech.com/products/beam-pro.
35. Christine Pelisek, »Doxxing: It's Like Hacking, but Legal«, *Daily Beast*, 13. März 2013, www.thedailybeast.com/doxxing-its-like-hacking-but-legal.
36. Bruce Schneier, »The Rise of Political Doxing«, *Vice*, 28. Oktober 2015, www.vice.com/en_us/article/z43bm8/the-rise-of-political-doxing.
37. Vanee Vines beschrieb sich selbst so in ihrem LinkedIn-Profil, www.linkedin.com/in/vaneevines/.
38. In Kapitel 7 bin ich auf George Ellards Kommentar eingegangen, in dem er Snowden und seine journalistischen »Agenten« mit dem FBI-Verräter Robert Hanssen verglich.
39. Siehe das Ende von Kapitel 1.

40. Snowden an den Autor, 22. November 2013.
41. Dieser Aphorismus erlangte Berühmtheit durch den Astronom Carl Sagan, der ihn in seiner Fernsehshow *Cosmos* (dt.: *Unser Kosmos*) von 1980 prägte. In der Welt der Wissenschaft, der Geheimdienste und des Journalismus wird er sehr häufig angeführt.
42. Mit der Gang of Eight waren jeweils die Vorsitzenden und stellvertretenden Vorsitzenden der beiden Geheimdienstausschüsse im Senat und Repräsentantenhaus sowie jeweils die beiden führenden Demokraten und Republikaner der zwei Kammern des Kongresses gemeint.
43. Snowden an den Autor, 22. Oktober 2013.
44. Snowden an den Autor, 2. Oktober 2013.
45. Snowden an den Autor, 9. Juni 2014.
46. Secret-Sharing ist ein mathematischer Algorithmus für das Aufteilen eines kryptographischen Schlüssels in Komponenten, die erst dann ihre Aufgabe erfüllen, wenn sie zusammengefügt werden. Wie Snowden sagte, hatte er sich dabei auf den berühmten Artikel eines Kryptographen vom MIT gestützt. Siehe Adi Shamir, »How to Share a Secret«, *Communications of the ACM* 22, Nr. 11 (November 1979), auf www.cs.tau.ac.il/~bchor/Shamir.html.
47. Ein ausgezeichneter, subtiler Essay zu der Frage, ob und inwiefern sich Snowden in theoretische Modelle des legitimen zivilen Ungehorsams einpassen lässt, ist David Pozen, »Edward Snowden, National Security Whistleblowing and Civil Disobedience«, *Lawfare*, 26. März 2019, www.lawfareblog.com/edward-snowden-national-security-whistleblowing-and-civil-disobedience. Der Essay fand Eingang in den Sammelband *Whistleblowing Nation: The History of National Security Disclosures and the Cult of State Secrecy*, hrsg. von Kaeten Mistry und Hannah Gurman (New York: Columbia University Press, 2020).
48. Verfassung der Vereinigten Staaten von Amerika, Artikel III, Abschnitt 3.
49. Ash Carter, *Inside the Five-Sided Box: Lessons from a Lifetime of Leadership in the Pentagon* (New York: Penguin, 2019), S. 338.
50. Ledgett paraphrasierte James Comey, der nicht im Hinblick auf Snowden oder die NSA-Journalisten, sondern auf die massenhafte Offenlegung von Dokumenten durch WikiLeaks von »Geheimdienstpornographie« gesprochen hatte. Siehe Tessa Berenson, »James Comey: WikiLeaks Is ›Intelligence Porn‹, Not Journalism«, *Time*, 3. Mai 2017, https://time.com/4765358/fbi-james-comey-hearing-wikileaks/.
51. In einer früher veröffentlichten Fassung von Hunts Präsentation war die Zahl etwas niedriger (6 987 139 094) und explizit mit »Weltbevölkerung« gekennzeichnet. Siehe Ira A. (Gus) Hunt, *Big Data: Challenges and Opportunities*, https://info.publicintelligence.net/CIA-BigData-2.pdf.
52. Ira A. (Gus) Hunt, CIA Chief Technology Officer, »Beyond Big Data: Riding

the Technology Wave«, Government Big Data Forum, März 2012, auf www.slideshare.net/brianahier/perspectives-on-big-data-mission-and-needs-gus-hunt-cia-cto.

53. Matt Sledge, »CIA's Gus Hunt on Big Data: We ›Try to Collect Everything and Hang On to It Forever‹«, *Huffington Post*, 20. März 2013, auf https://perma.cc/W35E-W4G8.
54. Siehe Jennifer Stisa Granick, *American Spies: Modern Surveillance, Why You Should Care, and What to Do About It* (Cambridge: Cambridge University Press, 2017), S. 153. Hervorhebungen wie im Original.
55. Darüber berichte ich ausführlicher in Barton Gellman, Julie Tate und Ashkan Soltani, »In NSA-Intercepted Data, Those Not Targeted Far Outnumber the Foreigners Who Are«, *Washington Post*, 5. Juli 2014, https://wapo.st/1MVootx, sowie Barton Gellman, »How 160,000 Intercepted Communications Lead to Our Latest NSA Story«, *Washington Post*, 11. Juli 2014, https://wapo.st/1Mq04zI.
56. Eine vier Absätze lange Definition des Begriffs der Minimierung voller Klauseln für Sonderfälle findet sich in 50 U. S. C. § 1801(h), auf www.law.cornell.edu/uscode/text/50/1801.
57. Litt zitierte die unter dem FISA-Recht geltende gesetzliche Definition, die nicht für die Überwachung gemäß Executive Order 12333 gilt. Die Begriffe ähneln einander, aber die Regeln sind nicht identisch. Siehe Robert S. Litt, »Privacy, Technology and National Security: An Overview of Intelligence Collection«, für einen Vortrag in der Brookings Institution vorgesehene Bemerkungen, 19. Juli 2013, auf https://perma.cc/L9BM-EYYP.
58. Granick, *American Spies*, S. 152.
59. Eine Gruppe von Verfahren aus dem Jahr 2013 findet sich in »Minimization Procedures Used by the National Security Agency in Connection with Acquisitions of Foreign Intelligence Information Pursuant to Section 702 of the Foreign Intelligence Surveillance Act of 1978, as Amended«, betreut vom National Security Archive der George Washington University, https://nsarchive2.gwu.edu/NSAEBB/NSAEBB436/docs/EBB-026.pdf.
60. Es handelt sich um einen tatsächlich stattgefundenen Anruf des israelischen Ministerpräsidenten Benjamin Netanjahu beim Autor. Ich erwähnte den Anruf in einer späteren Story, ohne die obszöne Ausdrucksweise wiederzugeben, und bemerkte lediglich, dass Netanjahu an einem Artikel über die nicht orthodoxe Konversion von Juden, ein Thema, das ihm politischen Ärger bereitete, »entrüstet Anstoß genommen« habe. Siehe Barton Gellman, »Many Israelis Dispute Power of Rabbinate«, *Washington Post*, 3. April 1997, https://wapo.st/2yVQc1V.
61. Man muss dem Büro des DNI zugutehalten, dass es einige Vorschriften wieder der Öffentlichkeit zugänglich machte. Granick schildert die zeitliche

Abfolge allerdings wie folgt: »Im Jahr 2013 enthüllte Snowden die unter FISA gültigen Minimierungsverfahren der NSA für die Datensammlung laut Absatz 702. Letztlich hob die Intelligence Community die Geheimhaltungspflicht für die Minimierungsverfahren des FBI und der CIA von 2014 im September 2015 endgültig auf. Im November 2015 wurden die Verfahren für alle drei Behörden in aller Stille überarbeitet.« Die Geheimhaltung der gesamten Minimierungsverfahren für die Datensammlung im Ausland gemäß Executive Order 12333 wurde nie aufgehoben. Granick, *American Spies*, S. 155.

62. Granick, *American Spies*, S. 154.
63. Conor Friedersdorf, »If the NSA Could Hack into Human Brains, Should It?«, *Atlantic*, 5. Dezember 2013, www.theatlantic.com/politics/archive/2013/12/if-the-nsa-could-hack-into-human-brains-should-it/282065/.
64. *Meet the Press*, NBC, 17. August 1975, zu sehen auf www.youtube.com/watch?v=YAGIN4a84Dk.
65. Rajesh De, Interview mit dem Autor, 18. Juli 2013.
66. Dieses Projekt namens Haven führte er gemeinsam mit dem Sicherheitsentwickler Nathan Freitas durch. Siehe Micah Lee, »Edward Snowden's New App Uses Your Smartphone to Physically Guard Your Laptop«, *The Intercept*, 22. Dezember 2017, https://theintercept.com/2017/12/22/snowdens-new-app-uses-your-smartphone-to-physically-guard-your-laptop/.
67. Dieses Projekt mit Namen Sunder wurde schließlich wieder verworfen. Siehe Conor Schaefer, »Meet Sunder, a New Way to Share Secrets«, Freedom of the Press Foundation, 10. Mai 2018, https://freedom.press/news/meet-sunder-new-way-share-secrets/.
68. David E. Sanger und Nicole Perlroth, »Internet Giants Erect Barriers to Spy Agencies«, *New York Times*, 6. Juni 2014, www.nytimes.com/2014/06/07/technology/internet-giants-erect-barriers-to-spy-agencies.html.
69. Der Quellcode für die Verschlüsselungsbibliothek, deren Endfassung noch nicht veröffentlicht wurde, findet sich auf https://github.com/google/end-to-end. Die Ankündigung von Google findet sich in »Making End-to-End Encryption Easier to Use«, *Google Security Blog*, 3. Juni 2014, https://security.googleblog.com/2014/06/making-end-to-end-encryption-easier-to.html.
70. Brittany A. Roston, »Google Takes a Dig at NSA with Easter Egg«, SlashGear, 4. Juni 2014, www.slashgear.com/google-takes-a-dig-at-nsa-with-easter-egg-04332176/.
71. Siehe »NSA Speaks Out on Snowden, Spying«, CBS News, 15. Dezember 2013, Transkript auf https://cbsn.ws/2P4ZkfI.

PERSONEN- UND SACHREGISTER